2021 上海建设年鉴

中共上海市城乡建设和交通工作委员会
上海市住房和城乡建设管理委员会 编

文匯出版社

图书在版编目（CIP）数据

上海建设年鉴．2021 ／ 中共上海市城乡建设和交通工作委员会，上海市住房和城乡建设管理委员会编．-- 上海：文汇出版社，2022.1

ISBN 978-7-5496-3705-8

Ⅰ.①上… Ⅱ.①中… ②上… Ⅲ.①城市建设－上海市－2021－年鉴 Ⅳ.①F299.275.1-54

中国版本图书馆CIP数据核字(2022)第006882号

上海建设年鉴（2021）

编　　著 ／ 中共上海市城乡建设和交通工作委员会
上海市住房和城乡建设管理委员会
责任编辑 ／ 乐渭琦
特约编辑 ／ 庆　芬
图片、美术编辑 ／ 胡　鹰
封面设计 ／ 邵　竞　胡　鹰

出 版 人 ／ 周伯军

出版发行 ／ 文匯出版社
上海市威海路755号
（邮政编码 200041）
经　　销 ／ 全国新华书店
照　　排 ／ 上海未寅文化传播有限公司
印刷装订 ／ 上海颛辉印刷厂有限公司
版　　次 ／ 2022年1月第1版
印　　次 ／ 2022年1月第1次印刷
开　　本 ／ 889×1240　1/16
字　　数 ／ 680千字
印　　张 ／ 30.5（插页14）

书　　号 ／ ISBN 978-7-5496-3705-8
定　　价 ／ 258.00元

▼ 2020 年上海市卫星影像图（1 : 220000）

▼ 夕照申城

1 建设中的上海花博会

2 兰香湖

3 临港南汇新城城市公园

2

3

1 地铁 10 号线二期新江湾城站站台

2 地铁 10 号线二期国帆路站站台
（国帆路站：建静默车站，保障高校重点实验室）

3 地铁 10 号线二期双江路站站台

4 地铁 10 号线二期高桥西站站台

5 地铁 10 号线二期高桥站站台

6 地铁 10 号线二期港城路站站台（港城路站：实现与 6 号线同站台换乘功能）

7 地铁 10 号线二期终点站基隆站外景（基隆路站：服务自由贸易区，助推城市发展新跨越）

8 地铁 10 号线二期终点站基隆站

1

2

地铁 10 号线二期开通试运营

上海轨道交通 10 号线是国内首条采用全自动无人驾驶技术的大容量轨道交通线路，线路穿越中心城区、衔接虹桥交通枢纽，采用 Y 字形主支线运营。二期工程是目前运营的 10 号线一期的东延伸段，西起已建新江湾城站，东至外高桥保税区基隆路站，全长约 10 公里，共设国帆路站、双江路站、高桥西站、高桥站、港城路站、基隆路站 6 座车站。10 号线二期开通试运营后，将进一步加强杨浦北部、浦东高桥及自由贸易区与中心城区的快速交通联系，此外 6 号线北端的市民乘客也可直接通过换乘 10 号线进入浦西。

10 号线二期工程装饰设计整体采用了简装风格，大气简约，从注重乘客使用感受、提高整体环境质量、加强人文关怀等方面着手进行设计。通过结合建筑结构，充分利用空间，对综合管线、设施设备进行整合隐蔽，营造天花无管线的“极简”风格，有效地节省了装修造价，在展现建筑结构美的同时，为后期运营维护提供了有利条件。

此外，10 号线二期着重对无障碍设施、便民服务中心、空调候车室、公共卫生间、车控室等方面进行优化设计，加强人文关怀，做到功能合理、技术先进，给乘客创造一个便捷、舒适、优美的地铁环境空间。

高桥西
双江路
Shuangjiang Road
3

宁等一列车
4

高桥
Gaoqiao
下一站
港城路
Gangcheng Road
5

基隆路
港城路
Gangcheng Road
6

7

8

焕然一新的南京路步行街

为满足人民对美好生活的需求，打造国际消费城市，上海于 2019 年 9 月启动南京路步行街东拓工程。步行街与滨江 45 千米岸线相通相连，将“世界会客厅”美景更好地呈现在中外游客面前。

整体设计以展现上海全球卓越城市魅力的新窗口为目标，在体现上海国际大都市气度与风范的同时，对过往的经典历史文化元素进行记忆与传承，形成精致典雅、大气平和的海派风格。通过海派韵味浓郁的地面铺装、安全舒适的步行环境、层次丰富的街道空间及颇具魅力的景观节点，打造国际化游览交流的城市客厅。如点缀于铺装间的艺术井盖以“韵味江南”为主题，以古铜色、拉丝工艺为底板，选用上海市花白玉兰及江南园林常见的、寓意高远的梅和竹图案作为装点，成为脚下的一道风景。

设计团队在江西中路的西北转角新增了一处“1882 广场”，中间矗立着一盏造型古朴的灯柱，它就是 1882 年上海电气公司在南京路点亮的第一盏电灯。灯下是一本铜版书，镌刻着上海电力发展的历史，形象而生动地向往来人群展示上海的城市文脉。

HUAWEI

走进美好与欢乐
上海旅游节
swatch

SANY

East Nanjing Rd.
2020

轨道交通 16 号线助力临港新片区发展

为助力优化临港新片区交通出行和营商环境，作为连接临港和市区的重要纽带——上海轨道交通 16 号线于 2020 年 6 月 18 日，在原普通车、大站车的基础上新增直达列车，时长 37 分钟左右，行驶速度超过 100 公里 / 小时。此次不仅为线路增能，更为临港地区的大发展进一步提速增效。

轨道交通 16 号线是上海首条市域轨道交通线路，始建于 2010 年 3 月 22 日，经过 4 年的建设，于 2014 年 12 月全线通车；是目前上海临港新片区唯一的对外轨道交通，每日运送超过 20 万名旅客往返市中心与临港两地。由于 16 号线的客流平均乘距长，因此，设计团队结合工程实际情况，并吸收国外长大、线路快慢车组合运营的经验，重点研究了运营组织模式、列车运行交路和列车编组方案，首创提出了“快慢车组合及灵活编组运营组织模式”，也就是现在的“直达车”运营模式。

回顾建设历程，一幅幅画面仿佛重现建设者栉风沐雨、攻坚克难场景，更有工程建成后轨道交通 16 号线的雄姿。

1 上海花博会配套道路——崇明陈海公路、建设公路兰香湖

2 上海花博会配套道路——崇明建设公路南横引河桥

3 昌平路桥

4 浦东祝桥航亭环路

5 陈海公路

6 2020 年 5 月 28 日，昆阳路大桥主桥合龙

1

2

3

4

1 黄浦区香山路（全段）
2 徐汇区高邮路（全段）
3 静安区曲沃路（保德路、闻喜路）
4 虹口区凉城路（广中路、汶水东路）
5 宝山区石青路（全段）

5

北横通道天目路立交改建又有突破性进展

2020 年 2 月 29 日，北横通道新建二期工程Ⅰ标段（即天目路高架段）又有突破性进展，工程 ZB、ZC 匝道和 FB 辅道正式通车。

规划中的北横通道天目路高架段沿天目路东西走向（长安路—文安路/热河路），横跨恒丰路、民立路、梅园路、天目路转盘及南北高架，全长约 2.1 千米，主线最高处将达到 30 米。

新建 ZB 上匝道全长约 135 米，由共和新路、天目中路东北角（新梅大厦西侧）起坡，在铁路北侧上方拼宽，跨越铁路进入南北高架或经永兴路下匝道落地。而新建 ZC 上匝道全长约 147.477 米，由共和新路、天目中路西南角（不夜城公园东侧）起坡，在苏州河北岸上方拼宽，跨越苏州河进入南北高架或经新闸路下匝道落地。两根上匝道通车，能有效减少经转盘的绕行时间，原有两根转盘上匝道具备拆除条件。新建 FB 辅道全长约 358.454 米，于天目路转盘、南北高架东侧拼宽，跨越铁路经永兴路下匝道落地。它有效避免了原有南北高架经永兴路下匝道和转盘匝道进入南北高架的交织问题，提升了通行效率。

ZB、ZC 匝道和 FB 辅道的通车，标志着天目路立交大转盘初步改造完成，天目路立交处又新增两条上匝道和一条辅道，这将大大改善区域内进入南北高架、跨铁路、跨苏州河的交通现状，也正式吹响了 2020 年北横通道天目路高架工程主线段及同南北高架互通改造的冲锋号！

南北高架路
永兴路

1

2

3

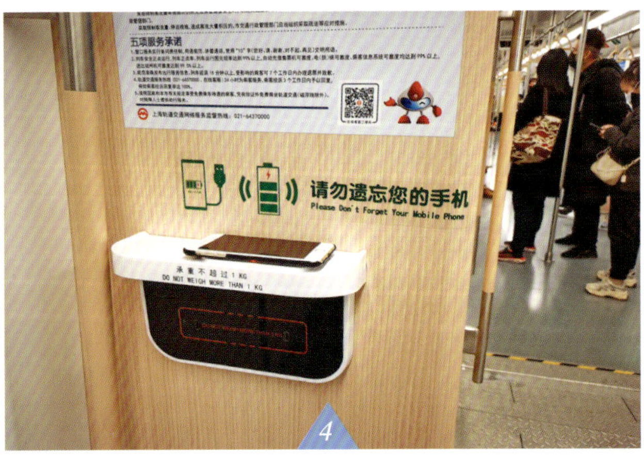

4

1 轨道交通 18 号线

2 轨道交通 18 号线开放式司机室

3 轨道交通 18 号线列车车厢

4 轨道交通 18 号线手机无线充电器

5 18 号线御桥站

6 18 号线周浦站

7 18 号线沈梅路站

8 18 号线鹤涛路站

9 18 号线下沙站

10 18 号线航头站

地铁 18 号线一期南段工程

上海轨道交通 18 号线是上海首批开通即具备最高等级(GOA4)全自动驾驶模式的运营线路，该项目列车为 6 节编组 A 型，共计 50 列。列车采用全新设计的空调出风口，车厢客室灯光可根据环境自动调节色温，并在车厢内增设手机无线充电器。外观设计饱满大气，橘色腰带呈现波浪形，似黄浦江上振翅飞翔的江鸥，象征着年轻飞扬的生命力。从 10 号线全国首条实现全自动驾驶的地铁线路开始，到如今的 18 号线及即将通车的 15 号线和在建中的 14 号线，上海地铁再次升级启动全自动驾驶技术应用，包括自动唤醒、自动发车、列车自检等一系列全自动无人驾驶功能，而运营质量表现均大幅优于人工驾驶列车。

5

6

7

8

9

10

2020 年最美河道、最佳河道整治成果

河中碧波粼粼、河岸绿植茵茵，精心打理的河道是城市里一道亮丽的风景线。2020 年 3 月，由市水务局牵头，经实地走访、网络投票、专家评审和社会公示等程序，命名静安区徐家宅河、虹口区沙泾港等 30 条河道为第二届“最美河道”，命名宝山区练祁河（塘西街—潘泾）、普陀区新槎浦普陀段等 30 条河道为第二届“最佳河道整治成果”。

2

3

4

1 宝山区练祁河（塘西街—潘泾）
2 静安区的徐家宅河
3 虹口区的沙泾港（溧阳路—香烟桥路）
4 浦东新区春涟河
5 徐汇区上澳塘

1 竹园污水处理厂四期工程

2 大治河西枢纽船闸

3 浦东新区污水厂污泥处理处置新建工程（一期）

4 大莲湖泵闸工程（属太北片一期工程）

5 苏州河黄浦段

1

5

1 宛平南路 53 弄小区加装电梯工程
2 宝庆路 20 号优秀历史建筑修缮工程
3 枫林路天桥改造工程

《上海建设年鉴（2021）》编辑委员会

编 写 说 明

一、《上海建设年鉴》是中共上海市城乡建设和交通工作委员会、上海市住房和城乡建设管理委员会组织编写，上海市、区两级建设交通系统各局、直属单位及相关政府部门协作参与，以记录上一年度上海城乡建设、城市管理、交通运输及相关行业、企业发生的重大事件及重要情况为主要内容，对外公开发行的大型资料性、工具性年刊。

二、本书编写采用年鉴的体例和风格。全书由特载、主体和附录三部分组成。特载刊载上海当年年度政府工作报告、统计公报及其他重要内容。主体部分基本按城乡建设、城市管理、交通运输及综合管理等相关内容，分门别类予以排列、记载。附录部分包含当年市住房城乡建设管理委大事记、相关法律法规政策选编目录等相关资料。

三、本书主体部分由栏目、分目和条目三个结构层次组成。全书设 15 个栏目，每一栏目依内容需要，设若干分目。栏目之首设“综述”，分目之首设“概况”，本书主要记载形式为条目，以事件设，一事一条。同时辅以图片、表格及相关资料。

四、本书编写坚持对历史负责、对后人负责和客观记载、不做评价的原则，对年度发生的重大事件，尽可能予以如实、公正地记载，避免不确定因素和不确切数据。

五、本书以赠阅为主。由于诸多原因，全书编写周期较长，其中部分内容转引自有关资料、文献、书刊。原作者如未收到稿酬，可直接与《上海建设年鉴》编辑部联系。

六、本书编写过程中得到上海市、区各级领导和上海建设交通系统各局、直属单位，以及广大热心人士的大力帮助，在此一并表示感谢。

目 录 Contents

◎特载

◎城乡规划、国土资源

◎城乡建设

◎绿化市容

◎环境保护

◎房屋管理

◎水务海洋管理

◎城市更新

◎民用航空

◎铁路运输

◎邮政事业

◎建筑建材业管理

◎城市管理

◎科研工作

◎政策法规

◎区域建设

◎附录

特载

FEATURE

上海市政府工作报告

——2021年1月24日在上海市第十五届人民代表大会第五次会议上

上海市市长　龚正

各位代表：

现在，我代表上海市人民政府，向大会报告工作，请予审议。请各位政协委员和其他列席人员提出意见。

一、2020年工作回顾

过去一年是极不平凡的一年。我们在以习近平同志为核心的党中央坚强领导下，以习近平新时代中国特色社会主义思想为指导，深入学习贯彻习近平总书记考察上海重要讲话和在浦东开发开放30周年庆祝大会上的重要讲话精神，坚决贯彻落实党中央、国务院和中共上海市委的决策部署，自觉践行“人民城市人民建，人民城市为人民”重要理念，统筹推进疫情防控和经济社会发展工作，实现了经济持续健康发展和社会大局稳定。

——“五个中心”建设实现重大目标。国际经济、金融、贸易、航运中心基本建成，经济实力保持全球城市前列，全球金融中心指数、新华·波罗的海国际航运中心发展指数排名均升至世界第三，证券市场筹资额、现货黄金交易量、原油期货市场规模等均位居世界前三，口岸贸易总额继续保持全球城市首位，上海港集装箱吞吐量连续11年蝉联世界第一，上海机场航空货邮吞吐量保持世界第三、旅客吞吐量在世界第四的基础上位次提升。具有全球影响力的科技创新中心形成基本框架，建成软X射线、超强超短激光等一批国家重大科技基础设施和15个研发与转化功能型平台，集成电路、生物医药、人工智能三大“上海方案”加快实施，全社会研发经费支出相当于全市生产总值的比例提高到4.1%左右。

——经济呈现向上向好态势。面对世界经济深度衰退和新冠肺炎疫情严重冲击，面对一季度全市生产总值大幅下降6.7%的困难局面，我们迎难而上，以最大努力、最实举措推动经济逐季回升，全年实现生产总值增长1.7%，地方一般公共预算收入在更大规模减税降费的情况下下降1.7%。城镇调查失业率稳定在4.4%以内。居民消费价格上涨1.7%。

——发展新动能持续释放。工业战略性新兴产业总产值占规模以上工业总产值比重提高到40%。数字经济蓬勃发展，软件和信息服务业营业收入增长12%以上，新一代信息技术产值增长6.2%。日均新设企业1665户、增长12.8%。

——人民生活进一步改善。居民人均可支配收入增长4%，继续快于全市生产总值增速。PM2.5年均浓度降至32微克/立方米，劣V类水体基本消除。

一年来，我们始终坚持疫情防控和经济社会发展两手抓，奋力夺取双胜利，主要做了以下工作。

我们一手抓疫情防控，坚持人民至上、生命至上，紧紧依靠全市人民，坚定信心、同舟共济、科学防治、精准施策，打了一场出色的超大城市抗击疫情的人民战争、总体战、阻击战，取得抗击疫情的重大战略成果。

一是闻令而动、迅速响应，全力驰援主战场、坚守主阵地。第一时间建立坚强有力、高效运转的决策指挥体系，率先派出援鄂医疗队，先后有9批1649名医务人员逆行出征、奔赴武汉，不断织密织牢覆盖全市1.3万个住宅小区、2.5万个村组的疫情防控网，持续统筹做好物资生产与保障、社会稳定、信息发布等工作。

二是坚持“四早”、落实“四集中”，竭力救治患者、拯救生命。加强患者筛查，快速开展流调溯源，发热门诊、“哨点”诊室和核酸检测机构分别增加到112家、224家和134家，“随申码”持续迭代升级、使用20.8亿次。加强中西医结合治疗，推进药物、疫苗、医疗器械、检测试剂等19个科技攻关项目，医疗救治“上海方案”疗效显著。

三是外防输入、内防反弹，因时因势调整优化防控策略。紧盯入城口、落脚点、流动中、就业岗、学校门、监测哨6个关键点、关节点，及时听取专家意见，制定实施防控措施和行业指引超过400项，建立健全常态化防控机制。疫情发生以来，上海口岸进境航班4.7万架次、进境人员190万人次，分别占全国空港口岸的33.6%和27.9%。我们强化人、物同防，注重科学精准防控，严格落实全流程闭环式管理，持续完善口岸检验检疫、进口货物及冷链食品疫情防控、隔离医学观察、应急处置、长三角区域联防联控等机制，扎实做好第三届中国国际进口博览会等重大活动防疫保障，牢牢守住了国门。

四是立足当前、着眼长远，加快完善公

共卫生体系。制定实施公共卫生“20条”，启动新一轮公共卫生体系建设三年行动，加强疾病预防控制、应急科技攻关、应急物资保障等体系和人才队伍建设，开工建设市疾控中心新建工程，设立市重大传染病和生物安全研究院等科研机构，进一步提升超大城市抵御重大疫情风险的能力。

我们一手抓经济社会发展，以政策措施的有效性积极应对疫情冲击的严重影响，以自身发展的确定性全力对冲外部环境的不确定性，以更大的工作力度切实保障人民生产生活，努力在危机中育先机、于变局中开新局。

（一）坚持以保促稳、稳中求进，“六稳”“六保”工作取得积极成效。稳企业、保就业扎实推进。不失时机推动企业复工复产达产，出台实施抗疫惠企“28条”、稳就业促发展等一系列政策举措，新增减税降费超过2300亿元，新增就业岗位57万个，通过领导干部集中走访及时协调解决企业诉求和面临的问题。扩内需、稳外需扎实推进。制定实施扩大投资“20条”、新基建“35条”、促进消费“12条”、稳定外贸“11条”、利用外资“24条”、中小企业平稳健康发展“22条”等一系列政策。重大工程完成投资1708亿元、增长16.8%，建成10号线二期、15号线、18号线部分区段共67千米轨道交通线。举办“五五购物节”“六六夜生活节”等重大促消费活动，推出美食、购物等主题旅游季，新增一批国家全域旅游示范区、全国乡村旅游重点村，推进国际艺术品交易中心建设，南京路步行街东拓段正式开放。外贸进出口总额达到3.5万亿元、增长2.3%，实际利用外资达到202.3亿美元、增长6.2%。锻长板、补短板扎实推进。实施在线新经济“23条”，推动工业互联网创新升级，加快在线教育、在线新文旅等发展，在全国率先建成5G和固定宽带“双千兆”城市，荣获我国第一个世界智慧城市大奖。推动产业链、供应链补链固链强链。低效建设用地减量15.2平方千米。

（二）坚持示范引领、突破攻坚，改革开放创新迈出重要步伐。城市核心功能实现新提升。围绕强化“四大功能”，大力落实金融“30条”，国家绿色发展基金、首批外资独资公募基金落户，金融市场交易总额达到2274.8万亿元、增长17.6%，新增跨国公司地区总部51家、外资研发中心20家，国家实验室、期智研究院等一批高水平科研机构落户，重点领域关键核心技术攻关、国际大科学计划取得重要进展，高新技术企业达到1.7万家。“三大任务、一大平台”取得新突破。制订实施自贸试验区临港新片区“五个重要”行动方案，编制完成国土空间总体规划，总投资3345亿元的517个重大项目签约落地，洋山特殊综合保税区挂牌运行。深入实施“浦江之光”行动，科创板上市企业215家，上海上市企业融资额、总市值均居全国首位。制订实施长三角一体化发展行动方案，科技创新、产业协同等方面合作取得积极进展，交通、能源等一批跨区域重大基础设施建成使用，医保结算、互联网医院等公共服务实现便利共享，长三角生态绿色一体化发展示范区在规划管理、要素流动、生态保护等方面率先形成32项制度创新成果。第三届进口博览会安全、精彩、富有成效，按一年计累计意向成交726.2亿美元、比上届增长2.1%，溢出带动效应进一步放大。重点领域改革开放形成新成果。出台国有资本授权经营体制改革等方案，完成转制科研院所专业化重组整合。鼓励引导民营企业改革创新，启动“政会银企”四方合作机制破解融资难，国家中小企业发展基金、中国国企混改基金挂牌运行。助力东西部扶贫协作和对口支援地区全面实现脱贫摘帽。

（三）坚持尽力而为、量力而行，民生福祉持续改善。基本民生得到有效保障。10方面26项实事项目超额完成。养老金、医保、低保等社保标准进一步提高，残疾人生活补贴、护理补贴制度进一步完善，向困难群众发放价格临时补贴2.5亿元。新一轮早餐工程启动实施，推出早餐示范点200家。“老小旧远”工作深入推进。新增社区综合为老服务中心52家、助餐场所212个、养老床位7646张，改建认知障碍照护床位2320张，稳步实施长护险试点。新增普惠性托育点53个。完成75.3万平方米中心城区成片二级旧里以下房屋改造，新增供应各类保障房6.1万套，房地产市场平稳健康发展。建成28个乡村振兴示范村，实现农村人居环境整治全覆盖，推动1.41万户农民相对集中居住，率先基本完成镇级集体产权制度改革。社会事业稳步发展。教育“空中课堂”实现大中小学全覆盖，义务教育公办、民办学校同步招生全面推行，产教融合型城市建设试点启动实施，国家教育综合改革试点任务圆满完成。公立医院改革深入推进，临床研究水平不断提高。启动国家社会文物管理综合改革试点和文物保护利用示范区创建，成功举办国际电影节、电视节、旅游节、市民文化节、市民运动会、马拉松赛等重大活动。新建改建健身步道112条、多功能运动场96片、益智健身苑点585个。双拥共建成果丰硕，退役军人服务保障体系持续完善。

（四）坚持科技赋能、重心下移，城市治理现代化水平明显提升。“两张网”建设有力推进。政务服务“一网通办”实名用户数从1024万增加到4416万，日均办事17.3万件，网办率58%、提高30.3个百分点，321个事项可“一件事一次办”，部门核发材料基本实现免提交，“一网通办”国际版开通运行。城市运行“一网统管”“三级平台、五级应用”架构基本形成，防汛防台、道路交通管理等重点应用场景投入使用，城市网格化综合管理增能提效。整合信息系统1182个，归集公共数据超过390亿条。开展第七次人口普查。城市精细化管理和社会治理创新持续深化。苏州河中心城区42千米岸线的公共空间基本贯通开放。完成124千米架空线入地及合杆整治。整合街道乡镇工作力量、执法体系、服务资源。加强人民建议征集工作。深入开展扫黑除恶专项斗争，平安上海建设再上新台阶。污染防治攻坚战取得明显成效。完成第二轮中央生态环保督察11项问题整改。淘汰国三柴油车6.7万辆，全面完成中小燃油燃气锅炉低氮改造，开工建设吴淞江工程新川沙河段，完成2001个住宅小区雨污混接改造，土壤污染防治有序推进。生活垃圾分类收运、处置体系基本形成。全面完成第二轮金山地区环境综合整治。积极筹办第十届中国花卉博览会，新建林地9万亩、绿地1202.1公顷。

（五）坚持依法行政、“放管服”并重，政府自身建设进一步加强。营商环境更加优化。原定三年完成的营商环境改革措施一年基本落地。实施重大项目审批制度改革“23条”，完成“证照分离”改革全覆盖试点，国务院批复同意浦东开展“一业一证”改革试点。提请市人大及其常委会审议地方性法规17件，办理市人大代表议案38件、建议1081件和市政协提案941件，及时向市人大常委会报告、向市政协通报重大事项。制定政府规章14件，构建重大行政决策制度体系，法治政府建设示范创建并列全国第一。政府作风持续改进。扎实开展“四史”学习教育和常态化大调研，部门一般性支出在年初预算压减10%的基础上又做了进一步压减，廉政建设与业务工作融合机制进一步完善。

各位代表，过去一年，在党中央、国务院和中共上海市委坚强领导下，全市人民在抗疫斗争中众志成城、守望相助，构筑起坚不可摧的人民防线；在推动发展中奋勇拼搏、砥砺前行，书写了创新创造的崭新篇章。成绩来之不易、成之唯艰。在这里，我代表上海市人民政府，向有大爱、有力量、有担当的上海人民，向给予政府工作大力支持的人大代表和政协委员，向各民主党派、工商联、各人民团体和社会各界人士，向中央各部门、兄弟省区市和驻沪人民解放军指战员、武警官兵，向关心和支持上海发展的香港、澳门特别行政区同胞、台湾同胞、海外侨胞和国际友人，表示最崇高的敬意和最诚挚的感谢！

我们也清醒地看到前进道路上的困难和挑战。经济发展面临的不稳定不确定因素明显增加，疫情冲击导致的各类衍生风险不容忽视，经济恢复的基础尚不牢固，部分企业生产经营困难。城市能级和核心竞争力还须进一步提升，“四大功能”要持续强化，新动能要加快培育，关键核心技术“卡脖子”问题亟待突破，人才、土地等瓶颈制约要加快破解，重点领域关键环节改革任务仍然艰巨。超大城市治理体系还不完善，维护城市安全、应对突发公共事件的能力还须增强。民生保障还存在短板，城乡养老、幼儿托育、旧区改造、小区治理、道路交通管理等群众关心的事情仍须加力推进，污染防治和生态建设与人民期盼还有差距。政府职能转变还不够到位，工作作风还须进一步改进。我们要直面问题，尽心竭力做好政府工作，决不辜负全市人民重托。

各位代表，2020年是“十三五”收官之年。我们完成了“十三五”规划确定的主要目标任务，全面建成更高水平的小康社会胜利在望，城市能级和核心竞争力跃上新的大台阶，在新时代上海改革开放发展征程上写就了浓墨重彩的一页。回眸过去，这是城市综合实力显著提升的五年。高质量发展深入推进，服务经济为主的产业结构率先形成，全市生产总值从2.69万亿元增加到3.87万亿元，人均生产总值突破2.3万美元。每万人口发明专利拥有量从28.9件增加到60.2件，知识产权保护水平明显提升，集成电路、生物医药、人工智能、新能源汽车、高端装备、先进材料等一批硬核产业加快壮大。这是改革开放再出发步伐显著加快的五年。三项新的重大任务深入实施，成功举办三届进口博览会，助力我国营商环境国际排名大幅提升，一批重要改革开放成果在全国复制推广。在沪跨国公司地区总部、外资研发中心分别达到771家和481家，比五年前分别增加236家和85家，上海已成为全球总部经济的重要集聚地之一。这是城市治理现代化水平显著提高的五年。政务服务“一网通办”和城市运行“一网统管”从无到有、打响品牌，基层社会治理体系进一步完善，PM2.5年均浓度累计下降36%，单位生产总值能耗累计下降22%以上，垃圾分类成为新时尚。这是人民生活显著改善的五年。居民人均可支配收入从5万元增加到7.2万元，每年新增就业岗位近60万个，“老小旧远”等民生难题有效破解，覆盖城乡的基本公共服务均等化全面实现，居民平均预期寿命保持国内领先，社会治安持续向好，市民的获得感、幸福感和安全感进一步增强。

各位代表，天道酬勤，春华秋实。“十三五”上海经济社会发展取得的显著成就，是党中央、国务院和中共上海市委坚强领导的结果，充分彰显了中国共产党领导、中国特色社会主义制度的显著优势，充分彰显了全市人民的实干合力和奋斗伟力，充分彰显了上海这座城市的创造活力和独特魅力，必将激励我们凝心聚力、风雨无阻、奋勇前进！

二、关于《上海市国民经济和社会发展第十四个五年规划和二〇三五年远景目标纲要（草案）》的说明

根据《中共上海市委关于制定上海市国民经济和社会发展第十四个五年规划和二〇三五年远景目标的建议》，市政府制定了《上海市国民经济和社会发展第十四个五年规划和二〇三五年远景目标纲要（草案）》，提请本次大会审查。

“十四五”时期，我国进入全面建设社会主义现代化国家、向第二个百年奋斗目标进军的新发展阶段。我们要胸怀中华民族伟大复兴战略全局和世界百年未有之大变局，科学把握新发展阶段，坚决贯彻新发展理念，服务构建新发展格局，推动高质量发展、创造高品质生活、实现高效能治理，奋力创造新时代上海发展新奇迹。我们要把上海未来发展放在中央对上海发展的战略定位上来谋划和推动，着力强化“四大功能”，全面深化“五个中心”建设，加快建设具有世界影响力的社会主义现代化国际大都市；放在经济全球化的大背景下来谋划和推动，打造改革开放新高地，培育参与国际经济合作和竞争新优势，为我国深度参与和引领全球经济治理做出应有贡献；放在全国发展大格局中来谋划和推动，深化供给侧结构性改革，坚定实施扩大内需战略，努力使上海成为国内大循环的中心节点和国内国际双循环的战略链接；放在国家对长三角发展的总体部署中来谋划和推动，充分发挥上海的龙头带动作用，破除制约一体化发展的体制机制瓶颈，共同打造强劲活跃增长极。

为更好地引领中长期发展，《纲要（草案）》展望了2035年远景目标，明确了2025年经济社会发展目标。到2035年，国际经济、金融、贸易、航运、科技创新中心和文化大都市功能全面升级，基本建成令人向往的创新之城、人文之城、生态之城，基本建成具有世界影响力的社会主义现代化国际大都市和充分体现中国特色、时代特征、上海特点的人民城市，成为具有全球影响力的长三角世界级城市群的核心引领城市，成为社会主义现代化国家建设的重要窗口和城市标杆。到2025年，贯彻落实国家重大战略任务取得显著成果，城市数字化转型取得重大进展，国际经济、金融、贸易、航运、科技创新中心核心功能迈上新台阶，人民城市建设迈出新步伐，城市核心功能更加强大，人民群众生活更有品质，城市精神品格更加彰显，生态环境质量更为优良，超大城市治理更加高效，谱写出新时代“城市，让生活更美好”的新篇章。围绕目标，《纲要（草案）》提出了今后五年经济社会发展的主要任务，突出了以下四个方面。

*第一，全力优化战略布局，服务构建新发展格局。*加快形成长三角一体化发展格局，紧扣“一体化”和“高质量”两个关键，强化制度创新，深化区域合作，为构建新发展格局做贡献。加快构建“中心辐射、两翼齐飞、新城发力、南北转型”的空间新格局，提升主城区服务能级和辐射功能，充分发挥东西两翼的自贸试验区临港新片区、长三角生态绿色一体化发展示范区、虹桥商务区对内对外开放枢纽作用，把嘉定、青浦、松江、奉贤、南汇五个新城打造成独立的综合性节点城市，推动南北两端的宝山、金山功能布局调整和经济结构升级，推进崇明世界级生态岛建设和长兴岛海洋产业发展。加快完善经济发展格局，抢抓扩大内需的新机遇，大力发展代表都市经济发展方向的创新型经济、服务型经济、总部型经济、开放型经济、流量型经济，促进需求牵引供给、供给创造需求的更高水平动态平衡。加快打造城乡融合发展格局，坚持把郊区乡村作为极其宝贵的稀缺资源、未来发展的战略空间、城市核心功能的重要承载地，深入实施乡村振兴战略，

推动城乡全面融合、共同繁荣。

第二，全力强化“四大功能”，持续增强城市综合实力和能级。强化全球资源配置功能，着力提升要素市场国际化水平、贸易投资自由化便利化水平和航运服务能级，持续提高全球资源的集聚浓度、链接强度和辐射广度。强化科技创新策源功能，突出创新在发展全局中的核心地位，突出科技自立自强，进一步提高张江综合性国家科学中心的集中度和显示度，力争在基础研究、应用基础研究和关键核心技术攻坚上取得一批重大成果。强化高端产业引领功能，按照“高端、数字、融合、集群、品牌”的产业发展方针，推动集成电路、生物医药、人工智能三大先导产业规模倍增，加快发展电子信息、汽车、高端装备、先进材料、生命健康、时尚消费品六大重点产业，大力推进经济数字化、生活数字化、治理数字化。强化开放枢纽门户功能，构建更高水平开放型经济新体制，建设各类有形、无形网络通道，更好地促进国内国际两个市场、两种资源联动流通。

第三，全力深化改革开放，积极构筑未来发展新优势。支持浦东在改革系统集成协同高效、高水平制度型开放等方面率先试、出经验，打造社会主义现代化建设引领区，成为更高水平改革开放的开路先锋、全面建设社会主义现代化国家的排头兵、彰显“四个自信”的实践范例。以“五个重要”为统领，推进自贸试验区临港新片区制度创新、功能提升和城市建设。深化科创板注册制改革。更好地发挥进口博览会国际采购、投资促进、人文交流、开放合作四大平台作用。着眼于培育一批世界一流企业，深化国有企业混合所有制改革和股权激励制度建设，坚定不移做强做优做大国有企业，大力支持更多民营企业成长为龙头企业、独角兽企业和隐形冠军。深化“放管服”改革，在经济社会管理领域向各区和基层放权赋能，打造市场化、法治化、国际化的一流营商环境。

第四，全力建设人民城市，努力满足人民日益增长的美好生活需要。坚持在发展中保障和改善民生，有效扩大多领域、多层次公共服务供给，在幼有善育、学有优教、劳有厚得、病有良医、老有颐养、住有宜居、弱有众扶上取得新进展。坚持以全周期管理意识推进超大城市治理，依托“两张网”建设加快治理模式创新、治理方式重塑、治理体系重构，完善共建共治共享的社会治理制度，健全安全风险防控体系，全面提升城市治理科学化、精细化、智能化水平。坚持以社会主义核心价值观引领文化建设，大力弘扬城市精神和城市品格，推进公共文化服务高质量发展先行区建设，提高文创产业发展能级，推动社会主义国际文化大都市建设取得新突破。坚持生态优先、绿色发展，加大环境治理力度，加快实施生态惠民工程，使绿色成为城市高质量发展最鲜明的底色。

各位代表，蓝图已经绘就，奋斗创造未来。我们坚信，全市人民拧成一股绳、心往一处想、劲往一处使，上海一定能创造出令世界刮目相看的新奇迹，一定能展现出建设社会主义现代化国家的新气象！

三、2021 年主要任务

今年是我国现代化建设进程中具有特殊重要性的一年。做好今年工作，要以习近平新时代中国特色社会主义思想为指导，全面贯彻党的十九大和十九届二中、三中、四中、五中全会及中央经济工作会议精神，深入学习贯彻习近平总书记考察上海重要讲话和在浦东开发开放 30 周年庆祝大会上重要讲话精神，按照十一届市委十次全会部署，坚持稳中求进工作总基调，立足新发展阶段，贯彻新发展理念，服务新发展格局，以推动高质量发展、创造高品质生活、实现高效能治理为目标导向，以推进浦东高水平改革开放和三项新的重大任务为战略牵引，以强化“四大功能”、深化“五个中心”建设、推动城市数字化转型、提升城市能级和核心竞争力为主攻方向，以深化供给侧结构性改革、扩大高水平开放为根本动力，坚持系统观念，巩固拓展疫情防控和经济社会发展成果，更好地统筹发展和安全，扎实做好“六稳”工作、全面落实“六保”任务，加快打造国内大循环的中心节点、国内国际双循环的战略链接，确保经济持续健康发展和社会大局稳定，确保“十四五”开好局，以优异成绩庆祝中国共产党成立100周年。

综合各方面因素，建议今年全市经济社会发展的主要预期目标是：全市生产总值增长6%以上，地方一般公共预算收入增长3%，全社会研发经费支出相当于全市生产总值的比例达到4.1%左右，城镇调查失业率在5%以内，居民人均可支配收入增长与经济增长基本同步，居民消费价格涨幅2.5%左右，环保投入相当于全市生产总值的比例保持在3%左右，单位生产总值能耗、单位生产总值二氧化碳排放量、主要污染物排放量进一步下降。

今年要重点做好以下九方面工作。

（一）聚焦打造国内大循环的中心节点和国内国际双循环的战略链接，主动服务和融入新发展格局。推动形成长三角一体化发展格局，优化城市空间格局、经济格局、城乡格局，进一步巩固对内对外开放两个扇面枢纽地位，更好地服务全国发展大局。

以联动畅通为切入点，着力打造长三角一体化发展格局。制订实施长三角一体化发展新一轮三年行动计划。着力打造联通国际市场和国内市场的新平台，持续放大进口博览会溢出带动效应，深入实施虹桥国际开放枢纽建设总体方案。着力增强国内大循环内生动力，高水平建设长三角国家技术创新中心，做强长三角资本市场服务基地，更好地发挥G60科创走廊和药品、医疗器械技术审评检查长三角分中心等跨区域合作平台作用。着力打造一体化市场体系，推动各类要素在更大范围畅通流动，推进长三角世界级港口群一体化治理，加快长三角国际贸易单一窗口建设，促进更高水平区域分工协作。积极推动生态环境保护、异地康养、政务服务跨省通办等一批重大项目和重点协同事项。推进长三角生态绿色一体化发展示范区建设，探索形成更多可复制、可推广的一体化制度。

以五个新城建设为发力点，优化市域空间格局。按照独立的综合性节点城市定位，制定加快推进新城规划建设实施意见和行动方案。编制新城规划建设导则，开展新城重点地区规划设计，支持新城集聚一批符合功能定位的重大产业项目，高标准配置学校、医院、文体设施等公共服务资源，推进综合交通枢纽建设，提升新城环境品质，促进新城与长三角城市群中的其他城市相互赋能、辐射带动。推动“一江一河”两岸公共空间品质提升、区域深度开发，推进北外滩建设，加快打造外滩、陆家嘴、北外滩“黄金三角”。促进桃浦、南大、吴淞、高桥、吴泾、金山滨海等重点区域转型发展，加快建设马桥人工智能创新区、市北高新园、长阳秀带、西岸智慧谷、虹桥临空经济示范区等重要产业载体。

以做强做优“五型经济”为重点，加快完善经济发展格局。发展创新型经济，关键是人才，加快培育具有全球视野和国际水平的战略科技人才、科技领军人才和高水平创新团队。发展服务型经济，关键是品牌，加快推动生产性服务业向专业化和价值链高端延伸、生活性服务业向高品质和多样化升级。发展总部型经济，关键是头部企业，加快落实“总部增能”计划。发展开放型经济，关键是通道，加快推进一批枢纽型、功能性、网络化、智能化基础设施建设。发展流量型经济，关键是平台，加快打造传统线下流量平台和新型线上流量平台。

以功能互补、发展互促为着力点，推动形成城乡融合发展格局。强化城乡整体统筹，深入推进新型城镇化，制定实施一批促进资金、人才、技术等要素双向流动的政策措施，在乡村嵌入更多产业、文化、生态功能，进一步提高基本公共服务水平。持续建设一批特色产业园区，积极推进低效建设用地减量化。

以扩大内需为战略基点，注重需求侧管理。加快建设国际消费中心城市，实施消费升级行动计划，继续办好“五五购物节”等促消费活动，大力发展线上消费、体验消费、健康消费等新型消费，做强首发经济、夜间经济、品牌经济，推动市内免税店新政落地，打造一批智慧购物示范场景、商业消费体验中心。拓展投资空间，扩大战略性新兴产业投资，加快补齐生态环保、民生保障等领域的短板，提高重点区域的投资强度和密度，完成重大工程投资1730亿元。实施外贸转型行动计划，落实稳外贸、出口转内销等政策措施，加大融资、保险等支持力度，推动外贸企业提高出口质量、增加优质产品进口。

（二）聚焦强化“四大功能”，加快推动经济高质量发展。全面深化国际经济、金融、贸易、航运、科技创新中心建设，全力打响“四大品牌”，加快建设现代化经济体系，持续提升城市能级和核心竞争力。

强化全球资源配置功能。积极配合国家金融监管部门，持续推动金融业扩大对外开放，继续集聚一批功能性、总部型机构，推进数字人民币试点，坚决守住不发生区域性系统性金融风险底线。促进贸易创新发展，大力发展离岸贸易、转口贸易、跨境电商、外贸综合服务、保税维修、国际分拨、融资租赁等新业态新模式，全面深化服务贸易创新发展试点。完善港航服务功能，推进浦东综合交通枢纽、浦东国际机场四期等工程，提升芦潮港集装箱集疏运体系能级，积极发展航运金融、海事法律等高端航运服务业。

强化科技创新策源功能。加快打造国家战略科技力量、建设国家实验室，争取更多重大科技基础设施落户。加强国际协同创新，继续办好世界顶尖科学家论坛，支持高校、科研院所等发起国际大科学计划和大科学工程。全力实施三大“上海方案”，加快突破一批关键核心技术。发挥企业的主体作用，加强创新链和产业链对接。大力推进“浦江之光”行动，加快培育一批“硬科技”企业科创板上市。推动大众创业万众创新，打造一批各具特色的大学科技园，促进各类众创空间提质升级。实施新一轮全面创新改革试验。启动实施面向2035的上海知识产权强市战略纲要，建设上海知识产权保护中心，打造国际知识产权保护高地。

强化高端产业引领功能。着力增强产业链供应链自主可控能力，大力构建一批战略性新兴产业增长引擎，开展民用飞机制造、高端医用材料等补链强链行动，推动集成电路、新能源汽车、高端装备等先进制造业集聚发展，开工建设一批引领性强、带动性大、成长性好的重大产业项目。大力实施产业基础再造工程，鼓励重点产业和企业技术改造，淘汰落后产能项目600项。

强化开放枢纽门户功能。着力推动规则、规制、管理、标准等制度型开放，落实外商投资条例，开展服务业扩大开放综合试点。充分用好我国签署“区域全面经济伙伴关系协定”重大契机，搭建全球招商引资新网络，在主动适应新的贸易规则中全力推进外贸稳中提质，在全球产业链重构的进程中稳定和扩大利用外资。

更大力度实施人才引领发展战略。率先实行更加开放、更加便利的人才政策，构建“海聚英才”人才计划体系，推进高峰人才引领、基础创新人才培育、卓越制造人才提升、高技能人才振兴等工程。完善人才评价使用激励机制。实施人才安居工程，优化人才服务体系，努力用优质高效的综合服务吸引人才、留住人才、成就人才。

继续大力支持军队和国防现代化建设。深化资源要素共享，更好地服务一体化国家战略体系和能力构建。健全退役军人工作体系和保障制度。完善国防动员体系，强化全民国防教育。

（三）聚焦发挥浦东高水平改革开放引领作用，推进更深层次改革、更高水平开放。更加坚定地走解放思想、深化改革之路，走面向世界、扩大开放之路，走打破常规、创新突破之路，更好地发挥全国改革开放创新试验田作用。

全力打好新时代浦东高水平改革开放这张“王牌”。聚焦“三个成为”的战略定位，按照中央支持浦东打造社会主义现代化建设引领区的决策部署，推动一系列首创性、引领性改革开放事项落地。开展综合性改革试点，深化市场准入“一业一证”等改革。探索发展人民币离岸交易、跨境贸易结算和海外融资服务。放大张江科学城扩区效应，加快疏通基础研究、应用研究和产业化双向链接的快车道。加快浦东金色中环发展带建设。深化自贸试验区建设，探索服务贸易、商事争端解决等领域扩大开放。

加快推进自贸试验区临港新片区建设。推动总体方案明确的78项制度创新任务落实落地，对标高标准国际经贸规则，实行更大程度的压力测试，在若干重点领域率先实现突破。探索特殊综合保税区海关监管方式创新，推动围网内外政策联动。加快“东方芯港”、滴水湖金融湾、国际创新协同区等建设，推动国际金融资产交易平台落地，着力集聚一批标志性、代表性、功能性的重大项目，加快打造世界级前沿产业集群。

精心办好第四届进口博览会。高水平、高标准、高质量做好城市服务保障，确保进口博览会越办越好。创新开展投资促进服务和宣传推介活动，推动更多展品变商品、展商变投资商，打造进出口商品集散地。推进虹桥商务区国家进口贸易促进创新示范区建设。

深化重点领域改革开放。落实国企改革三年行动方案，持续深化混合所有制改革，推进国有经济布局优化和结构调整。支持民营企业改革发展与转型升级，实施中小企业创新计划、企业“赋能”行动。扩大与“一带一路”沿线地区的经贸往来。加强与港澳台地区的交流合作，做好外事、侨务工作。提升东西部帮扶协作和对口支援工作的效益和水平。

（四）聚焦推进城市数字化转型，加快打造具有世界影响力的国际数字之都。抢抓数字化发展先机，加快构筑数字城市“四梁八柱”，强化数据资源开放共享、开发利用和安全保护，推动城市整体迈向数字时代，着力构建战略新优势。

推进经济数字化。坚持数字经济和实体经济深度融合，推动数字产业化、产业数字化。加快发展在线新经济，聚焦智能工厂、工业互联网、电商平台等重点领域，着力培育新生代互联网产业集群，布局一批在线新经济生态园，建设一批数字经济创新发展试验区。大力推进一批新基建重大项目，新建5G室外基站8000个。探索建立跨境数据便利化流动机制，加快建设国际数据港。

推进生活数字化。深入开展教育信息化行动，加快建设面向人人的优质数字教育资源库。构建智慧化健康服务体系，提升互联网医院、远程医疗、智慧养老等服务能力。加快博物馆、美术馆、科技馆、旅游景区等文旅场馆智慧化升级。拓展城乡社区应用场景，新建一批智能新型社区基础设施。提高智能技术无障碍服务水平，助力老年人、残疾人跨越“数字鸿沟”。

推进治理数字化。深化“一网通办”，实现公共服务事项接入基本覆盖、高频事项“一件事一次办”基本覆盖，强化市民主页、企业专属网页主动提醒、精准推送的服务功能，加快打造“网购型”政务服务城市。深化“一网统管”，加快智能传感器布设，推出一批新的应用场景，推进线上线下业务流程协同再造，像绣花一样精细管理城市。推动“两张网”融合发展，促进数据汇聚共享、业务相互赋能、功能深度融合。深入推进智慧公安建设，加快完善立体化、信息化社会治安防控体系。

（五）聚焦常态化疫情防控，坚决守牢城市安全底线。践行伟大抗疫精神，毫不放松抓好常态化疫情防控各项工作，科学精准、高效有序开展应急处置，以过硬举措确保上海始终是一座安全的城市。

严密防范境外疫情输入。坚持人、物同防，按照全流程闭环式管理要求，持续优化口岸联防联控机制，强化进境人员、进口货物防疫检查管理。严格落实隔离医学观察、物品消毒清洁等措施，完善跨省隔离转运、人员信息共享等机制。

坚决防止疫情反弹。从严从细抓好重点场所、重大活动防控，压紧压实医院、学校、养老院等重点机构防疫责任，分级分类做好重点人群防护。稳妥有序开展新冠疫苗接种工作。深入开展爱国卫生运动，推行市民健康公约，推广公筷公勺、分餐制等文明健康生活习惯。

扎实推进公共卫生体系建设。强化医疗机构公共卫生职责，加快疾控体系现代化建设。加强发热门诊和“哨点”诊室标准化建设，做好核酸检测能力储备。加快打造若干国家医学中心和区域医疗中心，完善应急科技攻关机制，加强应急物资和生产能力储备，提高突发公共卫生事件应急处置能力。

完善城市安全预防体系和常态化管控体系。落实安全生产专项整治三年行动，压实安全责任，加强危险化学品、建筑施工、交通运输、食品药品、消防、人员密集场所等安全监管。完善应急救援和防灾减灾救灾体制机制，推进应急避难场所建设，提高城市韧性，创建安全发展示范城市。

（六）聚焦民心工程和民生实事，推进普惠性、基础性、兜底性民生建设。坚持以人民为中心，努力解决群众急难愁盼，提高公共服务均衡化、优质化水平，在改善人民生活品质上实现更大作为。

加强就业服务和社会保障。就业是最大的民生。强化就业优先政策，完善稳就业举措，新增就业岗位50万个以上，支持培养企业新型学徒1万名。完善高校毕业生、失业人员等重点群体就业支持体系，精准做好创业扶持、技能培训、就业援助等服务，支持多渠道灵活就业。积极筹办第四十六届世界技能大赛。统筹提高养老金、医保、低保等社保待遇标准，改革完善社会救助制度。

大力发展养老托育服务。深化“9073”养老服务格局，实施社区养老服务设施建设工程，新建综合为老服务中心50家、助餐场所200个、养老床位5000张，改建认知障碍照护床位2000张，完成居家环境适老化改造5000户。提高长护险评估、服务的精细化水平。实施学龄前儿童善育工程，新增普惠性托育点50个。实施小学生校内课后服务工程。切实保障妇女、儿童、残疾人权益。

持续改善市民居住条件。深化城市更新，发挥城市更新中心平台作用，完成70万平方米中心城区成片二级旧里以下房屋改造，实施1000万平方米旧住房更新改造，加快推进城中村改造。优化住房保障体系，加快租赁房建设，形成供应5.3万套。坚持房子是用来住的、不是用来炒的定位，完善房地产市场平稳健康发展长效机制。

更好地满足市民出行需求。启动建设嘉闵线、两港快线、13号线西延伸、17号线西延伸、18号线二期、21号线一期、23号线一期等轨道交通线，实施3、4号线增能改造，加快建设崇明线、机场联络线等轨道交通线，建成14号线、18号线部分区段共61千米轨道交通线。推进S3公路、沪苏湖铁路上海段及松江枢纽等基础设施建设，建成北横通道西段。优化公交线网，完善公交专用道网络。

建设高质量教育体系。坚持立德树人，系统推进教育评价改革，深化教育综合改革。提升基础教育优质均衡发展水平，深入实施育人方式、课程教学、招生考试等改革。增强高等教育、职业教育服务创新发展能力，启动实施新一轮“双一流”高校、高水平地方高校、高峰高原学科等建设计划，推动五年一贯制新型高职建设，健全产教融合创新机制。加强特殊教育，完善终身学习体系，提升学习型城市建设水平。

推进健康上海建设。加快构建整合型医疗卫生服务体系，提升分级诊疗服务和家庭医生服务质量，发展中医药事业，着力增强全方位全周期健康服务能力。实施便民就医工程，深化医保制度改革，推进药品带量采购，努力保障群众获得高质量、有效率、能负担的医药服务。

做实做细家门口服务。完成既有多层住宅加装电梯1000台以上。在老旧小区、医院周边新建4000个公共停车泊位，新增1万个公共充电桩。完成100千米架空线入地及合杆整治，建成100个“美丽街区”。完善15分钟社区生活圈，加快建设一批“一站式”生活服务综合体，打造示范性社区康复中心30家，新增早餐示范点200家，推进无障碍设施建设，让市民群众家门口烟火气更足、生活味更浓、幸福感更强。

（七）聚焦“三园”工程，全面推进乡村振兴。坚持基础设施建设和公共资源配置向郊区倾斜，实施乡村建设行动，积极推进农业农村现代化，加快实现农业高质高效、乡村宜居宜业、农民富裕富足。

高标准建设“美丽家园”。完成32个乡村振兴示范村建设，打造乡村振兴示范片区。推进1.27万户农民相对集中居住，实施农村人居环境优化工程，推进500千米农村公路提档升级。扎实开展农村乱占耕地建房整治。鼓励国有企业参与乡村振兴重大项目建设。

高质量建设“绿色田园”。落实粮食安全责任制，强化耕地保护，加强粮食生产和储备。持续优化农业产业结构，大力发展现代种业，增加绿色农产品供给。启动建设13个绿色田园先行片区。大力提升农业科技装备水平，新建8个绿叶菜机械化生产示范基地。加快发展乡村产业，加大农业招商引资力度。

高水平建设“幸福乐园”。深入开展农民职业技能培训，促进农民非农就业。持续推进农村综合帮扶，加快“造血”项目建设。探索实施农村集体经营性建设用地入市，稳慎推进农村宅基地制度改革试点。

（八）聚焦文化供给提质增效，增强城市文化软实力。坚持守正创新，推动文化事业和文化产业繁荣发展，更好地赓续红色基因、彰显海派魅力、展现江南风韵。

提升城市文明程度。实施红色文化传承弘扬工程，建成中国共产党第一次全国代表大会纪念馆。深入开展爱国主义和公民道德主题教育，加强群众性精神文明创建。全面启动“八五”普法工作。推动哲学社会科学繁荣发展。健全文化遗产保护体系，全面推进国家社会文物管理综合改革试点和文物保护利用示范区创建。

推动文旅融合高质量发展。建成图书馆东馆、少儿图书馆新馆、天文馆等公共文化设施。加快影视、演艺、电竞、艺术品、网络文化、创意设计等重点产业发展，积极发展新型文化业态。实施“上海旅游”高峰建设工程，深化全域旅游示范区建设，打造一

批“家门口的好去处”等旅游“微空间”，完善红色旅游、建筑可阅读等服务体系。完成苏州河两岸和延安路高架、南北高架沿线景观灯光提升改造。

繁荣发展社会主义文艺。实施重大革命历史题材、重大现实题材等创作工程，大力扶持文艺新品、优品、精品。实施顶尖文艺人才引育、青年文艺家培养等计划，让艺术之光薪火相传、更加璀璨。

加快建设全球著名体育城市。完善全民健身服务体系，实施学校体育场馆开放工程，新建改建健身步道80条、多功能运动场80片、益智健身苑点600个。支持体育产业创新升级，促进体育消费，用体育助力全民健康、凝聚向上力量。

（九）聚焦深入打好污染防治攻坚战，建设人与自然和谐共生的美丽上海。坚持绿水青山就是金山银山理念，推动生态环境质量持续向好，努力让天更蓝、地更绿、水更清。

启动第八轮环保三年行动计划。制订实施碳排放达峰行动方案，加快全国碳排放权交易市场建设。深入推进工业挥发性有机物综合治理，全面实施重型柴油车国6a排放标准。开工建设竹园—白龙港污水连通工程，加快建设苏州河环境综合整治四期、吴淞江工程新川沙河段、竹园污水处理厂四期等工程。推进垃圾源头减量，推动生活垃圾回收利用率达到40%，实现原生生活垃圾零填埋。加快建设新能源车动力电池回收利用体系。启动实施第三轮金山地区环境综合整治。持续推动中央生态环保督察及长江经济带生态环境突出问题整改，实施好长江十年禁渔。

扩展绿色生态空间。全面完成崇明世界级生态岛建设第四轮三年行动计划，全力办好第十届中国花卉博览会。推进环城公园带建设，推动世博文化公园北区开园，建成口袋公园等各类公园120座，新建林地5万亩、绿地1000公顷、城市绿道200千米、立体绿化40万平方米。

各位代表，九层之台，起于累土。国家赋予新使命，人民寄予新期盼，我们要以时不我待、比学赶超的精神状态，锐意进取、真抓实干，奋力实现“十四五”发展良好开局！

四、推进政府治理现代化

完成目标任务，关键要把政府自身建设得更加坚强有力。我们要加快建设职责明确、依法行政的政府治理体系，推动有效市场和有为政府更好地结合。

旗帜鲜明讲政治。把增强“四个意识”、坚定“四个自信”、坚决做到“两个维护”贯彻落实到政府工作的全过程、各方面。立足“两个大局”，心怀“国之大者”，做政治上的明白人，不断提高政治判断力、政治领悟力、政治执行力，不断提高把握新发展阶段、贯彻新发展理念、构建新发展格局的政治能力、战略眼光、专业水平，不折不扣执行党中央、国务院大政方针和中共上海市委决策部署。

扎实有力行法治。坚持以法治定规矩、划界限、促治理，认真实施民法典等法律法规，加快建设法治政府。提高政府立法和决策质量，强化公共卫生等重点领域建章立制，制定涉企政策充分听取相关企业和行业协会商会的意见。组建街道乡镇综合行政执法机构，下沉执法权限和力量，促进严格规范公正文明执法。切实加强统计基层基础建设。强化监督，深化政务公开，完成行政复议体制改革，加强审计监督，依法接受市人大及其常委会监督，自觉接受市政协民主监督，自觉接受法律、监察和人民监督，主动接受社会和舆论监督。

加快步伐转职能。开展营商环境创新试点，实施新一轮营商环境改革方案。深化“放管服”改革，将全市所有涉企经营许可事项纳入“证照分离”改革，探索行业综合许可制度，广泛推行告知承诺制。实现应急管理等重点领域“互联网＋监管”全覆盖，构建公共信用信息常态化修复机制。加强规制，提升监管能力，强化反垄断、反不正当竞争。持续拓展减税降费成效，优化财政支出结构，实施政府购买服务负面清单管理，部门一般性支出继续压减10%。

坚持不懈强基层。切实为基层减负，健全下沉街镇、居村事项准入机制，统筹基层工作力量，实施社区工作者增能计划，开展居村委会换届选举。培育发展社会组织。发挥工会、共青团、妇联等群团组织在社会治理中的作用。做好民族宗教工作。创新人口服务管理。提高信访工作和人民建议工作水平，畅通与群众的“连心桥”。

持之以恒正作风。把严的主基调长期坚持下去，严格执行全面从严治党“四责协同”机制。锲而不舍落实中央八项规定精神，着力整治形式主义、官僚主义。坚持严管厚爱结合，着力激励担当作为、干事创业，构建亲清政商关系。纵深推进廉政建设，坚决反对腐败。政府各级领导干部都要切实增强思想的敏锐性、工作的前瞻性、落实的穿透性，始终紧跟时代前进步伐，把握稍纵即逝机遇，只争朝夕，善作善成。每位政府工作人员都要以百姓心为心，倾情倾力办好惠民实事，勤勉扎实解决群众难题，以自己的服务指数换取群众的幸福指数。

各位代表，新愿景引领新征程，新作为铸就新辉煌。让我们更加紧密地团结在以习近平同志为核心的党中央周围，在中共上海市委的坚强领导下，攻坚克难、开拓进取，深入推进“五个中心”和具有世界影响力的社会主义现代化国际大都市建设，以优异成绩庆祝中国共产党成立100周年，为全面建设社会主义现代化国家、实现中华民族伟大复兴的中国梦不懈奋斗！

2020 年上海市国民经济和社会发展统计公报

2020 年，面对突如其来的新冠肺炎疫情严重冲击和前所未有的严峻复杂形势，全市在以习近平同志为核心的党中央坚强领导下，以习近平新时代中国特色社会主义思想为指导，全面贯彻落实党的十九大和十九届二中、三中、四中、五中全会精神，深入学习贯彻习近平总书记考察上海重要讲话和在浦东开发开放 30 周年庆祝大会上的重要讲话精神，坚决贯彻落实党中央、国务院和中共上海市委、市政府的决策部署，自觉践行“人民城市人民建，人民城市为人民”重要理念，统筹推进疫情防控和经济社会发展工作，全市经济运行在抗疫情中体现韧性，社会民生在补短板中持续改善，奋力夺取了疫情防控和经济社会发展双胜利。

一、综合

初步核算，全年实现上海市生产总值（GDP）38700.58 亿元，比上年增长 1.7%（见图 1）。其中，第一产业增加值 103.57 亿元，下降 8.2%；第二产业增加值 10289.47 亿元，增长 1.3%；第三产业增加值 28307.54 亿元，增长 1.8%。第三产业增加值占上海市生产总值的比重为 73.1%，比上年提高 0.2 个百分点。

图 1　2016 年 —2020 年上海市生产总值及其增长速度

在上海市生产总值中，公有制经济增加值 17481.57 亿元，比上年增长 1.3%；非公有制经济增加值 21219.01 亿元，增长 2.0%。非公有制经济增加值占上海市生产总值的比重为 54.8%。

全年战略性新兴产业增加值 7327.58 亿元，比上年增长 9.2%。其中，工业增加值 2959.79 亿元，增长 9.6%；服务业增加值 4367.79 亿元，增长 8.9%（见表 1）。

表 1　2020 年战略性新兴产业增加值及其增长速度

指标	绝对值（亿元）	比上年增长（%）
战略性新兴产业增加值	7327.58	9.2
工　业	2959.79	9.6
服务业	4367.79	8.9

全年新设市场主体 47.73 万户，比上年增长 10.6%，新设市场主体注册资本（金）27681.18 亿元，增长 33.9%。其中，新设企业 41.79 万户，增长 13.7%，注册资本 27630.08 亿元，增长 34.0%；新设个体工商户 5.91 万户，减少 7.0%，个体工商户资金数额 45.67 亿元，减少 1.6%；新设农民专业合作社 310 户，减少 11.2%，农民专业合作社出资总额 5.4 亿元，减少 25.0%。至年末，上海市共有各类市场主体 292.90 万户，比上年末增长 8.3%，注册资本（金）28.59 万亿元，增长 10.3%。其中，企业 241.91 万户，增长 9.6%，注册资本 28.54 万亿元，增长 10.3%；个体工商户 49.93 万户，增长 2.8%，资金总额 219.18 亿元，增长 9.5%；农民专业合作社 1.06 万户，减少 0.9%，出资总额 265.63 亿元，减少 15.9%。

全年地方一般公共预算收入 7046.30 亿

元，比上年下降 1.7%；非税收入占全市地方一般公共预算收入比重为 17.1%。地方一般公共预算支出 8102.11 亿元，下降 0.9%(见表 2)。全年税务部门组织的税收收入完成 13052.72 亿元 (不含关税及海关代征税)，下降 4.7%。

表 2　2020 年地方一般公共预算收支及其增长速度

指 标	绝对值（亿元）	比上年增长（%）
地方一般公共预算收入	7046.30	-1.7
增值税	2285.70	-17.4
个人所得税	670.37	11.0
企业所得税	1394.30	-4.0
契 税	380.10	20.6
地方一般公共预算支出	8102.11	-0.9
一般公共服务支出	371.01	1.6
公共安全支出	440.82	6.6
教育支出	1000.59	0.5
科学技术	406.20	4.3
社会保障和就业支出	981.12	-1.9
卫生和健康支出	544.50	10.3
节能环保支出	181.82	-1.2

全年全社会固定资产投资总额比上年增长 10.3%。其中，第二产业投资增长 16.5%；非国有经济投资增长 13.1%(见表 3)。

表 3　2020 年全社会固定资产投资及其增长速度

指 标	比上年增长（%）
全社会固定资产投资总额	10.3
按经济类型分	
国有经济	3.7
非国有经济	13.1
私营经济	2.3
股份制经济	17.3
外商及港澳台经济	11.5
按产业分	
第一产业	109.8
第二产业	16.5
第三产业	9.0
按行业分	
工 业	15.9
交通运输、仓储和邮政业	-27.4

续上表

指 标	比上年增长（%）
信息传输、软件和信息技术服务业	-2.0
金融业	-29.9
教育	1.8
卫生和社会工作	31.3
文化、体育和娱乐业	28.9

以上年价格为 100，全年居民消费价格指数为 101.7。其中，食品烟酒类价格指数为 105.3，居住类价格指数为 100.8，医疗保健类价格指数为 101.2（见表 4）；工业生产者出厂价格指数为 98.3，工业生产者购进价格指数为 96.9。

以上年 12 月价格为 100，新建商品住宅销售价格指数为 104.2，二手住宅销售价格指数为 106.3；以上年价格为 100，全年新建商品住宅销售价格指数为 103.6，二手住宅销售价格指数为 103.5。

表 4　2020 年居民消费价格指数

指 标	指 数（以上年价格为100）
居民消费价格指数	101.7
食品烟酒	105.3
衣 着	100.9
居 住	100.8
生活用品及服务	99.8
交通和通信	96.6
教育文化和娱乐	101.1
医疗保健	101.2
其他用品和服务	102.9

二、农 业

全年全市实现农业总产值 272.01 亿元，比上年下降 7.1%。其中，种植业 134.93 亿元，下降 4.6%；林业 14.60 亿元，下降 5.6%；牧业 54.27 亿元，下降 9.6%；渔业 50.39 亿元，下降 8.4%；农林牧渔专业及辅助性活动 17.82 亿元，增长 7.3%。

全年全市农作物播种面积 25.78 万公顷，比上年减少 2.5%。其中，粮食播种面积 11.43 万公顷，减少 2.6%；蔬菜播种面积 8.42 万公顷，减少 3.0%。全年全市粮食产量 91.44 万吨，比上年下降 4.6%；蔬菜产量 244.33 万吨，下降 5.7%；生猪出栏 97.74 万头，下降 17.0%；生牛奶产量 29.09 万吨，下降 2.2%；水产品产量 24.74 万吨，下降 11.8%(见表 5)。

至年末，全市有效期内绿色食品企业共 875 家，产品 1573 个，全年获证产量 125.58 万吨；地产农产品绿色食品认证率达 24%；农产品地理标志 15 个。

至年末，全市累计建成高标准农田面积 11.41 万公顷；全市累计创建市级蔬菜标准园 223 家；纳入统计范围的农民专业合作社 2506 家，其中市级农民合作社示范社 240 家，国家级农民合作社示范社 97 家；各类农业产业化重点龙头企业 365 家，其中市级以上龙头企业 88 家，国家级龙头企业 24 家；经农业农村部门认定的家庭农场 3965 家，其中市级示范家庭农场 76 家。

表 5　2020 年主要农副产品产量

产品名称	单位	全市产量	比上年增长（%）
粮食	万吨	91.44	-4.6
蔬菜	万吨	244.33	-5.7
生猪出栏	万头	97.74	-17.0
生牛奶	万吨	29.09	-2.2
家禽出栏	万羽	788.21	-6.7
水产品	万吨	24.74	-11.8

三、工业和建筑业

全年实现工业增加值 9656.51 亿元，比上年增长 1.4%。全年完成工业总产值 37052.59 亿元，增长 1.6%。其中，规模以上工业总产值 34830.97 亿元，增长 1.9%。在规模以上工业总产值中，国有控股企业总产值 12904.24 亿元，下降 1.3%。

全年新能源、高端装备、生物、新一代信息技术、新材料、新能源汽车、节能环保、数字创意等工业战略性新兴产业完成工业总产值 13930.66 亿元，比上年增长 8.9%，占全市规模以上工业总产值比重达到 40.0%。

全年六个重点工业行业完成工业总产值 23784.22 亿元，比上年增长 4.1%，占全市规模以上工业总产值的比重为 68.3%(见表 6)。全年规模以上工业产品销售率为 99.4%。全年新能源汽车产量 23.86 万辆，增长 1.9 倍；3D 打印设备产量 961 台，增长 23.2%；集成电路产量 288.67 亿块，增长 21.7%(见表 7)。

表 6　2020 年六个重点行业工业总产值及其增长速度

指标	绝对值（亿元）	比上年增长（%）
六个重点行业工业总产值	23784.22	4.1
电子信息产品制造业	6466.23	5.3
汽车制造业	6735.07	9.3
石油化工及精细化工制造业	3488.97	0.5
精品钢材制造业	1120.40	-4.2
成套设备制造业	4556.95	0.6
生物医药制造业	1416.61	2.9

表 7　2020 年主要工业产品产量及其增长速度

产品名称	单位	产量	比上年增长(%)
钢材	万吨	1879.61	-1.1
工业机器人	万台	5.34	9.6
汽车	万辆	264.68	-3.7
新能源汽车	万辆	23.86	1.9倍
多功能乘用车（MPV）	万辆	13.61	17.5
运动型多用途乘用车（SUV）	万辆	96.87	2.5
3D打印设备	台	961	23.2
集成电路	亿块	288.67	21.7
笔记本计算机	万台	1437.17	76.1
智能手机	万台	3686.58	-7.3
服务器	万台	25.48	25.4
智能电视	万台	153.31	14.3

全年规模以上工业企业实现利润总额 2831.81 亿元，比上年下降 2.3%；实现税金总额 1754.00 亿元，下降 0.6%。规模以上工业企业亏损面为 21.6%。

全年实现建筑业总产值 8277.04 亿

元，比上年增长 5.9%；房屋建筑施工面积 53798.60 万平方米，增长 5.7%；竣工面积 8150.76 万平方米，下降 11.7%。

四、批发和零售业

全年实现批发和零售业增加值 4869.89 亿元，比上年下降 3.3%。

全年实现商品销售总额 13.98 万亿元，比上年下降 2.6%。其中，批发销售额 12.51 万亿元，下降 3.1%。

全年实现社会消费品零售总额 15932.50 亿元，比上年增长 0.5%(见表 8)。其中，无店铺零售额 3041.75 亿元，增长 4.5%。网上商店零售额 2606.39 亿元，增长 10.2%，占社会消费品零售总额的比重为 16.4%。

表 8　2020 年社会消费品零售总额及其增长速度

指标	绝对值（亿元）	比上年增长（%）
社会消费品零售总额	15932.50	0.5
批发零售贸易业	14754.23	2.6
住宿餐饮业	1178.28	−19.6
国有	61.50	−6.9
私营	3328.52	−6.4
股份有限公司	445.31	−11.2
港澳台商投资	3750.48	15.9
外商投资	3861.56	3.6
无店铺零售额	3041.75	4.5
网上商店零售额	2606.39	10.2

全年完成电子商务交易额 29417.4 亿元，比上年下降 11.4%。其中，B2B 交易额 17697.3 亿元，下降 11.5%，占电子商务交易额的比重为 60.2%；网络购物交易额 (含商品类、服务类交易)11720.1 亿元，下降 11.1%，占电子商务交易额的比重为 39.8%。

五、交通、邮电和旅游

全年实现交通运输、仓储和邮政业增加值 1474.82 亿元，比上年下降 8.4%。

全年各种运输方式完成货物运输量 139226.01 万吨，比上年下降 7.2%。旅客发送量 11973.18 万人次，下降 46.2%(见表 9)。

表 9　2020 年货物运输量与旅客发送量及其增长速度

指标	单位	绝对值	比上年增长(%)
货物运输量	万吨	139226.01	−7.2
铁路	万吨	478.19	1.4
水运	万吨	92294.30	−6.4
公路	万吨	46051	−9.1
机场	万吨	402.52	−0.8
旅客发送量	万人次	11973.18	−46.2
铁路	万人次	7604.63	−40.7
港口	万人次	15.36	−86.6
公路	万人次	1332.28	−57.9
机场	万人次	3020.91	−50.6

全年完成港口货物吞吐量 71669.95 万吨，比上年下降 0.5%；集装箱吞吐量 4350.34 万国际标准箱，增长 0.5%。集装箱水水中转比例达 51.6%，国际中转比例 12.3%，分别比上年提高 3.3 和 1.5 个百分点。上海浦东、虹桥两大国际机场全年共起降航班 54.51 万架次，下降 30.5%；实现进出港旅客 6164.21 万人次，下降 49.4%。其中，国内航线进出港旅客 5644.24 万人次，下降 29.3%；国际及地区航线进出港旅客 519.97 万人次，下降 87.6%。

建成龙耀路越江隧道、沪苏通铁路一期，轨道交通 10 号线二期、18 号线一期 (御桥路至航头路) 建成投入试运行。至年末，全市轨道交通运营线路 18 条，长度达到 729.2 千米，运营车站 430 个。至年末，地面公交运营车辆达 1.77 万辆。其中，国 V 及以上和零排放公交车 15720 辆，占全部公交运营车辆的 89.0%。公交运营线路达 1585 条，线网长度 9116 千米；运营出租车 3.7 万辆，客运量 3.67 亿人次。全年公共交通客运总量 42.35 亿人次，日均 1157.1 万人次，比上年下降 29.6%。其中，轨道交通客运量 28.32 亿人次，下降 27.1%；公共汽电车客运量 13.65 亿人次，下降 34.5%。

至年末，全市拥有各类民用汽车 470.43 万辆，比上年末增长 6.5%。其中，私人汽车 365.56 万辆，增长 7.5%。

全年完成邮政业务总量 848.14 亿元，比上年增长 10.4%；电信业务总量 2822.91 亿元，增长 25.8%。邮政业全年完成邮政函件业务 3.14 亿件、包裹业务 204.90 万件、快递业务 33.63 亿件；快递业务收入 1428.19 亿元。

全年实现旅游产业增加值 1314.11 亿元，比上年下降 42.0%。年内评定推出首批 4 家市级旅游度假区和 16 家市级全域旅游特色示范区域，100 家旅游咨询社区服务点实现挂牌服务。

至年末，全市已有星级宾馆 193 家，旅行社 1790 家，A 级旅游景区 (点)130 个，红色旅游基地 34 个 (见表 10)。

表 10　2020 年旅游设施情况

指标	单位	绝对值
星级宾馆	家	193
五星级	家	71
四星级	家	60
旅行社	家	1790
经营出境旅游业务的旅行社	家	298
A级旅游景区（点）	个	130
5A级景区（点）	个	3
4A级景区（点）	个	68
红色旅游基地	个	34
全国红色旅游基地	个	12
旅游咨询服务中心	个	63

全年接待国际及港、澳、台旅游入境者 128.62 万人次，比上年减少 85.7%。其中，入境外国人 83.01 万人次，减少 88.0%；港、澳、台同胞 45.61 万人次，减少 77.8%。在旅游入境者中，过夜旅游者 104.18 万人次，减少 85.8%。全年接待国内旅游者 23605.71 万人次，减少 34.7%；其中外省市来沪旅游者 11834.57 万人次，减少 31.1%。全年入境旅游外汇收入 37.74 亿美元，减少 55.0%；国内旅游收入 2809.50 亿元，减少 41.3%。

六、金融业

全年实现金融业增加值 7166.26 亿元，比上年增长 8.4%。

金融改革创新深入推进，国家金融管理部门和市政府联合发布“金融 30 条”。金融业对外开放“首家”“首批”示范效应明显，一批知名外资金融机构在沪设立独资或合资机构。LPR 利率期权、低硫燃料油期货、国际铜期货等重要金融产品和业务推出，证券市场筹资额、现货黄金交易量、原油期货市场规模等均位居世界前三。金融发展环境不断优化，第十二届陆家嘴论坛成功举办，全球金融中心指数（GFCI）排名升至世界第三。

至年末，全市中外资金融机构本外币各项存款余额 155865.06 亿元，比年初增加 23018.75 亿元；贷款余额 84643.04 亿元，比年初增加 6741.57 亿元 (见表 11)。

表 11　2020 年中外资金融机构本外币存贷款情况

指标	绝对值（亿元）	比年初增减额（亿元）
各项存款余额	155865.06	23018.75
住户存款	38302.45	4979.96
非金融企业存款	63425.46	7437.41
财政性存款	3934.59	1160.22
机关团体存款	14601.54	295.85
非银行业金融机构存款	27781.02	7930.88
各项贷款余额	84643.04	6741.57
住户贷款	25599.02	2239.77
企（事业）单位贷款	54302.80	4289.
非银行业金融机构贷款	404.11	–23.07
人民币个人消费贷款	22146.92	1347.41
住房贷款	15377.03	1025.31
汽车消费贷款	3075.67	307.39

全年金融市场交易总额达到 2274.83 万亿元，比上年增长 17.6%(见图 2)。上海证券交易所总成交额 366.70 万亿元，增长 29.4%。其中，股票成交额 83.99 万亿元，

增长 54.4%；债券成交额 11.45 万亿元，增长 78.7%。全年通过上海证券市场股票筹资 9151.73 亿元，比上年增长 18.9%；发行公司债和资产支持证券共 48224.56 亿元，增长 37.8%。至年末，上海证券市场上市证券 22922 只，比上年末增加 5299 只。其中，股票 1843 只，增加 228 只。

全年上海期货交易所总成交金额 152.80 万亿元，比上年增长 35.8%。中国金融期货交易所总成交金额 115.44 万亿元，增长 65.8%。银行间市场总成交金额 1618.23 万亿元，增长 11.2%。上海黄金交易所总成交金额 21.66 万亿元，增长 50.7%。

全年保险公司原保险保费收入 1864.99 亿元，比上年增长 8.4%。其中，财产险公司原保险保费收入 594.35 亿元，下降 7.6%；人身险公司原保险保费收入 1270.64 亿元，增长 18.0%。全年原保险赔付支出 630.70 亿元，下降 3.7%。其中，财产险业务原保险赔款支出 278.46 亿元，下降 9.0%；寿险业务原保险给付 223.75 亿元，下降 0.6%；健康险业务原保险赔款给付 108.28 亿元，增长 7.5%；意外险业务原保险赔款支出 20.2 亿元，下降 11.7%。

七、对外经济

全年上海口岸货物进出口总额 87463.10 亿元，比上年增长 3.8%，继续保持世界城市首位。其中，进口 37648.80 亿元，增长 6.2%；出口 49814.30 亿元，增长 2.1%。全年上海关区货物进出口总额 64604.64 亿元，比上年增长 1.8%。其中，进口 27024.82 亿元，增长 3.1%；出口 37579.82 亿元，增长 0.9%。

全年上海市货物进出口总额 34828.47 亿元，比上年增长 2.3%。其中，进口 21103.11 亿元，增长 3.8%；出口 13725.36 亿元，与上年持平（见图 3、表 12）。高新技术产品出口占全市比重为 42.1%。按市场分，对欧盟进口 4898.39 亿元，增长 7.8%；出口 2081.71 亿元，增长 2.3%；对美国进口 1836.99 亿元，增长 5.8%；出口 2980.31 亿元，增长 6.6%；对东盟进口 3150.37 亿元，增长 8.9%；出口 1690.70 亿元，下降 6.5%；对日本进口 2555.60 亿元，增长 8.7%；出口 1256.44 亿元，下降 7.5%（见表 13）。与"一带一路"沿线国家和重要节点城市货物贸易额占全市比重达到 22.5%。

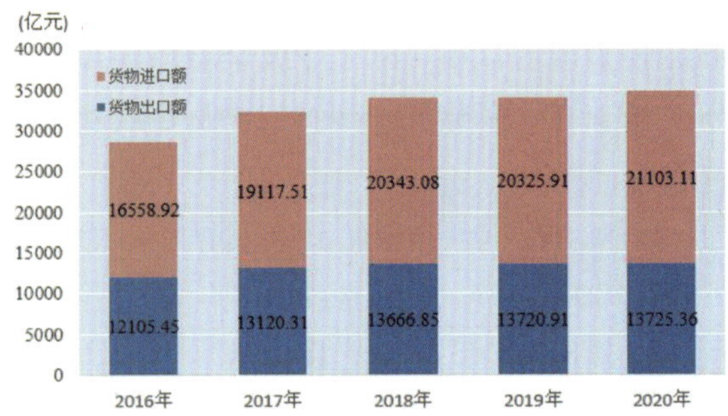

图 2　2016—2020 年上海市货物进出口总额

表 12　2020 年上海市货物进出口总额及其增长速度

指标	绝对值（亿元）	比上年增长（%）
上海市货物进出口总额	34828.47	2.3
上海市货物进口总额	21103.11	3.8
国有企业	2334.38	-21.7
外商投资企业	14227.06	6.9
私营企业	4482.42	16.1
一般贸易	12304.56	7.2
加工贸易	2336.19	4.2
机电产品	10457.05	7.7
高新技术产品	6936.15	9.8
上海市货物出口总额	13725.36	0.0
国有企业	1631.14	4.2
外商投资企业	8255.06	-3.2
私营企业	3699.54	6.6
一般贸易	6394.41	0.0
加工贸易	4695.21	-2.1
机电产品	9477.61	0.1
高新技术产品	5782.06	2.4

表 13 2020 年上海对主要国家和地区货物进出口总额及其增长速度

国家和地区	出口额（亿元）	比上年增长(%)	进口额(亿元)	比上年增长(%)
美国	2980.31	6.6	1836.99	5.8
欧盟	2081.71	2.3	4898.39	7.8
东盟	1690.70	-6.5	3150.37	8.9
日本	1256.44	-7.5	2555.60	8.7
中国香港	1392.44	-1.4	40.99	-61.8
韩国	496.30	2.2	1310.17	5.9
中国台湾	771.47	10.1	1666.18	16.1
俄罗斯	181.37	-3.3	254.64	59.9
“一带一路”沿线国家	3179.20	-4.7	4647.60	7.7

全年新设外商投资企业 5751 家，比上年下降 15.4%；合同金额 516.54 亿美元，增长 2.8%；全年外商直接投资实际到位金额 202.33 亿美元，增长 6.2%。全年制造业外商直接投资实际到位金额 10.94 亿美元，下降 36.1%，占全市实际利用外资比重为 5.4%；第三产业外商直接投资实际到位金额 191.12 亿美元，增长 10.6%，占比为 94.5%。“一带一路”沿线国家在沪投资实到金额占全市比重为 11.1%。至年末，在上海投资的国家和地区达 189 个，上海市累计认定跨国公司地区总部 771 家（亚太区总部 137 家），外资研发中心 481 家。年内新增跨国公司地区总部 51 家。其中，亚太区总部 21 家；外资研发中心 20 家。

全年备案对外直接投资项目 814 个，比上年下降 3.7%；对外直接投资中方投资额 151.16 亿美元，增长 8.0%。新签对外承包工程合同金额 93.13 亿美元，下降 25.8%；完成营业额 96.71 亿美元，增长 2.9%；累计派出各类劳务人员 24629 人次，下降 15.3%。

全年全市共举办各类展会及活动 550 个，总面积 1107.8 万平方米，比上年下降 43%。其中，举办国际展 181 个，展览面积 873.7 万平方米，下降 41.9%；举办国内展 258 个，展览面积 166.8 万平方米，下降 38.9%；举办活动 111 个，活动面积 67.3 万平方米，下降 59.5%。

成功举办第三届中国国际进口博览会。来自 124 个国家（地区）的企业踊跃参展，二十国集团、金砖国家、上合组织全部成员国均有企业参展，数十家龙头企业连续签约未来三届。按一年计，累计意向成交 726.2 亿美元，比上届进博会增长 2.1%。

八、中国（上海）自由贸易试验区建设

2020 年，中国（上海）自由贸易试验区建设七年来，围绕党中央的重大战略部署先后推进实施了 1.0 版、2.0 版、3.0 版等三个总体方案，进入新发展阶段、贯彻新发展理念、服务构建新发展格局，进一步深化自贸区试验区制度创新、改革集成，不断增创国际开放合作和竞争新优势，为上海加快打造国内大循环中心节点和国内国际双循环战略链接发挥更大作用。

投资环境进一步优化。代理记账许可审批改革取得明显成效。率先建立健全《浦东新区代理记账行业综合监管办法》及配套制度，依托代理记账行业综合监管平台，实现可视化、智能化、协同化、精准化的全过程闭环监管，改革后由原来 3 个工作日压缩至 0.5 个工作日，部分变更和备案事项实现即到即办，审批效率全市领先。海关优化服务推动首票中欧班列运输整车入区，优化通关流程，充分发挥“汽车保税仓储 + 集中汇总征税”组合政策优势和“大车拉小车”模式，完成 4 台意大利法拉利整车运输。

金融市场进一步开放。自由贸易账户功能持续发挥，首批保险机构接入自贸区试验区分账核算单位，自此实现银行、证券、保险三类金融机构全覆盖。截至 2020 年底，累计开立 FT 账户 13.2 万个，全年跨境人民币结算总额 54311.8 亿元，比上年增长 4.3%，占全市比重为 41.4%；跨境人民币境外借款

总额 6.7 亿元，比上年下降 84.2%。上海首单自贸区人民币债券获批发行。

贸易服务体系不断完善。2020 年 8 月 30 日，国务院正式批复同意上海外高桥保税物流园区转型为上海外高桥港综合保税区。自贸文投平台作用显现，先后推出艺术品进出口批文申办 5 个工作日完成、艺术品进境免除 CCC 证明、艺术品进出境备案免除文广局批文等贸易便利化创新措施，进出境文化艺术品量从上年的 61 件增加至 2020 年的 2234 件，占全国总量 90%，保税区文化艺术品累计进出境货值逾 480 亿元。

重点产业蓬勃发展。2020 年，自贸试验区高技术产业产值达 2905.78 亿元，比上年增长 6.7%；其中汽车制造、电子信息、生物医药等行业分别增长 37.6%、9.5%、2.1%。

表 14　2020 年中国（上海）自由贸易试验区主要经济指标及其增长速度

指标	单位	绝对值	比上年增长(%)
一般公共预算收入	亿元	608.25	−1.8
外商直接投资实际到位金额	亿美元	84.38	10.5
全社会固定资产投资总额	亿元	1524.88	44.8
工业总产值	亿元	5446.56	13.9
社会消费品零售额	亿元	2094.17	1.5
商品销售总额	亿元	45810.17	−3.3
服务业营业收入	亿元	5033.18	−0.4
期末监管类金融机构数	个	997	2.8

九、城市基础设施和房地产

全年城市基础设施建设投资比上年下降 3.6%。其中，电力建设投资下降 0.4%；交通运输投资下降 27.0%；公用事业投资下降 8.6%；邮电通信投资下降 12.7%；市政建设投资增长 33.9%(见表 15)。

至年末，全市公交专用道路长度 471 千米 (不含有轨电车长度)。苏州河中心城区 42 千米岸线公共空间基本贯通开放。完成 124 千米架空线入地及合杆整治。完成 103.3 千米燃气隐患管网改造及 11.3 万户立管改造。

表 15　2020 年城市基础设施投资增长速度

指标	比上年增长(%)
城市基础设施投资	−3.6
电力建设	−0.4
交通运输	−27.0
邮电通信	−12.7
公用事业	−8.6
市政建设	33.9

全市自来水供水能力为 1221 万立方米 / 日，比上年下降 2.4%。全年供水总量为 28.86 亿立方米，比上年下降 3.1%；售水总量为 23.59 亿立方米，下降 1.7%。其中，工业用水量、生活用水量分别为 3.89 亿立方米、18.32 亿立方米，分别下降 3.8% 和 1.6%。全年全市用电量 1575.96 亿千瓦时，增长 0.5%（见表 16）。至年末，全市家庭液化气用户 222 万户，增长 3.3%；家庭天然气用户 753 万户，增长 2.7%。

表 16　2020 年公用事业主要指标及其增长速度

指标	单位	绝对值	比上年增长(%)
自来水日供水能力	万立方米	1221	−2.4
自来水供水总量	亿立方米	28.86	−3.1
自来水售水总量	亿立方米	23.59	−1.7
工业用水	亿立方米	3.89	−3.8
用电量	亿千瓦时	1575.96	0.5
城乡居民生活用电	亿千瓦时	257.14	4.9
液化气销售总量	万 吨	27.2	−17.6
天然气销售总量	亿立方米	86.7	−7.8

全年完成房地产开发投资额比上年增长 11.0%。其中，住宅投资增长 4.3%；办公楼投资增长 20.8%；商业营业用房投资增长 22.4%。商品房施工面积 15740.34 万平方米，增长 6.3%；竣工面积 2877.78 万平方米，增长 7.8%。商品房销售面积 1789.16 万平方米，增长 5.5%。其中，住宅销售面积 1434.07

万平方米，增长 5.9%。全年商品房销售额 6046.97 亿元，增长 16.2%。其中，住宅销售额 5268.85 亿元，增长 18.2%。全年二手存量房买卖登记面积 2546.17 万平方米，增长 21.3%。

大力推进旧区改造，完成中心城区成片二级旧里以下房屋改造 75.3 万平方米、受益居民 3.6 万户；完成 709 万平方米三类旧住房综合改造，受益居民约 13 万户；修缮保护各类里弄房屋 55.8 万平方米；完成 751 幢既有多层住宅加装电梯计划立项，完工运行 294 台。新建和转化租赁房源 10 万套，新增代理经租房源 9.9 万套。全年新增供应各类保障房 6.1 万套。

十、城市信息化

全年实现信息产业增加值4524.85亿元，比上年增长 10.5%。其中，信息服务业增加值 3250.74 亿元，增长 13.5%。

至年末，千兆接入能力已实现全市覆盖。光纤到户能力覆盖家庭数达 960 万户，比上年末增加 1 万户。家庭宽带用户平均接入带宽达 209.9Mbps，比上年末增加 28.4Mbps。4G 用户数达 3246.2 万户，比上年末减少 353.4 万户；5G 用户数达 612.7 万户，比上年末增加 591.2 万户。互联网省际出口带宽 28863GB，比上年末增加 7003GB，互联网国际出口带宽 6941.9GB，比上年末增加 1865.5GB。IPTV 用户数达 564.8 万户，比上年末增加 7.9 万户。年内完成建设 15837 个 5G 基站（累计建成 32038 个 5G 基站），37648 个 5G 室内小站（累计建成 51560 个 5G 室内小站），实现 5G 网络中心城区和郊区重点区域连续覆盖。以行业示范应用带动 5G 产业链、业务链、创新链融合发展，在智能制造、健康医疗、智慧教育等十大领域累计推进 400 余项 5G 应用项目。2020 年，上海市智慧城市发展水平指数为 109.77，较去年提高 3.91，连续 7 年持续增长。

政务服务“一网通办”实现行政审批事项全覆盖，至年末，“一网通办”总门户已接入 3071 项服务事项：其中 83% 的事项可实现全程网办。日均办事 17.3 万件，实际网办率达 58.0%，实际全程网办率达 51.9%，分别比上年提升 30 个和 41 个百分点；321 个事项可“一件事一次办”。“一网通办”个人实名用户数达 4415.9 万，同比增长 3.3 倍；法人用户超 214 万。总客服解决率和满意率分别达到 98.8% 和 85.8%。推出“随申码”支持疫情防控，用码人数超 4409 万人，累计使用超 20.8 亿次。推进长三角三省一市 21 类电子证照共享互认，实现 83 项服务事项跨省通办。拓展长三角“一网通办”线下专窗，开通 550 个线下专窗办理点，全程网办办件 460 万余件。

十一、教育和科学技术

至 2020 学年末，全市共有普通高等学校 63 所，普通中等学校 929 所，普通小学 684 所，特殊教育学校 31 所。普通高等学校和中等职业学校在校生数及毕业生数有所增加（见表 17）。全市共有 49 家机构培养研究生，全年招收全日制研究生 6.33 万人，在校全日制研究生 17.81 万人，毕业全日制研究生 4.58 万人。

至 2020 学年末，全市共有民办普通高校 19 所，在校学生 12.59 万人；民办普通中学 131 所，在校学生 8.87 万人；民办小学 78 所，在校学生 10.56 万人。全市共有成人中高等学历教育学校 24 所，成人职业技术培训机构 807 所，老年教育机构 286 所。

表 17　2020 学年各级各类学校学生情况及其增长速度

类别	在校学生数(万人)	比上学年增长(%)	毕业学生数(万人)	比上学年增长(%)
普通高等学校	54.07	2.7	13.56	3.0
普通中等学校	72.44	3.9	17.60	5.6
普通中学	63.45	3.9	14.83	7.3
高中	16.64	4.4	5.23	1.4
初中	46.81	3.8	9.60	10.9
中等专业学校	6.03	5.8	1.87	-4.1
职业学校	2.01	2.0	0.66	3.1
技工学校	0.95	-4.0	0.24	-7.7
普通小学	86.10	4.2	14.23	-2.1
特殊教育学校	0.50	4.2	0.07	-0.6

全年研究与试验发展（R&D）经费支出约 1600 亿元，相当于上海市生产总值的比例为 4.1% 左右（见图 3）。

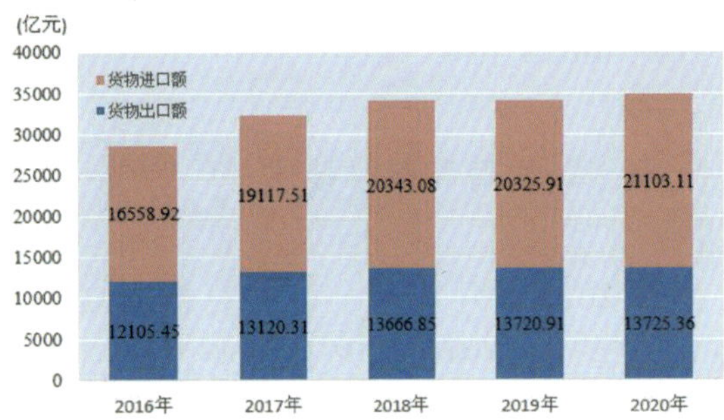

图 3　2016—2020 年 R&D 经费支出及其相当于上海市生产总值的比例

全市新增科技小巨人企业和小巨人培育企业 190 家，累计超 2300 家；新认定技术先进型服务企业 19 家，累计认定 235 家。年内新认定高新技术企业 7396 家，有效期内高新技术企业数达 17012 家，每万户企业法人中高新技术企业达 380 家。全年共落实高新技术企业减免所得税额 166.23 亿元，享受企业数 2918 家，落实技术先进型企业减免所得税额 6.85 亿元，享受企业数 131 家。全年共认定高新技术成果转化项目 845 项，比上年增长 2.8%。其中，电子信息、生物医药、新材料、先进制造与自动化等重点领域项目占 83.6%。至年末，共认定高新技术成果转化项目 13785 项。建成软 X 射线、超强超短激光等一批国家重大科技基础设施和 15 个研发与转化功能型平台。

全年专利申请量 21.46 万件，比上年增长 23.6%。其中，发明专利 8.28 万件，增长 16.0%；实用新型专利 10.70 万件，增长 32.8%；外观设计专利 2.47 万件，增长 14.6%。全年专利授权量为 13.98 万件，比上年增长 39.0%。其中，发明专利 2.42 万件，增长 6.5%；实用新型专利 9.22 万件，增长 49.7%；外观设计专利 2.33 万件，增长 43.9%。全年 PCT 国际专利申请量为 3558 件，比上年增长 29.9%。至年末，全市有效专利达 54.25 万件，比上年增长 22.3%。其中，发明专利 14.56 万件，增长 12.2%；实用新型专利 32.03 万件，增长 26.9%；外观设计专利 7.67 万件，增长 24.8%。每万人口发明专利拥有量达 60.2 件，增长 12.5%。

全年商标申请量为 50.53 万件，比上年增长 15.1%；商标注册量为 30.74 万件，下降 14.9%，均位于全国第七。至 2020 年末，商标有效注册量达 173.74 万件，比上年末增长 18.0%，位列全国第五；商标活跃度（每新增 1 户市场主体同时新增注册商标）达到 0.64 件，下降 23.8%，平均每新增 1.55 个市场主体就新增 1 件注册商标；商标集聚度（每万户市场主体的平均有效注册商标拥有量）为 5931 件，增长 8.8%，平均每 1.69 个市场主体就拥有 1 件注册商标。全年经认定登记的各类技术交易合同 26811 件，比上年减少 26.2%；合同金额 1815.27 亿元，增长 19.3%。

深入推进科创板注册制试点，至年末累计上市企业 215 家，共募集资金 3061.62 亿元。科创板上海上市企业 37 家，居全国第二位；融资额 1099.66 亿元、总市值 8756.94 亿元，均居全国首位。

十二、文化、卫生和体育

年内成功举办第二十三届上海国际电影节、第二十六届上海电视节、上海市民文化节等重大文化活动。上海电视节首次推出全线上的国际影视云市场，海外参展商占比首次突破50%。年内成立“演艺大世界在线演艺联盟”，全市演艺新空间增至66家，“演艺大世界”申报国内演出1.3万余场。

文物保护利用改革和非遗保护传承获得新突破。在第二届上海国际艺术品交易月中，审批文物拍卖会556场，成交额突破32亿元，同比增长23.0%。深入推进“建筑可阅读”工作，实现开放历史建筑1039处，完成二维码设置2458处。评选“非遗在社区”示范项目19个、示范点14个。

文化旅游数字化转型迈出新步伐，年内共组织“云展览”“云演出”“云游园”“云过节”“云直播”等3万余场在线公共文化活动，吸引超过2亿人次参与。重大文旅节展赛会探索新模式，英雄联盟S10总决赛吸引2亿人次在线观看，5000场线下活动吸引300余万人次参与。

至年末，全市共有公共图书馆23个，总流通人次668.3万人次；备案博物馆149个，接待观众总量982万人次。全年共出版报纸6.94亿份、各类期刊0.62亿册、图书4.95亿册；摄制完成80部影片。

至年末，全市共有医疗卫生机构5905所，卫生技术人员22.64万人（见表18）。全年全市医疗机构共完成诊疗人次2.41亿人次；上海地区婴儿死亡率2.66‰；上海地区孕产妇死亡率3.66/10万，其中户籍人口孕产妇死亡率5.62/10万。

坚持发热门诊“监测哨”作用，对122家发热门诊开展标准化建设，率先建成224个社区发热哨点。至年末，全市发热哨点共有留观床位1100张，负压救护车108辆，累计接诊发热病人111.6万人次。提升检测能力，至年末，全市核酸检测机构增至134家。年内，全市医疗系统先后派出九批1649名医护人员援鄂，累计救治2549名确诊病例。

表18　2020年卫生机构基本情况

指标	单位	绝对值
卫生机构数	所	5905
医院	所	405
门诊部	所	1233
社区卫生服务中心（不含分支机构）	所	331
疾病预防控制中心	所	19
卫生监督所	所	17
卫生技术人员数	万人	22.64
执业（助理）医生	万人	8.23
医院执业（助理）医生	万人	5.10
注册护士	万人	10.31

注：卫生机构数中含部队医院、医疗卫生机构的分支机构。

“量质并举”推进家庭医生签约服务，全市家庭医生“1+1+1”签约超800万人，常住居民签约率超过30%，签约居民年内门诊就诊72%在签约医疗机构组合内，57%在社区卫生服务中心内。

儿科医疗服务能力进一步增强，全市提供儿科诊疗服务的医疗机构增加到308家，其中社区卫生服务中心157家。至年末，儿科医联体签约医疗机构325家，签约率99.4%。基本完成26辆新生儿救护专用车辆配置项目。全市危重孕产妇、危重新生儿抢救成功率分别达98.3%和91.4%。

年内建成11个医疗急救分站，全市医疗急救分站增至187个，急救分站平均覆盖半径从2015年的4千米缩短为3.5千米；救护车辆达到每3万人一辆救护车，全年急救平均反应时间缩短至12分钟。年内提前超额新建134家智慧健康驿站，累计达219家驿站。年内批准50家医院开设互联网医院，在线提供部分常见病、慢性病复诊服务，有效降低疫情交叉感染风险，累计诊疗服务12.23万人次，开具处方7.05万张。

年内共举办40项国际国内重大赛事。

成功举办2020上海马拉松、MAGIC3上海市第二届青少年三对三超级篮球赛等品牌赛事。创新举办第三届市民运动会，共举办线下赛事近6300场，线上赛事近800场，参与市民1093万人次。年内上海运动员在全国最高级比赛中共获得24枚金牌、19枚银牌、30枚铜牌。上海女子冰球队取得全国女子冰球锦标赛冠军；上海男排实现联赛六连冠；上海女排获得联赛亚军；上海农商银行女足获联赛季军。重大体育设施项目顺利推进，市民体育公园一期正式对外开放，2021年赛艇世锦赛修缮工程完工。新建改建112条市民健身步道、585个市民益智健身苑点、96片市民多功能运动场。至年末，累计建成364片社会足球场。2020年度全市体育场地面积5850.51万平方米，人均面积2.409平方米。

十三、就业

全年新增就业岗位57.04万个（见图5），就业困难人员实现就业6.33万人，新消除零就业家庭180户。全年帮扶引领成功创业12546人，其中青年大学生9414人；帮助9956名长期失业青年实现就业创业。全年共完成补贴性职业培训176.25万人。其中，农民工补贴性职业培训95.7万人。高技能人才占技能劳动者比例达到35.03%。

至年末，累计核发外国人工作许可证26万余份；其中外国高端人才（A类）近5万份，约占18%。累计办理外国高端人才确认函近800张。

至年末，全市城镇登记失业人员13.54万人，城镇登记失业率为3.67%，城镇调查失业率稳定在4.3%以内。

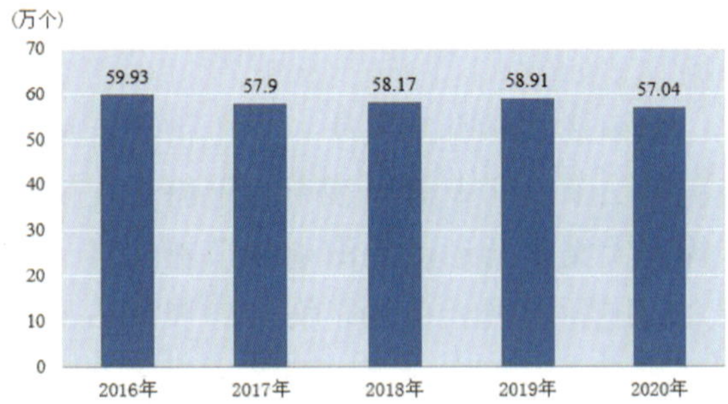

图4 2016—2020年新增就业岗位情况

十四、人民生活和社会保障

据抽样调查，全年全市居民人均可支配收入72232元，比上年增长4.0%（见图6）。其中，城镇常住居民人均可支配收入76437元，增长3.8%；农村常住居民人均可支配收入34911元，增长5.2%。全市居民人均消费支出42536元，比上年下降6.7%。其中，城镇常住居民人均消费支出44839元，下降7.1%；农村常住居民人均消费支出22095元，下降1.6%。

图5 2016—2020年全市居民人均可支配收入及其增长速度

至年末，全市共有1616.67万人（包括离退休人员）参加城镇职工基本养老保险，有76.19万人参加城乡居民基本养老保险。月最低工资标准为2480元，小时最低工资标准为22元。

至年末，全市共有1588.41万人（包括离退休人员）参加职工基本医疗保险，有355.99万人参加城乡居民基本医疗保险。

深化完善社区嵌入式养老。年内新增社

区综合为老服务中心52家、社区老年助餐服务场所212个、养老床位7646张，改造老年认知障碍照护床位2320张，实施老年认知障碍友好社区建设试点50家。深化长期护理保险制度试点，至年末，享受服务老人达41.7万人。至年末，全市建有社区综合为老服务中心320家，社区老年助餐服务场所1232个。全市共有养老机构729家，床位16.12万张。其中，由社会投资开办的356家，床位6.67万张。

最低生活保障标准从每人每月1160元调整为每人每月1240元，同步调整特困人员供养标准等社会救助标准。全年各级政府支出最低生活保障资金23.17亿元、特困人员救助供养资金0.92亿元、支出型贫困生活救助资金0.08亿元、临时救助资金0.19亿元、粮油帮困资金0.80亿元。

全年全市共发放残疾人两项补贴约8.21亿元。其中，困难残疾人生活补贴2.95亿元，累计惠及近9.02万残疾人；重度残疾人护理补贴约5.26亿元，累计惠及近22.11万残疾人。落实残疾人集中就业企业社会保险费补贴政策，对申请年度社保补贴的620家企业经市、区两级审核后发放1.05亿元社保补贴，惠及残疾职工1.6万人。

至年末，全市共有97名社会散居孤儿、1206名困境儿童享受基本生活保障，360人次孤儿和1913人次困境儿童享受了阶段价格临时补贴，69名在学在读孤儿享受“孤儿助学”补助资金。

十五、环境保护

全年全社会用于环境保护的资金投入1087.86亿元，相当于上海市生产总值的比例为2.8%。

全年环境空气质量（AQI）优良率为87.2%，比上年上升2.5个百分点；二氧化硫年日均值6微克/立方米，同比下降14.3%；可吸入颗粒物（PM10）年日均值41微克/立方米，同比下降8.9%；细颗粒物（PM2.5）年日均值32微克/立方米，同比下降8.6%；二氧化氮年日均值37微克/立方米，同比下降11.9%；一氧化碳年日均值0.7毫克/立方米，与上年持平；臭氧日最大8小时滑动平均值达标率92.6%，同比下降0.3个百分点。年末，城市污水处理厂日处理能力达840.3万立方米，比上年末提高0.7%。全市清运生活垃圾约867.34万吨(干垃圾+湿垃圾)，日均2.37万吨，其中干垃圾519.49万吨，合14193.82吨/日，同比减少20%；湿垃圾347.85万吨，合9504.01吨/日，同比增长27.5%。生活垃圾焚烧处置量18337吨/日，湿垃圾生化处置量3463吨/日，填埋1810吨/日。生活垃圾焚烧和湿垃圾资源化能力28095吨/日，另有应急填埋能力5000吨/日。已建成焚烧厂12座，焚烧能力21300吨/日；湿垃圾处理能力共计6795吨/日，湿垃圾集中处理设施10座，处理能力5530吨/日，另有分散处理能力1265吨/日。可回收物收运量233.34万吨，合6375.42吨/日，同比增长57.5%；有害垃圾处理量940.62吨，合2.57吨/日，同比增加328.5%。

全年完成新建绿地1202公顷，其中公园绿地655公顷；完成造林9万亩；新建绿道212千米；新建立体绿化43.1万平方米。全面推进17条(片)市级重点生态廊道建设，沪芦高速、沈海高速、金山化工区、老港固废基地周边等10条(片)基本建成，重点生态廊道面积达到10.3万亩。至年末，全市森林面积达175.8万亩，森林覆盖率达18.5%，人均公园绿地面积8.6平方米，城市公园数达406座，湿地保有量46.55万公顷，保护率达到50.4%。

十六、生产安全和食品药品安全

全年共发生生产安全死亡事故457起、

死亡501人，比上年分别下降10.7%、6.7%。其中，工矿商贸死亡事故212起、死亡217人；生产经营性道路交通事故226起、死亡233人；水上交通生产安全死亡事故9起、死亡(含失踪)37人；生产经营性火灾死亡事故6起、死亡10人；航空运输死亡事故2起、死亡2人；铁路运输死亡事故1起、死亡1人；农业机械死亡事故1起，死亡1人。全年亿元生产总值生产安全事故死亡人数为0.013人，工矿商贸企业从业人员10万人死亡率为1.625/10万。

全市食品安全总体监测合格率为99.4%，同比提高1.3个百分点。市民食品安全基本知识知晓度评分为85.4分，市民食品安全状况总体满意度评分为86.5分。全年共报告发生集体性食物中毒3起，中毒人数62人(无死亡病例)，食物中毒发生率为0.26例/10万人口，未发生重大食品安全事故。

上海市统计局

国家统计局上海调查总队

2021年3月19日

说明：

1. 本公报数据为初步统计数。

2. 上海市生产总值、各产业增加值和总产值绝对数按当年价格计算，增长速度按可比价格计算。2020年上海市生产总值数据执行国家统计局2012年制定的《三次产业划分规定》。

3. 所有制经济增加值按控股法核算，其中公有制经济包括国有经济和集体经济；非公有制经济包括私人经济和外资经济。2020年所有制经济核算口径根据国家统计局相关统计监测方案有所调整。

4. 战略性新兴产业包含工业战略性新兴产业和服务业战略性新兴产业两个部分，是本市根据国家制定的战略性新兴产品目录进行的行业划分。其中，工业战略性新兴产业增加值和总产值均为规模以上口径。

5. 自2019年起，上海证券交易所单列的股票、债券成交金额仅指现货，不再包含回购；公司债发行金额包含资产支持证券。

6. 电信业务总量按2015年不变价格计算。

7. 旅游产业和信息产业的增加值是依据若干行业的有关资料进行跨行业核算的，不能将其与上海市生产总值中其他行业的增加值进行简单加总，否则会造成重复计算。

8. 银行间市场成交额包括银行间本币市场和外汇市场成交额。自2017年起，各市场成交额按单边计算。

9. 中国(上海)自由贸易试验区数据按注册地口径统计，统计范围包括保税片区、陆家嘴片区、世博片区、张江片区、金桥片区(120.72平方千米)和临港新片区产城融合区(386区域)浦东部分(341平方千米)。

10. 学年是指教育年度，即从一年的9月1日(学年初)至第二年的8月31日(学年末)。

11. 2020年开展第七次全国人口普查，相关数据将于2021年4月后统一发布，本公报中不再单独发布人口相关数据。公报中涉及的人均指标根据人口预计数计算得到。

12. 2012年四季度，国家统计局实施了城乡一体化住户调查改革，统一了城乡居民收入名称、分类和统计标准，在上海选取

6000宅(户)城乡居民家庭，直接开展调查。2015年起，发布城乡可比的新口径全市居民人均可支配收入以及城乡常住居民人均可支配收入。

13. 环境空气质量(AQI)优良率是国家发布的环境空气质量评价标准。AQI监测体系包括二氧化硫、二氧化氮、可吸入颗粒物(PM10)、细颗粒物(PM2.5)、一氧化碳和臭氧六项污染物指标。2019年起，环境空气质量监测状态执行《环境空气质量标准》(GB 3095—2012)修改单，监测数据与历年已发布数据不具有可比性。

14. 商标申请量、注册量指2019年12月16日至2020年12月15日的商标统计情况，有效注册量截至2020年12月15日。

15. 因统计口径变化，市公安局将本市2019年生产经营性道路交通事故数据修正为：全年共发生生产经营性道路交通死亡事故313起，死亡319人。修正后，2019年本市生产安全死亡事故和死亡人数调整为：全年共发生生产安全死亡事故512起，死亡537人。

数据来源：

本公报中新设企业数据、专利和商标数据、食品安全数据来自上海市市场监督管理局；财政数据来自上海市财政局；农业企业和农产品认证、设施粮田、市级蔬菜标准园、龙头企业、农民专业合作社和家庭农场数据来自上海市农业农村委员会；邮政数据来自上海市邮政公司和上海市邮政管理局；星级宾馆、旅行社、A级旅游景点、红色旅游基地、接待国内外游客和旅游收入、文化活动数据来自上海市文化和旅游局(上海市广播电视局、上海市文物局)；电影数据来自上海市电影局；存贷款数据来自中国人民银行上海总部；证券数据来自上海证券交易所；期货数据来自上海期货交易所；金融期货数据来自上海金融期货交易所；银行间市场数据来自中国外汇交易中心暨全国银行间同业拆借市场；黄金数据来自上海黄金交易所；保险数据来自中国银行保险监督管理委员会上海监管局；货物进出口数据来自上海海关；电子商务、城市商业综合体、外商直接投资、跨国公司、对外直接投资、国际经济合作、对外承包工程、派遣劳务和展览会数据来自上海市商务委员会；中国(上海)自由贸易区数据来自浦东新区统计局；航运、轨道交通、民用汽车数据来自上海市交通委员会；黄浦江两岸岸线、商品房开发、销售、存量房交易、规范房地产市场、居民居住、旧区改造、燃气数据来自市住房和城乡建设管理委员会；自来水数据来自上海市水务局；城市信息化数据来自上海市经济和信息化委员会和上海市人民政府办公厅；教育数据来自上海市教育委员会；科技数据来自上海市科学技术委员会；专利和商标数据来自上海市知识产权局；出版数据来自上海市新闻出版局；医疗卫生数据来自上海市卫生和健康委员会；体育数据来自上海市体育局；就业、养老保险、最低工资数据来自上海市人力资源和社会保障局；医疗保险数据来自上海市医疗保障局；收养性社会服务机构、养老机构、低保数据来自上海市民政局；环保投入、空气质量数据来自上海市生态环境局；城市污水处理数据来自上海市水务局；城市绿化建设、市容管理、生活垃圾处理数据来自上海市绿化和市容管理局；生产安全数据来自上海市应急管理局；其他数据来自上海市统计局、国家统计局上海调查总队。

上海市住房和城乡建设管理委员会 2020年工作总结和2021年工作计划

一、2020年工作总结

2020年，在市委、市政府的坚强领导下，市住房城乡建设管理系统深入贯彻落实中央和全市各项重大决策部署，认真践行“人民城市”发展理念，扎实做好“六稳”工作，全面落实“六保”任务，统筹推进疫情防控和经济社会发展工作，圆满完成本市住房城乡建设管理领域各项工作任务，为上海经济社会平稳发展做出了积极贡献。

（一）打赢住建领域新冠肺炎疫情防控战，迅速实现全行业复工复产，城市运行整体安全有序。全市住建系统众志成城、坚守阵地，统筹疫情防控和行业复工复产，切实做到“两手抓、两手硬、两手赢”，有力地支持了全市疫情防控大局和经济社会健康平稳发展。

一是全力以赴做好住建领域疫情防控工作和复工复产工作。作为市新冠肺炎疫情防控领导小组环境整治组的牵头部门，协调整合城乡建设和管理、卫生健康、生态环境、绿化市容、城管执法、房屋管理等部门资源，迅速启动建筑工地、住宅小区、商务楼宇、租赁住房、农（集）贸市场、行业窗口等重要领域的疫情防控工作，施行城市网格化管理“一码到底”等技术手段，有效阻断疫情传播通道，降低疫情传播风险。加急建设市公共卫生临床中心应急救治临时病房，围绕疫情防控修编建设工地文明施工标准，优化建材备案和建设工程招投标流程，实施疫情期间燃气欠费不停气和降低气价优惠举措，出台住房公积金阶段性支持政策，保障行业防疫抗疫物资供应，有力疏解企业困难。同时，千方百计保市场、保产业链和供应链，制定完善建设工程复工复产管理方案和协调机制，引导解决疫情防控期间建设工程合同履行、外来务工人员返沪、商品混凝土供应、工程渣土运输和消纳等困难，依托公共建筑能耗监测平台排摸复工复产情况。发挥市重大工程建设复工达产的示范效应，协调落实“五方责任制”，系统谋划“全产业链”复工，积极带动全行业复工复产。3月中旬，123项在建市重大建设项目全面复工；4月中旬，本市建设工程全面实现复工复产。

二是全力以赴确保行业运行安全顺畅。出台建设单位首要质量责任管理规定，推行生产安全事故行业调查暂行办法，制定安全生产责任保险实施意见并建立统一投保监管平台，不断夯实工程质量安全制度基础。启动建设工程安全隐患治理三年行动，平稳承接建设工程消防审验职能，深入开展质量安全宣传活动，完善“工地管理”应用场景建设，持续推进工程质量安全提升举措。超额完成老旧居民燃气立管改造市政府实事项目，全年累计完成改造11.3万户，地下管网改造完成103.2千米。推动全市瓶装液化气规范统一配送，全面完成既有建筑玻璃幕墙的纳管工作。推进“防台防汛”“高空坠物”等应用场景建设，快速处置台风、暴雨等极端天气状况下小区积水、高空坠物等应急事件，全力消除城市运行重点领域安全隐患。启动城乡房屋安全隐患排查工作，完成农村经营性自建房排查任务，试点推进城镇房屋排查整治。全年市级城市基础设施维护预算资金投入37.3亿元，绩效评价总体优良，有效保障城市各类基础设施安全运行。

（二）重大工程投资建设力促“六稳六保”，城乡建设融合发展水平不断提升。按照“特殊之年要有特殊之举”的工作要求，深入挖掘潜力、强化工作协同，重大工程建设、重点建设任务和重要行业改革持续攻坚突破，完成投资额和任务量实现逆势上涨，行业营商环境和发展能级进一步优化提升，充分发挥了城乡建设对全社会固定资产投资的牵引作用和稳经济增长、保民生福祉的重要支撑作用。

一是重大工程建设创造新纪录。创新工作举措，对S3公路、机场联络线、第十届花博会等重大项目，首批试点实行“一张作战图、一张时间表、一本责任书”的“三个一”项目管理制度，推动工程建设全线提速。聚焦投资体量大的“重中之重”项目加快前期工作协调，协同各区加大区级重大项目推进力度。张江科学之门、市疾病预防控制中心等40个项目开工建设，沪通铁路上海段、轨道交通10号线二期及15号线、转化医学（上海）国家重大科技基础设施、市检测中心二期、新开发银行总部大楼、中国金融期货交易所技术研发基地、市固体废物处置中心、老港再生建材及生物能源综合利用等19个项目基本建成。市重大工程全年完成投资1708亿元，比去年增加245.7亿元，占年初计划113.8%，再创历史新高。

二是重点建设任务跑出新速度。苏州河两岸实现中心城区42千米滨水岸线基本贯通开放，“一区一亮点”“长藤结瓜”式的空间格局基本形成；黄浦江两岸公共空间继续向上下游和腹地延伸拓展，完成9处滨江驿站增设政府实事项目，配套设施布局更加完善；推动扬子江码头、世界技能博物馆等项目建设和核心功能集聚，一江一河“会客厅”“展示馆”的新功能、新形象加快形成。推进海绵城市机制、规划、标准、管控、共建等五大体系建设，编制本市海绵城市建设三年行动计划，至2020年底本市建成区253平方千米达到海绵城市建设要求。坚持尊重农民意愿，聚焦“三高两区”，优先启动“重点区域”、优先关注“重点对象”、优先满足实际住房需求，有序推动农民相对集中居住工作，全年完成农户签约1.415万户，占原定目标任务的111%。完成488千米严重破损村内道路建设、219座村内桥梁改建，完成13千米村内道路硬化达标建设，村内路桥建设提前并超额完成年度任务，农村住行补短板工作取得突破。

三是重要行业改革取得新突破。加强工程建设项目审批制度改革顶层设计，制定发布“1+7”改革政策体系，构建形成以“只登一扇门、只对一扇窗、只递一套表、只录一系统、只见一部门”为核心的改革3.0版。巩固深化“整体政府”理念和“一站式政务服务”改革举措，探索成立工程建设项目审批审查中心，优化整合本市工程建设项目审批管理系统。进一步规范项目“隐性审批”，推动涉审中介服务事项清单制、标准化、分类别管理和改革后评估。本市按照审批改革后的流程进入审批管理系统的项目已超5700个，实现了工程建设项目全流程审批时间不超过100个工作日。成功打造了以特斯拉超级工厂、山姆中国会员旗舰店、腾讯长三角人工智能超算中心等为代表的一批重大产业项目改革样本，成功创造了当年开工、当年竣工、当年投产、当年上市的“特斯拉速度”。推动建筑工程综合竣工验收、廉租房申请、建筑业企业开办“一件事”改革集成落地，推进政务信息系统、移动端和业务专网“三整合”，深化数据资源的归集应用和电子证照的线下使用程度，“一网通办”政务服务更加高效便捷，长三角住房公积金一体化发展取得积极进展。

四是建筑行业转型升级取得新进展。继续推进工程总承包试点。积极培育国家装配式建筑产业基地和上海市装配式建筑示范项目，制定装配整体式混凝土建筑防水质量管理导则，装配式建筑本市累计落实达到 1.5 亿平方米，在新开工建筑中占比达 90%。有序推进 BIM 技术在重大工程、重点区域及保障性住房建设过程中的技术应用，本市应用 BIM 技术的项目数量达到 777 个，项目总建筑面积达到 4000 万平方米。发布地方绿色建筑评价标准，全市绿色建筑总面积达 2.33 亿平方米，已创建绿色生态城区 7 个，总用地规模近 27 平方千米。对既有建筑实施能耗水平“健康码”标记制度，公共建筑节能改造超额完成“十三五”目标任务。编制完成本市 2020 版建设工程行政处罚裁量基准。加强“行刑衔接”和部门协同，严厉打击围标串标等违法行为，全年处理违法企业近 60 家。完善在沪建筑业企业信用评价体系，扩大工程业绩信用计分范围，开展企业资质动态核查。完成上海市建设工程定额体系修编，发布工程建设标准和图集 68 项、各类定额 6 项，推进上海工程建设标准国际化工作，鼓励企业科技创新发展，对建设工程采用尚无国家相应标准的新技术、新材料开展技术论证。优化建材产品使用，规定最严格的建设用砂氯离子含量指标，推进建筑废弃混凝土处置场所和信息系统建设。

（三）推动“住有所居”向“住有宜居”加快迈进，市民群众整体居住品质持续改善。着眼满足均衡化、优质化居住需求，持续推动住房多品种供给、多渠道保障，持续办好居住民生实事、改善居住环境，市民群众的获得感、幸福感、安全感不断增强。

一是坚持租购并举。落实因城施策、“一城一策”常态长效管理机制，加强精细管理、精准调控，新建商品住房、二手住房成交结构较为合理，住房供需总体适配。新建商品住宅销售价格指数涨幅符合国家考核要求；二手住宅销售价格指数、住宅租赁价格指数等其他参考指标，处于合理区间。加大租赁住房建设供应力度，全年完成新建和转化租赁房源 10 万套，新增代理经租房源 9.9 万套（间）。加强租赁市场监管和风险化解处置，稳妥推进中央财政支持住房租赁市场发展试点工作，实现住房租赁合同网签备案“不见面办理”。全年发放公积金个人住房贷款 1028 亿元，支持 15 万户家庭解决住房问题，支持无房租赁提取达 118.65 亿元。

二是住房保障受益覆盖面不断扩大。对符合条件的廉租住房申请家庭“应保尽保”。完成户籍第七批次共有产权保障住房选房工作，启动户籍第八批次和非沪籍第二批次申请供应工作。深入推进公共租赁住房申请便利化，推动公租房拆套合租和宿舍型房源筹措，解决公共服务重点行业企业一线职工“一间房、一张床”租赁需求。全年新增廉租住房配租家庭 0.4 万户、公共租赁住房供应 1.04 万套，新增共有产权保障住房签约 2.05 万套。修订征收安置住房管理办法，推进大居建设及配套设施完善，全年新增保障性住房供应 6.1 万套。

三是旧区改造取得重大进展。完善旧改“1+15”配套政策体系，成立市城市更新中心并赋能做强，推动旧改工作能级跃升。会同相关中心城区制订三年行动计划，加快旧改地块收尾和“毛地”地块改造，推动旧改工作升档提速。全年完成中心城区成片二级旧里以下房屋改造 75.3 万平方米、受益居民约 3.6 万户，分别占原定目标任务的 137%、129%。推广建立优秀历史建筑智能感应系统，健全旧改范围内历史建筑分类保留保护技术导则，更好地传承城市文脉。

四是老旧住房品质得到有效维护提升。坚持“留改拆”并举，多渠道多途径改善居民居住条件，全年实施三类旧住房综合改造

709万平方米，各类里弄房屋修缮改造55.8万平方米，启动实施9000余户非旧改地块无卫生设施老旧住房改造。完成住宅小区加梯可行性评估全覆盖，开展住宅小区规模化加装电梯试点，发挥市场机制和第三方力量，加大力度推进既有多层住宅加装电梯工作。全市累计加梯通过居民意见征询1703幢、完工515台。

五是"美丽家园"建设三年行动计划圆满收官。全年完成733个住宅小区电动自行车充电设施建设、481台老旧电梯修理改造更新、2001个住宅小区雨污混接改造和3801个小区二次供水设施移交接管，实施1874个住宅小区主要出入口门岗及管理处规范化建设。加强维修资金续筹补建和公共收益管理，试点开展维修资金、公共收益、业委会工作经费年度审计工作。成立市物业管理行业党建工作指导委员会，推进物业行业党建工作，推行业委会规范化运作达标评估制度，健全社区自治共治机制。

（四）建成城市管理精细化平台，城市管理精细化水平更上台阶。配合市政府完成《住房和城乡建设部上海市人民政府共建超大城市建设和治理中国典范合作框架协议》的签订工作，全面完成本轮城市管理精细化工作三年行动计划，城市管理精细化平台初具规模、初见成效，上海城市管理精细化水平不断提升。

一是城市精细化管理平台持续扩容增能。整合启用区、街镇标准基础版平台，实现市、区、街镇三级城市运行管理的互联互通，升级后的城市精细化管理平台已成为本市"一网统管"的重要基础平台。以"1+3+N"网格化管理为核心实现管理、执法、作业、服务等处置力量联勤联动，助力实现街镇社会治理"智能一张网"、基层"高效处置一件事"。加强物联网、大数据、人工智能等技术应用，推进住宅电梯、高坠风险防控等新建应用场景的研究开发和玻璃幕墙、深基坑监管等已有应用场景（专题）的使用完善。按照住房和城乡建设部要求开展"城市体检"工作，建设城市生命体征监管系统和城市管理主题数据库，强化预警预报、应急处置、过程监测、综合治理和展现城市运行管理总体态势，有效提升城市管理智能化水平。

二是城市综合治理和市容环境保障工作向纵深推进。实施重点违建专项整治，全市共依法拆除违法建筑1.48万处，368.68万平方米，清除重点类型违法建筑1026.26万平方米。完成无违建先进居村（街镇）创建、复评工作，创建率和复评合格率均达到100%。加强户外广告设施、户外招牌和景观照明管理，开展建（构）筑物外立面整治、隔离护栏整治、铁路沿线环境安全整治和"内部道路"治理等专项整治，推进城市无障碍环境建设管理工作。全年完成"美丽街区"建设项目135个，累计完成350个，全力打造"越办越好"的进博会市容环境。完成架空线入地和合杆整治道路124千米，本轮三年行动计划累计完成360千米，整治后内环以内架空线入地率由29%提升到44%，进博会场馆周边、肇嘉浜路主干道等重点区域基本实现架空线全部入地，累计拔出各类立杆4万余根，平均减杆率达到60%。

三是城管综合执法精细化水平不断得到提升。集中行使201项房屋管理和文明施工执法事项，进一步扩大城管综合执法范围。牵头建立长三角城管综合执法协作机制，开展首次长三角城管联合执法整治行动，有效打击跨区域违法行为。建成城管执法对象数据库，支撑"非现场执法""双随机、一公开"和分类分级监管等城管执法新模式。推动城管执法力量下沉街镇工作，健全6000余家城管社区工作室运行机制。开展美化街区环境、保护生态环境、改善人居环境、优化营商环境等环境专项执法行动，全年共实施行政处罚13万起。

四是城乡建设管理规划编制取得重要阶

段性成果。坚持集思广益、问计于民，城市管理精细化、住房发展、一江一河等“十四五”三个市级专项规划和二十余项委级专项规划初稿基本编制完成。落实长江经济带发展、上海大都市圈空间协同规划市政基础设施统筹行动、长三角一体化发展等国家战略重点专项规划工作，开展新城建设前期研究。

（五）坚定不移全面加强党的建设。把落实管党治党作为最根本的政治责任和担当，抓严抓实各项主体责任，为确保中央和市委重大决策部署落实落地提供坚强政治保障。

一是坚持把学习贯彻习近平新时代中国特色社会主义思想作为首要政治任务。切实把学习贯彻习近平总书记考察上海重要讲话和在浦东开发开放30周年庆祝大会上的重要讲话精神，与学习贯彻党的十九大和十九届二中、三中、四中、五中全会精神融会贯通起来，与学习贯彻十一届市委九次、十次全会精神紧密结合起来，第一时间召开会议传达学习习近平总书记重要讲话和指示批示精神，研究部署落实工作，迅速掀起学习宣传贯彻热潮，引导广大党员、干部切实树牢“四个意识”、坚定“四个自信”、坚决做到“两个维护”。

二是探索党建引领、服务发展相关机制。深入贯彻落实市委工作党委座谈会精神，全面深化“一盘棋”工作格局。探索党建引领市属国企旧改征收工作机制，会同市国资委党委推进相关市属国企和区顺利完成国企旧改签约任务。深化党建引领行业高质量发展机制，研究制定工作意见，稳步推进物业、燃气、工程建设、城管执法等行业党建工作。巩固党建引领系统整合融合机制，进一步完善学习联组、联合培养、联手攻坚、资源联动等工作模式。

三是打造高素质专业化干部人才队伍。全面对标中央和市委重大决策部署，着力培育专业型干部、复合型干部和担当型干部。鲜明“重实绩、重实干”导向，加强领导干部调整配备，有序推进机关公务员职务职级并行工作。制定《进一步加强和改进建设交通系统干部交流培养锻炼的实施意见》，从委局交流、定向培养、岗位锻炼、教育培训、深造提升等五个方向同步发力，加强系统干部交流培养。更加主动地为基层一线赋能，优化事业单位的岗位设置，指导事业单位用足绩效、人才等政策红利，保障改革发展稳步推进。

四是坚定不移推进全面从严治党。扎实开展“四史”学习教育，创新形式载体，凸显行业特色，切实把学习教育成果体现为推进人民城市建设的务实行动。深入落实全面从严治党主体责任，建立责任清单，深化“四责协同”机制，有序推进政治巡察，以模范机关建设为引领，切实加强作风建设。夯实基层党建工作基础，开展基层党建专项调研，加强党务干部队伍教育培训，推动基层党组织标准化规范化建设。深入落实意识形态工作责任制，加强正面宣传引导，举办“夏令热线”活动，持续培育壮大先进典型群体。积极做好老干部、工青妇等服务发展工作。

同时，积极推进法制政府建设，提升住建领域依法行政水平。配合《民法典》出台，梳理修订住房城乡建设领域法规、规章和规范性文件，完成《上市绿色建筑管理办法》等重点立法项目修订工作。基本完成我委承编的四部志书（《上海市志·城乡建设分志》综述卷、道路卷和房地产业卷三部和《上海市志·建筑业分志》一部）修编工作。

二、2021年工作计划

2021年是中国共产党成立100周年和“十四五”开局之年，是我国现代化建设进程中具有特殊重要性的一年。上海市住房和城乡建设管理委将继续坚持以习近平新时代中国特色社会主义思想为指导，深入学习贯彻习近平总书记考察上海重要讲话和在浦东开发开放30周年庆祝大会上的重要讲话精神，坚持稳中求进工作总基调，紧扣立足新发展阶段、贯彻新发展理念、服务新发展格局，按照市委、市政府决策部署，深入践行“人民城市人民建，人民城市为人民”重要理念，全力推动市域空间格局优化、城市数字化转型、实施城市更新行动和民心工程等重大战略，全面落实《住房和城乡建设部上海市人民政府共建超大城市建设和治理中国典范合作框架协议》年度工作，更好统筹疫情防控和行业发展，更好地建设人民城市和增进民生福祉，更好地助力提升城市发展能级和治理现代化水平，在共同谱写新时代“城市，让生活更美好”的新篇章中，着力推动上海住房和城乡建设事业实现新的更高质量发展，努力实现“十四五”发展良好开局起步，以振奋的精神风貌和优异的工作实绩迎接中国共产党百年华诞。

（一）聚焦一体化建设，全面围绕国家和上海重大发展战略，以更大力度的城乡建设助推城市高质量发展。围绕上海打造国内大循环中心节点和国内国际双循环战略链接的发展定位，注重系统集成、标准引领，统筹推进重大工程建设、重要建设任务和五个新城等重点区域的规划、建设、管理工作，深化“放管服”改革优化营商环境，以实施城市更新行动和提升建筑业核心竞争力为重要抓手，充分发挥城乡建设对改善居民生活品质和提升城市发展能级的基础支撑作用。

一是抓统筹协调，高效率推进市重大工程建设。建设完善市重大工程项目信息系统管理平台，全面推广“三个一”项目责任制，全力推进科技创新、生态环境、民生保障、基础设施、城乡发展等五大领域重点项目建设。强化重要领域项目协调，加快启动、全面推进，确保中共一大纪念馆等一批重大工程建设项目按期完成。完善立功竞赛活动和评比表彰流程，围绕质量优先和管理精细化探索，提高赛区管理考核水平。市重大工程继续保持一定建设强度，计划安排正式项目166个，其中计划新开工18项、在建128项、建成20项，预计年度投资规模不低于1730亿元。

二是抓系统集成，高标准统筹重点区域建设。按照独立的综合性节点城市定位和新城规划建设工作方案，推进落实新城环境品质和新基建专项方案，推动开展“生态惠民、宜居安居、低碳绿色、智慧治理、韧性城市”五大方面具体行动，系统推进绿色生态城区、地下综合管廊、建筑信息模型（BIM）、城市信息模型（CIM）平台、5G新型基础设施等城市现代化要素融合建设，丰富区域基础设施协同发展内涵。结合新城区位特点和发展阶段，合理安排建设时序，形成统一的项目储备库；围绕产业园区周边、轨道交通沿线加大租赁住房建设供应力度。加快推动长三角一体化示范区、临港新片区和外滩—北外滩—陆家嘴“黄金三角”等重点板块开发建设，凝聚和培育核心功能，全力打造国际大都市发展能级的集中展示区和世界一流的“城市会客厅”。因地制宜推进地下综合管廊建设。

三是抓突破攻坚，高水平推进若干重点建设任务。推动“一江一河”区域不断扩展滨水空间、持续提升空间品质、雕琢城市景观新地标，推进杨浦滨江大桥绿地、普陀岸线公园等公共空间建设，完成乌镇路桥改造、北外滩贯通和综合改造等品质提升工作，推进世界技能博物馆、华东政法校区等历史遗存改造及功能提升，打造更多宜业、宜居、宜乐、宜游的“生活秀带”。启动新一轮架空线入地及杆箱整治三年行动计划，聚焦内环内主次干道、风貌道路、内外环间重要道路以及一江一河、五个新城、历史名镇等重要区域，全年完成整治道路不低于100千米。推动多杆合一、多箱合一、多头合一、多井合一、多牌减量，创建无架空线全要素整治示范路段或片区，建立健全市政全要素管理机制。探索合杆设施共享模式，将综合杆设施系统打造成为支撑城市数字化转型的基础设施基座。加强涉农资源整合，深化银企合作和金融支持试点方案的示范引领作用，农民相对集中居住工作计划完成1.27万户以上农民签约；提升风貌水平，继续推进全过程设计评估。推进村内路桥建设，探索建立长效管养机制，计划完成400千米严重破损道路、300座有安全隐患桥梁的改造。新启动5个“城中村”改造项目。

四是抓改革创新，深度推进工程建设项目审批制度改革和行业转型升级。坚持世行测评项目改革目标不动摇，积极扩大改革惠及范围，促进本市建筑业营商环境持续优化。围绕“项目全覆盖、业务全流程、数据全归集”，推进工程建设项目审批管理系统建设并上线接入90个事项，实体化运作工程建设项目审批审查中心，持续扩大“一站式办理”改革受益面。引导改革举措优先惠及重大工程项目、重点产业类项目建设，让“特斯拉速度”成为常态化的“上海速度”。落实工程建设造价管理改革相关举措，逐步构建各类工程造价数据库。完善装配式建筑技术标准体系及城镇燃气技术标准体系等地方标准体系，有序推进上海工程建设标准国际化工作。制定出台建设项目工程总承包管理办法，在全市推进工程总承包模式的应用和发展。全面实施BIM新三年行动计划，推动建筑行业数字化转型，促进BIM技术与城市智能化建设管理深度融合发展。围绕落实碳达峰、碳中和目标，强化绿色建筑的全过程闭环管理和绿色生态城区的落地管控，推动新一轮绿色生态城区的梳理和规划建设，发展超低能耗建筑，完成住房和城乡建设部下达的公共建筑能效水平提升重点城市相关建设任务。促进装配式类型多样化，鼓励钢结构项目类型扩大覆盖面，支持与绿色智能建造技术融合，推动建筑业高质量发展。

五是抓机制完善，全面加强建筑行业监管。支持建筑业加快发展，将资质动态核查、业绩核查、企业信用等管理手段与纳入统计工作形成联动机制，进一步减轻建筑业企业负担。支持行业骨干企业做大做强，促进上海建筑业2021年实现“保六争八”的年度增长目标。积极支持浦东新区开展“一业一证”试点工作。继续推进建筑市场诚信体系建设和建设工程企业资质改革，建立覆盖行业内各类企业主体和从业人员的信用档案，加大跨部门失信联合惩戒力度，强化事中事后监管。健全招投标监督制约机制，强化合同履约监管和结果联动。优化完善工程建设项目综合竣工验收风险矩阵，分类实施综合竣工验收。建立健全施工图设计文件差别化管理模式，探索推进智能化审图。严格落实第五批建设工程材料禁限目录，加强不合格产品的联动查处，探索建立长三角一体化建材使用监管长效机制。加快绿色建材（预拌混凝土）推广应用，加强工地现场建筑用砂管理，深入推进建筑废弃混凝土资源化利用。探索推进落实乡村建筑师制度。继续做好劳务用工管理和欠薪治理。

（二）聚焦品质化提升，全面完善市场和保障供应体系，以更加优质的住房条件和居住环境助推城市高品质生活。坚持“一个定位、两大体系、三个为主、四位一体”和租购并举的住房制度体系基本框架，积极运用市场手段和强化政府保障作用，注重需求侧管理，构建符合超大城市特点的多层次居住消费模式，更好地满足人民对美好居住生活的向往。

一是精准攻坚，加大力度推进旧区改造。锚定本届政府任期内完成中心城区成片二级旧里以下房屋改造的任务目标，按照旧区改造民心工程实施方案和三年提速计划，安排改造计划70万平方米、受益居民3.4万户。深化完善旧改政策和相关机制，按照“区域平衡、动态平衡、长期平衡”做好旧改资金平衡，保障旧改资金需求。进一步落实主体责任，完善推广旧改征收执行新机制，针对司法查封“毛地”地块处置、旧改基地收尾等难点持续突破攻坚。以“紧盯不放销存量、严格管理控增量”为工作目标，确保在2021年6月底前完成第二轮居民在外过渡安置任务。以静安区零星旧改为试点，启动推进零星旧改专项工作，摸清底数、细化目标、分类施策，健全完善支持政策。

二是精准调控，促进房地产市场健康平稳发展。牢牢坚持“房子是用来住的、不是用来炒的”定位，按照因城施策、“一城一策”要求，完善房地产市场平稳健康发展长效机制，继续突出“稳”字当头，着力“稳地价、稳房价、稳预期”。强化政策协同，深化完善房地联动机制，健全住房和金融联动机制。严格执行住房限购和差别化住房信贷政策，加强商品住房销售管理。加大市场监管力度，开展市场秩序专项整治工作，严肃查处各类违法违规行为。强化监测预警和舆情引导，注重风险防范。

三是健全体系，大力发展租赁住房。加快构建参与主体多元、运营服务规范、租赁关系稳定的住房租赁体系，完善从“一套房”“一间房”到“一张床”的“点、线、面”相结合的多层次租赁住房布局，尽最大努力帮助新市民、青年人等缓解住房困难。发挥国有企业在租赁住房集中建设和运营管理中的压舱石作用，统筹落实商品住房项目配建租赁住房政策措施。重点围绕城市发展运行所需各类人才和基础公共服务人员需求，完善单位租赁房政策，健全保障性租赁住房制度体系；加大公租房拆套合租和宿舍型房源筹措供应，扩大保障性租赁住房政策覆盖面。完善住房公积金缴存机制，加大本市住房公积金对租赁市场发展支持力度。推进住房租赁平台对接本市“一网通办”“一网统管”，加快建立行业监管长效机制。计划全年租赁住房形成供应5.3万套（间，含公共租赁住房0.8万套）、4万张床位。

四是优化供应，完善与经济社会发展水平相适应的住房保障体系。研究启动廉租住房准入标准调整。聚焦住房困难群众以及在本市稳定就业的各类青年人才，不断完善共有产权保障住房政策，适时开展户籍第九批次及非沪籍第三批次申请供应工作。完善利用廉租住房建设补充资金参与公共租赁住房建设，加强公共租赁住房既有房源周转循环使用，进一步优化供后管理。加快大型居住社区配套设施的建设、移交和开办使用，解决好入住居民“开门七件事”的生活需求。全年预计保障性住房新增供应300万平方米。此外，推进长三角住房公积金一体化向纵深发展。

五是精准提升，推进旧住房更新改造和既有多层加装电梯工作。按照“整体性、系统性、宜居性、包容性”的总体要求，进一步改善老旧小区居住品质。着力对未修缮过的老旧小区开展全覆盖修缮，逐步对已修缮过的老旧小区和城市重要节点、重点建筑进行周期性修缮。推进旧住房成套改造，开展保留保护建筑修缮，强化资源整合利用力度，全年实施1000万平方米旧住房更新改造。按照“能加尽加、愿加快加”原则，创新群众工作方法，搭建社区协商平台，充分运用市场机制和信用体系，提升加装电梯日常运行维护和管理服务水平，促进既有住宅加装电梯工作“向好、向快”发展，全年完成电梯加装不少于1000台。

六是精准补短，建设更高水平“美丽家园”。启动实施新一轮美丽家园建设三年行动计划，提升住宅小区宜居安居品质。统筹推进小区设施设备改造工程，实施500个既有住宅小区电动自行车充电设施建设，推进隐患住宅电梯修理改造更新。加快智慧物业应用场景建设，将住宅小区综合管理事项纳入城市管理精细化平台，深化党建引领业委会建设和物业行业党建，加强住宅小区资金监管，完善物业价格信息发布和协商调价机制，实施物业服务多维度评价体系，提升物业服务整体水平。

（三）聚焦数字化转型，依托科技赋能提升“绣花”能力，以更高水平的精细化管理助推城市高效能治理。按照“一流城市要有一流治理”的发展要求，对标国际最高标准、最好水平，牢牢牵住“一网统管”这个牛鼻子，启动实施城市管理精细化新一轮三年行动计划，努力让城市更安全、更有序、更干净。

一是围绕“两网融合”，推动形成城市治理高效协同新格局。打通政务服务“一网通办”和城市运行“一网统管”数据壁垒，创新业务信息流转，探索两网相互赋能。按照“两个免于提交”“零跑动”“一件事”等要求，推进行政业务流程优化再造和业务数据深化治理，实现更多事项的全程网办、全市通办、“无人干预办理”。着力实现治理要素“一张图”，以城市管理精细化平台升级迭代为抓手加快城市管理数字化转型。突出“管用”，强化指挥作战和监督管理等功能，建设以新基建、数据、系统三大基座为基础，线上“云、数、网、端”一体贯通、线下管理流程再造的城市管理精细化3.0版平台。加快城市空间、城市部件、城市运行等动态数据汇聚和BIM应用推广，探索依托CIM平台打造数字孪生城市。结合50+N城市体检指标，推进城市生命体征监管分析系统建设。持续聚焦城市运行重点领域和高频多发的难题顽症，研发升级智能化应用场景，实现管理闭环和业务协同。

二是围绕“做减法、全要素、一体化”，进一步推动城市风貌和管理精细化水平提升。建设100个“美丽街区”，持续放大“美丽街区”和高标准保洁区域建设的规模效应、示范效应、溢出效应。打造一批全要素市政市容景观建设和提升项目，突出加强中共一大会址周边、申字形骨架路网周边、黄浦江及苏州河两岸等重要路段、重要区域环境品质的全面提升，以靓丽的市容市貌迎接中国共产党成立100周年及第四届进博会、花博会等重大活动。开展无违建示范街镇创建，强化拆违日常监管与网格化管理深度融合，建立长效机制推动重点类型违法建筑数量逐期递减。打响世界城市日品牌，推动落实全球可持续发展城市（上海指数、上海奖）工作方案，积极争取联合国人居署、住房和城乡建设部支持，将上海打造成为世界城市日永久主场。

三是围绕“管执衔接”，进一步提升城管综合执法效能。开展街区环境、小区环境、建筑工地、一江一河等专项治理行动，高质量完成花博会、进博会执法保障任务。深化街镇综合执法体制改革，制定发布街镇综合执法队伍建设、综合行政执法等实施意见。配合市人大修订城管执法条例，借助“多格合一”创新街镇综合执法勤务模式，将城管社区工作室延伸至楼宇，提升基层执法效能。深化长三角城管综合执法协作机制，健全常态化联合执法模式，破解跨区域城市管理难题。加强“智慧城管”建设，推广“非现场执法”，逐步实现城管执法数字化转型。

四是围绕绩效指引，全面提高城市基础设施管理养护水平。加强城市基础设施日常养护，建设统筹协调机制，合理安排年度项目计划，以全生命周期管理理念提升城市运行风险防控能力。推进城市维护管理融入社会治理“一张网”，实现城市维护设施与管理信息“可视化”。研究落实“市属设施区监管、区属设施市监管、所有设施市民管”，进一步完善城维资金考核评价机制，发挥城市维护经费使用的导向作用。突出精细化管理要求，完善分级分类、分区域有梯度的标准体系和维护机制，切实保障城市运行高效顺畅。

（四）聚焦安全发展，把维护城市生产安全和运行安全作为重中之重，主动抵御化

解各类风险。牢记“安全高于一切、责任重于泰山”，围绕行业平安稳定，聚焦重点领域提升城市运行安全风险管控智能化水平，持续做好住建领域疫情防控常态化工作和行业生产运行安全工作。

一是坚持多措并举，最大限度降低建设工程安全事故率。健全工程质量安全规章制度建设，深入落实建设单位首要责任和建筑施工企业负责人及项目负责人施工现场带班制度，逐步建立最严格的责任追究追溯体系和现场、市场联动惩戒机制。推进工程质量安全信息化建设，深入完善上海市住宅工程质量潜在缺陷保险、工程勘察质量管理、基坑工程论证、基坑工程监测等信息平台，持续引入现代化的管理理念和技术手段。加强从业人员安全培训和文明施工等基础性工作，严格开展工程质量监督执法检查，推动危大工程隐患排查和防高坠专项整治，重点排查整治深基坑、起重机械、脚手架、高处施工平台等危险性较大的分部分项工程和环节存在的违规作业安全隐患。

二是坚持多管齐下，全面强化城市运行风险管控。依托城市网格化管理应用场景创新升级，提升城市运行过程中的监测预警能力和风险防控能力。推动自然灾害综合风险普查。施行房屋使用安全管理办法，进一步落实产权人、使用人的房屋使用安全责任，突出全过程管理。按照“市负总责、各区抓落实”原则，强化条块联动，切实做好本市农村和城镇房屋安全隐患排查整治工作。持续开展高空坠物、易积水小区等安全隐患排查整治，建立闭环管理机制。继续推进“1+6+5+16”海绵城市建设格局，系统推进全市海绵城市建设，建成区50平方千米达到海绵城市建设要求。继续推动老旧居民住宅燃气立管改造和地下隐患管网改造，深化地下空间安全使用监管，建立全市统一的地下管线数据库。启动玻璃幕墙管理办法修订，明确玻璃幕墙街镇属地管理责任。启动文化、体育、交通运输等既有公共建筑抗震信息普查和加固方案研究。建立健全分层次、成体系的应急预案管理体系，有效发挥应急预案平时牵引准备、战时指导救援的关键作用。结合城市管理精细化平台应用，加强实战化应急演练，不断锤炼行业应急指挥救援能力。

（五）加强党的建设，为事业高质量发展提供坚强保证。坚持“立足委局、面向系统、牵动行业、服务发展”的工作定位，坚持“整合融合”的工作方法，有力带动各级党组织落实全面从严治党主体责任，积极带领广大干部职工发扬“比学赶超”精神，为加快推动中央和市委重大决策部署落地落实提供坚强的政治保证。

一是坚决把“两个维护”落实到工作中、行动上。把深入学习贯彻习近平新时代中国特色社会主义思想作为首要政治任务，第一时间跟进学习习近平总书记重要讲话精神，始终在思想上政治上行动上同以习近平同志为核心的党中央保持高度一致，引导各级党组织和广大党员不断提高政治判断力、政治领悟力、政治执行力。把深入践行人民城市理念作为重要政治责任，制定《关于发扬“比学赶超”精神 奋力推进人民城市建设的意见》，强化对标意识、比拼意识和协同意识，推动人民城市建设相关重点任务加快落实。

二是全面营造庆祝中国共产党成立100周年的良好氛围。扎实开展党史学习教育，巩固提升各类精品党课和平台载体，完善富有行业特色的党员教育体系，引导党员干部积极投身“我为群众办实事”实践活动。全力擦亮党建创新品牌，深化推进“建设先锋”党组织示范点创建工作，形成10个“建设先锋”子品牌、100个“建设先锋”创建单位，命名1000个“建设先锋”党组织示范点；打造更多政治功能强、行业特色足的组织生活开放点，进一步推动基层党组织规范化建设。精心组织庆祝活动，举办面向全系统的系列主题宣传教育活动，引导各级党组织广泛开展群众性庆祝活动，深入开展成就宣传、理论宣传、典型宣传。

三是持续巩固深化整合融合“一盘棋”格局。探索完善党建引领重大任务协同落实机制，围绕加快推进“民心工程”，探索搭建党建引领下的部门共谋、单位共商、基层共治等平台；围绕加快推进“人才安居工程”，探索建立党建引领下的市区联手、资源统筹等机制。加快完善党建引领行业高质量发展机制，坚持边实践边总结边提升，推动各行业突出问题导向和发展导向，着力突破制约行业发展的深层次瓶颈和群众反映强烈的难点热点问题。全面巩固党建引领系统单位整合融合机制，持续深化联组学习、联合培养、联动资源、联手攻坚等“整合融合”工作模式。

四是着力打造政治过硬、具备领导现代化建设能力的干部人才队伍。持续培养和使用优秀干部，始终坚持把政治标准作为选人用人第一标准，确保干部队伍政治上信得过、靠得住、能放心。着眼事业发展需要，将年轻干部队伍建设调研分析制度化、长效化。建立“赛马”机制，通过培训锻炼、重大任务执行、干部挂职等平台，统筹用好各年龄段干部。探索完善干部交流锻炼机制，落实干部交流工作制度，大力推进建设交通系统“五个一批”交流锻炼。大力加强人才队伍建设，稳步推进“十四五”行业人才落地，用好用足高评委、科技委“两个平台”，为各类人才发挥聪明才智创造良好条件。

五是推进全面从严治党向纵深发展。坚持党建工作与业务工作同谋划、同部署、同推进、同考核，不断深化“四责协同”机制，从严从细制定责任清单，扎实开展整治巡查，把主体责任各项要求融入日常工作、传导压实至“神经末梢”。以全面开展“模范机关”建设为契机，深入践行“一个带头”“三个表率”“三个坚定不移”的指示要求，不断提高机关干部队伍的战斗力、凝聚力和影响力。驰而不息狠抓作风建设，进一步聚焦中央八项规定精神再落实，聚焦整治形式主义、官僚主义突出问题再发力，聚焦为基层减负增能再使劲，全面营造风清气正、廉洁自律的政治生态。

同时，聚焦法治建设，积极推进《上海市黄浦江苏州河滨水区域管理条例》（暂定名）、《上海市城市更新条例》立法工作。坚持依法行政，落实行政执法责任，全面履行住房和城乡建设管理方面政府职责。

PART ONE I

城乡规划 国土资源

TOWN & COUNTRY PLANNING
TERRITORIAL RESOURCES

（一）综述

2020年是实施“十三五”规划的收官之年，是全面建成小康社会的决胜之年，也是统筹做好疫情防控和经济社会发展的不平凡之年。规划资源工作践行“人民城市”重要理念，扎实做好“六稳”“六保”工作，以新总规实施和国土空间规划体系建立并监督实施为主线，更加强调狠抓落实、善作善成，依托自然资源领域部市合作，充分发挥规划引领和资源保障作用。

（二）城乡规划

【完成《关于建立上海市国土空间规划体系并监督实施的意见》报审工作】贯彻落实《中共中央 国务院关于建立国土空间规划体系并监督实施的若干意见》（中发〔2019〕18号），牵头起草《关于建立上海市国土空间规划体系并监督实施的意见》（以下简称《意见》）送审稿。2020年4月18日，市委、市政府以沪委发〔2020〕13号正式印发。《意见》紧扣上海规划管理实际，构建由编制审批体系、实施监督体系、法规政策体系、技术标准体系构成的上海市国土空间规划体系，并在国土空间用途管制、实施监管等方面明确具体工作措施和要求。

【长三角生态绿色一体化发展示范区国土空间总体规划】根据沪苏浙两省一市共同协商，市规划和自然资源局局会同江浙两省自然资源厅牵头“三级八方”持续推进示范区总规编制。2020年一季度，开展多轮意见征询完善规划草案。4月底至5月中旬，沪苏浙自然资源部门分别牵头向省、市人大常委会汇报示范区总规草案成果，并听取意见。6月18日至7月17日，沪苏浙三地同步开展了示范区总规草案公示工作，并向自然资源部进行了专题汇报。8月，根据专家、相关部门以及公众意见进一步修改完善形成示范区总规送审稿。10月9日，沪苏浙两省一市政府联合将示范区总规送审稿上报国务院审批。

【上海大都市圈空间协同规划】为落实国家《长江三角洲区域一体化发展规划纲要》《国务院关于上海市城市总体规划（2017—2035年）的批复》中关于“构建上海大都市圈，打造具有全球影响力的世界级城市群”的要求，2019年10月，江浙沪人民政府携手，全面启动了《上海大都市圈空间协同规划》编制工作，并计划形成“1+8+5”规划成果。上海大都市圈规划范围覆盖上海市与周边苏州、无锡、常州、南通、宁波、舟山、嘉兴、湖州等八个城市。相关规划成果已分别于2020年8月和9月向自然资源部和市政府汇报，于9月28日召开规划初步成果专家咨询会征求专家意见，并先后征求了江浙两省及周边八个城市自然资源主管部门、上海市相关委办局及各郊区规划资源局意见，目前正在正式征求江浙两省各相关主管部门以及周边八个城市政府意见。

【中国（上海）自由贸易试验区临港新片区国土空间总体规划】按照落实国家战略、对标最高水平、突出需求导向、注重远近结合的原则，在2019年完成前期规划研究、国际方案征集的工作基础上，2020年全面推进并完成了《中国（上海）自由贸易试验区临港新片区国土空间总体规划（2020—2035年）》的编制工作。新片区总规全面落实“五个重要”，对标国际最高标准、最好水平，强化制度创新，注重培育新片区城市综合功能，注重强化新片区开放格局和区域枢纽功能，注重治理模式创新、发展动能转换，注重土地节约集约利用，提高土地利用绩效。注重强化空间规划的适应性和政策空间响应，满足不同时期、不同幅度的特殊经济功能发展需求。注重城市设计引导，强化滨海城市特色。注重安全韧性，统筹好新片区开发建设、湿地保护以及城市安全之间的关系。经过规划公示、专家评审，以及市规委全会、市政府常务会和市委常委会审议程序后，10月初市政府已正式将新片区总规送审稿上报国务院审批。国务院于11月初批转至自然资源部牵头开展成果审查工作。同时，为保障近期建设，市规划和自然资源局牵头完成了先行启动区永久基本农田调整方案，并由市政府上报国务院，6月10日，国务院已正式批复。

【加快推进新城规划工作】按照市委、市政府关于把“推进新城高水平建设作为‘十四五’规划战略命题来谋划”的决策部署，市政府成立了由龚正市长为组长的新城规划建设推进协调领导小组，全面推进各项工作。市规划资源局作为领导小组办公室，建立了协同高效的工作机制，牵头起草了《关于“十四五”加快推进新城规划建设的工作方案》，于11月23日经市政府常务会议审议通过。按照《工作方案》明确的“1+6+5”总体政策框架，牵头起草《关于本市“十四五”加快推进新城规划建设工作的实施意见》，并协调市、区各有关部门推进支持政策、综合交通、产业发展、公共服务、环境品质和新基建、规划建设导则等六个重点领域专项工作文件和五个新城《“十四五”规划建设行动方案》制定工作，形成了“1+6+5”文件阶段性成果。同时，指导五个新城所在区及临港新片区管委会抓紧推进各新城总体城市设计、单元规划和重点地区规划设计工作。

【推进“十五分钟社区生活圈”试点工作】一是按照“三年行动计划”，积极推动全市15个试点街道镇的项目实施落地，目前已完成180余项；二是配合开展2021年上海城市空间艺术季(以“15分钟社区生活圈”为主题)展场征选工作，进行实地踏勘调研，以展览筹备促进试点项目落实；三是开发“15分钟社区生活圈”智慧化应用场景，通过对地区发展关键指标的监测，动态评估建设实施情况，增强规划管理与决策的针对性与准确性，推动城市低效用地向高效用地的转变。

【全力保障旧改任务推进】一是创新政策供给，支持政企合作旧改新模式。结合职能为市更新中心赋予“控详规划调整参与权”，配合梳理完成首批资源地块，支持“全市统筹平衡”要求；研究出台容积率转移等相关政策文件，疏通旧改工作堵点难点；配合相关部门优化固化政企合作工作流程及要求。二是加快规划调整，紧密衔接土地征收供应工作。2020年完成了虹口区17街坊、静安区洪南山宅、黄浦区露香园二期等16个重点旧改项目的规划审批；明确了珠江地块、杨浦合生等项目的规划设计条件；开展了黄浦北部片区城市设计研究。三是积极配合旧住房改造工作，完成彭一旧住房“拆落地”改造项目相关规划调整工作，全力配合市房管局开展旧住房更新改造政策研究。

【系统完善推进风貌保护工作】一是结合旧改工作，细化保护对象分级分类管控措施。针对涉及风貌保护的旧改地块，开展历史建筑细化甄别，兼顾不同实施主体的建设需求，创新“肌理保护范围”管控措施，落实成片保护和积极保护要求，明确其他历史建筑的“规划保留、拆除复建和拆除新建”三种改造更新模式。二是制定风貌保护条例相关配套文件。一方面是研究制定《上海市保留历史建筑管理办法》。会同市规划院、市房管局组建课题组，制订工作方案，开展了《相关历史建筑现状情况梳理》等四项专题研究，形成办法草案，明确上海市保留历史建筑的确定、公布、保护要求、分类管理、保留更新方式等内容。另一方面是研究制定《上海市历史风貌区和优秀历史建筑保护委员会工作规程》并情况专报市政府，根据市领导批示要求，以上海市历史风貌区和优秀历史建筑保护委员会办公室名义发布。三是优化完善风貌保护管理工作机制。结合旧区改造项目规划土地工作，优化风貌相关旧改项目规划编制流程，进一步优化风貌保护项目审批流程，完善专家委员会工作机制，开展风貌保护相关宣传工作。

【《上海市防洪除涝专项规划（2020—2035 年）》】为落实“上海 2035”总体规划“安全韧性”的发展目标，提升防洪除涝规划建设水平和运行效能，市规划和自然资源局会同市水务局组织编制了《上海市防洪除涝专项规划（2020—2035 年）》，并于 2020 年 11 月 5 日获市政府批准。规划提出到 2035 年基本建成城乡一体、洪涝兼治、安全可靠、水岸生态、人水和谐、管理智慧、具有韧性的现代化防洪除涝保障体系的发展目标，明确了“蓝、灰、绿、管”多措并举的规划策略和“2 江 4 河、1 弧 3 环、1 网 14 片”的防洪除涝体系布局。

【《上海浦东综合交通枢纽专项规划》】为加快推进上海浦东综合交通枢纽规划建设，完善上海国际枢纽门户功能，市规划资源局和市交通委联合编制了《上海浦东综合交通枢纽专项规划》，并于 2020 年 7 月 8 日获市政府批准。规划明确了枢纽总体功能定位为：辐射全球的亚太航空门户、国家沿海运输大通道的重要功能节点、服务长三角区域的核心门户枢纽和上海市域综合交通体系的重要锚固点。

【推进重点功能区转型升级】保障城市发展，以打造全市转型升级示范区、高质量发展示范区、卓越城市建设区为目标，深入推进“大衣料子”地区转型升级，其中自贸区新片区落实国家战略，推进规划研究，完成 15 项控详规划编制与调整工作；南大地区完成控详规划修编，吴淞地区完成整地区的建设规划以及特钢、不锈钢地区的首发地块街坊控规、先行启动区域各一平方千米控规。

【推进重点地区高品质建设】落实总体规划要求，以实现高质量发展、建设高品质空间为目标，推进重点地区控详规划编制和研究，其中北外滩地区，按照李强书记“最高标准、最好水平”以及北外滩规划建设“突出亮点、打造精品”的要求，打造新时代顶级中央活动区，完成控详规划编制；杨浦滨江南区域，推进杨浦滨江整体城市设计研究，并在整体研究的基础上，根据发展需要，先行完成杨浦滨江在线经济产业生态园项目控详规划制订工作，推进杨浦合生、八埭头等项目控详规划研究；张江科学城，重点推进产业园区和重要产业项目的规划完善工作，支撑科创功能建设，主要完成集成电路产业园、生物医药总部基地、康桥创新药生产基地控详规划制订工作，推进医疗器械产业园、孙桥科创中心单元等重点产业园区和一园四馆、高研院等重点项目控详规划制订工作；国际旅游度假区，会同浦东新区政府、国际旅游度假区管委会，开展了国际旅游度假区功能定位及空间布局的专题研究；在此基础上，推进国际旅游度假区南一片区的规划研究和控详规划制定工作。火车东站地区。按照打造统筹区域一体化发展带动、具有立体交通配套功能的综合枢纽的要求，联合浦东新区政府，会同相关部门，组织开展上海东站地区核心区（2.2 平方千米）国际方案征集和上海东站枢纽概念建筑方案征集（88 公顷），同步开展了 2.2 平方千米核心区的城市设计深化、控详规划制订和综合交通优化研究等工作。自贸区新片区。按期完成市政府明确的重点控详规划批复工作，保障近期重大项目落地；完成现代服务业开放区金融总部湾、国际创新协同区总部湾、城市商业生活中心等成片重点功能区和新片区多项重大产业项目控详规划制订工作。

【开展《上海市地名管理条例》修订前期调研工作】结合国家《地名管理条例》的修订，开展《上海市地名管理条例》修订前期调研工作。结合近年来管理实践，对原《上海市地名管理条例》进行立法后评估，形成评估报告，并聚焦问题，形成《上海市地名管理条例》修订总体思路。

【开展无名道路整治工作】会同上海市城市管理精细化工作推进领导小组办公室开展无名道路整治工作，积极对接相关部门，认真做好调查核实工作。符合审批条件的，依法快速审批；如有特殊情况的，则专题研究、一事一议。

【加强地名信息化建设】完善地名信息化工程顶层设计，建立起数据模块、管理系统、服务平台相互关联、互为支撑的信息化工作布局。

【深化地名审批制度改革】按照“一网通办”和“全网办”要求，深化地名审批制度改革，完善业务流程，推动市区两级全面使用和熟练掌握新的地名审批系统。

（三）土地管理

【概况】2020 年，以国土空间规划为引领，推动自然资源高质量利用，努力提升超大城市空间治理能力和水平，满足人民对美好生活的期待。全年本市启动土地供应计划、土地储备计划、新增建设用地计划、建设用地减量化计划、城市更新计划“五个计划”的联动管理探索，根据空间规划的近期实施要求，围绕全口径土地供给，形成土地统筹安排和空间资源保障的土地利用安排。在新增建设用地计划保障上，一是通过净增空间保障国家和本市重大战略项目、市重大产业项目以及市特定区域项目用地计划需求。二是根据“以用定减、以减定增”原则，除前述可以使用净增空间的项目以外，市、区两级项目的用地计划需求均通过减量化指标予以落实，在使用过程中兼顾市、区两级项目用地需求。三是进一步完善操作方式，优化完善用地计划周转机制，探索市级重点项目用地计划“直供”方式，有效保障了市区两级项目落地。

2020 年度，全市共使用净增空间 947 公顷，使用腾挪空间 1524 公顷，全年共形成用地流量 2471 公顷，与以往年度基本持平。从用途来看，市政、工业、经营性比例约为 16：10：23。用于市政民生项目 1169 公顷，其中市重大工程基础设施项目 704 公顷、特定区域 176 公顷、大型居住社区 14 公顷、区市政公益 275 公顷；用于工业仓储项目 794 公顷，其中市重大产业项目 20 公顷、市特定区域 402 公顷、区级产业项目 372 公顷；用于经营性项目 508 公顷，其中特定区域 288 公顷、区级经营性项目 220 公顷。

【推进产业用地高质量利用政策创新升级】在 2018 年《关于本市推进产业用地高质量利用的实施细则》基础上，结合扩大有效投资、加快特色产业园区建设、放大“特斯拉”项目改革效应等政策举措，修订形成《关于本市推进产业用地高质量利用的实施细则（2020 版）》，进一步强化规划引导作用，强调盘活存量和集约高效。配合抗击疫情，发布《关于全力应对疫情支持服务企业发展的若干土地利用政策》，突出实际操作性，支持企业恢复发展、激发市场活力。

【深化旧区改造政策创新】 健全功能性国企参与旧改的新模式，支持服务市城市更新中心推进旧区改造工作。会同市住建委（市旧改办）出台《关于支持旧区改造土地管理有关工作意见》，优化旧改土地供应和项目融资的衔接机制。会同上海城市更新中心完成了“首批资源地块”梳理，探索全市统筹平衡的综合政策举措，目前，首批资源地块已经市住建委（市旧改办）专报市领导同意。配合更新中心及相关委办局研究制定《旧区改造项目实施管理暂行办法》《旧区改造项目招商管理暂行办法》等，进一步规范流程、完善配套支持政策，助力旧改地块高质量开发。

【政策创新支持轨道交通土地综合开发利用】 贯彻落实《关于完善本市新一轮轨道交通建设运营管理机制的实施意见》（沪府办〔2020〕28号），组织各区对新一轮轨道交通项目站点周边土地进行全面梳理，根据对规划指标的统筹优化成果，开展土地出让收入测算工作，为市发改委制订“一线一策”资金平衡方案提供技术支撑。会同市发改委对轨道交通车辆基地的土地供应方式进行分析研究，修订《关于推进本市轨道交通车辆基地及周边土地综合开发利用的实施意见》，提出了支持轨道交通车辆基地建设的土地支持政策。

【推动存量产业用地提升能级】 以推动产业升级发展，实现资源高质量利用为目标，明晰收储、转型、提容、节余转让等存量产业土地盘活路径，调动各方盘活存量产业用地的积极性，引导土地资源合理流动和高效配置。一是差异化推进产业用地转型升级和“零增地”改造。鼓励产业区块内存量产业用地提升能级，支持产业区块外企业“零增地”改造。2020年至今批准88个存量项目提容，全面推行存量工业用地优质项目提容免缴土地价款；保障战略预留区优质企业发展，全市认定预留区优质项目186个，深入研究金山二工区战略预留区整体启动方案。鼓励街镇与园区平台合作，统一推进零星转型、高效开发，形成“虹桥—紫竹”区域转型典型案例；二是按照“统筹规划、公益优先”的要求实施存量工业用地转型开发。以打造全市转型升级的示范区、高质量发展的示范区和卓越城区建设为标准，有序推进宝山南大地区、吴淞地区整体转型；以增加公共服务设施和公共空间，改善城市功能和环境为导向，指导各地区项目实施零星转型。

【坚定推进低效产业用地退出】 按照《本市低效产业用地处置工作的实施意见》，稳步推进低效产业用地处置。一是评价锁定低效产业用地，梳理现状产业用地，常态化开展资源利用效率评价，明确分类分档评价结果，明确低效产业用地。二是建立低效产业用地倒逼管控机制。通过差别化产业、技改、用能、环保和规土等政策，加大对优质企业的扶持力度，提高低效产业用地持有成本。三是积极探索市场化退出路径，鼓励园区平台发挥市场主体优势，试点“优质物业换低效用地”等市场化回购和退出方式，引导企业通过节余土地转让、节余房屋转租等市场化方式自主退出低效用地。

【持续加强闲置用地处置】 2020年，完成闲置土地处置17幅、29.38公顷，其中工业用地12幅、20.49公顷；经营性用地5幅、8.89公顷。截至2020年12月底，全市存在闲置土地51幅、226.12公顷，其中工业用地28幅、119.92公顷；经营性用地23幅、106.19公顷。

【国有建设用地供应】编制下达本市2020年度国有建设用地供应计划，按照国家、市委市政府促进房地产市场平稳健康发展的要求，保障各类用地供应，全年全市共供应各类国有建设用地4237公顷，与去年基本持平。

2020年上海市国有建设用地供应情况表

用地性质	供地方式	面积（公顷）
住房用地	出让或划拨	1004
其中，保障性住房用地	出让或划拨	400.6
其中，经济适用房用地	出让或划拨	47.8
其中，征收安置房用地	出让或划拨	317.7
其中，公租房用地	出让或划拨	35
商业、办公用地	出让	231
工业用地	出让	1025
公共建筑等设施用地	出让或划拨	1976.9
总计	—	4237

【土地出让后续监管工作】一是完善土地全生命周期管理。严格产业项目投达产管理，综合运用合同履约方式和行政管理手段，加大投达产督促力度。截至2020年底，上海市按照土地全生命周期管理要求出让的760幅、3405.76公顷产业用地中，已到约定开工时间647幅，已开工630幅、2660.74公顷，项目按期开工履约率97%；已投产154幅、440.17公顷，已到约定时间385幅，项目履约投产率达40%，已达产39幅、106.15公顷，项目履约达产率23%。二是推进出让地块全生命周期结果公示工作。根据出让地块全生命周期管理信息披露的要求，完善工业用地和经营性用地全生命周期结果公示内容。截至年底，公示出让项目共计1828项，促进出让土地按合同约定开发利用。三是开展监测监管系统填报工作。根据自然资源部建立土地利用动态巡查制度的相关要求，组织开展土地市场动态监测与监管系统填报工作。截至年底，须巡查的43040项任务中，已填报巡查情况的共计42895项。为完善土地利用动态巡查制度、加强建设用地供后开发利用全程监管提供保障。

【土地储备规划计划管理】根据《关于开展本市2020年度土地储备计划编制工作的通知》（沪规土资施〔2020〕13号）精神，完成全市2020年度土地储备计划编制工作，批复各区2020年度土地储备计划。2019年度土地储备计划实际批复763幅地块，计4024公顷。从用途上来看，住宅1042公顷、商办358公顷、工业1396公顷、市政基础设施等其他用途1228公顷。从空间布局来看，中心城区213公顷、9个郊区2881公顷、市土地储备中心及其分中心929公顷。

【构建完善土地储备管理工作机制】健全完善本市土地储备管理体制，明确市、区土地储备主体责任，做好土地储备计划实施与其他土地利用计划联动成效评估，完善土地储备项目实施动态监测和监管工作，研究构建覆盖全市范围的动态化、一体化、全要素管理的土地储备项目与资金数据库，提高本市土地储备工作统一计划编制、统一运作程序、统一工作标准、统一信息管理的全过程管控能力，进一步实现土地储备管理信息系统升级改造。完善土地储备项目信息更新机制，组织部署各区规划资源局、土地储备机构建立土地储备填报预警信息通报机制，督促各土地储备机构及时、准确填报各类信息。

【农村乱占耕地建房专项整治工作】2020年

3月以后，按照国家和本市要求，有序加快推进本市农村乱占耕地建房专项整治行动。一是研究制订本市工作实施方案。二是会同市农业农村委，从2020年8月启动了全市农村建房状况的全面调查。12月底完成，报市政府审核同意后，已报自然资源部。三是建立工作机制，市级成立由市长任组长的领导小组，下设办公室在市规划和自然资源局，负责日常推进的落实工作。四是会同市农业农村委转发《自然资源部 农业农村部关于农村乱占耕地建房“八不准”的通知》，并结合本市实际印发了《关于保障本市农村村民住宅建设合理用地的通知》（沪规划资源施〔2020〕419号）。五是根据自然资源部有关要求，制订了本市宣传方案，会同相关部门积极推进宣传工作。六是根据有关要求，做好工作推进情况的周报、月报等工作落实。

【郊野公园建设】 按照“以区为主、共同推进”的原则，各郊野公园积极开展规划建设工作，整体持续有序推进。

庄行郊野公园2020年启动了核心组团区建设，其中桃花廊庑、渔沥林盘团组于年内全面完工，映波原野及糖梨花泽组团于2020年10月启动施工；完成农民进城镇集中居住签约188户；河道整治工程、道路建设等项目正在有序推进。奉贤庄行（二期）市级土整项目2020年4月16日获立项批复，7月22日通过市级规划设计和预算评审，9月30日获得规划设计和预算批复，11月已完成施工、施工监理相关招投标工作，预计2021年初开工建设。

合庆郊野公园一期景观工程于2020年4月30日获区生态环境局批复。6—8月完成了项目报建和设计、勘察、投资监理、施工等招标工作。9月获得开工备案证并正式开工，预计2021年1月实行试开园。浦东合庆（二期）市级土地整治项目7月30日完成勘测和可研规划设计及预算招标工作，目前正在开展勘测和可研规划设计编制工作。

漕泾郊野公园2020年已完成水库村乡村振兴示范村建设任务，包括农民集中居住点一期、长堰路“四好农村路”、河道整治、村民中心、尚品书院、综合为老中心、生态乌鳢提质蓄养、循环水生态养殖等项目建设；市级水利专项一期建设接近尾声，二期中小河道整治工程正在抓紧施工中。金山漕泾市级土地整治项目2020年4月16日获立项批复，9月16日获规划设计和预算批复，11月已完成施工、施工监理相关招投标工作，预计2021年初开工建设。

【扩大不动产登记改革范围】 一是扩充当场办结的登记范围。扩大当场办结服务范围，由工厂、仓库类扩充到所有企业间转移登记，实现企业间不动产转移登记一个环节、当场缴税、90分钟内当场办结。二是扩大当场办结的办事区域。将不动产登记办事大厅内原有的工厂、仓库类转移登记专窗扩大为“企业服务专区”，企业办理不动产转移登记可以免预约、免排队、当场办。三是拓展网上受理的登记类别。在已开通4个类别个人网上不动产登记服务基础上，在市政府“一网通办”平台上线企业间网上办理不动产转移登记服务，实现网上预审、线下核对、当场领证“最多跑一次”。四是降低不动产登记资料查询门槛。任何人有查询需求的，可按照规定根据坐落，查询包括非居住房屋权利人在内的不动产登记信息和地籍图信息。五是明确地籍图更新时限。明确地籍图更新在5个工作日内完成，并增加地籍图更新标志。六是强调地籍测绘投诉机制的独立性。涉及权属调查和地籍测绘投诉移交市测绘地理信息产业协会独立监管。

【加快推动不动产登记立法工作】 2020年11月27日，《上海市不动产登记若干规定》经市人大常委会审议通过，将于2021年3月

1日起施行。《上海市不动产登记若干规定》共42条，按照登记一般规定、登记程序、权利登记及登记类型、登记资料管理利用、法律责任的逻辑顺序予以规范。

（四）地矿管理

【概况】2020年，完成第三次全国国土调查工作。根据国家部署，2020年1月启动三调统一时点更新工作，制订《上海市第三次全国国土调查统一时点更新暨2019年度土地变更调查实施方案》（沪国土调查办〔2020〕3号），组织各区开展培训并部署落实。

【初始调查成果质量提升】一是组织视频培训，采用视频会议、录制视频和在线答疑的方式做好质量提升和统一时点培训，要求各区率先开展三调成果质量提升内业工作；二是在国家复核图斑的基础上举一反三，共提取49万个疑问图斑下发各区进一步核实，同时制作全市统一的核查工具提高检查效率，继续抓好新一轮质量核查；三是开展自查自纠与保密检查工作，就人员管理、设备管理、数据管理等方面开展自查自纠，进一步规范保密制度、压实保密责任。5月，国家内业核查的问题图斑及部分核查成果通过市三调办审核形成初始调查数据库，并报送全国三调办核查。

【完成统一时点更新工作】落实5月15日视频会议精神，部署各区统筹安排统一时点更新工作，同步下发《关于第三次全国国土调查统一时点更新数据核实工作的通知》《关于进一步做好本市第三次全国国土调查统一时点更新调查阶段工作的通知》。一是提取变化图斑及疑问图斑下发各区。对照2019年四季度卫片进行了图斑提取，共提取变化图斑约6万个，为进一步提高数据质量，对照2020年最新航片，进行了一轮时点变化图斑的提取，约9万个。经统计，统一时点阶段更新图斑总量40余万个，3月到6月陆续下发各区核实。统一时点更新阶段较初始调查阶段图斑更新率超过31%，确保在统一时点更新阶段坚决改正前期调查过程中发现的疑似问题，务求将三调数据做准、做实、做细。二是完成国家“互联网+”在线核查以及外业核查任务，并完成整改，形成成果上报国家。三是配合国家督察上海局完成对我市三调初始调查复核成果和统一时点更新两次督察工作，得到了国家的肯定。同时，根据督察反馈的情况全面核实、举一反三、全面排查。9月10日，形成统一时点更新成果报国家复核。

【完成“十三五”地矿规划各项任务和预期目标】2020年是实施《上海市地质勘查与矿产资源总体规划（2016—2020年）》的收官之年，组织对规划实施情况进行了实施评估。“十三五”规划中地下水资源开采量、饮用天然矿泉水资源开采量、固体矿山设置数量等十三项主要规划指标预期能全部实现。在地质资源环境调查评价、地质资源合理开发利用与保护、地质环境监测与预警、地质科技创新和地质信息社会化应用等方面均取得显著成效，地质工作保护地质环境、保障城市地质安全和服务城市发展的能力得到进一步提升。

【有序推进“十四五”地矿规划编制工作】根据自然资源部《关于全面开展矿产资源规划（2021—2025年）编制工作的通知》要求，组建了本市“十四五”地矿规划的编制团队，制订了规划编制实施方案，启动并完成了规划编制专题研究，形成了“十四五”规划草案初稿。

【地面沉降防治及长三角区域联动】一是实现地面沉降年度控制目标。会同市水务局、市住建委、市交通委制订2020年度地面沉降防治工作计划并推进实施。2020年，全市地下水总开采量约105万立方米，总回灌量约1810万立方米。各承压含水层水位继续保持小幅抬升。全市继续保持微量沉降状态，全年沉降量约为5毫米，实现年度控制目标。二是优化完善地面沉降防控体系。制度建设方面，《地面沉降监测与防治技术标准》(修订)通过评审验收并完成报批稿，《地质信息数据标准》（DG/TJ08-2320-2020）、《建设工程水文地质勘察标准（DG/TJ08-2308-2019）》正式实施；管理方面，继续完善“两局两委”协调联动的常态化机制，通过工作例会协调管控地面沉降，进一步落实了工程建设项目勘察、设计、施工、监理、监测等单位地面沉降防治责任，推进了地质灾害危险性评估与基坑工程设计施工方案审查相衔接；研究方面，形成了新形势下全市及重点地区地面沉降防控对策研究成果。三是深化推进江浙沪皖“三省一市”地面沉降联防联控工作，编制了《2019年度长三角地区地面沉降信息通报》及《长三角区域地面沉降骨干监测网建设方案》，运行维护“长三角地面沉降信息系统”，探索分析研究了重大交通设施沿线地面沉降动态，于12月22日在上海市青浦区成功召开了2020年度长三角地区地面沉降防治省际联席会议。

【突发性地质灾害防治】一是制订并稳步推进年度工作计划。印发了《2020年本市突发性地质灾害防治工作计划》（沪规划资源质〔2020〕173号），指导全市地质灾害防治工作有序开展。二是不断完善地质灾害防治体系。通过明确市、区及相关部门防治责任和落实工程建设单位地质灾害防治主体责任，完善地质灾害防治责任体系。三是加强

2020年长三角地区地面沉降防治省际联席会议现场

源头防控。督促指导各区规划资源局和派出机构在建设工程规划许可环节，强化了地质灾害危险性评估工作的监督管理。四是强化常态化预防。通过强化动态巡查、监测预警和应急值守等措施，加强了山体崩塌地质灾害预防。五是提升能力强化应急保障。加强了地质灾害基础调查、隐患排查、监测预警及新技术、新方法、新设备的研发与应用；10月联合市应急管理局，共同组织并成功开展了地质灾害应急综合演练，各区规划资源局等80余人参加了演练，达到了预期的效果；组织了4次地质灾害应急救援队和有关技术人员专题培训，累计参加培训人数约150人；并做好地质灾害应急设备日常维护和更新工作。六是加强部门协同配合，形成工作合力。与市应急管理局建立了工作机制，对地质灾害趋势和灾情定期研判会商，形成了部门协同、市区联动的工作机制。

【“上海市地质灾害智能分析与监测预警系统”建设】 按照城市治理能力现代化和城市管理精细化要求，以应用场景需求为导向，重点聚焦“观、管、防”的功能，建设了“上海市地质灾害智能分析与监测预警系统”，并接入城市运维“一网统管”平台，实现了全市地质灾害的实时感知、动态评价、智慧分析与安全预警。

【地质环境监测与保护】 一是继续开展地面沉降及地下水动态监测，完成中心城区2125千米的面积水准测量、362千米的重大基础设施与区域高程基准联测、110千米的重大基础设施沿线地面沉降测量、608千米重点规划区沉降监测、61.74千米基岩标联测、1360千米分层标组沉降测量以及3334井次的地下水位人工监测、224套的地下水质样测试等动态监测任务；二是开展地下水人工回灌试验场跟踪监测，完成顾村、曹路两个地下水人工回灌试验场110套水质样品取样测试，其中开展水质简分析测试46套、水质全分析及有机物测试各32套；三是开展海岸带地质环境监测，完成380千米单波速水下地形监测。

（贾靖雷）

地质灾害应急综合演练

PART TWO Ⅱ

城乡建设

URBAN-RURAL DEVELOPMENT

- ⊙ 综述
- ⊙ 城市基础设施类项目建设
- ⊙ 交通基础设施建设
- ⊙ 科技产业类项目建设
- ⊙ 社会民生类项目建设
- ⊙ 生态文明类项目建设
- ⊙ 城乡发展一体化类项目建设
- ⊙ 一江一河两岸建设
- ⊙ 海绵城市建设

（一）综述

2020年是全面建成小康社会和"十三五"规划的收官之年，也是实现第一个百年奋斗目标的决胜之年。上海市重大工程建设根据市委、市政府统一部署，集聚产业结构优化升级、社会民生、城市基础设施、生态文明建设、城乡发展一体化等五大领域，年初计划安排正式项目152项，预备项目60项，新开工24项，基本建成11项，年度投资不低于1500亿元。

年初以来，面对突如其来的疫情和复杂多变的国际国内形势，本市重大工程建设坚决贯彻落实中央及市委、市政府决策部署，在市委、市政府的坚强领导下，在市、区有关部门和各建设单位共同努力下，特殊之年采取特殊之举，全力攻坚、深入挖潜，市重大工程建设克服疫情影响，实现全年投资逆势上涨，并创历史新高，圆满完成全年各项目标和任务，充分发挥了对全社会固定资产投资的牵引和示范作用。2020年超额完成重大工程各项指标任务，全年共完成投资1708亿元，超年初计划13.9%；新开工项目40项，比原计划多开工16项，基本建成19项，超计划完成8个项目；提前2个月完成年初投资计划，超年初目标298亿元，再创历史新高。

CR929宽体客机研发保障建设项目、顺络电子高端电子元器件与精密陶瓷研发及先进制造配套基地、上海医药集团生物医药生产基地、上海发那科智能工厂三期、金阀科技智能机器人产业基地、英威达尼龙化工项目、华为上海研发基地（青浦）、中核集团上海总部园、张江"科学之门"项目、上海交通大学医学院浦东校区、上海第二工业大学金海路校区拓展工程、龙华医院浦东分院、上海养志康复医院、老港生物能源再利用项目二期、华能石洞口第一电厂2×65万千瓦等容量煤电替代项目、虹桥商务区东片区综合改造市政配套二期、沪苏湖铁路上海段、沿江通道西延伸（江杨北路—富长路）改建工程、S4公路（奉浦东桥和接线工程）、浦业路新建工程、中心城区架空线入地、中国第十届花卉博览会花博园及配套项目、嘉松公路越江新建工程、G15公路嘉浏段扩建工程、上海第二工业大学三期工程、上海理工大学军工路516号校区改扩建工程、瑞金消化道肿瘤诊疗中心、华域汽车技术研发中心、中电科32所松江信息技术创新产业园、两港大道快速化改造工程、昊海生物科技国际医药研发及产业化基地、仁济肝脏泌尿外科临床诊疗中心、上海市城市规划展示馆升级改造、市中医嘉定新院、泐马河（老里塘河—出海闸）及出海闸工程、临港新建自来水厂及出厂管一期工程、上海植物园北区改扩建工程、商汤人工智能算力平台和芯片开发项目、国家"两机"专项重型燃气轮机试验基地、市疾控中心新建项目等40个项目开工建设（超计划16项）；转化医学（上海）国家重大科技基础设施、上海市检测中心二期、新开发银行总部大楼及配套设施、中国金融期货交易所技术研发基地、上海戏剧学院浦江新校区、上海工程技术大学松江二期、上海理工大学新校区一期、上海市固体废物处置中心项目、申能奉贤热电项目、龙耀路越江隧道、沿江通道越江隧道（浦西牡丹江路—浦东外环线）、老港再生建材、生物能源综合利用项目、沪通铁路（南通—安亭）上海段、北翟路（外环线—中环线）快速化改造工程、昆阳路—浦卫公路（含昆阳路越江）、轨道交通10号线二期工程（新江湾城站—基隆路站）、轨道交通15号线工程（顾村公园站—紫竹高新区站）、新华医院儿科综合楼及地下车库改扩建工程、上海市档案馆新馆一期工程等19个项目基本建成（超计划8项）。

【结构与规模】2020年初，市重大工程共安排正式项目152项，预备项目60项，新开工24项，基本建成11项，年度投资不低于1500亿元。年中，经报请市政府同意，市重大工程正式项目调整为167项，年度计划投资1708亿元。

一是科技产业类项目47个，占项目总数的28.1%，年计划投资565.6亿元，占年计划总投资的52.5%。主要有硬X射线自由电子激光装置、CR929宽体客机研发项目、顺络电子制造基地、上海生物医药生产基地、发那科智能工厂三期、金阀智能机器人产业基地、英威达化工项目、华为上海研发基地、华域汽车技术研发中心、中电科32所松江信息技术创新产业园、昊海生物医药研发基地、中核集团上海总部园、张江“科学之门”项目、商汤人工智能项目、国家“两机”重型燃气轮机、转化医学国家重大科技基础设施、上海市检测中心二期、新开发银行总部大楼、中国金融期货交易所技术研发基地等项目。

二是社会民生类项目32个，占项目总数的19.2%，年计划投资57.4亿元，占年计划总投资的5.3%。主要有新虹桥国际医学中心、上海老年医学中心、上海图书馆东馆、浦东足球场、上海市城市规划展示馆升级改造、交通大学医学院浦东校区、第二工业大学金海路校区、上海第二工业大学三期、上海理工大学军工路校区、市疾控中心项目、瑞金消化道肿瘤诊疗中心、龙华医院浦东分院、上海养志康复医院、仁济肝脏泌尿外科临床诊疗中心、市中医嘉定新院、上海戏剧学院浦江新校区、上海工程技术大学松江二期、上海理工大学新校区一期、新华医院儿科综合楼改扩建工程、上海市档案馆新馆一期等项目。

三是生态文明类项目15个，占项目总数的9.0%，年计划投资91.3亿元，占年计划总投资的8.5%。主要有世博文化公园、黄浦江两岸地区公共空间、苏州河流域整治工程、老港生物能源再利用项目二期、泐马河（老里塘河—出海闸）及出海闸工程、临港新建自来水厂及出厂管一期工程、上海植物园北区改扩建工程、上海市固体废物处置中心项目、老港再生建材生物能源综合利用项目等项目。

四是城市基础设施类项目56个，占项目总数的33.5%，年计划投资578.9亿元，占年计划总投资的53.7%。主要有G320公路、G228公路、省界断头路、吴淞江工程、华能石洞口第一电厂项目、沪苏湖铁路上海段、沿江通道西延伸（江杨北路—富长路）改建工程、S4公路（奉浦东桥和接线工程）、浦业路新建工程、嘉松公路越江新建工程、G15公路嘉浏段扩建工程、两港大道快速化改造工程、北横通道、浦东机场扩建三期、机场联络线、上海油气主干管网工程、220千伏及500千伏输变电工程、轨道交通10号线二期(新江湾城站—基隆路站)、15号线(顾村公园站—紫竹高新区站)、申能奉贤热电项目、龙耀路越江隧道、沿江通道越江隧道（浦西牡丹江路—浦东外环线）、老港再生建材、生物能源综合利用项目、沪通铁路上

表1 2020年调整后市重大工程建设项目结构和投资规模

项目类别	项目数（个）	占总数比重（%）	计划投资数（亿元）	占总投资比重(%)
科技产业类	47	28.1	565.6	52.5
社会民生类	32	19.2	57.4	5.3
生态文明类	15	9.0	91.3	8.5
城市基础设施类	56	33.5	578.9	53.7
城乡建设一体化	17	10.2	404.7	37.5
合　计	167		1708	

海段、北翟路（外环线—中环线）快速化改造工程、昆阳路—浦卫公路（含昆阳路越江）等项目。

五是城乡发展一体化项目17个，占项目总数的10.2%，年计划投资404.7亿元，占年计划总投资的37.5%。主要有第十届花博会花博园及配套项目、崇明世界级生态岛等项目、保障房、大型居住社区外围市政配套、郊区污水污泥末端处置、郊区垃圾资源化利用项目、崧泽高架西延伸、济阳路快速化改建、嘉松公路等项目。

表2 2020年重大工程正式实施项目一览表

序号	项目名称
1	上海光源二期（线站工程）
2	上海集成电路产业研发与转化功能型平台
301	转化医学（上海）国家重大科技基础设施（瑞金）
302	转化医学（上海）国家重大科技基础设施
4	上海硬X射线自由电子激光装置项目
5	高效低碳燃气轮机试验装置国家重大科技基础设施项目
6	国家海底长期科学观测系统
7	张江复旦国际创新中心（微纳电子与量子科技融合创新大楼、生物与医学科技融合大楼、3号科研楼）
8	上海交通大学张江科学园
9	李政道研究所（实验楼、基础实验设施）
10	中航商用航空发动机公司产业基地建设项目
11	中国商用飞机公司民用飞机试飞中心
12	中国商用飞机公司总装制造中心浦东基地建设项目
13	CR929宽体客机研发保障建设项目
14	上海外高桥造船有限公司邮轮总装建造总体规划项目
15	上汽大众MEB工厂
16	特斯拉超级工厂一期
17	国能新能源汽车
18	和辉光电第六代AMOLED生产线建设
19	华力微电子12英寸先进生产线建设
20	中芯国际12英寸芯片SN1项目
21	积塔半导体特色工艺生产线项目
22	超硅半导体300mm集成电路硅片全自动智能化生产线
23	顺络电子高端电子元器件与精密陶瓷研发及先进制造配套基地
24	精测半导体全球研发总部和装备制造基地
25	修正生物制药医药产业园
26	药明康德全球创新生物药研发制药一体化中心
27	复宏汉霖生物医药产业基地
28	上海医药集团生物医药生产基地
29	上海发那科智能工厂三期
30	ABB机器人超级工厂
31	金阔科技智能机器人产业基地
32	英威达尼龙化工项目
33	华为上海研发基地（青浦）
34	西岸传媒港、西岸智慧谷（网易、湘芒果、诺布、梦响强音、腾讯、游族、小米、央视、阿里零售、金融城）

续表

序号	项目名称
35	上海市检测中心二期
36	新开发银行总部大楼及配套设施
37	中国移动IDC研发与产业化基地
38	中国金融期货交易所技术研发基地
39	虹桥商务区核心区基础设施配套项目二期
40	中国核建上海科创园
41	中核集团上海总部园
42	张江“科学之门”项目
43	复旦大学内涵能力提升项目
44	上海戏剧学院浦江新校区
45	上海工程技术大学松江二期
46	上海理工大学新校区一期
47	立信会计金融学院新校区一期
48	上海大学延长校区建设改造工程
49	上海交通大学医学院浦东校区
50	上海第二工业大学金海路校区拓展工程
51	新虹桥国际医学中心
52	上海老年医学中心
53	新华医院儿科综合楼及地下车库改扩建工程
54	中国福利会国际和平妇幼保健院奉贤院区
55	上海市第一人民医院眼科临床诊疗中心
56	复旦大学附属中山医院医疗科研综合楼
57	上海市第六人民医院骨科临床诊疗中心
58	岳阳医院门诊综合楼改扩建工程
59	龙华医院浦东分院
60	上海市养志康复医院（上海市阳光康复中心）扩建工程
61	上海图书馆东馆
62	上海博物馆东馆
6301	上海传统戏剧院团设施提升（宛平剧院）
6302	上海传统戏剧院团设施提升（上海越剧演艺传习中心）
64	上海大歌剧院
65	徐家汇体育公园（上体馆、上游馆综合改造及新建综合体）
66	上海市档案馆新馆一期工程
67	上海浦东足球场
68	竹园污水处理厂四期（竹园第一、第二污水处理厂提标改造、四期污水厂工程）
69	污水南干线改造工程
70	上海市太湖流域水环境综合治理工程（新谊河、新塘港、大莲湖泵闸、金泽塘、泖港泵站、西塘江、北庄泵站、富阳港）
7101	老港生物能源综合利用项目
7102	老港再生建材利用项目
72	老港生物能源再利用项目二期
73	上海市固体废物处置中心项目
74	苏州河环境综合整治四期工程（苏州河深层排水调蓄管道系统工程试验段、堤防达标改造、底泥疏浚工程、桃浦污水厂初期雨水调蓄工程、曲阳污水厂初期雨水调蓄工程等）

续表

序号	项目名称
75	世博文化公园
76	桃浦中央绿地
77	三林楔形绿地
78	黄浦江、苏州河两岸地区公共空间建设
79	市级重点生态廊道（吴淞江生态廊道闵行段、金山化工区周边生态廊道金山段、老港周边生态廊道等39项）
80	上海LNG储罐扩建工程
81	申能奉贤热电项目
82	上海闵行燃气电厂项目
83	华能石洞口第一电厂2×65万千瓦等容量煤电替代项目
8401	上海油气主干管网工程（崇明—五号沟天然气管道、五号沟—临港天然气管道）
8402	上海油气主干管网工程（金虹航油管道）
8403	上海油气主干管网工程（上海石化—闵行油库成品油管道）
85	500千伏输变电工程（新余扩建、三林扩建、静安扩建、练塘第三台主变扩建、黄渡主变增容、奉贤换流站调相机应用工程、崇明输变电、杨行主变增容等8项）
86	220千伏输变电工程[妙香（重一）输变电、新泽（崧泽）输变电、申瑞（周浦）输变电、胜辛输变电、森林输变电、锦绣主变增容改造、亭大主变增容改造、闵行燃机电厂送出等23项]
87	浦东国际机场三期扩建工程
88	虹桥商务区东片区综合改造市政配套二期
89	沪通铁路（南通—安亭）上海段
90	沪通铁路（太仓—四团）上海段
91	沪苏湖铁路上海段
9201	机场联络线（西段）
9202	机场联络线（东段）
93	G320公路（上海浙江省界—北松公路）
94	G228公路（上海浙江省界—南芦公路）
95	省界断头路项目（复兴路、外青松公路、胜利路、东航路、城北路、叶新公路、朱吕公路、兴豪路）
96	平申线航道整治工程
97	大芦线航道整治二期工程
98	赵家沟东段航道整治工程
99	吴淞江工程（苏申内港线航道整治、新川沙河段）
100	轨道交通10号线二期工程（新江湾城站—基隆路站）
101	轨道交通14号线工程（封浜路站—桂桥路站）
102	轨道交通15号线工程（顾村公园站—紫竹高新区站）
103	轨道交通18号线一期工程（长江南路站—航头站）
104	轨道交通崇明线工程
105	轨道交通补短板项目（莘庄枢纽改造、增购车辆）
106	北横通道新建一期、二期工程
107	军工路快速化改造工程
108	北翟路（外环线—中环线）快速化改造工程
109	昌平路—恒通路跨苏州河桥梁新建工程
110	杨树浦路改建工程
111	交通路金昌路新建改建工程
112	东西通道（浦东段）扩建工程

续表

序号	项目名称
113	龙耀路越江隧道新建工程
114	沿江通道浦东段
115	沿江通道越江隧道（浦西牡丹江路—浦东外环线）
116	沿江通道浦西段（牡丹江路—江杨北路）新建工程
117	沿江通道西延伸（江杨北路—富长路）改建工程
118	江浦路越江隧道
119	银都路越江隧道
120	龙水南路越江隧道
121	S7公路（月罗公路—宝钱公路）
122	S4公路（奉浦东桥和接线工程）
123	S3公路（周邓公路—G1503两港大道立交）
124	武宁路快速化改造工程
125	龙东大道（罗山路—G1501）改建工程
126	浦星公路（环城北路—人民塘路）改建工程
127	浦业路新建工程
128	普善路—万荣路—三泉路辟通改建工程
12901	市属重点道路节点改造项目（浦星公路芦恒路节点改造工程、S2公路广祥路集卡服务中心）
12902	市属重点道路节点改造项目（海港大道立交）
12903	市属重点道路节点改造项目（S4公路闵行段抬升）
130	区区对接道路、打通断头路（60条）
131	重点河道和泵闸工程（崇明堡镇港北等四闸外移工程、张泾河、航塘港、南新泾等4项）
132	排水系统改造工程（汉阳二期、桃浦科技智慧城核心区、龙水南路泵站、肇嘉浜、大武川等5项）
133	公共消防站建设（中新泾、华夏、六灶、江镇、川南、浦江工、紫竹、鲁汇、五四、新寺、东平、岱山、唐行、淞沪、双阳、同三、龙华机场、庙行等18项）
134	长江水源水厂深度处理（杨树浦、长桥、金海、月浦、罗泾、长兴、泰和、徐泾、嘉北、南汇北、南汇南、陈家镇、城桥、堡镇、崇西等15项）
135	中心城区架空线入地
136	地下综合管廊项目（松江南站大型居住区地下综合管廊二期）
137	保障房和租赁房建设
138	大型居住社区外围市政配套项目
139	郊区污水处理厂扩建工程（海滨、临港二期二阶段、安亭、松江、松江西部等5项）
140	郊区污水厂污泥处理处置工程（浦东污水厂污泥处理处置新建工程、青浦污泥干化焚烧项目等）
14101	郊区生活垃圾焚烧项目（天马二期、奉贤二期、金山二期、浦东海滨、崇明二期、宝山生活垃圾焚烧等）
14102	郊区湿垃圾处理项目（松江、嘉定、金山、浦东、宝山湿垃圾等）
14103	郊区建筑垃圾资源化项目（松江、嘉定、金山、浦东、青浦、闵行马桥、闵行华漕、崇明建筑垃圾等）
142	崇明世界级生态岛建设（新能源公交车配套场站、北沿公路、建设公路、生态大道、环岛景观道、长兴人民医院、生态能力建设等）
14301	中国第十届花卉博览会花博园及配套项目（花博园区）
14302	中国第十届花卉博览会花博园及配套项目〔配套项目：东平特色小镇07-05商业、花博村、花博会崇明酒店（暂定名）、小镇客厅、华师大光明食品设计学院〕
144	崇明东滩基础设施开发项目
145	济阳路（卢浦大桥—闵行区界）快速化改造工程
14601	昆阳路越江
14602	浦卫公路

续表

序号	项目名称
14701	山周公路青浦段
14702	墨玉北路嘉定段
148	崧泽高架西延伸（青浦）
14901	嘉松公路青浦段
14902	嘉松公路松江段
150	嘉松公路越江新建工程
151	沪南公路（闸航公路—康花路）改建工程
15201	大叶公路—叶新公路（奉贤段）
15202	大叶公路—叶新公路（松江段）
15203	大叶公路—叶新公路（金山段）

【计划投资全面完成】2020 年，市重大工程在年度投资计划调整为 1500 亿元的基础上，实际共完成投资 1708 亿元，创历史完成投资量新高。

表3　2020年重大工程建设项目完成投资情况

项目类别	项目数（个）	完成投资额（亿元）
科技产业类	47	576.5
社会民生类	32	63.1
生态文明类	15	90.8
城市基础设施类	56	574.1
城乡发展一体化类	17	403.5
合　计	167	1708

【计划开工项目全面启动】2020 年重大工程计划新开工 24 个项目，实际新开工 40 个项目。主要有 CR929 宽体客机研发保障建设项目、顺络电子高端电子元器件与精密陶瓷研发及先进制造配套基地、上海医药集团生物医药生产基地、上海发那科智能工厂三期、金阀科技智能机器人产业基地、英威达尼龙化工项目、华为上海研发基地（青浦）、中核集团上海总部园、张江“科学之门”项目、上海交通大学医学院浦东校区、上海第二工业大学金海路校区拓展工程、龙华医院浦东分院、上海养志康复医院、老港生物能源再利用项目二期、华能石洞口第一电厂 2×65 万千瓦等容量煤电替代项目、虹桥商务区东片区综合改造市政配套二期、沪苏湖铁路上海段、沿江通道西延伸（江杨北路—富长路）改建工程、S4 公路（奉浦东桥和接线工程）、浦业路新建工程、中心城区架空线入地、中国第十届花卉博览会花博园及配套项目、嘉松公路越江新建工程、G15 公路嘉浏段扩建工程、上海第二工业大学三期工程、上海理工大学军工路 516 号校区改扩建工程、瑞金消化道肿瘤诊疗中心、华域汽车技术研发中心、中电科 32 所松江信息技术创新产业园、两港大道快速化改造工程、昊海生物科技国际医药研发及产业化基地、仁济肝脏泌尿外科临床诊疗中心、上海市城市规划展示馆升级改造、市中医嘉定新院、泐马河（老里塘河—出海闸）及出海闸工程、临港新建自来水厂及出厂管一期工程、上海植物园北区改扩建工程、商汤人工智能算力平台和芯片开发项目、国家“两机”专项重型燃气轮机试验基地、市疾控中心新建项目等。

表4　2020年重大工程开工项目一览表

序号	项目名称	开工时间（年、月）
1	CR929宽体客机研发保障建设项目	2020.6
2	顺络电子高端电子元器件与精密陶瓷研发及先进制造配套基地	2020.1
3	上海医药集团生物医药生产基地	2020.12
4	上海发那科智能工厂三期	2020.9
5	金阀科技智能机器人产业基地	2020.3
6	英威达尼龙化工项目	2020.5
7	华为上海研发基地（青浦）	2020.9
8	中核集团上海总部园	2020.1
9	张江“科学之门”项目	2020.1
10	上海交通大学医学院浦东校区	2020.11
11	上海第二工业大学金海路校区拓展工程	2020.6
12	龙华医院浦东分院	2020.3
13	上海养志康复医院	2020.8
14	老港生物能源再利用项目二期	2020.9
15	华能石洞口第一电厂2×65万千瓦等容量煤电替代项目	2020.9
16	虹桥商务区东片区综合改造市政配套二期	2020.12
17	沪苏湖铁路上海段	2020.6
18	沿江通道西延伸（江杨北路—富长路）改建工程	2020.5
19	S4公路（奉浦东桥和接线工程）	2020.9
20	浦业路新建工程	2020.12
21	中心城区架空线入地	2020.1
22	中国第十届花卉博览会花博园及配套项目	2020.1
23	嘉松公路越江新建工程	2020.9
24	G15公路嘉浏段扩建工程	2020.10
25	上海第二工业大学三期工程	2020.12
26	上海理工大学军工路516号校区改扩建工程	2020.12
27	瑞金消化道肿瘤诊疗中心	2020.12
28	华域汽车技术研发中心	2020.1
29	中电科32所松江信息技术创新产业园	2020.1
30	两港大道快速化改造工程	2020.1
31	昊海生物科技国际医药研发及产业化基地	2020.3
32	仁济肝脏泌尿外科临床诊疗中心	2020.5
33	上海市城市规划展示馆升级改造	2020.6
34	市中医嘉定新院	2020.6
35	泐马河（老里塘河—出海闸）及出海闸工程	2020.6
36	临港新建自来水厂及出厂管一期工程	2020.6
37	上海植物园北区改扩建工程	2020.7
38	商汤人工智能算力平台和芯片开发项目	2020.9
39	国家“两机”专项重型燃气轮机试验基地	2020.9
40	市疾控中心新建项目	2020.12

【计划建成或基本建成项目全面实现】2020年，市重大工程计划建成或基本建成11个项目，实际建成或基本建成19个项目。主要有转化医学（上海）国家重大科技基础设施、上海市检测中心二期、新开发银行总部大楼及配套设施、中国金融期货交易所技术研发

基地、上海戏剧学院浦江新校区、上海工程技术大学松江二期、上海理工大学新校区一期、上海市固体废物处置中心项目、申能奉贤热电项目、龙耀路越江隧道、沿江通道越江隧道（浦西牡丹江路—浦东外环线）、老港再生建材、生物能源综合利用项目、沪通铁路（南通—安亭）上海段、北翟路（外环线—中环线）快速化改造工程、昆阳路—浦卫公路（含昆阳路越江）、轨道交通 10 号线二期工程（新江湾城站—基隆路站）、轨道交通 15 号线工程（顾村公园站—紫竹高新区站）、新华医院儿科综合楼及地下车库改扩建工程、上海市档案馆新馆一期工程等。

【节点计划全面受控】2020 年，在市委、市政府的坚强领导下，在市、区有关部门和各建设单位共同努力下，市重大工程建设克服疫情影响，实现全年投资逆势上涨并创历史新高，圆满完成全年各项目标和任务。

是落实防疫要求，确保市重大工程建设疫情防控。进一步贯彻落实中央和市委、市政府关于新型冠状病毒疫情防控工作部署，第一时间出台《关于加强疫情防控、做好本市重大工程复工工作的通知》、联合市安质监总站制定《关于上海市重大工程（房建类）防疫期间工地复工管理的通知》等文件，推动市重大工程落实防疫措施，指导重大工程项目做好现场及人员防疫工作。同时按照市委、市政府决策部署，协调市内相关部门，全力支持市公共卫生临床中心应急救治临时病房建设，仅用 20 天完成任务，为上海疫情防控提供坚强基础保障。

二是狠抓复工达产，系统谋划重大工程“全产业链”复工。按照国务院及本市做好复工复产的有关部署，会同各区、各建设主体、行业部门千方百计创造条件，系统谋划重大工程“全产业链”复工方案，克服年初现场人工不足、施工材料和物资短缺、渣土卸点减少等困难，全力抓好复工复产。全市重大工程现场用工数从 2 月不足 2000

表5　2020年重大工程基本建成项目一览表

序号	项目名称	建成时间（年、月）
1	上海戏剧学院浦江新校区	2020.1
2	上海工程技术大学松江二期	2020.1
3	沿江通道越江隧道（浦西牡丹江路—浦东外环线）	2020.1
4	老港再生建材、生物能源综合利用项目	2020.9
5	沪通铁路（南通—安亭）上海段	2020.6
6	北翟路（外环线—中环线）快速化改造工程	2020.9
7	昆阳路—浦卫公路（含昆阳路越江）	2020.10
8	上海理工大学新校区一期	2020.10
9	上海市检测中心二期	2020.11
10	转化医学（上海）国家重大科技基础设施	2020.12
11	新开发银行总部大楼及配套设施	2020.12
12	中国金融期货交易所技术研发基地	2020.12
13	上海市固体废物处置中心项目	2020.12
14	申能奉贤热电项目	2020.12
15	龙耀路越江隧道	2020.11
16	轨道交通10号线二期工程（新江湾城站—基隆路站）	2020.12
17	轨道交通15号线工程（顾村公园站—紫竹高新区站）	2020.12
18	新华医院儿科综合楼及地下车库改扩建工程	2020.12
19	上海市档案馆新馆一期工程	2020.12

人，到4月已达到近8.8万人，到位率超过113.1%。截至3月中旬，市重大工程提前实现复工达产，123项在建项目全面复工。

三是扩大有效投资，实现全社会固定资产"保五争十"增长目标。根据市委、市政府关于本市全社会固定资产投资总量在去年突破8000亿元基础上实现"保五争十"的增长目标，市重大工程年初确定在完成1500亿元全年投资计划的基础上，梳理增加有效投资342亿元，要求企业尽力扩大施工面增加工作量。截至10月底，市重大工程累计完成投资1515.4亿元，提前2个月完成全年计划投资任务。

四是强化前期协调，落实"三个一"管理制度，全力推进项目建设。探索建立市重大工程建设"三个一"项目管理制度，"三个一"即"一张计划流程图、一个进度时间表、一本目标责任书"，通过会同各相关部门及各区梳理项目前期审批事项，明确分工，协调推进。市发展改革部门加快推进项目可研批复，简化审批手续，力争使新开工项目提前开工；市规划资源部门改革创新，推出"先行用地"开工制度，对推进重大工程成效显著；浦东新区在推进机场联络线等重大工程项目前期腾地工作中，敢打硬仗、克服困难，依法高效推进，有力保障了项目推进；"329"项目不断完善优化设计方案，加快建设进度；中共一大纪念馆项目年初取得本市首张复工许可证，提前一个月实现结构封顶，力争为建党一百周年献礼。

（二）城市基础设施类项目建设

【概况】2020年，城市基础设施项目建设聚焦长三角一体化发展国家战略，坚持枢纽完善、功能辐射、网络集成，全年安排项目56个，完成投资574.1亿元。

（1）能源保障项目。上海LNG储罐扩建、闵行燃气电厂、上海油气主干管网、500千伏输变电工程、220千伏输变电工程稳步推进。申能奉贤热电项目基本建成。

（2）对外交通项目。虹桥商务区东片区综合改造市政配套二期、沪苏湖铁路上海段开工建设；沪通铁路（南通—安亭）上海段提前建成；推动G320公路、G228公路、省界断头路、吴淞江工程等项目加快建设；平申线、大芦线二期、赵家沟东段等航道整治项目有序实施。

（3）轨道交通项目。轨道交通10号线二期工程（新江湾城站—基隆路站）、轨道交通15号线工程（顾村公园站—紫竹高新区站）等提前建成。轨道交通14号线（封浜路站—桂桥路站）、轨道交通18号线一期（长江南路站—航头站）、轨道交通崇明线等工程加快实施。

（4）市域交通项目。沿江通道西延伸（江杨北路—富长路）改建工程、S4公路（奉浦东桥和接线工程）等项目开工建设。S3公路（周邓公路—G1503两港大道）、银都路越江隧道、龙水南路越江隧道、沿江通道浦东段等项目加快推进。龙耀路越江隧道、沿江通道越江隧道（浦西牡丹江路—浦东外环线）等项目基本建成；北翟路（外环线—中环线）快速化改造工程提前建成。

（5）城市安全项目。中心城区架空线入地等项目开工建设。4项重点河道和泵闸工程、5项排水系统改造工程、18项公共消防站建设、长江水源水厂深度处理、地下综合管廊等项目全面建设，为城市安全、有序运行提供有力保障。

【稳步推进上海闵行燃气电厂项目】项目位于闵行区丽江路2号闵行发电厂东厂区内，南临黄浦江，北侧、西侧分别与丽江路、昆阳路相连。项目新建建筑面积约3.26万平方米，主要由主厂房、集控楼、继电器楼等建筑物组成。项目主要建设2台国产燃气—蒸汽联合循环机组及配套设施，其中1台H级重型燃机为国产首台。通过利用天然气发电，高效清洁的燃气机组，优化本市电源结构，推动重型燃机国产化和自主化。

上海闵行燃气电厂项目

【申能奉贤热电项目基本建成】 项目位于上海化工工业区奉贤分区内。主体工程厂区规划面积9.8公顷，主要由主厂房、综合办公楼、化水处理车间、启动锅炉房、220kV GIS等组成。申能奉贤热电项目建设运营2套46万千瓦级燃气—蒸汽联合循环供热机组，主设备为上海电气采用安萨尔多技术制造的"9F"级单轴燃气—蒸汽联合循环机组。项目于2017年4月27日正式开工，两台机组分别于2019年6月19日、6月27日完成168小时试运行后投入商业运行。项目厂外

申能奉贤热电项目

热网管线于2020年底完成。项目主体投产后在向电网供电的同时，向奉贤星火开发区、上海化学工业区奉贤分区内的热用户提供蒸汽，替代了周边32台燃煤（重油）小锅炉，一年可减排烟尘约538吨、二氧化硫约429吨、氮氧化物约427吨，为进一步优化“上海南翼—杭州湾北岸”居住和营商环境，拓展自贸区新片区辐射效应，助力“长三角一体化发展战略”有着可持续性的保障和推动作用。

【公共消防站建设】项目位于浦东、长宁、闵行、奉贤、崇明、嘉定、杨浦、青浦、徐汇、宝山等区域，主要建设内容包括浦东华夏、六灶、江镇、川南，长宁中新泾，闵行浦江工、紫竹、鲁汇，奉贤五四、新寺，崇明东平、岱山，嘉定唐行，杨浦淞沪、双阳，青浦同三，徐汇龙华机场，宝山庙行等18个消防站。其中，中新泾、华夏、六灶、江镇、浦江工、紫竹、五四、东平、唐行、淞沪10个消防站已开工；双阳、新寺、同三、龙华机场、鲁汇、庙行、岱山、川南等8个消防站正在组织前期审批。工程建成后将进一步完善上海市消防站布局，缩短火警出动第一到场时间，将为上海市社会经济发展提供有力的消防安全保障。

（三）交通基础设施建设

【概况】2020年，交通基础设施建设紧紧围绕“交通强国”“长江三角洲区域一体化发展”和“自贸区临港新片区发展”等发展要求，克服疫情影响，有力有序、稳中求进，扎实做好交通建设项目协调推进。全年57项城市交通重大基础设施体系建设项目扎实推进，完成投资623亿元。沪通铁路（南通—安亭）上海段7月1日开通运营，赵家沟东段航道整治（航道部分）工程完成预验收，龙耀路越江隧道、昆阳路越江大桥、昌平路—恒通路苏州河桥、G228金山段建成通车，轨道交通10号线二期、15号线年底通车运营，北横通道隆昌路下立交和北翟路地面道路（进口博览会配套项目）通车，上海外高桥造船有限公司邮轮总装建造总体规划项目船坞接长工程完成建设。

一是对外交通（港口航道、机场铁路、省界断头路）。沪通铁路（南通—安亭）上海段4月调试运行，7月1日开通运营；赵家沟东段航道整治（航道部分）工程完工并预验收，外高桥邮轮总装建造2号船坞改造工程顺利交工验收；G228金山段建成通车。

公共消防站

交通 10 号线二期、15 号线年底通车运营。14 号线和 18 号线一期、世博公园地下空间预留工程等有序推进。轨道交通全年完成盾构推进 15 千米，8 座车站封顶。

三是市域交通（公路、市政道路）龙耀路越江隧道、昆阳路越江大桥、昌平路—恒通路苏州河桥建成通车，S2 广祥路下匝道已完成交工验收，具备试运营条件。沿江通道西延伸（江杨北路—富长路）改建工程、嘉松公路越江大桥、S4 奉浦大桥东桥及接线工程和 G15 嘉浏段等工程开工。S3 公路、沿江通道浦东段等项目按计划全面开展建设；北横通道西段盾构结构贯通，主线天目路立交结构贯通。

四是区区对接道路（断头路）。2020 年共打通 10 条道路：虹口区平凉路、松江书林路—闵行茜昆路、奉贤区金庄公路、金山金廊公路—松江辰塔路、杨浦区国权北路、松江区五朱公路、闵行—徐汇华济路、普陀区真光路、普陀区桃浦西路和嘉定区裕民南路。

2010—2012 年、2015—2017 年两轮次推进的 108 条道路累计打通 94 条，“十三五”期间累计打通 61 条，静安区、浦东新区、普陀区、杨浦区、金山区、虹口区等完成全部建设任务。

五是进博会保障。制定并围绕“任务书、路线图、时间表”，“挂图作战”推进项目建设，按时完成第三届进博会配套路桥建设项目任务，北翟路地面道路于 9 月 30 日正式开通。

【沪通铁路（南通—安亭）开通运营】 7 月 1 日，沪通铁路（南通—安亭）开通运营。

沪通铁路，是连接上海市与江苏省南通市的国家Ⅰ级客货共线双线电气化快速铁路。沪通铁路（南通—安亭）正线全长 137.47 千米，设计速度 200 千米 / 小时，设 9 座车站。这条铁路在既有宁启线设平东接轨站，出站后折向南行，在规划的锡通通道以桥梁方式跨越长江，越江后途经苏州市所辖的张家港市、常熟市和太仓市，向南经上海市嘉定区、江苏省昆山市引入既有京沪铁路安亭站，进而沟通上海站和上海虹桥站。

沪通铁路（南通至安亭段）是国家“八纵八横”高铁网中沿海铁路的重要组成部分，向北经盐通铁路、连盐铁路、宁启线、新长线等沟通苏北、山东东部地区，向南经沪杭高铁、沪昆线等沟通浙江地区，成为鲁东、苏北与苏南、上海、浙东地区之间人员往来的新通道。

沪通铁路（南通—安亭）的开通，结束了苏中地区与上海没有直达铁路须南京中转的历史，使上海和南通的铁路通行时间缩短到 1 小时，有利于提高铁路过江通道能力和完善区域铁路网布局，对于密切苏北与苏南地区的交流，促进沿线经济社会发展和长三角地区高质量一体化发展等具有重要意义。

（图片来自苏州发布）

【昆阳路越江大桥主线实现通车】10月28日，昆阳路越江大桥（即闵浦三桥）主线建成并开放交通。标志着闵浦二桥和松浦大桥之间长达10千米浦江岸线无越江通道的交通壁垒成为历史。

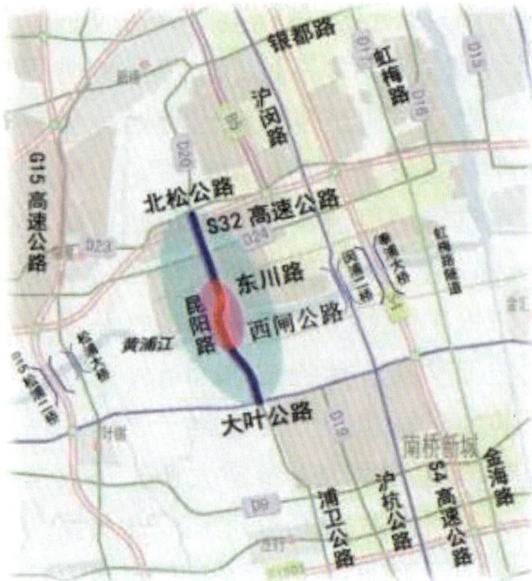

工程位于闵浦二桥与松浦大桥之间，连接奉贤与闵行两区，北起闵行区东川路，跨越黄浦江后在西闸公路以北落地，终点与奉贤区浦卫公路改建工程衔接，全长约3.49千米，其中，越江大桥部分长约1.94千米，主桥设计为独塔斜拉桥。该桥的人非通道于12月31日正式开放交通，通道全长540米，预

昆阳路越江大桥（1）

昆阳路越江大桥（2）

计 10 分钟可慢行过江。

昆阳路越江大桥是黄浦江上第 13 座越江大桥，也是继奉浦大桥、闵浦大桥、闵浦二桥、虹梅南路隧道之后，奉贤区连接黄浦江北岸的第五个过江通道。作为黄浦江上最年轻的成员，昆阳路大桥创造着属于自己的新纪录：

“定海神针”，扎根浦江定基础

该桥在黄浦江中心设墩，为了减少对航道的影响，主桥基础采用承载力更强扎根更深的 1.5 米大直径钢管桩。每根钢管桩长度达 70 米，竖起时相当于 25 层楼的高度，重量达 60 吨。70 根 70 米长的主墩钢管桩沉桩时总锤击数高达 35 万次，为大桥“扎根”黄浦江打下坚实基础，创造了上海市内河航道桥梁桩基深度和难度的新纪录。

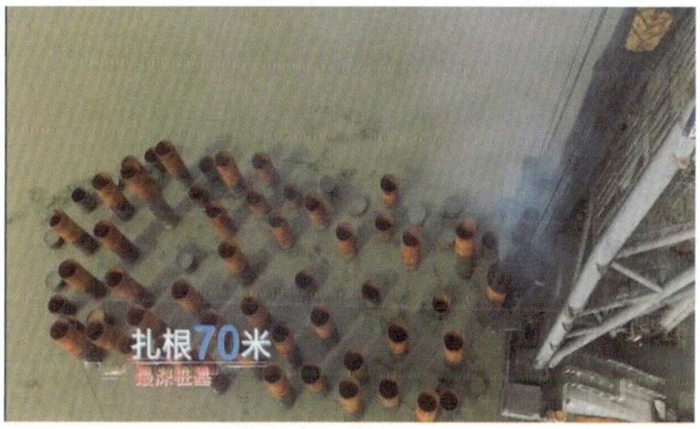

预制拼装，刷新高度新纪录

与以往越江大桥不同，昆阳路越江大桥引桥采用桥梁全预制装配技术进行建造，大桥各类构件先在工厂内进行预制，运至现场后再行拼装，这也是该工艺首次在跨江大桥中应用，不仅有效减少了现场支架现浇的工作量，大大缩短了施工作业时间，保障了工程质量，也降低对周边水源保护地造成的影响。同时，大桥在引桥建设中，高达 23.15 米的双根双节立柱，创造了目前上海预制拼装立柱的纪录。

错层布置，实现“人非机”共走廊

昆阳路越江大桥是一座能“走”的大桥，设计初期便考虑到人与非机动车通行过江需求，主桥的整体式箱型主梁采用了独特的“错层布置”设计，上层供机动车辆通行，双向 6 车道，设计车速 60 千米 / 小时；下层供人非通行，行人和非机动车可通过两岸 16 部垂直电梯到达主桥的下层桥面，从而实现过江。

因人非垂直升降电梯涉及多种电气设备，基于以人为本、安全至上的原则，人非慢行交通越江系统在确保严格运行调试和充分运营保障的前提下，12 月对社会公众开放。

智能机械，无人摊铺沥青上演大桥首秀

在昆阳路越江大桥引桥、接线道路的沥青铺设过程中，首次采用了无人摊铺机编队，在摊铺、温度监测、初压、复压整个过程中，多台机械设备依靠通信技术、北斗定位导航系统以及大量传感器不断反馈和修正，沿着预先设定路径分组进行多个工序的沥青摊铺施工，从而实现了无人驾驶摊铺的应用场景

拓展，也为满足多样化的城市建设需求打下坚实基础。

大桥主线建成通车，将有效改善区域越江通道不足的现状，为浦江两岸的市民提供更高效便捷的出行方式，同时也为完善上海市干线公路网布局，促进上海中南部区域的经济发展起到重要作用。

【龙耀路越江隧道东延伸（济阳路—长青路段）建成通车】8月30日，历时5年建设，龙耀路越江隧道东延伸（济阳路—长清路段）主线通车。自一期工程启动建设12年之后，龙耀路越江隧道终于打通“最后一千米”，全线投入营运，投运后将进一步优化黄浦江两岸路网布局。

该工程是在原有龙耀路越江隧道的基础上新增主线长清路进出口，盾构分为南北两线，总里程约860米。龙耀路越江隧道是连接南站到浦东新区的一条重要纽带，作为上海2010年世博会重要的配套市政工程，于2008年启动建设，规划长度约4千米，并在世博会开幕前夕率先开通3千米，主要承担28%的世博专线公交通行。

龙耀路越江隧道（济阳路—长清路）段通车后，黄浦江越江通道布局再度升级优化，从三林和周浦地区驾车不必绕行即可隧道过江，优化从上海南站至浦东的路网结构。

东延伸工程在2016年启动，但难度并不比此前低。工程所在区域曾是古河道，地质复杂，隧道线型的选址经过了多年研究：既要承接已有的龙耀路隧道出入口，还要避免线型出现“急转弯”导致行车安全隐患。“穿越”沿线建筑物实际只花3个月时间，前期筹备却用了一年半时间。短短1千米，前沿科技全副武装：首先项目采用了有限元模拟计算，在电脑中反复模拟施工穿越，确保每一个节点、每一道工序万无一失。其次盾构采用三套自动化监控系统，即：房屋自动化监测、盾构三维参数监控及同步注浆监测系统，将房屋沉降、盾构姿态、注浆压力、同步注浆量等各项数据实时监控，以便及时调整盾构参数、控制沉降，确保了安全穿越。第三，工程采用直径相当于4层楼的泥水平衡盾构进行顶推，是同类工程国内首次应用泥浆全干化处理技术，实现泥浆“零排放”，减少了环境污染，为类似工程提供了新的解决方案。

面上的人行道与机动车道相隔离，并设置台阶和无障碍坡道。

这项工程的全称是“昌平路—恒通路跨

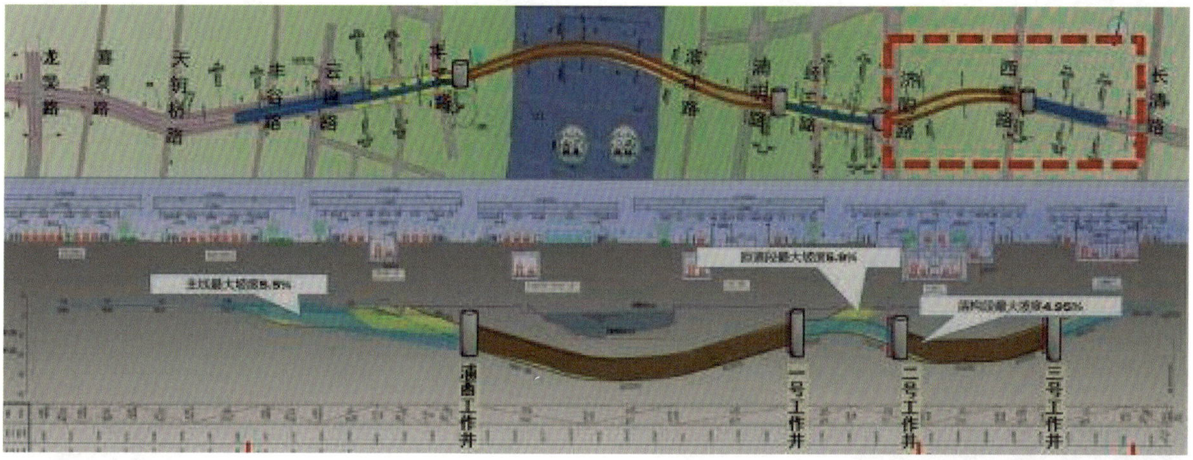

（图片来自上观新闻）

【“苏河之眼”昌平路—恒通路跨苏州河桥新建工程通车】 12月6日，昌平路—恒通路跨苏州河桥通车，苏州河桥梁家族又添“新丁”。昌平路桥建成通车，打通了昌平路—恒通路路网交通，使得昌平路、恒通路、曲阜路、天潼路之间形成了一条完整的东西向次干路网。

工程西起昌平路—江宁路路口，沿昌平路规划走向，向东跨苏州河，接恒通路，止于恒丰路，工程范围内道路总长约853米，按照城市次干路标准拓宽改建为双向6快2慢的道路，设计车速40千米/小时。主桥采用下承式系杆钢拱结构，一跨整体越河，结合光复路、西苏州路整体抬高，打造亲水景观走廊，成为一河两岸重要一环。昌平路桥苏州河桥新建工程”，为两区合并后新静安的一号民生工程。从地理位置上看，这座新桥介于恒丰路桥、普济路桥之间。通车后，将分解相邻的长寿路桥、恒丰路桥的密集车流，并大大方便周边居民来往苏州河两岸，市中心往上海火车站也多了一条捷径，避免绕路奔波之苦。

昌平路桥通体洁白，装饰线条优雅，呈现“睫毛弯弯翘”的视觉效果，弧形设计不仅符合桥梁整体承重结构，也增加结构安全性。在苏州河众多桥梁中，昌平路桥明眸般的造型，让桥梁具有浓重的现代气息，像一双美丽的大眼睛，凝望着苏州河及其两岸风景，人们称之为“苏河之眼”。

“苏河之眼”昌平路—恒通路跨苏州河桥新建工程（1）

“苏河之眼”昌平路—恒通路跨苏州河桥新建工程（2）

“苏河之眼”昌平路—恒通路跨苏州河桥新建工程（3）

“苏河之眼”昌平路—恒通路跨苏州河桥新建工程（4）

【轨道交通 10 号线二期开通初期运营】 12 月 26 日，10 号线二期开通初期运营。10 号线二期西起杨浦区的新江湾城站（已开通），东至浦东新区的基隆路站，线路全长 10.3 千米，沿途共设 6 座车站，其中在港城路站可与地铁 6 号线换乘。10 号线二期开通后，将横穿浦东新区、杨浦区、虹口区、静安区、黄浦区、徐汇区、长宁区、闵行区八大中心区，成为上海地铁跨越行政区最多的线路之一，进一步加强了杨浦北部、浦东高桥及自由贸易区与中心城区的快速交通联系，缓解长江路隧道的过江车流压力。

【轨道交通 18 号线一期（航头站至御桥站）开通初期运营】 12 月 26 日 18 号线一期（航头站至御桥站）开通初期运营。18 号线穿越上海东中部，南起航头站，途经浦东新区、杨浦区、宝山区，北至长江南路站。本次计划开通初期运营的一期南段，自南向北依次设航头站、下沙站、鹤涛路站、沈梅路站、繁荣路站、周浦站、康桥站、御桥站 8 座车站，其中御桥站与既有 11 号线换乘。18 号线一期南段开通大大提升了沪南公路、御青路沿线市民的出行便利性。

18 号线车站装饰设计采用现代、简约、明快的风格。交通引导标志的“站名墙”独具文化特色，设计者挖掘每一个地区独特的历史文化，从大量的信息中提取出有价值的历史文化元素，融入站名墙之中。车站公共区全部采用无吊顶设计，整个公共区空间在视觉上更为高大宽敞和通透，减少地下空间的压抑感，带给乘客更愉悦舒适的地下空间体验。车站公共区设置了诸多人性化设施，除常规的垂直电梯、盲道外，车站闸机统一采用门式，方便婴儿车及携带大行李乘客通过。车厢内配备智能无线充电平台，配置了可视化的紧急对讲系统和交互式门解锁功能，升级了通风系统，使乘客能够体验到无风感、无温差的舒适乘坐环境。

值得一提的是，18 号线是全球首例全线引入绿色认证体系的地铁。18 号线一期全线在设计、施工、运维阶段，按照绿色认证标准提出要求、指导培训并检查落实。全线达到了设备材料的合理适用、绿色施工、资源能源集约化利用、设备系统有效平稳运行、降低建筑能耗、减少对环境的负面影响、提高地铁空间舒适度的效果，预计年节水率达到 35% 以上、建筑节能率达到 13% 以上。

【轨道交通 11 号线陈翔公路站开通初期运营】 8 月 7 日，召开轨道交通 11 号线陈翔公路站初期运营前安全评估会；8 月 25 日，陈翔公路站正式开通初期运营。陈翔公路站位于马陆站与南翔站之间，紧贴轻轨高架两侧建设，新建车站结构包裹不间断运营的既有高架区间，新站建设、旧线改造、运营保障难度极大，工程建设克服了“边运营、边建设、边改造、边调试”的困难，是中国轨道交通史上第一座既有线路上的新增车站。

【G228 公路金山一期全线建成通车】 10 月 23 日，G228 公路（老龙泉港以东—鳗鲤泾）新建工程正式通车，标志着 G228 公路金山段一期全线通车。G228 公路金山一期的建成通车，为金山区漕泾镇、山阳镇地区百姓出行提供一条宽敞大道，深度服务金山区未来发展，进一步提高片区路网密度，优化出行环境，对提升金山城区形象、改善民生具有重要意义。

【嘉定区城北路建成通车】 6 月 28 日，嘉定区城北路建成通车。城北路（省界—霜竹公路）新建工程北起江苏省“新浏河”大桥主桥南端，南至霜竹公路，全长 1.3 千米。道路规划为双向六车道，设计车速为 60 千米 / 小时。道路两侧各设置有人行道和非机动车道。通车后，城北路至太仓岳鹿公路的通行时间由原来的近半个小时缩短至约 5 分钟。

【青浦区东航路建成通车】 11月9日，青浦区东航路建成通车。青浦区东航路对接吴江区康力大道，总体呈东西走向，东起沪青平公路，西至江苏省界，约2.27千米。道路等级为二级公路，红线宽度40米，四快二慢布置。工程包括道路、3座桥梁、排水、绿化、交通标志标线、信号灯、交通安全及附属设施等。

【金山区叶新公路建成通车】 12月28日，金山区叶新公路建成通车。叶新公路（朱枫公路—浙江省界）新建工程西起浙江省界，东至朱枫公路，全长2.24千米。该段道路是叶新—大叶—东大公路的出省段，与浙江省嘉兴市嘉善县姚杨公路对接。道路设计车速为80千米/小时，双向六车道。叶新公路竣工通车后，枫泾至姚庄的出行时间从30分钟缩短为3分钟。

【崇明区建设公路改扩建工程（团城公路—陈海公路段）通车】 9月12日，崇明区建设公路改扩建工程（团城公路—陈海公路段）建成通车。建设公路改扩建工程作为2021年崇明花博会的配套建设项目，位于崇明中部地区，线路呈南北走向，是崇明岛干线路网规划“四横七纵”中的一纵，工程全长约8.1千米，此次通车路段约为1.8千米。该段道路最大施工内容是南横引河桥施工，桥梁全长288米，水上吊装单体起重量达到127吨。

【S2公路广祥路匝道及附属设施新建工程通过交工验收】 5月29日，S2公路广祥路匝道及附属设施新建工程通过交工验收。该工程位于S2公路南侧、广祥路东侧、两港大道立交西南象限。工程内容主要包括全长787米的S2公路广祥路匝道、占地面积约11.05万平方米的集卡服务区及4057平方米的管理用房三个部分。

【北横通道隆昌路下立交地道正式建成通车】 7月31日，北横通道新建工程隆昌路下立交地道正式通车。工程西起双阳路，东至内江路，全长约1.185千米，双向4车道，设计车速均为50千米/小时。这是北横项目地下工程中首个通车节点，也是连通北横通道、周家嘴路越江隧道的关键节点，隆昌路下立交地道的顺利通车将有效缓解隆昌路路口的交通压力。

【外高桥邮轮总装建造2号船坞改造工程交工验收】 6月12日，外高桥邮轮总装建造2号船坞改造工程顺利交工验收，该项目是国产大型邮轮总装建造总体规划配套项目。2号船坞施工过程中，坚持以科技创新为重点，采用了“箱型钢板桩+H型钢组合”和桩位预钻孔等施工工艺，在保障老船坞生产的同时，高质量、高水平完成各阶段建设任务。改造后的2号船坞总长度达到740米，成为亚洲软土地基上建造的最长船坞，能够同时满足两艘13万吨级大型邮轮或一艘20万吨级豪华邮轮的整船建造。

【赵家沟东段航道整治工程完工】 10月29日，赵家沟东段航道整治（航道部分）工程完成预验收。赵家沟东段航道整治工程西起浦东运河，东至外高桥粮食储备内河港区，规划等级Ⅳ级。航道整治完成将优化上海港粮食集疏运体系，发挥已建港口航道设施的社会效益，改善投资效益及区域环境质量，为上海“一环十射”内河航道网再添一条高等级航道。

【浦星公路跨大治河桥通车】 6月28日，经过2年多的建设，大芦线航道整治二期闵行浦江段3标浦星公路跨大治河桥顺利通车。浦星公路是连接闵行、奉贤的交通主干道。浦星公路跨大治河桥新桥主桥采用230米跨径的下承式系杆拱桥，是目前上海最大跨径的承式拱桥。

（彭鑫）

（四）科技产业类项目建设

【概况】2020年，科技产业项目建设围绕创新转型、转变方式、优化结构，全年安排项目47个，完成投资576.5亿元。

（1）科创中心项目建设。高效低碳燃气轮机试验装置国家重大科技基础设施、国家海底长期科学观测系统、张江复旦国际创新中心、上海交通大学张江科学园、上海光源二期（线站工程）、集成电路产业研发与转化功能型平台、上海硬X射线自由电子激光装置、李政道研究所等项目加快推进。转化医学（上海）国家重大科技基础设施基本建成。

（2）先进制造业项目建设。CR929宽体客机研发保障建设项目、顺络电子高端电子元器件与精密陶瓷研发及先进制造配套基地、上海医药集团生物医药生产基地、上海发那科智能工厂三期、金阅科技智能机器人产业基地、英威达尼龙化工项目、华为上海研发基地（青浦）等项目启动建设。中航商用航空发动机公司产业基地建设项目、上汽大众MEB工厂、特斯拉超级工厂一期、国能新能源汽车、和辉光电第6代AMOLED显示项目、华力微电子12英寸先进生产线、中芯国际12英寸芯片SN1项目、积塔半导体特色工艺生产线、超硅半导体300mm集成电路硅片全自动智能化生产线等、精测半导体全球研发总部和装备制造基地等稳步推进。

（3）促进现代服务业发展。中核集团上海总部园、张江“科学之门”项目等实现开工建设。西岸传媒港智慧谷、中国移动IDC研发产业化基地、虹桥商务区核心区基础设施配套项目（二期）、中国核建上海科创园等加快推进。上海市检测中心二期、新开发银行总部大楼及配套设施、中国金融期货交易所技术研发基地等基本建成。

【加快推进张江复旦国际创新中心建设】项

张江复旦国际创新中心

目位于复旦大学张江校区（浦东新区张衡路825号、826号）。总建筑面积约20.8万平方米，包括微纳电子与量子科技融合创新大楼、生物与医学科技融合创新大楼及三号科研楼。项目于2019年12月开工。项目建成后将加快复旦大学建设世界一流大学步伐，服务国家和地方经济发展。

【加快推进上海交通大学张江科学园建设】项目位于浦东新区张江高科技园区内国家信息安全成果产业化（东部）基地的5-2-2地块，张衡路、科苑路交叉口，占地面积3.62万平方米。规划总建设面积10.33万平方米，地上7.24万平方米，地下3.09万平方米，由科研实验室、研究工作室、配套服务类用房、地下停车库等部分组成。项目于2018年6月开工。该项目对接张江综合性国家科学中心的定位，以重大项目和重大科技设施为支撑，以平台建设为抓手，有利于发挥学科在前沿研究中的引领作用，促进科技成果产业化，助力上海建设具有全球影响力的科创中心。

物样本库、临床资源深度分析与挖掘平台、生物标记物与药物研发及新药创制平台、诊断试剂与仪器开发平台、分子病理与影像技术研究平台平台。围绕重大疾病治疗的临床转化医学研究目标，相互协作，共同支撑转化医学国家重大科技基础设施（上海）项目的有效运行。2016年9月开始建设。技术系统建成后，将针对我国重大疾病诊疗中的重大关键技术，重点在肿瘤领域（主要为白血病等造血系统肿瘤、胃肠肿瘤和儿童癌症），同时针对代谢性疾病领域（主要为内分泌代谢疾病）和心脑血管疾病领域（主要为高血压和先心病）等重大疾病，研究相关发病机理和规律，建立相关疾病预测、预防、早期诊断和个体化治疗的理论、模型和方法，解决重大疾病的发生、发展与转归中的重大科学问题。

【上海医药集团生物医药生产基地启动建设】项目位于浦东新区张江路92号，东至张江路、南至应用材料有限公司、西至高斯

上海交通大学张江科学园

【转化医学（上海）国家重大科技基础设施基本建成】项目位于闵行区东川路800号上海交通大学闵行基地，围绕资源信息、技术支撑和临床转化三大系统，设标准化临床生

路、北至郭守敬路。工程一期建筑面积约14万平方米，主要由行政综合楼、大分子药物研发楼、小分子药物研发楼、抗体中试生产楼组成。上海医药聚焦创新驱动发展战略，

上海医药集团生物医药生产基地

加快提升产业能级，重点对张江路92号地块重新进行整体规划，围绕治疗性抗体、细胞治疗、基因治疗、微生态等生物医药新领域，建设创新孵化与中试产业化公共服务平台及上药研发中心，为张江地区发展生物医药研发的中小企业提供"一站式服务"。项目打通了生物医药在上海张江地区从研发到产业化的"最后一千米"，也将助力上海医药从以化学仿制药、中药为主的医药集团转型升级为创新型生物医药为引领的产业集团。

【上汽大众MEB工厂建设稳步推进】 项目位于嘉定区上汽大众安亭基地，项目总投资额为169亿元，建设用地40.81万平方米，总建筑面积61.79万平方米，将新建冲压车间、车身车间、油漆车间、总装车间、电池车间、办公生活楼、车体分配中心、零部件自动化立体高架库及相关生产配套设施。项目已于2018年10月19日开工建设。作为上汽大众全球首个纯电动工厂，MEB工厂将采用工业4.0的全新生产网络架构，全面运用智能制造技术，大幅提升自动化率和生产效率，打造全球领先的智能化、数字化、集成化、节能环保的绿色工厂。工厂建成后，上汽大众汽车将继续砥砺前行，为我国的节能环保与新能源汽车产业的发展贡献应有的力量。

【上海市检测中心二期基本建成】 项目位于浦东新区张衡路1500号，本工程新建1幢6层计量实验楼、1幢8层药检楼（局部5层）、1幢1层整体地下室、1幢3层能源中心、污水处理池、冰蓄冷槽、实验地下水池、水塔等构筑物，改造原有综合楼附楼三楼和实验室外总体。项目总建筑面积5.9万平方米，其中新建建筑面积5.8万平方米，改建建筑面积787平方米。本工程于2016年12月开工。项目建成后将对整个上海生物医药物检验和计量产业的加速推进和产业升级、对上海市在全国药检计量产业地位的提升、对上海新技术产业结构优化产生直接的作用。

【中国金融期货交易所技术研发基地基本建成】 项目位于唐镇工业小区B2-5地块，东至顾唐路、南至顾家浜、西至已建地块、北至上丰路，用地面积5.4万平方米，总建筑面积为9.9万平方米。建设内容为数据机房

上汽大众 MEB 工厂

上海市检测中心二期

区域、业务操作区域、后勤辅助区域。项目于 2016 年 6 月开工。项目建成后将保障我国金融期货市场安全平稳运行，夯实金融期货发展基础，加快构建中金所“两地三中心”基础设施建设的重要举措，将显著提高我国金融期货信息系统安全高效运行的能力。同时，将为行业提供大量托管机柜，有效缓解金融市场托管机柜短缺的现状。

（五）社会民生类项目建设

【概况】2020年，社会民生项目建设加快发展，坚持政府主导、民生优先、协调发展，全年安排项目32个，完成投资63.1亿元。

（1）教育项目建设。上海交通大学医学院浦东校区、上海第二工业大学金海路校区拓展工程开工建设。复旦大学内涵能力提升、立信会计金融学院新校区一期、上海大学延长校区改建等项目顺利推进。上海戏剧学院浦江新校区、上海工程技术大学松江二期、上海理工大学新校区一期等基本建成。

（2）医疗卫生项目建设。龙华医院浦东分院、上海养志康复医院等项目开工建设。新虹桥国际医学中心、上海老年医学中心、中国福利会国际和平妇幼保健院奉贤院区、第一人民医院眼科临床诊疗中心、市疾病预防控制中心等抓紧施工。新华医院儿科综合楼及地下车库改扩建工程提前建成。

（3）文化体育项目建设。上海图书馆东馆、上海博物馆东馆、上海传统戏剧院团设施提升（宛平剧场、上海越剧演艺传习中心）、上海大歌剧院、徐家汇体育公园、上海浦东足球场等一批重大文化体育项目加紧建设。上海市档案馆新馆一期工程提前建成。

【上海戏剧学院浦江新校区基本建成】项目位于闵行区浦锦街道，门牌号为昌林路800号，基地北至上师大附中闵行校区、南至昌林路、西至大寨河、东至浦星公路。总建筑面积13.97万平方米（地上建筑面积12.6万平方米，地下建筑面积1.4万平方米），主要建设内容包括基础教学楼、行政楼、创意学院、实训中心、图文信息中心、电影电视学院、体育活动中心、学生教工宿舍等。浦江校区的建成将有利于学校文化事业与浦江当地文化产业的结合、学校艺术创新与当地科技创新的结合，文化创意与战略投资的结合，有效实现上戏入驻浦江后对城市的艺术辐射功能、资本增值功能、创意激活功能及文化提升功能。

【上海工程技术大学松江二期基本建成】工程位于松江区，北临广富林路，南临文汇路，西临龙源路，东临龙腾路。总建筑面积10.53万平方米，主要由现代交通工程中心、现代交通工程中心附属楼、第二图文信息中心、第二食堂及后勤综合楼、研究生公寓等建筑组成。工程于2016年12月开工。建成后将有效缓解学校基础配套设施紧缺的状况，为学校后期发展提供完善的硬件支持，有利于提高学校办学质量，推动学校的可持续发展。

【上海理工大学新校区一期基本建成】 项目位于杨浦区军工路460号及军工路334号（上海理工大学南校区内），总建筑面积8.29万平方米，其中地上建筑面积6.76万平方米、地下建筑面积1.52万平方米。主要由卓越工程研究生院、经管大楼、国际合作教育大楼、食堂浴室锅炉房35KV变配电站四个单体及室外总体组成。2017年12月开工。项目建成后将有效提升上理工大综合实力，改善学校教学、实验条件，完善学校环保和节能计划落实，强化学校专业特色和优势，加强学校国际交流与合作，促进上海高等教育水平进一步提高。

【新华医院儿科综合楼及地下车库改扩建工程基本建成】 新华医院儿科综合楼及地下车库改扩建工程项目位于控江路1665号新华医院内，东侧为江浦路，南侧为双辽支路，西侧为新华医院科教楼，北侧为新华医院儿外楼总建筑面积6.48万平方米。项目包含在建项目儿科综合楼5.77万平方米，建设内容为地下3层，主体建筑地上18层、裙房8层的一幢建筑综合体，待建项目中心花园地下3层车库7150平方米。儿科综合楼项目已于2016年8月15日开工建设。建成后，将有利于医院儿科与成人医疗区域的规划与融合，进一步平衡全市儿童医疗资源，满足日益增长的儿童医疗需求以及缓解医院停车难问题，更好地为病人提供就医环境，对医院发展具有里程碑式的意义。

【上海市档案馆新馆一期工程基本建成】 项目位于浦东新区花木地区，项目总建筑面积为9.78万平方米，主要由档案库房、业务办公用房、对外服务用房和武警用房等组成。本项目于2016年11月28日开工。工程建成后将有力地提升档案事业的发展规划要求，并且将对档案事业起到推动作用，满足上海市档案事业发展的需要。

上海理工大学新校区一期

新华医院儿科综合楼及地下车库改扩建工程

上海市档案馆新馆一期工程

（六）生态文明类项目建设

【概况】2020年，生态文明项目建设聚焦国家环保督查考核，全年安排项目15个，完成投资90.8亿元。老港生物能源再利用项目二期等项目开工建设。竹园污水处理厂四期（竹园第一、第二污水处理厂提标改造、四期污水厂工程）、污水南干线改造工程、苏州河环境综合整治四期工程、上海市太湖流域水环境综合治理工程，黄浦江、苏州河两岸地区公共空间贯通、三林楔形绿地、世博文化公园、桃浦中央绿地、市级重点生态廊道等有序推进。老港再生建材、生物能源综合利用项目，上海市固体废物处置中心项目提前建成投用。

【老港再生建材利用项目提前建成】 项目位于浦东新区老港生态环保基地西南侧，规划经一路以东、规划边界以北、填埋场隔堤以西，总建筑面积4.28万平方米，主要由一体化车间及筒仓、综合楼、消防水池及泵房、调节池及提升泵井、门卫、地衡等附属建筑以及总体室外工程等组成。项目建成后将进一步增强上海市垃圾末端处置能力，为上海市垃圾分类处理、再生利用保驾护航。

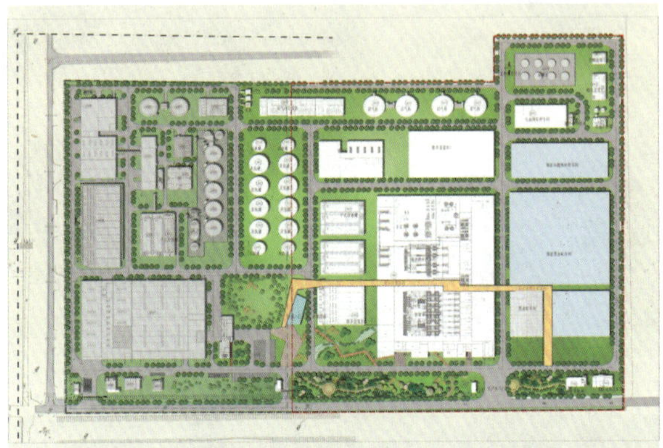

老港再生建材利用项目

【老港生物能源综合利用项目提前建成投入使用】 项目位于老港生态环保基地渗滤液处理厂东侧，用地范围东至经三路、南至规划边界、西至经六路、北至拱极东路，用地面积8.5公顷。项目建筑面积2.23万平方米，包括厨余垃圾预处理系统、餐饮垃圾预处理系统、湿式厌氧消化系统、干式厌氧消化系统、沼气系统、沼渣系统以及配套的作业设备、环保、供排水、电气、监控监管、在线监测、场内绿化等。装置处理对象为湿垃圾，总处理规模为1000吨/日，其中餐饮垃圾400吨/日，厨余垃圾600吨/日。餐饮垃圾及厨余垃圾采用“分选后厌氧消化产沼发电”工艺。项目于2019年12月底基本建成，全量投入试运行，有效缓解了全市湿垃圾处置压力。

【上海市固体废物处置中心项目提前建成投入使用】 项目位于浦东新区老港固废基地东侧中部，东引河以西、中央大道以南、规划经四路以东。项目占地面积约5.86万平方米（以实测为准）。项目规模为3条80吨/日焚烧线和1条配套处理能力50吨/日等离子处理系统。项目建成后解决了本市医疗废物出路问题，提升医疗废物无害化处置水平，保障城市运行安全，促进浦东新区经济社会环境协调发展。

上海市固体废物处置中心项目

（七）城乡发展一体化类项目建设

【概况】2020年，城乡发展一体化类项目建设坚持功能辐射、网络集成，为加快推动城乡一体化提供条件，全年安排项目17个，完成投资403.5亿元。聚焦第十届花博会成功举办，全力推进中国第十届花卉博览会花博园及配套项目、嘉松公路越江新建工程开工建设。加快崇明世界级生态岛等项目建设。继续推进保障房、大型居住社区外围市政配套、郊区污水污泥末端处置、郊区垃圾资源化利用等项目，进一步推动城乡一体化协调发展。加快推进崧泽高架西延伸、济阳路快速化改建、嘉松公路等郊区道路建设。昆阳路—浦卫公路（含昆阳路越江）提前建成，进一步完善郊区互联互通能力。

【中国第十届花卉博览会花博园及配套项目开工建设】项目位于崇明岛中北部的东平国家森林公园及周边地区。由主展区和西南拓展区共同组成，主展区位于园北路以南，新北沿公路以北，林风公路以西，园西路以东的区域。西南拓展区位于新北沿公路以南，老北沿公路以北，东平森林公园以西，园西路以东区域。总占地约3.3平方千米。项目主要包括花博园场馆（复兴馆、世纪馆和竹藤馆）、临时场馆（百花馆、花艺馆及花栖堂）、景观绿化、配套设施、智能温室及生态水系整治工程。花博园永久建筑面积为50049平方米。项目建成后将有效推进崇明世界级生态岛建设，进一步放大花卉苗木产业延伸带动效应，更好地带动旅游服务、城乡环境、生态产业等各方面的提升发展。

【嘉松公路越江新建工程开工建设】 项目北起嘉松南路塔闵公路路口，南至叶新公路，全长约 4.6 千米。主要建设内容包括新建道路长约 4.6 千米，技术等级为二级公路，规划红线宽 40 米，建设规模为双向 6 快 2 慢。新建跨黄浦江大桥 1 座，大桥段内红线宽 50 米，其他新建中小桥梁 10 座。同步实施排水、绿化、交通标志标线及其他附属工程。项目建成后将完善本市市域干线公路网络，加强嘉青松金地区交通联系，改善浦南地区交通出行条件，扩大松南枢纽辐射范围。

（沉默）

（八）"一江一河"两岸建设

【概况】2020年，黄浦江、苏州河两岸区域努力克服新冠肺炎疫情带来的不利影响，统筹推进疫情防控和工程建设两手抓、两不误，公共空间贯通和提升工程全面加速，沿线各区段、各部门攻坚克难，合力推进，"一江一河"滨水区域秀出"新画卷"。

【苏州河两岸基本贯通开放】根据市委、市政府的工作部署，市"一江一河"工作领导小组总体牵头、统筹协调，各部门、各单位和各区政府协同配合、共同推进，疫情防控和工程建设两手抓、两不误，各个区段、各项任务都取得了重大进展。截至年底，苏州河两岸42千米滨水岸线已基本实现贯通开放。

【打造苏河两岸"一区一亮点"】苏州河沿线"河窄、湾紧、楼密、路近"，根据滨河地区空间规划、资源禀赋等条件，推进贯通的同时，按照"一区一亮点"要求，因地制宜打造更多类型丰富、彰显活力、更具"烟火气"的功能节点，逐步形成一河两岸"长藤结瓜"的空间格局。

黄浦段目标是结合旧区改造和城市更新把南苏州河沿线打造成为一条2.9千米的有内容、有记忆、有活力的海派博览风情带。西段（成都路桥—乌镇路桥）及东段（外白渡桥—河南路桥）目前已基本建成开放，九子公园、第一加油站、苏河驿等景观节点已经成为新的打卡点，吸引了众多游人，中段（乌镇路桥—河南路桥）改造提升工程结合北京路街道整体城市更新加快谋划实施。

虹口段从外白渡桥至河南路桥近1千米，是苏州河最具代表性的滨水岸线，以"最美上海滩河畔会客厅"为目标，打造具有历史文化魅力的高品质滨水公共空间。处于一江一河汇聚口的上海大厦观景平台已经建成开放，邮政博物馆、河滨大楼等沿线众多历史建筑也将陆续进行微更新，未来将成为上海"一江一河"最佳摄影景点之一。

静安段以"上海新地标，梦回苏河湾"为目标，通过综合改造提升，全线重点打造水岸阳台、河畔明珠、历史画廊等多处滨水公共空间。南岸的"蝴蝶湾"在相对局促的用地条件下嵌入篮球场等体育设施，新的运动场地丰富了空间功能，北岸的总商会旧址、四行仓库、福新面粉厂等重要节点也以崭新的面貌重新亮相。

普陀段承担了苏州河贯通的"半壁江山"约21千米的改造任务，围绕长寿路、曹家渡、长风、长征等四个主题区段，实现了沿河居民小区、文创产业园区与滨水公共空间的融合共生。普陀区把贯通与居民小区品质提升、临河地块功能转型结合起来，重塑了河滨香景园、苏堤春晓、半岛花园、创享塔、M50园区等生活亲水岸线和活力空间示范区。

长宁段全线约11千米具有长宁人文景观特色的滨河健身步道，串联起临空公园、风铃绿地、虹桥河滨等6个公园绿地。重点推进的海烟物流段已贯通开放，临空公园与外环林带的整体开放为市民提供了一处新的大型休憩绿地。

嘉定段外环线以东岸线长约700米，未来将结合"南四块"城市更新打造后工业人文及休闲生态的复合型水岸。

【全面推进沿河环境全要素整治】2020年，结合苏州河沿河第一层面建筑立面整治、架空线入地和合杆、跨河桥梁、防汛墙、码头、绿化、景观灯光优化提升等各项工作，市住建委、市"一江一河"办会同市容绿化、水务、房管及各区政府，逐项落实主体责任和工作任务，确保在42千米全线贯通开放之时实现水域、陆域的全面提升。

市住建委、市绿化市容局、市“一江一河”办在年初联合发布《苏州河两岸公共空间市容环境治理方案》，将苏州河两岸公共空间整体纳入美丽街区建设，在苏州河沿线20.2平方千米公共空间内打造“生活秀带”。

市绿化市容局重点聚焦“四化”建设、滨水外立面整治、景观照明品质提升、道路和水域保洁、责任区管理制度落实、公共设施规范设置等18项任务，梳理了第一立面问题楼宇78处，需要提升治理路段110段，形成了市级治理建议清单，实施了425项整治提升任务，截至年底已完成90%以上工作量。

市住建委、市房管局针对苏州河两岸整体空间尺度小，沿河建筑风貌影响滨水空间的整体景观的情况，会同各相关区政府对苏州河沿河第一立面建筑外观进行了逐栋梳理和评估，开展城市设计，明确了54处待修缮整治的建筑点位，根据不同的建筑保护等级采用分类施策办法，实施建筑立面更新改造、外立面粉刷清洁、空调等附属设施规整美化等措施，最大限度恢复建筑原有风貌。

市交通委、市道运局针对部分桥梁与城市景观不协调、与滨水公共空间衔接不顺畅等问题，对苏州河沿线既有的33座桥梁开展全面分析评估，提出了“一桥一策”的景观改造方案，重点包括夜景灯光、色彩涂装、线缆整治、栏杆更新、无障碍设施等方面，截至年底南北高架以东核心区段桥梁基本完成更新改造。

市“一江一河”办、市精细化办、市市政市容联办等充分发挥平台作用，组织相关行业主管、各区政府开展情况排查、评估、论证等工作，强化统筹，明确目标，制订计划，落实主体，分解任务，协调矛盾，督促推进。

市交警总队全力配合优化苏州河南北两岸道路交通组织，打造更加人性化的滨水步行空间，结合周边地区交通出行的客观条件和需求，北岸静安共和新路以东、虹口北苏州河路沿线、南岸的黄浦九子公园等区段已经对机动车实行限行，进一步提升滨河游憩舒适度。

市水务局针对受到苏州河防汛墙标高过高的限制，中心城区很多区段临河不见河，亲水性不够，滨水景观资源没有得到充分发挥和有效利用的情况，以确保城市防汛安全为底线，指导沿线各区因地制宜开展防汛墙综合改造。

市规划资源局、各区政府针对苏州河沿线大部分桥下空间未能合理、有效利用，成为“灰色地带”和“消极空间”的情况，陆续开展方案征集等工作，对桥下空间启动实施微更新，如长宁区凯旋路桥、古北路桥、静安区河南北路桥等结合贯通工程同步实施了桥下空间改造，推动内环、中环、外环、南北高架等快速路高架桥下空间重塑，植入运动健身、儿童乐园等更加贴近市民生活、环境更加友好的主体功能场景，让每一块空间都充分活化、合理利用。

【拓展滨江空间提升品质】 黄浦江45千米贯通之后，沿线各区没有停下脚步，而是不断扩大空间范围，不断优化环境品质，不断提升服务水平。聚焦设施完善，打造更加宜游的世界级城市“会客厅”，黄浦江沿岸完成2020年市政府实事项目工作目标，新增9处新驿站，并改造了一批既有服务设施，加快形成更加均衡的设施布局。杨浦区自我加压，在滨江岸线向东延伸2.7千米基础上，推动杨浦滨江全区域的综合开发建设，统筹党建及社会事业、规划建设、产业招商运营、社会治理等区域开发职能。虹口区立足于“顶级中央活动区”“世界级会客厅”等高站位、大手笔的目标和定位，加快启动北外滩地区城市更新，加快推进扬子江码头即329项目建设，亲水平台实现结构贯通，陆域建筑完成主体结构封顶，保护建筑“红楼”完成基础加固和托换。黄浦区一方面“补缺口”，加快推进董家渡“花桥”、594地块绿地等项目建设，另外配合中船集团围绕“远望1号”等项目，进一步提升浦西世博已开放区域的升级改造。徐汇区借力世界人工智能大会及央视长三角总部等一批重点项目，实现一批重点标杆企业落户徐汇滨江，不断扩大西岸品牌影响力，逐步形成上海规模最大的文化艺术群落和“西岸文化走廊”。同时，推动公共空间南拓北延，上、下游区域“成熟一块、启动一块”，实现宝山吴淞板块等滨水岸线贯通开放，浦东、闵行、奉贤等区分别围绕打造“望江驿”文化会客厅品牌、吴泾老工业基地转型、滨江生态整治和产业结构调整等重点，取得了良好成效。

【滨水区核心功能集聚带形成】 随着黄浦江两岸转型发展，培育核心功能做大做强，外滩—陆家嘴—北外滩、吴淞、杨浦滨江、闵行紫竹、浦东前滩、徐汇滨江、世博园文博区等区域金融、贸易、航运、文化、科创核心功能初步显现。2020年2月，徐汇滨江WS3单元（瑞宁路至东安路）32公顷土地以310亿元整体出让，规划开发180万平方米建筑量，将成为上海国际金融中心的新增长极。3月，虹口北外滩约4平方千米核心地段完成了重大规划调整，为打造与外滩、陆家嘴错位联动的顶级中央活动区和世界级会客厅迎来了重大战略机遇。此外，浦东世博文化公园、上海大歌剧院、浦东美术馆、新开发银行总部、徐汇西岸传媒港等一批生态、文化、金融、科创类重大工程加快推进。

（王健）

（九）海绵城市建设

【概况】 2020年，按照国家海绵城市建设工作要求和市政府工作部署，上海市积极推进海绵城市建设工作。“十三五”期间，上海圆满完成了临港国家海绵城市建设试点工作，上海城市建成区253平方千米达到海绵城市建设要求，统筹推进建筑与小区、公园与绿地、道路与广场、水务系统等各类海绵项目建设，海绵城市建设取得了积极成效。截至2020年底，全市达标区域内实施海绵城市改造与建设工程项目共1025个，其中建筑小区项目526个，道路广场项目205个，公园绿地项目149个，河道与水务项目145个；以河道综合整治等为依托，提升周边区域整体品质，全市100%消除黑臭水体；以重点区域为抓手，城市建成区47个排水分区，253.23平方千米达到海绵城市建设要求，占城市建成区面积的20.46%。达到国家规定的达标要求。

【海绵城市建设规划批复】 注重规划引领，全域覆盖。2020年批复了黄浦区、静安区、宝山区、崇明区、旅游度假区和闵行区七宝九星地区等海绵城市建设规划。将海绵城市专项规划确定的年径流总量控制率、年径流污染控制率等指标和有关要求，作为指导和推进地块海绵城市建设的依据。

【完善海绵城市建设技术标准】 为积极推进本市海绵城市建设工作，进一步规范和提高本市建设项目海绵城市设计文件质量。2020年1月市住房城乡建设管理委正式颁布了地方标准《海绵城市建设技术标准图集》（DBJT 08–128–2019），为本市新、改、扩建项目的建筑与小区、绿地、道路与广场、水务系统的海绵城市建设工程的设计提供依据。

【临港新片区海绵城市建设】 临港新片区在总结国家试点经验基础上，系统推进滴水湖片区、先进智造片区、综合产业片区和新兴产业片区等386平方千米全域落实海绵城市建设要求，聚焦滴水湖核心片区打造了一批海绵城市精品工程。编制了《临港新片区海绵城市建设“十四五”规划》，出台了《临港新片区海绵城市规划建设管理实施细则（试行）》和《临港新片区海绵城市建设指标体系（试行）》。在土地招拍挂中全面落实海绵指标要求，2020年在150多个建设项目审批中落实海绵指标要求。加强海绵设施运维管理工作，明确市政道路、公园绿化和河道的养护单位及新开发住宅小区物业管理单位对海绵设施的管养责任；针对老旧小区海绵设施养护问题，落实专项资金，加强养护工作；开展海绵城市管控平台维护工作。持续加强海绵城市理念宣传推广，依托临港海绵城市展示中心，宣传推广海绵城市建设理念和临港新片区海绵城市建设成果，累计接待国内外政府、高校、企事业单位海绵城市考察团队约150个，参观人数约17000人。举办大型主题活动5次、科普进社区1次以及周末科普小课堂32次。

【虹桥商务区创新工作机制】 虹桥商务区开展了《海绵城市建设专项资金补贴课题》研究，提出了虹桥商务区海绵城市建设项目补贴标准等建议。根据课题研究成果，结合虹桥商务区实际，编制了《虹桥商务区2021年度海绵城市建设专项资金补贴申报指南》，充分发挥专项资金对海绵城市建设的引导和激励作用，有效调动社会投资主体加大海绵城市建设投资力度，提升海绵城市建设、管理和运营水平的积极性。虹桥商务区注重统筹协调，与闵行、长宁、青浦、嘉定四区建管委及相关功能性开发公司，组成“虹桥商务区海绵城市建设推进工作专班”，定期召开会议，积极构建“多片试点、多点示范、全域推进”的虹桥商务区海绵城市建设新格局。

【杨浦区建设滨江雨水花园】 在海绵城市建设中，雨水花园技术为恢复城市基底的涵水性提供了新的“绿色突破口”，实现雨水蓄积、渗透和净化，促进雨水资源利用和生态环境保护。杨浦滨江作为全市海绵城市试点建设雨水花园2个，其中杨浦滨江电站辅机厂东厂雨水花园申报了“2020年上海市非常规水源利用（雨水综合利用）案例评选”。

【静安区海绵城市建设】 2020年静安区在土地招拍挂出让环节中深入落实海绵城市建设技术要求，对14个用地征询项目、13个联审平台项目、2个市级平台项目在前期审批阶段提出了海绵城市建设要求。同时结合市政项目推动海绵城市建设，结合道路大中修工程同步实施透水性人行道改建工作，完成中华新路（共和新路—西藏北路）、保德路（共和新路—平顺路）、和田路（柳营路—洛川东路）积水改善工程。

【海绵城市勘察设计高峰论坛】 2020年9月16日，上海市勘察设计行业协会等单位通过线上与线下相结合的方式举办2020第二届上海市勘察设计高峰论坛，论坛主题为“智慧海绵城市 绿色循环发展”。业内知名专家通过主题演讲、院长风暴、现场交流，共同探讨海绵城市建设过程中的技术要求和相关政策，200家企业负责人到会参加论坛、5.3万人收看直播“云参会”。

【长三角海绵城市建设高峰论坛】 2020年11月25日—26日，市住房城乡建设管理委、市水务局与江苏省、浙江省、安徽省住建厅在2020上海国际城市与建筑博览会期间共同举办长三角海绵城市建设高峰论坛，围绕长三角地区海绵城市建设理念和技术推广，结合防洪排涝能力、水资源利用、水环境治理和水生态保护等，研究海绵城市规划建设管理与技术应用，邀请三省一市行业主管部门、设计行业协会、海绵行业专家和相关企业约150名嘉宾参会，线上累计收看直播达3.3万人次。 （钱晨）

PART THREE III

绿化市容

AFFORESTATION AND CITY APPEARANCE

（一）综述

2020年，市绿化市容局认真贯彻落实市委、市政府的决策部署，紧紧围绕年度目标，积极抓好谋划布局、聚焦重点工作、紧盯重大项目、补足工作短板，圆满完成2020年各项任务。

生态环境建设成绩斐然。2020年，全年累计完成造林面积9万亩，新增绿地1202公顷，其中公园绿地655公顷，新建绿道212千米，立体绿化43.1万平方米，湿地保有量稳定在46.55万公顷，森林覆盖率达18.49%。创建命名22条林荫道，命名14条绿化特色道路，新建79个口袋公园（街心花园）。全市城市公园总数达到406座，公园分级分类管理成效明显，延长开放时间已达360座，开办园艺讲座318余场，成功举办2020上海国际花展、第十三届中国菊花展等主题活动，全年本市公园游客量达到1.2亿人次。奉贤金海街道、闵行吴泾镇、江川路街道创成园林街镇，金山、青浦、松江成功划设禁猎区，崇明东滩保护区正式列入申遗提名地名单。

垃圾综合治理显著提升。全市95%以上居住区（村）、单位实现垃圾分类实效达标；217个街镇成功创建为“示范街镇”，15个区创建成为“示范区”；“四分类”垃圾量与2019年同期相比，实现“三增一减”目标，可回收物回收量6375吨/日、增长57.5%，有害垃圾分出量2.57吨/日、增加3倍，湿垃圾分出量9504吨/日、增长27.5%，干垃圾处置量1.42万吨/日、下降20%。完成2.1万余个分类投放点规范化改造和4.1万余只道路废物箱标志更新，配置364辆可回收物回收车、119辆有害垃圾车、1773辆湿垃圾车以及3287辆干垃圾车，建成可回收物回收服务点1.5万余个、中转站201个、集散场10个。全市干垃圾焚烧和湿垃圾资源化利用总能力达到2.81万吨/日，生活垃圾填埋比例不断下降，建筑垃圾集中资源化能力达到450万吨/年。生活垃圾和建筑垃圾末端处理体系基本建成。

市容环境水平稳步提高。进博市容保障圆满完成。围绕国家会展中心周边、重要点位、“19+15”主要交通干道和100多条主要道路，完成2946项保障任务，包括整治类工程性项目2287个、管理类项目659个。加强巡查检查，紧逼督办案件5120起，发出工作提示92件，解决跨部门、跨区域、跨职能的难点问题220个。创建市容环境责任区管理示范道路556条，自律组织达到1173个。建立市容环境综合治理“五大十清”机制，开展清洁活动2041场。整治三无通道等市容环境薄弱区域1682处，清理8085处死角盲区，清理垃圾2043.3吨。积极打造“上海花城”，完成绿地调整改造62.8万平方米、绿化整治111.2万平方米，新建临时绿地45.1万平方米，全市布置花坛、花境19万平方米，单季用花1360万盆，高架摆花16万箱，76处主题景点彩化效果突出。“席地可坐”区域从25处拓展到79处。完成黄浦江两岸82栋重要楼宇建筑、近12.8千米公共空间景观照明设施建设任务。拆除违法设置和存在安全隐患的户外广告设施4100余块、整治1.3万余块；启动户外广告设施设置实施方案修编，创成70余条户外招牌特色道路，其中命名市级户外招牌特色道路20条。在崇明、嘉定、青浦、松江、金山等5个区的9个入沪道口配置30组130个厕位的应急移动公厕，推动公厕24小时开放或合理延长公厕服务时间。

行业保障能力不断完善。组织开展“十四五”规划和重大项目专题调研，深入对接规划指标、深化重大项目。制定行业规范性文件8件。行业首个法治文化教育基地在上海植物园建成启用。印发《关于进一步贯彻落实〈上海市优化营商环境条例〉的通知》，“三改”工作（改环节、改方式、改形式），审批环节减量99个，落实“减时限、即办件”和线上线下一致性工作要求，全面实行“两个免于提交”，“一网通办”能力得到较大提升。大调研工作实现常态化，共开展调研1699次，发现问题963个，已解决问题874个，解决率达到90%。2020年组织开展新闻发布会、通气会、现场采访会46场，接待媒体采访160余次；“绿色上海”微信粉丝数已达25.6万，连续6个月在全市排行榜位列前五。发布《湿垃圾处理残余物的生物稳定性评价方法》等6项标准。完成10个城市基础设施体征指数归集，完成环卫条线136个监管要素数据汇集与展示，基本实现“一屏观天下”建设目标。市民诉求处置能力不断提高，受理处置群众信访552件、市民诉求29076件。

（二）绿化林业

【概况】 全市加大绿化造林，全年造林9万亩，森林覆盖率达到18.49%。生态廊道建设稳步推进，“绿道”网络基本成型，街心公园多点开花，绿化“四化”水平稳步提高。完成绿地建设1202公顷，绿道建设212千米，立体绿化建设43.1万平方米，建成区绿化覆盖率达到40%。

【生态环境建设】2020年已完成造林9万亩，上海市森林面积已达175.8万亩，森林覆盖率达18.49%。按照“四化”要求，着力构建“一街一景”，打造“两季有花，一季有色”绿化景观，重点推进17条(片)重点生态廊道、崇明世界级生态岛、长江两岸造林，组织公益林造林质量检查，完成6个郊区及光明集团和上实公司共21个项目检查工作，加快建权、责、利一致的公益林管理机制。

【绿地建设】 推进全市重点绿地项目建设，世博文化公园全面开工建设，推进三林楔形绿地项目、三林外环外生态绿地项目，完成南京东路东拓、龙华烈士陵园改扩建等市级重大工程配套绿地建设，完成黄浦、虹口、静安、普陀等区苏州河绿地景观方案批复，全年共新建绿地1202公顷，其中公园绿地655公顷。目前，建成区绿化覆盖率已达40%。

【绿道建设】全面完成“建成绿道200千米”任务目标，苏州河绿道、外环绿道吴淞江—沪宁铁路段和沪青平立交—报春路段、临港片区区级绿道、广粤路绿道、真如港绿道、川沙绿地绿道、芙蓉江路东侧绿道、白洋小区周边社区健身绿道、环城水系(二期)绿道、金汇港两侧半马绿道和崇明明珠湖路东西侧绿道等一批市民身边的绿道建成开放，全年共完成212千米建设任务。

表1 2020年上海绿化林业基本情况表

项 目	单位	数值
新建绿地	公顷	1202
新增公园绿地	公顷	655
新建绿道	公里	212
新增立体绿化	万平方米	43.1
新增林地	万平方米	6000
森林覆盖率	%	18.49
湿地保有量	万公顷	46.55

【街心花园建设】积极打造市民身边的口袋公园（街心花园），完成黄浦蓝调花园、长宁伊水园、静安音花园、浦东南码头东方路街心花园等新建口袋公园（街心花园）79个，城市公园已新增至406座，360座实现延长开放。

【绿化"四化"建设】印发《上海市公园绿地"四化"三年行动计划》《上海"四化"木本植物名录(第一批)》《上海市森林"四化"规划》，开展"四化"植物应用的科学研究，形成"四化"木本植物应用手册和推荐苗源信息。编制完成《上海市公园绿地规划纲要》，进一步提升街心花园、绿化特色街区、绿道等项目中"四化"水平。推广色叶乔木等新优品种的应用，栎类、枫类等色叶乔木以及美人梅、帚桃、紫薇、束花茶花等新优花灌木和玉簪、萱草、石蒜系列等宿根开花地被植物得到推广。

【郊野公园建设】做好（廊下、长兴岛、青西、浦江、嘉北、广富林、松南）等7座已开放郊野公园的日常管理工作，制定《上海市郊野公园运营管理办法》，关注在建郊野公园的规划建设工作。

【林荫道创建】完成创建命名临沂路、高邮路、凉城路等22条（段）林荫道，基本形成全市包括衡复、曹阳等10大林荫片区。

【绿化特色道路】按照绿化、彩化、珍贵化、效益化建设目标，按照《上海市绿化特色道路评定办法》要求，打造"两季有花、一季有色"的道路绿化特色景观，每年在全市创建一批绿化特色道路，2020年，共创建绿化特色道路14条。

表2　2020年上海市林荫道名录

序号	区	道路	路段	道路长度/米	树种
1	黄浦区	香山路	全段	240	悬铃木
2	静安区	曲沃路	保德路—闻喜路	700	香樟
3	徐汇区	高邮路	全段	340	悬铃木
4	长宁区	虹古路	北虹路—林泉路	1000	香樟
5	普陀区	绥德路	祁连山南路—绥德路620号	600	栾树
6		杨柳青路	梅岭南路—梅岭北路	1000	香樟
7	虹口区	赤峰路	曲阳路—中山北一路	668	香樟
8		凉城路	广中路—汶水东路	1300	悬铃木
9	杨浦区	政修路	国定路—国权路	645	香樟
10	浦东新区	临沂路	东三里桥路—东方路	1129	悬铃木
11		兰陵路	全段	366	悬铃木
12		昌里路	洪山路—云台路	500	悬铃木
13	宝山区	青石路	全段	500	香樟
14	闵行区	兰竹路	红松路—青杉路	500	香樟
15	嘉定区	德立路	封周路—麦积路	660	榉树
16		麦积路	全段	580	榉树
17	青浦区	南淀浦河路	闵宅泾—南菁园3号门	500	榉树
18	松江区	龙源路	文翔路—文汇路	665	香樟
19	奉贤区	南桥曙光路	全段	620	香樟
20		新建西路	南桥路—南桥环城东路	1200	香樟
21	金山区	南圩路	万安街—秀州街	620	香樟
22	崇明区	草港公路	新新路—竖桥公路	2000	水杉

表3　2020年上海绿化特色道路名录

序号	区	道路	路段	道路长度/米	特色	最佳观赏期
1	黄浦	苗江路	琴键春园—半淞园路	1300	重阳木、月季、樱花	4—5月、10—12月
2	静安	恒通东路	共和新路—晋元路	731	紫薇、萱草、樱花	3月、7—9月
3	徐汇	肇嘉浜路	天平路—陕西南路	2200	水杉、银杏等色叶乔木以及玉簪、八仙花、紫娇花等宿根花卉	6—8月、11—12月
4	长宁	龙溪路	青溪路—虹桥路	1000	无患子、爬山虎、穗花牡荆、翠芦莉	11—12月
5	虹口	广粤路	汶水东路—丰镇路	1300	三角枫、海棠、红花溲疏	6—7月、11—12月
6	杨浦	中原路	嫩江路—市光路	774	美国紫薇、金银花	4—9月
7	浦东	芳甸路	锦绣路—杨高中路	700	柳叶栎、鸢尾、杜鹃、紫娇花	4—5月、11—12月
8		红枫路	杨高中路—锦绣东路	1600	红枫、月季	11—12月
9	闵行	永德路	虹梅南路—龙吴路	1200	三角枫、月季、海棠	3—5月、11—12月
10	松江	光华路	昆港公路—西环路	1500	染井吉野樱、加拿大紫荆、高秆月季	3月
11	青浦	华乐路	公园东路—青湖路	760	木槿、银杏、石榴、石楠等乔灌木及地被花卉	7—12月
12	奉贤	百秀路	望园南路—百齐路	650	乌桕、束花茶花、樱花	1月、11—12月
13	金山	卫清路	卫零路—蒙山路	1100	娜塔栎、北美海棠和天鹅绒紫薇	7—9月、11—12月
14	崇明	宝岛路	乔松路—翠竹路	500	银杏、紫荆、紫薇、樱花、石蒜、玉簪等开花色叶植物	7—9月

【申城落叶景观道路】 2020年，“落叶不扫”景观道路为41条，自2013年起，申城道路保洁和垃圾清运行业开始打造落叶景观道路，徐汇区余庆路、武康路率先尝试对部分落叶道路“落叶不扫”，成为申城一道独特风景，受到许多市民点赞。2014年，全市落叶景观道路增至6条，2015年增至12条，2016年增至18条，2017年增至29条，2018年增至34条，2019年增至42条。

表4　2020年申城落叶景观道路

序号	区	路段名称	起点	终点	开展时间	主要树种
1	黄浦	思南路	建国中路	复兴中路	12月1日—12月20日	悬铃木
2	静安	巨鹿路	常熟路	富民路	12月1日—12月15日	悬铃木
3		运城路	广西中路	宜川路	12月1日—12月15日	悬铃木
4	徐汇	慈云街	漕溪北路	南溪公寓入口	11月20日—12月20日	银杏
5		复兴西路	高邮路	永福路	12月1日—12月31日	悬铃木
6		永福路	复兴西路	湖南路	12月1日—12月31日	悬铃木
7		桂江路	百花街	桂江路桥	11月20日—12月20日	无患子
8	虹口	四平路	海伦路	大连路	11月15日—11月30日	银杏
9		安汾路	南泗塘河	逸仙路	11月15日—11月30日	银杏
10		溧阳路	四平路	四川北路	11月15日—11月30日	悬铃木
11	长宁	新华路	淮海西路	凯旋路	11月20日—12月20日	悬铃木
12		龙溪路	虹桥路	剑河路	11月20日—12月20日	无患子
13		番禺路	淮海西路	法华镇路	11月20日—12月20日	悬铃木
14		愚园路	镇宁路	定西路	11月20日—12月20日	悬铃木
15		湖南路	华山路	兴国路	11月20日—12月20日	悬铃木

【国庆期间公园游客量】国庆期间，全市公园共接待游客669.9万人次（城市公园628.3万人次、郊野公园41.6万人次）。城市公园游客量较去年520.9万人次增加20.6%，全市公园日均接待游客83.7万人次（城市公园78.5万人次、郊野公园5.2万人次），城市公园日均接待游客量较2019年同期74.4万人次增加5.5%。其中，16座收费公园日均接待游客15.5万人次，较2019年同期12.5万人次增加24%；6座市属公园日均接待游客7.9万人次，占收费公园游客量的51%，较2019年同期5.9万人次增加34%。

【古树名木管理】严格落实美国白蛾防治，布设监测点1297个，防治作业面积达46.5万亩次。开展91株古树白蚁专项防治、174株古银杏树超小卷叶蛾防治，以及120株古银杏树菌根菌施用工作，对古桂花树溃疡病防治和跟踪观察。完成7个市级古树保护复壮城维项目点的建设与古树名册更新工作。

【树木工程中心建设】聚焦城市树木生长等问题，以城市树木健康为核心，以工程化技术研发为抓手，开展城市环境中树木成套化工程化技术研发，服务于生态园林建设、生态保护与修复、物种多样性保护、海绵城市和精细化管理等领域，成为集城市树木生态应用技术研究、工程化技术示范和应用推广为一体的开放性成果转化平台。在高度城市化生境下的树木生态化栽植与维护、生境改善、树木保护与风险评估、适生树木种类筛选与配置、病虫害绿色防控等多方面取得了丰富成果。

【立体绿化建设】修订立体绿化技术标准，新增立体绿化43.1万平方米，巩固申字形高架沿口摆花成果，高架摆花16万箱，76处主题景点彩化效果突出。

【市民绿化节】以第五届上海市民绿化节为载体，深入开展“绿化大篷车”进高校、市民插花大赛、园艺大讲堂等系列活动。积极推进“绿色上海”专项基金活动，“绿爱医护”等3场大型公益活动体现良好社会效益。

【森林资源管理】完成全市森林资源存量更

新，优化年度森林资源一体化监测。加强公益林管理，推进经济果林规模化、标准化生产，推广绿色防控和绿肥栽培技术。抓好林地抚育，启动开放林地建设和林下复合经营试点。

【有害生物监控】强化森林火灾和有害生物预警、监测与巡察，开展森林防火和有害生物防控。

【“安全优质信得过果园”创建】2011年，本市林业部门启动了“安全优质信得过果园”的创建工作，2020年，全市“安全优质信得过果园”达到83家，分布在全市9个郊区。统一使用专用“安全护盾”LOGO和果品安全追溯系统。

【湿地保护修复】完成年度湿地资源调查报告和国际重要湿地数据生态监测工作，完成自然保护地整合优化预案编制，全市自然保护地从11处整合为8处，崇明东滩保护区正式列入申遗提名地名单。

【常规专项监测】开展了水鸟同步、绿（林）地鸟类监测、南汇东滩鸟类监测、环城绿带野生鸟类监测、横沙东滩野生鸟类监测等常规监测项目，共记录到鸟类288种328479只次。2020年夏季记录到6种4625只次两栖类动物。

【野生动植物进出口许可】持续做好野生动植物资源管理工作，全市办理各类野生动植物资源驯养繁殖、经营利用、进出口许可3129件。

【野生动植物执法监督】违建别墅专项整治取得阶段成果，共报送疑似违建124宗，拆除复绿1.61万平方米，待复绿面积8.87万平方米；加强野生动物保护执法，办结行政处罚案件20件、罚款58万余元，配合公安、市场监管部门办理案件150件。

（三）生活垃圾治理

【概况】垃圾综合治理实效显著提升，全程分类体系基本建成，源头分类质量明显提高，源头减量工作取得进展，处理能力持续增强。全市95%以上居住区（村）、单位实现垃圾分类实效达标；217个街镇成功创建为“示范街镇”，15个区创建成为“示范区”；“四分类”垃圾量与2019年同期相比，实现“三增一减”目标，可回收物回收量6375吨/日、增长57.5%，有害垃圾分出量2.57吨/日、增加3倍，湿垃圾分出量9504吨/日、增长27.5%，干垃圾处置量1.42万吨/日、下降20%。

【源头分类实效】开设“假日分类投放时段”，进一步兼顾居民节假日投放需求，投放点配套破袋、除臭、洗手装置的规范配置得分率在第三方测评中分别达到85%、93%、96%。全市16个区已全部实现上门分类收集全覆盖。

【分类体系建设】完成2.1万余个分类投放点规范化改造和4.1万余只道路废物箱标志更新，配置364辆可回收物回收车、119辆有害垃圾车、1773辆湿垃圾车以及3287辆干垃圾车，建成可回收物回收服务点1.5万余个、中转站201个、集散场10个。

【末端处置设施】嘉定、金山、浦东二期等湿垃圾项目，上海天马二期、崇明焚烧二期项目，老港、浦东、嘉定、松江、金山、青浦等建筑垃圾项目建成投产；老港湿垃圾二期、闵行华漕建筑垃圾、普陀中转站开工建设。浦东海滨、宝山、奉贤二期、金山二期再生能源中心等项目正抓紧建设；干垃圾焚烧和湿垃圾资源化利用总量达到2.81万吨/日，生活垃圾填埋比例不断下降。

【垃圾分类配套制度】 多项配套制度颁布实施，包括：新冠肺炎疫情防控环境卫生行业作业流程规范、推行光盘行动实施方案、工程渣土卸点计量及消纳结算管理的实施意见等。相关部门配套制定《医院生活垃圾分类及收集规范》《关于进一步加强建筑垃圾全程管理严厉打击违法违规处置行为的通知》和《分类指南》（高校）、《考核细则》（高校）等文件。

【社会宣传动员】 主流媒体开展成系列、成专题的舆论宣传，电视、广播进行公益宣传；组织开展“上海市生活垃圾分类小发明、好方法、金点子征集活动”等互动活动；聘请沪上知名人士为上海市垃圾分类形象大使，并配套设计垃圾分类形象大使卡通形象及文创产品。

【垃圾分类实效测评】 2020年上半年上海市垃圾分类实效综合测评结果新鲜出炉，本市所有区生活垃圾分类实效综合测评均达到“优秀”标准。

【建筑垃圾管理】 推进建筑垃圾非法外运案件处置，联合相关部门印发《关于进一步加强建筑垃圾全程管理严厉打击违法违规处置行为的通知》，严厉打击违法违规行为。出台《关于推进本市工程渣土卸点计量及消纳结算管理的实施意见》，加快推进消纳卸点、中转码头计量称重措施。

【餐厨废弃油脂管理】积极落实“光盘行动”，印发《关于进一步落实生活垃圾源头减量推行光盘行动的实施方案》，明确奖惩措施。开展餐饮行业绿色账户激励试点，试行餐厨垃圾收费按量调节机制，调整细化餐厨垃圾收运服务。过度包装治理、菜场净菜上市、一次性用品减量等工作成效显著；2020年，全市餐厨垃圾收运处置总量为100.41万吨。

【船舶废弃物管理】 坚持问题导向，以水岸联动、综合治理，着力提升船舶污染防治能力为重点开展系统调研，完善内河船舶废弃物收集作业服务模式，新建内河适航性能更好的14艘船废收集作业服务船舶，优化、固化收集转运路线，梳理调整船舶生活垃圾交投点，建立并试运行电子联单制度，作业服务效率明显提升。加强外港船舶生活垃圾收集作业服务监管，全面梳理行政许可的条件，推进船舶生活垃圾收集、运输行政许可的承诺告知，制定格式化的标准合同并备案，同时，全面加强船舶废弃物收集运输作业的事中、事后监管。加强宣传引导，提高船民分类意识，全面推进船舶生活垃圾分类收运。

（四）市容环境管理

【概况】建立市容环境综合治理“五大十清”机制，开展清洁活动2041场。整治市容环境薄弱区域1682处，清理8085处死角盲区，清理垃圾2043.3吨。户外广告、招牌设施管控有力，景观照明建设成效显著。黄浦江、苏州河景观水域环境实现“水生植物零污染、水面垃圾零漂浮”目标。

【进博会市容保障】围绕国家会展中心周边、重要点位、“19+15”主要交通干道和100多条主要道路，完成2946项保障任务，包括整治类工程性项目2287个、管理类项目659个。加强巡查检查，紧逼督办案件5120起，

发出工作提示 92 件，解决跨部门、跨区域、跨职能的难点问题 220 个。

【景观灯光建设】完成黄浦江两岸 82 栋重要楼宇建筑、近 12.8 千米公共空间景观照明设施建设任务，基本形成了以外滩、北外滩、陆家嘴为核心，杨浦渔人码头和浦东民生码头筒仓区域等为重点的黄浦江夜景架构。组织完成光影秀设施固化方案编制和建设，国庆、进博会期间浦江光影秀成功展演广受好评，品牌效应日益显现。进一步提升改造进博会场及其周边区域和主要通道的景观照明。“一河两高架”沿线景观照明总体方案编制完成，并启动项目建设。

【市容专项工作】累计完成 352 个“美丽街区”建设，圆满完成三年行动计划，美丽街区覆盖率达 20%；全市公共设施完善提升 14 万只，整治建构筑物外立面约 860 万平方米，美化围墙约 87 万平方米，建设街景小品 7372 处等。

【市容短板治理】建立市容环境综合治理“五大十清”机制，开展清洁活动 2041 场。整治市容环境薄弱区域 1682 处，清理 8085 处死角盲区，清理垃圾 2043.3 吨。

【户外广告招牌设施】拆除违法设置和存在安全隐患的户外广告设施 4100 余块、整治 1.3 万余块；启动户外广告设施设置实施方案修编，创成 70 余条户外招牌特色道路，其中命名市级户外招牌特色道路 20 条。

【水生植物整治】强化水生植物早期预警监控，拦捞前移，在省界增设 5 处临时拦截设施，清捞残根，加强应急拦捞能力；全面落实“工单制”监管模式，推进水域环境卫生责任区自治，实现黄浦江、苏州河景观水域水生植物零污染、水面垃圾零漂浮目标。

【市容环境责任区管理】深化管理“七个一”工程，注重完善市容信息管理效能，责任区信息系统录入信息 26 万余条；加大重点人员培训力度，完成责任人、管理人员培训约 22 万人次；全市 16 个区沿街商铺上门分类收集工作实现全覆盖；每月 15 日以“五大十清”为抓手，集中开展城市清洁行动。全市开展 13 次主题活动，累计达 1800 余场，出动门责单位及志愿者 23 万余人次；市容环境责任区制度得到深化，门责单位达 26 万家，自律组织达 1183 家。

【城市清洁专项行动】每月开展道路保洁“大冲洗”行动，日均出动保洁人员近 2.2 万人，清理死角盲区 7500 余个。制定《关于推进“席地可坐”高标准保洁区域（道路）创建工作的实施意见》，“席地可做”区域从 25 处拓展至 79 处。

【道路保洁】 建立“一路一档”，完善城市道路信息档案，为道路保洁精细化管理打下扎实基础。落实“一路一策”，强化中小道路保洁管理，落实三年治理措施。坚持“一题一解”，优化道路保洁作业模式，形成了由“收、拾、淋、扫、冲、磨、清、运、巡”九个作业流程组成的“组团式”保洁法；在此基础上，提炼出以“作业精细化、管理规范化、服务人性化”为主要内容的道路人工保洁工作法；根据道路属性、车辆行人流量、道路两侧的商业属性、气候变化等进行工艺配置，又推出“1+X”保洁模式。

【车洗管理】 备案清洗场（站）1651 家，同比增长 49.6%；创建完成 150 家机动车清洗规范服务示范点；建立健全机动车清洗企业单用途预付消费卡管理制度；组织开展节水洗车系列宣传活动 17 场，新增便民洗车服务点 165 个。

【环卫公厕】 在崇明、嘉定、青浦、松江、金山等 5 个区的 9 个入沪道口配置 30 组 130 个厕位的应急移动公厕，推动公厕 24 小时开放或合理延长公厕服务时间。

【最美公厕评选】 由市绿化市容局、市文旅局、市文明办主办的“2020 寻找上海‘最美厕所’”活动日前揭晓。经过市民网络投票、专家评审、专家打分等程序，上海苏宁艺术馆卫生间、高家庄生态园北厕所、海豚卫生间等 20 座厕所当选 2020 年上海“最美厕所”，上海环球金融中心观光厅景观厕所、入沪道口防疫应急移动厕所、上海月星环球港洗手间等 5 座厕所当选 2020 年上海“特色厕所”。

（五）行业发展

【概况】 行业发展基础愈加扎实，服务保障能力得到完善，坚持强基础、重管理、充分发挥规划引领、法治保障、科技信息等支撑保障作用，不断夯实行业发展基础。

【政策发挥保障】 开展《上海市野生动物保护管理条例》立法调研工作，推进《上海市户外招牌设置管理办法》制定、《上海市水域市容环境卫生管理规定》修改。开展《上海市市容环境卫生管理条例》修改研究及《上海市机动车清洗保洁管理规定》《上海市户外广告设施管理办法》《上海市流动户外广告设置管理规定》法制评估。制定行业规范性文件 8 件。加强法治宣传教育，行业首个法治文化教育基地在上海植物园建成启用。

【优化营商环境】 印发《关于进一步贯彻落实〈上海市优化营商环境条例〉的通知》。持续深化“放管服”改革，支持重大工程建设，开展 8 项自贸区“证照分离”改革试点，下放临港管委会事权 37 项、张江科学城事权 7 项、区局事权 10 项。完成市、区绿化市容（林业）部门政务服务事项目录调整工作。积极推进“三改”工作（改环节、改方式、改形式），审批环节减量 99 个。修订完善行政许可办事指南，落实“减时限、即办件”和线上线下一致性工作要求，全面实行“两个免于提交”，大力推进“高效办成一件事”，局“一网通办”能力得到较大提升。

【大调研常态化制度化】坚持“问题导向、需求导向、效果导向”，完成8项其他市级调研主体转送来的“三跨”问题办理答复工作；共开展调研1699次，发现问题963个，已解决问题874条，解决率达到90%，相关调研成果被“上海大调研”公众微信号录用27次。

【社会宣传】组织开展新闻发布会、通气会、现场采访会46场，接待媒体采访160余人次，主动组稿205篇；“绿色上海”微信粉丝数已达25.6万；圆满完成民生访谈、“夏令热线”、全国林草工作会议特刊等领导专访以及系列宣传活动。

【文明行业创建】绿化、公厕管理与服务、道路保洁和垃圾清运行业荣获“上海市第十一届文明行业”称号。上海古猗园等28家单位获得“上海市第二十届文明单位”荣誉称号。上海辰山植物园等3家单位获得“第六届全国文明单位”荣誉称号。

【标准化研究】发布《湿垃圾处理残余物的生物稳定性评价方法》等6项标准。推进湿垃圾资源化利用，组织湿垃圾运输车辆防滴漏技术等重点项目研究。强化行业装备提升与配备，推进道路绿化机械化养护试点。

【保障职工合法权益】开展环卫行业第十次、绿化养护行业第五次集体协商，建立一线职工收入正常增长机制，切实维护职工合法权益。进一步发动社会力量关爱环卫工人，升级改造300家户外职工爱心接力站。

【安全维稳】开展行业安全隐患大排查大整治活动和局系统危化品专项检查。建立健全局突发事件应急管理实施办法，成立绿化市容突发事件应急管理工作领导小组，全面推进局应急管理体系建设。强化行业防汛防台工作，有力应对台风“黑格比”。深入推进扫黑除恶“六清”行动和行业领域专项整治工作。不断健全信访维稳、诉求处置工作机制，受理处置群众信访552件、市民诉求29076件，诉件解决率、市民满意度较去年有较大提升。

（张李欣）

PART FOUR Ⅳ

环境保护

ENVIRONMENTAL PROTECTION

（一）综述

2020年是打好污染防治攻坚战的决胜之年。上海市深入贯彻习近平生态文明思想，自觉践行“两山论”“人民城市”重要理念，统筹做好疫情防控、经济社会发展和生态环境保护工作，全面落实“六稳”“六保”，深入推进污染防治攻坚战，深化区域污染联防联控，持续加大改革创新力度，加快构建现代环境治理体系，生态环境质量呈持续改善态势。

（二）环保工程

【概况】2020年是本市第七轮环保三年行动计划实施的收官之年。完善并依托市生态文明建设领导小组协调推进平台，有序推进第七轮行动计划，圆满完成各项既定目标任务。

【水专项】嘉定安亭污水处理厂三期扩建工程、竹园初期雨水处理厂工程开工建设，苏州河段深层排水调蓄管道系统工程试验段建设有序推进，三年累计实施河道综合整治1393千米、断头河整治2740条，全市域河湖基本消除劣V类水体。

【大气专项】完成中小燃油（气）锅炉提标改造1653台，推广新能源汽车12万余辆，轨道交通运营线路总长达到729千米。

【固废专项】垃圾分类实效显著提升，可回收物、有害垃圾、湿垃圾分出量同比分别增长57%、320%、27%以上，干垃圾处置量同比下降20%。垃圾处置能力不断完善，完成松江天马再生能源利用二期、老港湿垃圾资源化利用设施、浦东建筑垃圾资源化利用等工程，生活垃圾无害化处理总能力达4.2万吨/日，湿垃圾处理能力达0.7万吨/日。

【工业专项】更新《上海产业结构调整指导目录限制和淘汰类（2020年版）》，实施市级产业结构调整项目820项、重点区域（专项）8个，完成80家企业清洁生产审核项目验收，推进966项清洁生产改造项目实施。

【农业农村专项】畜禽粪污综合利用率达97%，规模化畜禽养殖场粪污处理设施装备配套率达100%，回收农药包装废弃物700余吨，回收率基本实现100%。

【生态建设专项】完成造林9万亩、绿地1202公顷、绿道212千米、立体绿化43万平方米，老港、天马、外冈、化工区周边等市级重点生态廊道基本建成，吴淞江、沪芦高速等市级重点生态廊道景观森林初见成效，森林覆盖率达到18.49%，人均绿地达到8.5平方米。

【循环经济专项】基本建成两网融合回收体系，建成可回收物回收服务点1.5万余个、中转站201个、集散场10个。完成新能源汽车动力电池梯级利用和回收处理体系建设。

【环保投入】全市环保投入资金约1087.86亿元，相当于同年全市生产总值（GDP）的2.8%。其中，城市环境基础设施建设投资为454.61亿元，污染源防治投资为233.98亿元，生态保护和建设投资为12.72亿元，农村环境保护投资为151.05亿元，环境管理能力建设投资为10.27亿元，环保设施运转费为219.72亿元，循环经济及其他方面投资为5.51亿元；分别占投资的41.8%、21.5%、1.2%、13.9%、0.9%、20.2%和0.5%。

（三）污染防治

【蓝天保卫战】2020年全面落实蓝天保卫战、环保三年行动计划、清洁空气行动计划等的要求，深化大气污染防治工作，超额完成本市“十三五”空气质量目标。燃煤污染控制方面，强化能源和煤炭总量双控，全市煤炭消费总量占一次能源比重下降到31%左右，非化石能源占比增至17.6%，全面完成中小燃油燃气锅炉提标改造。工业污染控制方面，推进重点钢铁行业超低排放改造、工业炉窑综合治理和VOCs深化治理3个专项工作，出台VOCs综合治理方案（2.0版），完成工业VOCs治理811家，累计完成1426.85万吨钢铁产能超低排放改造。流动源污染控制方面，7月1日起城市车辆实施国六a排放标准，10月1日起国Ⅲ柴油货车限行范围扩大至郊环，并在全市范围禁止使用国Ⅰ及以下非道路移动机械。累计推广新能源汽车42.6万辆，集装箱铁海联运达到26.79万标准箱（TEU），提前淘汰拆解6.7万辆国三柴油车，完成6.7万台非道路移动机械申报登记，完成6万辆重型柴油车和2600余台非道路移动机械远程在线监控的安装与联网，累计完成627座年销售汽油2000吨以上加油站油气回收在线监控的安装和联网。其他方面，继续推进餐饮企业第三方治理和集约化治理，完成餐饮油烟治理580家。绿色建筑、装配式建筑推广力度全国领先，推广绿色建筑总面积2.33亿平方米，落实装配式建筑总量近1.5亿平方米。

【碧水保卫战】 以全面推行河湖长制为抓手，加快推进水污染防治行动计划，如期实现“2020年全市河湖基本消除劣Ⅴ类水体”的目标，259个主要河流断面水质全部达标。重点工作方面，污水处理能力进一步提升，新增污水处理设计规模6万立方米/日、新建83.44千米污水收集管网，全市城镇污水处理厂总设计规模达到840.3万立方米/日，全部执行一级A及以上排放标准。以苏州河环境综合整治四期工程为引领，持续推进中小河道综合整治，实施3.5万户农村生活污水处理设施改造、1096条段断头河整治、1870个住宅小区雨污混接改造。全面推动一类污染物排放企业规范化整治工作，持续开展河道周边工业企业巡查，强化巩固防反弹。完成长江入河排污口溯源工作，推进长江入河排污口监测、编制整治方案并启动实施。

【净土保卫战】 贯彻实施《中华人民共和国土壤污染防治法》，开展实施情况检查，排查本市土壤污染防治体制机制监管能力的薄弱环节。落实建设用地污染防治制度，印发《关于贯彻落实土壤污染防治法推动解决突出土壤污染问题的实施方案》。落实农用地管理制度，推进耕地分类管理。全面完成《上海市土壤污染防治行动计划实施方案》和《上海市土壤污染防治目标责任书》。土壤重点监管企业已建立污染隐患排查和自行监测制度并开展了隐患排查和自行监测。更新《上海市建设用地土壤污染风险管控和修复名录》，治理修复地块已根据国家要求信息公开并接受社会监督。积极落实《上海市地下水污染防治实施方案》，初步完成地下水污染防治分区划分工作，提出分区防控、分类管理的地下水污染防治要求。公布地下水污染场地清单，加强土壤与地下水协同防治。

【农业农村污染治理攻坚战】组织实施好《上海市农业农村污染治理攻坚战行动计划实施方案》。已全面完成攻坚战要求的重点任务。指导和监督农业面源污染治理，印发并实施《上海市畜禽养殖禁养区划定方案》，指导各相关区对调整后的畜禽养殖禁养区依法进行规范管理，促进畜禽养殖粪污资源化利用。

开展农村生活污水监督性监测，及时通报结果，督促相关部门履职到位，保障农村生活污水处理设施应管尽管、有效运行。根据生态环境部统一部署，对农村黑臭水体开展复核，未发现农村黑臭水体情况。巩固秸秆禁烧工作成效，开展直升机与无人机相结合的空地一体巡查，提高巡查频次和覆盖面。

（四）环保法规

【环境立法】强化重点领域立法及调研工作。积极配合市司法局推进《上海市实施〈环境影响评价法〉办法》修法进度。推动土壤、移动源等领域污染防治地方立法调研，开展《上海市放射性污染防治若干规定》立法后评估及修法调研。推动长三角区域立法协作创新，启动长三角生态绿色一体化示范区饮用水水源保护法规制定前期调研。

【环境执法】2020年，以更大力度、更实举措服务支持企业发展，全市生态环境系统查处案件889件，同比下降63.4%，处罚金额1.07亿元，同比下降68.3%。全市查封扣押21件，同比下降82.6%；限制生产、停产整治2件，同比下降81.8%；向公安部门移送涉嫌环境污染犯罪案件9件，同比下降67.9%。

【环评管理】2020年，上海市落实环评制度改革和“三线一单”制度，以排污许可制度为抓手，强化污染源管理，守住环境质量和环境风险底线。推动经济高质量绿色发展，市区两级生态环境部门全年共审批环评报告4896个，其中环境影响报告书146个，环境影响报告表2997个，告知承诺制1753个，环境影响登记表备案数量38708个。

（五）环境质量

【概况】2020年，本市环境空气中细颗粒物（PM2.5）年均浓度为32微克/立方米，为有监测记录以来最低值；主要河流水质较上年有所改善，考核断面中无劣V类断面；在用集中式饮用水水源地水质全面达标；农用地土壤环境质量总体较好；地下水环境质量和海洋环境质量总体保持稳定；声环境质量有所改善；辐射环境质量保持正常水平；生态环境状况良好。

【环境空气质量】2019年起，环境空气质量自动监测执行《环境空气质量标准》（GB 3095—2012）修改单，因此2020年环境空气质量指数（AQI）以及PM2.5、PM10、SO_2、NO_2、O_2、CO等六项主要污染指标的相关数据与2019年可比，与2018年及以前历年已发布数据仅可作总体趋势判断，不可作绝对比较。上海市环境空气质量指数（AQI）优良天数为319天，较上年增加10天；AQI优良率为87.2%，较上年上升2.5个百分点。其中，优117天，良202天，轻度污染39天，中度污染7天，重度污染1天；重度及以上污染天数与上年持平。全年47个污染日中，首要污染物为臭氧的有27天，占57.5%；首要污染物为细颗粒物（PM2.5）的有16天，占34.0%；首要污染物为二氧化氮（NO_2）的有4天，占8.5%。

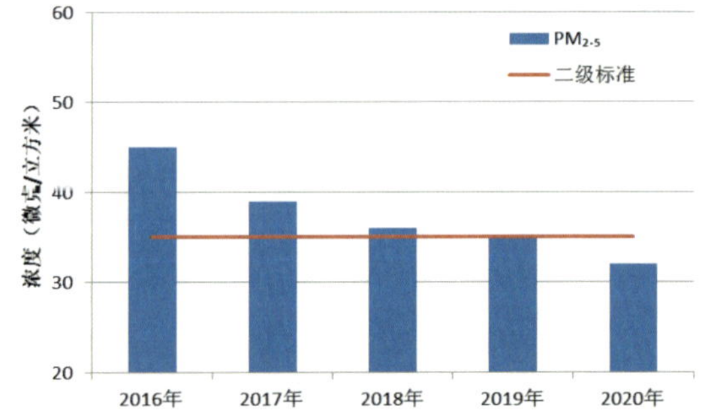

2016—2020年上海市PM2.5年均浓度变化趋势图

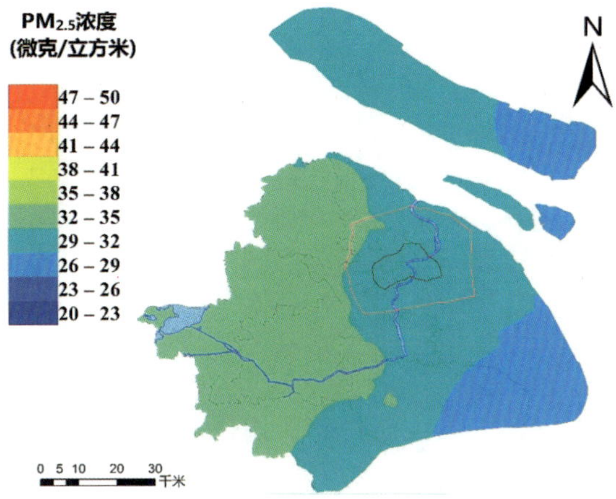

2020 年上海市各区 PM2.5 浓度空间分布示意图

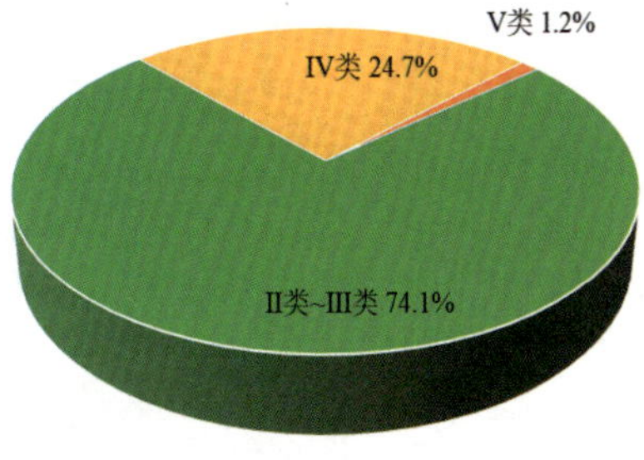

2020 年上海市主要河流断面水质类别比例

（五）环境质量

【水环境质量】2020 年，主要河湖水质方面，全市主要河流监测断面水质均达到“十三五”考核目标，其中，Ⅱ～Ⅲ类水质断面占 74.1%，Ⅳ类断面占 24.7%，Ⅴ类断面占 1.2%。地表水环境质量较上年有所改善。其中，高锰酸盐指数平均值为 4.1 毫克 / 升，同比下降 6.8%；氨氮平均浓度为 0.51 毫克 / 升，同比下降 16.4%；总磷平均浓度为 0.159 毫克 / 升，同比下降 16.8%。淀山湖处于轻度富营养状态，综合营养状态指数较上年略有上升。集中式饮用水水源地水质方面，4 个在用集中式饮用水水源（长江青草沙、东风西沙、陈行和黄浦江金泽）水质全部达标（达到或优于 III 类标准）。地下水环境质量方面，总体保持稳定，本市 13 个国家级监测点中地下水水质为Ⅲ类、Ⅳ类、Ⅴ类的监测点数量分别为 6 个、5 个和 2 个。

【声环境质量】2020 年，上海市区域环境噪声基本保持稳定，道路交通噪声有所改善。区域环境噪声昼间时段的平均等效声级为 54.2dB(A)，较上年下降 0.7dB(A)；夜间时段的平均等效声级为 47.8dB(A)，较上年上升 0.1dB(A)。昼间时段有 94.4% 的测点达到好、较好和一般水平，夜间时段有 79.9% 的测点达到好、较好和一般水平。道路交通噪声昼间时段的平均等效声级为 68.2dB(A)，较上年下降 0.1dB(A)；夜间时段的平均等效声级为 63.4dB(A)，较上年下降 0.5dB(A)。昼间时段评价为好、较好和一般水平的路段占监测总路长的 90.7%，夜间时段评价为较好和一般水平的路段占监测总路长的 32.3%。

【辐射环境质量】2020 年度上海市辐射环境质量总体情况良好。本市大气、水体、土壤等介质中的放射性核素活度浓度处于正常水平，各监测点的 γ 辐射空气吸收剂量率与历年相当。核技术应用场所周围环境中的年累积 γ 辐射剂量满足《电离辐射防护与辐射源安全基本标准》中的限值要求。全市 10 个背景点的电磁辐射水平与历年相比无明显变化。

（卢杰）

PART FIVE V

水务海洋管理

WATER OCEANIC MANAGEMENT

- ⊙ 综述
- ⊙ 防汛防台
- ⊙ 河长制湖长制
- ⊙ 城市供水
- ⊙ 城市排水
- ⊙ 水利建设
- ⊙ 水政管理
- ⊙ 海洋管理
- ⊙ 海事管理

（一）综述

2020年，在市委、市政府的坚强领导下，各级水务海洋部门坚持“人民城市”的重要理念，践行“水利工程补短板，水利行业强监管”的总基调，统筹推进疫情防控和各项工作，较好地完成全年重点目标任务，为经济社会平稳发展做出积极贡献，实现“十三五”规划圆满收官。

河湖水质明显提升。推进治水从重数量向重质量转变，从区域向流域延伸，从除“劣水”向增“好水”拓展，持续打好治水“组合拳”，按期实现“2020年基本消除劣Ⅴ类水体”目标。全市面上完成435千米河道整治、681千米河道轮疏、3.5万户农村生活污水治理、21421个住宅小区和1423个其他雨污混接改造（从2015年开始，历时5年，列入清单雨污混接改造任务基本完成，累计完成4274个住宅小区和1.7万个其他雨污混接改造），打通断头河1096条（段），完成劣Ⅴ类水体治理3630条段，河湖水面率提高到10.11%，优于Ⅲ类水比例达到68.7%，水土流失风险得到有效管控（对700多个生产建设项目开展现场检查，完成387项遥感监管违法违规项目整改），河湖生命健康达到20年来最佳状态。

污水处理持续增强。聚焦污水处理布局不均衡、能力不匹配等问题，结合环保督察整改和长江大保护要求，加快推进城镇污水处理提质增效行动，着力补好污水处理短板。120万立方米/日竹园四期工程全面开工,50万立方米竹园四期调蓄池工程加快建设，天山等6座初雨调蓄工程及郊区6座污水厂改扩建工程有序推进，污水南干线改造工程加快实施。竹园污泥扩建、石洞口污泥二期、白龙港污泥二期项目正式投运，浦东、青浦污泥项目基本建成，“一区一站”通沟污泥项目有序推进，污水厂污泥零填埋、通沟污泥项目无害化处置目标基本实现。

河湖长制不断完善。围绕“巡、盯、管、督”，各级河长累计巡河28.5万余人次，强化“三查三访一通报”，开展督查督办430组次，推动解决难点问题1300余个。建成河长制标准化街镇93个（累计建成168个）、村居河长工作站931个，基层治水管水能力增强。市属企业河长全覆盖，民间河长、志愿者队伍壮大，杨浦“名人河长”形成良好示范。依托太湖局，健全“两省一市”联合河长制，建立示范区联合河湖长制信息化平台，流域治水合力凝聚。

完成投资再创新高。面对新冠肺炎疫情影响，严格落实水务建设工地防疫措施，全力协调解决农民工返沪、工程渣土卸点、上下游材料供应等复工复产难点问题，2月底陆续开工，3月底率先实现全面复工。落实“六稳”“六保”工作，尽全力扩大有效投资，重大工程开工9项，完工18项，全年完成投资126.8亿元，较年初计划100亿元增加26%，充分发挥水务建设投资对稳经济、促增长的积极作用。

重大项目实现突破。强化重大办平台作用，加强统筹协调，充分发挥审改红利，率先探索“先行用地”审批和实施路径，吴淞江工程（新川沙河段）等重点项目实现“当年立项、当年开工”，为上海重大工程建设提供典范案例；治水引领性项目“苏四期”工程加快推进，苏州河堤防达标改造工程建成，底泥疏浚工程基本完成。上海在水利部组织的水利建设质量工作考核中蝉联全国第一。

安全生产总体受控。坚持“管行业必须管安全”，深入推动安全生产专项整治三年行动计划，聚焦重点行业、重点区域和重要设施，形成问题隐患和制度措施“两个清单”，组织开展各类检查865次，整改安全隐患1918项。针对农污项目事故多发的情况，联合市应急局开展专项检查，严肃整治超龄用工等问题，举一反三，对郊区在建项目进行全覆盖排摸分析，推动落实属地责任、企业主体责任和行业监管责任。

体制机制持续优化。充实调整市防汛指挥部组成人员，龚正市长担任总指挥，分管应急、水务的2位副市长分别担任第一副总指挥和常务副总指挥。完善联合防办运行机制，着力构建“统一指挥、响应及时、处置有力、运转高效”的工作格局。完善隐患排查机制，首次引入防汛隐患第三方暗访检查，开展3次全覆盖防汛督察，全年累计排查点位2250余处，对发现的问题及时落实整改措施。

全力应对汛期考验。面对严峻汛情，各级水务部门闻“汛”而动，坚持“人民至上、生命至上”重要理念，压紧压实防汛责任、加紧加密监测预报、科学调度防汛工程，统筹流域行洪和区域除涝，全力落实防汛防台各项措施，成功应对汛期超长梅雨、超强降雨、超标洪水、超高水位的侵袭，实现“不死人、少伤人、少损失”目标，为流域抗洪做出贡献，有力保障市民生命财产安全和城市正常运行。

防汛基础不断夯实。持续巩固“四道防线”，完成8.4千米黄浦江苏州河堤防维修和38千米海塘达标建设，基本完成淀浦河西闸、西泗塘水闸等5座病险水闸改建工程；加快推进苏州河深隧试验段工程，完成市政府实事项目11条道路积水改善工程，完成6个排水系统改造工程。

水厂深度处理改造步伐加快。出台长江水源水厂深度处理市级资金补贴政策，百年杨树浦水厂深度处理改造工程全面开工，月浦水厂等10座长江水源水厂深度处理工程完成改造，水厂深度处理率由37%提升到64%，近500万市民喝上品质更高、口感更佳的饮用水。同时，完成593千米老旧供水管道、200千米郊区小口径供水管道改造任务，完成奉贤—临港供水连通管工程。积极推进黄浦、临港等重点区域高品质饮用水试点工程（临港新片区出台《高品质饮用水入户工程技术规程》，黄浦区龙华、春江两个小区完成试点改造），示范效益初步显现。供水行业提前部署、积极应对极端寒潮袭击，城乡供水服务总体平稳有序。

节水行动深入实施。建立市级节水联席会议机制，全市16个区出台节水行动方案。完成浦东、松江、宝山、崇明县域节水型社会达标建设，提前实现国家考核目标。合力推进节水型社会示范建设，新增各类节水载体484个、水务行业节水机关（单位）59个。严格落实总量和效率“双控”的水资源刚性约束，国家对上海市最严格水资源管理考核结果为优秀。

海洋管理持续强化。严格落实国家“双重规划”，完成世纪塘等4个海洋生态修复整治工程申报工作。开展海岛、海域等基础调查和常态化监测，基本完成新一轮海岸线修测，奉贤等海洋站点纳入国家海洋立体观测网。推进上海“河海划界”，稳妥处置围填海历史遗留问题和沪浙涉界区用海问题；推进国家海洋督察整改，完成奉贤碧海金沙项目海域使用权证办理。

海洋经济加快发展。全市海洋经济总量稳居万亿级别，连续多年保持全国前列。加强全球海洋中心城市顶层设计，推进长三角海洋经济高质量一体化发展，浦东新区海洋经济创新发展示范城市和崇明（长兴岛）海洋经济发展示范区取得积极进展。健全海洋经济运行监测与评估工作机制，扎实推进数据采集和分析评估。

滩涂资源有效保护。完成长江口和杭州湾滩涂地形测量和数据整编，为滩涂资源保护提供科学依据。横沙七期实现竣工，南汇东滩N1库区大堤提前投入使用，横沙八期主体工程如期完工。实施生物种青1333.33公顷，加强滩涂生态修复和自然孵育，促进滩涂资源动态平衡。

规划体系更趋完善。认真谋划水务海洋长远发展，组织完成水系统治理“十四五”规划编制。以“上海2035”城市总规为引领，在污水污泥规划和供水规划获批基础上，全面完成2035城镇雨水排水规划和防洪除涝规划报批工作（全市第一个完成2035专业规划批复的部门，加强对区级水务海洋规划工作的指导，建立立体规划体系）。积极配合示范区和新片区国土空间规划，开展涉水涉海专项规划编制，服务国家战略实施。

执法监管深入开展。保持铁腕治水态势，深入开展河湖水面率管控、水土保持、雨污混接、长江采砂、沿江沿海岸线保护等专项执法行动，全市累计执法巡查1万余次，出动执法人员2.5万人次，查处违法案件522起，处罚3400万元，有力维护水务海洋管理秩序。全面实施《上海市排水与污水处理条例》，推动《上海市海塘管理办法》立法工作，制定《上海市水土保持管理办法》等6部局行政规范性文件，夯实依法治水基础。

政务服务更加高效。以“一网通办”为统领，推进“河道管理范围内建设项目审核”和“海域使用权审核”2个“一件事”改革；探索智能服务，“城镇污水排入排水管网许可”实现无人干预自动办理，建设项目水土保持方案实现“云评审”；新增公共服务事项9个，“取水许可”等5个事项实现全市通办；发放全国首张水利行业资质类电子证照；推出供排水接入改革3.0版，接入时间压缩至6个自然日以内。深化“放管服”改革，落实“两个免于提交”，依法取消4项行政许可事项，压缩审批时限70%。政府信息公开深化，获得全市考核“优秀”。

科技创新加速发展。积极构建“科研管理+科技主导”格局，大力推进重大科研需求顶层设计和项目落地，取得科研成果17项，“大型城市供水系统安全消毒关键技术及应用”等2个项目获得市科技进步一等奖。完成6项地方标准编制，地方标准复审8项，颁布6项标准化指导性技术文件。成功举办6期水务海洋科技论坛（沙龙）。加强政策研究工作，加快水务海洋智库建设，组织完成9项局级课题、13项处级课题。

“一网统管”取得实效。全市“一网统管”十大重点系统市防汛防台指挥系统2.0版上线运行，实现街镇防汛防台指挥系统全贯通，在汛期发挥作用，“一网统管铸就魔都风雨结界”获上海城市治理最佳实践案例。完成水系统综合管理平台2.0版建设，基本实现“观全面、管到位、防见效”。统筹推进局重大信息化项目建设，加强系统整合和数据归集治理，加快水务系统安全检测预警平台建设。

水文保障不断强化。加强河湖水质常态化监测，组织开展河湖水质变化趋势分析研究，定期发布河湖水质状况报告。针对特殊水情加密巡检，及时组织报送各类信息，为防汛工作提供数据支撑。深化检测、监测、调查三位一体的业务布局，沪水文001、102号巡测船投入运行，完成长江口“一网47站”、省市边界水文监测站网项目建设，基本建成全覆盖水文监测体系。

（宋佳乐）

（二）防汛防台

【概况】2020年，上海成功应对超标洪水、超长梅雨、超强降雨、超高水位的严峻考验。汛期，全市共启动防汛防台应急响应行动32次，其中Ⅲ级响应6次，Ⅳ级响应26次，实现“不死人、少伤人、少损失”的目标。

超标洪水。6月9日，太湖流域入梅，太湖平均水位3.16米，受连续降雨影响，太湖水位快速上涨。6月28日，太湖水位超警戒水位（3.80米），发生第1号洪水。7月

统培训、增加集中安置点数量等措施解决。三是扎实开展备汛工作。落实各类抢险队伍2000余支，组织开展防汛演练332次、专题培训478次，落实移动泵车102辆，314个防汛物资仓库储备75大类物资，完成8.4千米黄浦江苏州河堤防达标改造，推进38千米海塘达标建设，11条道路积水改善工程4.9千米主管实现通水。四是科技赋能智慧防汛工作。6月1日，上海市防汛防台指挥系统（2.0）上线运行，成为上海"一网统管"十大重点系统第一个上线运行的系统。系统具备"洪涝灾情数据直报全覆盖、积水处置智能应用全闭环、街镇防汛防台指挥系统全贯通、历史汛情数据分析全回溯、防汛指令智能传达全网络"5大功能。气象、水务、建设、交通、房管、公安、热线等行业防汛数据实现互联互通、实时共享，台风动态、值班值守、汛情雨情、工情灾情、视频会商、应急抢险等汇聚"一张屏"，为各级防汛部门全面掌握信息、科学决策提供支撑。五是持续深化防汛督查检查。建立各区自查、第三方暗访检查、市级督查防汛隐患排查机制。各区每月开展防汛隐患自查，定期更新"一区一图一表"，共排查发现主要隐患240处，完成整改182处，剩余58处全部落实度汛措施。首次引入防汛隐患第三方暗访检查，三轮发现问题176处，全部整改完成。组织开展3次防汛督察，督察覆盖全市16个区。六是营造良好舆论氛围。5月29日召开新闻通气会，回应社会关切。入汛首日宣传报道获微博粉丝超过28万的点击量，入汛热点问答获微信粉丝超过10万的阅读量。《人民日报》、新华网等中央媒体，《解放日报》、《文汇报》、澎湃新闻、上观新闻、上海发布等上海媒体共报道90余条。各区上报简讯140条，"上海防汛"微信公众号发布各类信息274条。

【应对太湖流域超标洪水】按照水利部总体部署，制订超标洪水防御预案，组织开展专项演练。在太湖流域发生超标洪水期间，及时启动水旱灾害防御应急响应行动，协调推进淀浦河西闸提前9天通水泄洪，在嘉定南门水位超警戒水位不利情况下，启动蕰藻浜西闸开闸泄洪；组织黄浦江沿线4座水闸开闸纳潮，沿江沿海各水闸（泵站）加大外排力度。在泄洪期间，组织巡堤查险55800人次、61338千米，一线堤防未发生重大险情。全市泄洪纳潮总量超4亿立方米，有效缓解太湖流域洪水下泄压力。

（张宁腾、倪周晶）

（三）河长制湖长制

【概况】2020年，上海水环境治理工作以习近平生态文明思想为指导，践行"绿水青山就是金山银山"的理念，贯彻"节水优先、空间均衡、系统治理、两手发力"的治水思路，围绕"2020年基本消除劣Ⅴ类水体"目标，深化完善河长制湖长制，持续推进水环境综合整治，完成水污染防治行动计划、第七轮环保三年行动计划水环境保护专项、清水行动等实施方案年度目标任务。至年底，全市基本消除劣Ⅴ类水体目标实现。

【河长制湖长制】组织体系建设。2020年，在落实完善市、区、街镇（乡）、村居四级河长体系的基础上，深化政企融合互动，推动虹桥商务区、化学工业区、临港地区、长兴岛地区4个市级管委会和光明食品（集团）有限公司、上海实业（集团）有限公司、上海地产（集团）有限公司、上海机场（集团）有限公司、上海城投（集团）有限公司5个市属企业管辖区域河长制全覆盖；深化市管、区管雨水泵站排口企业河长制工作，形成泵站放江"排口企业河长+河道河长"深度联合治水和政企联动议事组织模式。6月30日，市河长办印发《关于继续开展河长制标准化街镇建设的实施方案》，在首批75个河长制标准化街镇建成的基础上，继续推进河长制标准化街镇创建工作。7月20日，市河长办印发《上海市村（居）河长工作站建设指导意见》，打通河湖长制工作“最后一千米”，相信群众、依靠群众、引领群众共同参与治水、护水，构建共谋共管共享的治水护水格局。截至年底全市共完成93个河长制标准化街镇建设；建成931个村居河长工作站。发展护河志愿者队伍，截至年底，全市护河志愿者达4万余名，其中志愿者护河员1.5万余名、民间河长2万余名。开展“美丽河湖”系列评选、“碧水保卫战”劳动竞赛、参与全国“最美河湖卫士”评选等活动，松江区永丰街道仓吉居民区党总支书记董春燕被评为全国“最美河湖卫士”；宝山区水利管理所河道管理科卞翔被评为全国“青年河湖卫士”。

工作制度落实。会议制度。协调组织召开2020年全市河长制湖长制工作会议和河长办主任会议，制定《2020年河长制湖长制工作要点》，明确河湖长制年度重点工作。河长巡河制度，全年各级河长巡河累计28.5万余人次，发现并解决问题3500余处。督查督办制度，编制《市河长办2020年河长制督查督办工作方案》，年内共开展84次消除劣V类水体专项监督，发现问题183项；河湖“清四乱”专项督查52次，发现问题43个，整改完成率100%；开展2020年消除劣V类水体复核工作，共计抽查258个水体，复查合格率100%。同时，联合市委督查室开展河道消劣等专项联合督查。“三查三访一通报”制度。全年编制12期《上海市河长制工作简报》和《上海河湖水质状况月报》，向市区两级总河长、有关部门通报各项治水任务落实情况。以“致河长的一封信”“致区委区政府加快推进消除劣V类水体相关工作问题提示”“劣V类断面监测情况通报”等形式，通报428个水质反复断面和463人次有关河长（含区级河长99人次），约谈有关河长8人，督促各区及有关河长加快推进“消劣”任务。考核制度。印发《2020年度“河长制湖长制”考核指标分解表及工作评分表》，年底完成河长制湖长制考核。

【水污染防治行动计划】2020年，推进自来水厂深度处理工程、郊区小口径供水管网改造工程、污水处理厂扩建工程、通沟污泥处理工程、苏州河段深层排水调蓄管道系统工程试验段以及重点监管工业企业的对标和节水技术改造等工程和工作。10月30日，嘉定安亭污水处理厂三期扩建工程开工。11月30日，月浦水厂深度处理工程并网通水。杨树浦水厂深度处理工程按计划推进，7号综合池咬合桩、工程桩、高压旋喷桩施工完成。5号清水池基本建成。郊区小口径供水管网改造工程共完成2228千米。通沟污泥处理工程完成2座（嘉定区和浦东新区各1座）。苏州河段深层排水调蓄管道系统工程试验段工程累计完成50%形象进度。自2016年起，市供水管理部门持续组织对全市重点监管工业企业开展对标管理和节水技术改造工作，大幅提高重点监管工业企业节水水平和工业用水效率。

【环保三年行动计划水环境保护专项】2020年，是第七轮环保三年行动计划水环境保护专项实施的最后一年。到实施期末，主要指标目标全部实现。其中，全市城镇污水处理率达到96.7%以上（计划为95%），全市污泥有效处理率达到100%（计划为95%），全市农村生活污水处理率达到88%（计划为75%），全市重要水功能区水质达标率达95%（计划为78%）。

饮用水源安全保障。根据《上海市供水规划（2019—2035年）》，为提高原水系统连通互补能力，完成青草沙—陈行水库连通工程项目技术储备方案编制，相关工程前期工作有序推进。根据《上海市水文基础设施建设规划（2011—2020年）》，全面完成省市边界水文水质监测站网工程建设，新建廊下、兴塔等13座水文站；改建金泽和商榻2座水文站；新建省界水文巡测基地1处，配置水文巡测船1艘。工程建成后，可以全面监控省市边界河流来水水量和水质及变化趋势，为保障城市防汛安全、供水安全，加强水环境治理和水资源保护发挥重要作用。

污水污泥处理处置。2019年12月6日，青浦区污泥集约化处理处置工程开工，2020年底基本建成，除2台进口干化设备因疫情影响尚未到场外，其余处理设备年底完成安装，1条生产线贯通，开展单机调试。

城市面源治理设施建设。推进苏州河深隧试验段工程建设、苗圃和云岭综合设施建设。大武川初期雨水调蓄池工程基本建成。2020年底前，中心城区天山、桃浦、曲阳、龙华、长桥和泗塘等6座污水处理厂初雨调蓄工程全面开工。

河湖综合治理。第七轮环保三年行动计划水环境保护专项计划实施的600千米河道整治和2200条断头河整治提前完成后，围绕基本消除劣Ⅴ类水体，持续推进河道水环境综合整治，2018—2020年来累计实施河道综合整治工程1393千米。断头河整治2740条。2020年全市完成农村生活污水处理的建设任务3.5万户。

【苏州河环境综合整治四期】根据市政府办公厅印发的《苏州河环境综合整治四期工程总体方案》，围绕污染治理、防汛安全和两岸整治等目标，2020年整治任务完成，苏州河支流劣Ⅴ类水体基本消除。

污染治理全年，完成苏州河支流综合整治113.7千米，打通断头河24条段，轮疏河道37.1千米。新建污水管网12.56千米，对17个污染源予以截污纳管。住宅小区雨污混接改造完成382个。曲阳污水处理厂初雨调蓄工程厂内调蓄池结构改造和部分泵站基本完成，泵站外管道开工建设。桃浦污水处理厂初雨调蓄工程厂内1号、2号调蓄池改造施工基本完成；3号调蓄池改造施工完成60%。龙华、长桥、天山和泗塘污水处理厂初雨调蓄工程年底实现开工。6月28日，竹园污水处理厂四期工程先行用地部分及进出厂管道正式开工。至年底，进水提升泵房及管道工作井施工。10月30日，安亭污水处理厂三期扩建工程项目开工。

防汛安全苏州河堤防达标工程和底泥疏浚工程完成，其中堤防达标工程累计完成32千米。苏州河底泥疏浚累计完成168万立方米。

两岸整治苏州河两岸42千米滨水岸线基本实现贯通开放，10余处生活亲水岸线和活力空间示范区同步建成。嘉定区完成69.8公顷（1047亩）生态廊道建设。

【清水行动计划完成情况】2020年，是《上海市清水行动实施方案（2018—2020年）》实施的最后一年。到2020年底，全市基本消除劣Ⅴ类水体，工作目标如期实现。

控源截污。完成农村生活污水处理设施改造3.5万户、住宅小区雨污混接改造2142个、其他雨污混接点改造1423个，新建管网83千米，推广有机肥33.49万吨，推广缓释肥、配方肥177.54万亩次，超额完成目标任务。持续巩固道两侧违法建筑整治成果，106个无违建先进街镇通过复评，复评合格率100%。建成泰和污水处理厂，完成白龙港污水处理厂提标改造，推进天山等六座污水处理厂初期雨水调蓄工程。

河道整治。完成435千米河道整治、681千米河道轮疏、打通断头河1096条段。

执法监管。持续保持打击涉水违法行为高压态势，按照“转观念、补短板、抓重点、强监管”的工作主线，持续开展苏四期、疑点疑区、填河批后监管、排水等专项执法，全力打好水污染防治攻坚战，2020年水务执法方面开展执法检查3589次，出动执法人员8814人次，立案204件，罚款1024.50万元。

长效管理。持续开展河道管理养护实效第三方检查工作，按照中心城区全面全覆盖6次，郊区市区管河道全覆盖两次，镇村级河道覆盖45%的要求开展检查。加强农村生活污水行业监督检查，开展设施运维管理监督检查、出水水质监督性监测、专项工作督查和年度考核，及时通报结果，发挥河长制考核监督作用。配合太湖局健全省际地区水葫芦联合防控机制，开展"清剿水葫芦，美化水环境"联合整治专项行动，全面保障进博会召开。完善水资源调度格局和体系，推动全市水资源调度精细化。依托上海市河长制工作平台，整合市、区水务和生态环境部门监测资源，在全市市管、区管、镇管河湖上分别布设市控、区控、镇控监测考核断面3000余个，建立全市水质监测一张网，全面评估全市河湖水质状况。

【河湖管理保护工作】 长江干流岸线利用项目清理整治6月底，完成外高桥新港区一期工程、上海船舶污水处理厂、上海外高桥造船基地项目和上海浦东国际机场建材码头等4项长江干流岸线利用项目清理整治工作，长江干流岸线利用项目121项清理整治项目全部销项。通过清理整治，腾退长江岸线长度1008米，河道管理范围内复绿面积11.9万平方米，拆除建筑物面积3.5万平方米，清除弃土弃渣33.8万立方米。建立"长江口岸线利用项目管理信息系统"，作为长江河道涉河建设项目管理的重要技术支撑和平台。

披露问题整改完成2019年长江生态环境警示片披露"宝山5号泵站排江问题整改不彻底"问题整改并组织销号，配合市交通委完成"浦明码头违规占用长江岸线"整改。结合第二轮中央生态环境保护督察整改，推进"污水处理能力不足"问题整改，协调推进竹园污水处理厂四期工程等措施。长江流域非法矮围专项整治。9月24日，印发《上海市长江流域非法矮围专项整治工作方案》，11月底完成非法矮围排摸工作，建立非法矮围清单，排摸非法矮围44处。

河湖"清四乱"工作。4月8日，印发《关于深入推进上海市河湖"清四乱"常态化规范化的通知》，将河湖"清四乱"整治范围实现全覆盖（其他河湖除外），累计清理非法占用河道岸线7千米，清理建筑和生活垃圾524吨，整改拆除非法建筑2388平方米，清理围堤139米，清理非法网箱养殖114平方米，清除违规种植大棚203平方米。

【长江采砂许可与执法管理】 完成崇明生态岛环岛防汛提标及景观道一期工程（新北沿公路—分水岭路）（分水岭路—西门西侧）、长江口南槽航道治理一期工程和长江口航道养护南北港分汊口南沙头通道潜堤局部整治建筑物修复工程等4个长江河道采砂行政许可，许可采砂总量31.5万立方米，许可采砂船共计5艘。完成全市长江干支流河道的采砂船舶排查，上海无本籍采砂船。落实《上海市长江河道砂石采运管理单制度工作方案》，启动《长江中下游干流河道采砂管理规划上海段实施方案》编制，配合长江水利委员会编制《长江中下游干流河道采砂管理规划（2021—2025年）》。

【长三角一体化水环境治理工作】2020年，完成太湖淀山湖湖长协作机制轮值方工作，牵头制订《太湖淀山湖湖长协作机制2020年工作方案》，成功举办协作机制年度会议。参与编制《长三角生态绿色一体化发展示范区重点跨界水体联保专项方案》，建立联合河长制，将47个重点跨界河湖纳入联保范围。上海市青浦区，江苏省苏州市吴江区、昆山市，浙江省嘉兴市嘉善县联合印发《示范区跨界河湖联合河长湖长巡河工作制度》，开展联合河湖长巡河16次。配合流域机构出台《关于进一步深化长三角生态绿色一体化发展示范区河湖长制加快建设幸福河湖的指导意见》。打通元荡1.2千米生态岸线贯通示范段，推进跨苏沪、浙沪6个跨界河湖治理。组织部署全市2020年度水生植物整治打捞工作，加强边界地区水生植物联合防控，全市累计打捞水葫芦22.8万吨。建立淀山湖蓝藻联防联控机制，锁定111条蓝藻易聚集问题河道清单，14处环淀山湖蓝藻易聚集区域清单，完成淀山湖水域8处蓝藻围隔布设。配合编制《太湖流域水环境综合治理总体方案（2021—2035年）》。

（杨立新）

【上海市首位“名人河长”聘任仪式】9月21日，杨浦区河长办联合控江街道河长办开展上海市首位“名人河长”聘任仪式，成立控江社区巡河志愿者队伍，发布控江街道河长巡河体验路线。受聘为“名人河长”的吕伟民，是原同济大学教授、博士生导师。作为道路工程专家，他先后主持过虹桥国际机场、广州白云机场、东海大桥桥面铺装的设计与施工建设，获得几十余项国家、省部级科技进步奖，是昔日“人民城市”建设史的参与者、见证者。“名人河长”是杨浦区对“全民治水”理念的探索。“名人河长”的带动效应，将更好地引导全社会参与护水治水，这是水环境治理创新的“杨浦亮点”，也是人人参与“人民城市”建设最好的实践。

（冯亦珉）

【“河长＋检察长”依法治河新模式启动签约仪式】7月3日，奉贤区率先试点，奉贤区委常委、副区长、区副总河长连正华与奉贤区检察院党组书记、检察长孙军签订《关于协作推进行政公益诉讼促进水生态保护暨建立“河长＋检察长”依法治河新模式的意见》，建立“河长＋检察长”依法治河新模式，为促进区域水生态保护、打造“水天一色”美丽奉贤提供有力的组织保障和司法保障。

（郑鎏）

【全市第一个村级河长制工作站成立】6月23日，上海全市首个村级河长制工作站在乡村振兴示范村——金山区漕泾镇水库村正式挂牌。市水务局副局长刘晓涛、金山区副区长邱运理一同为“水库村河长制工作站”揭牌。

（胡巍）

【安亭、花桥、白鹤联合举行“三地共建”深化联合河长制签约仪式】11月27日，安亭—花桥—白鹤“三地共建”深化联合河长制签约仪式举行，三地打破地域壁垒，深化联合河长制，联合巡河、联合保洁、联合执法、信息共享，共同守护水环境。

（陈晓晨、沈伟）

（四）城市供水

【概况】2020年，上海有自来水厂38座（新增1座南汇北水厂），总供水能力1221万立方米/日（较2019年下降29万立方米/日），其中市属供水企业日供水能力794万立方米、郊区供水企业日供水能力427万立方米。全市供水管线总长度39553千米。2020年，全市自来水供水总量28.86亿立方米，比2019年下降3.1%；售水总量23.59亿立方米，下降1.7%（其中中心城区自来水公司供水总量19.09亿立方米，比2019年下降3.8%，售水总量15.98亿立方米，下降2.0%；郊区供水企业供水总量10.29亿立方米，下降2.1%，售水总量8.13亿立方米，下降1.5%）。工业用量为3.89亿立方米，下降3.8%；城镇公共用水量7.68亿立方米，下降8.9%；居民生活用水量11.37亿立方米，增长4.5%；生态环境用水量0.64亿立方米，增长1.2%。夏季供水高峰期间，全市日均供水量839.03万立方米，较2019年（853.24万立方米）下降1.67%。其中：中心城区日均供水量555.62万立方米，较2019年（568.97万立方米）下降2.35%；郊区日均供水量283.41万立方米，较2019年（284.45万立方米）下降0.37%。全市最高日供水量891.19万立方米（8月20日，当日最高气温37.1℃），其中：中心城区588.97万立方米、郊区302.22万立方米。全市供水平均服务压力230千帕，服务压力合格率99.21%。

（奚琳琰、陆志惠）

【节水型社会（城市）建设】 截至年底，上海市共建成节约用水示范小区269个、节水型小区2930个；节约用水示范学校（校区）58所、节水型学校492所；节约用水示范企业36家、节水型企业362家；节约用水示范单位9家、节水型单位394家；节约用水示范机关11家、节水型机关614家；节水型示范农业园区1个、节水型农业园区3个、节水型工业园区28个。

（奚琳琰、倪周晶）

（五）城市排水

【概况】 截至2020年底，上海已建城镇污水处理厂42座，总处理能力840.30万立方米/日，日均处理813.59万立方米，全年处理污水29.8亿立方米。市政府实事项目中的11个道路积水改善工程如期完成。敷设市政污水管网建设83.44千米。养护排水管道23294.50千米，养护检查井与进水口263.54万处次，清捞出污泥15.43万吨。完成排水管道结构性检测主管1076.70千米，支（连）管764千米。修复排水管道主管219千米，支连管90千米。更新改造雨水口19106处，安装截污挂篮27747个，检查井防坠设施44023套。完成2座排水管道污泥处理设施建设。市区全年缴纳污水处理费24.51亿元。

（胡洁雯、张绚璇）

【道路积水改善工程】2020年，完成和田路、宋园路等11个市政府实事项目道路积水改善工程，及中山西路储备项目，涉及静安、徐汇、普陀、虹口、宝山、闵行等6个区，累计新敷设排水主管约5.1千米，总投资1.3亿元。

2020年道路积水改善工程项目一览表

序号	项目名称	总投资（万元）
1	洛川路（泾惠路—沪太路）道路积水改善工程	3098.81
2	花家浜路（棕榈路—香樟路）道路积水改善工程	412
3	万镇路（梅川路—金沙江路）道路积水改善工程	2150.03
4	环镇北路（桃浦河—南陈路）道路积水改善工程	405
5	保德路（共和新路—平顺路）道路积水改善工程	1027
6	中华新路（共和新路—西藏北路）道路积水改善工程	1113.46
7	和田路（柳营路—洛川东路）道路积水改善工程	1019.52
8	舟山路（东余杭路—唐山路）道路积水改善工程	938
9	武康路（华山路—安福路）道路积水改善工程	264
10	宋园路（古羊路—红松路）道路积水改善工程	960
11	中山西路（区界—吴中路）道路积水改善工程	506.4
12	翠钰南路（古羊路—红松路）道路积水改善工程	1106

【化学需氧量、氨氮、总磷减排工作情况】全市共有城镇污水处理厂共42座，总处理能力840.30万立方米/日，全年处理污水量29.8亿立方米，日均处理量813.59万立方米，较2019年同期相比日均处理量增加5.79%；出水化学需氧量、氨氮和总磷平均浓度分别为17.3毫克/升（2019年同期为25.4毫克/升）、0.23毫克/升（2019年同期为2.08毫克/升）和0.12毫克/升（2019年同期为0.20毫克/升），均优于一级A排放标准。全市城镇污水处理厂污泥处理设施共21座，总设计规模1476吨干基/日。全年实际产生脱水污泥共137.07万吨（干基48.41万吨），日均污泥量产生量3745.26吨（干基1322.64吨），每处理万吨污水产生1.63吨（干基）污泥。其中，填埋占比34.9%、焚烧占比64.6%（独立焚烧17.3%、电厂掺烧41.2%、垃圾掺烧6.1%），土地利用占比0.5%(按照干基计算)。全市城镇污水处理厂化学需氧量削减量78.83万吨（2019年同期为78.43万吨），氨氮削减量6.63万吨（2019年同期为6.16万吨），总磷削减量1.12万吨(2019年同期为1.04万吨）。

（胡洁雯、倪周晶）

（六）水利建设

【概况】2020年，持续强监管、补短板，明确目标、落实责任，强化行业监管，推进水环境改善，实施生态清洁小流域建设，全市水土保持工作有序开展。制定《农村生活污水处理设施运维监督办法》《长三角一体化背景下的跨界河湖治理长效机制研究》《河道底泥疏浚技术指南》《水闸精细化指导手册》。印发《2020上海市河道（湖泊）报告》《2020年度泵闸设施报告》。完成714千米镇村级河道轮疏、3.5万户农村生活污水处理设施建设，推进7个圩区达标改造项目建设。全面完成上海农业水价综合改革工作任务，建设完成农业水价综合改革面积1万公顷（15万亩）。按照“十四五”规划编制要求，完成河湖治理、农村生活污水治理、区域除涝3个“十四五”专项规划编制工作。开展闸门运行工、河道修防工培训工作，完成10批583名闸门运行初级工、2批124名中级工、1批33名高级工和5批197名河道修防工（初级工）的鉴定工作。围绕2020年底全面消除劣V类水体的目标，完成435千米河道整治、1096条断头河整治。推进苏四期支流水环境治理，完成113千米河道综合整治（含骨干河道疏浚）、24条断头河整治以及37千米河道轮疏任务。

（赵杰、刘亚涛）

【农业水价综合改革】推行农田水利设施长效管理，推广农业灌溉节水，减少农业面源污染，推动农田水利设施良性运行，建立“水价有核定、用水有管理、计量有制度、设施有管护、节水有奖励”的农业水价综合改革模式。2020年度实施农业水价综合改革面积1万公顷，完成市对区（市属农场）、区对镇两级改革验收工作。截至年底，完成全市13.6万公顷农业水价综合改革工作。

（刘亚涛、倪周晶）

【水土保持】1月21日，修订并印发《上海市水土保持管理办法》；4月26日，印发《上海市2020年度水土保持监督检查工作计划》，全年派出200多人次，对38个市批在建项目、7个已验收备案的项目开展现场检查，对119个区批在建项目开展现场抽查，印发《生产建设项目水土保持整改通知书》34份；6月1日，印发《关于2019年度生产建设项目水土保持方案监管整改情况的通报》；9月4日，召开2020年度水利部水土保持遥感监管疑似违法违规扰动图斑复核查处工作布置会；9月21日，印发《本市生产建设项目水土保持监督检查情况的通报》；11月5日，召开水土保持工作推进会，专题部署加密遥感监管疑似违法违规扰动图斑复核和全国水土保持规划实施情况考核工作；12月22日，新增并公告上海市水务局水土保持方案专家库第二批名单。

（赵杰、倪周晶）

【农村生活污水治理】2020年，农村生活污水治理仍被列为市政府实事项目。全年建设完成全市3.5万户农村生活污水处理设施，完成3.5万户年度考核目标，涉及闵行、嘉定、浦东、奉贤、松江、金山、青浦7个区，全市农村生活污水处理率达88%。

（赵杰、刘亚涛）

【水利行业管理】2020年，督促有关区推进落实中央生态环境督察河道疏浚底泥规范处理处置和农村生活污水治理有关问题整改。全年完成河湖治理、农村生活污水治理、区域除涝等“十四五”专项规划编制工作3个，成果纳入市水系统治理“十四五”规划。同时开展水生态专题规划、农村生活污水治理区级专项规划、水闸安全鉴定规划、水资源调度规划纲要等的编制工作。完成2019年度全市河湖长效管理养护工作考核，静安、长宁、闵行、青浦、松江区考核等级核定为优秀。开展河道管理养护实效第三方巡查，累计抽查河湖长度共计21744千米，发现问题29027处，并督促整改。完成长江（上海段）管理范围划定，启动长江采砂行业监管。开展水闸精细化管理专项督查和管理考核，确保全面提升水闸精细化管理水平。修订圩区泵闸设施管理养护实施意见，提升管理水平。

（刘亚涛、倪周晶）

（七）水政管理

【概况】2020年，累计受理办理水务海洋行政审批事项9386件。受理办理行政审批事项共1870件（其中水利750件、供水88件、排水1013件、海洋19件）；接收建设工程并联征询事项33件、行政协助事项73件。受理办理“用水计划指标的核定或批准”7515件，受理办理“临时停止供水或者降低水压的审批”1件。全年发布主动公开信息2219条，行政公文主动公开率达70.3%，办理依申请公开信息34件。开展河湖水面率管控、排水专项执法、进博会保障、打击非法采砂等多个专项执法。全年开展执法检查3737次，出动执法人员9208人次；立案209件，罚款1810.81万元。

（魏星、邓洋洋）

【水务规划】2020年，集中力量、扎实推进重大水务海洋战略规划编制，水系统治理“十四五”规划形成草案，《上海市城镇雨水排水规划（2020—2035年）》《上海市防洪除涝规划(2020—2035年)》《上海市雨水调蓄设施规划建设导则》《区级雨水规划技术大纲》四大水务专项规划全部获市政府批复，10余项重点领域和区域水务规划编制完成，8项水务重大工程规划、15项技术储备项目进展顺利。完成长三角一体化发展、城市总体规划评估、城市规划建设管理等市级重点工作涉水事项，加强水务与各领域的规划协同；积极协调各方，将水务、海洋规划要素纳入市委关于制订“十四五”规划的建议和全市“十四五”规划《纲要》，提高行业在全市经济社会发展中的显示度。完成规划相关行业审查和协调100余项，批复填河许可事项170余项，受理蓝线项目460余项等。

（顾洪祥、俞璐）

【地方性法规】5月1日，《上海市排水与污水处理条例》正式施行。

【政府规章】《上海市海塘管理办法》被列为2020年正式立法项目，经过专题会议、实地调研、专家论证、征求部门社会意见后形成修订草案，8月25日，报送《〈上海市海塘管理办法（修订草案）〉及其说明的函》。

【行政规范性文件】1月21日，印发《上海市水土保持管理办法》，明确上海水土保持管理要求，细化水土保持审批规定。2月18日，印发《上海市水务建设工程安全质量行政处罚裁量权实施细则》《上海市水务建设工程安全质量行政处罚裁量基准》，明确水务建设工程安全质量行政处罚自由裁量基准，规范水务建设工程安全质量行政执法。6月15日，印发《上海市供水调度管理细则》，与《上海市水资源管理若干规定》相衔接，完善供水调度管理和指标要求，增加对供水设施停止使用的管理要求。6月24日，印发《关于延长〈上海市水务局（上海市海洋局）行政审批申请接收管理实施细则〉规范性文件有效期的通知》《上海市海洋局关于废止〈上海市海洋工程建设项目环境保护设施验收管理办法〉的通知》。7月3日，制定印发《上海市非居民用水超定额累进加价制度实施细则》，明确上海非居民用水超定额累进加价的相关操作细则。10月8日，印发《上海市水务海洋违法行为举报奖励办法》。

（郑逸、倪周晶）

【水质监测】2020年，围绕上海市“2020年力争消除劣V类水体”的目标，组织开展全市河湖水质监测及“三查三访”问题河湖、部分区镇管河湖、村级及其他河湖、农村生活污水处理设施出水水质等专项监督性水质监测；聚焦苏州河环境综合整治四期工程、第三届进博会、省市边界河湖等重点区域定

期开展水质监测；每月开展99个地表水国家重点水质站监测，报送水利部；围绕长三角一体化示范区建设，开展以藻类为主的淀山湖水生态监测。聚焦重点目标，深化水质监测分析评价服务，整理汇总全市河湖数据28万余组，上报各类月报、通报和专报41期；加强市区联动，履行行业管理职能，加强实验室质量管理及水质在线监测管理。

【黄浦江上游来水状况】2020年，黄浦江干流松浦大桥断面实测潮流量707测次，实测年进潮量120.2亿立方米，上游来水量321.9亿立方米，年径流总量201.7亿立方米，年平均流量638立方米/秒，较2019年增加7.5%。各月上游来水量变幅较小，而潮汐强度差异较大，两者共同影响下，各月平均流量变化较大，最大月平均流量为990立方米/秒，最小月平均流量为446立方米/秒，各月流量情况详见图1。根据黄浦江上游水文同步调查数据统计，上游三大支流斜塘、圆泄泾、大泖港的汇流占比分别为56%、26%、18%，斜塘的来水比例接近六成。黄浦江上游三大支流汇流比详见图2。

（陈蕾、倪周晶）

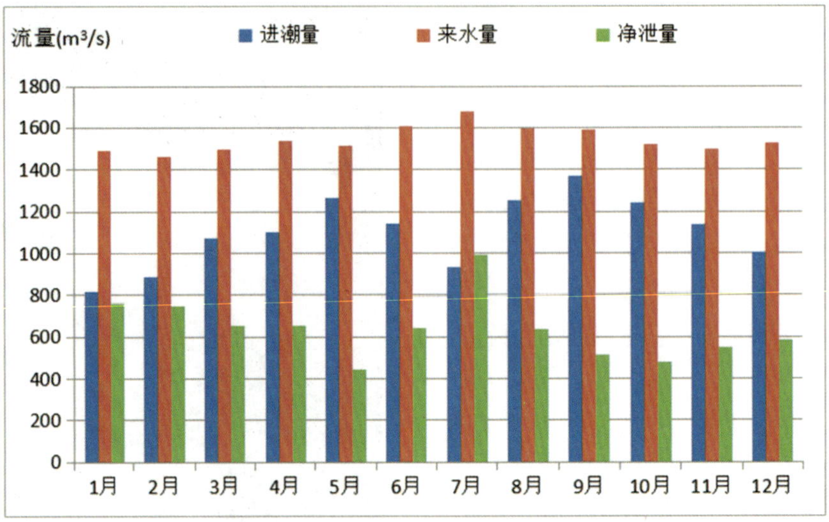

图 1　黄浦江松浦大桥断面 2020 年逐月流量

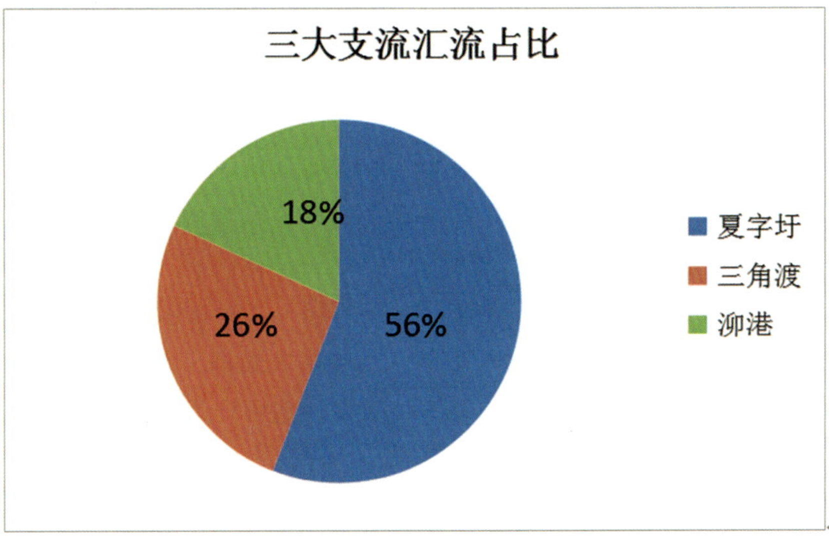

图 2　黄浦江上游三大支流汇流占比

【水务科技】2020 年，上海水务海洋科技工作坚持需求导向、问题导向、应用导向，加强前瞻性、战略性、基础性和体系性科技攻关和标准制定。组织完成“水务海洋科技‘十四五’规划”课题研究和《水务海洋科技“十四五”规划》文本编制。围绕水安全保障、水资源配置、水环境治理、水生态保护等重点工作组织开展科学研究和标准编制，推进 31 项科研项目研究和 6 项地方标准编制，取得科研成果 17 项，地方标准复审 8 项，颁布 6 项市标准化指导性技术文件。由上海市水文总站、上海盛图遥感工程技术有限公司、中科院上海技物所联合承担的“上海市中小河道水质航空遥感监测应用示范”项目成果获“2020 地理信息科技进步奖”二等奖。上海市水务规划设计研究院（上海市海洋规划设计研究院）牵头承担的“黄浦江上游取水安全和水源湖（库）生态结构关键技术研究与示范应用”等 44 项（人）获得 2020 年度上海市水务海洋科学技术奖。其中，科技进步奖 35 项（特等奖 1 项、一等奖 3 项、二等奖 12 项、三等奖 19 项），科技英才奖 2 人，青年才俊奖 7 人。

（金巍良、倪周晶）

（八）海洋管理

【概况】做好海域使用管理，推进新一轮海岸线修测，落实《全国重要生态系统保护和修复重大工程总体规划（2021—2035年）》要求；在完成岸线勘测和形成杭州湾北岸、长江口南岸和崇明三岛海岸线修测初步成果的基础上，向全市相关部门和沿海区人民政府征询意见，并经市政府同意将上海海岸线修测的成果数据上报自然资源部审查。开展海岸线常态化巡查，做好海岛日常监管，服务海洋经济高质量发展。组织开展大陆岸线常态化动态监视和定期巡查，2020年完成杭州湾段巡查监测12期、长江口岸段4期。全年累计巡查2580千米，无人机监测累计180千米。2020年，上海市实现海洋生产总值9707亿元，位居全国第四名，同比名义下降6.7%。2020年全市海洋生产总值约占当年全市生产总值的25.1%，占当年全国海洋生产总值的12.1%。2020年上海滨海旅游业受疫情影响冲击较大，全年实现增加值1776亿元，同比名义下降23.1%。海洋交通运输业全年实现增加值648亿元，同比名义下降2.8%。海洋船舶工业全年实现增加值129亿元，同比名义增长2.4%。海洋化工业全年实现增加值33亿元，与2019年持平。海洋油气业全年实现增加值13亿元，同比名义下降40.9%。海洋渔业全年实现增加值10亿元，同比名义下降9.1%。海洋电力全年实现增加值4.4亿元，与2019年基本持平。海洋生物医药业全年实现增加值2.7亿元，同比名义下降37.2%。谋划海洋观测预报事业发展，推进海洋站网建设管理工作，常态化开展海洋资源调查和分析评价工作。承担全市海洋灾害预报职能，准确预测“黑格比”“巴威”“美莎克”“海神”和“灿鸿”等台风灾害影响趋势和范围，完成海洋灾害年度和季度趋势预测。开展2020年度滩涂水下地形测量工作，编制滩涂资源工作报告。

（张时立、顾施嘉、金鸽）

【海域海洋观测与调查】2020年，完成岸基、海岛和浮标等自动观测站的全年运行维护工作，获取风、浪、流、温、盐、深等实时数据600余万组。完成海洋浮标水文气象数据比对比测和佘山岛三维基准确定工作。5月30日—6月6日，启动上海海域2020年海洋水文基础数据收集项目外业测量工作，设置12条定点垂线、2条走航断面、51个大面观测点，动用船只21条、工作人员100余人。观测参数包括潮流、气象、温盐沙、水质、沉积物、海况等共计40种，获得约16万条数据，掌握上海近岸海域海洋水文基本情况。编制海洋基础数据图集，形成海洋动力环境基础信息库，服务上海海洋综合管理。

【海洋站网建设情况】2020年，完成2个预警浮标的建设工作。截至年底，获得海流、波浪、水质等10种要素，新增约1000组数据，完善海洋观测体系。

2020年海洋测站分布情况表

站名	类型	观测项目	级别
奉贤	岸基观测站	潮位、气象	地方基本站
大金山岛	岛基观测站	潮位、气象、水质	地方基本站
佘山岛	岛基观测站	潮位	地方基本站
海洋预警1号	浮标	气象、水质、海浪、海流	地方基本站
海洋预警2号	浮标	气象、水质、海浪、海流	地方基本站
海洋预警3号	浮标	气象、水质、海浪、海流	地方基本站
海洋预警4号	浮标	气象、水质、海浪、海流	地方基本站
沪水文1号	浮标	气象、水质、海浪、海流	地方基本站
环保增能1号	浮标	海浪、海流	地方基本站
环保增能2号	浮标	海浪、海流	地方基本站
环保增能3号	浮标	海浪、海流	地方基本站
金山嘴	岸基雷达站（便携式）	表层海流	地方基本站
芦潮港	岸基雷达站（便携式）	表层海流	地方基本站
南汇咀	岸基雷达站（便携式）	表层海流	地方基本站
鸡骨礁	岸基雷达站（便携式）	表层海流	地方基本站
启东	岸基雷达站（阵列式）	表层海流	地方基本站
鸡骨礁	岸基雷达站（阵列式）	表层海流	地方基本站
大戢山	海底观测站	水质、海浪、海流	地方基本站

【海洋事故应急】8 月 20 日，针对长江口外水域两船碰撞船员遇险事件，制作《海上搜救应急预测简报》1 期。12 月 14 日，针对长江口北槽航道水域两船碰撞船员遇险事件，发布《海上搜救应急预测简报》1 期。

【首次发布海流海温预报】8 月 8 日，海流数值预报产品正式对外发布，预报频率 2 次 / 周，全年累计发布海流预报 40 期。10 月 15 日，海温周预报产品正式对外发布，全年累计发布海温预报 12 期。

【海洋灾害趋势预测】3 月 26 日，完成 2020 年上海市海洋灾害趋势预测工作。预计 2020 年度影响上海的台风有 3 ~ 5 个、台风风暴潮 1 ~ 3 次、温带风暴潮 0 ~ 1 次、2.5 米及以上大浪 21 ~ 32 天。2020 年，实发影响上海台风 5 个、台风风暴潮 3 次、温带风暴潮 1 次、预测准确；2.5 米及以上大浪 38 天，预测偏少。

（顾施嘉、倪周晶）

【海域权属和有偿使用管理】完成 7 个项目用海审批，共计 260.53 公顷。完成 4 个项目用海变更审批，共计 84.85 公顷。完成 2020 年度市管逐年缴纳海域使用金征收，共计 1104 万元。完成 2020 年自然资源部委托的国管逐年缴纳海域使用金征收，共计 299 万元。2020 年新批项目用海征收海域使用金共计 3727 万元。

【落实《全国重要生态系统保护和修复重大工程总体规划（2021—2035 年）》要求】根据《全国重要生态系统保护和修复重大工程总体规划（2021—2035 年）》要求和国家发展改革委和自然资源部的统一部署，结合“十四五”规划和发展需求，报送杭州湾海岸带生态保护修复重点项目素材 4 个。

【海岛日常管理工作】实施行业管理和执法检查相结合的常态化海岛监视监测管理。开展无居民海岛开发利用现状补充填报工作，在 2018 年无居民海岛开发利用现状填报数据的基础上，开展新增和变化数据的补充填报工作。

（张时立、倪周晶）

【海洋日宣传主场活动】6月8日，市海洋局会同市长兴岛开发建设管理委员会办公室、崇明区政府举办以“创新海洋、蓝色引擎”为主题的上海市纪念2020年“世界海洋日暨全国海洋宣传日”主场活动。市海洋局党组书记、局长徐建，崇明区区委书记、市长兴岛管委会副主任、市长兴岛开发办主任李政，崇明区区长缪京，市长兴岛开发办党组书记吴召忠等领导出席。上海市长兴岛开发办与上海海事大学签署战略合作框架协议，上海交通大学海洋装备研究院与上海长兴海洋装备产业园区“长兴岛海洋装备研究中心”落地意向协议，佳沃集团与横沙渔港公司签署冷链战略合作框架协议，沪东中华集团与上海沪东阀门有限公司、液化天然气船用超低温球阀联合科研合作协议等签约仪式；并为中国国际金枪鱼交易中心揭牌。通过活动，推动了政府、企业、高校、市场主体的务实合作，营造认识海洋、经略海洋的社会氛围。同日，市海洋事务中心与中国航海博物馆合作举办“港为城用，城以港兴：近代上海城市与海洋的交融”海洋主题展，策划海洋科普展常设展区设计方案。

（金巍良、金鸽）

【海洋执法】6月，联合公安、海事、航政、农委等部门开展“护海2020”执法行动。围绕严防新增违法用海的目标，加强对杭州湾北岸用海项目执法巡查，每两周1次对沪浙交界海域风电项目开展现场核查，确保项目依法建设，立案查处上海市奉贤区金汇港海塘保滩工程（“碧海金沙”）非法占用海域案，做出罚款决定570.80万元。定期开展对23个无居民海岛的专项执法。在全国两会等重大活动期间，开展海底光缆管道保护执法巡航，保障通信安全。

（邓洋洋、倪周晶）

（九）海事管理

【概况】2020年，上海辖区进出港船舶210.45万艘次，同比增长2.37%。辖区共发生一般等级及以上水上交通事故13起，沉船8艘次，死亡失踪32人，事故直接经济损失6524万元。全年共完成水域巡航24751次、8.34万小时、440218万海里，出动执法人员55451次，空中巡航133架次、268小时。实施海上搜救230次，成功救助遇险人员1632人次，搜救成功率96.85%。实施进出口岸查验38417艘次，船舶安全检查4926艘次、缺陷34336条、滞留船舶926艘次、滞留率18.80%；实施船检质量检查896艘次。开展船舶防污染作业检查6501艘次、液货船作业检查1587艘次、开箱检查495次。办理船舶登记2213艘次，与去年相比增加11.99%。VTS提供信息服务75.32万次，交通组织4916次。开展航运公司体系审核，审核公司163家、船舶226艘，开展航运公司日常监督检查198次，发现问题764个。查处违法案件18168件，罚款金额12365.05万元。查处涉海运输内河船563艘次，罚款金额4885.72万元。

疫情防控工作稳慎有序。精准做好船舶疫情防控，严格国际航行船舶口岸监管，严防船舶非法搭载安全隐患，坚决阻断水上疫情传输通道。保障疫情防控期间重点水域高效畅通和煤电油气重要物资运输。推动上海港在全国率先开展国际航行船舶船员换班，协助市政府化解外国籍船员换班矛盾，完成中国籍船员换班24640人、外国籍船员换班148人、“海洋量子号”“海洋光谱号”邮轮船员离船入境769人，辖区外派邮轮船员回国957人，未发生因船员换班导致的本地感染。开展国际航行船舶船员伤病救助，协调开展伤病救助205起，成功救助216人。落实疫情防控期间船员便利措施，开展全国海员证紧急制证，全力支持船员在线培训。

多措并举助力企业复工复产。保障关键水道畅通高效运行，为“双循环”物流供应链畅通提供坚强支撑。助力上海港集装箱吞吐量逆势增长、再创新高。扎实做好“六稳”工作，全面落实“六保”任务，积极为企业纾困解难。发布支持服务企业复工复产十项措施，创新推行包容审慎监管、远程监管、“无接触”政务服务等有效举措。落实国务院阶段性减免港口建设费和船舶油污损害赔偿基金相关工作要求，创新开展网上退费。推进油污基金索赔新案理赔和旧案赔款支付，助力索赔人恢复生产。

重点领域治理有力有效。深入推进水上交通安全专项整治三年行动，建立问题隐患和制度措施“两个清单”，完成水上交通安全大检查3个100%专项任务。扎实开展水上无线电秩序管理专项整治、船载AIS设备和船名显示专项检查、长江经济带船舶和港口污染突出问题整治、“碧海2020”海洋生态环境保护专项执法行动、长期逃避海事监管船舶专项整治等工作。打响辖区通航环境整治、内河船涉海运输、脱检船舶专项治理、在航机电设备故障船舶检查和船舶载运散装液态危险货物运输安全专项整治“五大战役”。牵头开展“护航长江口”专项治理，联合打击内河船非法排污、涉海运输、走私等违法犯罪行为。

现场监管力度持续加大。综合运用VTS、AIS、视频监控、电子巡航、无人机等远程监控手段，高效安全开展疫情防控期间各项海事监管工作。持续完善水上交通安全风险分级管控与隐患排查双重预防体系，全面加强源头治理。组建专职审核员队伍，推进NSM第四批船舶实施，强化航运公司分级监管措施。全面加强险情事故调查，持续开展典型事故案例进航运公司、进船员培训机构、进渔村活动和水上安全知识进校园活动。开展船员综合评估试点，组织各类船员考试评估245期，签发各类船员证书23418本，制作全国海员证75287本。

应急保障能力不断提升。贯彻落实“国十条”要求，推动《关于进一步加强上海市水上搜救体系建设的实施意见》通过市政府常务会议审议。妥善处置“隆庆1”轮与“宁高鹏688”轮碰撞、“长锦海洋”轮与“新其盛69”轮碰撞。成功开展海上紧急医疗救援专项演练、船载危险货物突发事故综合处置应急演习。

服务长三角区域一体化发展稳步开展。主动融入并服务长三角一体化发展大局，深入推进长三角海事一体化融合发展。牵头建立长三角区域水上搜救合作和联动机制，加强在信息资源共享、搜救演练演习、搜救人才培养等方面交流合作。推动《长三角海事证明事项告知承诺管理办法》发布，复制推广证明事项告知承诺制试点经验。推动《长三角区域海事规费征稽一体化监管合作备忘录》签署，加快推进海事规费征稽数据信息互通、监管互动、资源共享。深入推进海事监管和航海保障一体化融合发展。

服务临港新片区建设和国际航运中心建设深入推进。成立驻上海自贸区临港新片区办事处，为口岸查验单位首家入驻临港新片区的单位。下放及调整36项行政执法事权，实现临港新片区海事业务“区内事、区内办”。“创造性开展‘中国洋山港’籍船舶登记”和“吸引新片区首家纯外资海员外派机构落户”2项举措入选新片区创新案例。与临港新片区管委会等部门联合发布《关于促进洋山特殊综合保税区对外开放与创新发展的若干意见》，推出10项海事服务举措，促进航运要素集聚和航运产业发展。配合做好“上海国际航运中心建设成果展”相关工作，全

面展示辉煌成就。海事优化长三角区域航运营商环境列入交通强国试点任务。

保障重大活动重大工程成效明显。制订“1+1+5”第三届进博会服务保障方案，成功实现安全保障“零事故、零沉船、零死亡、零污染”和贸易便利“零待时、零距离”的目标。完成浦东开发开放30周年、中国航海日等重大活动的水上安全保障任务。举办上海地区世界海员日庆祝活动。协同上海市交通委、公安局开展集中治理，进一步改善黄浦江水域通航环境。代交通运输部海事局编写的《2019年中国船员发展报告》正式发布。保障长江口南槽航道治理一期工程顺利完工试运行，同步实施优化船舶交通组织新举措，提升长江口整体通航效率。

促进绿色航运发展持续推进。大力发展无人机挂载、巡逻艇搭载、岸基、卫星遥感等多种形式的船舶大气污染物监测系统，开发运行船舶黑烟检测移动应用，初步打造多方位、立体化、全天候的监视监测网络，严格实施全球船用燃油限硫规定。与市交通委联合印发《上海市港口和船舶岸电管理办法实施细则》，加强船舶使用岸电监管。做好全球最大双燃料动力集装箱船舶LNG加气试航安全管控工作。

对外合作交流更加广泛。聚焦国际海事热点议题，15篇提案被国际海事组织（IMO）、国际航标协会（IALA）等国际组织采纳。担任亚太地区港口国监督谅解备忘录2个会间工作组组长，高质量完成相关工作。克服疫情影响，灵活组织开展各类国际双多边合作，积极参加各类国际线上会议。与上海保险交易所、中国船级社上海分社、上海海事法院、中国海警局直属第一局、上海海警局、中国铁塔股份有限公司上海市分公司签署战略合作框架协议，推进共建共治共享。

法治海事建设扎实推进。《上海水上搜寻救助条例》进入市人大常委会立法项目联合论证。完成《海上交通安全法》修订配套法规规章研究。开展规范性文件清理，制定局规范性文件4件、修订1件、废止18件，制定内部执法类文件3件、修订1件，废止7件。组织开展各类执法督察活动124次，发现问题缺陷749项，实施执法责任追究13人次，其中开具执法督察“红牌”3张、“黄牌”1张，2人吊销海事行政执法证。

科技信息化水平进一步提升。代部海事局建设海事“一网通办”平台，开发39项线上政务服务事项。建设上海海事局“一网统管”平台，实现对辖区内船舶、船员、风险、事故、通航要素的识别跟踪处置防范全流程信息化。在系统内率先实现“国库直缴”支付方式全覆盖。

【率先探索实施船舶远程核查工作】2月17日，上海海事局率先探索实施船舶远程核查工作，并制定《上海海事局关于疫情防控期间船舶远程核查工作的相关要求》《上海海事局疫情防控期间远程船旗国监督工作程序（暂行）》，明确操作流程和工作要求，确保新冠肺炎疫情防控期间海事监管和服务正常有序。

【出台海事服务企业复工复产十项举措】2月28日，上海海事局发布《关于推行全力防控疫情支持服务企业复工复产十项措施的通告》，在前期实施相关举措基础上，再推出简化证明事项告知承诺办理手续等十项服务措施，支持企业复工复产，确保疫情防控与经济社会发展两不误。

【推动上海港在全国率先开展疫情防控期间国际航行船舶船员换班】3月29日，上海海事局联合地方相关部门和其他口岸单位，保障“新非洲”轮11名中国籍船员在上海港换班，这是新冠肺炎疫情以来全国首次国际航行船舶中国籍船员在境内港口换班，得到交通运输部和上海市政府的高度肯定。10月16日，组织实施全国首次国际航行船舶外国籍船员在境内港口换班。全年，协调外派境外邮轮公司957名中国籍船员顺利回国，完成国际航行船舶中、外国籍船员换班共24788人、邮轮船员离船入境769人。

【新冠肺炎疫情以来全国首次邮轮船员离船入境】4月23日，上海海事局积极配合上海市人民政府，妥善处置“海洋量子”号邮轮非经营性停靠上海吴淞口邮轮港期间合同期满中国籍船员离船入境及其相关伤病船员救助工作，这是新冠肺炎疫情以来全国首次邮轮船员离船入境。

【开展上海海事局辖区水上安全大整治】4—12月，上海海事局开展辖区通航环境整治、内河船涉海运输、脱检船舶专项治理、在航机电设备故障船舶检查和船舶载运散装液态危险货物运输安全专项整治“五大战役”，聚焦重点领域和突出问题，加强安全监管力量，维护辖区水上安全形势。

【上海海事局驻中国（上海）自由贸易试验区临港新片区办事处揭牌】5月20日，上海海事局驻中国（上海）自由贸易试验区临港新片区办事处正式揭牌，上海海事局向洋山港海事局下放及调整36项行政执法事权，推动“区内事、区内办”。6月2日，上海自贸区临港新片区管委会、上海海事局、中国人民银行上海总部、上海出入境边防检查总站等部门联合发布《关于促进洋山特殊综合保税区对外开放与创新发展的若干意见》，将在全面实施综合保税区政策的基础上，实施更高水平的贸易自由化便利化政策和制度。

【开展水上交通安全专项整治三年行动】6月12日，上海海事局印发《上海海事局水上交通安全专项整治三年行动实施方案》，旨在从根本上消除事故隐患，明显改善水上交通安全监管设施设备，有效监管“四类重点船舶”，有效遏制水上交通重特大事故，扎实推进水上交通安全治理体系和治理能力现代化，切实保障上海海事局辖区水上交通安全形势持续稳定。此次行动自2020年5月至2022年底，分4个阶段开展。

【优化长江口航道船舶交通组织】6月23日，上海海事局发布《关于长江口深水航道和南槽航道船舶交通组织相关事宜的通告》，优化调整长江口航道船舶交通组织，助力南槽航道治理一期工程正式投入试运行。

【率先建立电磁环境保护机制及水上无线电干扰投诉绿色通道】9月7日，上海海事局与上海市经信委联合印发《上海水上无线电管理协同工作机制》，在全国率先建立对重点水域、重点时段的电磁环境保护机制以及水上无线电干扰投诉绿色通道。

【首次国家级海上紧急医疗救援专项演练在上海举行】9月18日，首次国家级海上紧急医疗救援专项演练在上海举行，上海海事局、东海救助局、上海市卫生健康委、上海市公安局、宝山区政府等上海海上搜救中心成员单位，以及同济大学附属东方医院、皇家加勒比游轮公司、上海海上搜救志愿者等社会力量共500余人、10艘船艇、3架直升机参加演练。

【举行船载危险货物突发事故综合处置应急演习】10月20日，上海海事局、上海国际港务（集团）股份有限公司联合开展2020年上海港船载危险货物突发事故综合处置应急演习，同步开展国家重点研发计划项目海洋环境安全保障专项“海上危险化学品突发事故应急技术研发”的项目应用示范工作。上海海事局、上海国际港务（集团）股份有限公司、国家海洋局东海环境监测中心、洋山港海事局、尚东集装箱码头分公司、上海集海航运有限公司、上海深水港船务有限公司、上海港兴晟海上应急服务有限公司、上海波洋油品运输有限公司等水上应急力量参加演习。

【服务保障第三届进博会】10月21日，上海海事局与上海市交通委联合印发《关于加强第三届中国国际进口博览会期间上海水上交通安全管理的通告》，全力做好进博会期间水上交通安全监管、展品运输船舶通关便利化、防治船舶大气和水域污染、城市建设运行保障等工作，成功实现安全保障“零事故、零沉船、零死亡、零污染”和贸易便利“零待时、零距离”的目标。

【启用船载集装箱危险货物全流程可视化安全保障系统】10月22日，上海海事局启用船载集装箱危险货物全流程可视化安全保障系统，该系统实现了船载危险货物全流程监管，大幅提升开箱查验效率。

【举行黄浦江客运船舶综合应急演练】10月29日，上海海事局举行2020年“迎进博”黄浦江客运船舶综合应急演练。上海明珠水上娱乐公司、上海城投水域环境公司、上海东安公司及港航公安、上海海上搜救志愿者等方面13艘船艇、90余名人员参加演练。

【印发《长三角区域水上搜救合作和联动机制》】10月29日，上海海上搜救中心、江苏省水上搜救中心、浙江省海上搜救中心、长江干线水上搜救协调中心、连云港海上搜救中心和东海救助局联合印发《长三角区域水上搜救合作和联动机制》，提升长三角区域应急搜救综合能力，进一步保障人民群众生命财产安全。

【推出上海港海运集装箱重量验证智能监管系统】11 月 3 日，上海港海运集装箱重量验证智能监管（VGM）系统正式上线运行，该系统利用智能化手段验证海运集装箱重量，实现出口集装箱重量的自动比对和核查风险控制，切实履行法规要求的海运集装箱重量验证的安全监管职责，保证船舶、货物的通关安全和效率。

【推出船舶黑烟检测移动应用】11 月 3 日，上海海事局船舶黑烟检测移动应用上线运行，使用该移动应用可快速判定船舶黑烟级别，为海事监管提供有力证据。11 月 10 日，上海海事局执法人员在宝山水域首次利用船舶黑烟检测 App 查获涉嫌违法排放明显黑烟船舶。

【颁发上海地区首张外商独资企业海员外派机构资质证书】11 月 19 日，上海海事局向上海达飞国际船舶管理有限公司颁发临港新片区第一张《海洋船舶船员服务机构资质证书》，该公司成为上海地区第一家取得海员外派机构资质的外商独资企业。

【开展“护航长江口”专项治理行动】12 月 15 日，上海海事局、上海市公安局、上海市交通委员会、上海海警局和长江航运公安局上海分局联合发布《关于开展“护航长江口”专项治理行动的通告》，自 2020 年 12 月 20 日起开展为期三年的专项治理，对内河船舶非法排污、内河船舶涉海运输、非法捕捞、走私等违法、犯罪行为持续加大打击力度，守护长江水上安全。

（生京浩）

PART SIX Ⅵ

房屋管理

HOUSING MANAGEMENT

（一）综述

2020年，市房屋管理系统认真贯彻落实习近平总书记考察上海系列重要讲话精神，按照市委市政府决策部署，自觉践行“人民城市人民建，人民城市为人民”重要理念，扎实做好“六稳”工作、全面落实“六保”任务，统筹推进疫情防控、经济发展和服务民生工作，完成了全面建成小康社会总目标下的房屋管理各项工作任务。

（一）保持房地产市场运行总体平稳

落实因城施策、“一城一策”常态长效管理机制，严格执行房地产市场调控的各项政策措施，加强精细管理、精准调控，稳定新建商品住房供应，加强存量住房交易监测监管。新建市场化商品住房供需基本平衡，存量住房成交面积增加，价格指数总体稳定，持续加强房地产市场监测监管，整顿规范市场秩序。

（二）加快推进租赁住房建设管理

新建和转化租赁房源10万套，新增代理经租房源9.9万套。出台《租赁住房规划建设导则》。加强住房租赁监管，实现住房租赁合同网签备案“不见面办理”，全市首创“多人在线、协同办理”模式；稳妥推进中央财政支持住房租赁市场发展试点工作。制定“试点实施方案”“试点资金使用管理办法”，启动资金使用工作。

（三）推动住房保障高质量发展

推进廉租房申请“一件事”改革，实现“减材料”“减时间”“减环节”“减跑动”。全面实行公共租赁住房申请“一网通办”、市筹公租房准入资格申请“全市通办”、申请材料“两个免于提交”。制定《征收安置住房管理办法》，修订“保障性住房大型居住社区市政公建设施基本配套的若干意见”“大型居住社区征收安置房源价格管理办法”。全年新增保障性住房供应6.1万套。廉租住房历年累计受益家庭达13.4万户，公共租赁房累计享受保障72万户；共有产权保障住房累计签约12.75万套，其中新增签约2.05万套。

（四）实施旧住房改造和房屋征收

实施三类旧住房综合改造709万平方米，各类里弄房屋修缮改造55.8万平方米，启动实施9000户非旧改地块无卫生设施老旧住房改造。推进住建部老旧小区改造试点，落实静安、普陀两区共计31亿政府专项债券申报、发行工作。加大既有多层住宅加装电梯工作力度，制定配套政策，对征询通过比例、财政补贴标准、提取住房公积金等进行了规范。751幢房屋通过居民意见征询工作。完善征收补偿机制。完成83个存量征收基地收尾，其中59个已实现拆平、交地。规范旧改地块征收科目和标准，完善“市区共核，政企共核”的二次核价操作流程，合理控制征收成本。

（五）开展住宅小区“美丽家园”建设

办好群众身边的实事。完成733个既有住宅小区电动自行车充电设施建设，2001个住宅小区完成雨污混接改造，3801个小区二次供水设施移交接管，1874个住宅小区主要出入口门岗及管理处规范化建设，实施2.7万个垃圾分类投放设施升级改造。加强专项维修资金、公共收益、物业费管理，推进139个商品房小区续筹专项维修资金，全市完成公共收益入账10.5亿元，完善售后房公共收益入账体制，在“随申办”App增加商品房小区维修资金和公共收益查询功能，推进331个小区成功调整物业费。健全社区自治共治机制，加强业委会规范化建设，推进1244个业委会完成换届改选，成立市物业管理行业党建工作指导委员会，进一步发挥党建引领作用，推动物业管理行业高质量发展。

（二）房地产市场监管

【概况】2020年，上海坚持租购并举，大力推进租赁住房建设及筹措，出台《租赁住房规划建设导则》，新建和转化租赁房源10万套。加强房地产市场精准调控，引导市场预期，促进房地产市场平稳健康运行。一季度，受疫情影响，房地产投资增速同比下降8.2%，为全年最低点；此后，随着复工复产和开工建设持续加快，房地产开发投资增速回升，全市存量交易活跃度提高。

【房地产开发投资】据上海市统计局统计，2020年全市房地产开发投资稳步增长，完成投资4698.75亿元，比上年增长11.0%。从全年走势看，房地产开发投资呈现短暂下降后回升的态势。一季度，受疫情影响投资增速同比下降8.2%，为全年最低点。此后随着全市复工复产全面推进和开工建设持续加快，房地产开发投资增速回升。从房屋类型看，全市住宅投资2418.79亿元，比上年增长4.3%；办公楼投资833.08亿元，增长20.8%；商业用房投资559.85亿元，增长22.4%。

【房屋建设】2020年，全部房屋施工面积15740.34万平方米，比上年增长6.3%。其中，房屋新开工面积3440.62万平方米，增长12.3%。从房屋类型看，住宅新开工面积1756.37万平方米，增长11.7%，增速比上年提高4.9个百分点；商办新开工面积752.79万平方米，增长11.4%。2020年，全市房屋竣工面积2877.78万平方米，比上年增长7.8%。其中，住宅竣工面积1627.61万平方米，增长12.0%；商办竣工面积545.52万平方米，下降6.6%。

【商品房成交情况】据上海市统计局统计，2020年，上海新建房屋销售面积1789.16万平方米，比上年增长5.5%。其中，住宅销售面积1434.07万平方米，增长5.9%；商办销售面积185.42万平方米，下降2.1%。存量房活跃度提高。据市房地产交易中心统计，全市存量房网签面积2495.43万平方米，比上年增长19.9%。其中，存量住宅网签面积2246.23万平方米，增长24.4%。

【商品住房价格情况】2020年，新建住宅销售均价36741元/平方米。从区域均价看：内环线以内118510元/平方米，内外环线之间53718元/平方米，外环线以外26737元/平方米。

（徐艳丽）

（三）住房保障

【概况】2020年，上海市报送国家的保障性安居工程计划目标任务为棚户区改造新开工2.1万套、基本建成2.1万套；发放城镇住房保障家庭租赁补贴3.7万户。在市、区相关部门与建设单位的共同努力下，按照目标责任书对应的统计范围和口径，上海市棚户区改造全年新开工2.15万套、基本建成2.16万套；全年共发放城镇住房保障家庭租赁补贴3.95万户，全面完成国家下达的各项目标任务。

【廉租住房申请供应工作】2020年，上海市继续按照“货币补贴为主、实物配租为辅、标准动态调整”原则稳妥有序开展廉租住房保障工作。全年共新增受理家庭4920户（其中全市通办件21户），配租家庭4505户。截至2020年底，历年累计受益家庭达13.4

万户，正在享受保障家庭4.44万户，其中租金配租3.58万户、实物配租0.86万户。

【廉租房申请“一件事”改革】根据市委、市政府有关“一件事”改革决策部署，为进一步推动本市廉租住房申请配租更加高效便捷，全面提升申请对象办事的便捷度、体验度和满意度，2020年市房管局会同市民政、公安、人社、税务、银保监、证监、大数据中心等部门，通过业务流程革命性再造和大数据信息整合互通，在全市全面推行廉租房申请“一件事”改革，对廉租房申请的申请材料、办理环节、办理时间和跑动次数进行大幅压减，并推出线上申请全流程“零跑动”办理。改革后，一是常规性申请材料缩减了75%以上，凡是通过电子证照调取、数据核验、历史材料共享等方式可以归集到的身份、户籍、婚姻、住房、收入、财产等信息，原则上一律不再要求申请对象提交纸质证明材料，申请对象须自行提供的常规性材料从原有的22项缩减到5项，住房核查环节“零材料”；二是办理环节优化简化了近60%；三是办理时限整体压减30%以上，部分情况简单家庭压减70%左右。结合办理环节流程的优化调整以及经济状况核对时限的压缩，廉租保障资格申请的办理时限由原有的约2.5个月缩减至约1.5个月；其中不需要进行经济状况核对的城镇最低生活保障（含分散供养的特困人员）家庭缩减至约0.6个月；四是实现了线下申请可“只跑一次”、线上申请可“全程网办”、配租办理可“零跑动”。

（姚文江）

【公租房供应】2020年，本市公共租赁住房工作坚持以高质量发展为引领。截至12月底，全市公租房（含单位租赁房）累计建设筹措18.7万套，累计供应15.2万套，其中已入住11.8万套、21.1万户，累计享受保障（含已退出）约72万户。全年新增供应公租房1.04万套，全面完成市政府年初确定的新增供应公租房1万套的目标任务。

【公租房疫情防控工作】针对公租房中非沪籍人员较多，春节期间集中返乡和回沪的情况，全力以赴做好全市公租房疫情防控工作。先后出台《关于进一步落实本市公租房（含单位租赁房）疫情防控措施的工作要求》《关于进一步做好疫情影响期间公租房租赁管理工作的通知》，强化公租房小区疫情防控特别是外地返沪保障对象防疫管理，对续租、退租、新申请视不同情况采取暂缓办理、预约办理等措施，确保不断不乱；推进人脸、指纹识别等智能门禁在集中管理公租房小区的应用，提升常态化疫情防控实效；对保障对象中抗疫一线医务人员和滞留湖北人员实施租金减免，减免金额共600余万元。

【精准保障公共服务重点行业企业一线职工】为有效解决环卫职工、快递小哥等为城市运行和市民生活提供基础性公共服务的企业职工住房困难问题，针对这一群体收入相对偏低、对租金比较敏感、租房以宿舍型房源和合租房源为主的租赁需求特点，2020年，上海在推进公租房供应工作过程中，出台了《关于进一步加大公共服务类重点行业企业一线职工公租房保障力度试点工作的通知》（沪房保障〔2020〕67号），通过政策引导和计划安排，推动公租房拆套合租和宿舍型房源筹集，更多提供“一间房”“一张床”的产品，并在资格审核、租金定价等方面给予定向支持。按照《通知》要求，全市各区分别确定了宿舍型（含拆套合租）试点项目，共计房源约2000套，拆套后可提供床位约6000张，这些房源目前已陆续投入供应。

【推进公租房申请便利化】按照深化“放管服”改革和改善营商环境的总体要求，在2018年已实行公租房申请“网上办”和审核

虹口区中湾公寓宿舍型公租房

时限缩减一半的基础上，2020年9月，上海进一步实行公租房申请四项便利化措施。一是公租房准入资格申请可在市政府“一网通办”网站办理；二是准入资格申请材料“两个免于提交”（本市政府部门核发的材料免于提交、有电子证照的免于提交实体证照），申请材料精简一半以上；三是市筹公租房准入资格申请实行“全市通办”，可向任一区公租房受理机构提交；四是增加各区公租房受理窗口开放时间，针对公租房申请对象都是“上班族”的特点，将受理窗口服务时间延伸到中午和周末。这些便民措施受到了公租房保障对象的欢迎和肯定。

（林英杰）

【共有产权保障住房新增供应情况】 截至2020年12月底，全市当年合计新增共有产权保障住房签约2.05套、约150万平方米，已超额完成市政府年度重点工作“新增共有产权保障住房签约1.7万套”目标任务，较2019年新增共有产权保障住房签约120万平方米，增长25%；历年批次累计签约12.75万套、930万平方米，为本市经济社会持续健康发展和市民安居做出了应有贡献，共有产权保障住房受益规模在全国位居首位。

【共有产权保障住房申请供应情况】 根据年度工作计划，自2020年6月开始启动本市城镇户籍第八批次和非沪籍第二批次共有产权保障住房申请供应工作，全市16个区累计收件7738份，其中本市城镇户籍7500份、非沪籍238份。截至2020年12月底，全市有15个区已完成户籍第八批次申请家庭摇号排序工作；长宁、浦东、闵行、杨浦、普陀、

宝山、松江、青浦、金山等9个区已完成选房，共计选房4147户，其余各区预计将在2021年一季度底前完成选房工作；户籍第八批次2020年内新增签约303套。基本实现“当年启动受理，当年实现签约”的工作目标。工作推进过程中，各区积极参照“廉租一件事”办理模式提速增效，利用大数据电子证照和政府部门数据共享，减少申请家庭提交审核材料，加快推进本市城镇户籍第八批次和非沪籍第二批次共有产权保障住房申请家庭审核工作，三季度末四季度初基本完成审核工作。本市城镇户籍第八批次共有产权保障住房无论咨询受理周期，或是审核供应周期，均较历批次有较大幅度的缩短。充分落实使人民群众有更大获得感、幸福感、满足感的要求。

【共有产权保障住房供后交易情况】上海在全国率先实现了共有产权保障住房的全流程管理，共有产权保障住房各类供后交易工作较为平稳有序。截至2020年12月底，全市累计共审核通过各类共有产权保障住房满五年后供后交易申请3057户（约为符合条件家庭数4.98万户的6%）。其中购买政府产权份额2723户（占89%），共向政府指定账户缴纳政府产权份额价款22.2亿元，纳入一般预算外收入，由区政府统筹使用；政府指定住房保障机构优先购买334户（占11%），主要由区公租房公司收储作为区属公租房使用，共支出资金约5亿元。

【疫情防控期间有序推进共有产权保障住房供应】根据上海市统筹推进疫情防控和经济社会发展工作统一部署，上海市住房城乡建设管理委、上海市房屋管理局积极会同市有关部门、项目所在区政府，积极健全市、区、建设单位“三位一体”协调推进机制，努力克服疫情等不利因素影响，统筹推进本市城镇户籍第六批次、第七批次和非沪籍第一批次签约，以及本市城镇户籍第八批次和非沪籍第二批次申请供应等工作。

（王永刚）

【公有住房出售】2020年，会同相关部门继续推进本市公有住房出售工作。据统计，全年共出售公有住房0.92万套，建筑面积48.61万平方米，回收购房款约1.5亿元，扣除维修基金后净归集额0.89亿元。全市自公有住房出售政策实施以来，已累计出售公有住房197.3万套，建筑面积约10642.3万平方米。

表1　各区2020年公有住房出售情况

	户数（户）			面积（平方米）		
	小计	直管房	自管房	小计	直管房	自管房
浦东	2036	784	1252	113119.02	38432.19	74686.83
黄浦	1031	183	848	57503.25	7614.78	49888.47
徐汇	449	265	184	22798.27	12689.94	10108.33
长宁	553	197	356	32308.68	9540.09	22768.59
静安	902	513	389	41830.32	22424.81	19405.51
普陀	609	435	174	30865.13	21796.02	9069.11
虹口	482	185	297	21652.44	8431.75	13220.69
杨浦	1196	873	323	54588.04	37170.28	17417.76
宝山	996	326	670	53527.7	15671.27	37856.43
闵行	719	530	189	46321.47	34966.15	11355.32
嘉定	117	2	115	6572.9	82.53	6490.37
金山	5	3	2	279.39	164.59	114.8
松江	5	0	5	291.48	0	291.48
青浦	13	13	0	667.44	667.44	0
奉贤	3	0	3	186.05	0	186.05
崇明	60	6	54	3615.58	277.49	3338.09
合计	9176	4315	4861	486127.16	209929.33	276197.83

【住房分配制度改革】进一步推进本市住房分配制度改革。按《关于进一步深化本市城镇住房制度改革的若干意见》（沪府发〔1999〕38号）的要求，推进企事业单位的住房分配制度改革；配合市政府机管局等部门深化、完善本市公务员住房解困的有关思路。支持配合外省市住房分配制度改革。配合外省市住房分配制度改革和经济适用住房、动拆迁货币安置等工作的开展，做好外地职工及其配偶在沪住房情况申报确认工作，2020年共确认774户，自2003年此项工作开展以来，累计确认8962户。

【各类历史遗留问题处理】继续解决未确权的公有住房的出售问题。2020年，根据《关于进一步推进本市公有住房出售若干规定的通知》（沪府发〔1999〕44号）的精神，继续对投资单位未申领房地产权证的住房进行梳理，将符合出售条件的住房出售给承租的职工家庭。当年各区房改部门出售的这类住房共447套，建筑面积2.55万平方米；已累计代售53156套，建筑面积约312.5万平方米。解决各区有限产权接轨工作的疑难问题。市、区房改部门经过调研和协调，研究解决各类疑难问题，推动有限产权住房接轨工作顺利推进，全年有限产权住房接轨1178套，累计接轨79659套。

（仇育彬）

（四）住房建设管理

【大型居住社区保障房建设管理】2020年，住建部下达给本市的保障性安居工程建设目标中，用于棚户区改造的征收安置住房应新开工1000套、基本建成3000套，至年底，实际完成新开工1148套，基本建成3486套，顺利完成全年目标任务。市政府明确新增可供应各类保障性住房5万套目标（不含公租房），年末顺利完成。共有产权保障住房方面，为第八、九批次筹集房源共计1万套，居民选房、签约工作顺利进行。征收安置住房方面，根据本市旧区改造、重大工程需求进行统筹安排。

2020年，大居内配套建设累计完成281个任务，其中，新开工项目50个、竣工项目77个、接管项目93个、开办项目61个。大居外配套方面，全年计划建成1项，年度计划完成投资5亿元。截至年底，实际完成投资5.62亿元，完成年度计划的112%，建成1项，全面完成年度任务目标。

年内主要出台《上海市征收安置住房管理办法》（沪房规范〔2020〕6号）、《关于完善上海市保障性住房大型居住社区市政和公建设施基本配套的若干意见》（沪建房管联〔2020〕728号）、《上海市大型居住社区征收安置房源价格管理办法》（沪房规范〔2020〕15号）等相关规定。

【租赁住房建设管理】2020年，围绕新建和转化租赁房源10万套年度目标任务，市、区两级多措并举，顺利完成10万套年度目标。政策完善方面，研究出台《上海市租赁住房规划建设导则》，形成覆盖规划、设计、建设、运营的全生命周期建管理念，提升建设品质、优化供应结构。发布《关于完善本市旧区改造项目和商品住房项目配建政策的通知》，精准服务本市统筹疫情防控与经济社会发展工作的大局。配合制定《上海市中央财政支持住房租赁市场发展试点资金使用管理办法》等文件，完善本市租赁住房建设发展的支持政策。

工作推进方面，坚持多措并举、加大推进力度。指导各区因区施策、因地制宜，明晰责任、形成合力、落实目标。加快开工建设、推动品质供应。通过破解配套瓶颈、发挥重大工程专项推进机制优势，已累计开工8万套租赁住房项目。加速转化类房源上市供应，通过认定非居转租项目，已累计形成13万套有效供应。聚焦需求导向、搭建对接平台。会同市经信委，聚焦优势产业集群，编制产业园区人才安居图册，配合深化安商稳商工作。

（张莹颖）

（五）物业管理

【概况】2020年，重点聚焦电动自行车充电设施建设、住宅小区雨污混接改造等市政府重点实事项目，统筹推进小区设施设备改造工程。着力推进既有小区电动自行车充电设施建设，制定印发2020年市政府实事项目相关文件，就项目责任主体、建设标准、部门职责和工作要求等做出细化要求，落实各区属地责任，加快推进建设。全年共完成733个既有住宅小区电动自行车充电设施建设。加快推动雨污混接改造。会同市水务局联合印发专项通知和2019年全市雨污混接情况通报，联合召开全市雨污混接改造工作推进会议，赴宝山、杨浦、浦东、静安、虹口等区现场调研，针对改造进展相对较慢的区书面督办。全市共完成2001个住宅小区雨污混接改造。持续推进住宅小区其他设施设备改造。完成80个老旧小区、65栋高层住宅消防设施改造，对3368台老旧住宅电梯进行安全评估，完成481台电梯修理改造更新，为1998台电梯安装远程安全监测模块。更新改造7324个小区安防监控系统，完成54个易积水小区整治、3801个小区二次供水设施移交接管，整治866处外挂结构及附属设施安全隐患，完成1874个住宅小区主要出入口门岗及管理处规范化建设，实施27257个垃圾分类投放设施升级改造。

（占旺兵、范彬彬）

【强化物业行业监管】加强物业行业信用监管。修订物业服务企业和项目经理失信行为记分规则，新增装饰装修管理、物业服务合同备案等内容。并将3项严重失信行为纳入本市公共信用信息目录，加大惩戒力度。累计对202家物业服务企业和409名项目经理记分处理，促进行业、企业及从业人员依法履约、守信经营。加强事中事后监督检查，多次组织维修资金、公共收益管理、防汛防台专项检查，促进物业服务企业提高服务质量和管理水平，市、区、街镇三级房管部门共开展日常检查和专项检查26.25万次，开具整改单4616张。持续推进物业行业扫黑除恶。聚焦“敲墙党”违法犯罪整治，指导各区房管局加强新建住宅小区集中装修期间的管理，督促物业服务企业严格落实装修管理工作职责，指导市物业管理行业协会联合市装饰装修协会开展物业服务企业履行装修管理工作职责政策宣讲。完善物业服务企业评价体系。出台住宅物业服务企业社会责任履行社区满意度评价、住宅物业服务履约质量评价、物业服务企业诉求处置及信息报送评价等制度，基本建立物业服务企业多维度综合评价体系。

（范彬彬、庞成梁、何炜东）

【完善售后房公共收益入账机制】修订完善售后房公共收益管理制度，会同市公积金中心、建设银行为售后房小区增设业主大会业委会工作经费子账户、公共收益子账户，809个售后房小区公共收益交款4864万元，其中668个售后房小区用于补充维修资金，补充金额2892万元。

【随申办App增加商品房小区维修资金和公共收益查询功能】会同市大数据中心，实现上海物业App与随申办小程序的一网通办用户体系对接，并在随申办平台上完成所有事项对接所须接口的注册工作，市民可通过随申办查询住宅小区基本信息、专项维修资金、公共收益和物业服务企业等信息。

【推进物业费调价及住宅小区维修资金续筹补建】共有331个小区成功调整物业费，139个商品房小区完成维修资金续筹，85个外销商品房、侨汇房小区完成维修资金补建。

（史旭、何炜东）

【健全完善综合管理机制】会同市城管执法局，针对违法搭建、擅自改变物业使用性质、损坏房屋承重结构、破坏房屋外貌等居住领域违法违规行为，制定印发《关于加强本市住宅物业管理与城管执法联动工作的通知》，明确住宅物业管理与城管执法联动的事项范围、工作流程和工作要求。住宅物业管理与城管执法联动平台于2020年6月正式启动，物业服务企业可以通过上海物业App（企业端）或上海市物业管理监管与服务信息平台将违规信息直接报送至城管管执联动平台。通过管理与执法高效联动，做到第一时间发现、第一时间劝阻、第一时间报告、第一时间处置，不断提升管理与执法工作效率。

【加强业主自我管理】一是加强业委会规范化建设。印发《关于开展本市住宅小区业主委员会规范化运作评价工作的指导意见》，要求各区、各街镇建立指导监督业主委员会工作制度，健全完善业主委员会规范化运作评价机制，推动提升本市住宅小区业主委员会建设和日常运作规范化水平。二是推进业委会换届改选工作。2020年应换届改选的业委会共1244个，全部启动换届改选工作，完成率100%。三是充分发挥党建引领作用。进一步扩大居民区党组织对业委会的组织覆盖与工作覆盖，已在3442个业委会建立了党的工作小组，464个业委会建立了党支部，覆盖率均为100%。四是加强居委会指导监督。全市已有4224个居委会下设环境和物业专业委员会，组建率为92.6%；2481个住宅小区实现居委会成员兼任业委会成员，占符合条件小区数的100%。

（黄麒玮）

【切实做好新冠肺炎疫情防控】 抓好工作落实。分别针对住宅小区和商务楼宇制定了防疫工作要求，要求各物业服务企业切实落实防控工作各项措施。市、区房管局和街镇房管机构对住宅小区、商务楼宇防疫工作开展专项检查，并针对复工人数较多商务楼宇项目进行重点检查。市、区房管局和街镇房管机构累计检查住宅小区19347次，检查商务楼宇2623次。管好行业防疫。落实新冠肺炎防控发热筛查“零报告”制度，督促各物业服务企业落实专人负责返沪员工隔离观察管理工作，每日将员工热筛查情况报送至所在街镇，督促保安、保洁、绿化等外包供应商按照物业行业要求落实返沪员工隔离观察管理和“零报告”制度。组织力量及时分发测温仪、防护服等防疫用品，为一线物业员工提供物资保障。会同市民政局，组织市慈善基金会为开展全市物业保安人员关爱行动，为夜间值守小区的人员送上3.1万份安心包，爱心资助金额达500万元。开展行业宣传。会同市物业协会，收集汇总防疫工作中涌现出的物业行业先进人物、集体和典型案例，并在第四届最美物业人评选活动中表彰了50家最美物业服务企业、100个最美物业服务团队、10名最美物业人标兵、100名最美物业人，树立行业形象。

（史旭）

（六）住房公积金管理

【概况】 2020年，新开户单位5.18万家，净增单位2.48万家；新开户职工68.50万人，净增职工1.55万人；实缴单位45.15万家，实缴职工884.33万人，缴存额1687.39亿元，同比分别增长5.81%、0.18%和10.03%。2020年末，缴存总额12774.99亿元，比上年增长15.22%；缴存余额5361.77亿元，同比增长13.57%。受委托办理住房公积金缴存业务的银行1家。

2020年，339.16万名缴存职工提取住房公积金；提取额1046.75亿元，同比增长15.40%；提取额占当年缴存额的62.03%，比上年增加2.88个百分点。2020年末，提取总额7413.22亿元，比上年增长16.44%。

2020年，发放个人住房贷款15.08万笔1029.18亿元（含贴息贷款置换0.01万笔0.58亿元），同比分别增长7.10%、9.58%；回收个人住房贷款500.48亿元。2020年末，累计发放个人住房贷款283.32万笔9757.14亿元，贷款余额4978.75亿元，分别比上年增长5.62%、11.79%、11.88%。个人住房贷款余额占缴存余额的92.86%，比上年末减少1.40个百分点。受委托办理住房公积金个人住房贷款业务的银行19家。

2020年，发放异地贷款204笔1.71亿元。2020年末，发放异地贷款总额2.50亿元，异地贷款余额2.41亿元。

2020年，未发放住房公积金贴息贷款，当年贴息额20.05万元。2020年末，累计发放住房公积金贴息贷款5.21万笔353.76亿元，累计贴息6.77亿元，贴息贷款余额为零。

2020年末，个人住房贷款资产支持证券的未偿付贷款笔数为7.75万笔，本金余额为141.20亿元。

2020年末，住房公积金存款423.00亿元，存款类型为其他（协定、通知、智能存款等）。

2020年末，住房公积金个人住房贷款余额和项目贷款余额的总和占缴存余额的92.86%，比上年末减少1.40个百分点。

【主要财务数据】 2020年，业务收入182.74亿元，同比增长14.22%。其中，存款利息

28.53亿元，委托贷款利息152.32亿元，其他1.89亿元。业务支出84.40亿元，同比增长12.82%。其中，支付职工住房公积金利息76.82亿元，归集手续费2.87亿元，委托贷款手续费3.88亿元，其他0.83亿元。增值收益98.34亿元。其中：住房公积金增值收益96.88亿元，同比增长15.36%。当年增值收益率1.92%，比上年增加0.02个百分点。城市廉租住房建设补充资金增值收益1.46亿元。提取贷款风险准备金95.48亿元，提取管理费用1.40亿元，提取城市廉租住房建设补充资金1.46亿元。上交财政管理费用1.40亿元。贷款风险准备金余额485.27亿元。累计提取城市廉租住房建设补充资金246.93亿元。管理费用支出：2020年，管理费用支出1.39亿元，同比下降3.47%。其中，人员经费0.71亿元，公用经费0.25亿元，专项经费0.43亿元。

【资产风险状况】2020年末，个人住房贷款逾期额1.72亿元，逾期率0.345‰。个人贷款风险准备金余额485.27亿元。2020年，未使用个人贷款风险准备金核销逾期贷款。

【缴存业务】缴存职工中，国家机关和事业单位占8.47%，国有企业占11.77%，城镇集体企业占1.72%，外商投资企业占16.63%，城镇私营企业及其他城镇企业占58.06%，民办非企业单位和社会团体占1.15%，灵活就业人员占0.05%，其他占2.15%；中、低收入占89.19%，高收入占10.81%。

新开户职工中，国家机关和事业单位占3.52%，国有企业占7.64%，城镇集体企业占1.22%，外商投资企业占14.75%，城镇私营企业及其他城镇企业占70.50%，民办非企业单位和社会团体占0.83%，灵活就业人员占0.01%，其他占1.53%；中、低收入占97.04%，高收入占2.96%。

【提取业务】提取金额中，偿还购房贷款本息占66.01%，租赁住房占11.35%，购买、建造、翻建、大修自住房占5.63%，支持老旧小区改造占0.01%，离休和退休提取占14.40%，完全丧失劳动能力并与单位终止劳动关系提取占0.02%，出境定居占0.03%，其他占2.55%。提取职工中，中、低收入者占83.26%，高收入者占16.74%。

【贷款业务】2020年，支持职工购建房1298.34万平方米，年末个人住房贷款市场占有率为24.72%，比上年末增加0.75个百分点。通过申请住房公积金个人住房贷款，在贷款合同约定的存续期内可节约职工购房利息支出192.18亿元。职工贷款笔数中，购房建筑面积90（含）平方米以下占62.56%，90~144（含）平方米占33.00%，144平方米以上占4.44%。购买新房占29.01%（其中购买保障性住房占7.26%），购买二手房占70.99%。职工贷款笔数中，单缴存职工申请贷款占51.96%，双缴存职工申请贷款占47.81%，三人及以上缴存职工共同申请贷款占0.23%。贷款职工中，30岁（含）以下占26.19%，30岁~40岁（含）占55.35%，40岁-50岁（含）占15.50%，50岁以上占2.96%；首次申请贷款占85.91%，二次及以上申请贷款占14.09%；中、低收入占87.91%，高收入占12.09%。

【住房贡献率】2020年，个人住房贷款发放额、住房消费提取额的总和与当年缴存额的比率为112.48%，比上年增加1.67个百分点。

【落实疫情防控要求，为企业和职工纾困解难】推行网上服务新模式：在疫情防控期间，强化服务保障，推行“网上办事、网上预约、网上维权、网上咨询”等服务新模式。一是推行网上办事，拓展线上渠道。单位日常缴存业务网上办理全覆盖，职工高频业务网上

办理；进一步延长单位业务网上服务时间，除汇缴、补缴两项涉资金业务外，其余单位网上业务全天24小时均可办理，维持个人网上业务全天24小时办理。二是开启提前预约，加快窗口办理。通过上海住房公积金网或“上海公积金”微信公众号预约业务办理，并对前往网点办理的职工进行事先联系和预约引导，减少人员聚集。三是依托“云服务”，在线“云客服”。通过上海住房公积金网在线咨询、“上海公积金”微信微客服、12329公积金热线等多种咨询渠道，积极回应职工的业务需求，在线解答职工提问。

实施阶段性支持政策：为贯彻落实国务院常务会议精神，出台《关于本市妥善应对新冠肺炎疫情实施住房公积金阶段性支持政策的通知》及其实施细则。政策涵盖疫情防控期间企业缓缴、自愿缴存者缓缴、延长部分提取业务受理时限、提高租赁提取月提取额、降低缴存比例、申请住房公积金贷款、住房公积金贷款逾期处理等方面内容。阶段性缓缴措施惠及企业1.78万家，职工51万人，相关企业减负公积金20.44亿元。受理职工申请提高租赁提取限额内提取额近3.6万笔，涉及增加提取额3600余万元。公积金贷款方面累计受理不作逾期处置申请229笔。阶段性支持政策期满后，分情况、分步骤妥善推进缓缴企业恢复正常缴存和补缴工作。截至2020年底，近1.66万户单位，近47万职工已恢复正常缴存。

【调整2020年度住房公积金缴存基数和月缴存额上下限】上海市2020年度住房公积金缴存基数、比例以及月缴存额上下限的调整时间从4月1日调整至7月1日。自2020年7月1日起，职工住房公积金的缴存基数由2018年月平均工资调整为2019年月平均工资。2020年度职工本人和单位住房公积金缴存比例为各5%至7%，由单位自主确定；单位可以自愿参加补充住房公积金制度，补充住房公积金缴存比例为各1%至5%。2020年度上海市住房公积金月缴存额上下限如下：

表2　2020年度上海市住房公积金月缴存额上下限

类型	单位和个人缴存比例	月缴存额上限	月缴存额下限
住房公积金	各7%	3922元	348元
	各6%	3362元	298元
	各5%	2802元	248元
补充住房公积金	各5%	2802元	248元
	各4%	2242元	198元
	各3%	1682元	148元
	各2%	1120元	100元
	各1%	560元	50元

对缴存住房公积金确有困难的单位，符合规定情形的，可以按照上海市降低住房公积金缴存比例或缓缴住房公积金管理办法的相关规定，申请降低住房公积金缴存比例或缓缴。

【实施既有多层住宅加装电梯提取住房公积金政策】《关于本市既有多层住宅加装电梯提取使用住房公积金的通知》于2020年2月1日起施行。凡按照上海市对既有多层住宅加装电梯的相关规定实施加装电梯的，加装电梯项目正式施工后，已先行支付建设资金的业主（房屋产权人或者公有住房承租人），可以申请提取业主本人及配偶住房公积金账户资金，不足时可以申请提取业主本人直系血亲住房公积金账户内的存储余额，用于加装电梯中个人所须支付的建设资金。提取总额不超过业主家庭分摊的电梯建设费用以及实际出资金额，且各申请人提取金额不超过申请人住房公积金账户余额。

【出台个人购买征收安置住房贷款政策】为进一步发挥住房公积金制度作用，出台《上海市住房公积金个人购买征收安置住房贷款管理试行办法》，明确上海市旧区改造的居民在征收补偿中选择征收安置住房且征收安置住房的价格（不含其他费用）超过其获得的征收补偿金额，可就征收安置房屋须补交差价部分申请公积金贷款，并于2021年1月24日施行。

【出台外籍、获得境外永久（长期）居留权在沪工作人员住房公积金贷款政策】为进一步发挥住房公积金制度对在沪工作的外籍人员、获得境外永久（长期）居留权人员基本住房需求的保障作用，出台《关于在沪工作的外籍人员、获得境外永久（长期）居留权人员住房公积金个人住房贷款若干问题的通知》，于2020年12月20日起施行。明确外籍人员、获得境外永久（长期）居留权人员申请住房公积金个人住房贷款的资格、条件、额度、期限、利率及房屋套数认定标准参照上海市住房公积金个人住房贷款现行规定执行。

【长三角住房公积金一体化合作框架形成并持续推进】2020年8月20日，长三角住房公积金一体化战略合作框架协议签约仪式暨第一次联席会议在上海顺利召开，上海、浙江、江苏、安徽一市三省住建部门共同签署了《长三角住房公积金一体化战略合作框架协议》。为推动长三角住房公积金一体化加速落地，会议还发布了首批一体化实事项目，包括长三角公积金异地贷款缴存使用证明项目和长三角购房提取异常警示项目，以此作为一市三省合作机制的起始点和落脚点。

2020年一市三省率先从九个方面开展合作，推动一体化发展，包括长三角跨地区购房信息协查、长三角地区异地贷款证明信息互认、购房提取异常地区警示公告、12329服务热线知识库共享、以铁路职工为对象试点异地贷款冲还贷业务、在长三角生态绿色一体化发展示范区内试点统一购房提取业务政策、按照国家标准分步推进业务同质规范化、合作开展资金融通使用等课题研究以及开展人员学习交流培训等。

一市三省将通过齐力打造信息数据共享、业务标准统一、风险防范协同的“长三角住房公积金一体化”服务品牌，聚力争创区域住房公积金国家文明行业，为区域内单位和职工提供更优质的住房公积金服务，使长三角地区住房公积金管理和服务水平成为行业标杆。

【拓展业务办理方式】2020年，进一步满足企业和职工不同办事需求：一是新增电子营业执照作为企业办理公积金业务的认证方式。企业除可以通过使用原有的公积金专用证书、法人一证通登录操作网上业务办理系统外，还可以使用电子营业执照登录系统进行线上公积金业务办理。二是单位为再招聘职工办理个人住房公积金账户设立纳入“开办企业一窗通”服务平台，进一步提高企业开办办事效率。三是新增住房公积金基数调整办理方式及渠道。20人以下无补充住房公积金账户的单位，可通过上海公积金网或手机登录基数调整专栏办理。四是推进个人住房公积金业务接入“一网通办”。将租赁提取、离退休提取、大部分或完全丧劳提取、自愿缴存期满提取等个人住房公积金业务接入“一网通办”总门户。同时，个人出具异地贷款缴存使用证明业务接入长三角“一网通办”。

【进一步提升业务办理便利度】围绕“一件事”“免于提交”“跨省通办”，提升业务办理便利度：一是以“高效办成一件事”为目标，推进离退休提取住房公积金纳入企业职工退休“一件事”，实现公积金与其他业务事项跨部门、跨层级“一件事一次办”。二是通过调用电子证照实现住房公积金业务材料免交。企业和职工办理住房公积金业务时，可通过“扫码亮证”，即提交电子证照的方式实现本市政府部门核发的证照材料“免于提交”。三是融合“线上＋线下”办理渠道，实现“跨省通办”。一方面依托住房公积金网站、“一网通办”总门户、“随申办”移动端等线上渠道，实现个人住房公积金缴存贷款等信息查询、出具贷款职工住房公积金缴存使用证明、正常退休提取住房公积金、住房公积金单位登记开户、住房公积金单位及个人缴存信息变更、提前还清住房公积金贷款（2020年8月1日后受理的住房公积金贷款）6项业务全程网办；另一方面加强“跨省通办”线下窗口建设。按照“异地受理、无差别办理”的服务要求，在各区管理部服务大厅设置“跨省通办”窗口服务。

【创新治理手段，提升治理能级】一是以支持职工真实住房消费需求为出发点，建立租赁信息长效联查机制。推进公租房租赁合同网签备案信息共享，采用信息核验和实地核查相结合规范租赁提取。二是以治理住房公积金领域骗提、骗贷乱象为抓手，持续开展扫黑除恶专项斗争；依托本市有关部门组成联席会议机制，开展综合治理和源头治理，形成多部门“齐抓共管”、协同推进的有利局面。

【风险防控能力持续加强】一是严格贯彻落实监管要求，结合本地业务实际，上线上海特色住房公积金风险防控系统，以第三方视角精准防控业务风险点，利用数字化手段增强风险防控能力；二是强化审计监督，规范审计程序，督促审计整改落实，织牢风险防控安全网；三是进一步加强房地产、金融市场分析，促进资金流动性管理更加科学、精准。

【上海市住房公积金综合业务服务和管理平台二期建成运行】2020年8月，上海市住房公积金综合业务服务和管理平台二期如期建成上线运行，推动整体技术架构、数据标准、门户管理、用户权限管理、安全防护体系以及线上线下系统平台六项统一，全面实现上海公积金归集、提取、贷款的业务、财务、资金三账联动、实时结算。同时随着二期系统上线，全面完成住建部基础贯标和结算应用系统接入工作，为本市住房公积金精细管理、精准服务和资金安全奠定坚实基础。

（凌慧敏）

PART SEVEN Ⅶ

城市更新

URBAN RENEWAL

- 综述
- 旧区改造
- 旧改征收
- 历史建筑保护
- 旧住房更新改造
- 农村低收入户危旧房改造

（一）综述

2020年，市住建委、市旧改办会同市规划资源、发改、财政、房管等部门和黄浦、杨浦、虹口、静安等区党委、政府，认真贯彻习近平总书记考察上海工作时的重要讲话精神以及市委、市政府关于进一步加快旧区改造的工作部署，始终坚持以人民为中心的发展思想，进一步增强紧迫感和使命感，坚定信心、下定决心，全力以赴加快推进旧区改造，做到“两手抓、两手硬、两手赢”。

（二）旧区改造

【概况】 截至2020年底，全市完成成片二级旧里以下房屋改造75.3万平方米、居民约3.6万户，达到原定年度目标的137%、129%。今年旧改工作全面克服疫情影响，提前超额完成了原定年度目标任务，为全市旧改任务的全面完成奠定坚实基础。

【加大旧区改造攻坚力度】 围绕今年目标任务和计划安排，市、区相关部门早计划、早安排、早启动，“起跑即冲刺、开局即决战”。上半年，特别是疫情暴发以来，市、区两级政府一手抓疫情防控，一手回应居民期盼，各区积极创新举措推进旧改征收，在严格防控措施的前提下，通过网上宣传、“一对一服务”、电话预约、分批签约等方式有序稳妥启动新开启基地房屋征收。全市旧改工作推进会议以后，市、区相关部门加大旧改攻坚力度，迅速按照市委、市政府工作部署，调整目标计划任务，多个较大旧改项目陆续启动改造，如虹口区山寿里、东余杭路项目，杨浦区89街坊和129、130街坊，黄浦区新昌路1号、7号地块、中海70街坊等。黄浦区、虹口区、杨浦区旧改计划征收面积、居民户数、单地块体量以及居民签约生效比例等均创近十年之最。

【形成旧改完备政策体系】市委办公厅、市府办公厅印发《关于加快推进我市旧区改造工作的若干意见》的通知（沪委办〔2020〕34号），市住建委、市旧改办会同市相关职能部门制定完成15个配套文件，形成一套完整的加快推进旧改工作的“1+15”政策体系，有力保障和助推全市旧改工作。其中：关于制度创新的文件共3个：土地支持政策、财政贴息政策、保障性住房和租赁住房配建政策；关于体制创新的文件共6个：成立上海市城市更新中心、赋予市城市更新中心职能，上海市城市更新中心旧区改造项目实施管理暂行办法、上海市城市更新中心旧区改造项目前期土地成本认定办法、上海市城市更新中心旧区改造项目招商合作管理暂行办法、上海市城市更新中心土地资源管理暂行办法；关于管理创新的文件共3个：旧改及资金平衡地块税费支持政策、市城市更新中心配套房转化工作措施、旧住房更新改造工作实施意见；关于细化管理要求的文件共3个：完善房屋征收补偿政策、加强旧改征收基地安全管理办法、直管公房残值补偿减免政策。

【总结旧改经验】市委组织部调研总结宝兴里旧改群众工作“十法”（一线工作法、精准排摸法、党员带动法、危中寻机法、平等交流法、循序渐进法、钉钉子法、换位思考法、组合拳法、经常联系法），成为推进全区旧改工作的“法宝”。

【上海市城市更新中心揭牌成立】按照《若干意见》，市旧改办报市政府下发成立“上海市城市更新中心”的批复，在地产集团加挂“上海市城市更新中心”牌子，具体推进旧区改造、旧住房改造、城中村改造及其他城市更新项目的实施。市旧改办协同市有关职能部门为城市更新中心赋权赋能，包括：参与相关项目的资金平衡、控详规划编制、旧改征收范围认定、旧改年度计划制订、政策制定，以及土地一级开发、二级开发招商、组织旧改项目成本认定和征收成本“二次核价”、旧住房综合改造实施主体等职能。

【加快地块收尾】市旧改办、市房管局在市人大的牵头下，形成了加快旧改地块收尾司法执行工作措施，在静安区洪南山宅地块进行试点并取得了成功。

【搭建市属国企沟通协调工作平台】由市委组织部牵头，市建设交通党委、市国资党委、市旧改办会同各相关区多次商研具体工作，建立了及时排摸机制、重点协商推进和派单督办机制和定期报告机制，搭建了协商平台，明确了工作要求，打通被征收企业和相关集团沟通渠道，全面完成旧改地块166证市属国企签约工作。

【搭建行政司法沟通协调平台】市旧改办在市委政法委支持下，会同市高院、市二中院、市司法局、市房管局和相关区等搭建了旧改工作行政司法沟通协调平台，今年工作重点主要包括：会商探索旧改地块收尾新机制试点；协调法院查封地块司法解封工作等。

【全面启动“毛地”地块改造】2020年，按照市委、市政府相关要求，基本完成剩余“毛地”地块处置工作方案。已启动改造的地块共7个，包括：黄浦区董家渡14号地块，五坊园四期，新昌路1号、7号地块、中海建国路70街坊；杨浦区129、130街坊；虹口区116街坊。明确启动改造时间的共15个，主要包括：黄浦区士林华苑二期、中海建国路项目、122街坊等。重点协调推进的地块共2个，分别是黄浦区高福里、杨浦区146街坊，已明确启动收地程序。被法院查封的地块黄浦、虹口共4个，已明确处置方案，报市委政法委专题协调。

【下发分类保留保护技术导则】完成《本市旧改范围内历史建筑分类保留保护的关键技术研究》课题研究，并积极转化课题成果，正式下发《上海市旧区改造范围内历史建筑分类保留保护技术导则（试行）》，为旧改推进中正确把握“风貌保护、民生改善、开发利用”三者管理提供科学标准和决策依据，同时，纳入地方标准制订计划。

【明确分类保留保护管理流程和工作措施】结合课题研究和《导则》编制，会同市规划资源局、市房管局梳理细化相关管理环节和制度措施，印发《关于进一步加强旧改范围内历史建筑分类保留保护相关工作的通知》，针对旧改范围内规划已明确采取肌理保留方式的各类历史建筑，明确拆房、施工审批、过程监管及竣工验收等管理环节的相关流程，强化分类保留技术管控，确保历史文化和城市风貌保护落实到位。

（胡煜）

（三）旧改征收

【概况】2020年全市当年共新发征收决定59个，涉及居民3.9万证，建筑面积118.5万平方米，其中，旧改居民3.8万证，建筑面积110.9万平方米；当年累计完成征收居民4.3万证，建筑面积133.9万平方米，其中，旧改居民4.1万证，建筑面积124万平方米。共做出补偿决定1195件，补偿决定率为2.76%，完成司法强制执行175件，强制执行率为4.04‰。

【制定旧改配套政策】根据市委、市政府确定的力争在本届政府任期内（2022年）完成全市成片二级以下旧里改造的最新工作要求，制定相关配套政策。一是为加快旧区改造征收地块基地收尾，制定下发《关于进一步完善征收补偿机制，推进旧改提速的通知》，进一步完善征收补偿机制，规范征收补偿科目。二是为加快推进旧区改造，树牢安全发展理念，强化底线思维和红线意识，坚持“留改拆”并举，落实保留保护要求，进一步加强征收基地安全管理，在坚持深入基层、深入一线的基础上，开展基地深度调研。研究制定《关于进一步加强旧改征收基地安全管理的通知》（沪房管征收〔2020〕78号）管理文件，从征收基地启动到腾地移交，进一步厘清征收每一个环节中，征收实施部门、物业管理部门、拆房管理部门、基地看管部门等职责，各部门各司其职、形成合力，实现征收基地全生命周期管理。

【征收复议审理专班】2020年度，市局专班共收到征收类行政复议案件215件（受理160件，不予受理55件）。案件主要分布于黄浦区（87件，占比40.5%）、杨浦区（39件，占比18.1%）、静安区（31件，占比14.4%）、虹口区（29件，占比13.5%）、浦东新区（14件，占比6.5%）、普陀区8件、长宁区3件、徐汇区1件、宝山区1件、奉贤区1件、嘉定区1件。按受理的案件类型分：补偿决定112件，征收决定12件，征收拆迁类信息公开32件、拆迁裁决3件、履行职责1件。在已受理审结的案件中，维持131件，终止16件，撤销4件，确认违法3件。化解率为10.4%，纠错率为4.5%。

【加强征收队伍建设】受新冠肺炎疫情影响，原计划于3月组织的2020年上海市征收国有土地房屋补偿工作人员继续教育培训（复训）延期至6月上旬，初训延期至7月上旬。为确保培训工作顺利开展，通过分散教学、入口测温、注意通风、设置临时隔离点等措施，着力做好培训期间的疫情防控工作。据统计，共组织完成复训2695人、初训660人。此外，为推进旧改提速，针对部分征收事务所新招录的300余名工作人员，在常规培训基础上，增加一次初训。

【安置在外过渡动迁居民】按照市委、市政府的工作部署，应在2021年6月底前完成第二轮（2014—2017年）8.15万户在外过渡动迁居民安置问题。在各区政府的大力推进下，2018年和2019年的计划任务基本完成。为确保完成新一轮过渡安置任务，市相关部门组成联合督查组，对相关区实地开展专项督查。通过督查，发现问题，提出建议，要求各区以“紧盯不放消存量、严格管理控增量”为工作目标，在完成新一轮安置任务的基础上，形成长效机制。

【城中村工作】2014年我市启动城中村改造工作以来，经市政府批准并确认改造方案的城中村项目共48个，目前，已批项目总体上已进入“动迁全面收尾，供地加快进行，建设积极推进”阶段。主要工作：

一是为进一步推进城中村改造工作，明确要求，规范操作，经市政府常务会议审议通过后，市住建委、市房管局等12个部门已于9月30日联合印发，并组织各相关区开展了业务培训。二是为深化、细化我市城中村改造的目标计划，组织各相关区全面排摸城中村现状情况，以及2020—2022年拟启动改造计划。三是按照市委、市政府关于“民心工程”的工作部署，会同相关区专题讨论，起草了《“城中村”改造民心工程方案》，进一步明确了城中村改造工程的项目内涵、实施范围和工作举措，深化、细化了工作目标和重点任务。四是为进一步发挥综合协调作用，实施挂图作战，加强目标考核和督查，真正落实好民心工程，“城中村改造工作专班”于2020年12月16日成立。

（四）历史建筑保护

【概况】保留保护建筑是城市的地标，历史事件的见证，人民情感的寄托。上海历届市

委市政府高度重视历史建筑保护工作，制定了加强历史风貌保护、促进历史建筑活化利用的一系列政策，提出了“坚持留改拆并举，深化城市有机更新”的总体工作要求，通过务实开展优秀历史建筑和保留建筑的保护管理工作，高质量推进城市有机更新和文化传承保护，让广大市民群众“记得住历史、记得住乡愁”。2020年，市有关部门和相关区密切配合、共同努力，积极有效地开展了历史风貌和历史建筑保护管理的组织、协调、指导和推进工作。

【完成优秀历史建筑认定挂牌】 自1986年被国务院批准为全国第二批国家历史文化名城以来，上海市持续开展历史文化街区和历史建筑的认定工作，截至目前，已认定五批共计1058处（总计3300余幢，760余万平方米），包括办公、商业、文教、宗教、居住、工厂等多种建筑类型，其中215处重叠有不可移动文物身份。2004年起，上海市优秀历史建筑从原来的铜质铭牌统一更换为浅灰色人造石材铭牌，铭牌上增加了中英双语对照文字简介。截至2020年底，第五批426处优秀历史建筑铭牌挂牌工作已全部完成。此外，通过在黄浦、静安、徐汇、长宁、虹口、杨浦等中心城区重点区域的优秀历史建筑上推广二维码技术，在有限的空间内传递给市民更多优秀历史建筑的相关信息。

【加大历史建筑保护修缮政策供给】2020年，市住建委、市房管局联合印发了《关于加强本市优秀历史建筑管理的通知》（沪房规范〔2020〕7号），进一步明确市、区两级管理部门的责任和分工，将优秀历史建筑修缮装修工程统一纳入“一网通办”，实行网上“一站式”受理，提高便民服务效率，同时形成建管、修管两级管理，数据互联互通的全方位保障机制。2021年初，市政府印发《关于加快推进本市旧住房更新改造工作的若干意见》（沪府办规〔2021〕2号），明确对落实保留保护要求的旧住房更新改造项目，可在符合区域发展导向的前提下，进行用地性质、建筑容量和建筑高度的适度调整，且支持符合风貌保护要求的更新项目新增建筑用于公益性功能。

【推进历史建筑修缮保护延续城市历史文脉】 “十三五”期间，本市累计实施近75万平方米居住类优秀历史建筑修缮，同步推进近110万平方米风貌区内居住类历史建筑，以及250万平方米里弄房屋修缮改造工作，居住环境得以改善，风貌肌理得以彰显。此外，在成片风貌保护方面，推进实施虹口区春阳里风貌街坊内部整体改造、普陀区曹杨一村优秀历史建筑整体修缮改造等试点项目，在完善房屋使用功能、改善群众生活条

件的同时，留住风貌肌理，留住乡愁记忆。在发挥重点建筑修缮头雁效应方面，按照原材料原工艺要求，修复了一批优秀历史建筑，如淮海大楼、市文联大楼等。修复后的建筑不仅展示出沉淀的历史价值，还焕发出新的光彩，成为建筑保护性修缮的典型案例。

（徐昌健）

（五）旧住房更新改造

【概况】作为城市更新的重要组成部分，旧住房更新改造工作既是民生工程又是民心工程，上海市紧紧围绕以人民为中心的发展思想，立足党中央国务院关于城镇老旧小区改造的一系列决策部署，把旧住房更新改造放在城市更新体系中的突出位置，践行“人民城市人民建，人民城市为人民”的重要理念，“留改拆”并举，创新工作机制，提高改造水平，通过强活力、深挖潜、出亮点，加快推进旧住房更新改造，进一步改善居住品质，让人民群众生活更舒心、环境更美好、居住更便利。

【全面完成“十三五”目标任务】2020 年以来，市住宅修缮管理部门在抓实抓细疫情防控工作的同时，扎实推进复工复产，不断完善住宅修缮工程精细化管理措施，以住宅修缮综合管理系统为基础，开发疫情防控专区，强化实名制登记和每日考勤测温管理，有力保障旧住房更新改造领域各项目标任务的完成。2016 年至 2020 年底，全市共实施各类旧住房修缮改造 5300 余万平方米，其中三类旧住房综合改造超过 3000 万平方米，实施各类里弄房屋修缮改造 260 余万平方米，顺利完成“十三五”目标任务。

【制定“十四五”旧住房更新改造纲领性文件】围绕国务院办公厅《关于全面推进城镇老旧小区改造工作的指导意见》（国办发〔2020〕23 号），市房管局研究制定了《关于加快推进本市旧住房更新改造工作的若干意见》（沪府办规〔2021〕2 号），明确要坚持城市有机更新，存量提质与增量优化相结合的原则，按照“整体性、系统性、宜居性、包容性”的总体要求，推动城市有机更新向集约型内涵式发展，培育发展新动能，逐步实现城市结构调整优化，有效促进旧住房更新改造与社会经济融合发展。

【推动旧住房更新改造建筑设计水平提升】开展“上海首届旧住房改造设计方案征集评选活动”，完成获奖作品评审并召开获奖作品发布会，推动活动成果转化，强化建筑设计理念，统筹协调旧住房更新改造建筑风格，结合实施空调外机等外立面附属设施整治提升，不断改善老旧住房外立面品质，同步推进淮海大楼、同孚大楼等重要路段节点的立面提升亮点项目。

【加装电梯工作提质增速】将既有多层住宅加装电梯纳入市委民心工程，形成《既有多层住宅加装电梯民心工程方案》，明确下阶段工作的主要目标、重点任务和工作举措。成立本市既有多层住宅加装电梯专项办公室，研究出台加装电梯系列配套文件，将政府补贴提升至最高不超过 28 万元 / 台，并可提取住房公积金用于加装电梯。截至 2020 年底，本市累计已有 1703 幢房屋通过居民意见征询（其中 2020 年 751 幢），已完工运行 515 台（其中 2020 年 294 台），正在施工 377 台。

【推进苏州河沿岸建筑外立面整治工作】编制《苏州河沿岸建筑外立面整治设计要求》，明确沿岸建筑外立面整治任务清单和分级分类整治要求，完成沿岸重要建筑立面整治设

计方案汇编，协同推进整治工作，为今后苏州河沿岸建筑外立面整治明确总体目标、发展导向和整体策略。

【加强房屋使用安全管理】 为建立健全房屋使用安全管理的体制和机制，加强本市房屋使用安全的监督管理，进一步明确落实房屋使用安全相关责任，规范房屋使用行为，强化房屋安全监管，保障城市运行的安全，上海市政府公布了《上海市房屋使用安全管理办法》（沪府令 39 号），主要内容：一是明晰行业管理职责，市房管部门为房屋使用安全主管部门，相关行业部门依据各自职责督促落实本行业管理范围内的房屋使用安全责任，街镇承担综合协调、处理相关事务，形成条块统分结合的工作格局；二是确立房屋使用安全责任人制度，进一步强化市民的主体责任意识，明确日常维护、安全检查、隐患处理、检测鉴定等方面的主体责任；三是强化政府全过程监管，将日常巡查、安全检查、定期检测、隐患排查及应急处置等内容纳入“一网统管”体系，强化有痕监管。

（徐昌健）

（六）农村低收入户危旧房改造

【概况】 农村低收入户危旧房改造是本市针对农村低收入困难家庭实施的住房救助项目。2020 年，上海市积极贯彻落实党中央、国务院关于打赢脱贫攻坚战的目标任务，按照质量第一、安全为本的原则，统筹规划、整合资源，科学实施农村低收入户危旧房改造工作，努力实现本市农村困难家庭住房安全有保障。2020 年，本市完成农村低收入户危旧房改造 109 户，实施危旧房改造后的农村困难家庭，居住条件普遍有较大程度改善，农户满意度很高。

【完善政策措施】按照“农民自愿、政府扶持，保底帮困、安全适用，公开透明、规范操作”的原则，严格执行准入条件和建设标准，坚持因地制宜、实事求是，合理确定改造方式，宜建则建，宜修则修。

【加强工作协同】 农村危房改造对象认定涉及经济状况认定、房屋状况认定和残疾人家庭认定等多方面政策，操作中本市各区和镇的建设、民政、残联等部门分工合作、共同参与，建设部门负责房屋鉴定和总体协调，民政部门负责家庭经济收入认定，残联负责残疾人家庭确认，确保了改造对象认定规范有序。危房改造一般由村民自行组织实施，区、镇建设管理部门给予施工图纸和技术方面的指导，工程完工后由镇人民政府组织竣工验收，验收通过后拨付补助资金。对于由政府托底保障的农村危房改造户，由政府负责组织实施建设，完成竣工验收后交付农户入住。

【把握重点环节】 在前期审批上，上海市各区按照农户申请、村民主评议、镇审核、区审批的程序开展工作，确保改造对象认定客观、公正，接受社会监督。在改造实施中，市住建委、市房管局提供农村危房改造施工图推荐图集，并要求各区严把质量安全关，通过监督检查，及时发现问题、督促整改，确保按时保质完成改造。在完成改造后，要求各区及时开展竣工验收，及时拨付补助资金，及时录入档案信息系统。

【加强检查指导】市级相关部门联合开展存量农村危房改造对象认定的技术指导和服务工作，通过信息比对和核验，完成全市存量农村危房家庭的经济状况核对工作；定期对改造进度、质量安全、资金使用的进行监督检查，发现问题，及时纠正。

（严菁）

PART EIGHT Ⅷ

民用航空

CIVIL AVIATION

（一）综述

2020年，上海机场旅客运输量位居全球城市第一，货邮吞吐量连续十三年位居全球第三。全年，上海机场实现航班起降54.51万架次，旅客吞吐量6164.21万人次，货邮吞吐量402.52万吨。

受全球新冠肺炎疫情影响，国际客运市场大幅萎缩，对民航生产经营产生显著影响，全年上海两场共计出入境旅客吞吐量519.97万人次，出入境货邮吞吐量342.14万吨，保持了境内第一航空口岸地位。两机场安全运行态势平稳，浦东国际机场、虹桥国际机场分别实现了第21个、第33个安全年，顺利完成虹桥机场全部国际航班和首都机场的部分国际分流航班转场浦东机场运行。

上海两场全年共计完成旅客吞吐量6164.21万人次，同比降低49.4%，其中虹桥国际机场完成旅客吞吐量3116.6万人次，同比下降31.7%，浦东国际机场完成旅客吞吐量3047.7万人次，同比下降60.0%；货邮吞吐量402.5万吨，同比降低0.8%，其中虹桥国际机场完成货邮吞吐量33.9万吨，同比下降20.1%，浦东国际机场完成货邮吞吐量368.7万吨，增长1.4%；2020年两场共起降飞机54.5万架次，同比降低30.5%，其中在虹桥国际机场起降21.9万架次，同比下降19.6%，在浦东国际机场起降32.6万架次，同比下降36.4%。

2020年，基地设在上海的运输航空公司有10家：中国东方航空股份有限公司、上海航空有限公司、春秋航空股份有限公司、中国货运航空有限公司、上海吉祥航空股份有限公司、金鹏航空股份有限公司、一二三航空有限公司、国航上海分公司、南航上海分公司，厦航上海分公司；小型航空器商业运输运营人有7家：上海金鹿公务航空有限公司、一二三航空有限公司、星联商务航空有限公司、上海金汇通用航空股份有限公司、上海新空直升机有限公司、上海中瑞通用航空有限公司、上海和利通用航空有限公司。

（备注：由于一二三航目前持有121部和135部双证运行，故统计时都列入名单，非重复。）

2020年上海两个机场航点变动情况

新增国内航点	琼海机场（BAR）、陇南机场（LNL）、满洲里机场（NZH）、石河子机场（SHF）、普洱机场（SYM）、邵阳机场（WGN）、玉林机场（YLX）、安康机场（AKA）
新增港澳台和国际航点	越南/海防机场（HPH）、澳大 利亚/珀斯机场（PER）
取消国内航点	阿克苏机场（AKU）、迪庆机场（DIG）、永州机场（LLF）、北京南苑机场（NAY）
取消港澳台和国际航点	韩国/清州机场（CJJ）、朝鲜/平壤机场（FNJ）、泰国/甲米机场（KBV）、阿拉伯/莎迦机场（SHJ）、乌兹别克斯坦/纳沃伊机场（NVI）、卢森堡/卢森堡机场（LUX）、墨西哥/墨西哥城机场（MEX）、墨西哥/蒂华纳机场（TIJ）、墨西哥/哈利法克斯机场（YHZ）、澳大利亚/凯恩斯机场（CNS）、比利时/布鲁塞尔机场（BRU）、俄罗斯/圣彼得堡机场（LED）

2020年上海机场三大运输生产指标表

项目	单位	数值	比上年增长（%）
航班起降	万架次	54.51	-30.54
旅客吞吐量	万人次	6164.21	-49.39
货邮吞吐量	万吨	402.52	-0.8
国际货邮	万吨	298.11	3.25
地区货邮	万吨	44.03	0.11

2020年上海航空口岸旅客运输情况表

项目	数值（万人次）	比上年增长（%）
出入境旅客	519.97	-87.6
国际旅客	423.3	-87.47
地区旅客	96.67	-88.13
浦东国际机场口岸出入境旅客	486.39	-87.37
国际旅客	409.52	-87.36
地区旅客	76.87	-87.42
虹桥国际机场口岸出入境旅客	33.58	-90.18
国际旅客	13.78	-90.06
地区旅客	19.80	-90.27

（二）行业管理

【概况】2020年，华东地区运输航空安全飞行278.7万小时，实现了第27个运输安全年。年内，华东局紧盯组织系统，科学分析安全指标，及时发现并调配监管资源对7家超限航空公司和26家重点单位进行精准监管。保持安全严管高压态势，成立7个安全专项整治工作小组，细化并下发“三年行动方案”具体实施细则。颁布《辖区安全从业人员工作作风持续提升方案》，形成了长效机制。切实以“三个敬畏”为引领，扎实开展“抓作风、强三基、守底线”行业安全整顿活动。组织近万人通过现场会议、网络直播等方式观看了英雄机长刘传健主题报告会，6个安全宣讲团队通过线下和线上同步直播的方式提高宣讲辐射范围，累计参与宣教人数超16万人次。协助民航局开展“7·22”埃塞航货机起火事故调查工作；配合民航局圆满完成浦东机场“敬畏2020”民航史上最大规模应急救援综合演练督导任务。

创新引领，推动改革提升发展质量。持续推进通航领域“放管服”改革。年内，上海金山区成功申报首批民用无人驾驶航空试验基地。继续深化民航行业监管模式调整改革工作，编制发布《非现场监管执法指引》，开展行业监管模式改革评价指标研究。督导空管探索“点融合、航线外等待”等新运行理念在上海两场运行实施。推进远程塔台试点工作，目前已经推出了“空管分局＋运输机场”“运输机场＋通航机场”“通航机场＋临时起降点”三种模式试点方案。大力推动技术创新，在上海开展机场高级场面活动引导控制系统（A-SMGCS）相关技术研究工作，推进人工智能技术在气象预报中的应用，协调5G和民航新技术融合应用。推动维修设备新技术应用，包括智能气压表、智能工具管理系统、维修行为数字化、RFID工具管理系统等。国内首台拥有完整自主知识产权的A320全动飞行模拟机在吉祥航交付使用。

同向发力，全力护航国产民机事业。一年来，国产C919大型客机试验、试飞工作进展顺利，国产ARJ21飞机实现批量生产、全年交付44架。华东局和中国商飞秉持“两个共同体”理念，共同促进国产民机制造安全监控体系日益完善、制造质量稳步提升。持续加强适航审定能力建设，高强度开展C919大型客机生产许可审定和ARJ21飞机生产证后管理工作，华东局全年共开展现场监管约350人天。积极支持国产民机加入民航机队，三大航在沪同日接收各自首架ARJ21飞机，东航旗下一二三航空公司完成首飞并正式投入商业运行，中国商飞公司“商飞快线”顺利首航。

【疫情防控】一年来，华东民航系统共保障重大防疫运输任务航班403架次，运送医护人员4.76万人，保障商业运输防疫物资航班、包机累计3.57万架次，物资1498万件/13.75万吨，充分彰显了华东民航人的社会责任感和使命担当。协助18914名公民回国，其中留学生6139人。保障商业运输防疫物资航班、包机累计36605架次，运输医疗人员11420人，物资1514.87万件/13.89万吨。保障健康包物资运输27架次，合计248.573吨。充分彰显了华东民航人的社会责任感和行业使命感。

“外防输入”以来，上海机场成为国际旅客入境我国主要通道之一，高峰时华东地区各机场保障入境人员数量占比全国接近40%，国际货运航班架次占比48%。华东局始终秉持“认真、科学、冷静”原则，统筹协调行业疫情防控工作，因时因势制定防疫策略，周密部署虹桥机场国际及地区航班转场工作。华东局严格落实民航局“五个一”和“一国一策”等政策，全力配合上海市疫情防控相关要求，主动作为，按照“削班、减客、改货”的原则，前后对浦东机场国际航班进行了多轮调整优化：一是将浦东机场部分国际航班移至南京、杭州等周边机场执行；二是削峰填谷，持续做好浦东机场入境航班的日均衡和落地时间的调整优化工作，力争实现日入境旅客总数不超过2500人的目标，同时避免出现航班落地高峰，有效缓解了地方疫情防控保障压力；三是积极建议民航局不再将国际客运临时航班、首都机场分流航班安排至上海，并得到采纳。据统计，3至11月，上海两场保障入境航班约5400个，入境旅客约71万人次，为上海的疫情外防输入工作做出了突出贡献。

同时，华东局持续开展对疫情防控技术指南系列版本落实情况的监督指导，累计开展各类防疫监督和专项检查1816次，全面压实各方责任。严控入境航班客座率不超75%；设立了外航防疫承诺书制度，对28家外航实施了33次检查，累计隔离机组人员24715人；严格执行民航局航班熔断政策，第一时间有效处置了俄罗斯航空SU208航班60名旅客核酸检测集中阳性等重大突发情况；加强沟通协调，入驻防境外疫情输入口岸数据信息共享联络机制工作专班，多渠道收集传递旅客人数预测及客班计划数据，落实出入境航班载运旅客订座记录预报(PNR)工作，协助有关单位做好航班涉疫人员的信息协查。

2020年，华东辖区民航各单位上下协调、横向协同、地方协作，落实常态化精准防控措施，逐渐形成了以“浦东模式”为代表的华东抗疫经验，为民航和地方抗疫大局做出重大贡献。辖区共有3位同志荣获“全国抗击新冠肺炎疫情先进个人”称号，5个集体荣获“全国抗击新冠肺炎疫情先进集体”荣誉称号。

【华东局启动新冠肺炎疫情联防联控机制】2020年1月22日，华东局根据民航局电报要求和上海市政府会议精神，正式启动了防控新冠肺炎疫情联防联控机制，成立了由主要领导担任组长、分管领导担任副组长、各部门主要负责人为成员的防控新冠肺炎疫情领导小组及其办公室。在第一次会议上，蒋怀宇局长明确了各部门、各单位防控新冠肺炎疫情工作职责和任务；建立了信息报告制度和值班机制，下发了《关于做好新型冠状病毒感染的肺炎疫情防控工作的通知》。为确保各项防控措施落实到位，华东局制定了《防控新型冠状病毒感染的肺炎疫情检查单》和检查计划，要求各监管局对辖区各运输机场和运输航空公司防控新冠肺炎疫情工作进行检查。

【上海监管局全力保障金鹏航空执行救援物资包机任务】 2020年1月31日凌晨6点26分，金鹏航空一架B747-400F货机从上海浦东机场起飞，预计于北京时间18: 51落地伦敦希思罗机场。为了共同抗击新冠肺炎疫情，为一线医护人员提供后勤支持，该航班负责执行疫情救援物资货运包机任务，计划于2月1日运送防护服等医疗救援物资100吨至国内。

【华东民航运送3128名医疗人员和163.39吨物资驰援武汉】 2020年2月8日—9日，民航局紧急组织协调47架包机，运输全国各地6200多名医护人员和部分医疗物资驰援武汉。这是疫情发生以来，民航执行运送医疗队任务规模最大的一次。其中，华东地区基地航空公司东航、长龙航、山航、厦航分别承担了13架次、5架次、4架次、2架次，合计24架次的包机任务。东航、厦航、圆通航分别承担了3架次、1架次、1架次的医疗队物资运输任务。据统计，2月9日华东民航共运送医疗人员3128人，物资163.39吨，占此次全民航运输任务的61.7%。在航空公司、机场、空管、油料等单位的通力合作下，华东民航圆满完成了此次医疗队及防疫物资运输包机任务。

【上海地区运输航空公司航空器消毒工作专项检查】 为更好地落实民航局关于运输航空公司新冠肺炎疫情防控工作的相关要求，防止新冠肺炎经航空器传播，2020年2月14日，华东局由吕新明副局长带队对上海地区六家运输航空公司的航空器消毒工作进行专项检查。检查组检查了各公司对有关航空器消毒要求的落实情况，查看各公司制定的航空器消毒标准、管理流程，调阅航空器消毒记录，确保公司使用符合标准的消毒剂对航空器实施消毒，还对航空器的空调系统以及HEPA气滤的相关工作做了检查。另外，检查组重点关注航班（尤其是外站）出现发热病人后，各公司如何进行信息传递，并确保飞机消毒工作得到有效落实。

【搭好扶贫“空中复工通道”】 2020年2月28日，39位来自贵州遵义的建档立卡外出务工者，集体搭乘春秋航空9C8824航班，从遵义飞抵上海返岗。这是华东局、上海援黔干部和春秋航空共同促成的此次“飞的”复工。这批复工旅客的机票由上海市对口援黔部门出资为其购买、春秋航空安排特价折扣。这成为继定制包机之后，春秋航空助力复工的又一新模式。

【圆满完成援鄂医疗队包机撤离任务】 2020年3月17日—18日，东航、厦航、山航等华东辖区的航空公司，分别安排飞机飞赴武汉，将来自上海、江苏、安徽、福建、山东等华东省市的医疗队接回。此次包机任务是民航首次执行援鄂医疗队撤离任务。其中，18日下午2点，东航派出空客A321，空机飞往武汉，接上47名来自上海华山医院和东方医院的医护人员，航班MU9004于18日17:51降落上海虹桥机场。复旦大学附属华山医院8名医疗队员和5台车辆当天中午就抵达上海，这批队员是17日深夜从武汉出发。另外12人搭乘东航航班也抵达上海。

【召开华东地区低空空域管理研讨视频会】2020年4月10日，为做好华东地区低空空域改革工作，华东局通过远程视频方式召开了华东地区低空空域管理研讨视频会，旨在希望通过此次研讨会引起各方重视，抓住改革发展机遇，积极献言建策，为上级单位提供决策依据，以便固化试点改革成果，推广改革经验，推动低空空域资源合理配置，为通航发展营造更好的运行环境，使通航企业开展飞行活动更加快捷、方便和安全可靠。华东局、华东空管局，各空管分局（站），辖区内通航企业，华东通航服务中心（龙华机场）等领导参加了此次研讨会。

（孙越）

【华东局领导远程视频会见青岛市领导】2020年4月14日，华东局姜春水书记在局机关通过远程视频会议会见了青岛市委常委、胶州市委书记刘建军。会上，双方就青岛新机场建设稳步推进情况及新冠肺炎疫情期间青岛机场所做的抗疫工作进行探讨。华东局相关业务部门及青岛市政府副秘书长、民航青岛监管局局长、青岛机场建设工作领导小组领导一同参加远程会见。

【英雄机长刘传健做“践行当代民航精神”主题报告】2020年4月28日，华东局组织召开“践行当代民航精神”主题报告会。会议邀请“中国民航英雄机长”刘传健同志做主题报告，这既是华东地区“敬畏生命、敬畏规章、敬畏职责”系列宣传教育工作的开始，也是民航华东地区“抓作风、强三基、守底线”行业作风建设的重要组成部分。会上，刘传健同志以“非凡时刻以生命名义保障飞行安全，爱岗敬业以三个敬畏固守初心使命”切入主题，和大家一起重温了川航“5·14”航班的惊险历程，带领大家学习了习近平总书记对民航安全工作的重要批示指示精神，以及冯正霖局长对“三个敬畏”的论述和要求，最后还分享了自身对民航强国建设的思考。

【督导辖区航空公司空中安保风险排查和疫情防护工作】2020年4月30日，华东局采取非现场方式对东航、厦航、吉祥航、春秋航等四家运输航空公司的空中安保风险排查及一线安保人员疫情防护工作进行了专项督导检查。督导组按照精准监管、一企一策的工作思路，根据机队规模和运营航线结构对公司进行了分级分类，并从人员防护与隔离措施、驻外管理、空防安全隐患自查、安保风险研判及预案修订等四个方面制定了有针对性的检查事项；通过视频连线听取了四家公司的工作汇报，采用远程文件方式对相关工作台账、预案进行检查，并就疫情防控期间飞行中安保工作中的难点问题进行了交流。

【开展疫情防控期间上海地区航空货物运输安全督导工作】为落实民航局疫情防控期间安全工作相关要求、确保上海地区航空货运安全高效运行，2020年5月9日，华东局督导组对浦东机场货站和东航物流货站开展了运输安全督导。

随着疫情在境外的快速传播，浦东机场目前已成为向全球各地运送防疫物资的重要门户。2020年4月，其单月保障货运航班达8000余架次，其中2020年4月30日当天保障货运航班最高达391架次，均创下纪录。面对激增货量，浦东机场货站从“保安全运行、保应急运输、保风险可控、保精细施策”等方面入手，梳理流程，细化管理，提高地面运行效率。东航物流货站紧紧抓住超负荷运行中的瓶颈问题，多方协调，缓解了货物积压的压力。督导组在充分肯定各单位做法的基础上，对货物从收运到出库的全过程进行了实地检查，特别是对危险品货物的包装、仓储，普通货物的收运流程，现场作业人员的安全生产意识等关键节点进行督查，杜绝安全隐患。

【召开“三个敬畏”专题宣讲会】按照民航局关于做好“三个敬畏”宣传教育的工作部署，持续推进辖区“抓作风、强三基、守底线”行业安全整顿。2020年5月12日，华东局召开“三个敬畏”专题宣讲会。华东局主要负责人及监察员，东航、春秋航、吉祥航等上海地区运输航空公司，中商飞、上海机场、华东空管局、中航油华东公司分管安全领导、安全管理部门负责人在主会场参会，各监管局和辖区企事业单位相关人员在分会场参加。会议由吕新明副局长主持，航安办做主题宣讲。会议还采用了互联网形式组织辖区相关从业人员观看，共计9457人参加。

【督导上海地区两会民航安保及运输保障工作】2020年5月15日，为进一步督促相关保障单位做好两会期间民航安保及运输保障工作，华东局对上海地区两会民航安保及运输保障工作进行了专项督导检查。督导组听取了东航、上海虹桥国际机场、上海机场公安分局等三家单位有关两会保障工作情况的汇报，实地查看了虹桥机场两会航班保障工作流程和相关区域，了解了两会期间航班运行保障工作方案，并就疫情防控、运行保障、安全保卫等工作与相关单位进行了交流。督导组要求各单位要充分借鉴历年来民航重大活动保障经验和做法，坚决落实“确保安全、优质服务、进出顺畅”的工作目标。

【对上海地区运输航空公司开展疫情防控期间机组人员健康管理专项督查检查】2020年5月9日起，上海市重大突发公共卫生事件响应等级调整至三级，但境外疫情形势依然严峻，航空运输成为阻击境外疫情输入的最前线，防范境外疫情输入压力持续加大。5月14日、15日，为进一步落实民航局畅通国际航空客运、货运渠道的要求，落实企业主体责任，华东局督导组对上海地区东航、中货航、春秋航、吉祥航等运输航空公司开展了疫情防控期间机组人员健康管理专项督导检查，对各公司的机组人员健康管理工作、机组人员集中管理方案等重点工作程序和台账进行现场检查。

【召开长三角民航协同发展战略规划讨论会议】2020年4—6月，民航局两次下发了《长江三角洲民航协同发展战略规划》（征求意见稿）开展意见征求工作。华东局在收到各地反馈意见后，为进一步了解各方意见，召开了长三角民航协同发展战略规划讨论会议，就长三角机场群功能定位、航线网络建设、差异化发展、上海航空枢纽建设、机场物流与货运发展、空域资源供给等议题充分听取有关单位意见。上海机场集团、浙江省机场集团、东部机场集团及机关有关部门参加会议。

【民航华东地区2020年行业管理年中工作电视电话会议召开】2020年7月10日，民航华东地区2020年行业管理年中工作电视电话会议在上海召开。华东局、上海地区民航各企事业单位在主会场参加了会议，各监管局及其所辖地区民航各企事业单位在分会场参加，有55家机场、空管、通航单位通过云视讯系统在本单位参加。

【召开运输机场局方监控安全绩效指标研讨会】2020年7月23日至24日，为进一步推进安全绩效管理工作，全面提升华东辖区运输机场安全管理体系效能，华东局在安徽安庆组织召开运输机场局方监控安全绩效指标研讨会。华东局以及江苏、安徽监管局相关处室监察员和区内8家运输机场安全管理人员参加会议。会议还邀请了华东空管局、安徽空管分局和南航大安全管理专家参与讨论，华东航空安全管理平台（EASP）系统开发人员一同参会。

【召开中国商飞客服中心142训练机构运行飞机审定启动会】8月31日，华东局召开中国商飞客服中心142训练机构运行飞机（“商飞快线”）审定启动会。民航局飞标司副司长薛世俊、运输处处长刘晨曦、华东局局长蒋怀宇出席启动会，华东局相关监察员、中国商飞客服公司一行参加了会议。会上，与会各方就国产飞机运行的审定工作中的具体问题进行了座谈。

【召开华东地区民航“十四五”规划发展座谈会】9月9日，华东局组织召开华东地区民航“十四五”规划座谈会。民航局计划司出席座谈会。会议围绕“十四五”规划和民航高质量发展主题，结合行业痛点难点和资源制约短板，提出了未来发展中希望各方协力解决的问题。与会者结合长三角民航协同发展规划、建设上海国际航空枢纽和长三角世界级机场群、加强民航货运能力和国际货运枢纽建设、加强空铁空地多式联运打造综合交通枢纽等民航发展热点，从创新民航资源的市场化配置机制、挖掘提升既有运行资源的使用效率、优化行业安全监管能力和效率、破解通航发展难题、促进行业管理机制与技术创新衔接等角度为民航“十四五”规划建言献策。

【“敬畏2020”上海浦东国际机场应急救援综合演练在沪举行】2020年10月16日，中国民航史上规模最大的机场应急救援综合演练——“敬畏2020”上海浦东国际机场应急救援综合演练在沪举行。本次综合演练共设置19个环节12个科目，是一次全要素实战演练，涉及14家参演单位共800余人，动用运输客机2架、直升机3架、救援车辆100余台。国家有关部委、军队、武警和航空公司相关负责同志出席。

【第三届进口博览会重大航空运输保障工作正式启动】2020年11月3日，第三届进口博览会民航运输领导小组现场指挥部在虹桥机场TOC召开工作会议，标志着华东局第三届进博会重大航空运输保障工作正式拉开了帷幕。上海地区各航空公司、华东空管局、上海机场集团、上海虹桥机场、上海机场公安、中航油华东公司等驻场单位，以及华东局机关相关处室负责人参加了会议。会上，华东局详细汇报了进博会值守人员安排计划、值守工作要求、每日工作简报制度等，进一步掌握了辖区各单位进博会航空运输服务保障工作的准备情况，协调解决可能存在的问题，同时对运输保障任务作进一步安排部署。

（三）运输航空与通用航空

【概况】受疫情影响，华东地区44个机场共完成旅客吞吐量2.44亿人次、相当于2019年的61.3%；航空货运逆势增长，完成货邮吞吐量694.9万吨，同比增长1.5%；航班正常率提升至86.9%，同比提高8.8个百分点。

面对极其困难的发展局面，华东民航各单位大力协同、抱团取暖，全力恢复生产。认真落实民航“16+8”一揽子扶持政策和“点穴式”降成本措施，确保疫情补贴执行到位；批复机场及空管项目5件、总投资1.5亿元，补助民航发展基金8800万元；积极推进民航固定资产投资，辖区机场全年完成固定资产投资210亿元。全力服务运输航空恢复生产，灵活配置时刻资源，进一步放宽市场准入限制，延长冬春航班换季、国内航线加班和临时经营航班受理时限；抓住航空货运发展有利时机，指导航空公司开展客舱改装工作，放开大型机场高峰时段货运航班时刻，建立审批“绿色通道”。东航率先推出“随心飞”产品，叫好又叫座，带动了各航空公司竞相创新的良好局面；厦门航空在疫情防控和复工复产中贡献突出，得到中央领导同志批示肯定；春秋航空等率先组织复工复产包机，长龙航空、邮政航空等积极开展确保货运供应链稳定工作，这些都在社会经济恢复发展的关键时期发挥了积极作用。推动行业复苏，率先指导航空公司开展客舱改装方案的验证工作，保证了客舱改装的安全性和改装批准的效率，改装了3种机型共计23架飞机。同时，开辟绿色通道，助力复工复产复学。疫情防控期间，华东局一方面简化审批手续，开通“绿色通道”，“即来即办”，抓速度抢时间，共审批复工复产包机204班，危险品运输绿色通道许可审批8件，国家任务保障6件；另一方面将虹桥机场每周150个国际及地区航班时刻置换给国内航空公司，用于支持航空公司执行国内航班，以落实“六稳”“六保”及复工复产需求。

为贯彻民航局“以新发展理念推进民航高质量发展”要求，华东局成立虹桥机场安全能力运行效率提升工作领导小组，进一步探索近距跑道运行新模式、新技术应用实施，对标国内外先进水平，提升机场空中、地面安全保障能力以及航班运行效率。通过部署具体任务，列明各单位工作清单，以具体任务推动虹桥机场安全能力、运行效率提升，同时探索近距跑道运行新模式，提升近距跑道运行“空中及地面防相撞”效能。

鉴于华东地区时刻资源供需矛盾突出，为了合理安排有限的时刻资源配置，落实民航局“运行总量精准控，航班时刻精细调”的要求，年内，华东局发布了《民航华东地区机场换季航班时刻增量配置办法(试行)》。本办法旨在科学、合理地确定华东地区各机场换季航班增量系数，确保实现航班总量与保障能力的平衡匹配。经过前期仔细调研，广泛征求航空公司、机场意见，后予以公布。为了进一步规范华东地区非航班时刻协调机场的航班时刻配置管理工作，华东局于2020年初出台了《民航华东地区非航班时刻协调机场换季航班时刻增量分配推荐工作指导意见》，明确了推荐工作的原则、程序和要求，强调各非协调机场和航空公司要增强规则意识，强化契约精神，充分沟通交流，本着诚实守信、互惠互利、共同发展的原则，做好非协调机场航班时刻增量分配的推荐工作。同时，华东局在民航局指导下，以上海为试点，结合浦东机场发展定位，以《民航航班时刻管理办法》为根本，组织上海机场时刻协调委制定了符合浦东机场发展战略和功能定位的《浦东机场航班时刻管理实施细则(试行)》，并在2020年冬春航季试行。

【上海机场】2020年，上海机场以“人文关怀”和“文化彰显”为建设主线，确定了以“共享·卓越”为关键词的上海机场人文机场建设体系，引领上海机场服务质量工作转型升级。浦东机场持续抓好“十大服务举措”，涵盖便捷出行、智慧安检、客流预警、智能交通等主题；围绕浦东机场运行效率和服务痛点难点，以推动地服公司运行控制中心构建、提升首末件行李达标率、信息化和人才培养等为抓手，打通从航班指挥到地面服务、到旅客端的信息服务业务链。虹桥机场持续推进精细运营管理，对Skytrax审计报告全面分解评级，着重做好50项关键指标、34项短板问题的对标分析；贵宾公司积极探索多元化艺术氛围打造，打造标杆样板贵宾室，开展特色服务运营管理手册编制，以窗口形象展示城市机场服务特色；浦东机场围界广域全景侦测项目、智慧场区建设项目、虹桥机场人文服务示范项目等项目被民航局评为2020年度四型机场示范项目。

上海机场多措并举积极打造生态友好绿色机场。编制了《集团公司绿色机场建设行动纲要（2020　2035年）》，建立了上海绿色机场发展评价指标体系。开展环保核查及回头看，重点关注水、气、固废、噪声、环保手续及制度等六个方面。坚持打好“蓝天保卫战”，加快实施绿色环保项目，全面实施“油改电”工作，两场桥载设备100%配置到位，桥载电源使用率达99%以上，集团新能源车占比达16.43%；浦东机场完成空侧52个新能源汽车充电桩设备施工建设项目试运行，虹桥机场T2出租车蓄车场充电示范点投运，与上汽集团在加氢站、氢燃料电池车应用上全面推进深度合作。

上海机场积极响应民航局号召，加快数字化转型智慧化发展全面推动智慧安全，优化智慧运行，升级智慧服务，打造智慧商业，强化智慧管理。重点推进了运用AI技术的浦东机场围界广域全景侦测系统、运用大数据和区块链技术的易安检系统、试点AI技术的A-CDM系统；持续加人智慧出行投入，虹桥机场作为国内首批试点RFID行李全流程跟踪系统机场，已在T2实现53%覆盖率，自助行李托运设施覆盖到T2C岛，47号登机口新型自助登机设施投入试点；浦东机场深化无纸化便捷出行，楼内自助托运设施进一步扩容，RFID行李全流程跟踪系统完成试点；两场5G信号实现近机位100%覆盖；加快推进机场超级大脑、数据总线、时空大数据平台、运行态势感知系统、浦东机场智慧场区管理平台等新基建智能数字化基础设施建设。

年内，上海机场按照航空枢纽发展战略和“十三五”民航发展要求和目标，积极推进国际航空枢纽建设，加快推进重大基础设施建设，浦东机场三期扩建交通配套工程（两场联络线）、浦东机场三期扩建旅客过夜用房及配套工程、虹桥商务区东片区综合改造市政配套二期工程投资完成率118%，超节点目标。与南通市人民政府签订了《南通新机场合作共建协议》，将南通新机场纳入上海多机场体系，作为“两地三场”的一部分，与浦东机场、虹桥机场统一规划、统一建设、统一运营、统一管理。此外，上海机场援建的西藏定日机场的前期报批及设计工作稳步推进。正式印发了《上海机场（集团）有限公司改革发展“十四五”规划》和《上海机场（集团）有限公司2020—2022三年行动规划》，做好下一阶段集团发展路线图，开展了《上海航空枢纽中长期发展》《全球大型机场集团对外拓展案例》《提升浦东机场枢纽中转功能》《上海机场智慧化发展及四型机场建设目标体系、实现路径和保障机制》《关于长三角一体化背景下的上海机场航线航班优化研究课题》等课题研究。

2020年，上海机场作为全国客货运出入境运量最大的枢纽机场，不仅承担了城市疫情防控的第一道关卡，也是全国疫情外防输入的前沿阵地。在国内疫情防控的关键时期、民航局下达“五个一”航班限制令前，上海机场承担了全国近1/3境外客运航班的保障工作，一线防疫人员对平均每天两三万的入境人员进行病毒检验与转运隔离；货运方面，竭力实现物资保通保运保畅，疫情防控期间，单日货机保障量一度高达415架次，创下历史新高（过去单日最高170架次）；顺利保障了全国约一半的进出境抗疫物资运输，为维护全球产业链供应链稳定贡献了巨大力量；全年投入防疫专项资金2.45亿元，承担入境旅客转运任务57.7万人次，保障防疫物资运输7.03万吨；9月，上海机场集团被中央表彰为“全国抗击新冠肺炎疫情先进集体”。

客运方面，虹桥机场在国内机场同业率先在候机楼内开展测温，连升4级加强旅客测温，率先发布《航站楼常态化卫生防疫管理标准》。随着虹桥机场全部国际航班和首都机场的部分国际分流航班转场，浦东机场实施严格闭环管理、精准施策，落实了57类岗位的闭环链，建成全国首个采用标准集装箱尺寸的p2+移动式核酸检测实验室。按照市新冠肺炎疫情联防联控领导小组的工作部署，上海两场全天候响应防疫政策变化，第一时间落实口岸布局调整和改造施工，及时跟进完善对四国六地区、八国、十六国、二十四国直至所有国际入境旅客的防疫措施；创新实施了转运标准更为严格的“130”模式（即对被海关甄别为“症状不明显但有旅居史、风险较大”的入境旅客，由大巴转运至隔离点医学观察）；建立16区+3省市转运平台，全流程落实旅客和机组在沪住宿、过境、移交、转运、通道分离、采样方舱等工作，有效守住了上海城市的大门。

【东航全球首个陆侧贵宾室全新亮相】1月20日，东航全球首个陆侧贵宾室——东航V21S贵宾室在上海虹桥国际机场T2航站楼正式开业。东航V21S贵宾室位于虹桥T2航站楼出发大厅C岛的上方，总建筑面积近2000平方米，该贵宾室采用“贵宾服务+安检登机”的集成式服务，拥有专属安检通道。

【东航：既是抗疫逆行“前锋”，更当外防输入“门将”】面对突如其来的新冠肺炎疫情，东航闻令而动、星夜响应，执行全国第一个疫情防控航班、执行中国第一班援外包机、执行武汉“复飞”第一班航班、打造最大“客改货”机队。1月24日，东航接到民航局重大办部署，紧急执行MU5000航班，运送上海市首支援鄂医疗队，这也是中国民航第一班驰援武汉的包机。2月9日，中国民航开展了新冠肺炎疫情暴发以来最大规模的包机运输，东航是其中承运任务量最大的航司，短短一天之内，18架东航包机从6处机场起飞，运输沪苏浙晋鲁五省市医疗队，共计2146名医护人员和近110吨医疗物资驰援武汉。2月17日，东航保障两架中国首款国产大型运输机运-20来沪紧急空运支援湖北的部队医疗队和物资。3月17日起，东航按照相关部署，执行援鄂医疗队返乡的航空运输保障任务。3月22日，东航派出5架飞机，从上海、昆明、兰州三地飞赴武汉，迎接上海、云南、甘肃三省市总计912名援鄂医疗队员返乡。4月8日，东航MU2527航班载着49名旅客前往海南三亚，是武汉天河机场恢复的首架客运航班。据统计，东航共执飞往返湖北的抗疫医疗队包机175架次，占全民航任务总量的约三分之一，居业内第一。2月18日，东航按照国务院、国资委、民航局关于复工复产的相关要求推出“定制包机”业务，全面接受企业有关复工复产包机的申请。同时，作为中国民航的“国家队”成员，东航成为2020年全球防疫物资运输重要生力军。3月12日，东航MU787航班执行中国首班援外抗疫专家组包机任务，将中国政府和中国红十字会向意大利派遣的抗疫专家组一行9人与约9吨物资运往罗马。在欧洲，东航是中欧航线上运输防疫物资最多的航司，仅仅在欧洲疫情首轮高峰的4、5、6月，东航的中欧防疫物资运输航班就分别达到141班、137班和138班，还新开通“济南—米兰”“武汉—法兰克福”等货运航线。据统计，东航共执行飞往疫情严重国家的医疗包机16架次、客运包机55架次，执行“客改货”包机6568架次，承运援外医护人员48人。东航还携手19家天合联盟成员航企共倡全球合作抗疫。在世界各地，东航依托全球站点，把防输入关口尽量前移，海外东航人成为最前沿的防疫尖兵：在南亚，东航是各家执飞孟加拉国至中国的航司中，唯一没有发生航班熔断的；在欧洲，东航欧洲营销中心严格控制航班的客座率，在值机环节严格落实国家的健康码要求，做好登机检查，围绕因为疫情和航班变动出现的大量客票退改进行精细化的服务保障；在北美，东航温哥华营业部始终严格核查旅客体温、核酸报告、血清报告，数次排查拦截存疑的“问题”报告，确保了疫情发生以来东航温哥华航班入境旅客迄今未发现任何病例；在南半球的澳大利亚，东航悉尼营业部细化提出为当地高风险区域旅客设置专用值机柜台的措施。在万米高空，东航客舱乘务团队用“五必须、两更新、一应急”，为旅客打造安全的出行环境。2020年，东航共执行2.5万抗疫相关航班、运送2.3万医疗人员、7万余吨物资，承担全民航第一多的防疫运送任务，6000余万旅客无一人在客舱感染确诊。在全国抗击新冠肺炎疫情表彰大会上，东航获党中央、国务院、中央军委授予的全国抗击新冠肺炎疫情先进集体1个、先进个人1名，党中央授予的先进基层党组织1个，成为受表彰最多的民航央企。

【东航“随心飞”：开动消费“新引擎”服务国内“大循环”】6月18日，东航发布新产品上线公告：推出全民航领域首款“周末随心飞”产品。旅客购买该产品并激活后，可在2020年内的任意周六和周日，不限次数乘坐东航和上航航班，畅飞国内除港澳台地区外的各大城市。产品一经发布立即引爆市场热度和全民关注，“一石激起千层浪”形成“现象级”效应，各大航司效仿跟进，“随心飞”“随心游”“随心住”“随心享”……遍地开花、交相辉映，产品创新刺激需求，带“活”航空产业链复苏。东航后续推出的“早晚随心飞”“西域随心飞”“湾区随心飞”“大兴随心飞”“周末随心飞（2021版）”，进一步带活“随心游”“随心住”“随心享”，2020年共带动270万旅客出行消费，开动消费新引擎，服务国内大循环。

【东航厦门分公司正式成立助力海峡西岸经济区建设】7月25日，东航厦门分公司揭牌成立，正式开启东航全方位参与海峡西岸经济区建设，助力福建省、厦门市高质量发展超越的崭新篇章。东航将厦门列为其“四梁八柱”航线战略的重要支柱，计划到2025年投入40架飞机，成为厦门市场主要基地航空公司之一。未来，东航计划重点加密厦门至上海、北京、昆明、西安四大枢纽的航班，打造厦沪、厦京、厦昆、厦陕快线，拓展至日本、韩国、东南亚和中国台湾地区等优质航线，适时开拓至欧美重点城市航线。

【东航“四位一体”服务进博】11月5日—10日，第三届进博会上，70名东航空姐组成的凌燕礼仪志愿服务队连续三届作为志愿者参与进博会的形象礼仪、外事接待、现场讲解等保障工作，并在中央企业国际合作论坛及各大企业签约仪式上担任主持和礼仪工作。东航首次以“核心支持企业”“指定航空承运商”“采购商”“服务商”的“四位一体”方式参与进博、服务进博，与11个国家及地区大型国际知名厂商完成23个签约，展会展商成交占比83%，均创新高；进博窗口服务、志愿服务广受好评。7月2日，东航与中国国际进口博览局合作推出的全球首架“进博号”主题彩绘机精彩亮相。从那时起，东航“进博号”累计飞抵法国、加拿大、英国、韩国、斯里兰卡等10余个国家的20多个重要航点，展示进博魅力。

【东航旗下一二三航空公司正式运营】12月28日，东航于2020年2月26日新成立的一二三航空有限公司迈出了市场化运营国产飞机的标志性一步，其引进的首架ARJ21飞机执行MU5159航班，以超过90%的高客座率开启首航之旅。飞机于14:25从上海虹桥机场起飞，飞向北京首都机场。一二三航有力补充东航干支结合的航线网络，打造国产民机“国家队”、打响“中国制造”全球品牌。

【浦东、虹桥机场实施航空器尾流重新分类实验运行】12月31日零点，华东空管局在上海浦东、虹桥机场实施航空器尾流重新分类实验运行工作。该项技术是当前国际民航组织（ICAO）推进运行精细化研究重点工作之一。结合国内外运行经验和国内繁忙机场的交通流量特点，形成了中国航空器尾流重新分类标准（RECAT-CN）。RECAT-CN将航空器尾流等级分为五类，重型机（H）分为B、C两类，其他与ICAO现行标准保持一致。该方案优化了航空器尾流间隔，在保证安全的前提下，有效提升了繁忙机场运行效率。

【浦东、虹桥机场持续调整优化飞行程序】12月31日，上海浦东、虹桥两场飞行程序完成持续调整和优化工作，并正式公布实施。华东空管局结合一年来的实际运行经验及阶段性成果，一方面对浦东机场向南运行程序的部分细节进行优化设计，并新增了向北运行时的“点融合”飞行程序，实现“点融合”全天候运行；另一方面对上海两场飞行程序的诸多要素进行优化，使新程序更加趋于完善，有效降低管制工作负荷，提升了运行安全与效率。

（孙越）

【疫情暴发后吉祥航空率先开通“客改货”包机业务】在国家大力支持航空货运的大环境下，吉祥航空于3月26日率先启动“客改货”项目；并于3月29日派出B787远程飞机执行首班上海直飞西班牙的洲际包机。至此，吉祥航空成为疫情暴发后全民航第一家开通“客改货”包机业务的航空公司，也是第一家获得客舱内载货运行资质的航空公司。全年，公司累计组织实施货运包机259班，货邮总量4952吨。公司全部6架B787投入执行欧洲方向物资运输包机任务，航迹遍布芬兰、英国、法国、德国、西班牙、意大利、希腊等12个欧洲国家；同时利用空客A320/

A321飞机执行日本、新加坡、泰国等亚洲国家防疫物资包机；5、6月间陆续承担了近30班国家商务部抗疫物资紧急运输任务，为柬埔寨、马来西亚、菲律宾等东南亚国家运送抗疫物资。

【吉祥航空首架空客新一代A321neo飞机投入运行】2020年12月2日，吉祥航空首架空客新一代A321neo飞机，注册号B-30EQ，正式投入运行，执行虹桥—西安、虹桥—成都往返航班。作为吉祥航空旗下首架ACF构型的A321neo飞机，该飞机延续了宽体机的“中国风”主题彩绘喷涂，也是迄今为止国内首架彩绘喷涂的A321neo飞机。

【吉祥航空与芬兰航空达成航线联营意向】2020年4月15日，吉祥航空与芬兰航空签署合作意向书，将在上海—赫尔辛基航线开展航线联营合作。双方航线联营实施后，将基于高频次中欧间班期运行，在地面与空中服务、联程中转等旅客出行触点上加强合作，共同致力于提供高品质、一致性的服务环境，此举不仅将进一步加深吉祥航空与芬兰航空日益紧密的合作关系，还将更多惠及双方旅客。

【全球首家空地互联公司在沪揭牌】2020年12月16日，由上海均瑶（集团）有限公司、中国东方航空集团有限公司、中国电信集团有限公司三方合作成立的空地互联网络科技股份有限公司（以下简称“空地互联公司”）在上海揭牌。该公司是全球首家航空公司与电信运营商通过股权合作、共同从事空地互联服务的专业公司。截至2020年底，东方航空加上均瑶集团旗下吉祥航空，双方合计100余架空地互联飞机，占全国空地互联飞机的54%，服务旅客人次及使用数据流量均超过全行业的80%，业务规模和服务水平均保持行业领先。吉祥航空将积极参与到空地互联公司的产品创新、技术创新、机制创新，不断推出体验更优、服务更好的航空互联网产品，为广大旅客提供高品质航空出行体验，更加助力数字化航空和智慧民航的不断进步。

【金鹏航空全力投入抗疫运输】自年初新冠肺炎疫情暴发以来，金鹏航空积极响应国家号召，主动践行航空运输企业的责任与担当，充分发挥货机机队远程洲际货运的运行能力优势，参与到抗疫包机援助运输任务当中。全年执行防疫物资包机31班，共运输防疫物资2000余吨，足迹遍布三大洲，航点遍及十几个国家（巴基斯坦、斯洛伐克、克罗地亚、匈牙利、澳大利亚均是金鹏航空首次执飞国家）。

【金鹏航空开通“浦东—博鳌”直飞航线】4月13日，金鹏航空开通国内首条“浦东—博鳌”直飞航线，填补了博鳌机场启用以来无定期直飞一线城市航班的空白，实现了上海到海南的空中“三车道”，拓宽了长三角经济带通往海南自贸港的空中通道。至此，金鹏航空也率先成为首家开通上海到海南三家民用机场的航司。

（孙越）

PART NINE IX

铁路运输

RAILWAY TRANSPORTATION

- 综述
- 客货运输
- 铁路建设
- 经营开发与企业管理
- 新冠肺炎疫情防控

（一）综述

2020年，国铁上海局集团公司面对突如其来的新冠肺炎疫情和百年一遇的汛情，把“大疫”当作“大考”，聚焦排头兵目标和由“大局”向“强局”转型不动摇，提升企业市场化法治化经营水平。至年末，完成旅客发送量47901万人次，货物发送量18787万吨。完成基建投资873.6亿元，投产新线1234.7千米、创历史新高。盈亏总额较国铁集团下达目标减亏30亿元以上。杜绝了一般B类及以上责任行车事故，实现连续安全生产2424天。

国铁上海局2019年运输经营主要指标完成情况表

指标名称	计量单位	年度预期值	年末实绩	完成（%）	上年同期实绩	比上年同期增减±%
换算周转量	百万换算吨公里	265920	287402	108.1	386301	-25.6
旅客周转量	百万人公里	139480	159095	114.1	254718	-37.5
货物周转量	百万吨公里	126440	128307	101.5	131583	-2.5
旅客发送量	万人	42189	47901	113.5	73268	-34.6
货物发送量	万吨	18781	18787	100	18403	2.1
上海市内车站旅客发送量	万人		7605		12834	-40.7
安徽省内车站旅客发送量	万人		9455		13364	-29.3
江苏省内车站旅客发送量	万人		15038		22534	-34.3
浙江省内车站旅客发送量	万人		15711		24058	-34.7
动车组发送旅客	万人		38966		56234	-30.7
货物发送量	万吨	18781	18787	100	18403	2.1
货车周转时间	天	2.43	2.34	压缩0.9	2.33	延长0.01
货车中转时间	小时	5.0	4.8	压缩0.2	4.8	持平
货车停留时间	小时	19.2	18.4	压缩0.8	18.8	压缩0.4
货车旅行速度	公里/小时		44.8		42.3	5.9
日均装车数	辆/日	10400	10392	99.9	9945	4.5
日均卸空车	辆/日		13233		12175	8.7
货车静载重	吨/辆		49.4		50.7	-2.6
客车出发正点率	%		100		100	0.0
客车运行正点率	%		100		100	0.0
货车出发正点率	%		98.2		98.2	0.0
货车运行正点率	%		97.4		97.4	0.0
货机日产量	万吨公里	116.3	122.0	104.9	118.9	2.6
货机日车公里	公里	461	490	106.3	473	3.6
货机列车平牵	吨	2770	2793	100.8	2808	-0.5
内燃机车单耗	千克		31.9		30.0	-6.0
电力机车单耗	千瓦时		195.7		202.9	3.7
货车运用车	辆/日	56000	53940	96.3	52438	2.9
部属现在车	辆/日		57830		56656	2.1
集装箱发送量	万TEU	284.0	278.0	97.9	207.3	34.1
运输收入	亿元		763.94			-28.8
客运收入	亿元		567.02			-34.9

续表

指标名称	计量单位	年度预期值	年末实绩	完成（%）	上年同期实绩	比上年同期增减±%
货运收入	亿元		196.92			2.7
非运输业营业收入	亿元		218.20			-11.77
运输业劳动生产率	万吨公里/人		198.2		259.6	-23.6
行车责任重大、大事故	件		0		0	
安全天（无A类及以上责任行车事故）	天		2424			
盈亏总额	亿元		-70.55		102.03	

注：1.受新冠肺炎疫情影响，相关指标属于年度调整指标；2.资料来源于《上海局集团公司2020年统计公报》，上海局集团公司运输部、客运部、货运部、工务部、劳卫部、财务部（收入部）等相关部室

【安全生产保持总体稳定】 2020年，上海局集团公司坚持强基达标、从严务实，持之以恒夯实安全基础。推进标准化规范化建设，在“实”上用力、重“质”的提升，分系统落实“规定+自选”动作，精简优化各类考评标准，开展作业达标率评价，规范管理和作业行为。以安全双重预防机制防风险、除隐患、盯关键，组织开展安全隐患大排查大整治、普铁环境整治以及高铁道岔、信号串码、隧道、动车组源头质量等专项整治，汛期经受了百年一遇的雨情水情考验，年内完成各类施工1.7万项。推动铁路安全地方立法工作，《上海市铁路安全管理条例》（2020年12月30日上海市第十五届人民代表大会常务委员会第二十八次会议通过）率先出台。在经营困难的情况下持续加大安全投入，年内安排大修、技改和专项整治费用104.9亿元。加强安全责任落实，严格安全生产过程管理履职督查，集团公司层面共问责87人。加大安全质量奖惩力度，全年兑现奖励5.8亿元、考核（扣罚）1911万元，嘉奖防止事故有功人员937人90万元。实现连续第六个安全年。

【科技创新与职工队伍建设】 2020年，上海局集团公司完善科技信息化管理制度机制，加强科教人才工作。召开集团公司科技创新大会。落实网络强国建设行动，制订加快“数字上铁”建设工作方案。投入2065万元，立项科研课题226项、评审验收成果179项，均创历史新高。获上海局集团公司优秀成果168项，获省部级科技奖7项。牵头研究国铁集团课题11项，结题验收1项。实施铁网护栏等网络安全专项工程，优化整合信息系统272个，动车组健康管理、机车运用管理等一批重点信息化和大数据应用项目有序推进。鼓励职工创新创造，表彰金点子、优秀合建和技改成果128项。推进人才培训培养计划落实及平台建设，挂职锻炼年轻干部159人，优化调整领导人员335人，其中提拔使用抗疫防汛表现突出人员18人。新增选树铁路工匠5人、上铁工匠20人，考核晋升专业技术人员1717人、技能人员12611人，获詹天佑铁路科学技术奖18人。深化真培真学真考，完成各类培训9005期85.7万人次，首次开展高铁岗位自培，常态化组织各级抽考，举办首届青年创新创效大赛，上海局集团公司在第六届全国铁道行业职业技能大赛中获团体一等奖。

【职工生产生活条件持续改善】 上海局集团公司消化克服2020年新冠肺炎疫情影响，维护职工利益，办好职代会确定的职工实事项目。职工年平均工资同比增长6%。年内保

障房建设竣工交付5532套、正在施工5247套。同步建成新线生产生活设施，完成52个既有线车站、工区及6个工电供融合点生产生活设施补强，为偏远站区购置559台净水器。投入1815万元，完成45辆宿营车改造。建成启用南通动车所行车公寓，完成2个行车和机务公寓、3个单身宿舍大修整治。投入8420万元、完成职工健康体检14.3万人，安排职工健康休养4000余人。组织健步走活动，9.9万人参加。建成诸暨客运培训基地。投入1150万元，补强职工培训设施设备。全年助医、助困、助学10万余人次近8000万元，职工参加地方互助保障计划14.7万人，支付职工医疗补助2.1亿元，医保数据路地链接覆盖面95%以上。举办职工乒乓球、羽毛球比赛，工会会员年节慰问标准提高到人均1200元。上铁职工家园App开辟线上健康宣传咨询、网上挂号等新功能，为参与抗疫推迟婚期的12对新人举办集体婚礼，组织线下线上“缘在高铁”交友活动80场，拓展了服务职工的新领域。

【党群工作】2020年，上海局集团公司学习贯彻习近平新时代中国特色社会主义思想，坚持“两个一以贯之”，引领企业在服务新发展格局中找准定位、展示作为。加强和改进新时代基层思想政治工作，完善党建工作责任体系，巩固“不忘初心、牢记使命”主题教育成果，专题部署党支部建设工作。完成3家单位的常规巡察、15家单位的专项巡察，以及机动式巡察。各级党组织和党员干部在抗疫、防汛等急难险重任务中，发挥战斗堡垒和先锋模范作用。加强企业廉政建设，持续纠治“四风”，抓好巡视巡察问题整改，强化纪律保证。开展“节支降耗做贡献、改革创新立新功”主题宣讲，深化企业文化建设，选树新时代上铁榜样，用好融媒体平台，多渠道弘扬主旋律、激发正能量。党政工团各级组织合力共为，职工与企业命运与共、共克时艰，推动企业高质量发展。合肥机务段戴建军、南京东机辆段殷学斌、上海动车段张华、杭州电务段冯明获全国劳模称号（《中共中央国务院关于表彰全国劳动模范和先进工作者的决定》，2020年11月24日）。上海局集团公司工会获全国模范职工之家称号，徐州站客运车间工会、南翔（直属）站北郊站工会、杭州工务段钱塘江大桥桥梁车间工会获全国模范职工小家称号《关于表彰全国模范职工之家　全国模范职工小家　全国优秀工会工作者的决定》（总工发〔2020〕11号）。乔司站叶志贤、蚌埠站郑少伟、徐州机务段部宁、合肥机务段郁家军、南京东机辆段邵晓明、上海机辆段田敏、杭州供电段朱光耀获全国技术能手称号（人社部发〔2019〕10号），国铁集团（劳卫组函〔2020〕7号），（上铁劳卫函〔2020〕306号）。上海动车段虹桥动车运用所轮轴班组获2019年度全国青年安全生产示范岗（共青团中央中青明电〔2020〕36号）称号。

【机构变化情况】2020年，上海局集团公司发文调整机构设置。

（1）集团公司机关科室调整：1月23日，在调度所内设施工管理办公室，不再按附属机构管理，并在调度所加挂施工管理办公室牌子。4月2日，在调度所成立高铁调度室。4月27日，在集团公司办公室（党办、董办）成立董事会工作科。10月21日，成立集团公司科技成果和知识产权办公室，设在科研所。12月16日，将调度所负责的高铁客服综控专业管理交由客运部，操作业务交由客运车务站段；货运日计划、红外线调度、运输十八点统计等业务以及工务、电务、供电调度台由调度所管理；货工业务、自备车过轨管理、物流调度等由货运部管理；将调度所技术教育室更名为信息技术室，安全室更名为安全教育室，将综合室、分析室合并设置为综合分析室。

（2）集团公司所属单位、合资铁路公司调整：5月8日，经国铁集团批复同意，京福客专安徽公司建设管理职能调整由皖赣铁路安徽公司承担，调整后皖赣铁路安徽公司与徽黄铁路有限公司实行“一个机构、两块牌子”，为国铁集团重点监管的合资铁路公司。12月7日，经国铁集团批复同意，将上海车辆段承担的上海地区动力集中动车组和客车运用检修工作划交上海机务段；将上海车辆段承担的浙江地区动力集中动车组和客车运用检修工作划交杭州机务段；将上海车辆段承担的客车A2、A3修工作划交合肥车辆段；将合肥车辆段承担的江苏南京地区动力集中动车组和客车运用检修工作划交南京东机务段。相关职能划转后，上海机务段、上海车辆段合并成立上海机辆段，杭州机务段更名为杭州机辆段，南京东机务段更名为南京东机辆段。12月10日，经国铁集团批复同意，上海高铁维修段更名为上海高铁基础设施段，将京沪高铁上海虹桥至秦淮河线路所及部分联络线（约300千米）的工电设备维修从既有站段划出、纳入该段管理。对该段组织架构进行优化，并调整相关工电单位机构定员。12月15日，明确诸暨培训基地运营管理模式，按照教学教务、后勤保障分开管理进行运作，分别由客运部和杭州职工培训基地负责。

（3）新线运营维修管理机构和管界公布：3月13日，公布沪（上海）苏（州）（南）通铁路、盐（城）（南）通高铁、连（云港）镇（江）铁路（淮安镇江段）、徐（州）连（云港）高铁、合（肥）杭（州）高铁（商合杭合肥湖州段）、京港高铁（合肥安庆段）、衢（州）宁（德）铁路、水（家湖）蚌（埠）铁路蚌埠段改线及电气化扩能改造工程等新线运营维修管理机构和管界（分工）。成立（含更名）相关车间（含工务牵头的基础设施综合维修车间），以及（基础设施）综合维修工区。

【上海局集团公司“十三五”成绩斐然】

“十三五”（2016—2020）的五年间，上海局集团公司落实党组织在法人治理结构中的法定地位，确立当好“交通强国铁路先行”排头兵的目标定位，服务长三角一体化发展、长江经济带发展、“一带一路”建设等国家战略，各项任务指标全面完成，成绩斐然。

安全生产持续稳定。人防、物防、技防“三位一体”安全保障体系更加完善，确保了全路最多的高铁、最多的动车安全运营，杜绝了责任一般A类及以上事故，至2020年末，实现安全生产2424天、第六个安全年。

长三角铁路网规模质量大幅提升。铁路基本建设投资规模连续5年保持800亿元以上，“十三五”累计完成基本建设投资4366亿元，较“十二五”增长81.1%。铁路营业里程由9868千米增加到12846千米、增长30.2%，其中高铁里程由3250千米增加到6008千米、增长84.9%。苏北、皖北、浙西南等地区迈入高铁时代，高铁网覆盖了安徽、江苏、浙江、上海三省一市范围内除舟山外所有地级及以上城市、形成1～3小时“交通圈”。配属动车组（自然组，为资产口径）583组6468辆（“复兴号”159组1782辆，动力集中动车组25组304辆），占全路总量21.1%，其中国铁配属554组6116辆，区域内合资铁路公司配属29组352辆。动车组健康管理信息系统等一批科技创新成果得到广泛运用。

经营质量效益稳步增长。创新实践“一日一（运行）图”，2019年旅客发送量在全路率先突破7亿人次大关。“十三五”完成旅客发送量30.8亿人次，较“十二五”分别增长54.8%，其中动车组发送23.3亿人次，较“十二五”增长54.8%、109.9%。“十三五”货物发送量中白货比重从27.1%增长到52.6%，累计发运集装箱836万TEU、较“十二五”增长180%。与“十二五”相比，“十三五”运输总收入增长32%，经营总收入增长 30.8%，按价值量计算的劳动生产率增长 48.4%，资产经营开发创效增长 158.7%。企业盈亏总额 2017 年实现扭亏为盈，2018 年运输总收入首次突破千亿元大关，2019 年盈利最多为 102.03 亿元。

企业改革取得重大突破。2017 年 11 月 15 日完成上海局集团公司改制更名、领取新的工商营业执照，11 月 19 日挂牌。逐步完善党委会、董事会、监事会、经理层运作机制，建立了外部董事占多数的董事会。铁路建设投融资体制改革、合资铁路公司重组整合深入推进，运输生产力布局调整、工电供及机辆融合改革、设备修程修制改革、运输生产和劳动组织改革、“三项制度”改革等多点发力、全面推开，企业市场化法治化经营机制不断完善。

职工生产生活水平不断改善。每年实施职代会职工实事项目，每年为职工开展健康体检、组织健康休养。坚持打造命运共同体，增强职工的获得感幸福感。建立职工收入与企业效益同步增长机制，职工年平均工资收入由 10.8 万元增加到 16.3 万元、增长 51%。建成职工保障性住房 1.4 万余套。投入“三线”（文化线、生活线、卫生线）建设资金 13.3 亿元。发放助医、助困、助学资金 3.8 亿元，受益 65.7 万人次。

（二）客货运输

【概况】2020 年，上海局集团公司面对新冠肺炎疫情带来的冲击，一体推进增运增收和节支降耗。客运率先实现复苏，对全路的贡献度进一步提升。货运克服大宗运量下滑的不利因素，超额完成年度货发任务。全年完成旅客发送量 47901 万人次，货物发送量 18787 万吨。

【旅客运输】2020 年，上海局集团公司客运系统加强市场导向下的有效供给，针对新冠肺炎疫情变化影响、客流高峰与平常差异等因素，精准安排列车开行。根据地方政府和旅客需求，推出复工复学、旅游专列等定制化产品。结合新线开通、路网完善，整体优化产品结构和运力配置。推进服务提质，电子客票由高铁向普速铁路推广，e 卡通、随手寄、静音车厢、热链供餐等特色服务带给了旅客更好体验。至年末，完成旅客发送量 47901 万人次，较国铁集团调整目标增运 5712 万人次，占全路旅客发送量 22.1%，同比提高 1.7%，对全路的贡献度进一步提升。其中高铁发送 35572 万人次，同比减少 16769 万人次、下降 32.0%。

【客运提质与“复兴号”品牌战略实施】2020 年，上海局集团公司继续实施客运提质与“复兴号”品牌战略，安排项目投资 2.1 亿元，客运重点为普速铁路推广实施电子客票，明光站、宿州站客运设施改造等；“复兴号”品牌战略重点为南京、上海、杭州客整所动力集中动车组检修设施第二阶段改造，新增时速 160 千米动力集中动车组动力厂 D3 修作业工装设备等。

上海局集团公司2020年重点时段发送旅客情况表

项目名称	计量单位	实绩	上年实绩
春运40天（1月10日—2月18日）	万人	3973.6	（40天）7496.4
清明节假期3天（4月4日—6日）	万人	249.4	（4天）1110.4
五一节6天（4月30日—5月5日）	万人	796	（5天）1495.2
端午节4天（6月24日—27日）	万人	612.5	（4天）1002
暑运62天（7月1日—8月31日）	万人	10045	（62天）14000
国庆中秋假期11天（9月28日—10月8日）	万人	2650.9	中秋节4天968 国庆节10天2684.4

注：元旦放假1天，未安排小长假运输。　　资料来源于上海局集团公司客运部

【货物运输】2020年，上海局集团公司货运系统面对新冠肺炎疫情对铁路货物运输造成的阶段性影响，推进货物运输供给侧结构性改革，对接国家运输结构调整战略，主动适应长三角经济和率先转型发展，进一步“稳黑增白”。管内“八矿”总产量下降的情况下铁路运输份额保持稳定，上海、宁波、连云港等主要港口铁路运量持续增长，集装箱装车占比上升到36.5%，中欧班列开行2202列、增长48%。至年末，完成货物发送量18787万吨，是年度预期值的100%，同比增加384万吨、增长2.1%。日均装车10392辆、同比增长4.5%，日均卸空车13233辆，同比增长8.7%，单日装车、卸车屡创历史新高，最高日分别为12361辆、16160辆。集装箱发送278.0万TEU，同比增加70.7万TEU、增长34.1%。

【三省一市旅客发送量下降】2020年，受新冠肺炎疫情影响，上海局集团公司管内三省一市旅客发送量下降。其中浙江省内车站发送15711万人次，同比减少8347万人次、下降34.7%，是三省一市减量最多的地区，但总量仍居第一。江苏省内车站年发送旅客15038万人次，同比下降34.3%，安徽省内车站年发送旅客9455万人次，同比下降29.3%，上海市内车站年发送旅客7605万人次，同比下降40.7%。

【三省一市货物发送量三增一降】2020年，上海局集团公司管内三省一市货物发送量三增一降。其中江苏省内车站年发送6743万吨，同比增长9.3%，浙江省内车站年发送3988万吨，同比增长2.5%，上海市内车站年发送478万吨，同比增长1.4%，安徽省内车站年发送7549万吨，同比下降3.5%。

【铁路客货服务第三方满意度测评】2020年，上海局集团公司协调上海市质协用户评价中心对36个高铁和普速铁路客运站、13个货运营业站、30对高铁动车组和直通旅客列车实施调查，形成年度客货运服务顾客满意度调查报告。测评结果：客货运服务顾客总体满意度86.20%，同比上升1.12；客运服务总体满意度86.01%，同比上升1.12；货运总体满意度89.48%，同比上升0.32。

【物流基地建设】2020年，上海局集团公司安排项目投资2.1亿元，重点为安亭商品小汽车立体存放库，无锡南货场新增货运线，义乌西货场货物线延长及新建站台雨棚，长兴南货场改造等。推进落实陆家浜、合肥派河港和新沂货场建设前期工作。

上海局集团公司2020年各站段、货运中心（含合资铁路公司）客货发送量完成情况表

所在省市	单位名称	旅客发送量（万人次）	货物发送量（万吨）	所在省市	单位名称	旅客发送量（万人次）	货物发送量（万吨）
安徽省	蚌埠（直属）站	1130.5	107.9	浙江省	金华车务段	2774.3	893.1
	合肥（直属）站	3256.4	0.1		宁波车务段	5229.7	2009.6
	淮南西（直属）站	468.9	3042.1		金温公司	134.3	406.7
	阜阳北（直属）站	1188.1	211.5				
	芜湖东（直属）站	13.0	487.8	上海市	南翔（直属）站	509.5	393.4
	淮北车务段	426.1	2799.9		上海（直属）站	7037.6	0.1
	合肥车务段	817.8	606.7		芦潮港集装箱中心站	0.0	76.1
	芜湖车务段	2024.8	349.1		浦东公司	0.0	10.8
江苏省	徐州（直属）站	2055.9	2.0		集团公司合计	47901.3	18787.1
	徐州北（直属）站	0.0	70.6				
	南京（直属）站	4830.7	0.0	安徽省	蚌埠货运中心		6161.5
	南京东（直属）站	0.0	472.8		合肥货运中心		606.9
	镇江（直属）站	719.4	149.6				
	常州（直属）站	997.8	152.9				
	无锡（直属）站	1385.8	139.1	江苏省	徐州货运中心		5494.5
	苏州（直属）站	3150.9	86.0		南京货运中心		1833.2
	徐州车务段	527.2	5422.0	浙江省	杭州货运中心		2685.7
	新长车务段	1592.6	220.9		金华货运中心		893.1
					金温公司		406.7
浙江省	杭州（直属）站	5812.6	196.9	上海市	上海货运中心		705.5
	乔司（直属）站	0.0	109.5				
	嘉兴车务段	1817.8	369.7		各货运中心合计		18787.1

注：1.资料来源于《上海局集团公司2020年统计公报》；2.车务（车站、车务段）单位货物发送量为联挂考核指标≈货运中心指标；3.部分货运中心有跨省市业务，如上海货运中心含上海市、江苏省苏州、无锡地区和浙江省嘉善地区；4.本表指标为铁路全行业统计数据；5.货运指标不含行包专列

（三）铁路建设

2020年，面对新冠肺炎疫情的冲击、质量安全的考验和确保开通的压力，上海局集团公司建设系统围绕“五个确保、五个见实效”目标任务，保开通、保在建、保开工，合杭、沪苏通、合安、盐通等项目开通运营，沪苏湖、合新等8个项目新开工，湖杭等16个续建项目有序推进。苏北高铁网基本建成。年内集团公司完成基建投资873.6亿元，超过上年水平，保持全路第一，年开通里程创集团公司历史新高，发挥了铁路投资的拉动作用。新增生产能力：投产新线1234.7千米、复线1007.9千米、电气化铁路1305.4千米。

【新线开通】上海局集团公司围绕盐通铁路等2020年内开通项目，制订开通工作方案，抓好提前介入，组织开展集中检查，狠抓10项开通条件落实，解决建设用地、电力迁改、市政配套等难题。合杭（商合杭铁路合肥湖州段）、沪苏通、衢宁、连镇、合安、盐通等9个项目建成运营。其中衢宁、沪苏通铁

路的开通运营，结束了沿线市县不通火车的历史。

商合杭铁路合（肥）湖（州）段：6月28日开通运营。新建线路全长239.36千米，设计车速350千米/小时，设肥东（既有改建）、柘皋、巢湖东（既有改建）、含山南、芜湖北、郎溪南、广德南、安吉、湖州（既有改建）等9座车站。项目批复概算368.94亿元。

皖赣铁路芜（湖）宣（城）段：6月28日开通运营。正线全长71.86千米，设计车速250千米/小时，设芜湖（既有）、弋江（既有）、湾沚南、宣城（既有）等4座车站。项目批复概算89.94亿元。

沪苏通铁路南通至安亭段：7月1日开通运营。正线全长137.47千米，设计车速200千米/小时，设赵甸、南通西、张家港北、张家港、常熟、太仓港、太仓、太仓南、安亭西等9座车站。项目批复概算407.44亿元。

衢（州）宁（德）铁路上海局管段：9月28日开通运营。上海局管段正线全长197.70千米，设计车速160千米/小时。项目批复概算147.02亿元。

连（云港）镇（江）铁路淮（安）镇（江）段：12月11日开通运营。正线全长197.30千米，设计车速250千米/小时。项目批复概算319.28亿元。

合（肥）安（庆）铁路：12月22日开通运营。线路全长161.90千米，设计车速350千米/小时。项目批复概算307.60亿元。

盐（城）（南）通铁路：12月30日开通运营。线路全长157.10千米，为设计车速350千米/小时的高速铁路，项目批复概算254.30亿元。

【建设项目全过程管理】2020年，上海局集团公司加强建设项目全过程管理、全方位介入，开展“三查五防”专项活动，编制落实联调联试、提前介入指导手册。深化建设管理和工程技术创新，沪苏通长江公铁大桥（7月1日开通运营，世界首座主跨超千米的公铁两用斜拉桥，集高速公路、客货混线铁路、高速铁路“三合一”）、连镇铁路五峰山长江公铁大桥（12月11日开通运营，中国首座公铁两用悬索桥，也是世界上运行速度最快、运行载荷最大、跨度最大的公铁两用悬索桥）实现一系列国内第一、世界首创。更加注重依法合规，完成已开通项目竣工决算6个，环水保验收遗留问题全部销号。抓好防疫复工复产，按照“两线作战”“三级联控”“四严四防”要求，统筹新冠肺炎疫情防控和复工复产，商合杭、沪苏通、连镇、盐通、合安、衢宁铁路等8个重点项目2月底全面复工复产，3月上旬管内所有在建项目全部复工复产，为铁路建设逆势回升发挥了重要作用。抓在建，落实施组定期审查制度，动态优化施组方案，严格投资计划管理，特别是对南沿江、杭温一期等重难点项目，采取领导包保、平推检查、激励考核等措施，严防进度滞后，安九、南沿江城际铁路等11个重点在建项目完成投资646.30亿元，占年度投资计划的74%。促开工，围绕沪苏湖铁路等年内开工项目，坚持多层面协调，加快建设用地、环评等要件办理，抓好站前和站后四电、站房一体化招标，提前做好标段划分、开工标准化等准备工作，沪苏湖、杭温二期等8个项目顺利开工建设，全年完成投资70.50亿元，占总投资完成额8.1%。

【工程质量安全监督检查、检测】2020年，上海局集团公司工程质量监督部门组织开展监督检查176项次、抽查1322个工点，挂号入库问题7585个，针对667个突出问题签发整改通知单521份，认定不良行为65件（一般不良行为63件、较大不良行为2件），日常检查扣分128项次，入库的问题由专人督办整改销号，及时发现并整治质量安全突出问题。对杭温铁路、杭衢铁路、池黄铁路等项目开展提前介入检查，及时纠正建设初

上海局集团公司2020年基建大中型项目投资完成情况表（按省市划分）

项目所在省份	建设项目和单项工程名称	建设单位	规模长度（千米）	初步设计概算（万元）	年度预期值（亿元）	年度实绩（亿元）
安徽省	阜淮、淮南、水蚌线电气化扩能改造	合肥枢纽指挥部	273.31	44.4458	6	6
	皖赣铁路芜湖至宣城段扩能改造	皖赣铁路安徽公司	73.321	101.0546	5.3354	5.34
	商丘至合肥至杭州铁路及芜湖长江公铁大桥	皖赣铁路安徽公司	519	851.3710	31	31
	阜阳北扩能	合肥枢纽指挥部	11.994	24.3500	0.1	0.1
	合肥至安庆铁路	宁安公司	162.58	332.5964	42	42
	郑州至周口至阜阳铁路	皖赣铁路安徽公司	64.4	100.4586	6.8227	3.70
	安庆至九江铁路安徽段	宁安公司	129	168.9423	42	42
	南昌经景德镇至黄山铁路	徽黄铁路公司	89.531	123.3179	32	32
	宣城至绩溪高速铁路	皖赣铁路安徽公司	111.7	172.3956	10	10
	池州至黄山高速铁路	皖赣铁路安徽公司	121.4	183.7000	28	28
	芜湖至广德铁路电气化改造工程	合肥枢纽指挥部	146	18.9878	1.2878	0.79
	符夹铁路符离集至新河段扩能	徐州枢纽指挥部	77.95	38.2567	5.7067	3.38
	安徽省内小计		1780.186	2159.8767	210.2526	204.3001
江苏省	连云港至镇江铁路	南京枢纽指挥部	305.2	483.9958	43.321	43.321
	上海至南通铁路安亭至南通段(不含大桥)	沪宁城际公司	119.18	198.2866	15.0671	15.067
	徐州至淮安至盐城铁路	工管中心沪通长江大桥指挥部	11.07	149.0992	12	12
	连云港至徐州铁路	徐州枢纽指挥部	316.27	503.7391	56.117	56.0926
	盐城至南通铁路	苏北指挥部	180.4	265.8684	58	58
	南沿江城际铁路	南沿江指挥部	156.665	281.5021	61	61
	太仓港疏港铁路专用线	上海枢纽指挥部	278.53	503.01	140	140
	上海经苏州至湖州铁路	上海枢纽指挥部	13.1	18.12	5	5
	青岛至连云港（上海局段）	苏北指挥部	52.156	88.46	11.77	11.77
	宁启铁路南通至启东段复线电气化工程	南京枢纽指挥部	7.90	5.7372	0.6372	0.567
	江苏省内小计		92.80	77.9975	16.8975	13.8
上海市	上海至南通铁路安亭至南通段(不含大桥)	沪宁城际公司	18.29	57.0325	2	2
	上海至南通铁路太仓至四团段	沪宁城际公司	112	368.2	3.5	3.5
	上海经苏州至湖州铁路	上海枢纽指挥部	64.853	220.75	12.94	12.94
	上海市内小计		195.143	645.9825	18.44	18.44
浙江省	衢州至宁德铁路浙江段	九景衢铁路浙江公司	210	159.8855	17	17
	商丘至合肥至杭州铁路及芜湖长江公铁大桥	皖赣铁路安徽公司	50.91	78.8337	4	4
	宁波穿山港铁路	萧甬铁路公司	29.29	41.331	3	3
	金华至台州铁路	金台铁路公司（地方）	225	176.4893	24	24
	金华至宁波铁路	杭州枢纽指挥部	185	286.78	50	50
	杭深铁路苍南站改扩建工程	沿海铁路浙江公司		5.5436	3	3
	湖州至杭州西至杭黄高铁连接线	沪昆客专浙江公司	135.788	370.27	114	114
	宁波枢纽庄桥至宁波段增建三四线	萧甬铁路公司	7.4	21.62	4.5	4.5
	沪昆线嘉兴站站场及站房改扩建工程	杭州枢纽指挥部		8.5921	4	4
	上海经苏州至湖州铁路	上海枢纽指挥部	46.695	70.83	10.29	10.29
	金华至建德高速铁路	金丽温公司	64.51	119.2063	0.5	0.5
	浙江省内小计		954.593	1339.3815	234.29	234.29
	上海局集团公司合计		4463.193	6721.0566	882.7924	873.648

注：资料来源于上海局集团公司建设部、计统部

期各参建单位在建设标准、管理行为等方面存在的问题。对连徐、盐通、连镇、合安、衢宁、湖杭铁路等6个项目开展质量安全红线管理督查。组织开通项目综合检查4次（连徐铁路、盐通铁路、连镇铁路、合安铁路）。组织工程质量监督检测37批次、2158组（工程实体1676组、原材料482组），支出检测费159.8万元。针对检测不合格问题，共印发监督通知书16份，整改通知单16份，记录一般不良行为14件。

（四）经营开发与企业管理

【概况】2020年，上海局集团公司落实新冠肺炎疫情影响下的非运输企业经营主体责任，围绕“五个确保、五个见实效”（确保

安全畅通，在防洪防汛和隐患排查整治上见实效；确保疫情防控，在外防输入、内防反弹上见实效；确保稳货补客，在节支降耗上见实效；确保工程建设，在完成固定资产投资上见实效；确保职工总收入，在工效挂钩上见实效），经营开发培育创效新业态，实现以增量补减量。加强土地房屋资产规范化管理、专业化经营，安德门、艮山门等重大项目取得实质性进展，年内实现资产处置和综合开发收益 27 亿元，同比增长 68.7%。抢抓新经济新业态和新线开通中蕴藏的商机，加快互联网商务平台建设，组织开发“高铁 + 旅游 + 土特产”“舌尖上的高铁”等新业务。抓住基础建设、货运转型等契机，建筑施工产业链业务增收 10.4 亿元，新开发的动力集中动车组闸片检修等工业项目 13 个，实施现代物流融合发展项目 26 个。更加注重集约经营，推出“共享员工”等新模式。至年末，非运输企业完成营业收入 218.20 亿元，实现考核利润 35.76 亿元，完成国铁集团下达的考核目标。

【节支降耗与创新提效】2020 年，上海局集团公司把节支降耗、改革创新作为消化新冠肺炎疫情影响、推进企业高质量发展的有力举措。深化修程修制改革，延长周期、优化内容、扩大自主修、实施“等级管理 + 状态修”等多措并举，节约检修成本。结合疫情实际全面推行柔性生产组织，运输生产和劳动组织改革在前两年基础上再压减定员 3626 人，立足自身挖潜解决 5000 多人新线用工需求，年内用工总量较上年减少 5108 人，每换算千米用工减少 0.9 人。开展挖潜提效专项攻关，实施编组站能力查定、运输集中管理、机车交路贯通、货车提速、天窗模式创新等系列举措，货车周转时间较预期压缩 3.7%，旅速同比提高 5.9%，机车日车千米提高 4%，天窗综合利用率提高 12.9 个百分点。开展物资清查，加强全过程管理，节支创效 10.74 亿元。争取直购电、社保、税收、政府购买服务等优惠政策，增收节支 29.6 亿元。

【企业改革管理深化】2020 年，上海局集团公司完善党领导下的现代企业治理机制，建立集团公司外部董事占多数的董事会，修订董事会、总经理办公会议事规则。实施机客车一体化管理改革，推进高铁基础设施维修生产力布局优化，非运输企业重组整合减少法人 17 家，区域合资铁路公司重组有序推进。做实用好“对标找差、创优争先”3.0 版，编制全面预算管理和经济活动分析指导书，科学精准管控生产经营过程。创新线上方式完成年度毕业生招录，拓宽渠道引进社会成熟人才 10 人，启动高职生“2+1”定向培养，深化技能人才岗位聘任制和优化职工发展通道试点。结合经营实际，因时因势调整各层级考核分配办法，精准有效激励。加强重大决策法律论证和重要文件合法性审查，优化合同分级审批权限和流程，完成风险债权清理考核目标，抓好审计、巡察、各类专项检查等发现问题整改，规范各层面的经营管理。妥善处置并办结各类法律纠纷案件 185 件，避免经济损失 1.68 亿元。

（五）新冠肺炎疫情防控

2020 年，上海局集团公司新冠肺炎疫情防控工作按照国铁集团和三省一市属地管理要求，根据疫情变化，依法依规、内外同防、人物同防、联防联控，保障重点物资运输，守住铁路防疫关口和职工生命健康防线，助力社会经济秩序恢复，确保铁路运输大动脉畅通。疫情初期 8 名确诊员工 2 月 28 日治愈后，一直保持“零新增”。加强货物运输管控工作，严格落实各货运车站进口冷链食品证明查验制度和工作人员分级管控要求，优

化业务流线、规范防控流程、坚持健康筛查，防止了人与人、人与货物之间的交叉感染，杜绝了疫情借铁路传播和内部聚集性疫情。全年运送疫情防控物资设备 2911 批次 8378 吨。上海局集团公司受到国家、交通运输部、国铁集团和三省一市表彰的抗疫先进集体 17 个、先进个人 35 人。

【新冠肺炎疫情防控工作办公室成立】 2020 年 1 月 22 日，上海局集团公司在工作会议上进行疫情防控动员部署，成立由董事长和总经理任组长的疫情防控工作领导小组。下设疫情防控工作办公室，设在劳卫部，具体负责集团公司疫情防控日常工作。同时设立合肥、南京、杭州地区工作组，管内各单位均成立疫情防控办。集团公司防控办贯彻“外防输入、内防反弹”总体防控策略，建立了统一指挥、疫情值班、信息报告、路地协同、应急预警、宣传引导等工作机制，下发疫情防控文件、工作指令和专项通知，动态规范指导一线防控工作。4 月 28 日，进入疫情常态化防控阶段后，集团公司以站车防控、职工防护、冷链运输为重点，强化人物两防，坚持疫情常态化精准防控和局部应急处置有机结合，统筹好疫情防控和铁路运输生产。

【站车疫情防控】 2020 年 1 月，新冠肺炎疫情发生后，上海局集团公司通过开展日常指导和专项督查，抓紧抓细抓实各项防控措施的落实。加强车站防控，配齐配强所有客运车站体温检测设备，协调地方设置留验站，坚持进出站旅客百分之百测温，对发热旅客一律移交地方留验站处置。加强客流组织，减少人员聚集，巡查劝导、规范旅客佩戴口罩。加强列车防控，优化旅客列车运力组织，预留隔离区域或座位，常态配备应急处置箱和专用测温包。加强途中重点旅客体温检测，对发热旅客一律就近在前方站下交。做好消毒通风，坚持做好途中客车重点部位、客站公共场所、库内客车的预防消毒，以及列车发热旅客下交后的应急消毒和疫情处置要求的终末消毒。定期对集中空调滤网等关键部件清洗消毒，并加大新风供应，开窗通风和机械通风相结合，保持候车、乘车环境空气清新。至年末，累计组织测温 8.1 亿人次，发现处置发热旅客 8042 人。管内车站转运、移交入境重点旅客 4500 人，协助地方防控部门核查旅客密切接触者信息 388 趟次 26.78 万条。运送医务人员 59 批次 1708 人。

【铁路职工个人防护】上海局集团公司结合 2020 年新冠肺炎疫情风险等级和响应等级，加强职工在岗期间的个人防护。对客运乘务人员、车站值班员等重点人员坚持每日出退勤、进入行车公寓进行体温检测，督促职工落实个人防护要求，上岗时规范佩戴口罩等防护用品。加强对调度所、客运、机务等行车关键岗位人员管理，预选技术骨干和基本力量进行合理布置和调配，应对突发情况，保障铁路运输安全畅通。加强职工八小时之外的自我防护管理，开展防疫宣传教育，制发《新冠肺炎疫情防控手册》，指导职工主动做好个人防护，树立“自己是自身健康第一责任”意识，养成良好卫生习惯。加强对发热职工的管理，严禁带病上岗，督导及时就医，并做好报告和排查结果追踪。

【疫情防控物资管理】2020 年，上海局集团公司规范疫情防控物资管理，统一采购渠道和统一配发供应，针对一次性口罩、防护服等重点物资，归口上铁物资公司统一采购，降低成本，保障质量，防范廉政风险。统一制定各岗位防护用品配备标准和周期，建设应急物资管理信息系统，实现防疫物资收发存的精细管理。至年末，为员工配发一次性口罩 2700 万只、N95 口罩 71 万只、防护服 6 万件、护目镜 6 万副、一次性乳胶手套 611 万双。

【疫情防控网络与基础管理】2020 年，上海局集团公司夯实新冠肺炎疫情防控基础，织密疫情防控网络。通过编制《进博会铁路疫情防控保障工作方案》《线路集中修期间疫情防控工作指南》等，指导做好大型活动、大型施工期间的疫情防控。组织卫生专业人员开展现场检查指导，防范聚集性疫情风险。铁路业务、劳务外包人员按照“谁外包、谁负责”原则，落实发包单位疫情防控责任，杜绝由外包人员感染引发的输入性风险。铁路各类经营商店按照“谁管理、谁负责”“谁招商、谁负责”原则，落实主管单位疫情防控责任，确保全覆盖、无死角。以常态化疫情防控期间“列车发热旅客应急处置”为背景，组织开展公共卫生应急演练，提升现场应急处置能力。做好新冠疫苗接种宣传动员，建立铁路疫苗接种协调机制，争取地方政府支持，当年完成从业人员疫苗接种 40300 人。

（孔令贵）

PART TEN X

邮政事业

POSTAL MANAGEMENT

（一）综述

2020年，面对国内外严峻复杂的环境和新冠肺炎疫情严重冲击，上海邮政快递业全面贯彻落实习近平总书记重要指示精神，按照上海市委、市政府、国家邮政局的工作部署和要求，紧扣全面建成小康社会目标任务，努力建设与小康社会相适应的现代邮政业，坚持稳中求进工作总基调，坚持新发展理念，坚持以供给侧结构性改革为主线，统筹疫情防控和行业发展扎实做好“六稳”工作，全面落实“六保”任务，行业高质量发展有力推进，治理能力和水平稳步提升，各项工作都取得显著成效。

全年邮政业务总量和业务收入分别完成848.1亿元和1503.4亿元，同比分别增长10.1%和10.1%，快递业务量和业务收入分别完成33.6亿件和1428.2亿元，同比分别增长7.3%和10.8%。支撑网络零售额超过5000亿元。行业发展趋势稳中向好、市场活力不断增强、发展态势不断巩固、服务满意度稳中有升，安全绿色发展水平持续提升，为满足生产生活和畅通经济社会循环、促进本市经济社会发展做出了积极贡献。

（二）规划和政策

【概况】2020年，上海市邮政管理局积极开展规划编制和评估工作。组织编制《“十四五”上海市邮政业发展规划》，组织开展《上海市邮政业“十三五”发展规划》和《长江三角洲地区快递服务发展“十三五”规划》评估工作。

完善行业政策体系建设。积极贯彻落实上海市政府印发的《上海市推进新型基础设施建设行动方案（2020—2022年）》、《社区新型基础设施建设行动计划》，完善社区智能末端配送。会同市住建委、房管局、商务委、规资局联发推进本市住宅小区和商务楼宇智能末端配送设施（智能快件箱）建设的实施意见和规划建设导则，制定《上海市智能快件箱寄递服务规范》，形成推进智能快件箱建设“1+1+1”政策体系。联合上海市商务委员会、发展改革委员出台《关于加强电商与快递绿色包装协同治理的实施意见》，并积极落实《上海市关于进一步加强塑料污染治理的实施方案》，践行行业绿色发展理念。配合实施《上海市促进在线新经济发展行动方案（2020—2022年）》，加速发展“无接触”配送。积极推动《上海市关于推进贸易高质量发展的实施意见》《上海市全面深化服务贸易创新发展试点实施方案》3项涉邮政策落实落地。

【上海市发布《上海市促进在线新经济发展行动方案（2020—2022年）》】2020年4月13日，上海市政府办公厅印发《上海市促进在线新经济发展行动方案（2020—2022年）》(以下简称《行动方案》)，重点发展“无接触”配送，邮政快递业发展获政策扶持。此次《行动方案》的发布，有利于邮政快递业新业态新模式发展，有利于建设现代化邮政快递业供给体系、生态体系、治理体系。上海市邮政管理局将抢抓政策机遇，加强沟通协作，推动各项利好措施早落地、见实效，推动上海邮政快递业实现高质量发展。

【上海市政府发布《上海市推进新型基础设施建设行动方案（2020—2022年）》】2020年4月29日，上海市政府出台《上海市推进新型基础设施建设行动方案（2020—2022年）》，智能末端配送设施和智慧物流基础设施作为智能化终端基础设施（“新终端”）被纳入上海市新型基础设施建设。上海市邮政管理局表示，将充分运用好相关政策措施，抓住难得的发展机遇，努力释放行业发展的新活力，服务上海经济社会发展。

【上海邮政管理局联合相关部门共同推进本市电子商务与快递绿色包装协同治理工作】 2020年9月，上海市邮政管理局会同上海市商务委员会、上海市发展改革委员共同印发《关于加强电商与快递绿色包装协同治理的实施意见》。立足上海市邮政快递行业实际情况，针对当前大多数快件来自于电商平台这一现状，将快递包装治理工作进一步向上游深化，从建立协同治理工作机制、强化电商快递企业主体责任、推动绿色生态体系创新这三个维度，共同推动形成政府主导、企业主体、全民参与的多元共治体系，有效控制行业塑料污染。

【智能快件箱政策体系基本建成】 2020年12月，上海市五部门联合出台《关于上海市推进住宅小区和商务楼宇智能末端配送设施（智能快件箱）建设的实施意见》和《上海市住宅小区和商务楼宇智能末端配送设施（智能快件箱）规划建设导则》，智能快件箱政策体系基本建成。同时上海市邮政管理局配套制定了《上海市智能快件箱寄递服务规范》，形成了智能末端配送设施（智能快件箱）建设"1+1+1"文件政策体系，明确了智能末端配送设施（智能快件箱）的基础公共服务设施属性和规划建设导则，提出智能末端配送设施（智能快件箱）保障用房的配置标准，建立"全覆盖""全过程""全周期"的跨部门跨行业协同推进机制，积极推动本市智能快件箱建设。

【上海市政府出台贸易高质量发展文件】 2020年11月5日，上海市相继出台《上海市关于推进贸易高质量发展的实施意见》（以下简称《实施意见》）和《上海市全面深化服务贸易创新发展试点实施方案》（以下简称《实施方案》），"快递出海"获政策利好。《实施意见》提出发展新型贸易业务，培育新的贸易动能，其中3项政策利好"快递出海"。《实施方案》提出提升跨境运输服务能级，建设高效、绿色邮政快递跨境寄递通道平台，加快推动上海邮政快递国际枢纽中心建设。

【推动本市邮政快递业2020年减税降费20亿元】 2020全年，上海市邮政快递企业累计实现减税降费20.2亿元，获得就业补贴1039万元、优惠贷款额度15亿元，上海市邮政管理局推进减税降费惠企政策持续发力，确保减税降费、助企纾困的政策红利得到充分释放。

（三）邮政建设

【概况】 2020年，中国邮政集团上海邮政分公司以中国邮政全程全网寄递服务和普服网点对外服务为基础，不断加大普邮网络建设投入，以适应上海地方经济发展趋势和社会用户用邮需求变化趋势。以科技赋能为驱动力，着力推进重点板块、重点业务能力建设，发挥投资建设的最大效能。顺应城市代理金融网点转型发展趋势，加大自助设备投入及网点改造升级力度，将163台ATM设备更新升级为存取款一体机；24个代理金融网点装修改造项目完成评审。以寄递改革为契机，加大寄递机械化、信息化投入，切实为寄递业务提速增效、增强市场竞争力提供坚强保障。

【浦西邮件处理中心场地扩建项目投产】 上海浦西邮件处理（洞泾）场地扩建项目于2月立项启动，共计投资9450余万元，该项目的主要建设内容包括在上海松江区普洛斯洞泾物流园区4个租赁库区内（面积约24000平方米）新增配置2台小件分拣机、1套摆轮矩阵分拣系统、1台窄带分拣机及部分胶带机、伸缩机等邮件分拣处理设备，项目于10月底基本完工并顺利投产使用，正式开启"一城双邮区"模式，中国邮政集团上海邮政分公司两大处理中心拥有AGV机器人、大型矩阵、多层、小件、扁平件、窄带等10余套业界领先技术的分拣系统及设备。

【打造全新5G智慧网点】2020年10月20日，中国邮政集团上海邮政分公司精心打造的邮政金融旗舰店——曹杨新村邮政支局重装开业。支局以邮政绿为设计主基调，通过金融太空舱、智能家居、无线医疗、共享空间直播、客户成长互动、数字沙盘、汽车金融体验等场景为客户提供沉浸式金融服务。5G机器人"小邮"可以引导客户至指定区域办理业务，还能通过人机对话实现热门产品推介、大堂经理呼叫等功能。支局还主动与曹杨新村街道对接，引入"一网通办自助机"，自助机具可提供自然人、法人办理45类功能2760个事项。

（四）普遍服务

【概况】2020年，上海市邮政管理局在扎实推进邮政普遍服务各项工作的同时，积极为邮政企业做好疫情防控保障和指导，进一步提升整体服务能力及水平、加强邮政审批监管和社会监督、完善邮政普遍服务保障体系建设。

推进完善邮政普遍服务保障体系。2020年，推进农村邮政普遍服务直投到户，全市直投到户比例达到79.1%。推动邮政综合服务平台建设，完成警邮165万件，税邮98万件，政邮1441万件，校邮合作配送教材书籍765万册。完成乡镇邮政局所整治、巡视专用邮政信箱服务、高考录取通知书寄递、《新时代的浦东》邮票发行、机要通信保障等专项任务。推动邮政和快递企业创新合作模式，开展"邮快合作"专题调研，形成《上海市邮政管理局关于"邮快合作"工作推进情况的报告》，年内市邮政分公司共计建设自提点4301个，其中菜鸟驿站1754个。开展"邮政政务平台建设"专题调研，形成《关于做好上海市邮政服务政务寄递工作情况的报告》。

加强审批和监管，提升邮政普遍服务质量。2020年，上海市邮政管理局累计收到上海市邮政企业撤销邮政普遍服务营业场所的申请2个，受理2个，批复准予撤销2个；累计收到上海市邮政企业申请停止办理或者限制办理邮政普遍服务和特殊服务业务数量5个，受理5个，批复同意5个；累计收到各类备案126份，其中新增备案2份。目前，撤销邮政普遍服务营业场所、停止或者限制办理邮政普遍服务和特殊服务业务等行政审批纳入"一网通办"。

2020年，上海市邮政管理部门严格按照"双随机一公开"执法要求，全面开展监督检查，全年共检查16个区，覆盖率100%；共出检1134人次，实地检查邮政普遍服务营业场所560处，其中双随机检查146次；下发责令整改通知书28份，检查通报15份。做好乡镇邮政局所专项检查，压实企业主体责任，督促邮政企业开展自查，203个乡镇邮政局所自查覆盖率达到100%。开展疫情防控专项检查。做好两会期间邮政渠道安保工作、进博会和"双11"旺季期间寄递安全保障工作，开展西部和农村地区邮政普遍服务基础设施建设项目建设"回头看"工作。依法开展无着邮件处理监管工作，全年共批复同意销毁无法投递又无法退回邮件4批次，其中平常信件和平常印刷品3990件，挂号信件10670件，均按规定进行了现场监销。

2020年上海市邮政管理局共对邮政企业行政处罚2起，处罚金额共计2.1万元。

创新方式加强邮政普遍服务社会监督。截至2020年底，上海市邮政管理局共有社会监督员26名。按照“政府监管、社会监督、企业自律”三位一体的要求，全年共开展社会监督活动1777人次，反馈监督报告1778份，走访用户2647人。

【上海市邮政管理局组织开展《庚子年》特种邮票销售专项监督检查】 2020年1月3日，检查人员实地检查了市邮政分公司邮票库房，查看了《庚子年》邮票到货、分配、预订、零售等信息，并听取了邮政公司相关负责人的专题汇报。1月5日至7日上午6:30，全市16个区的86个新邮销售网点统一对外出售，3天来共计零售了《庚子年》邮票210000套，小本票6500本。

【上海市邮政管理局开展疫情防控服务与检查工作】 2020年1月，针对武汉等地区发生的疫情，上海各家快递公司立即响应，纷纷行动，从1月25日起开通物流运输特别或绿色通道，全力为全国各地驰援武汉等地的疫情防控物资提供免费运输服务。疫情重点防控期间，上海市政府相关领导和上海市邮政管理局领导多次赴市邮区中心局、机要通信局、国际分公司、基层邮政网点等重点区域督导疫情防控和复工复产工作。上海市邮政管理局三次开展邮政快递员进小区情况调查；每日汇总报告邮政防疫情况；及时向国家邮政局报送疫情防控期间政务寄递服务专报。疫情防控常态化之后，各派出机构及时处置辖区疫情突发状况，对零星散发、中风险地区附近邮政网点疫情防控措施、人员管理以及营业和投递情况开展督查；协调部分封闭小区（村）门口设立临时邮（快）收发点；排摸邮政企业职工隔离、核酸检测情况；做好日报告工作。

【上海市邮政管理局组织开展《众志成城 抗击疫情》特别发行邮票销售专项监督检查】 根据国家邮政局的统一部署，上海市邮政管理局分别下发了《关于开展〈众志成城 抗击疫情〉特别发行邮票发行工作专项监督检查》和《做好〈众志成城 抗击疫情〉特别发行邮票销售工作的通知》，分别要求上海市各区邮政管理局和中国邮政集团上海邮政分公司做好专项监督检查和销售工作。2020年5月9日，上海市邮政管理局检查人员实地检查了中国邮政集团上海邮政分公司邮票库房，查看了《众志成城 抗击疫情》邮票到货、分配、预订、零售（线上、线下）等信息，并听取了中国邮政集团上海邮政分公司相关负责人的专题汇报。

【上海市邮政管理局切实做好全国两会期间普遍服务和机要通信检查工作】 2020年5月，上海市邮政管理局先后下发《2020年全国两会期间上海市邮政快递业安全服务保障工作专项检查方案》和《关于加强全国两会期间邮政机要通信工作的通知》。5月19日上海市邮政管理局赴上海市邮区中心局开展夜查，检查组现场询问了进京邮件快件的业务量以及安全保障措施的执行情况，实地查看了分拨中心安全设施设备配置、安全生产操作和进京邮件快件二次安检等内容。5月22日，上海市邮政管理局赴市机要通信局开展专项检查，检查组听取了市机要通信局关于全国两会期间收寄、内部处理、运输、投递等环节安全保障措施，详细了解了禁、限寄规定、“证明信”制度落实情况，现场查看了机要专用（投递、运输）车辆的管理台账。

【上海市邮政管理局启动市内普遍服务邮件时限测试工作】 2020年6月，上海市邮政管理局正式启动本市普遍服务邮件的全程时限测试。拟在上海16区选取33个测试点进行互寄平信、挂号信和普通包裹的测试，拟从传递时限、邮戳加盖、邮件丢失、破损等几个维度对本市邮件普遍服务质量进行全方位评价。根据测试情况，要求邮政企业有针对性地提升邮政普遍服务水平，满足人民更好的用邮需求。

【上海市邮政管理局领导做客“政风行风”热线节目】2020 年 7 月，上海市邮政管理局副局长余洪伟走进上海市人民广播电台《政风行风热线》节目，倾听百姓呼声，回应百姓诉求。普遍服务处、市场监管处、市邮政分公司服务质量部负责人陪同参加。参加节目嘉宾回应了市民关于邮政、快递服务方面的问题，并承诺将进一步调查了解，及时反馈。

【上海市邮政管理局开展中央巡视专用邮政信箱寄递服务专项检查】2020 年 10 月 12 日，上海市邮政管理局赴新华路邮政支局检查中央巡视专用邮政信箱寄递服务工作。检查组一行详细了解了人员培训、人员排班、车辆准备、与巡视组对接、应急预案建立等情况。检查组肯定了邮政企业选派政治可靠、业务素质高的投递人员负责专用信箱邮件投递服务工作并提前向巡视组报备人员联系方式；对寄往专用信箱的邮件采取专人分拣、专袋储存、专袋转运等做法。

【上海市邮政管理局赴上海市机要通信局开展专题调研】2020 年 12 月 2 日，上海市邮政管理局副局长郑小鹏带队赴上海市机要通信局就邮政机要通信工作开展专题调研和检查。检查组一行实地检查了局本部营业场所、接发转运场所，听取了市机要通信局的工作汇报。郑小鹏副局长充分肯定了市机要通信局在承担企业主体责任、配合政府监管等方面所做的努力，对企业的付出表示了慰问，并就下一步工作提出了“两讲两加强”的要求。

（五）快递服务

【概况】2020 年，上海市快递服务企业业务量累计完成 33.6 亿件，同比增长 7.3%；业务收入累计完成 1428.2 亿元，同比增长 10.8%。其中，同城业务收入累计完成 55.9 亿元，同比下降 22.2%；异地业务收入累计完成 199.6 亿元，同比下降 0.7%；国际及港澳台业务收入累计完成 123.9 亿元，同比增长 51.7%。疫情防控期间，组织邮政快递企业助力疫情防控，向战“疫”前线捐赠运送防护物资、打开国际防疫物资运输通道、企业员工踊跃捐款献爱心、为援鄂医疗队开启返程行李免费寄递服务等，共运送发往武汉医疗物资 3459 吨、2161 车次、货运专机 133 架次，邮件 160 多万件。

【老挝中通国际冷链专线正式运行】2021 年 1 月 1 日，老挝中通（云南昆明至老挝万象）国际冷链专线正式运行，这是老挝中通业务开发的新模式，也是中通国际打造全球一流综合物流服务商的新起点。为了确保鲜花、果蔬能优质、新鲜送达客户处，老挝中通从 2020 年 9 月开始对该专线进行试运行，并不断完善运行方案，确保全程温控在 3℃ ~8℃ 。目前专线每日发车，同时老挝中通在万象分拨中心已建成 300 平方米冷库投入使用以备业务增量所需。

【上海快递员春运高铁专列再启程】2020 年 1 月 16 日 13 时 08 分，上海虹桥站，G7164 复兴号列车缓缓驶出，这辆 2020 年菜鸟快递员专列送 400 多名快递员踏上了返乡与家人新春团聚的旅程。上海市邮政管理局党组成员、副局长余洪伟出席了本次春运快递员专列关爱行动启动仪式。本次开通的快递员专列是菜鸟连续第三年与铁路部门合作开通的春运专列，始发站为上海虹桥，开往安徽亳州南。由菜鸟裹裹出资购票，上海及周边地区的快递员通过“菜鸟包裹侠”App报名成功后，快递员及家属可免费乘坐，每位快递员可携带两名家属上车。

【百世集团助力抗击新冠肺炎疫情】2020年初，新冠肺炎疫情暴发以来，百世集团第一时间成立专项组，开通救援物资“绿色通道”驰援湖北省和全国其他区域，免费承运社会各界紧急捐赠物资，为各地的医疗卫生机构和公益组织提供物流支持。截至2020年3月底，百世免费承运的防控疫情物资累计近17万件、1000吨，货物总价值超5000万元。物资涵盖口罩、护目镜、防护服、医疗器械、床单被套、食品及药品等，支援在抗疫一线的医护人员和相关机构。

【申通快递捐赠防疫物资】2020年2月17日，一辆中通快递捐赠物资运输专用车从上海驶入桐庐，车里载满申通快递捐赠给桐庐县疫情防控指挥部后勤保障组的防疫物资，申通快递董事长陈德军亲赴一线参与物资交接。

【泰国中通正式起网】2020年2月19日，泰国中通在曼谷转运中心举行试运营启动仪式，宣告正式启动泰国全境快递业务。自2019年5月进入泰国市场以来，基于中通在国内快递服务方面丰富的实践经验，泰国中通积极融入到当地的经济、文化、社会环境，逐步渗透泰国快递服务市场，拥有了自营的操作、运营以及客服团队，成为继柬埔寨、缅甸、老挝、越南之后，中通在东南亚的第五块拼图。

【开展“3·15”主题宣传周活动】在第38个国际消费者权益日前夕，从3月9日开始，上海市邮政管理局开展为期一周的“诚信快递、你我同行”3·15主题宣传周活动，引导上海市快递业市场主体树立战胜疫情的必胜信心，积极推进复工复产，诚信合法经营，深入推进行业信用体系建设，促进提升快递服务质量水平，营造诚实守信、放心消费的市场环境，更好地维护快递服务消费者合法权益。

【中通快递增开8条省际网络班车线路】2020年4月14日，中通快递增开保定—哈尔滨、长沙—郑州、西安—京南、石家庄—沧衡—大连、南宁—柳州—新乡、漯河—新乡—唐山、京南—银川—兰州、金华—大连共8条省际网络班车，以减少转运环节，提高快件时效，确保全网络平稳运行。

【上海市邮政管理局积极部署2020年“双品网购节”寄递服务保障工作】商务部、国家邮政局、工信部、中消协决定于2020年4月28日至2020年5月10日联合组织开展第二届“双品网购节”活动。上海市邮政管理局第一时间转发《国家邮政局关于印发2020年“双品网购节”寄递服务保障工作方案的通知》，召开“双品网购节”寄递服务保障动员会，启动相应保障机制，强化任务落实。

【上海市邮政管理局开展邮政快递业反恐督导检查工作】2020年5月，上海市邮政管理局对部分快递企业网点开展反恐怖防范工作专项督查。督导组重点检查了被检企业网点安全生产教育培训、生产设备配置、作业安全管理以及“三项制度”执行等内容，现场查看了实名登记、视频监控等相关系统使用情况。

【申通国际顺利完成上海——布达佩斯”中欧国际货运包机服务】2020年5月1日，申通国际“上海——布达佩斯”中欧国际货

运包机海南航空空客A330从上海浦东国际机场起飞，直航至布达佩斯李斯特·费伦茨国际机场。这也是申通继2016年成为国内第一家拥有跨大洲全货运包机的快递公司后，深耕海外市场、在国际干线运输领域的又一重大手笔。

【申通快递“申无忧”系统正式上线】2020年5月10日，申通快递“申无忧”系统正式上线。作为行业第一款面向客户的一站式服务产品，申通“申无忧”系统的正式上线，预示着申通在提升网点服务能力，加强商家服务体验，增加客户黏性上首次走在了行业前列。

【申通全球仓配服务体系建设取得重大进展】2020年6月1日，申通国际美西洛杉矶仓顺利完成整体升级，并正式交付启用。这标志着申通国际全球仓配服务体系建设取得重大进展，将进一步提升申通国际全球供应链服务体系的网络密度和服务能力，为中国人“买全球卖全球”提供坚实的服务保障。

【百世集团持续推进东南亚快递网络建设】2020年7月初，百世集团启动马来西亚、新加坡、柬埔寨的本土快递服务，并上线中国至东南亚全场景“门到门”寄递服务，持续向海外输出中国物流解决方案。目前上述服务已覆盖泰国、越南、马来西亚、柬埔寨、新加坡5个国家。

【百世集团与广西崇左市人民政府在杭州签订战略合作框架协议】2020年7月20日，百世集团与广西崇左市人民政府在杭州签订战略合作框架协议，双方就跨境电子商务综合试验区建设展开深入合作，共同打通跨境电商产品在崇左的双向进出口通道。百世将全力推动崇左的跨境电商业务落地，提供跨境电商业务咨询、指导、培训。

【上海邮政快递行业行政审批事项全部纳入“一网通办”】2020年8月，上海市邮政管理局顺利完成快递业务经营许可纳入“一网通办”的试点工作，并在此基础上，把撤销提供邮政普遍服务的邮政营业场所审批、停止办理或者限制办理邮政普遍服务特殊服务业务审批、经营邮政通信业务审批、仿印邮票图案及其制品审批四项行政审批也接入“一网通办”。即上海市邮政管理局权限范围内的五项行政审批事项全部纳入“一网通办”，实现“一次登录、全网通行”。

【上海快递业跨境电商 B2B 出口试点 9710 首单顺利通关】 2020 年 9 月 1 日零点，由韵达国际申报的“跨境电商 B2B 直接出口”（监管代码“9710”）货物在上海浦东机场顺利通关，成为上海快递业跨境电商 B2B 直接出口的第一单。韵达国际作为 9710 指定试发单位，在上海跨境电子商务公共服务平台及上海浦东海关的大力支持下，首批试发货物于 9 月 1 日 0 点 01 分发起申报，短短 5 分钟，系统完成海关入库、审核及放行通关。

【组织开展上海市第六次综合交通调查快递出行特征调查工作】 2020 年 9 月，上海市邮政管理局联合市城乡建设和交通发展研究院，组织开展上海市第六次综合交通调查——快递出行特征调查。邮政公司、中通、圆通、韵达、中通、顺丰、德邦、百世等 8 家品牌快递企业参与此次调查。自 1986 年开始，上海市已开展 5 次综合交通调查。第六次综合交通调查包括人员出行调查、货物运输调查、系统运行特征调查、交通新热点问题调查、基础数据整合调查等 5 大类 24 项。快递出行特征调查属于货物运输调查的专题子项，通过掌握本市快递运输车辆的出行特征，为提高上海综合交通模型精度、规划城市货运物流体系、制定货物运输发展政策、优化上海国际航运中心集疏运体系、促进上海市城市货运的可持续发展提供有效支撑。

【中通快递携手康明斯发布高效清洁能源物流动力解决方案】 2020 年 9 月 25 日上午，中通快递与康明斯共同发布全新物流动力解决方案，双方将借助更高效、更清洁的集成式动力系统，树立业内新的物流动力标杆，推动物流行业进一步向绿色、高效方向发展。

【中通国际在马来西亚全境县（市）级以上服务覆盖率达 100%】 2020 年 10 月 1 日，马来西亚吉兰丹州马樟形象店开业。吉兰丹州的正式运营，意味着中通国际在马来西亚已具备为人口密度小、派送难度大的区域提供优质服务的能力。从马来西亚 6 月疫情趋于稳定至今，中通国际在马来西亚已建立起一套完整的加盟商网络体系，全境县（市）级以上服务覆盖率达 100%，正式开业的形象店达到 26 家。

【做好进博会证件寄发工作】 2020 年 10 月初，中国邮政集团上海邮政分公司启动第三届进博会证件寄递服务工作，两个作业场地配备 9 套作业台席、5 套预包装台席、3 条客服专线以及 2 套技术支撑台席。根据疫情防控相关要求，邮政在 3 周内完成所有证件寄递工作，新增车辆证件寄递，日均发放证件 3.5 万张。此外，还主动承担防疫宣传相关资料的寄递服务，做到“一人一证一告知”，确保参展商、采购团、服务者在收到证件的同时，能够知晓并落实相关防疫要求。

【圆通航空不断加大机队投入和航线开拓】 2020 年，圆通速递不断加大自有航空与机队的投入运营及国内、国际航线的深入开拓，开通了昆明—吉隆坡、昆明—拉合尔、石家庄—菲律宾马尼拉、杭州—新加坡、石家庄—西安等航线，目前拥有自有全货机 12 架，累计开通国内、国际航线 97 条，为圆通速递参与国内外快递物流市场竞争奠定了坚实基础。

（六）精神文明和科技文化

【概况】2020 年，上海市邮政管理局积极推动非公快递企业党建，深入开展群众性精神文明创建活动、不断巩固精神文明创建成果。开展市快递行业党建专题调研，参加市建交党委快递行业党建专题沟通会，草拟关于建立上海市快递行业党建组织机构的文件，积极了解借鉴其他行业的行业党建经验，探索快递行业党建新路。市委组织部、建交工作党委领导先后来局调研，对快递行业党建工作进行指导并提出要求。认真做好全国文明单位复核，推荐快递企业上报上海市文明单位。2 家企业获评全国交通运输行业文明单位称号。2 家企业获全国青年文明号。推荐上报市快递行业服务规范、市快递行业服务品牌亮点、上海“最美服务窗口”、感动交通年度人物、进博会优秀志愿者和先进集体。开展“走向我们的小康生活”微电影、上海市“最美守护者”系列海报等征集宣传。组织开展 2017—2018 年上海市快递行业文明单位评选活动等评选表彰。中国邮政集团上海邮政分公司柴闪闪同志喜获全国劳动模范称号、上海邮政 6 名员工被授予上海市劳动模范称号、2 个集体被授予上海市模范集体称号。印发了 47 期上海市快递行业精神文明创建工作简报。组织企业参与公益项目，中通快递股份有限公司开展免费寄递图书爱心公益活动、中国邮政集团公司上海市分公司做好教科书配送工作积极助力“云开学”、韵达速递推出“2020 高校学子校园寄”活动、中通快递上海静安二部网点公益寄递“沪滇”爱心包裹、韵达集团“韵・苗”助学关注贫困女大学生等。快递企业举办篮球、乒乓球、拔河等运动大赛和行业技能竞赛，加强员工的积极性，增强凝聚力和战斗力，充分展现了员工拼搏进取的团队精神。

【多家快递企业在 2019 快递之夜斩获多项大奖】2020 年 1 月 2 日，由中国邮政快递报社主办的“风华正茂万物生长・2020 快递之夜”在北京举行。百世集团“2019 中国快递科技创新奖”；申通国际“2019 中国快递国际发展奖”；申通、圆通、中通、韵达获得“2019 中国快递量质双升奖”；中国邮政速递、顺丰、申通、圆通、中通、韵达、百世获得“2019 中国快递社会责任奖”；顺丰快运、中通快运、韵达快运、百世快运获“2019 中国快运发展大奖”；中国邮政速递物流、顺丰速运、申通快递、圆通速递、中通快递、韵达速递、百世快递获得“中国快递金包裹贡献大奖”。顺丰速运集团总裁王卫、申通快递董事长陈德军、圆通集团董事长喻渭蛟、中通集团董事长赖梅松、韵达集团董事长聂腾云、百世集团董事长周韶宁获“2018 中国快递魅力人物”奖。

【上海市邮政管理局荣获上海市综合运输示范城市建设先进单位】2020 年 7 月，上海市交通委对积极开展综合运输示范城市建设工作单位予以表彰。上海市邮政管理局荣获综合运输示范城市建设先进单位，交通行业数据中心——邮政信息系统工程和快递“最后一千米”试点项目被评为重点工程。

【顺丰推出安全驾驶平台】2020 年 8 月，顺丰推出安全驾驶平台，通过智能硬件设备、AI 视觉算法和背后的大数据分析系统，对车辆行驶状态和司机驾驶行为进行实时监控和风险预警。在保证“高效”的同时，全方位保护“人、车、货”的安全。

【圆通速递有限公司抗疫纪念物被上海市历史博物馆永久收藏】2020 年 9 月，圆通速递有限公司收到上海市历史博物馆（上海革命历史博物馆）颁发的捐赠证书，三件见证圆通速递有限公司、见证中国快递小哥全面参与抗击新冠肺炎疫情的代表性纪念物被上海市历史博物馆永久收藏。

【上海市邮政快递业3名“最美快递员”接受表彰】2020年9月29日上午，第四届“中国梦·邮政情 寻找最美快递员”活动揭晓发布会在北京举行，此次发布会在北京邮电疗养院设主会场，上海市邮政管理局设分会场。上海顺衡物流有限公司（顺丰）王晓溪、圆通速递有限公司王德银、上海韵达货运有限公司赵义川入围“最美快递员”50强。

【上海市邮政快递业四名个人和两个集体获全国交通运输系统抗击新冠肺炎疫情表彰】2020年10月，全国交通运输系统抗击新冠肺炎疫情表彰大会在北京召开。上海市邮政快递业共有四名个人和两个集体获得表彰。其中，上海邮电医院战疫突击队、圆通速递有限公司品牌传播部荣获“全国交通运输系统抗击新冠肺炎疫情先进集体”称号，中国邮政集团有限公司上海市邮区中心局驾驶员施平、中通速递快递员王豪杰、申通快递有限公司快递员方波、青浦邮政管理局局长陈非荣获“先进个人”称号。陈非同志还同时荣获“交通运输部系统抗击新冠肺炎疫情优秀共产党员”称号。

【圆通速递有限公司喜获多项科技奖项】2020年10月，2020年度中国物流与采购联合会科学技术奖评审工作圆满结束，圆通速递有限公司及物流信息互通共享技术及应用国家工程实验室从数百位参选单位中脱颖而出，在智能终端、行业标准、绿色物流等领域得到行业认可，以四个优秀项目斩获科技进步二、三等奖。

【中国邮政集团上海邮政分公司柴闪闪同志喜获全国劳动模范称号】2020年11月24日，全国劳动模范和先进工作者表彰大会在北京人民大会堂隆重举行，1689名全国劳动模范受到表彰，其中有21名邮政员工，中国邮政集团上海邮政分公司邮区中心局邮件接发员柴闪闪位列其中。

【德邦物流股份有限公司智动化设备全面提升分拣效率】德邦快递采用了自动分拣系统，该系统采用视觉读码相机从包裹360°采集运单信息，根据包裹路由信息对接后端摆轮分拣控制系统，实现摆轮自动分拣货物。德邦快递员在使用PDA（快件跟踪扫描记录仪）收派时，能够通过AR增强现实技术在设备中呈现货品，得益于双摄技术的加持，快递员能够快速获取货物体积，减少手工测量、录入体积的操作，整体流程用时只需2秒，测量准确率（含规则纤包货）高达95%，开单效率提升30%。

【关心关爱快递小哥，切实维护快递小哥合法权益】发布“关爱快递小哥”倡议书、组织春运高铁专列、将快递小哥群体纳入户外职工爱心接力站服务范畴。开展“快递从业青年服务月”活动，始终做好关心关爱快递小哥工作。开发快递员专项商业保险，119家单位3129名快递员参与并获赔付金61万余元。会同市房管局和各区政府推动将快递员纳入重点行业企业一线职工公租房保障范围，目前已为快递员协调落实762张公租房床位。市公安局为快递车辆提供两个时段市区快速路通行便利政策。上海3名快递小哥入围全国第四届“最美快递员”50强。

（郭超）

PART ELEVEN

XI

建筑建材业管理

CONSTRUCTION BUILDING MATERIALS INDUSTRY MANAGEMENT

（一）综述

2020年是“十三五”规划实施的收官之年。本市建筑市场管理以工程建设项目审批制度深化改革为主线，以加快推动建筑业转型创新为动力，以建立健全建筑行业诚信体系为抓手，统筹协调疫情防控和复工复产，对进一步落实城市战略定位、完善城市核心功能、提升城市空间品质、扩大有效投资发挥了积极的作用。截至2020年底，本市共有勘察、设计、施工、监理等各类企业25046家，其中本市企业18272家，其他省市进沪企业6774家；建筑师、建造师、监理工程师等各类注册执业人员13.6余万人；安全员、质量员等各类持证管理人员共计16余万人；施工作业人员实名制登记总人数累计400余万人。2020年，全市新增项目9174个，新增项目总建筑面积8818.87万平方米，总投资1.45万亿元；在建工地数5509个，总建筑面积1.694亿平方米。项目范围涵盖房建、交通、市政、水务、绿化项目的新改扩建工程，以及装饰装修、城市维护、多层住宅加装电梯、二次供水改造等民生工程。

一、深入推进工程建设项目审批制度改革

一是构建形成改革政策体系3.0版。发布出台以《上海办理建筑许可对标世界银行营商环境新一轮改革总体工作方案》为基础的“1+7”改革政策体系（上海市人民政府办公厅关于同意《上海办理建筑许可对标世界银行营商环境新一轮改革总体工作方案》的通知、《关于进一步细化完善本市社会投资低风险产业类项目工程勘察、监理费用减免和取消施工图设计文件审查工作的通知》、《关于进一步优化本市社会投资低风险产业类项目竣工验收、不动产登记办理流程的实施办法》的通知、《关于进一步优化本市备案类出让土地建设项目在线备案流程的通知》、《关于进一步优化本市备案类自有土地建设项目在线备案流程的通知》、《关于进一步优化本市建筑工程质量安全监督和综合竣工验收管理工作的通知》、《上海市建筑垃圾处置核准行政审批告知承诺试行办法》、《关于开展2020年建筑许可营商环境改革专项督查的工作方案》），构建形成以“只登一扇门、只对一扇窗、只递一套表、只录一系统、只见一部门”为核心的政策体系，持续巩固深化“整体政府”理念和“一站式政务服务”改革举措。二是打造项目审批管理全覆盖“一个系统”。会同各相关市级管理部门成立专班、建立机制，以“三统一”为目标，分阶段、分步骤推进“一个系统”优化整合。现已实现369家各级审批管理部门、139家各类服务单位、20991家建设单位在线办理申报审批。3年以来，累计近6000个建设项目享受了改革红利。三是提升“一站式”政务服务管理模式。审批审查中心的体系初步形成。探索将“一个中心”运行模式向工程建设项目延伸拓展，研究制订本市工程建设项目审批审查中心的实施方案，探索建立“前台一窗收发、后台联合会审”的一站式新型政务服务管理机制。四是持续深化3.0版的各项改革措施。探索扩大施工图减免范围，将建设单位委托事前审查调整为由建设管理部门委托第三方实施全覆盖抽查，强化主体责任和事中事后监管。通过“一月一通报”方式，持续加强对建筑工程综合竣工验收制度实施的监督检查，进一步整合管理资源。实施基于不同风险等级的分类审批监管工作机制。五是全方位开展宣传培训。聚焦3.0版改革政策举措，量身定制多个微视频培训教材，通过多种形式开展“云培训”，解读新政策、演示新流程。改革经验和成效被60多家各类主流媒体、网络新媒体累计报道250余篇。

二、积极推进建设工程招投标制度改革

一是完善招标评标办法。修订出台《上海市房屋建筑和市政工程施工招标评标办法》并在全市范围内培训宣贯，通过创设有担保的最低价中标法，增加项目负责人现场答辩、技术标否决评审因素、不平衡报价甄别等措施，优化合理低价计算方法，进一步提高围标串标难度。二是健全招投标投诉处理机制。出台《关于加强招标人主体责任健全和完善工程建设项目招标投标活动投诉处理机制的通知》，进一步明确了招投标监管部门与相关党组织、纪检监察组织，财政、审计、司法机关进行信息共享和问题、线索及相关情形抄送的工作机制，遵循责任归位和协同制约基本原则，落实招标人主体责任。修订《上海市建设工程评标专家和评标专家库管理办法》，增加评标专家诚信管理，规范评标专家行为。三是全面推进实施电子招投标。已在全市施工、监理招投标中推行全过程电子招投标，全年，全市完成施工电子标标段1601个，其中市管项目标段124个（预计），公路、水利等专业工程的电子开标评标也在稳步推进中。

三、持续深入开展围标串标专项整治

一是开展工程建设行业承发包行为专项整治。根据国家统一部署，会同市级相关部门和单位开展为期3个月的专项整治。采取自查和抽查相结合、全面查与重点查相结合、资料查与实地查相结合的方式进行。经随机抽查，共检查招投标项目132个，涉及招标人44家、招标代理机构51家。二是集中打击一批建设工程围标串标违法行为。通过与市公安经侦等部门合作，集中对一批招投标违法行为进行处理，总计立案226件，处理违法企业57家，个别企业罚款金额逾千万元，总计罚款金额达7513.971万元，约占全国工程建设行业专项整治期间罚款总额的42%，惩治力度位居全国第一。其中30家企业还被处以取消1至2年参加依法必须招标项目的投标资格。此次集中治理，打击力度和涉及范围空前，极大震慑了不法企业和个人，有效遏制了围标串标等违法行为。三是建立了建设工程招标投标活动监管联同机制。审计机关将审计发现的问题线索移送市住建委处理，市住建委查实的国有企业招投标违法行为与国资委联合开展警示约谈，均已形成常态化有效协同机制。

四、积极推动行业生产组织方式创新

一是深入推进建筑信息模型技术的推广应用。继续大力推进BIM技术在重大工程、重点区域及保障性住房中的应用，支持北外滩区域城市基础模型建设。发布《2020年本市BIM技术应用发展报告》白皮书，支持举办“上海市第二届BIM技术应用创新大赛”，“奋斗杯”上海市首届青年技能大赛——长三角地区青年BIM技术大赛，在业内获得了较大反响。二是持续有序地推进工程总承包试点。全年有12个项目纳入工程总承包试点，截至2020年底，全市已有工程总承包试点项目共计94个。结合本市工程总承包试点工作评估，修订本市工程总承包管理办法，推动形成具有上海特点的本市工程总承包管理模式。三是开展“十四五”建筑业产业化、优化营商环境等专项规划课题研究。

五、完善优化建筑业诚信管理体系

一是进一步完善在沪建筑业企业信用评价体系。修订在沪建筑业企业信用评价管理办法和标准，将直接发包的施工总包、专业承包及劳务的项目纳入了信用评价的范畴。进一步加强失信行为的惩戒力度，将企业不履约不守信的行为一概纳入不良信用记分，并建立相应的信用评价和应用机制。二是开展针对“不实人员”的动态核查工作。对存在“不实人员”情况的企业、被信访举报以及未按时完成统计报表等重点企业进行了全面核查，涉及建设工程企业1386家，企业资质共2730项，全年1976项资质通过整改、709项资质撤销、45项资质注销。三是协调

实现“建筑业企业高效开办一件事”。围绕以企业和群众“高效办成一件事”为目标，将建筑业企业资质申请和安全生产许可证申请归并成一件事，切实提升企业获取资质证书和安全许可证的便捷度。通过流程再造，常规性申请材料缩减75%以上，申请对象须自行提供的常规性材料从现有的25项缩减到12项。两项行政审批的时间大幅缩减。

六、加强建筑工程领域劳务用工管理

一是进一步完善本市劳务用工管理制度。出台《关于进一步加强本市房屋建筑工程劳务用工管理工作的通知》，对本市房屋建筑工程领域的劳务用工管理政策进行梳理和更新；明确在本市实行以人脸识别为基础的实名制管理制度，提出了本市严格执行工程款支付担保制度的具体要求。二是加强对用工管理的检查和欠薪事件处置。对元旦、春节期间存在严重欠薪行为的企业进行通报，列入“黑名单”予以惩戒；针对今年重大疫情对行业发展带来的负面影响，与市人社局等部门协作开展了4轮农民工工资支付实地核查，对各区建筑工地进行了深度的排摸与检查。三是做好国家对本市工资支付工作考核的迎检工作。确保上海在国家考核中继续取得最高等级A级的好成绩。

七、着力优化疫情防控期间重大项目工程审批管理。

会同市经济信息化委出台了《关于应对新冠肺炎疫情影响优化本市重大建设项目、重点产业类项目工程审批管理工作的通知》。针对重大建设项目和重点产业类项目，实施了一系列改革举措，进一步简化重大建设项目、重点产业类项目开工条件，推进项目早开工、早建设。同时，全年参加各类重大项目的专题协调会130余次，处理项目协调函30余件，为轨道交通、体育文化、宣传教育、市域铁路、医疗科研、幼托养老等重大民生工程提供了服务保障。针对城市更新过程中出现的大量装饰装修项目，出台了《上海市建筑装饰装修工程管理实施办法》；针对老建筑改造工程，以实事求是原则创新审批审查流程，既确保质量安全，又兼顾历史现状、有操作性，最大限度地方便管理相对人。此外，做好前期的协调沟通，推进出台长三角区域建筑业一体化高质量发展战略的协作框架协议，掀开长三角地区建筑业协同发展的新篇章。

（二）行政审批制度改革

【概况】2020年，本市面对新冠肺炎疫情带来的严峻考验和复杂多变的国内外环境，始终坚持一手抓疫情防控、一手抓改革推进，以法治化建设和信息化服务为标准，持续加大改革力度和强度，不断规范审批事项和行为，积极主动提供便利化服务，精准稳妥推进疫情常态化防控和经济社会发展各项工作。

【整合提升基于“一网通办”的项目审批管理系统】2020年，本市以“项目全覆盖、业务全流程、数据全归集”的“三全”为目标，致力于打造“上海市工程建设项目审批管理系统”的升级版，进一步整合重构跨部门、跨区域的审批服务和协同办事流程，开发建设本市工程建设领域“统一入口，一口受理、并联审批、实时流转、各环节全过程跟踪督办及效能节点控制”的“一个系统”，力争真正实现企业办事“只上一个系统”。建设工程规划许可证、施工许可证、综合验收合格通知书等项目审批全流程各审批文件均采用电子证照在线发证，做到“企业跑腿”向“数据跑路”的转变。此外，还同步研发推出手机移动端审批和查询功能，开通工程建设咨询服务热线，实现热线电话、手机微信和网络平台同步互动，为企业提供了集约、协同、高效的工程建设项目审批新体验。自2018年改革以来，上海已有近15000个项目纳入工程建设项目审批管理系统，享受到全流程一站式服务，办事成本更是从73868元降至550元，实现了工程建设项目全流程的审批时间不超过100个工作日。其间，不乏像特斯拉超级工厂、山姆中国会员旗舰店、腾讯长三角人工智能超算中心等“明星工程”加入改革受益者的行列，不断刷新着上海速度。

【推行以“一个中心”为载体的一站式政务服务模式】本市通过借鉴世界先进经济体“整体政府”的创新理念，加快“一体化”政务服务建设。由市工改工作领导小组统一牵头，重点聚焦社会投资项目，先后发布关于成立市、区两级社会投资项目审批审查中心的政策文件，明确全市层面设立“一个中心”，在不改变各部门现行审批职能前提下，有效整合审批资源，通过强化内部协同联动，由“一个中心”作为面向市场主体的单一主体，提供项目一站式审批和验收服务，从而实现线上线下深度融合，着力做优中心“在线单一窗口”服务。2020年，在此基础上，按照“全流程、全覆盖”的改革目标和地方条例的任务要求，本市在充分总结部分试点区域关于中心实体化运作经验做法的前提下，进一步探索将“一个中心”由社会投资项目向工程建设项目延伸拓展，研究建立“前台一窗收发、后台联合会审”的一站式政务服务管理机制，推动项目全过程各事项在线办理，努力打造“审批事项最少、办事效率最高、投资环境最优”的上海工程建设领域优化营商环境的新高地。

【建立基于不同风险等级的分类审批监管工作机制】2020年，在确保工程质量安全、建设品质的前提下，进一步调整政府部门的管理方式，制定出台了《关于进一步优化本市建筑工程质量安全监督和综合竣工验收管理的通知》（沪建建管〔2020〕72号），进一步优化本市工程建设项目风险矩阵，完善基于不同项目类型、不同风险等级的差异化监管检查体系。根据工程性质、规模、技术难度、参建方信用状况等因素，细化分类标准，明确工程各阶段质量安全风险清单和五种风险等级，强化建设单位、施工单位、监理单位对工程质量安全负主体责任，并根据工程性质、规模、技术难度及参建方的信用状况等工程风险，实施差别化分类审批和现场监管。重点聚焦社会投资低风险产业类项目，进一步简化审批流程，降低办理成本。在设计方案免于审核的基础上，进一步取消了投资备案、环境影响评价、施工图联合审查、首次监督例会等环节，减免了工程勘察、工程监理、供排水外线接入等费用，减少了施工过程中质量监督频次，由审批审查中心组织实施一次联合监督检查。

【精简规范工程建设项目的“隐形审批”】按照依法合理、精简规范、服务高效的原则，聚焦社会反应强烈、矛盾突出的工程建设项目中介服务环节多、耗时长、收费乱、垄断性强等问题，加快政府职能转变，进一步厘清本市中介服务领域中政府与市场的关系，制定出台了《关于本市推进工程建设项目行政审批中介服务事项改革工作的若干意见》（沪建审改〔2019〕5号），提出“四个一批”改革举措，将本市工程建设项目涉审中介服务事项由改革前的72项精简到改革后的40项，精简率达44%。在此基础上，按照“减环节、减时间、减材料”的改革要求，对确须保留的中介服务事项要求进行全面排摸，并逐项梳理编制办事服务指南，根据“一事项一方案一指南”原则，明确其法律依据、服务范围、受理材料、服务时限、中介机构的条件、收费依据和标准等。对于政府委托的中介服务事项统一纳入“一个系统”实施规范化运作，让企业办事更透明高效。为进一步客观准确了解各项涉审中介服务执行效果，2020年4月，本市组织开展了涉审中介服务事项改革后评估工作，通过举办部门、企业专场专题座谈、开展涉审中介服务改革满意度调查。经调研反映，社会各方对改革的整体评价是肯定的，企业普遍反映改革成效明显，政策实施精准，有超过94%的被调研者表示了解改革政策，有近67%的被调研者表示改革有效地提升了审批效率，尤其是对由政府部门委托的评估评审工作，企业感知度明显，满意率高达96%。

【全力保障重大工程建设助力复工复产】本市深入贯彻习近平总书记关于统筹推进新冠肺炎疫情防控和经济社会发展工作的重要指示，全面落实党中央、国务院和市委、市政府关于扩大有效投资，稳定经济发展的决策部署，加快推进本市重大建设项目、重点产业类项目建设，根据地方条例精神，连续制定出台了《关于进一步深化行政审批制度改革加快推进重大项目建设的若干措施》（沪府规〔2020〕16号）、《关于应对新冠肺炎疫情影响优化本市重大建设项目、重点产业类项目工程审批管理工作的通知》（沪建建管联〔2020〕238号）等一系列政策，持续优化工程建设项目审批流程。针对重大建设项目及重点产业类项目，提出涉及规划、设计、建造、竣工交付使用和产证登记的全流程全方位的改革举措，进一步简化重大建设项目、重点产业类项目开工和交付条件。

【加大施工图审查和综合竣工验收的改革力度】一是贯彻落实《关于全面开展工程建设项目审批制度改革的实施意见》（国办发〔2019〕11号）精神，在巩固施工图设计文件“多图联审”改革成果的同时，探索扩大施工图减免的范围。针对1万平方米以下的社会投资低风险产业项目，取消了建设单位委托的施工图审查，改为由设计单位和设计项目负责人对施工图图纸的设计质量负责。建设管理部门加强事中事后监管，委托第三方的专业机构对设计图纸质量进行全覆盖抽查，以切实落实企业和项目负责人的主体责任。截至2020年底，本市已累计120余个项目从该项改革政策中获益。二是在不改变各专业验收部门法定职责的前提下，加大政府部门管理资源的有效整合，按照“一口申请、一网办理、提前服务、分类验收、限时办结、统一发证”的总体思路，梳理验收事项，优化验收流程，全面实施建筑工程综合竣工验收制度。其中，针对低风险项目，极大精简验收事项、压缩验收时限，建设管理部门和规划管理部门在受理之日起5个工作日内完成质量、消防和规划的综合竣工验收。

（三）招标投标管理

【概况】2020年，全市建设工程招标项目共完成勘察95个，同比减少23.39%，投资额1169.52亿元，同比增加5.40%；设计862个，同比增加3.23%，投资额4406.43亿元，同比增加34.46%；施工3682个，同比增加1.77%，投资额3156.35亿元，同比增加20.96%；监理1230个，同比减少3.23%，投资额3841.87亿元，同比增加39.63%；勘察设计一体化255个，同比减少26.72%，投资额2536.84亿元，同比增加37.45%；设计（勘察）施工总承包262个，同比减少38.06%，投资额452.47亿元，同比减少29.82%。

【开展政采、招投标指标专项改革】对标世行评价体系，推进政采指标改革。与市交通委等相关单位加强协调对接，研究起草2+X改革政策文件。推进公路养护工程全流程电子化招投标的平台建设，并做好上海市公共资源交易平台与建设工程招投标分平台的衔接工作。参加国家营商环境招标投标指标测评，按照对标世行、国际可比、中国特色的标准，科学研判测评题、积极梳理佐证材料，完成指标测评，全面反映本市建设工程招投标制度建设和实际成效。

【不断拓展全流程电子招投标】 房建和市政工程实施新版施工评标办法，同步实现全流程电子招投标。全面实现各类专业工程监理全流程电子标。编制勘察、设计、水利、公路电子招投标文件应用文本，同步开展系统开发。完成勘察、设计、施工、监理电子招投标数据标准的编制。整合专家信息管理系统。完善评标专家监管制度，修订完成《上海市建设工程评标专家和评标专家库管理办法》并上报。健全专家考核和信用评价机制。

【扫黑除恶专项斗争长效常治】 开展“行业清源”专项整治，组织年度招投标活动专项检查。抽查项目 132 个标段，涉及招标人 44 家、招标代理机构 51 家，对 22 家招标人责令整改，对 11 家招标代理机构和 16 名项目负责人做行为记录扣分处理。落实与公安经侦的合作备忘录，加强部门协同形成合力，协助侦办涉嫌串通投标罪案。集中立案查处市经侦总队移送的围标串标案件 226 件，处罚企业 57 家、个人 66 名，罚款 7514 万元，其中 30 家企业取消投标资格；联合区招投标监管部门在全市重点区域开展扫黑除恶围标串标法律责任警示宣传教育。

【服务保障重大工程项目】 为保证疫情后经济的快速重启，加强对重大工程一对一指导服务，缩短桩基工程招标时间，提前启动施工、监理的系统保障工作。确保市域机场联络线、S32 公路、S4 公路、崇明线、沿江通道、G15 嘉浏段、二工大、五福会、中福会、疾控中心等市级重大项目 62 个标段以及重点产业类项目 44 个标段如期开工。

【专家招聘工作常态化】 2020 年共开展了 4 批专家招聘，共组织 746 人参加面试，475 人通过面试。总体招聘规模较 2018 年大幅增加，招聘模式从一年一招改为一年多招，实现了常态化招聘。其中设计类入选 123 人、施工类 230 人，监理类 14 人，经济类 108 人。水利、轨道交通、电力工程等重点专业有 55 人入选（水利 37 人、轨道交通 11 人、电力工程 5 人、BIM 专业 2 人）。在职年龄段（60 岁以下）占 95%。具有其他专家库背景的占 25%。

（四）行政审批业务

【概况】 2020 年，全市建设工程共完成各类项目事项 1266 项，同比下降 25.04%。其中，施工许可 361 项，同比下降 9.98%；竣工验收备案 41 项，同比下降 82.17%；合同信息报送变更 257 项，同比增加 79.72%。全年，企业资质类进入审查流程的事项共计 7339 项，同比增长 319.13%。其中，施工 6201 项，同比增长 1063.41%；勘察 136 项，同比增长 156.60%；设计 721 项，同比下降 8.04%；监理 69 项，同比下降 74.06%；造价咨询 130 项，同比增长 94.03%；工程检测 82 项，同比增长 70.83%。异地审查部批资质 31 项，造价甲级资质换证 8 项。部批施工资质信息变更推送、邮寄证书的企业 105 家。采用告知承诺方式申请监理市政公用工程甲级资质企业 7 家、房屋建筑工程甲级企业 3 家。采用告知承诺方式申请施工总承包建筑工程一级的企业 12 家。全年注册人员类办理各类执业资格人员注册许可 95141 人次，同比上升 6.3%。自 2020 年 7 月“三类人员”电子证书管理信息系统上线以来，“三类人员”电子证书领证47707人次，其中A证5806人次，B证15386人次，C证26515人次。

【“疫情防控”和“复工复产”两手抓，大力推行“不见面审批”】一是开展邮寄服务，调整办理模式。对一级注册建造师初始和重新注册证书等部分部批注册证书开展邮寄服务。建设工程项目有关事项申请材料调整为邮寄提交；专业技术人员学历、职称等证书原件核对事项调整为领取个人数字证书，实施网上自助办理；建设工程企业发生重组、合并、分立等情况资质核定所需材料调整为邮寄提交；部批一级注册建造师有关事项所需材料调整为邮寄提交；部批注册监理工程师注册事项所需材料调整为邮寄提交。二是推出预约受理、网上自助付费等便民服务。引导、鼓励行政相对人通过网上申报、线下邮递材料和微信咨询等方式办理业务，减少往来大厅次数和外出时间；进一步方便缴费，鼓励通过付费通进行网上缴费。2020年4月1日起，全市实行施工电子招投标，投标单位可在网上提交投标文件、制作标书，企业投标可使用法人一证通或个人数字证书进行解密，方便企业办事。同时，办事人员可采用短信的方式，预留开票信息和快递地址，申请发票寄送服务。

【深化“一网通办”改革，不断提升行政审批效率】一是继续落实“双减半”工作，提高“零跑动”事项比例。对行政许可事项涉及的62个情形进行再梳理、再研究、再优化，通过开展邮寄服务，行政许可事项减时限比例为75.65%，提高0.33%；平均跑动次数0.06次，下降77.78%；当场办结比例为51.61%，提高3.22%；全程网办比例为93.55%，提高28.89%，所有事项均已实现电子证照；对“一网通办”事项非“零跑动”内容进行分析和说明，提出相关系统支持建议，加快推进配套系统的建设。二是推动“无人干预自动办理”事项自助报送。按照办件量大、流程简易、申请材料易于结构化、审批要素可数据比对核验的要求，将项目信息报送、合同信息报送、建筑业企业资质、工程设计资质、工程监理资质的新设立、增项许可（告知承诺方式）等8个事项作为“无人干预自动办理”事项加快推进；实现全市范围内网上自助报送。三是做好“一网通办”数据归集、门户和移动端改造工作。全年，完成向“一网通办”归集行政审批事项数据共95330条，其中，项目类数据47541条，资质类数据6157条，资格类数据41632条；完成行政审批事项33位编码升级改造工作，提升办件数据质量；配合完成“一网通办”总门户、“随申办”移动端升级改版，完成相关工作。四是及时梳理办事指南，发挥政务服务“好差评”作用。对施工许可装饰装修、桩基、市政管线相关承诺书进行修订；对执业人员注册许可部批和市批事项办事指南进行修改；删除“一网通办”中“对外商投资建筑业企业资质许可”以及“对外商投资建筑工程设计企业资质许可”两项行政审批事项；做好“无相关文件政策依据但仍在窗口办理事项”及“未实现网上办理仍在窗口办理事项”的梳理。按时完成受理服务大厅“好差评”三对应精准评价改造，实现“一事一评”“好差评”三对应精准评价，并对“差评”件进行分析研究并整改。

【全力推进业务流程再造，不断优化营商环境】一是配合落实建筑业企业开办“一件事”流程优化。以告知承诺方式整合建筑业企业资质证书申请和安全生产许可证申请，完成建筑业企业开办“一件事”网上统一审批编码申请、起草办事指南、行政审批告知书和网站办理须知等内容。组织开发完成新办建筑业企业资质和安全生产许可证的网上融合申请、受理、审批以及开通需要的安全、性能、功能等测试工作。二是建设本市“三类人员”电子证书系统，确保领证工作平稳过渡。2020年7月1日，本市建筑施工企业“三类人员”电子证书管理信息系统按时上线。系统上线以来，完成大批量纸质证书换领电子证书工作；根据系统操作手册和有关文件要求，及时完成住建委网上办事指南，制作窗口提示小卡片，确保线上线下正常服务；认真梳理“三类人员”有关法律法规文件、整理“三类人员”申请事项常见问题解答，形成《“三类人员”学习材料汇编》。三是推进施工电子招投标系统建设。按照业务场景，实现施工招标从招标登记到招标备案全流程电子化，发布施工电子招投标数据标准试行稿；年末组织开展监理电子招投标全流程电子化的升级调整；在推进过程中，安排专人到初次实施施工电子招投标项目的区进行现场指导，提升招投标系统服务水平。四是进一步做好信息系统数据交换工作和既有系统升级工作。按照《上海市公共资源交易平台服务标准（试行）》及一网三平台工作要求，完成数据同步系统的升级改造，完成招投标数据向新平台同步的切换；完成与住建部四库一平台新标准数据对接；完成本市建筑企业安全生产许可证数据与住建部的同步工作；完成项目类、资质和资格类既有信息系统升级改造；项目信息报送程序增加是否属于“重大建设项目”“重点产业类项目”选项功能；从业人员信息采集个人版登录调整为验证个人数字证书登录；完成企业信用信息系统及行业协会奖项管理信息系统的升级改造。

【切实加强批后监督管理，不断增强监管威慑力】一是加强项目信息报送和合同信息报送监管。开展项目信息报送核验工作，针对项目信息报送数据指定复核人和校对人进行核验，进一步确保核验数据准确无误。2020年9月起，全面开展本市建设工程合同信息报送事项抽查工作，共抽查合同108项，其中，存在问题10项。二是开展企业资质动态核查。2020年7月，开展2020年企业资质动态核查工作，截至12月底，市区共发出整改通知书2730份，涉及资质事项2730个。其中，市批资质498份，涉及资质事项498个，涉及企业475家，市批资质已撤销（回）资质52项。

（五）设计文件审查

【概况】2020年，本市设计文件审查工作紧紧围绕提升勘察设计质量这一根本任务，一手抓疫情防控，一手抓稳经济促发展具体工作，积极配合优化建筑许可营商环境，认真落实“多图联审”改革措施，不断规范消防设计审查，取得了新成绩。

【持续完善监管机制，提高勘察设计质量】认真贯彻从源头上强化勘察设计质量的要求，积极创新监管模式，提升监管效率，推进质量主体责任落实，促进本市勘察设计质量提高。一是强化勘察设计质量监督检查。全年完成“多图联审”联合检查3次和专项技术抽查2次。共检查房建项目50个，总建筑面积约104.25万平方米；检查市政项目8个，幕墙项目12个，总建筑面积为7.1万平方米。检查重点为勘察、建筑、结构、给排水、暖通、电气、幕墙的设计和施工图审查情况。检查结果表明当前设计质量总体可控，但也存在内部质量保证体系失效等问题，检查情况在行业内进行了通报。二是探索质量审计工作。结合“多图联审”联合检查探索开展质量审计，有条件地挑选了责任心强、质量好的10家设计单位，2家勘察单位和4家审图机构参与质量审计。通过“联审平台”下载检查相关资料、图纸，重点检查装配式建筑的结构安全和建筑防水、勘察报告。共发现59条需要整改的问题，其中违反强制性条文的有10条，占比16.9%，违反法律法规2条，占比3.4%，深度不足的47条，占比79.7%。三是试行勘察质量信息化管理工作。根据住建部《关于开展工程质量安全提升行动试点工作的通知》要求，组织开展全市建设工程勘察质量信息化管理系统试行工作。2020年，全市共有97家勘察单位、2700多个勘察项目通过建设工程勘察质量信息化管理系统上传勘察信息，初步完成勘察钻探、静探等外业信息实时上传工作，有效实现了被动管理到主动监管的转变。四是开展施工现场执法检查。年内共计开展检查26次，其中设计单位内控检查4次，施工现场检查22次；随机抽取项目23个，信访移交2个，定向检查1个，覆盖设计院22家，涉及新建、改建、特殊装修等不同类型。开具整改单12份，立案处罚1件。从检查情况看，勘察设计单位对近年来本市建设工程审批各项改革措施较为熟悉，但仍存在少数设计单位从业人员不重视施工现场服务、交底不规范等问题。

【加强管理和技术支撑，打开消防设计文件审查新局面】 将消防设计审查作为中心服务经济社会发展的有效平台，不断强化技术支撑，规范业务工作流程，努力提供优质服务精准服务。一是完善消防设计文件审查工作机制。深入浦东、嘉定、宝山等11个区和临港管委会开展调研走访，听取相关管理部门及行业单位对消防工作移交住建委后的意见建议，了解消防设计文件审查工作现状，切实掌握第一手资料，为政策制定、问题解决提供充分依据。在委质安处的指导下，结合工作实际，配合委法规处对消防设计审查《办事指南》进行了修订，进一步明晰了消防设计审查工作具体业务办理流程。二是加强业务指导和技术支撑。主动下基层到申通集团、城投水务、徐汇城市更新等企业了解一线消防、审图疑难点，现场答疑解惑。结合质量月活动，组织电气专业、建筑专业人员就近期行业内电气、建筑相关消防规范疑难问题开展技术研讨，努力达成共识。针对部分区和管委会技术力量薄弱的问题，积极做好兜底工作，2020年，共协助审查化工区所辖项目23个，区技改类项目4个，接受并完成区移交技术咨询项目2个，确保了本市消防设计审查相关工作有序进行。

三是助力建设工程项目落地。积极克服预算经费不足等实际困难，采取总价包干形式进行业务委托，开展消防设计文件审查技术咨询工作。全年共受理消防设计协助征询项目182个，完成165个（含10个设计方案条件征询、7个不予受理、3个不通过项目），完成初步设计消防审核4个（均为交港码头项目），组织召开特殊项目消防设计专家评审会4次（大歌剧院、机场联络线、崇明自行车馆、张江250米超高层），完成网上消防技术咨询2个（崇明自行车馆、西岸传媒港地下空间改造）。四是落实消防设计质量管控。全年共组织开展消防设计检查4次，抽检项目共45个，认定违反强制性标准84条，其他问题242条；待复核强制性标准17条，其他问题108条。问题主要集中在：一是设计执行标准不严、内部质量保证体系存在失效状况；二是建筑防火问题突出，如消防电梯未设置和防火门设置不准确等；三是电气问题相对集中，如未采用阻燃耐火线缆、应急照明设置不准确等。

【推进施工图审查改革，维护市场健康发展】 配合优化建筑许可营商环境，积极落实施工图审查改革各项举措，强化审图行为监管，推动行业健康发展。一是进一步配合推进营商环境改革。认真抓好《上海办理建筑许可对标世行营商环境3.0版改革方案》施工图审查相关改革措施的落实，取消10000平方米以下低风险产业类项目建设单位委托的施工图设计文件审查，采取政府委托方式进行全覆盖检查，做好事中事后监管。在此基础上，继续加强改革举措研究，广泛听取企业对于施工图审查改革的意见，起草了进一步深化本市施工图审查制度改革工作的建议，提出在优化营商环境的同时，保障勘察设计质量的方法。二是做好房建审图机构任务量统计。认真落实房建审图机构任务比例上限制度，每月对各审查机构的审图任务量按建筑面积进行统计，并于下月初在行业内予以公布，做到公开、准确、真实。2020 年，全市完成房建审图项目 1735 个，累计建筑面积 6395 万平方米。对 3 家任务量超出较多的审查机构进行了谈话，督促做好审图任务量的控制，保持审图市场的适度竞争。三是加强审图机构行为监管。完成了 22 家房建及市政审图机构的全覆盖检查。对审图机构办公场所、硬件设备、人员到位等情况进行飞行检查；依托信息系统和联审平台对项目情况进行对比，对审图人员注册情况、合同备案情况和联审平台项目流程情况进行检查，进一步规范审图行为。召开审查机构工作例会，对在“多图联审”工作中存在的问题，重申工作标准并提出要求。

（六）建筑信息模型技术应用推广

【概况】2020 年，本市 BIM 技术经过试点推广，已进入全面应用阶段。本市规模以上新建工程 80% 已普遍采用 BIM 技术，政策标准和市场环境已初步建立，企业和人员的应用能力逐步提升，经济和社会效益逐步显现，基本实现前一轮推广应用的各项目标。

【BIM 技术广泛应用】2020 年本市新增满足应用条件且应用 BIM 技术项目为 839 个，应用比例为 95.1%，覆盖房建、市政、水务、水运、交通运输等各项目类型，均为跨设计、施工、运营阶段的全生命周期应用 BIM 技术；相较 2019 年，政府投资的规模以上项目 BIM 应用率同比上升 11.9%，达到 93.53%；社会投资的规模以上项目 BIM 应用率同比上升 8.7%，达到 97.22%。数据表明，本市规模以上满足 BIM 应用条件的建设项目已基本实现“规模以上项目全部应用BIM技术”的目标。据分析，自 2016 年至 2020 年，上海累积应用 BIM 技术项目共计 3263 个，其中政府投资项目 1055 个，社会投资项目 2208 个。从 2016 年的 261 个项目应用 BIM 技术到 2020 年的 777 个项目应用 BIM 技术，BIM 技术应用在建设领域的应用度实现大幅度提升。

【BIM 技术应用度不断深化】BIM 技术应用程度和内容不断深化和拓展，出现了一些建设、运维管理全生命周期和区域管理的示范应用。如：第十人民医院扩建工程按照全生命周期的 BIM 技术应用方案，通过“BIM+PM+SPEC+ 云平台”基础平台和应用制度，深化实施了 BIM 技术可视、模拟分析的虚拟建造功能，缩短了工期，在造价、质量和后续运维上取得了较高的效益。临港新片区探索“BIM+GIS”城市大数据平台，通过大数据、人工智能等数字化手段，提前预判城市发展建设和管理中可能出现的问题和风险，为新型智慧城区建设提供决策支持。

【BIM 技术贯穿建设工程全流程】2020 年的 748 个 BIM 技术应用项目中，在设计、施工阶段应用 BIM 技术的项目占比高达 99.73%，在设计、施工阶段应用 BIM 技术的项目占比高达 98.93%，已基本实现项目全覆盖。更多的项目强调 BIM 在建筑系统设计和分析中的应用，促进设计阶段和施工阶段的信息化。一部分项目尝试在运维阶段加入 BIM 技术的应用，对建筑的空间、设备资产等进行科学管理，对可能发生的灾害进行预防，降低运营维护成本。

【BIM 技术应用价值不断显现】BIM 技术在应对复杂、快速发展的项目同时提高可持续性及降低项目成本、提升管理效率等方面的作用逐渐被建筑从业人员熟知，获得市场普遍认可。通过调研发现，提高质量、节约成本和缩短工期这三方面的应用价值居前三位。参建单位普遍认可 BIM 技术能提高图纸、文件及施工的质量，在做好项目成本管理，合理预测施工经营风险方面有优势，有助于缩短工期，利用 BIM 可视化、可协调、可模拟、可优化、可出图的特点获得各类工程管理收益。

（沈琼）

（七）标准定额造价管理

【概况】2020 是全面建成小康社会和“十三五”规划收官之年，也是保障“十四五”顺利起航的奠基之年。市住房和城乡建设管理委标准定额管理处深入贯彻落实市委、市政府重大部署，紧紧围绕市建设交通工作党委、市住房和城乡建设管理委中心工作，扎实推进本市工程建设标准、定额、造价管理各相关工作，不断更新出台工程建设标准规范，促使上海城市建设向更高标准、更严要求迈进；不断完善建设工程计价依据，促进建筑市场健康有序发展。

【持续完善工程建设标准体系】持续开展标准立项与复审评审工作，按照国家和住房和城乡建设部标准化工作改革精神，立项标准紧密结合政府职责范围，突出地方特色，鼓励专项标准技术整合，鼓励前沿、热点技术的标准编制。2020 年，共征集到申请立项标准编制项目 81 项，最终 63 项（含复审修编项目）列入 2021 年工程建设标准编制计划，其中新编标准 21 项、修编标准 37 项、新编标准设计 1 项、修编标准设计 4 项。积极开展标准复审工作，对新编或修订实施后已满 3 年及复审后列入继续有效满 3 年的本市 68 项工程建设标准、6 项标准设计（图集）进行了复审，最后确定继续有效 33 项，应予修订 34 项，应予废止 7 项。2020 年共完成工程建设标准和标准设计（图集）修订 68 项，截至 12 月 31 日，现行上海市工程建设规范 474 项，标准设计（图集）32 项。

【聚焦推进重点标准编写工作】根据《上海市人民政府办公厅关于促进本市养老产业加快发展的若干意见》（沪府办〔2020〕30 号）精神，积极开展适应超大城市特点的适老化房屋建设和改造相关技术调研，编写形成了《既有居住建筑适老化无障碍改造技术的研究（初稿）》和《上海市既有住宅适老化改造技术导则（初稿）》。积极推进重点工程建设领域标准编制力度，针对现阶段停车难、外保温质量风险等亟须解决的问题，及时发布停车配建、外保温系统应用、夹心保温系统应用等三项工程建设地方标准制修订计划。为提升建设工程施工现场应对公共卫生突发性事件的防控处置能力，对《文明施工标准》关键章节进行了修订，增加了防疫防护等相关条款内容。

【有序开展“两新”论证工作】为进一步促进本市建设工程新技术、新材料的发展应用，坚守建设工程质量和安全底线，对尚无国家技术标准的建设工程新技术、新材料技术论证事项进行研究，制定发布了《上海市建设工程采用尚无国家技术标准的建设工程新技术、新材料技术论证管理办法》，本《办法》已经市政府法制办备案，将于 2021 年 1 月 1 日起正式实施。该事项采用全程网办受理的方式，纳入“一网通办”平台。

【着力提升标准执行力】 为推进本市工程建设标准的有效实施，促进标准的执行和影响力，市住房和城乡建设管理委会同相关行业协会、标准化专业技术委员会和主编单位等组织开展了重点标准的宣贯培训活动，通过微信公众平台、视频直播、现场授课等方式，全年共完成了14场标准宣贯培训会。同时组织开展了本市工程建设标准管理人员培训，系统介绍地方标准制修订流程及编制注意事项，规范和引导标准化工作有序开展，提高标准起草的科学性和编写的规范性。

通过宣贯培训强化了从业单位和从业人员的标准化意识，提高了从业人员对标准条文的理解领悟，进一步提升勘察、设计、施工、验收、运营维护等各环节建设工程技术标准的执行力度。

【有序推进标准国际化工作】 为积极响应国家“一带一路”倡议，有序推进工程建设标准国际化工作，经上海市人民政府办公厅同意后正式发布了《上海市推进工程建设标准国际化工作方案》和《上海市推进工程建设标准国际化三年行动计划（2020—2022年）》。指导上海工程建设标准国际化促进中心开展工程建设标准国际化工作，制定了《上海工程建设标准国际化应用指南》；完成了2020年优势领域外文版标准选题征集工作，持续聚焦超高层建筑、轨道交通、智慧码头等优势领域，选出了6项外文版标准研编选题列入2021年计划。启动标准国际化实践案例汇编工作，梳理标准国际化最新成果，遴选境外优秀工程项目，为推动工程建设标准国际化发展发挥积极的示范推广作用。

【积极探索建设工程造价改革工作】 为深入贯彻落实住建部印发的《关于工程造价改革工作方案的通知》文件精神，按照“不立不破”原则，以“市场化、法治化、信息化”为导向，厘清建设工程造价管理职责，在健全市场决定工程造价机制、建立与社会主义市场经济相适应的工程计价体系和工程造价管理体系、加强对政府投资项目的招投标与履约监管、更好地发挥政府工程投资效益等方面开展有益探索，提出了改进工程计量和计价规则，完善工程计价依据发布机制，加强工程造价数据积累，强化建设单位造价管控责任，严格施工合同履约管理等一系列改革任务清单，编制形成了《上海市深化工程造价管理改革实施方案（初稿）》。

【持续推进长三角工程造价一体化工作】 坚持围绕建设统一开放、竞争有序的造价咨询市场发展目标，打造长三角区域优质的营商环境，促进长三角区域工程造价行业融合发展，积极推进长三角区域工程造价一体化工作，按照“友好协商、分工协作，多方参与、协调推进，开放市场、竞争有序，信息互通、资源共享”的原则，牵头起草了《长三角区域工程造价管理一体化发展工作方案》，为一体化工作做好了顶层设计。目前，已在上海市住房和城乡建设管理委门户网站建立“长三角工程造价一体化管理”专栏，每季度发布长三角区域三省一市建筑安装主要人工市场价格及综合指数、主要建筑材料价格及指数。

【持续推进建设工程定额制修订】 为满足城市建设运营全过程的计价需要，积极推进建设工程计价依据的编制工作。持续推进水利、轨交、给排水等专业概算定额和《上海市海绵城市预算定额》的编制工作，启动了《上海市市政工程养护维修预算定额》和《上海市建设工程工期定额》修编工作。全年共发布《上海市内河航道维护预算定额第二册设施维护工程[SHC3–41（02）–2020]》《上海市室外排水管道工程预算组合定额[SHA8–

31（04）-2020]》2本预算定额和《上海市建筑和装饰工程概算定额》《上海市安装工程概算定额》《上海市市政工程概算定额》《上海市燃气管线工程概算定额》4本概算定额。

【开展安全文明施工措施费费率测算工作】随着新版《文明施工标准》（DG/TJ08-2102-2019）的正式施行，新标准对文明施工要求都进行了提升。原安全文明施工费率从2006年发布至今也已实施满14年，其中相应费率已不能完全适应本市文明施工的精细化管理要求，按照符合性、先进性、实事求是的原则，启动了本市安全文明施工措施费费率测算工作，通过对各类建设工程的实地调研和典型项目分析测算，完成了《建设工程安全文明施工措施费费率测算方案》和《建设工程安全文明施工措施费费率测算报告（房建类）》。

【持续推进"三价"公开工作】为营造公平、公正、公开的建筑市场环境，持续加强建设工程竣工结算文件备案制度，积极推动国有投资项目"三价"公开工作，对本市竣工结算文件应备未备项目进行了全面梳理，并对118家发包单位进行约谈整改，督促企业按时上报竣工结算文件。截至12月底，共收到市管项目竣工结算备案申请399项，同比增加214%；通过备案审核项目317项，同比增加168%，通过率80%。"三价公开"平台项目数已达18315项，实现"三价"公开项目数达648项。

【继续强化工程造价行业监管】根据《住房和城乡建设部办公厅关于开展2019年工程造价咨询统计调查的通知》（建办标函〔2019〕721号）的有关要求，开展完成了本市造价咨询企业统计调查工作。经统计，2019年本市造价咨询企业167家，造价咨询业务收入54.57亿元，同比增长12.85%；期末从业人员12397人，同比增长6.79%；一级注册造价工程师3393人，同比增长9.84%；其他注册执业人员826人，行业规模进一步扩大。组织开展了"2020年度工程造价咨询企业咨询质量与计价行为专项检查工作"，对本市201家造价咨询企业的195个项目实行线上抽查，并对其中12家问题较突出企业进行约谈整改，最终将检查结果向社会公布。

【不断优化造价服务水平】不断提高建设工程要素价格信息（人工价格、材料价格和施工机械价格等信息）发布效能，探索完善要素价格的取定原则，加强研究制定数据采集范围、频次、应用、发布机制。每月在上海市住房和城乡建设管理委门户网站上向社会动态发布建筑装饰、安装、市政、公路、园林绿化等各专业的建设工程要素价格信息，全年共发布逾10万余，并在国内建设行业率先推出建设工程施工机械台班租赁价格信息，满足建筑市场各方主体需求。动态监测发布造价指数指标数据，关注社会热点，增加了大型居住区公建配套项目、装配式公建配套工程项目以及别墅建筑等项目的指标测算，全年共发布月度工程造价指标24个、绿色建筑指标8个，供建设各方主体参考使用。

【持续开展计价依据解释工作】进一步强化政府服务职能，积极开展建设工程计价依据解释与争议调解工作。计价依据解释与争议调解工作全面实行网络预约或线上解答等方式，目前系统平台运行情况良好，登记窗口累计注册人员1140名，对切实维护建筑市场各方主体的合法权益起到了积极作用。2020年全年计价依据解释和争议调解登记窗口共受理并处理22批次，累计接待共计130人次，主要涉及建筑和装饰、安装、市政和费用等专业内容。

【继续提高信息化服务建设】优化完善上海

市工程建设标准管理信息系统，持续更新和完善体系表检索平台的标准数据信息，做好工程建设标准体系表的运维工作，实现大数据分析。“上海市工程标准”微信公众号继续发挥政府服务能力，及时发布最新工作动态、解读重点标准条文、研究标准化改革。截至2020年12月底，微信公众号累计关注人数达4000余人，全年平台共发布图文信息92篇，其中转发9篇。“上海造价”微信公众号继续做好定额、价格动态等信息的发布工作，及时向社会公众提供业内信息、部委文件等最新动态。截至2020年12月底，微信公众号累计关注人数达17500余人，全年平台共推送图文信息49条。

（朱迪）

（八）节能建材管理

【概况】2020年，上海绿色建筑发展取得积极进展，全市新建民用建筑全部执行绿色建筑标准，低碳发展实践区、重点功能区与内新建公共建筑按照二星级及以上标准建设的比例不低于70%。截至2020年底，上海累计通过审图的绿色建筑总量已达2.33亿平方米，其中879个项目获得绿色建筑标志（建筑面积7565万平方米），二星级以上占比超过80%。装配式建筑发展总体向好，符合条件的新建建筑项目原则上实施装配式建筑，预制率不低于40%或装配率不低于60%。全年经营性土地出让落实装配式建筑3843万平方米，累计落实装配式建筑总量近1.5亿平方米；新开工装配式建筑面积4234万平方米，约占全市新开工建筑面积91.7%，预制构件实际产能达到614万立方米，基本满足现有项目需求。建材使用监管机制进一步完善，实施重要建材供应信息报送制度，十大类建材每月信息报送8万余条，供应商确认率达到95%以上，基本做到重要建材在项目中可追溯。

【上海修订发布绿色建筑评价标准】上海发布《绿色建筑评价标准》（DG/TJ08-2090-2020），成为2019版国家绿色建筑评价标准发布后的首部地方评价标准。《标准》由上海市建筑科学研究院（集团）有限公司和上海市建筑建材业市场管理总站共同主编，参编单位包括上海市绿色建筑协会、华东建筑设计研究院有限公司、同济大学建筑设计研究院（集团）有限公司等行业领军单位。修订后的《标准》吸收了建筑科技发展的新技术新理念，进一步凸显上海市绿色建筑的发展水平和引导方向，促进和保障建筑使用者身体健康，提升市民对高品质生活的获得感，并进而带动相关产业链的健康持续发展，从而更好地推动全市建筑业“绿色、创新、协调、开放、共享”的高质量发展。该标准于2020年7月1日起正式实施。

【上海稳步推进绿色生态城区建设】截至2020年底，上海已创建或梳理储备的绿色生态城区共计41个，总用地规模约为124平方千米。其中，已成功创建/通过审查的绿色生态城区共11个，用地规模约为31.4平方千米，另有9个城区完成绿色生态专业规划，杨浦滨江南段、徐汇西岸传媒港和西岸智慧谷、黄浦董家渡3个城区为更新城区，为推动城区的绿色更新提供了借鉴。

【上海公共建筑能耗监测显示复工复产情况】市住房城乡建设管理委组织市建科院深挖上海市公共建筑能耗监测平台大数据价值，通过分析2020年春节前、春节假期期间和复工后一个多月公共建筑运行能耗数据，解读全市主要行业运转情况。总体来看，复工第五周，在建筑空调系统未全部恢复使用的前提下，上海公共建筑总体日平均用电强度为197Wh/㎡，较春节假期期间的173Wh/

㎡增长了13%，较复工第一周日平均用电量增加约66万千瓦时，由此判断上海正快速进入复工复产状态。截至2020年底，公共建筑能耗监测系统覆盖楼宇达到2030栋，覆盖面积9200万平方米。

【上海积极推进超低能耗建筑发展】 市住房城乡建设管理委联合相关部门发布《关于推进本市超低能耗建筑发展的实施意见》，加快推动上海超低能耗建筑发展，切实提升建筑节能发展能级。《意见》提出到2025年底，形成系统的超低能耗建筑政策和技术体系，打造一批超低能耗建筑示范项目。实现超低能耗建筑向标准化、规模化、系列化方向发展。同时，还出台了相关财政补贴、容积率奖励等扶持政策。

【住建部在沪召开全国建筑节能、绿色建筑、装配式建筑和绿色建材工作座谈会】 住房和城乡建设部标准定额司、住房和城乡建设部科技与产业化发展中心相关同志和各省（区、市）住房和城乡建设主管部门相关处室负责同志参加会议。2020年，住房和城乡建设部联合多部委发布《绿色建筑创建行动方案》《关于推动智能建造与建筑工业化协同发展的指导意见》《关于加快新型建筑工业化发展的若干意见》等文件，对推动全国建筑领域绿色发展起到了引领作用。该座谈会是新冠肺炎疫情暴发以来，全国各地建筑节能、绿色建筑、装配式建筑和绿色建材主管部门首次面对面线下交流，也是各地贯彻绿色发展理念，落实近期文件精神，积极谋划“十四五”工作中的一次思想碰撞，对于持续推动我国建筑领域绿色发展具有重要意义。

【上海举办“地产住发杯”装配式建筑方案设计竞赛】 上海市住房城乡建设委副主任裴晓在启动会上致辞，市住房保障事务中心、市租赁住房建设指挥部办公室，上海地产住房发展有限公司等有关负责同志出席。该竞赛旨在推动建立以建筑为龙头的装配式设计理念，将装配式建筑的思路贯穿整个设计流程，使装配式建筑产品更为合理、绿色、节能。竞赛着重围绕“总体规划与建筑设计”“室内环境与机电设计”“装配式结构体系设计”与“综合与运维设计”四方面进行评价，并充分考虑系统集成、BIM 技术应用等技术以及数字化展示能力。来自 33 个单位的优秀建筑师、工程师们进行激烈角逐，为进一步促进行业高质量发展积极探索。该竞赛选题紧扣租赁住房这一重点民生工程，以上海地产住房发展有限公司 2021 年计划开发建设的周家渡社区 Z000201 单元 A14–01 地块为载体，通过真题真做的方式广泛征集优秀方案并最终落地。该项目临近浦东南路和高科西路，地理位置优越，项目用地面积约 1.4 万平方米，建筑控高为 80 米，容积率 3.0，是世博区域一个高档全装修交付租赁住房项目。

【上海公布第五批禁止或者限制生产和使用的用于建设工程的材料目录】 市住房城乡建设管理委明确，2020 年 11 月 1 日前未通过施工图设计文件审查备案的项目以及 2020 年 12 月 31 日前尚未开始墙体节能工程施工的项目，均应当严格执行目录要求。目录涉及外墙保温系统、建筑幕墙、建设用砂、外窗及五金配件、防水、涂料、管道等 22 种材料。12 月 29 日，市住房城乡建设管理委组织召开第五批建材禁限目录宣贯培训会。会议对编制背景和主要内容进行了详细解读，并系统介绍了如何利用大数据加强建材管理要点、工地现场建材监管要点和设计文件建材审图要点。市、区两级管理部门、各大行业协会、江浙驻沪办、建设设计施工监理审图等主要单位代表 200 余人参加。

【上海修订发布建筑节能和绿色建筑示范项目专项扶持办法】 3 月 12 日，市住房城乡建设管理委、市发改委、市财政局联合发布《关于印发〈上海市建筑节能和绿色建筑示范项目专项扶持办法〉的通知》（沪住建规范联〔2020〕2 号）。《通知》新增了超低能耗示范项目扶持内容，对装配式建筑示范项目补贴方式进行了调整，并进一步完善专项资金审核程序。

【上海加快推进既有建筑节能改造】 上海积极推进公共建筑能效水平提升重点城市建设，印发《关于进一步推进上海市公共建筑能效提升重点城市建设工作的通知》，以示范项目和黄浦、长宁、普陀等区为重点开展节能改造项目梳理、审核和上报，累计共落实约 500 万平方米公共建筑节能改造，改造后平均节能率在 15% 以上。同时，公共建筑节能改造提前超额完成“十三五”目标任务。

【上海实行建筑能耗“健康码”制度】 市住房城乡建设管理委、市发改委联合印发《关于进一步推进本市建筑能源审计工作的通知》，将综合能源消费量 1000 吨标准煤以上的重点用能建筑、未安装建筑能耗监测装置、未上传能耗数据或上传能耗数据不稳定的国家机关办公建筑或大型公共建筑、节能管理制度不健全、节能措施不落实、能源利用效率低、能耗指标不满足上海不同类型建筑合理用能指南要求的公共建筑纳入能源审计重点实施范围。同时根据审计结果，对建筑运行能耗水平给出“健康码”，分别实行红色、黄色或绿色能耗标记，并向社会公布。

【推进装配式建筑高质量发展】 市住房城乡建设管理委开展上海装配式建筑发展后评估，针对装配式建筑产业链各参与方，评估现有政策体系、技术标准、产业链发展情况、装配式建筑质量等，为编制装配式“十四五”规划及相关政策提供依据。进一步强化装配式产业基地培育，2020 年 6 家企业获评国家第二批装配式建筑产业基地，9 家企业获评市级产业基地。同时，组织开展上海市装配式建筑“两提两减”（提高质量、提高效率、降低消耗、降低成本）优秀案例信息征集活动，为装配式工程实践提供技术和经验支撑。

【上海加强建设用砂管理】 市住房城乡建设管理委、市交通委、市水务局联合印发《关于加强本市建设用砂管理的暂行意见》，切实落实建设用砂单位主体责任，加强建设用砂政府监管。严格建设用砂氯离子把关，要求预拌混凝土等出厂检验内容除应符合相关标准规定外，出厂的质量证明文件还必须包含混凝土拌合物氯离子含量控制指标。预拌混凝土、预制构件等材料进场复验除应符合相关标准规定外，还必须对硬化混凝土中的氯离子含量进行检测。

【上海推进建筑废弃混凝土资源化利用】 按照“集中处置为主、不铺新摊子”的原则，公布11个符合相关标准的建筑废弃混凝土处置场所，合计年处置建筑废弃混凝土能力在500万吨以上。强化建筑废弃混凝土资源化利用不良行为制约，依托信息系统对应报未报合同信息的项目进行提示、预警，并定期通报数据，截至2020年底系统累计报送信息项目数1709个。

（张倩）

（九）建设质量安全监管

【概况】2020年，建设管理质量安全监管工作在克服新冠肺炎疫情带来的不利影响下，扎实推进“十三五”规划各项任务的收官、落地，全面推进质量安全治理能力治理体系建设。2020年，本市房屋建筑工程共发生生产安全事故18起，死亡19人，安全形势总体平稳。

印发《2020年本市建设管理质量安全工作要点》，全面谋划年度重点工作，为全市各区建设管理部门开展工作提供依据；精心编制“本市建设工程质量安全管理十四五规划”，按照“人民城市人民建，人民城市为人民”重要理念，坚持问题导向、需求导向，深入谋划“十四五”的发展要求，制定相关规划指标和重点工作任务。

【强化质量管理责任】 为加强本市装配整体式混凝土建筑防水技术质量管理，规范设计、施工、验收等要求，进一步提高装配整体式混凝土建筑防水质量总体水平，制定了《上海市装配整体式混凝土建筑防水技术质量管理导则》，为加强本市工程质量安全提供制度保障；出台《上海市房屋建筑工程建设单位首要质量责任管理规定》等规范性文件，进一步规范建筑市场秩序，建立健全企业诚信体系，营造诚信守法的建筑市场环境，进一步完善制度体系建设，夯实建筑市场方面和提升工程质量安全管理方面的基础性工作。

【强化安全生产制度建设】 印发《上海市建筑施工机械安全监督管理规定》，系统规定施工机械安全管理要求；印发《关于建设工程高处作业吊篮安装、拆卸管理工作的通知》，对于高处作业吊篮安装、拆卸工作所涉及的企业资质资格、人员考核要求以及操作规程进行明确规定，解决了该项工作各区日常监管套用标准不一的问题；为加大对事故企业处罚力度，强化市场现场联动，快速查清事故发生过程中相关各方在市场、安全、质量方面的违规违章行为，研究出台了《上海市建设工程生产安全事故行业调查办法（试行）》。

【全力以赴抓好疫情防控】 新冠肺炎疫情暴发后，按照市委、市政府的工作部署，紧扣行业实际，全力以赴做好疫情防控。农历春节期间，市住建委接连出台多个文件及工作提示，部署施工现场疫情防控措施，调整全市建筑工地复工复产时间。最早于1月23日下发了全市住建领域疫情防控的紧急通知，并在1月24日起，按照全市启动公共卫生事件一级响应机制的部署要求紧急动员，成立疫情防控工作组，严把复工流程，强化巡查督导，先后下发《关于进一步做好建筑工地新型冠状病毒感染的肺炎疫情防控工作的通知》（沪建办综〔2020〕2号）文件和《关于进一步加强建筑工地疫情防控措施的通知》（沪建办综〔2020〕3号），确保全市在建工程未有疫情发生。

【统筹推进复工复产】为深入贯彻落实市委、市政府关于统筹推进疫情防控和复工复产复市的工作部署，加快建筑业复工复产，我们制定了《关于进一步统筹推进建筑工地疫情防控和复工复产工作的通知》及一图读懂。进一步优化复工复产条件管理，助力全行业复工复产。

【持续优化营商环境】一是进一步优化综合竣工验收，梳理竣工验收和验收备案流程，优化管理措施，开展综合竣工验收推进有关工作；二是推进“一网通办”同时创新施工过程中的监督检查模式，对于低风险社会投资产业类项目，开展现场联合监督检查。依托上海市“一网通办”平台，推进实施一站式综合竣工验收，协调推进区建管部门，积极推动竣工验收样本落实到位。推进安全生产许可证办理事项上线“一网通办”，制作了办理工作指南和相关操作细则；三是优化管理模式。研究制定了《上海市建筑施工企业主要负责人、项目负责人和专职安全生产管理人员安全生产考核发证管理办法(试行)》，并实现证书网上办理电子化。

【推进质量安全管理创新】一是制定《上海市全面开展建设工程安全生产责任保险的实施意见》，并印发了相关配套实施细则。在安全生产监管方面引入保险机制，强化社会共治。并根据实施意见制订了统一条款、统一费率、统一投保方案，并建立统一投保监管平台；二是完成了工程质量保险主承保单位的招标，协调推进“上海市住宅工程质量潜在缺陷保险信息平台”建设，落实工程质量保险有关工作，组织平台验收工作，要求各主承保公司、风控管理机构、项目参建单位等应当按照规定，及时将承保信息、风险管理、报案、查验、理赔、维修等相关信息传至该信息平台。

【信息化助力监管效能提升】一是开展勘察质量管理信息化、工程质量保险等试点工作，进一步完善“上海市工程勘察质量管理信息系统平台”建设，相关试点工作开展顺利；二是建立健全“上海市基坑工程论证管理信息平台”和“上海市基坑工程信息化管理系统”，对深基坑工程实施在线监测；三是完善提升“工地管理”场景的建设，完成与监督系统的数据对接，实现全市受监房屋建筑工地全覆盖，并完成地图撒点工作。扬尘噪声在线监测数据已经完成接入，并启动关键岗位人员考勤。

【推进军产移交工作】按照市政府关于研究驻沪部队资产移交工作会议的要求，6月完成涉及住建委的建设工程消防设计审查验收工作。

【制定托育机构消防验收办法】会同市教育委员会、市消防救援总队联合发布《关于做好托育机构消防安全管理工作的通知》，旨在加强本市0~3岁托育机构消防安全管理。

【组织部令宣贯培训】4月29日，住建部科技司组织51号部令视频宣贯会，上海会场安排在市安质监总站、浦东新区建交委、临港建管委收视，全市共有近100人参加培训。

【制定消防审验实施细则】结合本市建设工程优化营商环境的实际做法，为切实履行好指导本市建设工程消防设计审查验收的职责，制定《上海市建设工程消防设计审查验收管理办法（试行）》。

【持续推进玻璃幕墙整治】一是继续推进“一楼一档”建设。督促做好浦东等区既有建筑玻璃幕墙的纳管工作，除临港自贸区外，其余区域幕墙建筑均已纳管，实现全市玻璃幕墙建筑线上自查填报从2019年的7%提升到2020年的53%。并从市抽查、区巡查、自查上报、定期检查等4个维度对各区既有建筑玻璃幕墙管理进行排名，相关分值纳入市住建委网格化管理考核指标。二是制定2020年排查整治通知。结合“一网统管”建设要求，制定2020年全市既有建筑玻璃幕墙排查整治通知，加强自查、督查责任落实，完善风险管控和应急避险机制。三是“一网统管”场景2.0版上线。多次走访调研区建管和街镇，讨论制定区建管、街镇房办、城管等多部门分工协作的处置流程，加强对存在高坠风险的既有建筑玻璃幕墙应急避险及时性和有效性的督促核查。四是开展幕墙保险课题研究。与太保、玻机等行业有关企业开展课题研究，探索玻璃幕墙综合保险产品研究开发和保险方案的设计。

【开展质量安全宣传活动】一是开展主题为“消除事故隐患，筑牢安全防线”的安全月活动。活动结合疫情防控常态化实际，采取线上线下结合、线上为主线下为辅的方式，通过云观摩、远程辅导、直播互动、线上体验等形式，开展“排查整治进行时”专题活动，广泛发动企业员工和社会公众查找风险隐患，从源头上防范生产安全事故发生。二是开展质量月活动。印发《上海市工程质量安全提升行动工作方案》等，全面实施“标准引领”和“以质取胜”战略，推进建设质量强市，切实提高本市建设工程质量总体水平，9月开展上海市建设系统“质量月”活动。

【有序推进专项治理】一是印发《关于做好本市建设工程夏季防暑降温和防台防汛工作的通知》，结合疫情防控常态条件下安全生产形势的变化，深入部署夏季防暑降温和防台防汛工作；二是印发《关于切实做好2020年第三届中国国际进口博览会安全生产保障工作的通知》，对进博会相关保障工作，包括文明施工、安全生产做出部署，并对管控区域内在建工地的171个建筑工地进行全面排查，落实责任人，建立联络网，确保进博会保障工作顺利完成。三是启动建设工程安全隐患治理三年行动。根据国务院安委会的统一部署，制订了本市建设工程安全隐患治理三年行动计划，推进隐患排查治理。

（何炜卿）

PART TWELVE XII

城市管理

CITY MANAGEMENT

（一）综述

2020年是"十三五"规划和第一轮城市管理精细化"三年行动计划"的收官之年，也是"十四五"规划和第二轮城市管理精细化"三年行动计划"的谋划之年。各区、各部门狠抓责任落实，全市上下齐心协力，在统筹做好疫情防控工作的同时，圆满完成2020年城市管理精细化工作目标任务，以更加有序、安全、干净的高品质市容市貌，有力保障了第三届进口博览会等重大活动。

一、以迎接第三届进博会为契机，精雕细琢，城市品质不断提升

（一）市容环境品质不断改善。围绕国家会展中心周边、重点点位和主要道路，全力推进城市清洁、市容整治、精细管理、品质提升等4个方面、18项主要任务。尤其是苏州河两岸沿线各区段结合道路功能调整、防汛墙改造、建筑立面整治与统筹腹地开发等方式，提升公共空间贯通开放标准，打造"一区一亮点"，串起市民休闲的"珍珠链"，实现"长藤结瓜"式的空间格局。

（二）住宅小区民生实事有效落实。着力补齐住房民生短板，重点聚焦电动自行车充电设施建设、住宅小区雨污混接改造等市政府重点实事项目，统筹推进小区设施设备改造工程。全年共完成2001个住宅小区雨污混接改造，完成733个既有住宅小区电动自行车充电设施建设，实施80个老旧小区、65栋高层住宅消防设施改造，对3368台老旧住宅电梯进行安全评估，完成481台电梯修理改造更新，为1998台电梯安装远程安全监测模块。更新改造7324个小区安防监控系统，完成54个易积水小区整治，完成3801个小区二次供水设施移交接管，整治866处外挂结构及附属设施安全隐患，结合旧住房修缮改造实施空调外机整治约2万台，实施27257个垃圾分类投放设施升级改造。同时，持续强化业主自我管理，充分发挥党建引领作用，加强业委会规范化建设，推进业委会组建及换届改选。

（三）生态环境综合治理效果逐步显现。全面推行河（湖）长制，持续推进中小河道水环境治理，苏四期工程顺利推进。城镇污水处理率达到95%以上，污水厂污泥无害化处理处置率达到100%，农村生活污水处理率达到75%。重要河湖功能区达标率达到78%，全市河湖水面率达到10.1%。不断改善农村生态环境，以村内基础设施建设、村庄环境整治、公共服务设施配套三大类工程建设为重点，至2020年末，共完成市级"美丽乡村"示范村建设124个，基本农田保护区规划保留农村地区的村庄改造完成率达100%。

（四）进口博览会保障坚强有力。绿化市容部门在国展中心周边布置7970平方米花坛、921套组合花箱，新增160个射灯、68个平板射灯和1000米灯带。城管执法部门完成5682处环境问题治理，组建城管执法保障突击队，增强核心区域执法保障力量，实行一级勤务等级保障模式。进博会举办前后，全市累计开展行政检查54804次、联合整治行动1064次，拆除店招店牌、户外广告、占道亭棚596处，清理非机动车55617辆，拆除核心区内违法建筑498处、49.57万平方米。每天出动大型机械化保洁设备1000余辆、冲洗路段6000余条（段）等。累计运送客运量57.1万人次（单向），日均9.5万人次。工程建设监管有力，推进国家会展中心及周边5千米疏导区范围在建工程全覆盖排查整改，累计出动检查组107个、监督人员607人次。市公安局清洗电子警察4500套。市邮政管理局协调完成800个邮筒箱油漆粉刷。市文旅局做好住宿企业检查。加强水电气地下管道巡检及用户安检，共建前线保障队伍108支、保障人员1107人，确保安全供应。

市经信委协调优化升级通信系统，重点保障会场及驻地涉及6979个基站、506条固网电路。

二、坚持项目化提升，有针对性地开展专项治理，全面推进精细化管理增能显效

（一）持续抓好“美丽街区”建设工作。2020年，全市共完成了352个“美丽街区”建设，总面积达246.2平方千米，圆满完成“美丽街区”建设三年行动计划。通过全面提升公共设施、绿化街景、建筑立面、店招店牌、景观灯光改造，实现“美丽街区”工作夯实落地。以徐汇、黄浦联合打造瑞金南路“美丽街区”为范例，实现区区接合部道路治理工作上新台阶，创新全市层面可复制、可推广的应用经验，推进类似跨部门、跨区域问题的解决。

（二）持续推进违法建筑治理工作。市、区、街镇各相关部门结合进博会保障，强力推进重点类型违法建筑拆除，坚决遏制新增违法建筑。2020年，全市共依法拆除违法建筑1.48万处，368.68万平方米，浦东、青浦、奉贤拆除量位居前三；清除重点类型违法建筑1026.26万平方米，实现库内重点类型违法建筑全部消除，杨浦、静安、闵行区率先清库。各区共正式命名8个无违建先进居村（单元），累计命名6301个，创建率达到100%；15个无违建先进街镇验收通过，累计通过226个，创建率达到100%；106个无违建先进街镇通过复评，复评合格率100%。

（三）积极做好“内部道路”治理工作。全市“内部道路”治理工作得到了市各相关职能部门的大力支持配合，在16个区政府的高度重视和区属职能部门及街镇的努力推进下，攻坚克难，想方设法，使“一路一方案”的编制工作顺利推进，符合纳管条件的都已基本完成，对各区新发现的类似道路列入长效管理机制。

（四）高效完成铁路沿线整治工作。成立市铁路安全隐患综合治理专项工作组，全面完成520项普速铁路沿线安全环境隐患销项任务，在华东三省一市中率先完成整治。开发铁路沿线安全环境监管应用场景，在“一网统管”架构下，将铁路安全十四大类问题隐患整治要求细化纳入网格化平台，规范有机联动、闭环管理的常态化路地合作，实现安全监管全过程、全天候、全覆盖。

三、充分运用物联网和人工智能技术，赋能网格化管理，打造完善社会治理“一张网”

（一）加快系统升级和线下流程再造。以升级城市网格化管理信息系统为抓手，继续深化建设精细化综合管理平台，推动16个区级、227个街镇级城运标准基础平台全面应用，基本完成2.0版研发工作。根据“一网统管”的要求，利用平台进行风险管控，制定工作手册及场景使用说明等，完善线下操作管理规范、标准和流程，目前已经初步制定并逐步投入使用。

（二）上线场景效果逐步显现。系统正式运行以来，日均案件处置超过5万件，已经有1/3以上的工单由人工派单转为系统派单，首批试点的江苏路街道已经实现了“小事2分钟、大事20分钟、难事2小时”的运转效率。在玻璃幕墙安全监管应用场景中，已纳管了8600多栋幕墙建筑，共推送疑似风险686处，经核查确认风险569处，已修复了563处，尚未完成修复的也都采取了应急避险措施。16个区在标准基础平台上开发了区级应用场景。比如，静安区水管家、电管家场景，通过后台监测用水用电情况，及时了解独居老人起居异常；仙霞路街道防台防汛场景，将应急预警与预案进行联动，固化了常规力量与应急抢险力量保障；青浦区赵巷镇应用智能巡屏功能，自动发现非机动车乱停放、暴露垃圾等问题，实现全自动闭环管理。

（二）一网统管

【概况】2020年，加快“1+3+N”网格化系统的建设和应用，充分发挥网格化管理体制机制优势，着力在数据汇集、系统集成、联勤联动、共享开放上下功夫，围绕“一屏观天下，一网管全城”目标定位，按照“三级平台、五级应用”基本架构，以“云数网端”为新基建基座，升级建设了覆盖全市的以“1+3+N”网格化管理为核心的城市运行管理系统,1.0版已全面运行，2.0版已上线，3.0版已启动规划。推动城市治理手段、模式、理念革命性重塑，更好地感触人民需求，通过城市底座的数字化和业务流程的数字化，助力城市治理数字化转型。

【建设市、区、街镇三级平台】紧牵城市综合管理智能化的“牛鼻子”。加快数据汇集共享，打牢市级平台基座。根据《关于加强数据治理促进城市运行“一网统管”的指导意见》，在市大数据中心指导下，建设城市管理主题数据库，强化数据治理。已经集成了市住建委及相关部门的100多个数据项，包括1500多万个城市部件、26816千米地下管线、4023多个建设工地、14020个住宅小区、3000多处历保建筑、12888栋玻璃幕墙和实时的城管执法车辆、网格巡逻人员等数据。统一架构标准，全面应用区、街镇城运标准平台。在原来城市网格化管理的基础上，逐步纳入了综治、市场监管、110非警务以及12345投诉处置的内容，形成“1+3+N”网格化系统，作为街镇社会治理智能“一张网”。完成了市、区、街镇三级标准基础平台2.0版开发，在市政务云上进行了集中部署，已全部开通。各区、各街镇根据自身实际通过调用接口和服务的方式，开发个性化应用。

【打造城市生命体征系统】探索感知城市生命体征，以GIS地图为标准底座，将各类信息在地图上整合共享，开发场景专用图层，实现城建（GIS）地图与互联网地图的数据共用，通过三级平台向基层共享。结合住建部“城市体检”要求，建设城市生命体征监管系统，对指标采用信息化的手段进行管理，形成了300多个体征指标项，展现上海城市运行管理的总体态势。

【开发推进应用场景】围绕“应用为要、管用为王”的原则，着力开发应用场景，提高预知预警预判能力。针对高频多发、人力所不能的问题，加强物联网、大数据、人工智能等技术应用，通过流程再造，研究开发务实管用的应用场景，强化问题预知预警、联动处置，提高问题解决的实效。首批包括深基坑安全监管、玻璃幕墙安全监管、违法建筑治理、历史建筑保护监管、架空线入地监管、燃气供应监管、群租综合治理、修缮工程管理在内的8个场景、2个智能应用专题(重点区域管理、疫情防控）已上线；第二批包括住宅电梯安全监管、高铁沿线安全隐患监管、防汛防台、高坠风险防控等10个场景正在开发、上线调试。

【加强网格化综合管理及应用场景全覆盖推进工作】加强管理考核与评价，完成《上海市城市网格化综合管理评价方案（2020年版）》的修订完善。在广泛听取基层意见的基础上，根据实际工作数据，反复调整，核验指标体系和权重参数的科学性、合理性，优化考核方案，完成日考核、月考核的上线运行。定期核算分析基础数据和考核分数，及时指导基层厘清工作短板和不足，明晰改进和提升的方向。基本完成考核功能模块的程序开发。充分听取基层对数据检索和管理功能的诉求和需求，立足工作实际，开发基础数据和考核分数的自动检索程序，以及案件质量抽查的网上申诉程序，提升工作效率，夯实数据来源的可靠性与准确性。新管控大厅启用后，落实驻场人员及运行机制，大力推动应用场景的推广。对于运转中发现的问题，及时处置并反馈，促进系统迭代优化。同时，全年完成平台及场景宣贯、培训4000余人次。

【为疫情防控提供支持】疫情防控初期，根据社会管理需求，会同江苏路、静安寺、七宝镇等，快速完成系统开发。通过系统自动处理多渠道数据源，利用政务微信进行核实、统计、报送。该系统在全市广泛使用，助力了基层的防控工作。增加了网格派单、自动派单功能的新的案件管理系统启用后，1/3以上的工单由人工派单转为系统派单，释放了大量的劳动力。根据系统运行情况和调研反馈，及时优化系统机制，围绕“可用、管用、好用”不断升级。并在进博会等市级重大活动期间，发挥好保障作用。

【聚焦“高效处置一件事”优化流程】不断优化管理流程，加强基层业务衔接。一是流程再造。通过工作模式的梳理和创新，将处置力量配置到位，强化联动处置，实现管理、执法、作业等业务的轻便应用。按照“多格合一”要求完善网格划分，将街镇可调用指挥人员，通过“智能一张网”整合形成街镇基础处置力量，逐步建立起“网格—岗位—部门—人员”对应关系，实现“机器派单、智能管理、指令到人”。依托市、区、街镇三级系统平台，建立统一的管理事项分类标准，着力解决跨区域、跨部门、跨层级的问题。二是管理赋能。通过“案件装配中心”和“一键建群”功能，有效助力基层各类业务的灵活应用和联勤联动，全天候承接一般事件的全程处置和风险预警的先期处置。目前政务微信作为唯一入口，开通数已达6.6万个，日均案件5万多件，自动化派单率已接近40%。三是提升效率。通过政务微信的唯一入口逐步实现信息采集的实时和全量，客观全面地反映各单位的作业情况。据江苏路街道反映，目前的标准基础版已实现了“小事2分钟、大事20分钟、难事2小时”的运转效率。

【无障碍环境建设工作】一是筹备“十三五”无障碍环境创建迎检工作。11月，住建部专家组赴上海开展“十三五”无障碍环境市县村镇创建验收工作，城管处严格落实创建要求，全面开展迎检自查、实地核查工作，动员各创建单位积极做好迎检准备。以住建委、经信委、民政局、残联和老龄办五部门名义联合下发《关于开展创建无障碍环境区（县）检查验收工作的通知》（沪建城管联〔2020〕498号），布置自查、核查工作，进一步明确工作要求和检查内容，统一标准、规范程序、合力推进。组织无障碍专家团队，就各区申报材料进行核查。部分区开展现场督查，完成相关指标核实，落实相关无障碍整治工作。二是配合配合市残联修订《上海市无障碍环境建设与管理办法》；配合市民政局完成《上海市养老服务条例（草案）》的立法相关工作；配合委标定处编制《既有居住建筑适老化无障碍改造技术导则》。将无障碍设施纳入市政道路建设和整治“全要素、一体化”工程标准中，进一步整合、细化缘石坡道、盲道等无障碍设施技术规范，提升建设标准。这一标准在全市“美丽街区”建设、架空线入地、综合杆改造等整治工作已逐步实施，进一步细化完善老龄相关建设管理标准体系。

【热线管理】更好地倾听群众呼声，推动解决民生困难。会同市建设交通发展研究院热线服务中心，不断细化完善工作措施，着力提升12319城建服务热线的服务水平和服务能级。落实防疫措施，坚持促抗疫、稳服务两手抓、两不误。强化疫情类工单管理，要求第一时间派单至处置站点，并及时跟踪办理情况，确保诉求得到高效处置，从而服务好全市疫情防控大局。强化内控，加强在岗职工健康管理，科学排班，分组轮岗上班，既防止疫情传播，又保持足够接电人手，确保热线服务稳定运行。热线全年共受理市民诉求 73.6 万件，受理 12345 热线工单 21.3 万件，总体运行情况良好。加强热线诉求数据分析，为领导决策提供支撑，助推城市管理不断改进。围绕市民反映强烈的热点、难点、焦点问题，如燃气费网上充值、小区防疫，及时整理分析数据，由热线服务中心提交相关报告 200 余期，梳理汇编典型案例 20 余个。

【标准编制】 按计划完成涉及城市运行“一网统管”网格化系统的 5 项地标的起草工作。在市市场监督管理局的大力支持帮助下，实施了地标的快速立项，并委托市质科院起草编制了涉及城市运行“一网统管”网格化系统的 5 个地标，包括《城市运行“一网统管”网格化系统案件接入技术规范》《城市运行“一网统管”网格化系统个性化应用接入技术规范》《城市运行“一网统管”网格化系统神经元数据接入技术规范》《城市运行“一网统管”网格化系统视频联网接入技术规范》及《城市运行“一网统管”网格化系统数据对接技术规范》。其中《城市运行“一网统管”网格化系统案件接入技术规范》《城市运行“一网统管”网格化系统个性化应用接入技术规范》已完成专家评审工作。

【夏令热线专项工作】 配合市建设交通工作党委宣传处做好“夏令热线”专项活动。组织邀请汤志平副市长、各区区长、建设交通系统各委局领导及机关干部 80 余人次跨入 12319 话务区，倾听群众利益诉求，解决夏令急难愁事，进一步提升建设交通行业城市服务水平，营造共治共建共享美好城市的良好氛围，取得较好成效，受到市委宣传部肯定。

（戚艳平）

（三）城管执法

【概况】 2020 年，全市城管执法系统共出动城管执法人员 210 万人次，车辆 76 万辆次，巡查各类重点性区域 338 万次，开展联合执法整治行动 9737 次，教育劝阻相对人 105 万人次，依法立案查处各类违法违规案件 13.2 万起，案件数同比上升 10.2%。

【做好新冠肺炎疫情防控】 认真落实市防疫指挥部统一部署，成立市局疫情防控工作领导小组，建立了职责清晰、决策科学、调度有力的指挥体系。组织全市城管精干力量连续 300 余天坚守在疫情防控一线，严格落实“外防输入、内防反弹”工作要求，精准施策、动态防控，持续优化调整街面、社区和入沪通道防疫工作措施，为城市公共卫生和人民生命财产安全提供有力执法保障。对内严格落实疫情防控措施，全系统人员“零感染”。对外制定街面、社区、工地防疫标准，指导全市 24.6 万余沿街商户严格落实“六个必须”防疫措施，服务安全复工复产复市。抓严抓实街面疫情防控网，累计出动城管执法人员 1416093 人次，开展执法检查 1675224 次，检查沿街商户、建筑工地、菜市场、商务楼宇等重点区域及周边道路 24072362 个（条）次，发放健康防护提示单 1182255 份。加强对摊贩的防疫检查、宣传教育和排查登记，共依法查处占道设摊案件 15578 件，其中查处违法占道经营活禽案件 75 件，没收活禽 6231 羽并作无害化处置。会同相关部门取缔非法活禽交易点 5 处，没收活禽 497 羽并作无害化处置。依法查处占道经营、兜售贩卖

"黑心"口罩案件13件，依法暂扣"黑心"口罩9524只，并将案件移送至公安、市场监管部门做进一步处理。织紧织密社区疫情防控网，累计出动城管执法人员153816次，深入1.3万余个小区，开展防控宣传510461次，排查登记288561人次，测量体温356457人次。转运集中、居家隔离人员15742人次，服务保障集中隔离人员42063人次，服务保障居家隔离人员4610人次。依法查处小区内违规饲养家禽案件72件、共计1115羽，其中没收家禽730羽并做无害化处置，督促居民自行处理家禽385羽。筑实筑牢道口疫情防控网，全系统出动1.6万余人次赴9个入沪道口、3个火车站和2个机场，为152万余人次提供排查、测量体温、引导护送等服务。

【推进长三角区域一体化城管执法协作】 上海市城管执法局遵循"服务大局、创新引领、突出重点、合作共赢"四项基本原则，积极与苏浙皖三省城管执法部门进行协调对接，建立一市三省城管执法协作机制，开展跨区域城市管理综合执法协作，为长三角区域一体化高质量发展贡献城管执法力量。一是推动形成跨区域协作机制。牵头召开长江三角洲区域一体化城市管理综合行政执法协作机制会议，会同浙江、江苏、安徽三省城管执法部门，建立完善沟通协作、信息共享、案件移送、联合执法、行刑衔接机制，鼓励省级毗邻区基层城管部门建立专项合作机制，增强执法管控合力，共同提升长三角地区城市环境治理现代化水平。二是严厉打击跨区域违法行为。坚持问题导向，上海市城管执法局与苏浙皖三省联合制订印发《开展长三角地区城管执法系统联合执法整治行动方案》（沪城管执〔2020〕70号），组织开展长三角地区联合执法整治行动，严厉打击跨省市"偷乱倒建筑垃圾、露天焚烧秸秆垃圾、非法小广告、流动设摊"等四类突出环境问题，消除长三角执法监管"盲区"，让长三角城市环境更整洁、更优美、更宜居。三是持续推动跨区域互动提升。坚持合作共赢，以党建为引领，加强长三角城市治理执法经验、队伍规范化建设等学习交流借鉴，强化沪苏浙皖四省市宣传协作，不断推动长三角区域城市管理执法精细化、规范化。

【第三届进博会专项执法】 制订《第三届进口博览会城管执法保障工作方案》《进博会城管执法增援工作方案》，先后召开5次现场推进会，明确执法保障任务、保障重点区域、时间安排、责任分工和措施要求。抽调150名业务骨干，聚焦核心保障区、重点保障区、一般保障区三类区域，落实分类分级勤务响应机制，完成4批5682处环境问题点位整治销项。2020年，围绕第三届进口博览会保障工作任务，累计出动城管执法人员61847人次，巡查道路73445条次，开展行政检查48182次，开展联合整治行动881次，教育劝阻相对人35596人次，拆除店招店牌、户外广告、占道亭棚565处，清理非机动车48664辆，拆除违法建筑27530平方米，取缔无序设摊5811起，查处跨门经营、占绿毁绿、非法小广告、生活垃圾未分类等案件1892起，责令整改生活垃圾未分类行为3510起。

【美化街区环境专项执法】 加大街面环境违法行为执法整治力度，实现违法户外广告、重点区域破墙开店违法行为动态"清零"。2020年，共依法查处无序设摊案件28044起，取缔61154处，罚款335.2万元；查处跨门经营案件15291起，罚款160.6万元；查处违规堆物案件2408起，罚款249.7万元；查处违法户外广告设施案件7359起，罚款158.3万元；拆除违法户外广告设施513处，拆除违规店招店牌10604块；依法查处非法小广告案件4452起，罚款93.8万元。

【保护生态环境专项执法】 坚决遏制新增违法建筑，实现重点类型违法建筑基本"清库"，依法拆除违法建筑374万余平方米，创成无违建先进街镇（工业区）226个。2020年，共依法查处建筑工地类违法行为1649起，罚款2207.8万元；查处违法运输处置建筑垃圾类案件9351起，罚款3093.8万元，依法暂扣违法违规运输工具644辆；查处各类夜间施工扰民案件406起，罚款668.4万元；查处向水域倾倒、排放污水等废弃物案件441起，罚款508.4万元。共依法查处露天焚烧垃圾等废弃物案件125起，罚款3.1万元。

【改善人居环境专项执法】 聚焦小区违法搭建、占绿毁绿、损坏房屋承重结构、居改非、占用改建公共部位等突出问题，加大治理力度。开展房产中介行业违法乱象整治行动，重点查处房地产经纪机构未办理登记备案、擅自对外发布房源等8类违法行为。2020年，共依法查处房地产经纪类违法违规案件761起，罚款178.4万元，依法查处违规房屋租赁类案件637起、罚款116.1万元。处罚违法违规企业735家；依法拆除小区违建9104处、37.2万平方米，注记房屋12243套；依法查处损坏房屋承重结构案件1294起，罚款594.9万元，整改恢复1256处，注记房屋81套；查处擅自改变物业使用性质案件545起，罚款62.3万元，整改976处；开展住宅物业管理执法联动，查处物业企业未及时报告类案件105起，罚款37.2万元。

【生活垃圾分类专项执法】聚焦"分类投放、分类收集、分类运输、分类处置"四个环节，深入社区、楼宇、农贸市场、医院和高校等场所开展全覆盖执法检查。结合"一网统管"建设，探索社区上报、街面巡查、视频巡逻、智能监管等方式，提高违法行为的前端发现率。2020年，共出动城市管理执法人员32.5万人次，开展执法检查16.9万次，共检查390934家次小店小铺、餐饮企业、住宅小区、企事业单位、交通枢纽等各类场所单位的垃圾分类投放情况；检查2314家次生活垃圾收集、运输单位；检查518家次大型中转和末端处置企业；共教育劝阻相对人57183起，责令当事人整改33396起（责令单位整改22153起、责令个人整改11243起）。

【"一江一河"专项执法】开展"一江一河"两岸公共空间专项治理，聚焦违法建筑、违法户外广告等5类重点违法现象，梳理形成2批231处环境问题点位清单，全面完成环境问题点位的整治提升。在普陀区长寿路街道召开"一江一河"环境治理现场推进会，总结推广基层先进经验做法。

【智慧城管系统集成】 以统一门户集成、统一用户管理、统一接入管理、统一授权管理、统一安全防护、统一资源管理为目标，对上海市城管执法局已建的办案、勤务、督察、诉件、考核、管执联动、对象监管等系统进行整合，通过调整完善，形成法制管理、指挥监管、综合管理三大业务平台，具有四梁八柱性质的城管执法信息化主体框架已经基本确立，整合方案获得市经信委、住建委的高度肯定。系统整合后信息系统为4个：城管执法协同办公平台、城管执法法制管理平台、城管执法指挥监管平台、城管执法综合管理平台。

【建成全市城管执法对象监管系统】 建设了沿街经营单位、店招店牌、沿街广告、餐厨垃圾、废弃油脂、小区物业、生活垃圾分类、建筑工地、历史保护建筑、房地产经纪机构和人员、房地产开发和租赁企业等21个监管对象主题库，涵盖数据155万余条，开发了"双随机、一公开"、专项执法和分级分类管控三大应用，用数字化手段强化了对各类对象的监管，提升了治理效能。

【优化罚款网上支付功能】建设全市网上办案系统在线支付、电子票据管理、缴款对账等功能模块，并与“一网通办”公共支付平台对接，实现支付宝、微信、银联等App扫码在线缴纳罚没款，极大提高了罚款缴纳的高效性、便捷性和安全性。

【建设住宅物业管执联动系统】打通全市网上办案App与“上海物业”App，规范住宅物业管理违法违规行为处置流程，探索建立前段行业监管、后端专业执法、双方信息互联的管执联动工作闭环。

【协调对接雪亮工程】与市政法委、市公安局对接，作为上海市首家市级委办局，正式接通全市公共安全视频监控联网平台（雪亮工程），接入21000余路高清视频图像，涵盖主要景观区、商务区、商业综合体、主干道、医院、学校、渣土码头和卸点等城管执法重点监管领域。

【强化城管执法数据治理】通过现场排摸、修正完善，开展数据标准化治理，确保数据全面、准确、及时，着力提高数据质量。及时发布数据治理成果，强化在群租综合治理、建筑垃圾管控、工地文明施工监管等领域应用，推动数据汇集向数据治理转变。

【推进街镇综合执法体制改革】根据《关于完善街道乡镇管理体制整合街道乡镇管理服务资源的实施意见》等文件精神的要求，组织开展调研，会同市组织部、市编办、市司法局等部门，起草“加强街道乡镇综合执法工作”“加强街道乡镇综合执法队伍建设”实施意见，统筹加强街道乡镇综合行政执法队伍建设，进一步优化执法力量配置，完善街道乡镇综合执法体制。

【强化街镇综合执法工作立法保障】提请市人大启动《上海市城市管理行政执法条例》修订工作，拟通过条例修改明确街道执法主体地位、街道乡镇综合行政执法队的设置模式、城市管理行政执法部门对街道乡镇在综合行政执法领域内的业务指导和监督关系，并科学划分三级执法权限等。

【推进房管和文明施工领域行政处罚权相对集中】完成《上海市城市管理行政执法条例实施办法》政府规章修订、发布工作，实现201项行政处罚权集中至城管执法部门行使。会同市住建委、市房管局联合印发《关于进一步推进本市城市管理相对集中行政处罚权的实施方案》，推动房管和文明施工领域执法力量整合，保障事项划转工作平稳过渡。

【健全新增执法事项制度保障】印发《关于房屋管理和文明施工管理执法事项清单与执法权限划分的通知》，梳理新划转执法事项，及时编制新增执法事项权力清单，完成新划转执法事项案由库制定，明确划分新增事项的三级执法权限。完成房地产经纪、租赁、物业管理、历保建筑、住房保障、文明施工等领域和执法相关的规范性文件汇编，制定租赁、文明施工、经纪领域现场检查清单，编订文明施工、历保建筑、住房保障执法事项等裁量基准54项，指导基层准确适用法律法规。

【推行城管执法建议制度】参考司法建议、检察建议相关工作制度，制定《关于开展城管执法建议工作的指导意见（试行）》，督促相关行政管理部门完善管理监督机制和措施，实现执法和管理的良性互动和有机互补。2020年，共制发城管执法建议书15份，制发对象包含企业和管理部门，内容涉及绿化作业企业过度修剪，快递企业高峰时段占道，公交公司作业不规范，共享单车企业车辆乱停放，餐厨废弃油脂收运公司作业不规范等。

【加强法制指导】发布7篇执法问答、指引和指南。修改生活垃圾分类查处规定，强化对个人违法行为的执法支撑。全面推行行政执法“三项制度”，完善执法程序相关规定，优化“五乱”停复机和裁执分离流程。抓住出庭、旁听、点评三个关键，健全行政司法良性互动机制。发布行政应诉指南、典型案例，行政复议及行政应诉情况通报。健全城管公职律师制度，全系统74名公职律师持证上岗。

【探索“非现场执法”模式】制定下发《上海市城管执法部门非现场执法工作规定（试行）》，明确非现场执法事项范围和执法流程。学习借鉴宁波“非现场执法”经验做法，研究制订本市“非现场执法”试点工作方案，选取浦东新区、杨浦、虹口、闵行、徐汇、奉贤等区局，对车辆超限、渣土运输、跨门经营、占道设摊等违法行为进行“非现场执法”试点，提升执法效能。

【健全常态化协作机制】会同房管物业部门研究制定《关于加强本市住宅物业管理与城管执法联动工作的通知》，依托物业城管常态化联动平台，在全市1.3万个小区，压实物业发现、整改、报告的前端责任。强化房地产领域执法协作，会同房地产市场监管部门建立信息共享、执法协作、案件移送、停止网签等机制，共同加大对房产中介、房产租赁领域突出问题整治。强化文明施工领域执法协作，会同住建部门制定《加强文明施工管理的通知》，建立执法协助、案件移送、双向告知、管执联动等机制，建立工地扬尘、噪音信息共享机制，支撑文明施工监管。

【“双随机一公开”专项检查】梳理制定2020年版随机抽查事项清单，对建设工地、餐厨垃圾、餐厨废弃油脂、生活垃圾收运处置和房地产经纪机构等5方面16个事项开展随机抽查。2020年7月中旬，结合“互联网+监管”数据抽查、网站公示信息查阅等方式，对各单位“双随机、一公开”工作进行专项检查，并对检查情况进行通报。

【完善信用管理工作机制】修订《上海市城管执法案件信息归集管理规定》，适度提高纳入失信信息平台门槛，并根据违法行为性质、情节、社会危害程度等，划分一般、严重、极严重三个失信等级，完善案件信息异议处理程序。编制2020年信用数据和行为清单并报送市信用中心，按照“应纳尽纳”的原则，将72部法律法规规章的1337项案由纳入信用公示范围。

【强化系统党建引领】深入开展“四史”学习教育活动，落实全员学、交流学、实践学等有效举措，推进基层党建创新。推动上海市城管执法系统党建“双百”建设，围绕“政治建设坚强过硬、支部工作基础扎实、业务工作成绩突出、党员作用发挥明显”目标，启动第二届“城管先锋”先进党组织创建活动，举办中队党支部书记培训班，以点带面提升基层党建工作水平。

【完善城管系统执法类公务员分类管理改革配套制度】根据“编随事转、人随编走”原则，制订新划转事项编制和人员划转方案，推动扩充街镇一线执法力量。贯彻新修订的公务员法和行政执法类公务员分类管理改革要求，规范干部选任、统筹职级晋升和开展轮岗交流。完善“区属街管街用”和“镇属镇管镇用”模式，推动整合市管河道执法力量，加快构建符合综合执法特点的制度管理体系。

【开展“走基层转作风强服务”主题活动】组织上海市城管执法局领导班子成员下基层上党课，组织开展新划转执法事项专题走访，组织机关干部参与基层中队执法整治、信访接待等活动，通过破解一个难题、做好一件实事、参与一起案件、形成一项机制“四个一”工作，同时推动“走百村访千企进万家”工作落到实处，进一步提升机关干部了解基层、联系基层、服务基层的能力和水平。

【加强教育培训】 开展2020城管执法新进人员初任上岗培训，举办基层中队教导员、勤务干部、复训强化、小教员、培训管理者、中队领导干部等在职干部专项培训班。组织开展“2020年新划转事项在线专题培训”，提升基层执法人员开展新划转事项执法工作能力和水平，共7550人参训。梳理校核2600余道试题，形成了综合能力等级考试题库。制作房屋管理和文明施工领域8个课件，录制了7个初任公共科目视频和2个民法典系列宣教课件。出版《城管执法勤务组织与实施教材》，更新23册培训资料。组织开展基层教学基地创建，至2020年底，上海市16个区已经建成49实训点。编制城管执法综合能力等级考试大纲，修订了学时学分管理制度，形成培训内容标准化文件，为推进培训标准化建设提供了依据。

【完善执法监督机制】 研究制订《市城管执法系统2020年执法监督工作方案》，明确开展重大案件督办、重复投诉件督察和执法实效督察等12项具体措施。每季度召开执法监督工作例会，邀请部分区局经验交流，促进互学互鉴，总结回顾前期执法监督情况。依托网上督察系统，及时发现和纠正执法人员存在的问题，确保监督实效。

【开展执法案卷评查】 委托第三方机构组织开展案卷评查，从“上海市城管执法综合指挥监管平台案件子系统”随机抽取263件行政执法案卷，覆盖全市16个区248个中队、市局执法总队、机场执法支队及自贸区执法大队，涉及房屋管理、文明施工、生活垃圾、建筑垃圾等执法领域。评查结果显示，上海市城管执法案卷平均得分为87.0分，质量良好。

【开展百日作风纪律教育整顿】 明确工作目标、重点工作和实施步骤，指导监督推进各单位有序开展本辖区百日作风纪律教育整顿活动，及时总结通报活动成效和亮点。活动期间，各单位组织各类学习、培训共计500余场，观看警示教育片50余部，查摆出“理想信念、班子建设、干事激情、依法行政、群众意识、纪律观念”6大类问题187个，制定整改措施301条，出台制度文件20余份。通过召开工作动员会、推进会和总结会，以及开展调研督导等方式，深入推进队伍作风纪律建设，进一步改进了队伍作风，提升了队伍精气神。

【深入开展“强转树”三年行动】 以服务水平提升为主题，围绕行动方案各项工作要求，督促基层队伍寻短板、补不足、促提升。根据部局要求，撰写本市城管执法队伍“强转树”行动经验材料，梳理制度建设、培训育人、工作创新、专项执法、智慧城管、疫情防控、选树典型等方面的经验和做法，并在《中国建设报》的《强转树》专栏刊登。

【加强队伍标准化规范化建设】 首次引入信息系统配合创建和复查工作，建立246家城管执法中队单位名称、地址、建筑面积、场地面积及各类用房照片等“一队一档”的基础信息。由市局分管领导带队开展示范中队检查，完成22家创建和23家复检的验收工作。会同城管执法总队完成8家创建和73家复检的规范化中队检查任务。完成静安区局标准化大队创建和宝山、闵行、崇明区局标准化大队复检验收工作。

【开展城管执法社会满意度测评】围绕2020年系统重点工作，收集汇总基层单位意见，优化测评指标体系、完善测评问卷和实施方案。上半年测评得分为83.53分，下半年测评得分为84.51分，实现满意度测评8连升，创历史新高。同时，结合督导调研和标准化规范化检查工作，开展满意度测评工作走访，指导、督促测评成绩靠后的单位找准薄弱环节，认真落实整改，进一步提升执法服务水平。

【优化营商环境】制定《上海市城市管理行政执法局关于优化营商环境的指导意见》，明确在支持新消费业态发展、实施“轻微免罚”制度、规范“双随机一公开”监管、推行“非现场执法”、完善“失信惩戒”制度、实行罚款网上缴纳等9个方面出台优化营商环境的措施。联合市司法局发布全国省级城市首份《城市管理轻微违法违规行为免罚清单》，聚焦市容环境、房屋管理、文明施工三大领域12类违法事项，推行审慎包容监管，发布轻微违法行为首违免罚清单，依法免罚95件。研究制定了《关于支持特色小店发展指导意见》，明确5项支持措施。配合市商务委等部门联合制定了《关于进一步推进我市早餐工程建设的意见》，明确了扩大优质供给、支持流动餐车规范运营、放宽门店对外宣传形象限制等4个方面具体措施；配合市商务委、市绿化市容局等7个部门联合制定了《流动餐车管理办法（试行）》，对流动餐车管理职责、点位设置、经营主体要求等方面工作提出具体要求。对经批准设置的集市摊点外摆位，坚持有序放、规范管、精细服，会同属地部门科学规划夜间集市44个。

【提升社区共治共享水平】组织开展第二批50佳城管优秀社区工作室评选工作，展现基层工作室为民服务风采。截至2020年底，全市建成6000余家城管社区工作室，评选出100家优秀城管社区工作室。开设城管工作站、楼宇工作站，拓展城市共建共治共享格局。贯彻落实城市管理“721工作法”，构建精细化管理、人性化服务、规范化执法相结合的共治体系。深化为民服务力度。

【城管执法系统人民建议征集】以“献策城市管理，共建美好家园”为主题，深入开展人民建议征集活动，建立以系统信访干部和志愿者为主体的人民建议征集工作队伍，借助微信公众号、门户网站、新闻媒体、张贴海报等方式广泛引导群众建言献策，2020年收集各单位选送和市民直接提供建议181件，举办城管执法系统首届优秀人民建议评选活动。

【提升矛盾纠纷化解能力】推动信访接待室标准化建设，开展信访基础业务规范化培训，组织开展全系统信访业务规范化评查，开展信访案件办理督查。开展分片区疑难信访矛盾排查化解和调研，在“案清事明”基础上，集中力量解决了一批久拖不决的信访问题。2020年，处理群众来信来访422件，均已办结，按期办结率达到100%；处理中国上海门户网站、局长信箱网上来信723件，对转办区局案件，均已督促各部门上报案件处理情况。

【提高投诉处理工作水平】聚焦夏令时节市民反映集中的夜排档、夜间施工扰民等问题，充分依托信息化、智能化手段，快速处置。结合城管公众开放日、政风行风热线、夏令热线、局长热线等活动，优化投诉处置工作流程。全系统受理诉件13.4万余件，同比下降17.4%，“诉转案”率29.6%。

【加强城管执法社会宣传】2020年共策划33个城管执法宣传主题，涉及抗疫、执法实效、长三角一体化、队伍建设、先进人物、制度创新、优化营商环境等653篇次报道，其中，24篇阅读量为“10W+”，5篇阅读量为“100W+”，传统媒体专版38个。完成“七五”普法工作。聚焦民生关切，开展民生访谈、城管局长接热线、城管公众开放日三大宣传活动，社会反响良好。

（刘懿孟）

（四）架空线入地和合杆整治

【概况】2020年，各区、各单位一手抓疫情防控、一手抓工程推进，确保工程推进“跑出加速度”，超额完成120千米年度整治任务。全年完成124千米架空线入地和合杆整治，中心城区入地率显著提升，内环内主次干道入地率提高到65%。

【推进全要素整治】按照《市政道路建设及整治工程全要素技术规定》的要求，全面推进道路全要素整治，打造了武康路、新华路、愚园路、武夷路、淮海中路、华山路、西藏中路、四平路、金沙江路等全要素整治示范道路，呈现了“线清、杆合、箱隐、景美”的效果。

【启动新“三年行动计划”研究】在对2018年至2020年整治工作开展评估的基础上，以更加注重标准引领、更加注重资源集约、更加注重统筹实施的总体要求，按照“以点连线、延线成片、连片成面”的实施原则，研究新一轮三年整治计划。为巩固整治成果，加强城市道路设施设置管理，以整治工作为契机，启动架空线入地和市政全要素长效机制研究，完善城市道路管线和杆箱及城市家具设施的长效管理机制。

（五）设施管理

【概况】2020年，认真贯彻“人民城市人民建，人民城市为人民”的重要理念，落实市委、市政府及两委各项工作要求和部署，聚焦行业重点任务，紧紧围绕城市精细化管理，加强统筹协调，狠抓政策落实，着力补短板、强管理、提效能、防风险，围绕服务民生保障，确保本市燃气、地下管线、道路照明、地下空间设施运行工作平稳有序。

【完成老旧居民燃气立管改造市府实事项目】积极克服因疫情影响造成的工期滞后等不利影响，结合夏令热线、民生访谈等，做好燃气立管改造工作的宣传动员，在保证施工安全质量和疫情防控的要求下，持续加快工程进度。在9月底提前超额完成市府实事项目9万户的年度工作目标基础上，全年累计完成改造11.2万户，地下管网改造完成101千米。

【疫情防控期间燃气保障工作】做好疫情防控期间的燃气服务工作，调整服务窗口工作模式，采取阶段性降低气价和欠费不停气等措施，有力地支持了全市抗疫大局。全力保障本市燃气日常供应，实现全体从业人员零感染。

【优化燃气行业营商环境改革】研究燃气营商环境改善3.0，会同相关部门出台《上海市优化燃气接入营商环境实施办法》，进一步简化流程，提升服务，并联审批。配合市发改委，组织开展本市燃气行业国家营商环境考核工作，联合出台第五轮支持天然气分布式供能政策。

【健全燃气法规体系】修订《上海市液化石

油气管理办法》，明确了配送过程、气瓶信息追溯、用户实名制、街镇属地管理等具体工作要求，为进一步提升液化气安全服务供应提供了法律保障。

【构建燃气行业监管信息平台】建设完成上海市燃气监管信息系统，并建立工作机制，优化工作流程。开展燃气行业管理数据归集，实现全部管道燃气基本数据与液化气企业配送数据的对接。优化燃气“一户多人口”优惠政策，并推广实施。联合市市场监管局加强液化气配送数据的质量提升，其中用户身份证登记信息提升至99%。

【防台防汛工作】做好台风“黑格比”防御工作，组织开展防台防汛应急演练，要求各燃气企业和地下空间权属单位汛期期间严格执行24小时值班制度，加强应急值守和信息上下联动，及时处置险情和故障，确保平稳度汛。今年汛期期间，本市共开展地下空间防汛防台专项检查6610次，出动11852人次，检查地下空间21670处，发现防汛防台方面的问题、隐患1068个，整改完成995个，累计开出整改通知单543张。

【推进加氢站规划建设管理】研究制定《上海市燃料电池汽车加氢站建设运营管理办法》和《上海市燃料电池汽车加氢站扶持办法》，协调推进加氢站消防审验工作，本市加氢站已建成9座，正在开工建设3座。开展《上海市车用加氢站布局专项规划（2021—2025年）》编制工作。积极推进《加氢站建设运营管理办法》和《加氢站建设发展专项扶行办法》的编制工作。

【地下综合管廊建设】截至2020年底，上海建设地下综合管廊约149千米（含缆线型管廊约69千米），约87千米管廊（含缆线型管廊约59千米）已投入运营。开展《城市地下综合管廊工程技术标准》修编工作，进一步明确了因地制宜确定管线入廊种类以及管廊建设规模的要求，提出了组合排管的缆线型管廊形式。

【道路照明工作】完善照明控制站检修流程，编制操作手册；完善道路照明应急体制，组织外滩隧道照明控制站防台防汛演练；开展高杆灯第三方检测试点工作。2020年度共计接到道路照明报修数11472件，处置率达到98%以上。完成年度道路照明控制设备、照明老旧设备、老旧灯具整治，建立改造项目评价机制，从安全、质量、进度和文明施工等方面进行评价，通过数据分析，综合考虑城市安全、景观、精细化管理等因素，合理编制2021年度改造方案。

（欧阳雁）

（六）应急保障

【疫情防控】一是扎实推进疫情防控。按照市委、市政府工作部署和疫情防控工作要求，自1月22日起，全员投入新冠肺炎疫情防控工作一线，聚焦建筑工地、居住小区、租赁住房、商务楼宇、行业窗口等重点行业领域，加强疫情防控工作指导、协调、保障，层层压实责任，有效推进落实各项防控措施，2020年共计完成疫情工作简报139期、日报328期。二是助力企业复工复产。根据防控形势发展，全面梳理疫情对住建行业冲击影响，全力推进住建领域复工复产工作，确保社会经济平稳发展。3月下旬，由陆锦标二级巡视员带队，分别赴黄浦、金山等区部分工地，宣讲有关政策，解决实际困难，调动企业复工复产积极性。结合相关企业的困难和诉求，围绕争取财政补贴、减费降税，形成行业建议报送市财政局，争取合理的政策支持。三是做好系统防疫物资保障工作和常态化防控。加强与市防疫指挥部物资组沟通协调，拓宽防疫物资筹集渠道，为住建行业单位争取各类防疫急需物资，切实解决好物业、房产交易等一线窗口单位防疫物资短缺问题。

【完成农村房屋安全隐患重点排查】 依托政务微信向全市各相关区1486个行政村开放了3719个信息采集账号端口。在各区、镇(乡)的有力组织下，第一阶段农村用作经营的自建房重点排查任务已经按照时间节点于2020年底前顺利完成，共排查了35578栋经营性自建房，其中60%以上为集中在闵行、宝山、青浦等区的城乡接合部、用于职工宿舍等整体出租的房屋，其他则用于包括批发零售、餐饮、民宿、休闲娱乐、生产加工、仓储物流等。其中经初步判断存在安全隐患、须第三方机构进行房屋安全性评估的有634栋。对存在安全隐患的农房已要求所在区明确整治方案并采取临时避险措施。

（李小明）

PART THIRTEEN XIII

科研工作

SCIENTIFIC RESEARCH WORK

（一）综述

市住建委围绕中心工作，着眼区域联动，促进行业科技创新发展，开展系列科技工作。组织“十四五”科技规划编制研究工作，编制《上海市城乡建设和管理科技发展“十四五”规划》（初稿），按照专家意见修改完成了规划报批稿。推进“上海市深层软土地下试验场建设”研究工作。推动科研成果“最后一千米”推广。在长三角一体化发展全面提速背景下，开展长三角科技成果推广联动机制研究，积极搭建长三角互动平台，签署了长三角科技成果推广合作备忘录，为深入开展相关工作奠定了基础。开展上海市科学技术奖提名和华夏建设科学技术奖推荐工作，推荐的“软土地区多塔楼超深大基坑工程顺逆作交叉实施关键技术与应用”等18个优秀成果上榜2020年度华夏奖。开展科技项目管理和验收，共54个项目推荐至住建部，获准立项23个，完成14项住建部委托开展部科技示范项目的验收工作。

政策研究方面，积极组织牵头或参与多项市级重大问题研究。完成《住房和城乡建设部上海市人民政府共建超大城市建设和治理中国典范合作框架协议》的起草工作，完成“追求精致卓越，点亮城市品质”城市管理精细化管理部分，参与新一轮城市管理精细化三年行动计划的起草。组织开展本市及国内主要城市的城市管理智能化平台建设调研。在疫情防控的新形势下采取线上线下相结合的方式牵头筹备并组织召开了2020上海—东京城市管理精细化研讨会。做好“改善营商环境，促进协会健康有序发展”的大调研工作，形成《提升协会服务效能、促进行业平稳发展》调研报告。完成2021年课题研究选题工作，确定2021年两委调研课题15个，完成2020年度两委15个课题研究项目的立项论证、中期评估和结题评审工作。完成4个长三角一体化专项的立项论证、中期评估工作。全面发挥城建系统政策研究例会的平台优势，组织开展3次政策研究例会，取得了良好的效果。周密组织安排，有力有序推进志书编纂和建筑业行业发展报告编制工作。《上海市志·建筑业分志》和《上海市志·城乡建设分志》中的《综述卷》《城乡道路卷》和《房地产业卷》历经数年的编纂，全部进入评审验收阶段。完成《上海年鉴》《上海经济年鉴》《中国建设年鉴》等各类年鉴的供稿工作，总计约7万字。编制完成《上海市建筑业行业发展报告（2020年）》，为本市建筑行业的发展提供指导和参考。

（盛开艳、周君俊）

（二）政策研究

【概况】政策研究围绕两委中心工作，坚持“人民城市人民建，人民城市为人民”的重要理念，努力学习，深入调研，扎实研究，积极为两委工作献智献力，积极为领导决策出谋划策，完成年度工作目标任务。

【本市重点区域规划、建设、管理协同路径研究】课题聚焦上海十四五规划中的三大重点区域——临港新片区、长三角一体化示范区、虹桥商务区展开调研，对不同区域在“规—建—管”协同方面的积极探索和制约因素进行分析和总结，以期为新时期的上海城市建设和管理提供可借鉴的经验。通过现场调研、专家访谈和文献分析，课题报告形成9个观点：

1. 将“绿色生态”作为重点区域规划、建设和管理的指导思想。

2. 简化各类建设项目审批管理流程。

3. 提高控详规划调整效率。

4. 做好地下基础设施的竖向布局与建设时序。

5. 加大项目协调推进力度。

6. 优化项目竣工验收流程。

7. 充分发挥企业作为建设、运营服务商的作用。

8. 依托现有建设管理的主要工作，进一步向规划和运维管理两端延伸。

9. 借鉴和尝试国外相关的机制、体制和做法。

【城市管理精细化视角下区治理案例研究】研究在顶层设计方面选取上海市“一网统管”——城市运营综合管理信息系统进行案例研究，以期让更多的人了解上海市精细化管理视角下的社区治理设想和总体架构。在具体工作实践方面选取了高安路街区治理案例进行研究，以期让更多的人了解上海市精细化管理视角下的社区治理工作具体如何操作和落实的。通过对两个案例分析，得出我国城市精细化管理视角下的社区治理面临的共性问题和特性问题，关键问题和一般问题，深度挖掘出其背后的根本原因，形成科学、有效、系统的城市精细化管理视角下的社区治理的方法。

【房屋外墙脱落问题处置办法研究】课题针对房屋外墙装饰及抹灰面、保温层、外墙附属构件及外墙附加设施等附着物的脱落问题，通过政策调研和工程案例调研，分析本市房屋外墙脱落情况、外墙脱落原因及存在的主要问题，从建设和管理等各环节，提出房屋外墙脱落问题处置的工作机制和预防机制，编制《房屋外墙脱落问题处置办法（草案）》和《关于加强新建建筑外墙工程质量管理的规定（草案）》。

【国企参与农民集中居住政策研究】课题重点聚焦本市新一轮农民相对集中居住工作启动以来参与较早、成效初步显现的几大市属国企进行深入调研，同时也调研了部分参与意愿较强、业务相关度较高的其他几大国企。根据相关国企集中座谈及分别调研，部分项目实地考察，九个涉农区相关职能部门意见征询，形成课题研究报告，提出政策建议：

1. 拓展信息对接渠道，在市级层面建立统一、权威的农民相对集中居住项目信息对接平台，发挥基层政府和国企的能动性，积极拓展多样化的对接平台渠道。

2. 强化资金保障机制，研究制定资金平衡支持政策，以捆绑地块或捆绑项目等形式，为国企参与农民相对集中居住项目建设资金平衡提供制度化保障，发挥市场机制作用调动企业积极性；调整农民相对集中居住项目建设中对成本影响较大的主要税费计算方式和征收标准，降低项目建设成本。

3. 优化土地支持政策，相关镇村加强项目前期土地保障，提供权限清晰、没有问题和争议的土地，增强企业参与意愿，保障项目顺利推进；加强项目落地的土地管理政策支持；试点探索适应农民相对集中居住项目特征的土地增减挂钩政策；积极稳妥推进宅基地制度改革试点，探索多元化安置模式，盘活资源，促进项目资金平衡、集中居住农户增收及乡村振兴发展。四完善配套政策机制，加快健全完善适应农民相对集中居住区及乡村重点领域实际的专项建设管理标准；制定实施差别化考核政策机制；完善政策服务和引导机制；有效推进大配套建设。

【建设交通系统基层党建高质量创新发展实践研究】课题聚焦近年来市建设交通工作党委开展的“建设先锋”党组织建设示范点创建工作，通过对建设交通行业各领域各单位以组织体系建设为重点，探索基层党建高质量发展的机制与路径，切实加强基层党建工作进行经验总结和分析。根据新时代建设交通系统基层党建工作面临的新形势新要求，提出了改进优化“建设先锋”创建工作推进行业高质量发展的对策思路。推动建设交通系统基层党建高质量发展需要特别关注持续深化条块联动的资源整合型党建联建模式、持续丰富基层党建的社会化与公共性内涵、持续激发基层党组织和广大党员的自组织活力等方面的瓶颈问题，不断发挥基层党组织的政治引领功能，以行业与社区党建网络融合为支撑，强化社会治理创新中的体制协同效应，以精准发力的工作机制在多维空间延展党建治理网络，为探索超大城市精细化建设和治理中国典范新路径提供建设交通系统基层党建力量。

【旧改范围内历史建筑分类保留保护的关键技术研究】课题通过文献资料梳理了本市旧改范围内历史建筑沿革。对上海各类历史建筑保护要求的法律、法规、规范性文件的梳理，总结不同类别历史建筑的保护要求，结合现有的修缮改造方式，对各保留保护工作路径提出控制要求及关键技术要求。根据对城市肌理内涵的把握，明确肌理保留的对象范围，对实施肌理保留保护的具体实施方式、要素提取的特征及内容进行分析。通过对肌理保留方式控制要求、工作路径及技术要求等内容的分析，提出采用五种不同方式对历史建筑进行保留保护时的技术导引。

课题研究形成了《旧改范围内历史建筑分类保留保护的关键技术研究》报告及《上海市旧区改造范围内历史建筑分类保留保护技术导则（试行）案例指南》，并于2020年10月出台《上海市旧区改造范围内历史建筑分类保留保护技术导则（试行）》（沪建旧改〔2020〕588号）、2021年12月出台《关于进一步加强旧改范围内历史建筑分类保留保护相关工作的通知》（沪建旧改联〔2020〕548号），研究成果在乔家路等旧改地块中进行实地验证。

【黄浦江、苏州河沿岸地区发展能级提升策略研究】课题按照“一江一河”要打造成为“上海城市的‘项链’、发展的名片和游憩的宝地”，其沿岸要打造成为“代表上海社会主义现代国际大都市水平的标杆区域、提升城市能级和核心竞争力的重要承载区、体现上海城市形象的著名地标”的总体要求，分析“一江一河”沿岸地区能级提升的基础，解析提升存在的问题，提出“一江一河”沿岸地区能级提升的推进路径：打造“生活秀带”“文化客厅”和“发展秀场”的总体目标，形成“引之以为用，融中求突破，推动形成能级提升的良性循环”的推进思路。提出三条能级提升策略：

1. 系统设计、细化打造，明确功能培育提升的“路线图”：首先，通航、防洪等基本功能全流域提升，合理探索航船运行时间，优化设计航运功能，将航运与活动结合起来并实现有效错位，能够最大限度提高资源利用效率；其次，生态功能品质提升，重点围绕“一江一河一湖”圈带梳理相关基础设施重大项目，在示范区形成有标志性、有显示度的建设；再次，文化功能最高规格注入，建议申报世界文化遗产；最后，产业功能各显神通、充分联动，强化整体、错位、复合，实现滨水与腹地整体发展，加强沿岸地区主导功能的能级提升，深化细化区段功能发展导向，实现错位互补，根据滨水不同区段的发展基础及发展特色，整体统筹产业布局。

2. 充分应用现代技术手段，新老结合形成功能特色。充分利用世界级滨水区域公共空间进行智慧化、现代化改造是提升发展品质、集聚人气活力的重要手段。通过结合VR/AR开发衍生产品，构建主题产品矩阵，打造“一江一河”顶级IP。

3. 是健全完善能级提升的体制机制。市级层面加强统筹协调，区级层面细化实施计划，加强工作队伍保障。市级各部门聚焦重点难点问题，按高标准制定支持政策，创新标准规范，形成政策合力。

（盛开艳）

（三）科技成果

【城市深层排水隧道施工技术】2020年3月23日，由上海市基础工程集团有限公司承担的“城市深层排水隧道施工技术”科研项目通过住建部验收。项目以苏州河段深层排水调蓄管道系统工程试验段为背景，对超深圆形竖井结构关键技术、深埋盾构隧道衬砌管片及接头力学性能和深埋超大调蓄盾构隧道结构关键技术等开展研究，形成了适用于上海软土地质条件下城市深层排水隧道成套施工技术。1. 首次研究实施了软土地区超深（150米）地下连续墙施工工艺以及110米深N-JET工法和80米深CSM工法地基加固技术；提出了适用于软土地质条件下建造超深竖井的成套技术体系。2. 通过自主研发的调蓄盾构隧道结构试验的系列装置，开展了深层排水隧道超大内外压交替荷载作用下的管片接头、衬砌整环和双道密封垫防水等试验，揭示了内水压作用下盾构隧道的力学性能特征。3. 研发了超深埋盾构进出洞和掘进技术、适用于深层盾构隧道的新型高精度管片及同步注浆浆液配比，提出了成套的适用于超深覆土及高内水压作用下盾构法施工技术体系。该项目成果为城市深层排水隧道建造提供了理论和技术支撑，取得了良好的社会经济效益。

【全预制整体式桥梁技术研究】2020年5月12日，由上海市城市建设设计研究总院承担的“全预制整体式桥梁技术研究”科研项目通过市住房城乡建设管理委验收。项目以北沿公路（合作公路—规划建设公路）改建工程和上海市沿江通道越江隧道工程（越江段）为背景工程，对中小跨径整体式桥梁设计技术、新型简支变连续结构技术等开展研究，提出了适用于中小跨径桥梁的整体式桥梁技术方案。1. 提出一种上部结构采用杆系结构、桥台与台后及台下土体采用实体结构的整体式桥梁混凝土建模技术，分析了上部结构徐变收缩和温度作用对下部结构及土体空间受力性能的影响效应；2. 研发了“一种可伸缩的（半）整体式桥梁桥台搭板”等5项专利技术，编制完成《上海地区中小跨径（半）整体式桥梁设计与施工指南》；3. 结合工程实践，提出四种简支变连续方案，通过精细化分析，给出最优的结构方案，并在实际工程中进行了应用。

【武汉三阳路公铁合建超大型盾构隧道设计与施工关键技术研究】2020年5月20日，由上海隧道工程股份有限公司承担的“武汉三阳路公铁合建超大型盾构隧道设计与施工关键技术研究”科研项目通过住建部验收。项目以地质水文条件严苛的武汉三阳路长江隧道为工程背景，形成了适用于泥岩　砂上复合地层的超大直径盾构法隧道建造成套技术。1. 提出了泥岩复合地层公铁合建超大直径盾构隧道设计方法，涵盖超大直径盾构法隧道非封闭内衬结构型式和抗爆设计、公铁共用疏散通道和分段式通风排烟技术，形成了盾构法隧道公铁合建断面集约化设计方法。2. 研发了基于泥岩复合地层超大直径盾构高效掘进的装备性能提升技术。创新设计的耐磨型双层切削刀具，其刀具组合布置形式，有利于高效切削岩土；研发的大流量自补偿中心冲刷系统，能快速排出渣土；研发的盾构刀盘刀具健康管控系统，能实时评估刀盘刀具安全状态。3. 创建了泥岩复合地层超大直径盾构施工安全控制技术体系，研发的化学法治理泥饼技术，保障了高黏泥岩开挖面稳定；提出的盾构掘进状态动态识别与控制技术，保证了地面环境安全；提出的常压换刀、盾构盾尾密封快速更换技术，内部结构全现浇同步施工工艺，以及基于BIM的掘进参数分析、隧道管片成型质量检测评估，有益于盾构隧道安全快速施工。该项目成果在武汉三阳路长江隧道工程中成功应用，取得了良好的经济、社会效益。

【桥梁安全运维物联网系统研究】2020年5月27日，由上海市政工程设计研究总院（集团）有限公司承担的“桥梁安全运维物联网系统研究”科研项目通过住建部验收。项目以桥梁区域化、智能化运维管理实际需求为出发点，采用踏勘调研、理论研究、技术开发、产品试制、工程实施等手段，围绕桥梁物联网系统构建方法、智能化运维管理技术、风险评估与应急管理技术、在线感知与无人机巡检专项技术等开展研究，综合构建桥梁安全运维物联网系统的成套技术体系。1. 提出了在线感知与智能巡检相结合的桥梁物联网信息化管理体系，构建了与桥梁物联网系统相适应的评价方法，论证了以物联网系统平台为核心的协同式保障体系；2. 通过独柱墩曲线桥梁倾覆风险感知专题研究，开发了适用于橡胶支座的变形传感设备，构建了智能感知体系；3. 开发了面向桥梁巡检的专用无人机，开展了工程应用；4. 构建了桥梁安全运维物联网系统平台。该项目成果为桥梁区域化、感知化运维管养提供了理论和技术支撑，取得了良好的社会经济效益。

【海绵城市雨水调蓄能力评估与空间绩效模拟技术】2020年9月15日，由上海交通大学承担的“海绵城市雨水调蓄能力评估与空间绩效模拟技术”科研项目通过住建部验收。项目研发了设施介质土改良技术和具有较高冠层截流能力和根系促渗能力的绿地植物群落构建技术，构建了绿色基础设施适宜性评价模型、植物群落冠层雨水截留能力预测模型和植物群落根系雨水促渗关系模型10个。1. 建立了宏观海绵城市绿地雨水调蓄能力评估技术和海绵城市绿地雨水调蓄能力空间绩效估算方法各1套；2. 出版专著《海绵城市研究与应用——以上海城乡绿地建设为例》1部，在国内外科技期刊发表论文3篇；3. 参与制定《上海市海绵城市绿地建设技术导则（试行）》和《上海市海绵城市建设技术导则（试行）》，研究成果在上海临港新城海绵城市国家级示范区和共康社区绿地得到广泛应用，为上海海绵城市建设提供了理论和技术支撑。

【高速公路路面动态养护决策支持关键技术研究】2020年10月14日，由上海市城市建设设计研究总院承担的“高速公路路面动态养护决策支持关键技术研究”科研项目通过市住房城乡建设管理委验收。项目针对高速公路养护决策中所面临的共、特性问题，建立以道路快速检测和评估大数据为支撑，以预防性养护理念和方法为核心的高速公路动态养护决策体系。1. 完善了现有路面使用性能评价指标体系，提出了采用构造深度定量评价沥青面层松散和磨光程度、采用探地雷达快速检测评价基层松散率指标方法；2. 基于数据库搜索理论，采用遗传算法优化BP神经网络模型，开发了适用国内典型路面结构的模量反算软件；3. 集成开发了基于养护决策树的静态和动态养护决策支持管理系统平台。

【基于多源数据分析的地面大容量公交规划实施效益评估方法研究】2020年11月13日，由上海市城市建设设计研究总院（集团）有限公司承担的“基于多源数据分析的地面大容量公交规划实施效益评估方法研究”科研项目通过住建部验收。项目针对规划设计阶段，提出了支撑决策的地面大容量公交成本效益预评估体系；针对建成运营阶段，提出了支撑优化提升的建成线路交通效益评估及

运营服务评估体系；针对远期成网的展望，提出了建成线路的发展趋势评估体系。提出由6大类14小类的35个评价指标构成的指标集，采用数学建模、仿真预测等计算手段，建立不同阶段的效益评估模型，形成了全过程、多维度的地面大容量公交综合效益的评估方法。

【城市河道治理及长效管理关键技术研究与示范】2020年11月26日，由上海市城市建设设计研究总院（集团）有限公司承担的“城市河道治理及长效管理关键技术研究与示范”科研项目通过住建部验收。研究从“安全、环境、生态、景观”出发，形成了城市河道控源治理、河道水环境健康状态评估体系构建、生态河道的立体形态构建等关键技术，相关技术在大连凌水河等河道进行了示范应用。开发了城市河道监测、管控、运维的App，形成了《城市河道运维技术指南》，并在上海浦东新区相关项目中进行实践，对城市河道治理及长效管理具有指导作用。

（四）2020年度住建领域科技成果获市科学技术奖情况

2020年度，住房和城乡建设管理领域获得上海市科学技术奖的科技成果共20项，其中，18个项目获得科技进步奖，2个项目获得技术发明奖。市住建委推荐的18个优秀成果上榜2020年度华夏建设科学技术奖，其中一等奖1项，二等奖9项，三等奖8项。

上海市科学技术奖（住房和城乡建设管理领域）

序号	奖项等级	项目名称	完成单位	完成人
1	科技进步奖一等奖	软土城市深大基坑群工程安全与环境影响控制关键技术及应用	上海交通大学、华东建筑设计研究院有限公司、上海市城市建设设计研究总院（集团）有限公司、上海市基础工程集团有限公司、上海隧道工程有限公司、上海城建市政工程（集团）有限公司，浙江鼎业基础工程有限公司	陈锦剑、徐中华、李明广、张中杰、李耀良、赵国强、叶冠林、胡耘、刘健、吕培林、旬为卓、李青、潘伟强、沈健、王福林
2	科技进步奖二等奖	城市非开挖大口径深埋电力隧道的建设与运维关键技术	上海交通大学、国网浙江省电力有限公司经济技术研究院、上海城建市政工程（集团）有限公司、上海市政工程设计研究总院（集团）有限公司、上海市隧道工程轨道交通设计研究院	叶冠林、卞荣、张琪、张振、任永青、陈飞、廖晨聪、冯云、姜文东、钟俊彬
3		城乡生态空间建设实施关键技术及工程应用	上海市园林设计研究总院有限公司、上海园林（集团）有限公司	朱祥明、茹雯美、李铁伦、杜安、俞莉萍、陆健、范善华、张荣平、庄伟、张希波
4		大型公共建筑热力学调控节能关键技术及应用	同济大学、同济大学建筑设计研究院（集团）有限公司、上海建工集团股份有限公司、中建三局集团有限公司、浙江省建工集团有限责任公司	李麟学、高军、吴杰、潘毅群、王健、杨丽、杨峰、邵刚、方园、杨一江
5		地下工程施工泥浆的研制、高效精准控制与资源化利用	中海石油（中国）有限公司上海分公司、中国石油大学（北京）、同济大学、上海大学、海南深水能源有限公司	李耀良、杨进、张海山、李三喜、陈绪跃、严维锋、王涛、李艳飞、葛俊瑞、胡南丁
6		拱北隧道管木冻结预支护关键技术与应用	同济大学、中国地质大学（武汉）、中交第二公路勘察设计研究院有限公司、港珠澳大桥珠海链接线管理中心	胡向东、马保松、程勇、张军、洪泽群、张鹏、周先平、任辉、邓声君、方涛
7		海上大直径超长桩施工装备与关键技术及应用	上海雄程海洋工程股份有限公司、江苏科技大学、上海交通大学、常州力安液压设备有限公司、舟山市质量技术监督检测研究院、江苏大洋海洋装备有限公司、江苏省船舶设计研究所有限公司	尚勇志、唐文献、张铁、徐胜文、卞伟林、李存军、张曙光、戴雪良、潘虎、章庆生
8		建筑工程全寿命期数字化建设与控制技术及应用	上海市建筑科学研究院（集团）有限公司、上海建科工程咨询有限公司、华东建筑设计研究院有限公司、上海交通大学、上海建工一建集团有限公司、同济大学、华建数创（上海）科技有限公司	周红波、曾莎洁、李嘉军、史健勇、周臻全、琚娟、徐旻洋、李露凡、陈国俊

续表

序号	奖项等级	项目名称	完成单位	完成人
9	科技进步奖二等奖	健康城市空间规划关键技术及应用	同济大学，中国科学院城市环境研究所，上海市建筑科学研究院有限公司，上海同济城市规划设计研究院，上海交通大学医学院附属仁济医院	王兰、吝涛、王新哲、李新虎、李芳、高军、赵晓菁、黄建中、俞屹东、孙文尧
10		里弄建筑保护利用关键技术与应用	上海建工四建集团有限公司，上海市建筑科学研究院有限公司，同济大学，上海建筑装饰（集团）设计有限公司，上海章明建筑设计事务所（有限合伙），上海市建筑装饰工程集团有限公司	黄铁、宋晓滨、陈中伟、张铭、王卓琳、谷志旺、冷予冰、王伟茂、连珍、邢朱华
11		软土深基坑工程“桩墙合一”新技术与工程应用	华东建筑设计研究院有限公司，上海市机械施工集团有限公司，上海强劲地基工程股份有限公司，上海渊丰地下工程技术有限公司	胡耘、周蓉峰、沈健、刘全林、周铮、吴治厚、葛新鹏、周振、刘若彪、张佶
12		现代综合管廊建设和运维多元新技术集成与示范	上海市城市建设设计研究总院（集团）有限公司，上海公路桥梁（集团）有限公司，上海大学，上海燃气工程设计研究有限公司，上海临港新城建设工程管理有限公司，北京上华软件有限公司	汪胜、王家华、胡珉、姜宏、蒋海里、印峰平、黄瑾、王印昌、杨光、吴晓维
13		重大工程建设风险管控技术与装备研究	上海建工二建集团有限公司，上海西派埃自动化仪表工程有限责任公司，上海市建筑科学研究院有限公司，上海建工集团股份有限公司，上海建工四建集团有限公司，上海市安装工程集团有限公司	汪思满、蒋宇晨、李勇生、汪佳玮、陈峰军、章谊、冷予冰、余芳强、张敏、沈雯
14	科技进步奖三等奖	大跨度波形钢腹板预应力组合梁桥建造关键技术	上海建工集团股份有限公司，上海外经集团控股有限公司，深圳市市政设计研究院有限公司，杭州市交通工程集团有限公司	周玮、陈宜言、况中华、宋胜录、项伟康、吴先勇、周向阳
15		非开挖隧道工程中自动测量及物探预警技术创新与应用	上海市基础工程集团有限公司	钱美刚
16		复杂工况条件下越江顶管组合施工关键技术与工程应用	上海公路桥梁（集团）由西安公司，上海交通大学，上海市城市排水有限公司	汪剑锋、廖晨聪、甄亮、黄金明、张涛、柳楚楠、陈晓晨
17		近代文物建筑保护和活化利用设计技术研究与应用	上海建筑设计研究院有限公司，华东建筑设计研究院有限公司	唐玉恩、邹勋、王平山、姚军、潘嘉凝、刘蕾、胡佳妮

续表

序号	奖项等级	项目名称	完成单位	完成人
18	技术发明奖二等奖	现代大型宗教建筑关键技术研究与应用	中国建筑第八工程局有限公司，上海申元岩土工程有限公司，上海通正铝结构建设科技有限公司，苏州金螳螂建筑装饰股份有限公司	孙晓阳、梁志荣、欧阳元文、陈新喜、颜卫东、 张帅、李赟
19	技术发明奖二等奖	高耸混凝土结构建造模块化集成智能爬升模架装备技术	上海建工集团股份有限公司，上海建工装备工程有限公司，上海建工一建集团有限公司，上海建工二建集团有限公司，上海建工四建集团有限公司，上海建工五建集团有限公司，上海建工七建集团有限公司	黄玉林、杨德生、潘曦、顾国明、贺翀、扶新立、徐磊、夏卫庆、刘冬华、李增辉
20	技术发明奖二等奖	基于智慧化建管的农村污水处理系统增效关键技术研究与应用	同济大学，上海市城市建设设计研究总院（集团）有限公司，上海市水利管理处（上海市河湖管理事务中心），上海碧波水务设计研发中心，上海东浩兰生智慧科技有限公司，上海环境保护有限公司，上海宏波工程咨询管理有限公司	王荣昌、赵建夫、邢美燕、张显忠、时珍宝、胡昕晔、郁片红、陈静时美、杨殿海

2020年度华夏建设科学技术奖获奖清单

序号	奖项等级	项目名称	完成单位	完成人
1	一等奖	软土地区多塔楼超深大基坑工程顺逆作交叉实施关键技术与应用	华东建筑设计研究院有限公司、上海市基础工程集团有限公司、上海建工四建集团有限公司、上海广联环境岩土工程股份有限公司、上海勘察设计研究院(集团)有限公司、上海竹园物业管理有限公司	徐中华、王卫东、翁其平、郭宏斌、邓文龙、孔德志、崔永高、丁颖、宣霖康、陈永才、缪俊发、宗露丹、李耀良、朱海峰、戴加东
2	二等奖	排水管网问题排查与整治关键技术与应用	上海市城市建设设计研究总院（集团）有限公司、常州市排水管理处、上海管丽建设工程有限公司、武汉中仪物联技术股份有限公司、上海誉帆环境科技有限公司	唐建国、周传庭、许光明、孙跃平、郑洪标、李通、陈俊、赵国志、张婉珈、杨后军、梅晓洁、赵刚
3	二等奖	城市大型给水厂超滤膜净水关键技术创新及应用	上海市政工程设计研究总院（集团）有限公司、同济大学、北京建筑大学	芮旻、楚文海、薛重华、张增荣、魏宏斌、郑志民、刘志远、张硕、高乃云、王虹、杨旭、张瑞华
4	二等奖	重载超低速防坠安全器成套关键技术研发与应用	上海市建筑科学研究院科技发展有限公司、上海市建筑科学研究院有限公司	秦雪涛、穆铭豪、陈爱华、韩文鹤、应晔、宋达文、周恒、顾生青、周文珺、陈莹、王健健、王纲居
5	二等奖	超大型结构混凝土高性能设计与智能制备及其精益施工关键技术	上海建工集团股份有限公司、上海建工材料工程有限公司、上海建工一建集团有限公司、上海建工四建集团有限公司	占羿箭、黄玉林、朱敏涛、徐俊、许永和、李鑫奎、徐磊、吴德龙、潘曦、朱然、左自波、况中华
6	二等奖	砖砌体历史建筑安全评估与性能—功能绿色提升关键技术及应用	上海理工大学、上海交通大学、上海建工四建集团有限公司、同济大学、中国建筑科学研究院有限公司上海分公司、上海建工工程材料有限公司、上海建工一建集团有限公司、中国建筑第八工程局有限公司	刘卫东、陈兵、谷志旺、彭斌、于国清、汤永净、徐建设、周海东、阚黎黎、谈晓青、苏海华、杨伟波
7	二等奖	特殊工况下大直径长距离顶管技术创新与应用	上海公路桥梁（集团）有限公司、上海市政工程设计研究总院（集团）有限公司、上海交通大学、中国地质大学（武汉）、上海米度测控科技有限公司、上海水业设计工程有限公司	王剑锋、甄亮、许龙、廖晨聪、马保松、李玮煜、钟俊彬、张涛、张鹏、宣锋、陈锦剑、郭巍

续表

序号	奖项等级	项目名称	完成单位	完成人
8	二等奖	多塔连体超高层结构多维震（振）动响应机理与设计方法	华东建筑设计研究院有限公司	安东亚、姜文伟、崔家春、李承铭、刘明国、傅晋申、杨钦、于琦、徐自然、巫燕贞
9		软土地区核心城区复杂环境下超深群坑施工关键技术及应用	上海市基础工程集团有限公司	李耀良、吴洁妹、邹铭、朱敏峰、张顺、罗云峰、杨子松、李煜峰、印辰玺、赵永强、邹峰、贾文强
10		建筑空间光热环境营造关键技术与应用	上海市建筑科学研究院有限公司、同济大学、北京工业大学、北京绿建软件股份有限公司、珠海兴业绿色建筑科技有限公司、珠海兴业新材料科技有限公司	杨建荣、郝洛西、季亮、张伟荣、张金乾、方舟、张改景、李进、孙桦、李芳、张丽娜、乔正珺
11	三等奖	传统木结构庙宇建筑带佛像整体移位施工技术	上海建工四建集团有限公司、上海建筑设计研究院有限公司、上海天演建筑物移位工程股份有限公司、上海市建筑科学研究院有限公司、同济大学	李亚明、张铭、卢文胜、谷志旺、王建永、陈玲珠、李伟、张瑞甫
12		超大型结构混凝土高性能设计与智能制备及其精益施工关键技术	上海建工集团股份有限公司、上海建工七建集团有限公司、上海建工四建集团有限公司、上海市机械施工集团有限公司	尤雪春、成禹、潘曦、孙宇杰、马晓辉、郭海军、龚寅、杨德生
13		城市核心区深基坑工程施工风险控制技术研发及应用	上海隧道工程有限公司、上海交通大学、上海广联环境岩土工程股份有限公司、上海米度测控科技有限公司、上海潇凌信息科技有限公司	潘伟强、祝强、诸颖、陈锦剑、李明广、陆建生、李慕涵、张耀三
14		城市综合管廊节能节地及智慧化运维新技术集成与示范	上海市城市建设设计研究总院（集团）有限公司、上海公路桥梁（集团）有限公司、上海大学、上海燃气工程设计研究有限公司、上海临港新城建设工程管理有限公司	姜弘、汪胜、王家华、胡珉、蒋海里、印峰平、黄瑾、王印昌
15		建筑节水终端产品关键技术与应用	上海建科检验有限公司、九牧厨卫股份有限公司、义源（上海）节能环保科技有限公司	岳鹏、邱琴、王伶、颜伟国、林晓伟、陈春虹、曾杰、王琪

续表

序号	奖项等级	项目名称	完成单位	完成人
16	三等奖	网络化有轨电车建设及运营管理关键技术与应用	上海市城市建设设计研究总院（集团）有限公司、同济大学、上海阿尔斯通交通设备有限公司、上海松江有轨电车投资运营有限公司	徐正良、张中杰、黄茂松、徐军、郭虹、保利霞、黄启斌、王浩然
17		城市退化湿地生态修复关键风景园林化工程技术及应用	上海市园林科学规划研究院、同济大学、上海同瑞环保工程有限公司、上海园林绿化建设有限公司、华东理工大学	崔心红、朱义、杨长明、顾燕飞、张群、张卫、宋晴、韦联平
18		公共建筑运行能耗大数据智能分析与应用关键技术	上海市建筑科学研究院有限公司、上海市建筑建材业市场管理总站、上海腾天节能技术有限公司、上海建科建筑节能技术股份有限公司、上海市黄浦区发展和改革委员会	徐强、张蓓红、支建杰、吴蔚沁、张皓、李阳、蒋友娣、张金元

PART FOURTEEN XIV

政策法规

POLICIES & REGULATIONS

目录

于印发《上海市市级建设财力项目代理建设管理办法》的通知(沪发改规范[2020]21号)

上海市房屋管理局关于印发《上海市住房租赁合同网签备案办法》的通知(沪房规范[2020]10号)

上海市规划和自然资源局关于印发《上海市土地交易市场监督管理办法》的通知(沪规划资源规[2020]15号)

上海市规划资源局关于印发《上海市国有建设用地使用权招标拍卖挂牌出让业务流程及操作规范》的通知(沪规划资源规[2020]17号)

《上海市房屋使用安全管理办法》(沪府令39号)

《上海市户外招牌设置管理办法》(沪府令41号)

上海市人民政府关于延长《上海市开展对部分个人住房征收房产税试点的暂行办法》有效期的通知(沪府规[2020]33号)

上海市人民政府办公厅转发市规划资源局《关于本市实施国土空间用途管制加强耕地保护的若干意见》的通知(沪府办规[2020]19号)

上海市人民政府关于修改《上海市城市管理行政执法条例实施办法》的决定（沪府令29号）

上海市人民政府令第29号

《上海市人民政府关于修改〈上海市城市管理行政执法条例实施办法〉的决定》已经2019年12月23日市政府第75次常务会议通过，现予公布，自2020年3月1日起施行。

市长　应勇

2020年1月18日

上海市人民政府关于修改《上海市城市管理行政执法条例实施办法》的决定

（2020年1月18日上海市人民政府令第29号公布）

市人民政府决定，对《上海市城市管理行政执法条例实施办法》作如下修改：

一、将第五条第二款第三项修改为：

（三）依据房屋管理方面法律、法规和规章的规定，对未遵守物业管理、房产市场管理、住房保障、优秀历史建筑保护、国有土地上房屋征收与补偿的违法行为实施行政处罚。

将第二款第五项修改为：

（五）依据建设管理方面法律、法规和规章的规定，对未遵守文明施工管理；在市人民政府确定的燃气管道设施安全保护范围内，建造建筑物或者构筑物的违法行为实施行政处罚。

二、增加一款作为第九条第二款：

有关行政管理部门移送案件线索前，已经责令当事人改正或者限期改正的，应当将责令改正通知书、改正情况等材料一并移送至城管执法部门或者乡、镇人民政府。城管执法部门或者乡、镇人民政府经调查认定违法事实后，可以依法作出行政处罚决定。

三、将第十七条条标修改为“执法规范和队伍建设”，增加一款作为第二款：

市、区城管执法部门和乡、镇人民政府应当按照国家和本市相关规定，定期开展城管执法人员教育培训，推进城管执法队伍专业化、规范化、标准化建设。

四、其他修改：

将第六条、第八条中的“规划国土资源”均修改为“规划资源”。

将第八条中的“环保、工商”修改为“生态环境、市场监管”，在“住房城乡建设”后增加“房屋管理”。

将本办法中的“区、县”“区县”均修改为“区”。

本决定自2020年3月1日起施行。《上海市城市管理行政执法条例实施办法》根据本决定作相应修改并对部分文字和条款顺序作相应调整后，重新公布。

上海市城市管理行政执法条例实施办法

（2015年11月30日上海市人民政府令第37号发布，根据2020年1月18日上海市人民政府令第29号公布的《上海市人民政府关于修改〈上海市城市管理行政执法条例实施办法〉的决定》修正并重新公布）

第一条（目的和依据）

为了加强本市城市管理行政执法工作，提高执法效率和水平，根据《中华人民共和国行政处罚法》《中华人民共和国行政强制法》《上海市城市管理行政执法条例》等有关法律、法规的规定，结合本市实际，制定本办法。

第二条（适用范围）

本办法适用于本市行政区域内的城市管理行政执法活动。

前款所称的城市管理行政执法，是指市和区城市管理行政执法部门（以下简称“城管执法部门”）以及乡、镇人民政府依法相对集中行使有关行政管理部门在城市管理领域的全部或部分行政处罚权及相关的行政检查权和行政强制权的行为。

第三条（主管部门）

市城市管理行政执法部门（以下简称“市城管执法部门”）是本市城市管理行政执法工作的行政主管部门，负责本办法的组织实施。

区城市管理行政执法部门（以下简称“区城管执法部门”）和乡、镇人民政府按照规定的权限，负责本辖区内城市管理行政执法工作。

第四条（管辖权划分）

下列情形的城市管理违法行为，由市城管执法部门负责查处：

（一）对全市有重大影响的；

（二）涉及市级管辖河道的；

（三）涉及古树名木和古树后续资源的；

（四）全市范围内需要集中整治的；

（五）出租汽车驾驶员在中心城区重点区域造成重大影响的；

（六）法律、法规、规章规定应当由市级行政机关负责查处的。

下列情形的城市管理违法行为，由区城管执法部门负责查处：

（一）对本区有重大影响的；

（二）涉及区级管辖河道的；

（三）发生在街道辖区内的；

（四）本区范围内需要集中整治的；

（五）出租汽车驾驶员在街道辖区内中心城区重点区域的。

乡、镇人民政府负责查处在本辖区内发生的违法行为，以及在本辖区内中心城区重点区域出租汽车驾驶员违反客运服务管理的违法行为实施行政处罚。

市级管辖河道、区级管辖河道、乡镇级管辖河道的目录由市城管执法部门制定并公布。

第五条（执法权限）

城管执法部门以及乡、镇人民政府依照《上海市城市管理行政执法条例》第十一条第一款规定的执法范围，实施城市管理行政执法。

除前款规定的执法范围外，城管执法部门以及乡、镇人民政府实施城市管理行政执法的范围包括：

（一）依据水务管理方面法律、法规和规章的规定，对在原水引水管渠保护范围内建造建筑物、构筑物；在海塘保护范围内擅自搭建建筑物或者构筑物的违法行为实施行政处罚。

（二）依据环境保护管理方面法律、法规和规章的规定，对作业单位和个人在道路或者公共场所无组织排放粉尘或者废气；经营性的炉灶排放明显可见黑烟；饮食服务业的经营者未按照规定安装油烟净化和异味处理设施，且未取得相关证照；在噪声敏感建筑物集中区域内从事金属切割、石材和木材加工等易产生噪声污染的商业经营活动的违法行为实施行政处罚。

（三）依据房屋管理方面法律、法规和规章的规定，对未遵守物业管理、房产市场管理、住房保障、优秀历史建筑保护、国有土地上房屋征收与补偿的违法行为实施行政处罚。

（四）依据城乡规划管理方面法律、法规和规章的规定，对未经批准进行临时建设；临时建筑物、构筑物超过批准期限不拆除的违法行为实施行政处罚。

（五）依据建设管理方面法律、法规和规章的规定，对未遵守文明施工管理；在市人民政府确定的燃气管道设施安全保护范围内，建造建筑物或者构筑物的违法行为实施行政处罚。

（六）依据空调设备安装使用管理方面法律、法规和规章的规定，对在建筑物内的走道、楼梯、出口等共用部位安装空调设备的违法行为实施行政处罚。

（七）依据出租汽车管理方面法律、法规和规章的规定，对在中心城区重点区域出租汽车驾驶员违反客运服务管理的违法行为实施行政处罚。

（八）依据停车场管理方面法律、法规和规章的规定，对机动车驾驶员在中心城区道路停车场违反停车管理的违法行为实施行政处罚。

第二款第七项关于中心城区重点区域的范围，由市人民政府另行规定并公布。

第六条（违法建筑查处职责）

对《上海市城市管理行政执法条例》第十一条第一款第八项中规定的对擅自搭建建筑物、构筑物的违法行为，由城管执法部门和乡、镇人民政府依据城乡规划和物业管理方面法律、法规和规章的规定实施行政处罚，但当事人取得下列文书之一的，由规划资源行政管理部门依法进行管理：

（一）《建设项目选址意见书》；

（二）《建设工程规划设计要求通知单》；

（三）《建设用地规划许可证》；

（四）《建设工程设计方案审核意见》。

乡、镇城管执法机构以乡、镇人民政府名义具体承担对乡、村庄规划区内未依法取得乡村建设规划许可证或者未按照乡村建设规划许可证的规定进行建设行为的查处工作。

乡、镇人民政府拆除行政区域内违法建筑的程序，按照国家和本市拆除违法建筑的规定执行。

第七条（约定管辖和指定管辖）

管辖区域相邻的区城管执法部门和乡、镇城管执法机构对行政辖区接壤地区流动性违法行为的查处，可以约定共同管辖。共同管辖区域内发生的违法行为，由首先发现的区城管执法部门或者乡、镇城管执法机构查处。

同一区内乡、镇城管执法机构之间对管辖发生争议的，由本区城管执法部门指定管辖；区城管执法部门、乡、镇城管执法机构发生其他情形管辖争议的，由市城管执法部门指定管辖。

第八条（执法协助）

城管执法部门和乡、镇人民政府查处重大、复杂或者争议较大的违法行为时，可以通知住房城乡建设、房屋管理、交通、绿化市容、水务、生态环境、市场监管、规划资源等有关行政管理部门到场，对违法行为的现场检查和勘验提供协助，有关行政管理部门应当予以配合。

城管执法部门和乡、镇人民政府查处违法行为时，当事人应当按照要求接受调查，并如实提供个人身份或者组织名称的信息。当事人拒绝提供个人身份信息的，城管执法人员可以要求公安机关进行现场协助，公安机关应当派员及时到场协助查明。

城管执法部门和乡、镇人民政府查处违法行为时，需要住房城乡建设、房屋管理、交通、绿化市容、水务、生态环境、市场监管、规划资源等有关行政管理部门提供下列执法协助的，应当出具协助通知书，有关行政管理部门应当依照规定予以配合：

（一）查阅、调取、复制与违法行为有关的文件资料；

（二）对违法行为的协助认定以及非法物品的鉴定；

（三）需要协助的其他事项。

第九条（案件移送与接受）

城管执法部门和乡、镇人民政府应当与有关行政管理部门建立案件移送机制。对执法过程中发现需要移送的案件，应当自发现违法行为之日起5个工作日内移送。移送案件时应当出具涉嫌违法案件移送函，同时一并移送案件涉及的非法物品等相关物品。

有关行政管理部门移送案件线索前，已经责令当事人改正或者限期改正的，应当将责令改正通知书、改正情况等材料一并移送至城管执法部门或者乡、镇人民政府。城管执法部门或者乡、镇人民政府经调查认定违法事实后，可以依法作出行政处罚决定。

城管执法部门和乡、镇人民政府以及有关行政管理部门对接受的移送案件，应当及时登记、核实处理，并在作出行政处理决定之日起10个工作日内，将处理结果通报移送部门。

第十条（信息共享机制）

城管执法部门和乡、镇人民政府应当与有关行政管理部门建立健全城市管理与执法信息共享机制。

有关行政管理部门应当将与城市管理行政执法有关的行政许可和监督管理信息及时通报城管执法部门和乡、镇人民政府，其中行政许可信息应当自作出行政许可决定之日起5个工作日内通报；城管执法部门和乡、镇人民政府应当将实施行政处罚的情况和发现的问题每月通报有关行政管理部门，并提出管理建议。

公安机关与城管执法部门和乡、镇人民政府应当建立街面社会治安和城市管理动态视频监控信息共享机制。

第十一条（行政处罚条款适用）

对当事人一个行为同时违反了两个以上法律、法规和规章的规定，并且都应当给予罚款的，城管执法部门和乡、镇人民政府适用其中处罚较重的条款给予行政处罚，但有从轻或者减轻情节的除外。

第十二条（送达地址确认书）

城管执法部门和乡、镇人民政府在调查取证时，可以要求当事人填写送达地址确认书，告知当事人填写要求以及拒绝提供可能产生的不利后果。

送达地址确认书的内容，应当包括送达地址的邮政编码、详细地址以及受送达人的联系电话等。

第十三条（文书送达）

城管执法部门和乡、镇人民政府应当依照法律规定，采用直接送达、留置送达、邮寄送达和公告送达等方式来送达法律文书。

城管执法部门和乡、镇人民政府可以根据送达地址确认书的地址，对法律文书以专递方式邮寄送达，并按照有关规定执行。

第十四条（逾期或者拒不拆除违法建筑信用管理和信息公示）

对逾期不拆除或者拒不拆除违法建筑物、构筑物的当事人，城管执法部门和乡、镇人民政府应当将其违法信息纳入本市公共信用信息服务平台，并可以通过政府网站、报纸、微信公众号等，以公告等方式依法向社会公开。当事人为企业的，还应当通过企业信用信息公示系统依法公开。

第十五条（监督检查）

市城管执法部门应当加强对区城管执法工作的监督检查；区城管执法部门应当加强对乡、镇、街道城管执法工作的监督检查。

城管执法部门可以采取以下监督检查方式：

（一）行政执法日常督察；

（二）行政执法案卷评查；

（三）行政执法专项检查；

（四）行政执法评议；

（五）其他行政执法监督检查方式。

城管执法部门进行监督检查时，认为城管执法人员有依法应当给予行政处分的情形的，可以向其所在单位、上级主管部门或者监察机关提出处分建议。

第十六条（妨碍公务的处理）

对阻碍城管执法人员依法执行职务的行为，有下列情形之一的，公安机关应当及时制止：

（一）围堵、伤害城管执法人员的；

（二）抢夺、损毁被扣押的物品的；

（三）拦截城管执法车辆或者暴力破坏执法设施、执法车辆的；

（四）在城管执法机构办公场所周围、公共场所非法聚集，围堵、冲击执法机构的；

（五）在城管执法机构办公场所内滞留、滋事的；

（六）其他暴力抗拒执法的。

对阻碍城管执法人员依法执行职务的行为，违反《中华人民共和国治安管理处罚法》的，依法予以处罚；使用暴力、威胁等方法构成犯罪的，依法追究刑事责任。

第十七条（执法规范和队伍建设）

市城管执法部门应当制定并完善执法程序、执法人员行为规范、行政处罚裁量基准和执法工作相关标准，并向社会公布。

市、区城管执法部门和乡、镇人民政府应当按照国家和本市相关规定，定期开展城管执法人员教育培训，推进城管执法队伍专业化、规范化、标准化建设。

第十八条（施行日期）

本办法自2016年1月15日起施行。2004年1月5日上海市人民政府令第17号发布，根据2005年6月27日上海市人民政府令第41号公布的《上海市人民政府关于修改〈上海市城市管理相对集中行政处罚权暂行办法〉的决定》修正，根据2010年12月20日上海市人民政府令第52号公布的《上海市人民政府关于修改〈上海市农机事故处理暂行规定〉等148件市政府规章的决定》修正，根据2012年2月7日上海市人民政府令第81号公布的《上海市人民政府关于修改〈上海市内河港口管理办法〉等15件市政府规章的决定》修正并重新发布的《上海市城市管理相对集中行政处罚权暂行办法》同时废止。

上海市人民政府关于批转市住房城乡建设管理委市财政局制定的《上海市市级城市维护项目管理办法》的通知

沪府规〔2020〕1号

上海市人民政府关于批转市住房城乡建设管理委市财政局制定的《上海市市级城市维护项目管理办法》的通知

各区人民政府，市政府有关委、办、局：

市住房城乡建设管理委、市财政局制定的《上海市市级城市维护项目管理办法》已经市政府同意，现转发给你们，请认真按照执行。

上海市人民政府

2020年1月9日

上海市市级城市维护项目管理办法

第一章　总则

第一条（目的依据）

为进一步保障城市高效安全运行，着力提高城市精细化管理水平，建立健全市级城市维护管理的常态长效机制，加强绩效管理，以全覆盖、全过程、全天候和法治化、社会化、智能化、标准化为着力点，规范市级城市维护项目管理，提高基础设施维护质量和维护水平，提升城市环境品质，根据有关法律、法规，结合本市实际，制定本办法。

第二条（定义）

本办法所称的城市维护，是指对存量基础设施的大中修、日常维修养护、布局调整、功能提升及完善、结构调整、综合整治、应急处置以及相关运营管理活动等。

第三条（保障范围）

市级城市维护保障范围，包括市管城市道路、内河航道、中心城区防汛、绿化市容、公共消防、道路交通管理、地面沉降防治、道路照明等存量设施以及市政府批准的其他项目等，具体以设施清单的形式明确。

市级城市维护保障范围须修改补充的，由各行业主管部门提出调整建议，经市住房城乡建设管理委员会同市财政局报市政府同意后，纳入市级城市维护保障范围。

第四条（职责分工）

市住房城乡建设管理委是统筹协调城市维护工作的牵头部门，负责组织、指导城市维护规划编制、计划平衡、方案审批，统筹协调市级城市维护项目前期研究、项目推进，审定标准定额、组织绩效评价、审计等工作。

市住房城乡建设管理委、市交通委、市规划资源局、市水务局、市绿化市容局、市公安局、市消防救援总队等（以下统称“行业主管部门”）是本行业城市维护工作的主管部门，负责编制行业城市维护规划，编报年度城市维护计划，对申报项目初审或审核；负责城市维护项目事中事后监管，组织实施项目绩效评价，推进项目实施及组织验收、项目竣工销项等工作。

市财政局负责对市级城市维护项目年度预算资金进行管理和监督。

第五条（增长机制）

市住房城乡建设管理委、市财政局根据城市精细化管理要求、设施量增长、养护体制改革、技术革新、标准定额修订等情况，结合市级财力水平，建立市级城市维护资金增长机制。

第六条（标准定额）

市住房城乡建设管理委根据基础设施分类明细，会同各行业主管部门制定城市维护标准、规范和定额的框架体系以及编制、修订计划。各行业主管部门应对标国际一流，负责编制、修订本行业城市维护各类标准、规范和定额，经市住房城乡建设管理委组织评审后颁布实施，实现城市维护工作标准定额全覆盖。

第七条（养护作业市场化）

各行业主管部门应加大推进养护作业领域市场化改革力度，鼓励养护企业走规模化、专业化发展道路，不断提升城市基础设施养护效率和服务水平，培育稳定的养护作业队伍，加强对日常养护队伍的监管考核，鼓励养护企业进行科研创新，积极推广成果应用。

第二章　项目立项程序

第八条（发展规划）

各行业主管部门应将城市维护规划纳入本行业五年发展专项规划范围。经批准的本市及相关行业城市维护五年发展专项规划、财政三年中期规划是市级城市维护项目立项的重要依据。

第九条（项目储备）

市级城市维护项目实行项目库管理。对符合市级城市维护资金使用范围的项目，各行业主管部门应尽早开展项目前期研究工作，及时将成熟的项目纳入储备库，实行滚动管理。对未列入储备库的项目原则上不得批复项目工可报告。

第十条（项目审批）

市级城市维护项目按照项目性质，分为工程类、日常维护类等两类。立项审批主体应委托符合相应资质要求的工程咨询机构对工程类项目设计文件进行评审。

（一）工程类项目

项目（法人）单位应编制工程可行性研究报告（初步设计深度），经行业主管部门初审后，由市住房城乡建设管理委实行一阶段审批，并出具批复意见。

对属于应急抢修的项目，可履行事后确认程序，在开工后，同步完善项目立项等相关手续。具体按照《上海市市级城市维护应急抢修项目暂行管理办法》相关规定实施。

（二）日常维护类项目

日常维护类项目根据市住房城乡建设管理委组织发布的日常养护标准定额，直接编制项目年度预算。对暂不具备编制标准定额条件的城市维护工作，应及时制定成本规制。

对举办重大活动、重要节日及应急任务等其他特定需求的项目，项目审批、维护标准等可根据保障需求不同，采取一事一议方式，报市政府同意后实施。

第三章　年度计划和预算安排

第十一条（计划和预算申报）

各行业主管部门应根据财政预算编制要求，及时组织所属预算单位编制市级城市维护项目年度实施计划，优先安排日常维护类和工程结转项目。新开工项目原则上应取得工程可行性研究报告（初步设计深度）审核意见后，方可列入下一年度预算。

各行业主管部门按照轻重缓急进行排序和初审，形成项目年度实施计划及预算支出的建议报市住房城乡建设管理委。市住房城乡建设管理委根据相关规划、市政府确定的年度重点工作及项目储备深度，经统筹协调、综合平衡后，向市财政局提出年度市级城市维护预算安排建议。

第十二条（计划确定和预算下达）

市级城市维护年度支出预算经市财政局按照规定程序批准后，由市财政局将市级城市维护项目年度预算总额下达市住房城乡建设管理委。市住房城乡建设管理委根据市财政局下达的市级城市维护项目年度预算总额，综合平衡项目计划，经市财政局同意后，由市财政局将市级城市维护项目年度预算分别下达到各行业主管单位部门预算内，同时抄送市住房城乡建设管理委。

各行业主管部门依据市住房城乡建设管理委下达的市级城市维护项目年度计划，分别组织实施。

第十三条（预算调整）

市级城市维护项目年度预算一经批准，不得自行调整。预算执行过程中，如发生项目变更、终止，确须调整的，应按照预算调整规定程序报批，经审核同意后，方可进行调整。

第十四条（项目用款）

各行业主管部门根据项目进度，及时提出市级城市维护项目用款申请，经市住房城乡建设管理委初审后，报市财政局审核拨付。

提交用款申请材料包括：用款申请表、项目批复文件、中标通知书、合同复印件，工程监理、财务监理报告，以及市财政局要求的其他资料。

第四章　项目实施

第十五条（招投标和政府采购）

市级城市维护项目应依法实施政府采购和招投标制度，严格按照招投标和政府采购法律、法规、规章及相关规定所明确的采购方式和程序进行，并接受本市政府采购监管部门的监督管理。

第十六条（财务监理审价）

市级城市维护工程类项目实行财务监理（审价）制度。财务监理（审价）机构负责项目全过程的资金监控和审价等工作。市住房城乡建设管理委负责建立政府采购限额下的市级城市维护项目财务监理（审价）入围名单；各行业主管部门按照规范程序从该名单中选择委派财务监理（审价）单位，同时要加强对财务监理（审价）机构的管理，确保工作质量。

第十七条（项目监管）

各行业主管部门应加强市级城市维护项目在整个实施过程中的考核检查，对技术、质量、安全、合同、进度、预算执行实施监管，在每季度结束后15日内，将项目执行情况、资金使用情况报市住房城乡建设管理委。根据需要，市住房城乡建设管理委可会同相关部门对项目执行情况进行抽查，及时协调项目推进中存在的问题。

第十八条（概算调整）

项目建设单位应严格执行立项批复内容，原则上不得擅自调整或突破批复总投资，确须调整的，按照《市级城市维护工程类和整治类项目实施程序操作指南》相关规定实施。

第十九条（审计监督）

各行业主管部门应在工程类项目竣工后，及时编制或指导项目实施单位编制决算报告。市住房城乡建设管理委负责审批的工程类项目，由各行业主管部门向市住房城乡建设管理委提出审计申请，由市住房城乡建设管理委组织项目审计。

工程类项目决算审计可委托具有相应资质的社会中介机构开展。同一中介机构不得同时参与同一项目的财务监理（审价）和审计工作。国家审计按照《审计法》相关规定，根据审计机关年度审计计划，对市级城市维护项目开展审计。

第二十条（竣工验收销项）

市级城市维护项目由项目（法人）单位组织进行项目的单项验收和综合竣工验收，市住房城乡建设管理委及行业主管部门参加。项目（法人）单位应根据审计意见，及时编制项目竣工决算报告（报表）上报行业主管部门，由各行业主管部门负责审批和销项，审批文件抄送市住房城乡建设管理委备案。

第二十一条（考核评价）

各行业主管部门应按照财政支出绩效评价管理办法的相关规定，组织对市级城市维护项目实施绩效评价，并出具绩效评价报告。市住房城乡建设管理委和市财政局可根据需要，组织开展重点项目绩效评价工作。绩效评价报告及结果应及时录入市级城市维护项目储备库。

市住房城乡建设管理委按照城市管理精细化工作要求，会同行业主管部门逐步完善城市维护工作考核评价指标体系，建立健全城市维护考核评价机制、满意度测评、结果应用和公开机制。

第二十二条（违规处理）

项目实施单位、管理部门及咨询、评估、监理、审价、审计、招标代理等社会中介机构应按照法律、法规规定，履行相应工作责任。

对违反国家有关规定和本办法的相关单位、人员，市有关职能部门可在职权范围内提出意见建议或直接给予限期整改、通报批评、暂停安排年度计划、劝诫或限制其参与城市维护工作等相应处罚；情节严重的，依法追究行政、法律责任。

第五章　附则

第二十三条（配套办法）

各行业主管部门应根据本办法，完善纳入市级城市维护资金保障的具体设施清单、与部门预算或其他专项资金使用范围界面划分、项目审批要求、事中事后监管、竣工验收管理、项目销项管理、养护作业市场化推进等操作细则，并会同市住房城乡建设管理委、市财政局发布。

各区政府应根据本办法，按照城市维护行业管理标准及城市精细化管理要求，结合本区实际，修订完善区级城市维护项目管理办法。同时，将每年度本区城市维护计划和执行情况报送市住房城乡建设管理委。

第二十四条（办法解释）

本办法的具体解释工作由市住房城乡建设管理委员会同市财政局依据各自职能具体承担。

第二十五条（施行日期）

本办法自 2020 年 2 月 1 日起施行，有效期至 2025 年 1 月 31 日。

附件：市级城市维护项目范围

上海市住房城乡和建设管理委员会

上海市财政局

2019 年 12 月 31 日

附件：

市级城市维护项目范围

（一）城市道路。浦西范围内的城市快速路，黄浦江越江桥隧（翔殷路隧道、大连路隧道、复兴东路隧道、外环隧道、卢浦大桥等社会招商项目除外），苏州河桥梁，交通路、光新路、岚皋路、恒丰路、彭浦立交桥等跨铁路桥梁。南北高架、延安路高架沿线人行天桥。外环线以内（除浦东新区）及虹桥枢纽地区范围内的交通标志、交通标线、可变车道显示屏、路口诱导屏。

（二）内河航道。规划等级六级（含六级）以上航道。

（三）中心城区防汛。中心城区排水系统（积水点、预防性修复、沉管抢修等）。市排水公司管理的雨水泵站、总管。

（四）绿化市容。动物园、植物园、

共青森林公园、古猗园、滨江森林公园、辰山植物园等市管公园，崇明东滩鸟类保护区，外环绿带市管区域，水域管理基地（码头），市管黄浦江、苏州河水域保洁和水生植物打捞，船舶废弃物收集与处置，经市政府批准的涉外花展，市级古树名木保护，老港一二三期垃圾填埋场维护等。

（五）公共消防。消防中（支）队营房、船艇、趸船、码头、特种装备及训练设施、通信指挥系统，市政消火栓。

（六）道路交通管理（公安交警）。外环线以内(浦东新区、非市政管养道路除外)、市管国省干线公路（浦东新区、收费高速公路除外）、虹桥枢纽范围内交通信号管理设施，浦西范围内城市快速路执勤岗亭。

（七）地面沉降防治。监测站（井、点）、专灌井。

（八）道路照明。市管城市快速路和市管公路的照明设施；中心城区及宝山、闵行的区管城市道路和公路照明设施。

上海市人民政府关于进一步严格落实各项疫情防控措施的通告

沪府发〔2020〕2号

上海市人民政府关于进一步严格落实各项疫情防控措施的通告

本市坚决贯彻习近平总书记重要指示精神，按照党中央、国务院的决策部署，坚持把人民群众生命安全和身体健康放在第一位，把疫情防控作为当前最重要的工作，出台了一系列防控法规、政策和举措。当前正值疫情防控的重要关键期，现就进一步严格落实各项疫情防控措施通告如下：

一、进一步加强入沪通道管控。继续严格管控机场、火车站及所有进沪公路、水路道口，对进入上海的人员一律测量体温并申报相关信息、对来自重点地区的人员一律实施隔离观察、对其他地区来沪返沪人员要求由其个人及所在单位一律属地申报相关信息，并切实落实相应防控措施。对在沪无居所、无明确工作的人员加强劝返、暂缓来沪。

二、全面落实属地防控责任。各区、各街镇要进一步加强本地防控工作，统筹整合力量，加强社区联防联控和群防群控。居村委要结合实际，完善入沪通道管控、上门排摸、人员核实和实施居家隔离的联动机制。要切实把防控措施落实到户到人，做到排摸、登记、健康管理全覆盖。

三、严格城乡社区管理。居村委、物业公司要严控小区（村）出入口数量，在出入口设置检查点，加强门岗力量配备，做到人员进入必询问、必登记、必测温，发现异常的要及时报告、移送。外来人员和车辆进入小区要从严管理；快递、外卖等实行无接触式配送，由客户到指定区域自行领取；无物业管理的小区，居村委要落实防控措施。

四、加强重点人群管理。对重点地区来沪返沪的人员，严格实行为期14天的隔离观察，一律不得外出；出现发热症状的，应按规定就诊排查。拒绝接受隔离观察等防控措施的，依法追究法律责任。对经卫生健康部门流行病学调查确认后的密切接触者，实行集中隔离观察；拒不配合的，依法采取强制措施。

五、加强健康信息填报核查。对来沪返沪人员填报的健康信息，认真进行核查。个人有隐瞒病史、重点地区旅行史、与患者或疑似患者接触史、逃避隔离医学观察等行为，除依法严格追究相应法律责任外，有关部门还应当按照国家和本市规定，将其失信信息向本市公共信用信息平台归集，并依法采取惩戒措施。

六、严格落实行业防控规范。切实落实单位主体责任，从严条件管理，有序组织复工。对来沪返沪从事教育、托育、医务、家政、护理以及劳动密集型企业等从业人员，实施更为严格的管理措施。单位有隔离条件的，实施单位隔离；有居所的，实施居家隔离；无居住条件的，到地区提供的集中隔离点进行健康观察，单位或个人承担一定费用。物业、快递、公交、出租车等行业的从业人员，由单位安排隔离。居家或集中隔离观察期限为抵沪之日起 14 天。有集体宿舍的单位应当切实履行从严防控的主体责任。

七、加强公共交通运力配备。轨道交通、地面公交等运营企业要科学配置运力，高峰时段线路发车应实施最小间隔。要通过分批放行、分散进站、动态管控等综合措施，降低排队密集度，减少站区拥挤度。如遇客流集聚，通过增开临客、区间车等临时措施迅速疏散客流。

八、强化公共交通疫情防控。乘坐公共交通工具时，应当自觉佩戴口罩。所有公共交通包括市内包车、班车、轮渡的从业人员在营运时，必须全程佩戴口罩。严格落实公共交通工具清洁消毒、通风换气等防控措施，地面公交和轮渡内一律不开空调，开窗通风；轨道交通列车运行期间确保通风系统运行，车站确保全新风 24 小时运行。

九、抓好公共场所疫情防控。公共场所从业人员每天上岗前要检测体温，并全程佩戴口罩。进入医疗卫生机构、商场、大型超市、农贸市场等人员密集的公共场所，都应当自觉佩戴口罩，配合接受体温检测；拒不配合的，工作人员应当拒绝其进入。公共场所经营者要加强消毒和通风，电梯、自动扶梯、门把手等经常接触部位每天定时消毒。

十、加强建筑工地疫情防控。建筑工地要严格实行有条件复工管理，工地入口应设立健康观察点，对所有进场人员实施体温检测。加强对进场人员身份及健康等信息核实，并实行信息日报和紧急报告制度。强化施工现场管控和安全管理，落实环境消毒制度，对重要场所定期进行预防性消毒。

十一、实行错峰上下班。各园区、楼宇和企事业单位要认真组织落实错峰上下班，严格落实复工报备制。鼓励分行业、分区域、分楼层、分单位错开通勤时间，推行弹性工作制和轮流工作制，提倡居家办公、在线办公等灵活工作方式，可采取轮班上岗、轮流上岗等措施。公安、交通等部门要优化交通组织，为市民自驾出行创造便利条件。

希望广大市民继续理解配合、积极参与疫情防控，支持一线人员开展工作，守望相助、同舟共济、共克时艰，坚决打赢疫情防控阻击战，合力推进全市经济社会平稳健康发展。

上海市人民政府

2020 年 2 月 10 日

上海市规划和自然资源局、上海市人力资源和社会保障局关于印发《关于落实〈中华人民共和国土地管理法〉完善本市征地工作的若干意见》的通知

沪规划资源规〔2020〕2 号

上海市规划和自然资源局、上海市人力资源和社会保障局关于印发《关于落实〈中华人民共和国土地管理法〉完善本市征地工作的若干意见》的通知

各有关区人民政府、各有关管委会：

为落实《中华人民共和国土地管理法》，完善本市征地工作，经市政府同意，现将《关于落实〈中华人民共和国土地管理法〉完善本市征地工作的若干意见》印发给你们，请遵照执行。

上海市规划和自然资源局

上海市人力资源和社会保障局

2020 年 3 月 5 日

关于落实《中华人民共和国土地管理法》完善本市征地工作的若干意见

为落实《中华人民共和国土地管理法》，完善本市征地工作，保障相关主体合法权益，现提出以下意见：

一、关于征地报批前工作程序

区人民政府拟申请征收农民集体所有土地的，应当在工程可行性研究报告等立项文件批复后发布拟征地告知书，公告期不少于10日。拟征收土地的范围可以依据项目用地预审与选址意见书或者经批准的建设项目设计方案明确的用地边界确定。拟征地告知书发布后，区人民政府应当组织区自然资源管理部门和有关部门，开展拟征收土地现状调查并选定评估机构。拟征收土地的所有权人、使用权人应当在公告规定期限内，持不动产权属证明材料办理补偿登记。可建未建房屋建筑面积认定时点为《拟征地告知书》发布之日。

区自然资源管理部门、镇（乡）人民政府、街道办事处等有关部门应当根据调查登记结果拟订征地补偿安置方案、征地房屋补偿方案、被征地人员就业和保障方案，在拟征收土地所在的镇（乡）、街道和村、村民小组范围内同时公告并听取意见，公告期不少于30日。多数被征地农村集体经济组织成员认为征地补偿安置方案或征地房屋补偿方案或被征地人员就业和保障方案不符合法律、法规规定的，区人民政府应当组织有关部门召开听证会，并根据法律、法规的规定和听证会情况修改方案。

区人民政府应当组织有关部门，根据前期拟征收土地现状调查、征地补偿安置方案、征地房屋补偿方案、被征地人员就业和保障方案听取意见情况以及听证情况等，进行拟征收土地的社会稳定风险评估。

征地补偿安置方案、征地房屋补偿方案、被征地人员就业和保障方案应当由区人民政府批准，并保证相关费用足额到位。在区人民政府批准方案后，区自然资源管理部门、镇（乡）人民政府、街道办事处等有关部门与用地单位签订附生效条件的补偿费用、社会保障费用支付协议。区自然资源管理等有关部门与拟征收土地的所有权人、宅基地使用权人或者房屋所有权人签订附生效条件的补偿协议。

相关前期工作完成后，区人民政府方可申请征收土地。申请征地的范围应与项目用地预审与选址意见书或者经批准的建设项目设计方案明确的用地边界一致。其中，个别确实难以达成协议的，应当在申请征收土地时如实说明。

二、关于征地批后实施

征收土地经依法批准后，区人民政府应当发布《征收土地公告》，区自然资源管理等有关部门应当按照生效的补偿费用支付协议、补偿协议执行。对达不成房屋补偿协议的，可以根据本市征地房屋补偿争议协调和处理的相关规定执行。

征收土地经依法批准后，镇（乡）人民政府、街道办事处应向区人民政府确定的经办机构申请核定落实就业和保障的人数及人员分类等情况，确定落实就业和保障的被征地人数以征地批文印发日期为准。区级经办机构应将核定结果报市社会保险事业管理中心备案。

三、关于征地补偿标准

（一）土地补偿费、安置补助费、青苗和地上附着物的补偿标准，按市政府有关规定执行。

（二）农村居住房屋与共同举办企业的非居住房屋的补偿标准，按照《上海市征收集体土地房屋补偿暂行规定》（沪府发〔2011〕75号）执行。

（三）安排被征地人员的社会保障费用应当单独列支，具体标准按照《上海市被征收农民集体所有土地农业人员就业和社会保障办法》（沪府发〔2017〕15号）执行。

2020年1月1日后申请征收集体土地的应按本意见实施。本意见没有涉及的内容，按照《上海市征收集体土地房屋补偿暂行规定》（沪府发〔2011〕75号）、《上海市被征收农民集体所有土地农业人员就业和社会保障办法》（沪府发〔2017〕15号）等相关规定执行。

上海市人民政府办公厅关于印发《上海市扩大有效投资稳定经济发展的若干政策措施》的通知

沪府办规〔2020〕3号

上海市人民政府办公厅关于印发《上海市扩大有效投资稳定经济发展的若干政策措施》的通知

各区人民政府，市政府各委、办、局：

经市政府同意，现将《上海市扩大有效投资稳定经济发展的若干政策措施》印发给你们，请认真遵照执行。

上海市人民政府办公厅

2020年4月15日

上海市扩大有效投资稳定经济发展的若干政策措施

为深入贯彻落实习近平总书记关于统筹推进新冠肺炎疫情防控和经济社会发展工作的重要指示，全面落实党中央、国务院和市委各项决策部署，现提出上海市扩大有效投资、稳定经济发展的若干政策措施如下：

一、推进重大项目开复工

（一）加快在建项目有序复工。对具备复工条件的项目做到应复尽复。做好人员和物资的储备调配，市、区相关部门协助重大项目施工企业多渠道筹集防疫物资。加强市属重点企业集团间、集团内部的物资协调。依托长三角区域合作机制，协调跨省市、地区防疫物资、施工材料和机械设备调配。按月细化投资计划，优化施工组织，逐步增加施工强度。（责任部门：市发展改革委、市住房城乡建设管理委、市商务委、长三角区域合作办公室、各行业主管部门）

（二）加大新开工项目协调力度。对列入市、区两级重大工程的计划新开工项目和预备项目，统一开展立项、规划、土地、环保、报建等跨前服务，稳定设计方案，加快前期工作，争取尽早开工。（责任部门：市发展改革委、市住房城乡建设管理委、市规划资源局、市生态环境局）

（三）做好重大项目储备。结合“十四五”规划编制，深化研究重大项目专项规划、建设方案等，围绕产业升级与科技创新、新一代信息基础设施、社会民生、生态文明、综合交通和市政基础设施、安全保障和能源供应等六大领域，制定全市重大建设项目清单（2020—2022年）。对部分带动性强的功能性项目，安排市级建设财力6000万元专项经费，推动预备项目转为正式项目，加快重大项目前期工作。（责任部门：市发展改革委）

二、扩大政府有效投资

（四）加强政府财力资金保障。统筹调度市、区两级财政预算，保障政府投资项目建设资金。提前下达2020年度第一批市级建设财力投资计划150亿元。疫情防控期间，政府投资项目按照标准列支防疫专项措施费，因复工合理增加的各项成本纳入项目总投资。加快制定机场联络线、轨道交通崇明线资金平衡方案。（责任部门：市发展改革委、市住房城乡建设管理委、市财政局）

（五）加快政府专项债券发行和使用。加快完成地方政府专项债券发行工作，将发行收入尽快用于在建项目，形成实物工作量。做好新增政府专项债券的项目准备和争取工作。（责任部门：市财政局、市发展改革委）

（六）加快土地出让收入安排和使用。疫情防控期间，对亟须用款的旧改项目先行预拨100亿元资金。加快启动市、区联手土地储备项目和新一轮市、区联合旧区改造项目。（责任部门：市发展改革委、市财政局、市规划资源局、市住房城乡建设管理委）

（七）落实前期工作主体责任。进一步加强政府投资重大项目谋划和前期工作，全面落实项目前期协调推进机制，优化审批流程。对市政线性工程建设项目，可采取分期（段）审批、分期（段）核发规划土地许可。对涉及国家部委审批的事项，落实工作专班，加强工作对接。（责任部门：各行业主管部门、市住房城乡建设管理委、市发展改革委、市规划资源局）

（八）加强建设项目用地保障。全力支持重大项目建设用地计划，做到应保尽保。提前向各区下达50%建设用地减量化指标，加大周转指标暂借的支持力度。强化各区建设用地减量化指标对重大项目落地的保障，必要时，可采取“直供”方式，在农用地转建设用地办理环节直接使用区减量化指标落实项目用地。加大重大项目耕地占补平衡指标在全市范围内的统筹调剂力度。贯彻落实新实施的《中华人民共和国土地管理法》要求，制定征地补偿操作规程，确保征地工作依法合规。（责任部门和单位：市规划资源局、各区政府）

三、激发社会投资活力

（九）保持土地市场交易平稳有序。疫情防控期间，对采取定向挂牌出让的地块，取消现场交易环节，直接电子挂牌交易并确认竞得。对公开招标拍卖挂牌方式出让的地块，做好统筹安排，现场交易环节通过网络方式进行，并做好疫情防控。顺延开竣工和投达产履约时间，消除疫情对土地出让合同履约的影响。（责任部门：市规划资源局）

（十）加快经营性用地出让节奏。夯实土地供应计划，适当增加年度土地供应量，按月动态细化。实施差别化土地交易管理，针对不同出让方式，采取差别化入市管理，有序高效推进。（责任部门和单位：市规划资源局、各区政府）

（十一）加快推进城市更新。存量工业用地经批准提高容积率和增加地下空间的，不再增收土地价款。坚持公共交通导向发展模式和区域总量平衡，研究优化住宅和商办地块容积率，提升投资强度。支持利用划拨土地上的存量房产发展新业态、新模式，土地用途和权利人、权利类型在5年过渡期内可暂不变更。稳步推动农民相对集中居住。（责任部门：市规划资源局、市住房城乡建设管理委、市农业农村委）

（十二）减轻房企入市成本压力。2020年开工建设的住宅项目应缴纳的城市基础设施配套费，可在首次取得建筑工程施工许可证后三个月内缴纳。允许符合条件的房地产开发企业延期申报、缴纳土地增值税。优化经营性用地土地出让价款缴付时间和方式要求。（责任部门：市房屋管理局、市规划资源局、市税务局）

（十三）降低制造业项目用地成本。工业用地出让起始价可参考全国工业用地最低价，研发用地出让起始价可参考本市研发用地基准地价。对企业以租赁方式（含先租后让）从政府或国有企业取得的产业用地，免除疫情防控期间的土地租赁费用。保障重点转型区域制造业用地规模。协调推进桃浦、南大、吴淞、吴泾、高桥等重点区域整体转型，研究土地开发机制，降低项目落地成本。（责任部门：市规划资源局、市经济信息化委、市发展改革委、市房屋管理局）

（十四）提高存量土地投资强度。按照已划定的产业区块控制线，严格实施管理，确保制造业发展空间。创新土地利用机制，按照不同区域、不同产业差异化需求，精准实施混合用地出让、容积率提升、标准厂房分割转让、绿化率区域统筹等政策，高效利用存量土地。（责任部门和单位：市规划资源局、市绿化市容局、各区政府）

（十五）加大对先进制造业、现代服务业筹资支持力度。本市战略性新兴产业资金通过投资补助、资本金、贷款贴息等多种方式，支持重点领域发展，中长期低息贷款政策从集成电路扩大至人工智能、生物医药领域。做好市、区两级技改专项资金保障，增加资金规模，提高项目支持比例，实施无人工厂专项技改行动。（责任部门和单位：市发展改革委、市经济信息化委、各区政府）

四、不断优化投资环境

（十六）压细压实年度招商引资任务。压实各区、重点园区招商引资的主体责任，进一步加强区级投资促进部门队伍建设，建立招商引资工作考核机制和激励机制。建立市、区两级领导联系重大招商项目制度，推动上海自贸试验区临港新片区、虹桥商务区、长三角生态绿色发展一体化发展示范区、张江科学城、世博园区、国际旅游度假区、长兴岛等重点区域引入优质项目，协调解决引进项目土地、能源、环境容量等保障要素和建设过程中的困难问题，确保重大招商引资项目早开工、早投产。（责任部门和单位：市经济信息化委、各区政府）

（十七）做好投资项目融资对接服务。按照房地产金融政策总体要求，加强动态监测，支持房地产企业合理融资需求，鼓励金融机构加大对旧区改造的融资支持，保持房地产市场平稳发展。用好人民银行专项再贷款政策和政策性金融机构复工复产专项贷款，降低融资成本，减轻企业特殊时期财务负担。支持向制造业企业发放中长期信贷产品。支持企业发行债券募集资金用于投资等相关领域。引导金融机构开辟绿色通道，提供财务顾问服务、设计融资方案，加大信贷投放。（责任部门：市地方金融监管局、人民银行上海总部、上海银保监局、市经济信息化委、市住房城乡建设管理委、市发展改革委）

（十八）推进“一网通办”，深化投资项目审批制度改革。依托“一网通办”平台，对投资主体所属工程建设项目的政务服务事项办理实现线上“一口管理”，各类材料数据实现线上“一口报送”。建设项目信息主题库，归集工程建设项目各类批复的结构化数据、电子证照和电子文件。充分发挥“特斯拉”综合效应，积极探索区域评估、标准地供地、容缺受理、告知承诺、“多审合一”“多证合一”等审批创新。（责任部门：市政府办公厅、市大数据中心、市住房城乡建设管理委、市规划资源局、市发展改革委）

（十九）规范评估评审中介服务。实行中介服务清单制管理、标准化管理、分类别管理，最大程度清理一批、整合一批、精简一批。对社会投资低风险产业类项目，取消建设单位委托的施工图设计文件审查，加强施工图设计文件质量事中事后检查。探索逐步缩小施工图审查范围，实施施工图设计质量告知承诺制，严格落实工程勘察设计质量终身责任制。对保留的中介服务，逐一编制服务指南，强化信用信息管理，健全监督考核。（责任部门：市住房城乡建设管理委、各中介服务管理部门）

（二十）优化市政配套工程建设和服务。加强红线外市政配套建设管理，鼓励具有资质的市政配套建设和运维主体参与竞争。开展企业反垄断合规指引，加强反垄断执法。规范工程配套收费管理，增加收费标准，提高服务信息透明度，提升服务质量，缩短市政配套接入工期。研究合理规范的市政配套收费体制机制。（责任部门：市发展改革委、市市场监管局）

本政策措施自2020年4月15日起施行（具体政策措施已明确执行期限的，从其规定）。

上海市人民政府办公厅关于印发《上海市应对突发事件应急征用补偿实施办法》的通知

沪府办规〔2020〕6号

上海市人民政府办公厅关于印发《上海市应对突发事件应急征用补偿实施办法》的通知

各区人民政府，市政府各委、办、局：

经市政府同意，现将《上海市应对突发事件应急征用补偿实施办法》印发给你们，请认真遵照执行。

上海市人民政府办公厅

2020年5月15日

上海市应对突发事件应急征用补偿实施办法

第一条（目的和依据）

为了规范应对突发事件应急征用补偿工作，保障公民、法人和其他组织的合法权益，根据《中华人民共和国突发事件应对法》《上海市实施〈中华人民共和国突发事件应对法〉办法》等，制定本办法。

第二条（定义）

本办法所称突发事件，是指突然发生，造成或者可能造成严重社会危害，需要采取应急处置措施予以应对的自然灾害、事故灾难、公共卫生事件和社会安全事件。

本办法所称应急征用补偿，是指为了有效应对突发事件，依法征用单位或者个人的物资用于应急救援工作，并给予合理补偿的行为。

本办法所称被征用单位或者个人，是指拥有物资所有权或者使用权的公民、法人和其他组织。

本办法所称物资，是指应对突发事件所急需的生活必需品、能源燃料、医疗用品、工程材料、器材设备、通信设施、宾馆、文化场馆、体育场馆、车间仓库、生产场地、广场、学校、民防工程、运载工具等设备、设施、场地、交通工具和其他物资。

第三条（适用范围）

本行政区域内因应对突发事件而实施的应急征用补偿工作，适用本办法。

第四条（工作原则）

应急征用补偿工作坚持“政府统一领导、分级负责、属地管理”和“提前规划、合理征用、效能优先”的工作原则，注重保障权益、依法补偿，防止重复征用和征用已被调用的物资。

公民、法人和其他组织应当服从应急征用决定，履行应急征用义务，配合应急征用措施。

第五条（职责分工）

市政府统一领导全市应对突发事件应急征用补偿工作。各区政府统一领导本行政区域内应对突发事件应急征用补偿工作。

各实施应急征用的相关行政主管部门（以下称“实施应急征用单位”）按照市、区政府处置突发事件的指令、部署及相关应急预案，实施相关物资的应急征用补偿。

第六条（征用程序）

根据突发事件的事态发展和应对突发事件的处置要求，需要征用物资的，实施应急征用单位应当开具应急征用凭证。因为情况紧急，无法当场开具应急征用凭证的，实施应急征用单位可先实施征用并在2个工作日内补办相关手续。

应急征用凭证载明应急征用的依据、事由、被征用物资的名称及数量、被征用单位名称或者个人姓名、实施应急征用单位的名称及联系方式等内容。

被征用单位或者个人应当按照要求，向实施应急征用单位交付被征用的物资，并按照需要，配备必要的操作、保障等人员，接受实施应急征用单位的统一管理和调遣。

第七条（被征用物资的管理及返还）

被征用的物资由实施应急征用单位或者

市、区政府指定的单位统一管理。

实际调配、使用物资的单位应当及时向实施应急征用单位或者市、区政府指定的单位报送调配、使用情况等信息。

实施应急征用单位在物资使用完毕或者突发事件应急处置工作结束后，应当及时汇总物资的使用情况，在10个工作日内制作应急征用物资使用情况确认书，并将可返还的物资交付被征用单位或者个人。

实施应急征用单位可以通过签订协议，委托具有相应资质或者条件的机构、企业开展被征用物资的调用、调配等工作。协议应当明确委托事项的范围、权限以及被征用物资费用支付等事宜。

第八条（补偿通知）

应急征用物资使用情况确认书兼作被征用单位或者个人提出补偿的书面通知。

无法将书面通知送达被征用单位、个人的，或者无法确定被征用物资权属的，实施应急征用单位应当在当地政府门户网站或者媒体上公告补偿相关事宜，公告期限不得少于60日。

第九条（补偿材料）

被征用单位或者个人自收到书面通知或者公告期限届满之日起6个月内，向实施应急征用单位提交补偿的相关书面材料，包括应急征用凭证、应急征用物资使用情况确认书、被征用单位或者个人对于物资的权属证明、财产毁损或者灭失情况、补偿金额及计算依据、投保及理赔情况等。

第十条（补偿范围和标准）

补偿范围包括因应急征用发生的实际损失和费用，以应急征用凭证确定的征用范围计算。由保险公司负责理赔的事项及与应急征用无关事项，不纳入政府突发事件应急征用补偿范围。

实施应急征用单位实施补偿，参照本行政区域应急征用情况发生时租用同类物资的市场价格，给予被征用单位或者个人补偿。对被征用单位生产指定物资，因生产成本高于实际售价而产生的政策性亏损，按照有关规定给予补贴。

与应急征用补偿有关的原始凭证及文件、资料应当妥善保存，以备核查。有关单位应当对因应急征用发生的成本费用支出单独记账。

第十一条（补偿认定）

收到被征用单位或者个人提交的补偿相关书面材料后，实施应急征用单位应当及时归集汇总，并会同同级财政部门对补偿金额予以审核。对被征用物资的毁损或者灭失等情况，被征用单位或者个人可以参与补偿金额审核。

有争议的，可以委托双方认可的具备相应资质的中介机构进行评估，评估费用由实施应急征用单位承担。

经双方确认后，填写应急征用物资补偿金额归集单，签订应急征用补偿意向书。

第十二条（补偿方式）

补偿形式原则上采用货币补偿。实施应急征用单位与被征用单位或者个人另有约定的，可以采用实物补偿等其他形式，补偿价值应当与货币补偿相当。

第十三条（补偿特殊情况处理）

征用物资因被征用或者因突发事件应急措施导致毁损、灭失的，根据下列情况分别处理：

（一）经维修能够恢复使用功能的，补偿金额应当在保险理赔后，按照必要维修费用支出等因素确定。

（二）无法维修或者经维修无法恢复使用功能、灭失或者维修费用超过其毁损前价值的，补偿金额应当在保险理赔后，综合考虑财产重置成本、综合成新率、净残值等因素确定。

法律、法规、规章对补偿标准另有规定的，从其规定。

第十四条（补偿拨付）

实施应急征用单位将补偿方案初步核定结果报送应急处置的牵头部门（机构）审核后，按照规定报送审批。

补偿方案批准后，实施应急征用单位与被征用单位或者个人签订应急征用补偿协议，财政部门按照财政资金管理办法规定的程序，向被征用单位或者个人拨付补偿资金。

第十五条（经费落实）

补偿经费按照支出责任与财政事权相适应的原则，分级负担。属于市级事权的，补偿经费由市级财政负担；属于区级事权的，补偿经费由区级财政负担。

第十六条（监督检查）

实施应急征用单位应当在实施征用后的当年12月底前，形成本单位应急征用补偿工作情况总结，并报送同级财政部门和指定的部门。

财政部门应当加强应急补偿经费的保障并及时拨付。审计部门应当依法对应急补偿经费的管理使用情况进行监督检查。实施应急征用单位、被征用单位或者个人应当遵守经费使用、管理的有关规定，并配合相关部门的监督检查。

对弄虚作假骗取应急征用补偿资金的，应当限期追回已拨付的资金，并依法追究相关单位和人员的责任。

第十七条（参照执行）

由市、区政府统一部署、组织实施的支援外省市应对突发事件的应急征用补偿工作，参照本办法执行。

第十八条（施行日期）

本办法自2020年6月1日起施行，有效期5年。

2019年12月1日至2020年5月31日期间的应急征用补偿，参照本办法执行。

上海市人民政府、江苏省人民政府、浙江省人民政府印发《关于支持长三角生态绿色一体化发展示范区高质量发展的若干政策措施》的通知

沪府规〔2020〕12号

上海市人民政府、江苏省人民政府、浙江省人民政府印发《关于支持长三角生态绿色一体化发展示范区高质量发展的若干政策措施》的通知

上海市、江苏省、浙江省人民政府各委、办、厅（局），青浦区人民政府、苏州市人民政府、嘉兴市人民政府，各有关单位：

现将《关于支持长三角生态绿色一体化发展示范区高质量发展的若干政策措施》印发给你们，请认真遵照执行。

上海市人民政府

江苏省人民政府

浙江省人民政府

2020年6月10日

关于支持长三角生态绿色一体化发展示范区高质量发展的若干政策措施

长三角生态绿色一体化发展示范区是实施长三角一体化发展战略的先手棋和突破口。为深入贯彻《长江三角洲区域一体化发展规划纲要》和《长三角生态绿色一体化发展示范区总体方案》，支持长三角生态绿色一体化发展示范区（以下简称“示范区”）大胆试、大胆闯、自主改，在改革集成、资金投入、项目安排、资源配置等方面加快形成政策合力，率先将生态优势转化为经济社会发展优势，率先探索从区域项目协同走向区域一体化制度创新，现就支持示范区高质量发展制定若干政策措施如下：

一、推进重大改革系统集成和改革试点

经验共享共用。党的十八大以来党中央明确的全面深化改革举措，可在地方试点的，支持示范区集中落实、率先突破、系统集成。两省一市实施的改革创新试点示范成果，均可在示范区推广分享。（责任单位：两省一市各相关部门、单位）

二、赋予示范区执委会相关管理权限。赋予示范区执委会省级项目管理权限，统一管理跨区域项目，负责先行启动区内除国家另有规定以外的跨区域投资项目的审批、核准和备案管理。赋予示范区执委会联合两区一县政府行使先行启动区控详规划的审批权。（责任单位：两省一市发展改革、规划资源部门）

三、加大财政支持力度。两省一市按比例共同出资设立示范区先行启动区财政专项资金（3 年累计不少于 100 亿元），用于示范区先行启动区的建设发展以及相关运行保障。在此基础上，两省一市加大对示范区财政支持力度（具体办法由两省一市自行制定），积极争取中央专项转移支付和地方政府债券等方面的财政支持，积极争取中央财政和两省一市财政共同出资设立示范区投资基金。（责任单位：两省一市财政部门，示范区执委会）

四、加大金融创新力度。支持符合条件的各类资本在示范区依法设立银行、保险、证券、基金以及金融租赁公司、财务公司、汽车金融公司、消费金融公司等金融机构。支持符合条件的金融机构跨区域在示范区设立分支机构，提升示范区分支机构层级，深化业务创新，服务示范区发展。（责任单位：两省一市人民银行、银保监、证监、地方金融监管部门）

五、大力发展绿色金融。支持在示范区发展绿色信贷，发行绿色债券和绿色资产支持证券，推行绿色保险，开展水权、排污权、用能权、碳排放权、节能环保质押融资等创新业务。有效对接国家绿色发展基金，充分发挥国家级政府投资基金和项目的示范引领作用，鼓励社会资本设立各类绿色发展产业基金。（责任单位：两省一市人民银行、银保监、证监、财政、地方金融监管、发展改革部门）

六、建立建设用地指标统筹管理机制。示范区建设项目用地指标由两省一市优先保障。涉及区域规划的轨道、高速公路、国道、航道、通用机场等重大基础设施项目用地指标，由省（市）以上统筹安排。按照土地节约集约利用原则，由两省一市建立建设用地指标周转机制，周转期最长不超过 5 年，保障示范区重大项目实施。（责任单位：两省一市规划资源部门）

七、落实最严格耕地保护制度。推进全要素生态绿色全域土地综合整治，在耕地总量平衡、质量提升、结构优化的前提下完善各类空间布局，优先将示范区全域整治项目申报列入国家试点。开展永久基本农田规划调整试点，对示范区国土空间规划中确定的城镇开发边界、生态保护红线内的零星永久基本农田实行布局调整。符合条件的重大建设项目因选址确实无法避让永久基本农田的，可根据项目用地规模，制定占用补划方案并在永久基本农田储备区（库）内实施补划。对于省际断头路等重大、急需的基础设施、生态治理项目建设占用耕地、林地的，由两省一市在完善占补平衡管理的基础上，探索建立承诺补充机制。（责任单位：两省一市规划资源部门）

八、提高土地资源配置效能。鼓励工业、仓储、研发、办公、商业等功能用途互利的用地混合布置、空间设施共享，强化公共服务设施和市政基础设施的功能混合。优化调整村庄用地布局，通过村内平移、跨村归并、城镇安置等方式，推进农民集中居住。鼓励农业生产和村庄建设等用地复合利用，促进农业与旅游、文化、教育、康养等产业的深度融合。（责任单位：两省一市规划资源部门）

九、加快新一代信息基础设施建设。推动电信、广电运营商加快实施5G、千兆光纤等新一代信息基础设施跨区域共建共享，探索跨域电信业务模式创新。深入推进IPv6规模部署，统筹规划示范区互联网数据中心及边缘数据中心布局，加强对云计算、物联网、区块链等新一代信息技术的基础支撑和服务能力。支持引导示范区重点行业和重要企业建设工业互联网标志解析二级节点和标志解析企业节点。推进数字制造、量子通信、智慧交通、未来社区等应用，加快“城市大脑”建设。（责任单位：两省一市工业经济信息化、通信管理、大数据管理部门）

十、打造教育协同发展试验区。争取高水平大学在示范区设立分校区、联合大学和研究机构，并开设优势学科、专业。支持优质教育集团在示范区办学或者合作办学，对落户在示范区的高校、中小学校在开办条件和运行保障上给予支持。支持打造职业教育高地，结合示范区产业特点建设高水平职业院校，建设产教融合示范区。探索跨省职业教育“中高贯通”“中本贯通”人才培养模式改革试点。支持依托现有资源，建立长三角一体化师资培训中心。（责任单位：两省一市教育部门）

十一、推动继续教育资源共享。在示范区内实行继续教育学时（分）互认、证书互认。对省级专业技术人才知识更新培训项目，可突破参训对象地域限制。聚焦示范区内重点产业，共建专业技术人员继续教育基地和高技能人才培养基地，并积极申报国家级基地。（责任单位：两省一市教育、人力资源社会保障部门）

十二、优化医疗资源配置。整合区域内医疗卫生资源，实施公共应急和传染病联防联控，有效处置突发公共卫生事件。鼓励省（市）级三甲医院在示范区建立分院或者特色专科，与示范区内医院建立结对支持机制，打造长三角医疗培训一体化平台。支持示范区内符合标准的医院创建三甲。支持境外医疗机构、境外医师在示范区办医、行医。推广影像资料、检验报告互认。（责任单位：两省一市卫生健康部门）

十三、探索推进医保目录、医保服务一体化。在示范区内注重打破区域限制，重点推进医疗资源互补、医保信息互通、医保标准互认、业务经办互认、监管检查联合。完善医保异地结算机制，在示范区内全面实现异地就医门诊、住院医疗费用直接结算。（责任单位：两省一市医疗保障部门）

十四、推动文化旅游体育合作发展。联合打造示范区全域旅游智慧平台，共建江南水乡古镇生态文化旅游圈，创建国家全域旅游示范区。提升现有体育赛事知名度，吸引更多更高级别体育赛事落户示范区，推动国家运动休闲特色小镇建设。联合开展考古研究和文化遗产保护，积极推进江南水乡古镇联合申遗。实现示范区城市阅读、文化联展、文化培训、体育休闲、旅游一卡通、一网通、一站通、一体化。（责任单位：两省一市文化旅游、体育部门）

十五、优化公共资源配置。在示范区推进公共资源交易平台信息共享、资源整合，促进排污权、用水权、碳排放权、用能权等环境权益交易场所的互联互通。（责任单位：两省一市发展改革部门）

十六、探索科技创新一体化发展和激励机制。推动示范区内科技创新券通用通兑，鼓励相关地区建立科技创新券财政资金跨区域结算机制。针对目标清晰的示范区内企业共性技术需求，探索“揭榜制”科研项目立项和组织机制，支持示范区内企业申报三省一市科技攻关项目，推动项目驱动一体化发展。示范区内自然科学和工程技术领域的科技类社会组织可以直接向民政部门申请登记。（责任单位：两省一市科技、民政部门）

十七、统一相关职业资格考试合格标准和职称评审标准。对二级建造师、二级注册计量师、二级造价工程师、初级注册安全工程师等职业资格考试项目，实行统一合格标准、统一证书式样。对考试合格人员，允许跨区域注册执业。进一步打破户籍、地域、身份、档案、人事关系等制约，在部分专业技术领域探索实行统一的评价标准和方式，推进临床住院医师规范化培训资质互认。示范区内工作经历视作医生、教师等专业技术人员职称评审的基层工作经历。（责任单位：两省一市人力资源社会保障部门）

十八、推进专业技术任职资格和职业技能等级互认。在两省一市已经按照国家规定评聘专业技术职务的人员，在示范区内跨域从事与原专技职务相同或相近工作的，无须复核或者换发职称证书。对已经按照国家规定取得职业资格证书或职业技能等级证书的人员在示范区内就业的，不再要求对技能水平进行重新评价。（责任单位：两省一市人力资源社会保障部门）

十九、完善吸引海外人才制度。支持在示范区设立“外国人工作、居留单一窗口”，为外国人提供出入境和停居留便利。对拟长期在示范区工作的高科技领域外籍人才、外国技能型人才和符合示范区产业发展方向的单位聘雇的外籍人才，可以适当放宽年龄、学历和工作经历的限制，符合条件的，一次性给予2年以上的工作许可。（责任单位：两省一市科技、人力资源社会保障部门）

二十、优化企业自由迁移服务机制。长三角区域纳税信用级别为A级、B级的企业，因住所、经营地点在示范内跨省（市）迁移涉及变更主管税务机关的，由迁出地税务机关为符合条件的企业办理迁移手续，并将企业相关信息即时推送至迁入地税务机关，由迁入地税务机关自动办理接入手续，企业原有纳税信用级别等资质信息、增值税期末留抵税额等权益信息可予承继。（责任单位：两省一市税务部门）

二十一、创新医药产业监管服务模式。优化生物医药全球协同研究用对照药品的进口流程，探索引入市场化保险机制，提高医药产业等领域的监管效能。允许示范区内医疗器械注册申请人委托长三角医疗器械生产企业生产产品。（责任单位：两省一市药品监管部门）

二十二、加强组织保障。两省一市各有关单位要进一步提高政治站位，加强组织协调，根据本政策措施制订工作方案，确保各项措施落实到位、取得实效。两区一县要承担主体责任，主动作为，研究建立产业合理布局、有序招商和错位发展等工作机制。示范区执委会要切实承担起统筹协调、资源配置和一体化制度创新及推进实施的职责，做好政策研究、情况交流、检查评估和信息报送等工作，掌握各项政策实施情况，重大情况及时向两省一市报告。两省一市对两区一县实施有别于其他市县的体现新发展理念的绩效评价和政绩考核办法。（责任单位：两省一市各相关部门）

本政策措施自2020年7月1日起施行。

上海市农业农村委员会等关于进一步加强本市农村宅基地管理工作的通知

沪农委规〔2020〕5号

上海市农业农村委员会、上海市规划和自然资源局、上海市住房和城乡建设管理委员会关于进一步加强本市农村宅基地管理工作的通知

各相关区人民政府：

解决农民建房问题，改善农民居住条件，是实现乡村振兴战略目标的重大民生工程。为进一步加强本市农村宅基地管理，规范农户建房秩序，保护农民合法权益，促进农民

相对集中居住，根据《土地管理法》《城乡规划法》《上海市农村村民住房建设管理办法》、农业农村部和自然资源部《关于规范农村宅基地审批管理的通知》等法律规定和政策精神，经市政府同意，现就有关工作要求通知如下：

一、切实履行法定职责

区政府要加强对本区农村宅基地及其农民建房的管理，统筹组织协调相关部门、镇（乡）政府、村级组织依法履行职责。建立健全宅基地用地标准、申请、分配、使用、流转等审批管理制度。在充分尊重农村村民意愿的基础上，按照市政府规定的标准采取多种方式保障农村村民实现户有所居。

区农业农村委负责本区农村宅基地改革和管理工作，要建立健全宅基地违法用地查处机制，牵头研究制定宅基地及其农民建房的申请要件和审批流程，指导闲置宅基地和闲置农房盘活利用，组织开展农村宅基地现状和需求情况调查统计，参与编制国土空间规划、郊野单元村庄规划，及时将农民建房新增建设用地需求通报规划资源部门。区规划资源局负责在国土空间规划中合理布局宅基地，统筹安排宅基地用地规模，满足合理的宅基地用地需求，依法办理农用地转用审批、规划许可、农村宅基地及其房屋确权发证等相关手续，指导镇（乡）政府编制郊野单元村庄规划。区建设管理部门负责村民建房建筑活动的监督管理，具体做好细化明确本区具体风貌建设要求、推进实施乡村建筑师制度、组织落实向农户推荐通用图纸等工作。

镇（乡）政府负责本镇（乡）范围内农村村民住宅用地及建设的审核批准和具体管理，要建立健全镇级联审联办机制，由镇政府分管领导负责召集联席会议，镇级农村经营管理部门会同镇规划、土地、建设等职能部门，加强日常管理，优化审批流程，为农民群众提供便捷高效的服务。

村级组织要在镇（乡）政府指导下，不断完善宅基地民主管理，切实维护村民利用宅基地的合法权益。

二、完善宅基地审批程序

符合宅基地申请条件的农户，以户为单位向所在村集体经济组织或村民委员会（以下简称村级组织）提出宅基地和建房申请。村级组织接到农户建房申请后，应当在本村范围内将农户成员人数、建房位置、宅基地和建筑占地面积、建筑方案等相关信息张榜公布，公布期限不少于30日。公布期间无异议的，村级组织应当在申请表上签署意见后，连同建房申请人的宅基地使用承诺书和书面申请报送镇（乡）政府；公布期间有异议的，村级组织应当召集村民代表或集体成员代表会议讨论决定。农村村民集体建房用地选址涉及跨村用地调整的，按照《上海市农村村民住房建设管理办法》的相关规定办理。

镇级农村经营管理部门对村级组织报送的申请表和建房申请人的书面申请进行统一集中受理。镇级农村经营管理部门负责审查申请人和用地人数是否符合资格条件、宅基地和建房申请村级公示程序是否履行到位等；镇级规划土地部门负责审查用地是否符合宅基地合理布局要求、用地建房是否符合国土空间规划和用途管制要求、建房层数、高度等是否符合规定标准等；镇级建设管理部门负责审查建房图纸是否符合法定要求、房屋结构是否符合安全标准、建筑形态是否符合本地区风貌管控要求等。

镇级农村经营管理部门综合各有关部门意见，报宅基地管理联席会议审议后，由镇（乡)政府对农户宅基地申请作出审批决定，合并发放农村宅基地批准文件和乡村建设规划许可证。镇（乡）政府应当在接到村级组织报送的申请表和建房申请人的书面申请之日起30日内完成审批。审批结果应张榜公布，接受群众监督。镇（乡）政府在审核发放乡村建设规划许可证时，应当核定竣工期限，竣工期限一般为1年，最长不超过2年。农户宅基地涉及占用农用地的，依照《土地管理法》第四十四条规定先期办理农用地转用审批手续。农村村民集体建房审批的时限由区政府另行规定。

镇（乡）政府要建立宅基地用地建房审批管理台账，有关资料归档留存，并在批准之日起15日内将审批情况分别报区农业农村委、区规划资源局备案。

三、强化农房建设管理

经批准利用宅基地建房的农户，应当在开工前向镇（乡）政府申请划定宅基地用地范围。镇（乡）政府工作负责部门在5日内到现场进行查验，实地丈量批放宅基地，确定建房位置。

农户建造两层或者两层以上住房的，应当免费使用市住房城乡建设行政管理部门推荐的通用图纸，或者使用具备资质的设计单位设计或经其审核的施工图纸。

农户建房开工前，应该选择具有专业能力的施工队伍，签订建房协议，约定质量和安全责任。建房过程中，镇（乡）政府应当建立铭牌制度、公示建房基本信息，落实质量安全专管人员，对农户建房实施质量和安全监督，也可以委托符合条件的第三方质量安全管理机构实施质量和安全监督。

农户建房完工后，应当向镇（乡）政府申请验收。镇（乡）政府在接到农户申请后5日内，由镇（乡）政府工作负责部门组织相关部门进行验收，实地检查农户是否按照批准要求建设住房，并出具《农村宅基地和建房（规划许可）验收意见表》。镇（乡）政府应在15内将验收情况分别报区农业农村委、规划资源局备案。通过验收的农户，可以向不动产登记部门申请办理不动产登记。

农户按规划易地实施建房的，应当在新房竣工后3个月内拆除原宅基地上的建筑物、构筑物和其他附着物；参加集体建房的，应当在新房分配后3个月内拆除原宅基地上的建筑物、构筑物和其他附着物。原宅基地由村级组织依法收回，并由镇（乡）政府或区规划资源行政管理部门及时组织整理或者复垦。

四、建立长效监管机制

区农业农村委要会同规划资源、建设管理等部门对宅基地审批和建房规划许可办事指南、申请表单、申报材料清单等进行梳理，结合本地实际进一步简化和规范申报材料，细化优化流程和办事指南，确保审批程序公开、公平、透明。

农村村民未经批准、采取欺骗手段骗取批准或者在批准的宅基地范围以外占用土地建住宅的，由区农业农村委责令退还非法占用的土地，限期拆除在非法占用土地上新建的房屋。违法农户逾期不自行拆除的，由区农业农村委按照相关法律规定处理。

未依法取得乡村建设规划许可证或者在批准的宅基地范围内未按照乡村建设规划许可证的规定进行建设的，由镇（乡）政府依据《城乡规划法》有关规定，责令停止建设、限期改正；逾期不改正的，依法予以拆除。

各区要充分利用统一的宅基地审批管理信息系统，建立集图形、面积、属性等静态信息和户内人口身份、房屋用途等动态信息于一体的数据库，推进宅基地申请、审批、流转、退出、违法用地查处等的全面实时管理，并在区农业农村、规划资源部门和镇（乡）政府之间实行信息共通共享。

镇（乡）政府要加强对宅基地申请、审批、使用的全程监管，指导村级组织完善宅基地民主管理程序。要全面落实宅基地申请审查到场、批准后丈量批放到场、住宅建成后核查到场等“三到场”要求。要经常性开展农村宅基地动态巡查，建立健全村级宅基地协管员制度，及时发现和处置涉及宅基地的各类违法行为，防止产生新的违法违规占地现象。

五、鼓励盘活闲置资源

积极稳妥开展农村闲置宅基地和闲置住宅盘活利用工作，要紧紧围绕实施乡村振兴战略，着眼乡村产业发展需求，注重规划先行要求，与乡村产业发展规划相匹配，注重绿色发展。严守土地集体所有制性质不改变、耕地红线不突破、农民利益不受损的底线。充分尊重农民意愿，调动农民参与的积极性和主动性，切实保护农民合法权益。

鼓励村集体和农民通过自主经营、合作经营、委托经营等方式盘活利用闲置宅基地和闲置住宅，依法依规发展农家乐、民宿、乡村旅游、养老休闲等产业。支持返乡人员依托自有和闲置住宅发展适合的乡村产业项目。引导有实力、有意愿、有责任的各类市场主体有序参与盘活利用工作。依法保护各方合法权益，推动形成多方参与、合作共赢的良好局面。城镇居民、工商资本等租赁农房居住或开展经营的，要严格遵守合同法的规定，租赁合同的期限不得超过20年。合同到期后，双方可以另行约定。

鼓励村集体积极稳妥开展闲置宅基地整治，整治出的土地优先用于满足农民新增宅基地需求、村庄建设和乡村产业发展。闲置宅基地盘活利用产生的土地增值收益要全部用于农业农村。对进城落户的农村村民，各区在推进农民相对集中居住的同时，可以多渠道筹集资金，鼓励其自愿有偿退出宅基地。

六、全面落实工作要求

一要夯实相关工作基础。各区要建立农村宅基地统计调查制度，在第三次国土资源调查、农村土地所有权确权登记、农村地籍更新调查等工作的基础上，落实经费，组织开展房地一体的权籍调查，全面摸清宅基地及其农房的面积、规模、布局、权利主体和利用现状等情况。要进一步推进宅基地使用权确权登记颁证工作，为深化农村土地制度改革，探索宅基地所有权、资格权、使用权“三权分置”提供坚实支撑。

二要保护集体经济组织和农民权益。充分保障农户宅基地申请权利和农民房屋财产权，不得以各种名义违背农民意愿强制流转宅基地和强迫农民“上楼”，不得违法收回宅基地使用权人合法取得的宅基地。要充分保障集体经济组织及其成员民主权益，集体决策和公开公示等相关程序要切实履行到位。严禁城镇居民到农村购买宅基地，严禁下乡利用农村宅基地建设别墅大院和私人会馆。严禁借流转之名违法违规圈占、买卖宅基地。

三要节约集约土地使用。要强化规划引领，严格落实土地用途管制，农村村民建设住宅应当符合镇（乡）土地利用总体规划、村庄规划。要严格落实“一户一宅”制度，对历史形成的“一户多宅”和宅基地面积超标等问题，要按照有关政策规定分类进行认定和处置。具有条件的区、镇，可以在充分尊重农民意愿的基础上，鼓励引导农民通过进城镇集中、宅基地归并、宅基地有偿退出等方式实现户有所居。

四要加强管理队伍建设。区、镇要履行好属地责任，强化组织领导，切实加强基层宅基地管理队伍及体系建设。农村经营管理部门是承担宅基地日常具体管理的责任部门，区、镇要加大支持力度，要优先安排政治素质高、业务能力强、工作经验丰富的干部人才，特别是对镇级农经机构，要进一步健全机构，稳定队伍，充实力量，落实经费，改善条件，确保工作有人干、责任有人负。要加强培训，提升业务支撑和履职能力，不断完善宅基地管理和服务质量。

五要做好部门间衔接。区农业农村委作为宅基地管理工作责任部门，要主动担当，落实保障条件，组织推进本区宅基地改革和管理工作。区规划资源、建设管理等部门要强化职责范围内的工作对接和业务支持，做好宅基地及其农房管理的相关数据、资料和信息等的移交和对接工作，共同研究解决历史遗留问题，保持工作的连续性、稳定性，防止出现工作“断层”“断档”和弱化宅基地管理的情况。区相关部门要加强对镇的业务指导，形成“条块”工作合力，确保宅基地分配使用公开、公平、公正。

六要加强考核监督。区、镇和相关部门要把宅基地管理工作纳入绩效考核。要严肃工作纪律，坚决杜绝推诿扯皮和不作为、乱作为的现象。对工作不力、玩忽职守、滥用职权、徇私舞弊的，要依法严肃追责。

区、镇政府及其相关部门要充分认识加强和改善宅基地管理工作的重要意义，统筹协调、明确责任，系统谋划、主动担当，全面落实相关法律规定和政策要求，为促进农民安居乐业、农村社会稳定和乡村全面振兴提供坚实保障。

七、实施日期和有效期

本《通知》自2020年7月1日起实施，有效期五年。

上海市农业农村委员会
上海市规划和自然资源局
上海市住房和城乡建设管理委员会
2020年6月12日

上海市人民政府关于印发《关于进一步深化行政审批制度改革加快推进重大项目建设的若干措施》的通知

沪府规〔2020〕16号

上海市人民政府关于印发《关于进一步深化行政审批制度改革加快推进重大项目建设的若干措施》的通知

各区人民政府，市政府各委、办、局：

现将《关于进一步深化行政审批制度改革加快推进重大项目建设的若干措施》印发给你们，请认真按照执行。

上海市人民政府
2020年7月23日

关于进一步深化行政审批制度改革加快推进重大项目建设的若干措施

为推动重大项目早落地、早开工、早见效，促进经济社会稳定发展，根据《上海市优化营商环境条例》等精神，结合本市重大项目推进和世界银行营商环境评价工作，现提出深化行政审批制度改革，加快推进重大项目建设若干措施如下：

一、完善项目准入立项机制

1. 优化战略预留区启用机制。简化战略预留区内优质项目认定流程，原则上认定时间不超过10个工作日。对战略预留区内优质改扩建项目，将项目认定权下放各区。对重大功能性项目、战略性产业项目和其他须使用战略预留区的项目，将启用程序所需时间控制在10个工作日以内。对功能定位已明确的成片区域，加快成片调整出战略预留区。

2. 健全开发边界外项目认定机制。对规划确认保留的现状工业用地上改扩建项目，允许按照规划实施。对未经规划确认保留的现状工业用地上确须改扩建的项目，经项目认定和规划调整后实施。将项目认定权下放各区，其中须突破原有土地出让合同容积率的项目，认定结果向市经济信息化委、市规划资源局报备。

3. 加快项目前期工作。进一步加强政府投资项目储备，全面落实项目前期协调推进机制。对企业固定资产投资项目，试点实行告知承诺制。

二、改进项目用地管理方式

4. 优先保障重大项目指标。用好用足增量用地指标，切实推进建设用地减量化，保障市、区用地需求。实施用地指标周转暂借方式，相关区用地指标阶段性供应困难的，由市级给予周转暂借额度。加大项目耕地占补平衡指标在全市范围内的统筹力度。由市级统筹一批用地、排污、能耗等指标支持重大项目落地，必要时采取“直供”方式落实。

5. 优化土地出让方式和转型利用机制。

深化项目用地“带方案”出让，用地单位可依据土地出让合同及审定通过的设计方案等，直接办理建设用地规划许可证、建设工程规划许可证和施工许可证。推广项目用地“按标准”出让，落实分区域分行业的绩效准入要求，实现“地等项目”。对存量工业用地转型发展商业、办公、服务业、城市物流集配设施或者教育科研、文化旅游、社会福利等，符合规划及满足消防、安全、环保等要求的，以支持为原则，予以办理相关手续。

6. 精简优化土地供应审批。将招拍挂供地审批、协议供地审批、土地租赁审批、划拨供地审批等4个事项，精简纳入供地实施事项，不再由企业办理。将划拨决定书、建设用地批准书、建设用地规划许可证“三证合一”，实现土地供应只办“一个事项”。优化土地供后监管方式，取消土地出让补充合同备案审查。优化市级权限内农转用土地征收审批流程，将市规划资源局审批环节下放，由各区、特定地区管委会直接办理。在各区编制土地出让方案和区政府集体决策过程中，同步进行土地出让入市研判，研判全过程在5个工作日内完成。

三、简化项目规划许可程序

7. 进一步下放规划资源审批权限。将除跨区及“一江一河”等重点区域、确须市级统筹外的市政建设工程规划资源审批权限，按照“能放尽放”的原则，统一下放各区、特定地区管委会。

8. 提高控详规划调整效率。产业项目的容积率、高度等规划参数按需确定，工业用地容积率一般不低于2.0（使用特殊工艺的工业用地容积率根据实际情况确定），通用类研发用地容积率不低于3.0、标准厂房类工业用地容积率不低于2.0，将相关实施方案审核权下放各区。涉及控详规划编制调整的，经规划公示并上报后，10个工作日内完成规划审批。对战略预留区内须新增用地的项目，同步开展战略预留区调整、控详规划编制。

9. 细化完善规划执行。扩大规划执行覆盖面，将分割、合并规划地块；设计方案符合相关规定，建筑高度提升10%以内、最大不超过10米的项目；产业基地和产业社区内工业仓储类容积率需达到2.0、研发中试类须达到3.0或按照需求提升建筑高度的项目；工业及研发用地配套设施占地上总建筑面积比例由原来的15%提高到30%且用于配套零售、餐饮、宿舍等功能不超过15%的项目等，纳入规划执行的范围，直接在项目建设管理阶段，通过图则更新，落实规划管控指标。规划执行由各区、特定地区管委会审定，审定后更新图则，并在2个工作日内，将图则更新成果统一纳入全市规划资源信息系统。

10. 优化设计方案和工程规划许可。对实施主体明确的项目，可同步开展规划调整和设计方案深化。对设计方案具备条件的项目，规划公示期间可同步开展项目设计方案公示。设计方案不再调整的，项目审批过程中不再公示。改进设计方案意见征询行政协助工作，对交通、交警、绿化市容等管理部门意见，可实施告知承诺、容缺后补，先行批复设计方案，在建设工程规划许可前予以补齐。

11. 加大绿化审批放权力度。将占用500平方米以下已建成绿地的审批权下放各区，对占用的绿地，由各区年内统筹补建相应面积的绿地，或缴纳绿化补偿费和绿地易地补偿费。在保障工业园区绿地总面积不低于其用地总面积20%的前提下，对经审定完成绿化专项规划的工业园区，园区内各项目的具体绿地比例，由园区管理机构或区政府确定的管理部门统筹平衡、自主确定。

四、加快项目开工手续办理

12. 简化项目评估评审。对环境影响评价、雷击风险评估、地震安全性评价、水资源论证、水土保持方案审查、地质灾害危险性评估等事项推行区域评估，区域覆盖的单个项目可取消或简化评估。免除工业项目交通影响评价报告编制和评审。在不影响公共安全和公共利益的情况下，对卫生学预评价、海绵专项设计等，实施跨前服务、告知承诺、容缺后补。

13. 简化工程施工许可。取消项目桩基建设工程规划许可，建设单位可凭设计方案批准文件及相关资料，向住建、交通、水务等部门申请办理桩基施工许可，先行开工建设桩基部分。市重大产业项目要带头实施装配式建筑，对其中具有磁场要求高、有腐蚀性、微振控制等级高等特点的生产厂房建筑单体，可不实施装配式建筑。

14. 优化市政公用接入服务。水、电、燃气和通信服务单位要严格按照承诺的时限完成接入服务；涉及外线工程的，由服务单位做好规划选线、掘占路审批等申请，保证接入服务按时完成。由工程建设项目审批审查中心做好项目水、电、燃气和通信接入的协调和咨询服务，同步推进市政公用接入和项目建设。

五、优化项目竣工验收流程

15. 实施项目分期竣工验收。通过告知承诺方式，在项目工程质量安全、规划资源和消防验收完成后，先行完成主体工程或单体建筑的竣工验收，支持主体工程或单体建筑尽快投入使用。其他验收部门强化事中事后监管，在项目末期验收时，再予以核验。

16. 实行“验登合一”。对自持的项目，优化竣工验收和不动产登记流程，在项目竣工后，同步办理综合竣工验收和不动产登记。

17. 实施土地核验容缺通过。对规划核实满足条件、土地核验尚须完善相关手续的项目，在确保风险可控的前提下，可由建设单位承诺办结期限，经区政府认定后容缺通过，企业可凭验收文件办理经营相关手续。

六、提升项目推进服务效能

18. 推广事权下放经验。总结浦东新区、张江科学城等承接实施项目审批相关市级事权的先行先试经验，将已下放浦东新区的事权复制推广至各区；已下放张江科学城的事权争取辐射到张江高新区各分园，由各分园管委会或所在区政府承接。

19. 加大项目协调推进力度。分批梳理重大项目清单，优化项目推进模式，由相关市级部门、区和园区健全项目服务专班（专员）制，实施全程跟踪协调、咨询辅导、帮办代办。对每个具体项目，以“高效办成一件事”为目标，梳理立项、用地、规划、施工、竣工验收等阶段涉及的行政审批、中介服务、公共服务事项，编制个性化全流程项目推进计划表，倒排节点、挂图作战。

20. 深化项目审批“一网通办”。线下依托工程建设项目审批审查中心，提供联合会审、综合竣工验收等一站式服务。线上依托“一网通办”总门户，健全统一的工程建设项目审批管理系统，推动全程电子化在线办理。可通过视频连线方式进行远程核查的，不再开展现场踏勘、实地检查；可通过网络评审、视频会议方式进行远程评审评估的，不再组织现场评审评估。

21. 强化事中事后监管。加强事权下放后的工作指导和监督检查，防止出现管理脱节和监管真空，确保放得下、接得住、管得好。依托“互联网＋监管”系统、工程建设项目审批管理系统等，综合运用信用、分类、风险、随机、协同等监管方式，完善投资项目、工程建设领域事中事后监管体系，形成监管闭环，守住质量和安全底线。

22. 加强法治和制度保障。推进相关地方性法规、市政府规章、规范性文件和标准规范的立改废释工作，按照程序提请修改或废止与改革要求不相符的规定。实施容错纠错机制，支持和鼓励改革创新。

23. 强化督查评估。由市政府办公厅牵头，形成督促推进机制，对列入清单的重大项目实施推进情况进行跟踪督促。运用政务服务“好差评”制度、“一网通办”企业专属网页等，加强对改革措施实施效果的评估，及时作出调整优化。

本措施自2020年8月1日起施行。

上海市住房和城乡建设管理委员会关于印发《上海市建筑施工企业主要负责人、项目负责人和专职安全生产管理人员安全生产考核发证管理办法（试行）》的通知

沪住建规范〔2020〕6号

上海市住房和城乡建设管理委员会关于印发《上海市建筑施工企业主要负责人、项目负责人和专职安全生产管理人员安全生产考核发证管理办法（试行）》的通知

各有关单位：

现将《上海市建筑施工企业主要负责人、项目负责人和专职安全生产管理人员安全生产考核发证管理办法（试行）》印发给你们，请遵照执行。

上海市住房和城乡建设管理委员会

2020年6月5日

上海市建筑施工企业主要负责人、项目负责人和专职安全生产管理人员安全生产考核发证管理办法（试行）

第一章　总则

第一条（目的依据）

为进一步加强施工安全监督管理，提高建筑施工企业主要负责人、项目负责人和专职安全生产管理人员的安全生产管理能力，根据住房和城乡建设部《建筑施工企业主要负责人、项目负责人和专职安全生产管理人员安全生产管理规定》，结合本市实际情况，制定本办法。

第二条（适用范围）

本办法适用于在沪从业的建筑施工企业主要负责人（A类）、项目负责人（B类）和专职安全生产管理人员（C类）

（以下简称：“三类人员”）安全生产知识的培训、考核、发证、继续教育、变更及其监督管理工作。

第三条（职责分工）

上海市住房和城乡建设管理委员会负责“三类人员”安全生产考核管理工作。

上海市城乡建设和管理委员会人才服务考核评价中心负责“三类人员”安全生产知识初证和继续教育的报名、培训、考试等日常管理工作。

上海市住房和城乡建设管理委员会行政服务中心负责“三类人员”安全生产考核合格证书（以下简称：“三类人员”证书）的发证、变更和查询等日常管理工作。

第四条（从业规定）

工商注册在本市的建筑施工企业“三类人员”，经安全生产知识初证考试合格，方可持证上岗从业。同时，按规定参加继续教育培训考试。

外省市建筑施工企业“三类人员”，应经本市“三类人员”安全生产知识继续教育培训考试合格，方可在沪持证上岗从业。

第五条（管理方式）

本市建筑施工企业“三类人员”证书实行电子证书管理。

第二章　初证

第六条（A类证书报考条件）

申请建筑施工企业主要负责人（A类）安全生产知识初证考试，应当具备下列条件：

（一）具有相应的文化程度、专业技术职称（法定代表人除外）。

（二）与所在企业确立劳动关系。

（三）经所在企业年度安全生产教育培训合格。

第七条（B类证书报考条件）

申请建筑施工企业项目负责人（B类）安全生产知识初证考试，应当具备下列条件：

（一）取得相应注册执业资格。

（二）与所在企业确立劳动关系。

（三）经所在企业年度安全生产教育培训合格。

第八条（C类证书报考条件）

申请建筑施工企业专职安全生产管理人员（C类）安全生产知识初证考试，应当具备下列条件：

（一）年龄已满18周岁未满60周岁，身体健康。

（二）具有中专（含高中、中技、职高）及以上文化程度或初级及以上专业技术职称，且从事施工管理工作两年以上。

（三）与所在企业确立劳动关系。

（四）经所在企业年度安全生产教育培训合格。

第九条（考试报名）

工商注册在本市的建筑施工企业符合初证报名条件的"三类人员"，参加安全生产知识初证考试，由所在企业办理报名手续。

第三章　继续教育

第十条（本市人员报考条件）

本市建筑施工企业"三类人员"申请安全生产知识继续教育考试，应当具备下列条件：

（一）完成所在企业年度安全生产知识教育培训。

（二）参加本市"三类人员"安全生产知识继续教育培训。

第十一条（外省市人员报考条件）

外省市建筑施工企业"三类人员"申请安全生产知识继续教育考试，应当具备下列条件：

（一）企业和个人出具相关"三类人员"持证真实情况的书面承诺。

（二）完成所在企业年度安全生产知识教育培训。

（三）参加本市"三类人员"安全生产知识继续教育培训。

第十二条（考试报名）

继续教育培训考试报名，由学员参加继续教育受委托备案的培训机构办理报名手续。

第四章　考试

第十三条（考试方式）

本市建筑施工企业"三类人员"安全生产知识初证和继续教育考试统一实行计算机闭卷考试。

第十四条（考试内容）

本市建筑施工企业"三类人员"安全生产知识初证与继续教育考试内容主要包括：建筑施工安全生产的方针政策、法律法规和标准规范；建筑施工安全生产管理、工程项目施工安全生产管理的安全生产责任制和安全生产管理制度等。

上海市城乡建设和管理委员会人才服务考核评价中心依据行业相关法律、法规定期完善更新考试内容。

第十五条（考试安排）

本市建筑施工企业"三类人员"安全生产知识初证与继续教育考试每月各安排一次全市统考，具体考试时间提前公示。

初证或继续教育考试不合格，再次报名参加同一科目考试，间隔时间不得少于6个月。

第五章　证书管理

第十六条（电子证书格式和标准）

"三类人员"电子证书采用数字签章（签名）PDF格式文件为载体，并附有二维码（详见附件）。电子证书与同名纸质证书的法律效力相同。

第十七条（电子证书取得）

本市建筑施工企业"三类人员"经初证或继续教育考试合格，外省市建筑施工企业"三类人员"经继续教育考试合格，其所在企业可通过信息管理系统，填报"三类人员"

电子证书相关信息，并下载打印“三类人员”电子证书。

第十八条（办理变更）

本市从业的“三类人员”隶属企业发生变更，由新聘用企业使用上海市“法人一证通”数字证书，登录上海市住房和城乡建设管理委员会门户网站，进入“三类人员考核管理”事项办理变更手续，重新下载打印“三类人员”电子证书。

第十九条（变更时限规定）

本市从业的“三类人员”与企业隶属关系明确后6个月内不得再次变更隶属关系。

第二十条（证书查询）

“三类人员”相关信息可通过上海市住房和城乡建设管理委员会门户网站“通知公告”栏目中上海市建筑施工企业“三类人员”信息查询系统进行查询，也可关注“上海建筑业”微信服务号，通过扫描“三类人员”电子证书所附二维码进行查询。

第六章　违规处理

第二十一条（缺考处理）

初证或继续教育考试缺考，6个月内不得报考同一科项考试。

第二十二条（违纪处理）

违反初证考试考场纪律，3年内不得再次报考初证考试。违反继续教育考试考场纪律，本市违纪人员吊销“三类人员”证书，3年内不得再次报考初证考试；外省市违纪人员撤销在沪“三类人员”从业资格，3年内不得再次报考继续教育考试。

第二十三条（失信处理）

违反本办法第十一条规定，企业和个人出具虚假的“三类人员”持证真实情况的书面承诺，撤销失信人员在本市从业的相应注册职业资格和“三类人员”证书，5年内不得再次申请“三类人员”的考试。同时，扣除失信企业诚信分值2分，认定企业以失信人员投标的中标项目无效。

第二十四条（违规处理）

建筑施工企业“三类人员”未按规定履行安全生产管理职责的，导致发生生产安全事故的，管理部门依据《建筑施工企业主要负责人、项目负责人和专职安全生产管理人员安全生产管理规定》《上海市建设工程生产安全事故管理规定》等，做出相应的暂扣和撤销“三类人员”证书的处理。

第七章　附则

第二十五条（有效日期）

本办法自2020年7月1日起执行，有效期至2023年6月30日。

此前规定与本办法不一致的，按本办法执行。

第二十六条（其他事项）

“三类人员”初证和继续教育报名、培训、考试的具体办法由上海市城乡建设和管理委员会人才服务考核评价中心另行制定。

上海市住房和城乡建设管理委员会关于印发《上海市建设工程消防设计审查验收管理办法（试行）》的通知

沪住建规范〔2020〕7号

上海市住房和城乡建设管理委员会关于印发《上海市建设工程消防设计审查验收管理办法（试行）》的通知

各有关单位：

现将《上海市建设工程消防设计审查验收管理办法（试行）》印发给你们，请遵照执行。

上海市住房和城乡建设管理委员会

2020年6月9日

上海市建设工程消防设计审查验收管理办法（试行）

第一条（目的依据）

为进一步加强建设工程消防设计审查验收工作，贯彻落实《中华人民共和国建筑法》《中华人民共和国消防法》《建设工程质量管理条例》《建设工程消防设计审查验收管理暂行规定》《上海市优化营商环境条例》等有关法律法规要求，结合本市实际情况，特制定本管理办法。

第二条（实施范围）

特殊建设工程的消防设计审查、消防验收，以及其他建设工程的消防验收备案（以下简称备案）、抽查适用本办法。

本办法所称特殊建设工程，是指符合《建设工程消防设计审查验收管理暂行规定》第十四条规定的新建、改建、扩建建设工程和装饰装修工程。其中，装饰装修工程应符合《上海市建筑装饰装修工程管理实施办法》（沪住建规范〔2020〕3号）第三条“涉及消防设施变动的”规定。

本办法所称其他建设工程，是指特殊建设工程以外的其他按照国家工程建设消防技术标准需要进行消防设计的建设工程（包括装饰装修工程）。

第三条（职责分工）

上海市住房和城乡建设管理委员会（以下简称市住房城乡建设管理委）是本市建设工程消防设计审查验收工作的主管部门。

上海市建设工程设计文件审查管理事务中心（以下简称市设计文件审查中心）受市住房城乡建设管理委委托，具体负责本市建设工程消防设计审查管理工作。市设计文件审查中心对各区建设管理部门及特定地区管委会的消防设计审查开展业务指导。

上海市建设工程安全质量监督总站（以下简称市安质监总站）受市住房城乡建设管理委委托，具体负责本市建设工程消防验收、备案和抽查管理工作及职责范围内建设工程消防验收、备案和抽查工作。市安质监总站对各区建设管理部门及特定地区管委会的消防验收、备案和抽查工作开展业务指导。

上海市住房和城乡建设管理委员会科学技术委员会事务中心（以下简称委科技委事务中心）受市住房城乡建设管理委委托，具体负责本市建设工程消防专家库建设和管理工作。

各区建设管理部门及特定地区管委会或其委托的机构（以下简称区级建设管理部门），具体负责本辖区内的建设工程消防设计审查、消防验收、备案和抽查工作。

第四条（分级管理）

本市建设工程的消防设计审查和消防验收、备案和抽查工作的具体分级管理，应按照下述规定执行：

（一）消防设计审查分级管理市设计文件审查中心负责以下特殊建设工程的消防设计审查：

1. 市级立项的建设工程；

2. 市规划资源局负责审批的建设工程；

3. 建筑总面积大于200000平方米的公共建筑；

4. 建筑高度大于100米的公共建筑；

5. 跨行政区域的建设工程；

6. 根据相关规定应组织专家评审的特殊消防设计的建设工程；

7. 政府主管部门认为需要征询市级消防设计审查部门意见的其他技术复杂的建设工程。

区级建设管理部门依职责承担所辖区域内的除市设计文件审查中心负责以外的特殊建设工程的消防设计审查工作，并按季度将各自审查情况书面报送市设计文件审查中心。

（二）消防验收、备案和抽查分级管理房屋建筑和市政基础设施（非交通类）的新建、改建、扩建建设工程，市安质监总站负责质量安全监督的，由市安质监总站实施消防验收、备案和抽查；区级建设管理部门负责质量安全监督的，由属地区级建设管理部门实施消防验收、备案和抽查。

房屋建筑和市政基础设施（非交通类）以外的其他新建、改建、扩建建设工程，由属地区级建设管理部门实施消防验收、备案和抽查。

装饰装修工程，由属地区级建设管理部门实施消防验收、备案和抽查。

跨行政区域的建设工程，由市安质监总站实施消防验收、备案和抽查。

上述规定中未予明确职责分工的建设工程的消防验收、备案和抽查，由市住房城乡建设管理委指定实施。

第五条（责任主体）

建设单位依法对建设工程消防设计、施工质量负首要责任。设计、施工、工程监理、技术服务等单位依法对建设工程消防设计、施工质量负主体责任。建设、设计、施工、工程监理、技术服务等单位的从业人员依法对建设工程消防设计、施工质量承担相应的个人责任。

第六条（消防设计审查）

（一）对特殊建设工程实行消防设计审查制度。根据相关规定，特殊建设工程消防设计审查工作由施工图审查机构通过多图联审的方式一并完成，施工图审查机构出具的消防审查意见视作建设管理部门的审查意见。特殊建设工程未经消防设计审查或者审查不合格的，建设单位、施工单位不得施工。

（二）办理消防设计施工图审查须提供下列材料：

1. 符合《建筑工程设计文件编制深度规定》的施工图设计文件（包括图纸和计算书）；

2. 与项目建设有关的批准文件和技术咨询意见；

3. 本文件第七条所列的特殊消防设计技术资料和专家评审意见。

（三）施工图审查机构应严格按照相关规定要求开展消防设计审查，对建设工程的消防设计审查质量负责，承担审查责任。

消防设计审查办事指南由市设计文件审查中心另行制定。

第七条（专家评审）具有下列情形之一的特殊建设工程，市设计文件审查中心应当组织进行专家评审：

（一）国家工程建设消防技术标准没有规定，必须采用国际标准或者境外工程建设消防技术标准的；

（二）消防设计文件拟采用的新技术、新工艺、新材料不符合国家工程建设消防技术标准规定的。

对具有上述情形之一的建设工程，市设计文件审查中心应当在收到申请材料之日起十个工作日内组织召开专家评审会，对建设单位提交的特殊消防设计技术资料进行评审。

前款所称特殊消防设计的技术资料，应当包括特殊消防设计文件，设计采用的国际标准、境外工程建设消防技术标准的中文文本，以及有关的应用实例、产品说明等资料。

评审专家应从专家库随机选取，对于技术复杂、专业性强或者国家有特殊要求的项目，可以直接邀请相应专业的中国科学院院士、中国工程院院士、全国工程勘察设计大师以及境外具有相应资历的专家参加评审；与特殊建设工程设计单位有利害关系的专家不得参加评审。

评审专家应当符合相关专业要求，总数不得少于七人，且独立出具评审意见。特殊消防设计技术资料经四分之三以上评审专家同意即为评审通过，评审专家有不同意见的，应当注明。专家评审意见报国务院住房和城乡建设主管部门备案。

第八条（技术咨询服务）

（一）建设项目取得设计方案批复后，如对消防设计无法把握时，建设单位可以通过上海市工程建设项目审批管理系统（以下简称审批管理系统）向项目所属建设管理部门提交咨询申请，咨询意见可作为施工图审查的参考。

（二）技术咨询服务的市、区两级分工同第四条第一项。

（三）办理技术咨询服务须提供的材料：

1. 建设工程消防设计技术咨询服务申请表；

2. 消防设计文件。

第九条（验收、备案申请方式）

在审批管理系统上的工程，申请消防验收、备案和抽查的，应通过审批管理系统申请。其他工程申请消防验收、备案和抽查的，通过窗口申请。

第十条（验收原则）

依法应当进行消防设计审查的特殊建设工程，未经消防设计审查或审查不合格的，不予消防验收。

第十一条（验收条件）

特殊建设工程完工后，建设单位应组织设计、施工、工程监理和技术服务等单位开展竣工验收。竣工验收合格后，建设单位方可申请消防验收，并应符合下列条件：

（一）完成工程消防设计和合同约定的消防各项内容。

（二）有完整的工程消防技术档案和施工管理资料（含涉及消防的建筑材料、建筑构配件和设备的进场试验报告）。

（三）建设单位对工程涉及消防的各分部分项工程验收合格；施工、设计、工程监理、技术服务等单位确认工程消防质量符合有关标准。

（四）消防设施性能、系统功能联调联试等内容检测合格。经查验不符合前款规定的建设工程，建设单位不得编制工程竣工验收报告。

第十二条（验收申请要求）

对于实施综合竣工验收的特殊建设工程，建设单位应按照本市综合竣工验收的规定提交预审资料。市安质监总站或区级建设管理部门（以下简称消防验收部门）收到建设单位提交的消防验收申请后，对申请资料齐全的，应在二个工作日内告知预审结论。预审结论包括受理、补正、不予受理，逾期未反馈意见的视为受理。须建设单位补正材料的，补正要求一次性告知，补正期间不计入受理时限。消防验收部门应在补正材料上传后的二个工作日内出具补正审核意见，逾期未反馈补正审核意见的视为受理。

对于未实施综合竣工验收的特殊建设工程，建设单位除须提交上述规定的预审资料外，还应提交施工许可证或开工报告、消防设计审查意见等材料。对申请资料齐全的，应当出具受理凭证；申请材料不齐全的，应当一次性告知需要补正的全部内容。出具预审结论时限应参照上述综合竣工验收规定的时限执行。

第十三条（现场验收时限）

对于实施综合竣工验收的特殊建设工程，消防验收部门应按照本市综合竣工验收规定的时限开展现场评定。

对于未实施综合竣工验收的特殊建设工程，消防验收部门应当在消防验收申请受理后的五个工作日内开展现场评定。

第十四条（现场验收）

消防验收应由两名以上执法人员组成验收小组，实行组长负责制。消防验收部门可以聘请第三方专家参加消防验收工作，验收人员应按照相关法律法规和工程建设消防技术标准开展现场验收。

消防验收部门应当按照国家有关规定，对特殊建设工程进行现场评定。现场评定包括对建筑物防（灭）火设施的外观进行现场抽样查看；通过专业仪器设备对涉及距离、高度、宽度、长度、面积、厚度等可测量的指标进行现场抽样测量；对消防设施的功能进行抽样测试、联调联试消防设施的系统功能等内容。

验收人员在现场验收中发现违反法律、法规、强制性标准和规范的，应向建设单位开具整改单。在建设单位将整改情况报送消防验收部门后，消防验收部门应在二个工作日内出具消防验收意见。其中，根据整改情况须现场复验的，消防验收部门在五个工作日内组织现场复验，现场复验后二个工作日内出具消防验收意见，复验不合格的，责令建设单位重新申请消防验收。整改时间和组织现场复验时间不计入办理时限。

第十五条（验收许可）

对于实施综合竣工验收的特殊建设工程，消防验收部门应依据本市综合竣工验收规定的时限出具验收意见。对于未实施综合竣工验收的特殊建设工程，消防验收部门应当在受理后十五日内出具消防验收意见。

第十六条（消防备案）

其他建设工程竣工验收合格之日起五个工作日内，建设单位应当报消防验收部门备案。对于通过审批管理系统申请消防备案的其他建设工程，消防验收部门应当在收到备案材料之日起二个工作日内，对备案材料齐全的，应当出具备案凭证；备案材料不齐全的，应当一次性告知需要补正的全部内容。

对于通过窗口申请备案的特殊建设工程，消防验收部门窗口负责人员当场审核。对备案材料齐全的，消防验收部门应当予以备案；备案材料不齐全的，应当一次性告知需要补正的全部内容。

第十七条（备案抽查）

消防验收部门应对备案的其他建设工程进行抽查，抽取总比例不得少于5%，其中人员密集场所不得少于20%。

抽查工作推行“双随机、一公开”制度，随机抽取检查对象，随机选派检查人员。消防验收部门应当自其他建设工程被确定为检查对象之日起十五个工作日内，按照建设工程消防验收有关规定完成检查，制作检查记录。检查结果应当通知建设单位，并向社会公示。

第十八条（抽查整改）

建设单位收到检查不合格整改通知后，应当停止使用建设工程，并组织整改，整改完成后，向消防验收部门申请复查。

消防验收部门应当自收到书面申请之日起七个工作日内进行复查，并出具复查意见。复查合格后方可使用建设工程。

第十九条（专家使用管理）

各相关单位在建设工程消防设计审查、消防验收、专家评审工作中，需要消防审验专家指导的，可从委科技委事务中心公布的消防专家库中选取专家。

委科技委事务中心依据消防专家库管理办法的要求，在专家聘任、选取使用、日常管理中，做好专家信息的定期更新和动态管理工作。

第二十条（事中事后监管）

消防设计审查部门应加强对施工图审查机构消防设计审查的事中、事后监管。委托施工图审查机构按照标准和专业要求开展消防设计审查工作，审查完毕后，消防设计审查部门可对施工图审查机构和审查情况进行抽查。发现违反审查要求的，消防设计审查部门依法向建设单位提出整改意见。如发现影响重大安全隐患的，依法责令建设单位停止施工或使用，视情节轻重暂停或取消委托该施工图审查机构的审查资格。消防验收部门应加强对建设单位组织竣工验收的事后监管。对竣工验收工作中存在弄虚作假行为的，应责令建设单位整改后重新申请消防验收，同时，应记入企业和个人诚信档案；情节严重的，列入严重失信企业名单。

未经消防验收或者消防验收不合格，擅自投入使用等违法违规行为，消防验收部门应按相关法律规定，对责任方予以行政处罚。

第二十一条（保障措施）

消防设计审查部门和消防验收部门实施消防设计审查、消防验收所需经费（包括购买消防技术服务、聘请专家库的专家、配备消防验收装备器材等），按照《中华人民共和国行政许可法》等有关法律法规的规定执行，并列入经费预算。

第二十二条（解释部门）

本办法由上海市住房和城乡建设管理委员会负责解释。

第二十三条（实施时间）

本办法自 2020 年 7 月 15 日起试行，有效期至 2023 年 7 月 14 日。

《上海市液化石油气管理办法》（沪府令 34 号）

上海市人民政府令第 34 号

《上海市液化石油气管理办法》已经 2020 年 6 月 1 日市政府第 87 次常务会议通过，现予公布，自 2020 年 10 月 1 日起施行。

市长　龚正

2020 年 7 月 2 日

上海市液化石油气管理办法

（2020 年 7 月 2 日上海市人民政府令第 34 号公布）

第一条（目的和依据）

为了加强本市液化石油气管理，维护液化石油气用户和经营企业的合法权益，保障公民生命、财产安全和社会公共安全，根据《城镇燃气管理条例》《上海市燃气管理条例》和其他有关法律、法规的规定，结合本市实际，制定本办法。

第二条（定义）

本办法所称液化石油气（以下简称液化气），是指以丙烷、丁烷等为主要成分，作为燃料使用并符合一定要求的气体燃料。

第三条（适用范围）

本市行政区域内液化气的规划与建设、经营与服务、供应与使用及其相关监督管理活动，适用本办法。

液化气的生产和进口，液化气作为工业生产原料以及切割、焊接作业燃料的使用，不适用本办法。

第四条（管理原则）

液化气的管理，遵循安全第一、合理布局、保障供应、节能高效、方便用户的原则。

第五条（管理部门）

市建设管理部门主管本市液化气管理工作，负责组织实施本办法。

区建设管理部门负责本辖区液化气的日常管理和监督，业务上受市建设管理部门领导。

乡（镇）人民政府、街道办事处在区建设管理部门的指导下，协助做好本辖区液化气安全隐患排查、电子标签查验、安全问题报告和相关处置工作。

本市发展改革、规划资源、市场监管、公安、交通、商务、应急等有关部门按照各自职责，协同实施本办法。

第六条（安全宣传）

市、区建设管理部门应当进行安全和节约使用液化气的宣传，增强社会公众安全和节约使用液化气的意识，提高防范和应对液化气事故的能力。

液化气经营企业应当对用户进行安全用气、节约用气基本知识的宣传。

第七条（科研开发）

本市鼓励液化气经营企业、高等院校、科研机构等单位开展相关科学研究和技术开发，推广液化气新技术、新材料、新工艺、新设备，提高液化气安全供应和服务水平。

第八条（规划编制）

市建设管理部门应当会同市规划资源等有关部门按照法定程序，编制市液化气专项规划。市液化气专项规划应当包括液化气气源、供应方式、供应规模、设施布局、设施建设时序和安全保障等内容。

区建设管理部门应当会同区规划资源等有关部门根据市液化气专项规划，编制本区液化气专项规划，按照规定的程序报经批准后纳入控制性详细规划。

市建设管理部门应当结合各区实际情况，对区液化气专项规划的编制予以指导。

第九条（设施用地和建设）

经确定的液化气设施用地，未经法定程序，不得改变用途。

液化气设施工程的建设，应当符合国家和本市有关规定和标准。

第十条（设计施工）

液化气工程设计、施工单位，应当依法持有相应的资质证书；从事压力容器、压力管道安装的施工单位，应当依法持有相应的特种设备安装许可证书。

第十一条（许可制度）

液化气经营企业应当依法取得燃气经营许可证。液化气经营企业设立液化气供气站点，还应当依法取得燃气供气站点许可证。

任何单位和个人不得擅自改动液化气设施。液化气经营企业确须改动液化气设施的，应当依法取得燃气设施改动许可。

禁止倒卖、抵押、出租、出借、转让、涂改燃气经营许可证、燃气供气站点许可证。

第十二条（企业安全管理）

液化气经营企业应当建立健全液化气安全评估和风险管理体系，发现液化气安全事故隐患的，应当及时采取措施消除隐患。

液化气经营企业应当按照国家和本市有关规定和标准，做好生产经营设施、设备的保养、检测、维修等工作，确保生产经营设施、设备的正常完好和安全运行。

液化气经营企业应当加强液化气设施、设备以及其他重点部位的安全保卫和防范，并按照有关规定，设置防冲撞、视频监控等技防设施。

第十三条（统一配送）

本市实行瓶装液化气统一配送，由用户向瓶装液化气企业预约订气，瓶装液化气企业负责在规定时限内将瓶装液化气配送至用户，并进行接装和安全检查。

瓶装液化气企业统一配送的经营服务、安全管理等内容，应当纳入企业的经营管理体系和安全管理制度。

市建设管理部门应当建立信息监管系统，加强对瓶装液化气配送全过程的实时监管。

本市推进完善以提升安全和效率、方便用户为导向的瓶装液化气集约化配送服务模式。

第十四条（配送服务单位）

瓶装液化气企业应当设立专门配送队伍或者委托其他专业运输企业（以下称配送服务单位）向用户提供瓶装液化气配送服务。

配送服务单位应当依法具有相应的危险货物道路运输资质，配备符合危险货物道路运输要求以及与配送服务区域、用户数相适应的配送车辆、送气服务人员。

配送服务单位的配送车辆应当设置统一的瓶装液化气企业标志；按照规定安装的卫星定位装置，应当确保功能正常并与市建设管理部门的信息监管系统实时联通。

第十五条（配送服务信息系统）

瓶装液化气企业应当建立配送服务信息系统，对用户订气信息进行处理，并实时录入配送服务相关信息。

瓶装液化气企业应当通过配送服务信息系统，向用户提供配送信息查询、安全隐患提醒、配送评价投诉等服务。

第十六条（配送实施方案）

瓶装液化气企业应当制订配送实施方案，并报用户所在区建设管理部门。

配送实施方案应当包括以下内容：

（一）配送站点布局情况以及配送交通工具信息；

（二）供应、服务组织架构，区域联系人和联系方式；

（三）服务承诺；

（四）站点管理、用户管理、应急处理和投诉处理等制度。

第十七条（配送服务规范）

配送服务单位及其送气服务人员应当遵守以下规范：

（一）按照燃气服务标准规定的时限，将瓶装液化气送达用户开户的地点。

（二）检查气瓶及调压器、连接管等附属配件的安全情况。对符合安全用气条件的，现场为用户进行接装；对提出不需要接装的用户，示范接装方式并告知操作规程和注意事项。

（三）送气服务人员佩戴岗位从业证（牌），并携带配送服务信息单，供用户签收。

第十八条（运输活动规范）

在配送服务活动中，配送服务单位运输瓶装液化气应当符合下列要求：

（一）在起运前，对配送车辆及其配备的应急处理器材、安全防护设施、卫星定位装置等设备的技术状况进行检查和记录，并对驾驶人员、押运人员进行运输安全告知；

（二）按照配送车辆的核定载质量装载瓶装液化气，不得超载；

（三）规范制作、填报危险货物运单，由驾驶人员随车携带并妥善保存；

（四）通过卫星定位装置进行运输全程监控，及时纠正和处理超速行驶、疲劳驾驶等违法驾驶行为；

（五）采取必要措施，防止发生瓶装液化气燃烧、爆炸、污染、泄漏或者被盗、脱落、丢失等事故，并在事故发生后，按照规定立即采取应急处理措施；

（六）国家和本市有关危险化学品、危险货物道路运输安全管理的其他规定。

瓶装液化气企业应当按照规定，对配送车辆的营运证件和检测评定信息、驾驶人员和押运人员的资格证书以及危险货物运单等事项进行查验。

配送服务单位应当按照规定，对本单位相关从业人员进行运输安全教育和培训，保证其具备必要的运输安全知识，熟悉有关运输安全规章制度和操作规程，掌握相应的安全操作技能和事故应急处理措施。

第十九条（电子标签）

瓶装液化气企业的许可状态以及气瓶充装、检测、运输、存储、销售、配送、接装、安全检查等环节的信息，应当通过电子标签进行识别和追溯。

瓶装液化气企业以及用户不得更改、损坏气瓶专有标记和电子标签。

第二十条（配送禁止行为）

禁止在配送服务活动中从事下列行为：

（一）瓶装液化气企业配送非本企业的瓶装液化气；

（二）瓶装液化气企业委托无危险货物道路运输资质的企业运输瓶装液化气；

（三）受瓶装液化气企业委托的专业运输企业再行委托其他企业进行配送。

第二十一条（人员培训考核）

液化气经营企业的负责人、安全生产管理人员、运行维护和抢修人员、液化气供气站点负责人以及专业服务人员，应当按照国家和本市规定经培训考核合格。

第二十二条（普遍服务）

液化气经营企业依法提供普遍供气服务，并根据居民用户和非居民用户的用气情况，制定相应的用气服务与安全规范，纳入与用户签订的供用气合同。

瓶装液化气企业应当提供符合要求的调压器、连接管等附属配件供用户选购，并提醒用户按照有关标准适时进行更换；用户自行购买调压器、连接管等附属配件的，瓶装液化气企业应当向用户告知安全注意事项。

第二十三条（开户和销户）

居民用户购买瓶装液化气的，应当向瓶装液化气企业提供本人身份证件；首次购气开户的，还应当提供使用地址和联系方式等信息。

非居民用户购买瓶装液化气的，应当向瓶装液化气企业提供加载统一社会信用代码的法人登记证书复印件以及经办人身份证件。

用户未按照本条第一款、第二款规定提供有关材料、信息的，瓶装液化气企业不得为用户办理开户手续。

用户停用瓶装液化气的，应当向瓶装液化气企业办理销户手续。瓶装液化气企业应当及时核销并回收气瓶。

第二十四条（安全检查）

瓶装液化气企业应当每年对瓶装液化气的用户设施免费进行一次安全检查。

瓶装液化气企业实施安全检查的，应当通过通知、预约等方式，事先告知用户安全检查的时间。

瓶装液化气企业应当按照国家和本市有关安全检查的规定、标准，对下列事项进行安全检查：

（一）气瓶是否合格，瓶体以及调压器是否漏气；

（二）使用、存储场所是否具备安全条件；

（三）燃气器具、连接管的安装和使用情况；

（四）国家和本市有关规定、标准确定的其他安全检查事项。

第二十五条（停业和歇业）

液化气经营企业确须停业、歇业或者关闭液化气供气站点的，除按照国家和本市规定办理相关手续外，还应当事先将受停业、歇业或者关闭液化气供气站点影响的区域、时段向社会公告，做好液化气设施、设备的维护保养和安全处置工作。

第二十六条（用户禁止行为）

用户应当遵守用气规定，不得有下列行为：

（一）倒置或者横卧使用气瓶；

（二）加热气瓶或者用明火检漏；

（三）使用不合格或者与燃气器具不匹配的调压器；

（四）法律、法规规定的其他禁止行为。

第二十七条（价格制度）

本市居民用户瓶装液化气价格的制定、调整，按照国家和本市有关价格方面的规定执行。

第二十八条（监督检查）

市、区建设管理部门应当对液化气经营企业执行液化气法律、法规、规章和标准的情况进行日常检查，并予以记录。

有关单位和个人对依法进行的监督检查应当予以配合。

第二十九条（信息共享）

市建设管理部门应当与市场监管、公安、交通等部门共享气瓶检测、充装、运输、存储、销售、配送的全过程管理信息。

第三十条（部门联动）

本市建立由建设、市场监管、公安、交通、商务、应急等部门组成的整治非法经营液化气联动机制，重点加大对非法充装、运输、存储、销售液化气等行为的查处力度。

市、区建设管理部门应当定期会同市场监管、公安、交通、商务、应急等部门通报、研究非法经营液化气整治工作的情况。

第三十一条（诚信管理）

液化气经营企业、用户违反液化气管理规定的，建设管理部门或者其他有关部门应当根据本市信用管理有关规定，将相关信息归集到本市公共信用信息平台，并依法对失信主体采取惩戒措施。

第三十二条（长三角区域协作）

市、区建设管理等部门应当与长江三角洲区域相关省、市有关部门建立沟通协调机制，加大对各类非法经营液化气行为的查处力度，构建长江三角洲区域信息共享、联勤联动的液化气监管协作体系。

第三十三条（指引性规定）

对违反本办法规定的行为，有关法律、法规已有处罚规定的，从其规定。

第三十四条（对违反供气站点许可证管理要求的处罚）

违反本办法第十一条第三款规定，倒卖、抵押、出租、出借、转让或者涂改燃气供气站点许可证的，由市或者区建设管理部门责令限期改正，处1万元以上3万元以下罚款；情节严重的，处3万元以上10万元以下罚款。

第三十五条（对违反配送要求的处罚）

违反本办法规定，有下列行为之一的，由市或者区建设管理部门责令限期改正，处1万元以上3万元以下罚款；情节严重的，处3万元以上10万元以下罚款：

（一）违反本办法第十四条第三款规定，配送车辆未设置统一的瓶装液化气企业标志，或者卫星定位装置未与市建设管理部门的信息监管系统实时联通的；

（二）违反本办法第十五条规定，瓶装液化气企业未按照要求处理用户订气信息或者实时录入配送服务相关信息，或者未通过信息系统向用户提供相关服务的；

（三）违反本办法第二十条第一项、第三项规定，从事相关禁止行为的。

第三十六条（对违反提供附属配件要求的处罚）

违反本办法第二十二条第二款规定，瓶装液化气企业未提供符合要求的调压器、连接管等附属配件供用户选购的，由市或者区建设管理部门责令限期改正，处2000元以上2万元以下罚款。

第三十七条（施行日期）

本办法自2020年10月1日起施行。1992年5月28日上海市人民政府令第17号公布、根据1997年12月14日上海市人民政府令第53号公布的《上海市人民政府关于修改〈上海市深井管理办法〉等68件规章部分条款的决定》修正、根据2010年12月20日上海市人民政府令第52号公布的《上海市人民政府关于修改〈上海市农机事故处理暂行规定〉等148件市政府规章的决定》修正、根据2012年2月7日上海市人民政府令第81号公布的《上海市人民政府关于修改〈上海市内河港口管理办法〉等15件市政府规章的决定》修正、根据2014年5月7日上海市人民政府令第16号公布的《上海市人民政府关于修改〈上海港口岸线管理办法〉等8件市政府规章的决定》修正并重新公布的《上海市液化石油气管理办法》同时废止。

上海市人民政府办公厅关于印发上海市深化农村公路管理养护体制改革实施方案的通知

沪府办发〔2020〕3号

上海市人民政府办公厅关于印发上海市深化农村公路管理养护体制改革实施方案的通知

有关区人民政府，市政府有关委、办、局：

《上海市深化农村公路管理养护体制改革实施方案》已经市政府同意，现印发给你们，请认真按照执行。

上海市人民政府办公厅

2020年8月21日

上海市深化农村公路管理养护体制改革实施方案

为深入贯彻《国务院办公厅关于深化农村公路管理养护体制改革的意见》（国办发〔2019〕45号，以下简称《意见》），全面推进农村公路高质量发展，加快交通强国建设，切实“管好、护好”农村公路，加快建立完善农村公路管理养护长效机制，结合本市实际，制订本实施方案。

一、总体要求

以习近平新时代中国特色社会主义思想为指导，坚持以人民为中心，全面贯彻落实习近平总书记关于“四好农村路”建设的重要指示精神，紧紧围绕党中央、国务院实施乡村振兴战略和统筹城乡发展，牢固树立绿色、融合、智慧发展理念，深化农村公路管理养护体制改革，加强农村公路与农村经济社会发展统筹协调，构建“安全、通达、优质、美观”的农村公路发展新格局，形成上下协调、密切配合、齐抓共管的管理养护工作新局面，为农民群众致富奔小康、加快推进农业农村现代化提供更好保障。

二、基本原则

（一）完善制度，力求实效。深化农村公路管理养护体制，完善资金投入保障、交通行政执法、养护长效管理机制，健全绩效考核、路长制等制度，细化实化各项工作举措，突出重点，补齐短板，力求实效。

（二）落实责任，协同推进。形成农村公路“市级指导、区级负责、镇级落实、社会参与”管理养护责任体系，加强市级统筹指导，压实区级主体责任，建立协同联动机制，有序推进本实施方案落地，切实落实各方责任。

（三）创新机制，转型发展。坚持绿色发展，节约集约利用资源；坚持融合发展，推进“农村公路 +”多元融合；坚持智慧发展，运用新技术、新手段赋能管理养护，促进农村公路转型发展。

三、工作目标

到 2022 年，基本建立市、区、镇各级权责明晰、齐抓共管的农村公路管理养护体制机制，形成市、区、镇三级财政投入、职责明确、部门联动、社会力量参与的格局。农村公路路长制全面落实，管理站规范设置，农村公路治理能力明显提高，治理体系基本形成。农村公路通行条件和路域环境显著提升，交通保障能力进一步增强。农村公路列养率保持 100%，县道和乡村道年均养护工程比例分别不低于 13% 和 8%，路面技术状况指数（PQI）中等及以上农村公路占比不低于 90%。

到 2035 年，全面建成体系完备、运转高效的农村公路管理养护体制机制，基本实现农村公路管理科学化，全面实现城乡公路交通基本公共服务均等化，路况水平和路域环境全面提升，农村公路治理能力全面提高，治理体系全面完善。

四、主要任务

（一）完善农村公路管理养护体制

1. 加强市级统筹和指导监督。制定市相关部门和区政府农村公路管理养护权力和责任清单，明确区政府的主体责任。强化市级统筹和政策引导，建立健全管理法规政策、技术规范标准、养护管理制度，加强养护管理机构能力建设指导，对区政府进行绩效管理，强化对农村公路管理养护工作的指导、监督。加强市级资金统筹，制定完善市级养护资金的补助、激励政策和相关管理办法。（责任单位：市交通委、市财政局）

2. 强化区政府主体责任。区政府根据“县道区管，乡村道镇管”的原则，建立健全农村公路责任制，制定相关部门、镇政府农村公路管理养护权力和责任清单。细化落实农村公路管理养护体制改革实施方案，加强对镇政府的工作和绩效考核，指导监督相关部门和镇政府履职尽责。全面推行农村公路路长制，设立区、镇、村三级路长组织体系，确保农村公路管理养护及路域环境整治责任到人。按照“有路必养、养必到位”的要求，将农村公路养护资金及管理机构运行经费和人员支出纳入一般公共财政预算，加大履职能力建设和管理养护投入力度。（责任单位：相关区政府）

3. 落实镇政府管养职责。镇政府配合做好农村公路管理养护体制改革工作，负责做好乡道、村道的管理养护工作，落实村民委员会加强“爱路护路”宣传引导。要充分发挥镇级农村公路管理站作用，农村公路管理站可单独设置，也可与相关机构部门合署办公；强化管理站人员和职责配置，每 25~30 千米乡道、村道配备不少于一名农村公路专管员，做到乡道、村道管理养护全覆

盖；农村公路管理站主要管理人员纳入正式编制，相关运行经费和人员支出纳入一般公共财政预算。（责任单位：相关区政府）

4. 发挥农民群众积极性。充分发挥农民群众主观能动性，激发农村公路管理养护可持续发展的内在动力。村民委员会应将爱路护路要求纳入村规民约，增强农民群众对农村公路管理养护的责任意识、参与意识与监督意识。通过组织开展公路养护公益活动、开发公益岗位等形式，调动农民群众爱路护路的积极性。（责任单位：相关区政府）

（二）强化农村公路管理养护资金保障

1. 完善公路养护经费分配机制。成品油税费改革转移支付政策应符合《意见》要求，并按照公路设施量，综合考虑道路等级、养护定额、绩效考核等因素，合理确定补助资金规模和使用范围；自2022年起，该项资金不再列支管理机构运行经费和人员等其他支出。各类资金保障规模应结合农村公路设施量、养护定额及使用状况变化等因素，建立动态调整机制，原则上调整周期不超过五年。（责任单位：市交通委、市财政局，相关区政府）

2. 加大区级财政资金保障力度。农村公路养护属于区级财政事权，资金原则上由区政府统筹安排。区政府要加大农村公路养护投入力度，细化落实农村公路养护资金保障政策，制定相关管理办法，确保农村公路养护资金投入满足相关养护规范、标准和规定要求。除市下达的成品油税费改革资金外，区级公共财政资金用于乡道、村道养护应不低于区和镇政府投入资金总额的50%，其中用于农村公路日常养护的总额不得低于县道每年每千米1万元，乡道每年每千米5000元，村道每年每千米3000元。（责任单位：相关区政府）

3. 强化养护资金使用监督管理。市、区财政部门和交通主管部门要加强农村公路管理养护资金的使用监管，确保农村公路养护资金全部用于公路养护。对各级公共财政用于农村公路养护的资金实施全过程预算绩效管理，并按照规定对社会公开，接受群众监督。审计部门要定期对农村公路养护资金使用情况进行审计，不断提升资金配置效率和使用效益。（责任单位：市财政局、市交通委、市审计局，相关区政府）

4. 探索农村公路发展投融资机制。发挥好市级资金的引导激励作用，推动市级建设财力支持“四好农村路”建设政策实施，采取资金补助、以奖代补等方式，支持农村公路养护。积极推进农村公路建设养护更多向进村入户倾斜，鼓励将农村公路相关附属设施等有收益的项目与农村公路养护打包运行；鼓励将农村公路建设和一定时期的养护进行捆绑招标，将农村公路与特色产业、乡村旅游等经营性项目实行一体化开发，运营收益用于农村公路养护，创新资金筹措方式，拓宽资金来源渠道。（责任单位：相关区政府，市发展改革委、市交通委、市财政局）

（三）创新农村公路管理养护长效机制

1. 深化农村公路养护市场化。将社会满意度、养护质量和资金使用效率作为衡量标准，全面推动农村公路养护市场化改革，建立政府与市场合理分工的养护生产组织模式。完善市场准入，积极培育符合农村公路特点的养护队伍，形成市场有序竞争格局；完善规范标准，促进养护市场管理规范化、透明化。支持养护企业跨区域参与市场竞争，引导养护企业加强自身能力建设，提高养护专业化、机械化水平。（责任部门：市交通委，相关区政府）

2. 加强安全质量和信用管理。加强农村公路安全管理，公路安全设施要与主体工程同时设计、同时施工、同时投入使用，并加强农村公路安全隐患整治，逐步完善现有农村公路安全设施。各区要委托专业单位开展农村公路路况检测，加强养护质量全过程管理，提高农村公路养护运行服务水平。建立以安全、质量为核心的信用评价体系，探索实施守信联合激励和失信联合惩戒，并将信用记录按照国家有关规定纳入全国信用信息共享平台，依法向社会公开。（责任单位：市交通委，相关区政府）

3. 强化政策制定和队伍建设。推动农村公路政策修订，加强农村公路行政执法和路产路权保护。各区要增强农村公路行政执法和路产路权保护责任意识和执法力度，加强交通行政执法力量建设，完善人才培养吸引和激励保障制度，建立“区有路政员、镇有监管员、村有护路员”的路产路权保护队伍，并加强对各镇路产路权保护工作的指导、监督和考核，依法保障农村公路的安全、完好和畅通。（责任单位：市交通委，相关区政府）

4. 促进农村公路转型发展。推进农村公路养护绿色、节能、环保技术应用，严守生态保护红线，实现路与自然和谐共生；大力开展“美丽农村路”建设，切实提升路域环境。推动5G、北斗、互联网、物联网、大数据、卫星遥感等信息化手段的应用，不断提高管养水平。推进农村公路可持续发展，科学分析公路运行状况发展变化规律，积极推广应用各类预防性养护技术。（责任单位：市交通委，相关区政府）

五、保障措施

（一）加强组织领导

相关区政府要加强统筹和指导，落实主体责任，出台配套政策措施，有序推进本实施方案落地见效。各级交通主管部门要主动作为，既做好具体改革举措推进，又做好牵头改革任务统筹协调；既抓好本部门改革，又加强对地方改革的指导。

（二）开展改革试点

各区政府要结合加快交通强国建设要求，围绕完善管理养护体制、强化资金投入保障、创新养护长效机制等重点改革任务，积极开展改革试点工作。市交通委要会同有关部门加强跟踪督查，建立评估、反馈机制，及时发现并协调解决问题，稳步推进改革。

（三）强化绩效考核

各级政府要将农村公路管理养护工作纳入对下一级政府绩效考核、乡村振兴考核等，建立健全激励约束机制，以进一步提高各类资金的使用效益。将考核结果与补助资金挂钩，对工作推进良好的，给予奖励；对工作推进情况较差的，实行约谈、扣减补助等措施。

（四）加大宣传力度

充分发挥传统媒体和新媒体作用，围绕改革重点任务加强政策解读，加强信息发布，正确引导社会预期，及时回应社会关注。积极宣传改革中的先进人物和典型案例，充分调动广大群众参与、监督改革工作的积极性，不断加强宣传和舆论引导，为深化改革营造良好的舆论氛围。

本实施方案自2020年9月1日起施行。《上海市农村（郊区）公路管理养护体制改革实施方案》（沪府办〔2007〕50号）同时废止。

上海市人民政府办公厅转发市绿化市容局制定的《上海老港生态环保基地管理办法》的通知

沪府办发〔2020〕8号

上海市人民政府办公厅转发市绿化市容局制定的《上海老港生态环保基地管理办法》的通知

各区人民政府，市政府有关委、办、局：

市绿化市容局制定的《上海老港生态环保基地管理办法》已经市政府同意，现转发给你们，请认真按照执行。

上海市人民政府办公厅

2020年9月8日

上海老港生态环保基地管理办法

第一条（目的和依据）

为加强上海老港生态环保基地（以下简称“老港基地”）的管理，促进老港基地高水平规划、高标准建设和高质量运营，提升老港基地生态环境质量和全市固体废物处理处置水平，促进资源化利用，保障城市安全运行，根据有关法律、法规、规章及相关政策，结合实际，制定本办法。

第二条（适用范围）

本办法适用于老港基地内规划、建设、运行及相关管理活动。

老港基地是指北至拱极东路、西至清运河、南至引清河、东至零号大堤范围内的区域，具体范围以规划确定为准。

老港基地外侧设立建设控制区，建设控制区的具体范围以规划确定为准。相关规划应与老港基地规划相协调。

第三条（区域功能定位）

老港基地按照国家和本市国民经济和社会发展规划、上海城市总体规划以及相关专项规划的要求，瞄准国内领先，对标国际一流水平，努力建成固体废物处理处置、资源化循环利用、环保产业技术研发转化、环保科教宣传的综合性生态环保循环经济基地。

第四条（联席会议制度）

市政府建立老港基地联席会议（以下简称“联席会议”）工作机制。联席会议由市政府副秘书长任召集人，市发展改革委、市住房城乡建设管理委、市经济信息化委、市商务委、市生态环境局、市财政局、市规划资源局、市应急局、市水务局、市绿化市容局、市城管执法局、浦东新区政府以及城投集团等为成员单位。

联席会议负责审议老港基地规划、建设、运行、管理中的下列事项：

（一）老港基地的总体规划、控制性详细规划和项目专项规划等；

（二）老港基地中长期建设规划和年度建设计划；

（三）老港基地内公共基础设施建设和公共环境治理项目计划；

（四）老港基地内固体废物资源循环利用及无害化处置年度运行生产计划及固体废物应急处置任务；

（五）各类固体废物进场标准、分类运营质量管理标准、基地内重要管理制度；

（六）固体废物资源循环利用项目准入范围以及总量控制、引入社会资本的方案；

（七）老港基地内各类固定资产投资项目的建设资金筹措方式，公共基础设施建设、维护以及管理服务的资金筹措及分摊方案，指导各类固体废物处理处置价格；

（八）其他重大事项。

前款事项经联席会议审议通过后，由联席会议成员单位按照相关职能，承办审批手续并实施。

联席会议下设办公室（设在市绿化市容局），具体负责联席会议日常工作，以及基地规划、建设、运行、管理中政府部门之间的协调工作。

第五条（部门职责）

市绿化市容、生态环境等部门按照各自职责，负责各类固体废物处理处置和生态环境保护相关活动的监督管理。

联席会议成员单位按照各自职责，协同实施本办法。

第六条（基地全面管理责任主体）

城投集团是老港基地统一管理的责任主体，按照“统一规划、统一开发建设、统一运营调度、统一管理服务”的要求，承担下列主要职责：

（一）组织编制老港基地相关规划；

（二）组织编制老港基地各类建设项目中长期建设规划和年度建设项目计划；

（三）组织固体废物处理处置、资源循环利用的项目储备、立项论证、资金筹措以及项目建设；

（四）负责老港基地内公共基础设施建设和公共环境治理；

（五）制订基地处理处置资源化年度运行生产计划并组织实施，承担固体废物应急处置任务；

（六）编制各类固体废物进场标准、分类运营质量管理标准、基地内管理制度；

（七）监督、评估各类项目设施运行，负责老港基地整体环境质量控制；

（八）组织编制老港基地内公共基础设施建设、维护以及管理服务的资金筹措及分摊方案，各类固体废物处理处置费用成本测算及价格方案；

（九）负责基地内各运行项目处理处置费用结算；

（十）市政府确定由城投集团承担的其他职责。

第七条（规划编制）

城投集团受委托，根据本市城乡总体规划和相关专项规划，组织编制老港基地规划，经联席会议审议通过并按照法定程序批准后，组织实施。

第八条（基础设施建设和环境治理）

城投集团要根据老港基地规划，结合老港基地固体废物项目建设进度和环境治理要求，提出老港基地内基础设施建设项目和环境治理项目方案，经法定程序批准后组织实施。

第九条（用地管理）

老港基地内的各类新建项目经市发展改革部门立项批准时，相关土地资金纳入项目概算，按照相关规定，办理建设用地使用手续。

老港基地内未利用土地，由城投集团受委托管理。

第十条（项目建设）

城投集团要根据老港基地规划，进行项目前期研究和建设项目可行性研究，并制订老港基地固体废物处理处置中长期建设计划和年度建设项目计划。

年度建设项目可行性研究报告按照规定程序，经市发展改革等部门批准后，由城投集团组织实施。

第十一条（资源循环利用项目引进）

老港基地内推行固体废物资源循环利用项目社会化融资，鼓励企业通过特许经营方式投资经营。

社会化融资的项目，由城投集团编制项目引入社会资本的方案，经联席会议审议通过后，以竞争性方式选择高标准、高水平的一流企业负责项目投资和运营。

第十二条（资金筹措和费制）

城投集团要会同相关部门研究编制老港基地固定资产投资项目，公共基础设施建设、维护以及管理服务的资金筹措以及分摊方式，报联席会议审议。

城投集团要会同相关部门编制各类固体废物处理处置费用价格方案（纳入政府定价目录的除外），报联席会议审议。

第十三条（评估和通报）

城投集团要建立基地内各类固体废物处理处置及资源循环利用化项目运行状况评估和通报制度；根据老港基地内具体项目建立档案，并定期对项目运行单位的建设、运行等情况进行评估，评估结果向联席会议通报。

由市绿化市容部门牵头组织对老港基地的固体废物处理处置和生态环境进行年度整体性评估，评估结果报联席会议审议。

第十四条（基地管理制度制定和实施）

城投集团负责制定基地内管理制度，各类固体废物处理处置及资源循环利用项目的运行管理制度、检查考核评估制度，各类固体废物运输车辆、船舶、人员进出基地的管理办法，以及项目施工现场检查等办法。

第十五条（基地内监督管理）

城投集团可以通过定点、随机等方式，运用智能化、人工巡查等方式，对基地内具体项目运行情况，污染物排放情况、执行环境保护法律制度情况进行检查、检测和监测。

城投集团在检查中发现问题，要立即告知相关项目单位，提出整改意见，并督促协调相关项目单位进行整改。

市绿化市容、生态环境、水务等部门按照各自职责，对基地内具体项目运行情况，污染物排放情况、执行环境保护法律制度情况依法进行执法检查、检测和监测；对城投集团履行基地内监督管理职责情况进行督察。

第十六条（移送查处）

城投集团在日常管理过程中，发现进出基地的车辆、船舶、人员，以及项目单位有违反国家和本市的法律、法规、规章规定情形的，要及时报市容绿化、生态环境、城管执法等相关部门查处，并将有关证据材料一并移送。

第十七条（基地内突发性事件应急处置预案与执行）

城投集团要按照规定，编制老港基地应急处置预案，并根据老港基地应急处置预案，组织具体项目运营单位制订具体应急处置实施预案。

老港基地内发生突发事件或者紧急情况时，城投集团要根据事故等级和危害影响程度，启动应急处置预案、应急处置实施预案，组织实施应急处置。

第十八条（应急处置任务）

因难以预测事件或者其他原因，需要城投集团承担年度计划外固体废物应急处置任务的，经联席会议批准后，由城投集团组织实施应急处置。

城投集团要按照相关规定，结合基地处理处置设施能力，编制应急响应预案。

第十九条（公众开放）

老港基地内相关设施对公众开放的，由城投集团结合特色进行布展，合理设计路线，积极策划制作系列宣传形式，根据不同时期公众需求，定期升级和改造相关设施，按照每2个月至少组织一次开放活动的要求，制订年度开放实施计划，并向社会公开，有序组织开放活动。

第二十条（实施时间）

本办法自2020年9月10日起施行，有效期至2025年8月31日。

上海市绿化和市容管理局

2020年8月27日

上海市人民政府、江苏省人民政府、浙江省人民政府关于印发《长三角生态绿色一体化发展示范区政府核准的投资项目目录（2020年本）》的通知

沪府规〔2020〕19号

上海市人民政府、江苏省人民政府、浙江省人民政府关于印发《长三角生态绿色一体化发展示范区政府核准的投资项目目录（2020年本）》的通知

长三角生态绿色一体化发展示范区执行委员会，上海市青浦区人民政府、江苏省苏州市人民政府、浙江省嘉兴市人民政府：

为探索投资项目跨区域一体化管理服务机制，根据《国务院关于长三角生态绿色一体化发展示范区总体方案的批复》（国函〔2019〕99号），现将《长三角生态绿色一体化发展示范区政府核准的投资项目目录（2020年本）》（以下简称《目录》）印发给你们，并就有关事项通知如下：

一、长三角生态绿色一体化发展示范区（以下简称“示范区”）内，企业投资建设《目录》内的固定资产投资项目，须按照规定报有关项目核准机关核准。企业投资建设《目录》外的项目，实行备案管理。示范区内事

业单位、社会团体等非企业组织利用自有资金、不申请政府投资建设的固定资产投资项目，参照《目录》执行。

二、《目录》内，除明确由国务院、国务院投资主管部门、省级核准机关负责核准的事项外，示范区内跨省（市）域投资项目由示范区执委会负责核准；其他投资项目由青浦区政府、苏州市吴江区政府、嘉兴市嘉善县政府按照属地原则负责核准。

三、示范区执委会要会同有关部门编制完善相关领域专项规划，为做好项目核准工作提供依据。

四、示范区内核准、备案机关要积极探索创新监管方式方法，强化事中事后监管，切实承担监管职责。

五、《目录》为示范区内统一的企业投资项目核准目录，凡示范区内项目管理方式、管理权限与上海市、江苏省、浙江省政府核准的投资项目目录不一致的，以本《目录》为准。

《目录》自 2020 年 9 月 1 日起执行。

上海市人民政府
江苏省人民政府
浙江省人民政府
2020 年 8 月 28 日

长三角生态绿色一体化发展示范区政府核准的投资项目目录（2020 年本）

一、农业水利

农业：涉及开荒的项目由省级项目核准机关核准。

水利工程：涉及跨界河流、跨省（区、市）水资源配置调整的重大水利项目由国务院投资主管部门核准，其中库容 10 亿立方米及以上或者涉及移民 1 万人及以上的水库项目由国务院核准。在省管河流、跨设区市河流上建设的项目和涉及跨设区市水资源配置调整的项目由省级项目核准机关核准；示范区内，在跨省（市）域河流上建设的项目和涉及跨省（市）域水资源配置调整的项目由示范区执委会核准；其余项目由青浦区、吴江区、嘉善县项目核准机关核准。

二、能源

水电站：在跨界河流、跨省（区、市）河流上建设的单站总装机容量 50 万千瓦及以上项目由国务院投资主管部门核准，其中单站总装机容量 300 万千瓦及以上或者涉及移民 1 万人及以上的项目由国务院核准。其余项目由青浦区、吴江区、嘉善县项目核准机关核准，其中示范区内跨省（市）域河流上建设的项目由示范区执委会核准。

抽水蓄能电站：由省级项目核准机关按照国家制定的相关规划核准。

火电站（含自备电站）：由省级项目核准机关核准，其中燃煤燃气火电项目应在国家依据总量控制制定的建设规划内核准。

热电站（含自备电站）：除抽凝式燃煤热电项目由省级项目核准机关在国家依据总量控制制订的建设规划内核准外，其余项目由青浦区、吴江区、嘉善县项目核准机关依据相关规划核准，燃煤背压、天然气热电联产项目由青浦区、吴江区、嘉善县项目核准机关依据上级能源主管部门制订或批准的规划核准。

风电站：陆上风电站由青浦区、吴江区、嘉善县项目核准机关在国家依据总量控制制订的建设规划及本省（市）年度开发指导规模内核准。

核电站：由国务院核准。

电网工程：涉及跨境、跨省（区、市）输电的 ±500 千伏及以上直流项目，涉及跨境、跨省（区、市）输电的 500 千伏、750 千伏、1000 千伏交流项目，由国务院投资主管部门核准，其中 ±800 千伏及以上直流项目和 1000 千伏交流项目报国务院备案；不涉及跨境、跨省（区、市）输电的 ±500 千伏及以上直流项目和 500 千伏、750 千伏、1000 千伏交流项目由省级项目核准机关按照国家制定的相关规划核准；其余项目由青浦区、吴江区、嘉善县项目核准机关按照国家、省（市）制定的相关规划核准，其中示范区内跨省（市）域项目由示范区执委会核准。

煤矿：国家规划矿区内新增年生产能力120万吨及以上煤炭开发项目由国务院行业管理部门核准，其中新增年生产能力500万吨及以上的项目由国务院投资主管部门核准并报国务院备案；国家规划矿区内的其余煤炭开发项目和一般煤炭开发项目由省级项目核准机关核准。国家规定禁止建设或列入淘汰退出范围的项目，不得核准。

煤制燃料：年产超过20亿立方米的煤制天然气项目、年产超过100万吨的煤制油项目，由国务院投资主管部门核准。

液化石油气接收、存储设施（不含油气田、炼油厂的配套项目）：由青浦区、吴江区、嘉善县项目核准机关核准。

进口液化天然气接收、储运设施：新建（含异地扩建）项目由国务院行业管理部门核准，其中新建接收储运能力300万吨及以上的项目由国务院投资主管部门核准并报国务院备案。其余项目由省级项目核准机关核准。

输油管网（不含油田集输管网）：跨境、跨省（区、市）干线管网项目由国务院投资主管部门核准，其中跨境项目报国务院备案。其余项目由青浦区、吴江区、嘉善县项目核准机关核准，其中示范区内跨省（市）域项目由示范区执委会核准。

输气管网（不含油气田集输管网）：跨境、跨省（区、市）干线管网项目由国务院投资主管部门核准，其中跨境项目报国务院备案。其余项目由青浦区、吴江区、嘉善县项目核准机关依据上级能源主管部门制定或批准的规划核准，其中示范区内跨省（市）域项目由示范区执委会核准。

炼油：新建炼油及扩建一次炼油项目由省级项目核准机关按照国家批准的相关规划核准。未列入国家批准的相关规划的新建炼油及扩建一次炼油项目，禁止建设。

变性燃料乙醇：由省级项目核准机关核准。

三、交通运输

新建（含增建）铁路：列入国家批准的相关规划中的项目，以国家铁路集团为主出资的由其自行决定并报国务院投资主管部门备案，其他企业投资的由省级项目核准机关核准；地方城际铁路项目由省级项目核准机关按照国家批准的相关规划核准，并报国务院投资主管部门备案；其余项目由省级项目核准机关核准。

公路：国家高速公路网和普通国道网项目由省级项目核准机关按照国家批准的相关规划核准，地方高速公路项目由省级项目核准机关核准，其余项目由青浦区、吴江区、嘉善县政府项目核准机关核准，其中示范区内跨省（市）域的项目由示范区执委会核准。

独立公（铁）路桥梁、隧道：跨境项目由国务院投资主管部门核准并报国务院备案。国家批准的相关规划中的项目，以国家铁路集团为主出资的由其自行决定并报国务院投资主管部门备案，其他企业投资的由省级项目核准机关核准；其余独立铁路桥梁、隧道及跨10万吨级及以上航道海域、跨大江大河（现状或规划为一级及以上通航段）的独立公路桥梁、隧道项目，由省级项目核准机关核准。其余项目由青浦区、吴江区、嘉善县项目核准机关核准，其中示范区内跨省（市）域的项目由示范区执委会核准。

煤炭、矿石、油气专用泊位：由省级项目核准机关按照国家批准的相关规划核准。

集装箱专用码头：由省级项目核准机关按照国家批准的相关规划核准。

内河航运：跨省（区、市）高等级航道的千吨级及以上航电枢纽项目由省级项目核准机关按照国家批准的相关规划核准；纳入国家高等级航道网规划和省级骨干航道规划的航道（含航电枢纽）项目由省级项目核准机关核准；其余项目由青浦区、吴江区、嘉善县项目核准机关核准，其中示范区内跨省（市）域项目由示范区执委会核准。

民航：新建运输机场项目由国务院、中央军委核准，新建通用机场项目、扩建军民合用机场（增建跑道除外）项目由省级项目核准机关核准。

四、信息产业

电信：国际通信基础设施项目由国务院投资主管部门核准；国内干线传输网（含广播电视网）以及其他涉及信息安全的电信基础设施项目，由国务院行业管理部门核准。

五、原材料

稀土、铁矿、有色矿山开发：由省级项目核准机关核准。

石化：新建乙烯、对二甲苯（PX）、二苯基甲烷二异氰酸酯（MDI）项目由省级项目核准机关按照国家批准的石化产业规划布局方案核准。未列入国家批准的相关规划的新建乙烯、对二甲苯（PX）、二苯基甲烷二异氰酸酯（MDI）项目，禁止建设。

煤化工：新建煤制烯烃、新建煤制对二甲苯（PX）项目，由省级项目核准机关按照国家批准的相关规划核准。新建年产超过100万吨的煤制甲醇项目，由省级项目核准机关核准。其余项目禁止建设。

稀土：稀土冶炼分离项目、稀土深加工项目由省级项目核准机关核准。

黄金：采选矿项目由省级项目核准机关核准。

六、轻工

烟草：卷烟、烟用二醋酸纤维素及丝束项目由国务院行业管理部门核准。

七、高新技术

民用航空航天：干线支线飞机、6吨/9座及以上通用飞机和3吨及以上直升机制造、民用卫星制造、民用遥感卫星地面站建设项目，由国务院投资主管部门核准；6吨/9座以下通用飞机和3吨以下直升机制造项目由省级项目核准机关核准。

八、城建

城市快速轨道交通项目：由省级项目核准机关按照国家批准的相关规划核准，其中，示范区内跨省（市）域项目由示范区执委会按照国家批准的相关规划核准。

城市桥梁、隧道：跨10万吨级及以上航道海域、跨大江大河（现状或规划为一级及以上通航段）的项目由省级项目核准机关核准；其余项目由青浦区、吴江区、嘉善县项目核准机关核准，其中示范区内跨省（市）域项目由示范区执委会核准。

城市快速路：由青浦区、吴江区、嘉善县项目核准机关核准，其中示范区内跨省（市）域项目由示范区执委会核准。

有轨电车：由省级项目核准机关核准，其中示范区内跨省（市）域项目由示范区执委会核准。

快速公交系统：由青浦区、吴江区、嘉善县项目核准机关核准。

城市地下综合管廊：由青浦区、吴江区、嘉善县项目核准机关按照相关规划核准，其中示范区内跨省（市）域项目由示范区执委会按照相关规划核准。

城镇供水：由青浦区、吴江区、嘉善县项目核准机关按照相关规划核准，其中示范区内跨省（市）域项目由示范区执委会按照相关规划核准。

城镇燃气：由青浦区、吴江区、嘉善县项目核准机关按照相关规划核准，其中跨省（市）域的城镇燃气管道项目由示范区执委会按照相关规划核准。

九、生态环境

污水（泥）处理：由青浦区、吴江区、嘉善县项目核准机关按照相关规划核准，其中示范区内跨省（市）域项目由示范区执委会按照相关规划核准。

生活垃圾处理（含生活垃圾焚烧发电项

目）：由青浦区、吴江区、嘉善县项目核准机关按照相关规划核准，其中示范区内跨省（市）域项目由示范区执委会按照相关规划核准。

工业固体废物处理：由青浦区、吴江区、嘉善县项目核准机关按照相关规划核准，其中示范区内跨省（市）域项目由示范区执委会按照相关规划核准。

其他固体废物（危险废物、放射性废物）处理：由青浦区、吴江区、嘉善县项目核准机关按照相关规划核准，其中示范区内跨省（市）域项目由示范区执委会按照相关规划核准。

十、社会事业

主题公园：特大型项目由国务院核准，其余项目由省级项目核准机关核准。

旅游：国家级风景名胜区、国家自然保护区、全国重点文物保护单位区域内总投资5000万元及以上旅游开发和资源保护项目，世界自然和文化遗产保护区内总投资3000万元及以上项目，由省级项目核准机关核准。

其他社会事业项目：按照隶属关系由省级管理的学校、医院、艺术表演场馆项目由省级项目核准机关核准。按照隶属关系由市县管理的学校、医院、艺术表演场馆项目由青浦区、吴江区、嘉善县项目核准机关核准。

十一、外商投资

《外商投资准入特别管理措施（负面清单）》中总投资（含增资）3亿美元及以上非禁止投资领域的项目，由国家发展改革委核准，其中总投资（含增资）20亿美元及以上项目报国务院备案。《外商投资准入特别管理措施（负面清单）》中总投资（含增资）3亿美元以下非禁止投资领域的项目，由省级项目核准机关核准。

前款规定之外的属于本目录第一至十条所列项目，按照本目录第一至十条的规定执行。

十二、境外投资

涉及敏感国家和地区、敏感行业的项目，由国务院投资主管部门核准。

前款规定之外的中央管理企业投资项目和地方企业投资3亿美元及以上项目报国务院投资主管部门备案。

上海市人民政府办公厅关于印发《上海市农村房屋安全隐患排查整治工作方案》的通知

沪府办规〔2020〕17号

上海市人民政府办公厅关于印发《上海市农村房屋安全隐患排查整治工作方案》的通知

各区人民政府，市政府有关委、办、局：

经市政府同意，现将《上海市农村房屋安全隐患排查整治工作方案》印发给你们，请认真遵照执行。

上海市人民政府办公厅

2020年11月13日

上海市农村房屋安全隐患排查整治工作方案

为消除本市农村房屋安全隐患，切实保障人民群众生命财产安全，按照党中央、国务院的决策部署，根据市委、市政府关于开展本市农村房屋安全隐患排查整治工作的总体要求，结合本市农村房屋建设和管理的实际情况，制订本工作方案。

一、总体要求

以习近平新时代中国特色社会主义思想为指导，深入贯彻落实习近平总书记关于安全生产的重要指示批示精神，牢固树立以人民为中心的发展思想，全面落实安全发展理念，强化红线意识和底线思维，落实属地管理责任，按照“谁拥有谁负责、谁使用谁负责、谁主管谁负责”的原则，坚持边排查、边整治，远近结合、标本兼治，以用作经营的农村自建房为重点，依法依规有序开展农村房屋安全隐患排查整治工作，及时消除农村房屋重大安全风险隐患。同时，力争用3年左右时间，健全制度规范，完善相关标准，建立常态化农村房屋建设管理制度。

二、工作任务

按照“全面摸底、分类排查、重点整治、压茬推进”的原则，有序推进本市农村房屋安全隐患排查整治工作。对存在重大安全隐患的农村房屋，应及时采取措施，防止发生安全事故。

（一）摸底排查

各区要对本行政区域内行政村（含乡镇政府驻地行政村和街道办事处下辖行政村）范围内的所有房屋进行全面摸底。要区分农村自建房和非自建房两种类型，全面摸清房屋基本情况，包括建造年代、结构类型、建造方式等，建立农村住房档案和房屋综合信息管理平台。

1. 重点排查。各区于2020年12月底前，对用作经营的农村自建房完成重点排查。排查重点包括使用预制板建设的房屋、经过改建扩建的房屋、人员聚集使用的房屋等。

2. 全面排查。在重点排查的同时，各区于2021年6月底前，按照全市统一部署和技术要求，对所有农村房屋完成全面排查。

排查内容主要包括房屋结构安全、使用安全、地质和周边环境安全等。排查时，依据《本市农村房屋安全隐患排查工作技术方案》中的安全结构状况标准，对房屋按照完好或基本完好、一般损坏、严重损坏、疑似危险四个等级做出初步判断。

（二）重点整治

各区要以排查发现存在安全隐患的用作经营的农村自建房为重点开展整治，于2021年6月底前完成。整治到位前，要采取切实有效的安全防范措施，对未取得相关证照非法经营的，各区应组织相关部门进行联合整治，对存在较大风险的，应依法落实关停措施。

1. 组织安全性评估或鉴定。对初步判断存在安全隐患的用作经营的农村自建房，由相关乡镇依据《农村住房安全性鉴定技术导则》（建村函〔2019〕200号）、《房屋完损等级评定标准》（城住字〔84〕第678号）、《危险房屋鉴定标准》（JGJ125-2016）、《房屋质量检测规程》（DG/TJ08-79-2008），以及其他国家和地方标准，及时委托有相关资质的第三方机构进行房屋安全性评估和鉴定，评估鉴定结论应当明确建议整治措施。

2. 制订整治方案。对排查确定存在安全隐患的房屋，要根据检测鉴定结论，编制隐患处置“一房一方案”，落实整治责任人或单位，明确隐患处置的具体方法、步骤和整治时限。在完成整治前，应当采取临时避险措施。

3. 落实产权人（使用人）主体责任。宣传强化产权人（使用人）对房屋安全应承担的责任，明确产权人（使用人）应对存在安全隐患的农村自建房进行整治。对因继承等方式取得农村自建房实际使用权的非农户口，由实际使用人承担整治责任。

4. 加大督促整改力度。各区要按照时限要求，加大对实施整改的督促力度，对加固、翻建等整治方式涉及相关行政审批的，区相关部门要建立绿色通道，协调落实申请主体，加快办理速度。

5. 建立销项制度。各乡镇政府要建立完善农房质量安全隐患排查治理工作台账，全面登记并逐条列出存在的质量安全隐患，明确采取的整治措施、责任单位和责任人等有关内容，督促限期整改，实行销号管理，完成一户、销号一户。

（三）全面整治

区级层面，要根据各区实际情况，在摸底排查和重点整治基础上，对存在安全隐患的未用作经营的农村自建房和农村非自建房制订整治计划，坚持产权人（使用人）主体责任，落实属地责任和行业监管责任，力争用3年左右时间基本完成安全隐患整治。

市级层面，要建立农村房屋建设管理长效机制。住房城乡建设管理、规划资源、农业农村、房屋管理等相关部门要根据中央部署和《上海市农村村民住房建设管理办法》（沪府令16号）等的要求，立足用地、规划、设计、施工、经营、改扩建和变更用途等全过程管理，在选取重点乡镇先行先试的基础上，探索形成符合上海农村房屋建设管理实际的管理制度，着力补齐农村房屋建设管理的制度短板。要按照市委、市政府统一部署，坚持问题导向和目标导向相结合，进一步下沉监管力量，重点加强各区农村房屋设计、施工和建设队伍管理，提高农村房屋建设管理水平。市有关部门要按照中央及市委、市政府相关指导文件，建立完善关于农村自建房用作经营的管理规定，并依托多部门联勤联动排查整治工作机制，共同加强面上工作指导，实现农村自建房用作经营有章可循。

三、保障措施

（一）强化组织领导

市级层面，落实“市负总责、各区抓落实”的工作机制，成立上海市农村房屋安全隐患排查整治工作领导小组（以下简称“市领导小组”），由分管市领导担任组长，统筹推进全市农村房屋安全隐患排查整治工作与农房建设管理工作。由市住房城乡建设管理委、市应急局、市规划资源局、市农业农村委、市市场监管局牵头，市教委、市民族宗教局、市公安局、市民政局、市司法局、市财政局、市文化旅游局、市卫生健康委、市房屋管理局、市消防救援总队等有关部门为成员单位。市领导小组办公室设在市住房城乡建设管理委。

区级层面，参照市级协调机制建立区领导小组及其办公室。区政府主要负责同志是第一责任人，要强化责任担当，把农村房屋质量安全管理作为推进乡村振兴战略的一项重要内容，狠抓工作落实。要严格落实属地行业主管部门监督指导责任，建立相应的工作机制，协调属地相关部门做好进度安排、任务落地、预算编制、资源调配等工作，特别是要加强汛期、疫情防控期间农房建设质量安全监管的指导，确保施工质量安全。

乡镇层面，建立农村房屋安全隐患排查整治工作小组，落实乡镇政府排查、整治工作主体责任。一是强化对既有房屋的现场巡查。通过现场巡查，及时发现并纠正农房建设中存在的违法违规行为和质量安全问题，督促房屋所有人、使用人切实落实房屋安全管理责任，及时消除安全隐患。二是强化房屋建设过程监管。以防坍塌、防倒塌、防高坠、防触电等为重点，对新建、改建、扩建过程中的关键环节、重点工序进行排查，强化对地基基础、承重结构、抗震构造措施等重点部位的检查，对发现的重大隐患和违法违规行为，依法采取责令停工整改等措施，切实提高本市农房建设质量安全水平。三是加强汛期重点巡查。在面上排查的基础上，密切掌握农房在台风、暴雨期间受灾发展趋势，全面排查评估农房受灾风险和安全隐患，特别是对尚未拆除的危房进行重点排查，发现的问题隐患要督促立即整改解决，严防隐患衍生为重大险情。

（二）细化部门分工

市级层面，各行业主管部门根据职责，将应当纳入行业安全监管范围的农村房屋全部纳入安全监管范围，强化监管。住房城乡建设管理、房屋管理部门负责指导农村住房建设管理，牵头组织农村房屋安全隐患排查整治工作，依托“一网统管”和城市综合管理网格化平台，搭建农村房屋综合信息管理平台，推进部门信息共享，建立健全农村房屋建设管理长效机制；应急管理部门结合全市第一次自然灾害综合风险普查工作，协同做好面上排查整治协调工作；市消防救援总队具体负责指导农村人员密集场所房屋的消防安全管理；规划资源部门结合农村建房数据核查和补充调查工作成果，共享农村不动产登记相关信息及地图信息，指导农村依法依规用地，做好地质灾害易发区的灾害风险排查；农业农村部门负责组织指导农村人居环境和村庄整治，按照职责负责农村宅基地管理有关工作，并配合规划资源部门汇总、提供农村宅基地信息数据；市场监管部门负责指导农村经营场所涉及的营业执照和食品经营许可证复查工作；财政部门负责将农村房屋安全管理相关经费纳入政府预算管理；文化旅游部门负责指导农村文化和旅游经营性场所安全管理；民族宗教部门负责指导农村宗教活动场所加强安全管理；教育部门负责指导农村学校、幼儿园房屋安全管理；公安部门负责指导农村旅馆业特种行业许可证复核工作；民政部门负责指导农村养老机构场所安全管理；司法行政部门负责配合有关方面完善农村房屋建设管理制度，强化法治保障；卫生健康部门负责指导农村医疗场所安全管理。

区级层面，参照市相关部门分工，明确各相关部门条线职责分工，并做好与市级协调机制和行业主管部门的工作对接。

（三）加强综合保障

各区要结合全市第一次自然灾害风险普查等有关工作，统筹组织设计、施工、监理、检测等专业机构和技术人员广泛参与排查整治工作，并组织相关培训，强化技术保障。要按照相关标准规范，切实加强对农村建筑工匠的指导管理，及时组织开展专业技能、安全知识教育培训，不断提升农村建筑工匠的专业素质和业务水平。针对经排查存在安全隐患的农村房屋，要委托有资质的专业机构开展评估鉴定工作。各级司法行政部门要加强农村房屋安全隐患排查整治中的法律咨询、调解等工作。协调审判机关开展农村房屋安全隐患排查整治中的司法调解工作。

（四）强化督促指导

市领导小组办公室要建立完善农房质量安全巡查制度，对各区排查整治工作进行督促指导，必要时，可组织相关部门按照有关规定，开展联合实地督导，避免多头检查，重要情况及时报告市委、市政府。各区政府要不断完善相关应急预案，做好应急人员、物资储备，加强对下级政府机关的督促指导。各级政府机关要严格落实24小时应急值班和领导带班制度，落实突发事件报送有关要求，发现自然灾害或重大险情、隐患危及人民群众生命财产安全情况时，要立即向上级主管部门报告。对农村房屋安全隐患排查整治工作进展缓慢、推诿扯皮、排查不实的，要予以通报；对问题严重的，要约谈相关负责同志；对工作中失职失责、不作为、乱作为的领导干部，要严肃问责。

（五）做好宣传引导

各级政府要广泛宣传，发挥安全事故的警示教育作用，及时了解农村干部群众思想动态，有针对性地做好解释引导工作，有效化解影响社会稳定的风险隐患。要全面深入开展农村房屋建设、安全使用知识的宣传教育，不断增强农民群众的房屋安全意识，提高排查整治房屋安全隐患的积极性、主动性。

各级政府在同级党委统一领导下，扎实做好农村房屋安全隐患排查整治工作，并在第一时间向同级党委汇报有关工作情况，各区政府要于2020年11月16日前，将区领导小组及办公室人员信息报送市领导小组办公室备案。自2020年11月起，工作进展情况每半月报送市领导小组办公室。

上海市发展和改革委员会、上海市财政局关于印发《上海市市级建设财力项目代理建设管理办法》的通知

上海市发展和改革委员会、上海市财政局关于印发《上海市市级建设财力项目代理建设管理办法》的通知

各有关单位：

根据《政府投资条例》等有关规定，为规范市级建设财力投资项目管理，建立健全科学的组织实施体系，提高市级建设财力投资效能，我们制定了《上海市市级建设财力项目代理建设管理办法》，现印发你们，请遵照执行。

特此通知。

附件：《上海市市级建设财力项目代理建设管理办法》

上海市发展和改革委员会

上海市财政局

2020 年 11 月 2 日

上海市市级建设财力项目代理建设管理办法

第一章 总则

第一条 为规范市级建设财力投资项目管理，建立健全科学的组织实施体系，保障工程质量和进度，强化市级建设财力项目投资控制，提高市级建设财力投资效能，根据《政府投资条例》以及上海市市级建设财力相关管理规定等，制定本办法。

第二条 本办法所称的代理建设制度（以下简称“代建制”），是指政府通过招标等方式，选择具有相应经验和能力的项目管理单位（以下称“代建单位”），负责市级建设财力项目的组织实施和投资管理工作，项目建成后交付项目（法人）单位的制度。

第三条 市级建设财力投资项目，适用本办法。项目主要包括：社会公益服务、公共基础设施、农业、生态环境保护、重大科技进步，社会管理、国家安全等公共领域。

第四条 由市发展改革委会同有关部门根据项目具体情况，研究确定是否实施代建制，并负责代建制的统筹协调。

市财政局作为主管代建制财务工作的职能部门，对代建制项目的财务活动实施全过程管理和监督。

第二章 代建单位的管理

第五条 本办法所指的代建单位，是指具有一定规模和相应经验、能力，能独立开展工作并承担法律责任的企事业法人。

第六条 市级建设财力项目代建单位试行名录管理。代建单位名录按照“公开、公平、公正”的原则，通过招标方式选择产生。

第七条 市发展改革委负责名录管理。在定期审查中认定为已不符合条件，或绩效考核未达标的代建单位，将调整出名录。

第八条 申请进入名录的代建单位应当具备以下基本条件：

（一）具有工程咨询资信、工程设计资格、工程监理资格之一；

（二）具备相应的建设管理组织机构和项目管理能力；

（三）具有良好的工程项目管理业绩；

（四）具有与工程建设要求相适应的技术、造价、财务和管理等方面的专业人员。

第九条 代建单位有下列情况之一的，不得参与代建项目：

（一）已被行政或司法机关责令停业或停止承接相关业务的；

（二）企业出现严重信用危机又未能提供相应担保的；

（三）近 3 年发生过重大建设项目责任事故的；

（四）无法履行代建职责的其他情形。

第十条 代建单位承担项目建设期法人的相关责任，应当严格按照基本建设管理的有关规定，开展代建工作。

第十一条 代建单位不得在本单位承接

的代建项目中，承担项目评估、勘察、设计、监理、施工、材料设备供应等其他相关业务，或与以上单位有隶属关系及其他直接利益关系。

第十二条 代建单位实行年度绩效考核，重点考核内容包括：项目组织实施的规范性、建设工程质量和进度、概算执行、安全文明生产、社会稳定风险防范、项目绩效管理、项目经理履职情况等。

第三章 项目（法人）单位的管理

第十三条 本办法所称的项目（法人）单位，是指项目建议书或可行性研究报告批复的项目主体。项目（法人）单位的主要职责包括：

（一）根据专项规划、专项发展规划需要，提出项目建设需求和功能定位。在代建单位确定前，组织编报项目建议书或可行性研究报告，组织办理项目相关前期审批手续；代建单位确定后，向代建单位移交已办理前期审批手续的资料，并协助代建单位办理后续项目相关前期审批手续；

（二）参与项目有关招投标工作；

（三）筹措自筹资金、参与申请项目用款拨付，加强项目会计核算和财务管理；

（四）监督代建管理工作；

（五）参与工程竣工验收；

（六）项目单位应承担的其他职责。

第十四条 项目代建期内，项目（法人）单位应当协助代建单位办理基本建设相关手续。在手续办理过程中，向规划资源、生态环境、建设管理等部门提交的相关申报材料须同时加盖项目（法人）单位和代建单位公章。

代建期间，代建单位依法组织招投标活动，项目（法人）单位和代建单位共同作为合同当事人参与签订各类合同。

第十五条 项目（法人）单位、主管部门（单位）或市政府授权的出资人主体等应当对项目组织实施进行指导、协调、监管。

第四章 代建制项目组织实施程序

第十六条 对于项目（法人）单位缺乏相关技术人员和建设管理经验的，市发展改革委在项目建议书批复或者可行性研究报告批复中，明确要求实施代建制。

第十七条 项目明确实施代建制后，主管部门（单位）或市政府授权的出资人主体等组织项目（法人）单位根据“公平、择优、高效”原则，综合考虑代建单位的专业资质、技术能力、管理经验、信用状况等因素，在代建单位名录内选择确定代建单位。

第十八条 代建单位产生后，项目（法人）单位应当与代建单位签订项目代建合同，主管部门（单位）或市政府授权的出资人主体等作为合同见证方。

项目代建合同报市发展改革委、市财政局备案。

第十九条 项目代建合同签订后，代建单位根据代建合同，约定代行项目（法人）单位的建设管理职责。代建单位不得向他人转包或分包该项目。

第二十条 项目代建合同主要包括工程建设管理的范围和内容，各方的权利和义务、代建费用、违约责任及各方约定的其他事项。

第二十一条 代建单位应当严格按照项目初步设计和概算批复的要求组织实施，未经批准，不得擅自变更建设规模、建设标准、建设内容和概算投资。

第二十二条 代建单位实施项目管理时，应当派驻项目管理机构。项目管理机构应当由项目经理和相关专业技术人员组成，人员数量应当满足代建工作需要。代建单位应当在代建合同中明确项目经理，项目经理最多只能同时承担两个项目。

第二十三条 代建制项目建成后，必须按照有关法律法规和项目代建合同进行单项验收。代建单位应当会同项目（法人）单位组织项目试运行，办理项目结算、审计、决算等手续。

第二十四条 代建单位应当按照档案管理方面的法律法规，加强项目档案管理。在向项目单位办理移交手续时，一并将工程档案、财务档案及相关资料向项目单位和有关部门移交。

第二十五条 代建单位应当按照市财政局批复的项目竣工财务决算，向项目单位办理资产交付手续。

第五章 代建项目财务和资金管理

第二十六条 项目（法人）单位应当按照基本建设财务管理要求，加强项目会计核算和财务管理。

代建单位确定前，项目所需的前期工作经费，项目（法人）单位编制相应用款计划，报市发展改革委审核。市发展改革委审核下达投资计划，项目（法人）单位据此按照相应流程申请建设资金。

代建单位确定后，项目（法人）单位应会同代建单位，根据实际工作进度和资金需求，经主管部门（单位）或市政府授权的出资人主体等审核，报市发展改革委安排年度投资计划。市发展改革委审核后下达年度投资计划，项目（法人）单位据此按照相应流程申请建设资金。项目（法人）单位收到建设资金用款应及时记账后拨付至代建单位。代建单位应按照基本建设财务管理要求，积极做好对所承担的代建项目建设成本会计核算和财务管理的基础工作，于每年按照项目（法人）单位要求的时间节点，及时提供项目明细支出、建设工程进度和项目建设成本等详细资料，通过对账的方式与项目（法人）单位确认在建工程成本。

第二十七条 属于政府采购集中采购目录范围内的工程、货物、服务等，项目（法人）单位应当协助代建单位及时至市财政局办理政府采购审批手续。

第二十八条 项目竣工投入使用或试运行合格后，代建单位应当及时组织编报项目竣工财务决算，并申请审计。市财政局批复项目竣工财务决算后30日内，代建单位应当协助项目（法人）单位办理资产移交等相关手续，并按照财政国库管理规定，将结余资金上缴国库。

第二十九条 代建管理费实行总额控制，按照《代建管理费支出标准表》（详见附表）测算，并列入项目建设成本，具体金额在项目代建合同中明确。如由于不可抗力延长项目工期等因素，导致代建管理费确须超过批复金额的，项目（法人）单位及代建单位应当报市发展改革委审批。

第三十条 代建管理费由市财政局直接拨付至代建单位。代建管理费结合年度绩效考核，按照工程进度拨付。

第六章 监督管理

第三十一条 代建单位应当严格按照代建委托合同，依法办理勘察、设计、施工、监理、主要设备材料采购招标工作，违反国家和本市招投标管理规定的，由市有关行政监管部门依法进行处罚，市发展改革委、市财政局可暂停项目建设资金、代建管理费的计划下达和资金拨付。

第三十二条 代建单位未能完全履行项目代建合同，擅自变更建设内容、扩大建设规模、提高建设标准，致使工期延长、投资增加或工程质量不合格的，所造成的损失或投资增加额从项目代建管理费中相应扣减。

第三十三条 在市级建设财力投资代建制项目的审计、监察过程中，发现代建单位存在严重违纪违规行为的，项目（法人）单位应当中止有关合同的执行。

第三十四条 代建单位、项目经理履职过程中如有不良记录，归集到上海市公共信用信息平台。

代建单位如发生第三十一条、第三十二条、第三十三条违纪违规行为，将被调整出名录，且5年内不得申请进入名录。

第七章 附则

第三十五条 其他政府性资金投资项目

可参照执行。

第三十六条 本办法自2020年12月10日起施行，有效期至2025年12月9日。

上海市房屋管理局关于印发《上海市住房租赁合同网签备案办法》的通知

上海市房屋管理局关于印发《上海市住房租赁合同网签备案办法》的通知

浦东新区建设交通委，各区住房保障房屋管理局，市、区房地产交易中心，市房屋状况信息中心，市房地产经纪行业协会，各房地产经纪机构、住房租赁企业：

市房屋管理局制定了《上海市住房租赁合同网签备案办法》，现印发给你们，请认真遵照执行。

上海市房屋管理局

2020年11月12日

上海市住房租赁合同网签备案办法

第一条 为了规范本市住房租赁合同网签备案行为，维护住房租赁市场秩序，保障住房租赁利益相关方合法权益，加快规模化、机构化、专业化住房租赁企业发展，方便租赁当事人办理公共服务事项，依据《国务院办公厅关于加快培育和发展住房租赁市场的若干意见》《住房和城乡建设部、国家发展改革委、公安部、市场监管总局、银保监会、国家网信办关于整顿规范住房租赁市场秩序的意见》《上海市居住房屋租赁管理办法》《上海市人民政府办公厅关于加快培育和发展本市住房租赁市场的实施意见》等规定，制定本办法。

第二条 本市行政区域内的住房租赁活动，应按本办法规定进行住房租赁合同网签备案（以下简称“合同网签备案”）。

第三条 市房屋行政主管部门应当牵头完善全市统一的住房租赁公共服务平台（以下简称“租赁平台”），向社会提供房源核验、信息发布、网签备案等服务，建立住房租赁市场信用体系。

第四条 市房屋行政主管部门负责本市合同网签备案的组织协调、监督管理。区房屋行政主管部门负责本辖区内合同网签备案的监督管理，业务上受市房屋行政主管部门领导。

市、区两级住房租赁服务中心、各街镇社区事务受理服务中心按照各自职责，承担企业入网认证、租赁市场监测、租赁合同网签备案等服务和管理事项。

市房屋状况信息中心负责租赁平台的建设、运行、维护和管理等工作。

公安、市场监管、民政、规划国土资源、教育、人力资源社会保障、税务、城管、住房公积金等相关部门按照各自职责，推进本部门业务系统与租赁平台互联互通，深化政务协同应用。

市房地产经纪行业协会负责建立住房租赁企业、房地产经纪机构的行业自律机制。

第五条 住房租赁企业、房地产经纪机构等经营主体（以下简称“各类经营主体”）应当在取得营业执照后，到所在区房屋行政主管部门办理住房租赁企业开业报告（信息记载）或房地产经纪机构备案，申请办理租赁平台用户认证，取得租赁平台用户操作权限。

各类经营主体的从业人员应当参加专业教育培训。

第六条 各类经营主体办理平台用户认证后，六个月内不从事网签操作的，其网签功能自动失效，重新申请后方可恢复。

各类经营主体及其从业人员的用户认证信息发生变化的，应当自信息变化之日起7日内，申请办理变更认证手续。

第七条 各类经营主体对外出租租赁住房

的，应当按照本市相关规定将主体和房源信息申报租赁平台。

对于规模大、信誉好、具备信息化等条件的经营主体，通过数据接口方式批量上传房源信息，符合租赁平台房源信息发布规则的，即时对外发布；其他经营主体及个人经房源核验后，可在租赁平台上发布房源信息。个人发布房源信息的，还应当通过租赁平台进行实名认证。

各类经营主体和个人，应当对所发布租赁房源信息的真实性、合规性、时效性负责。

第八条 各类经营主体达成或撮合达成住房租赁交易后，应当通过租赁平台，为租赁当事人提供租赁合同网签服务。具备备案权限的企业，应当为租赁当事人一并提供租赁合同网签备案服务。暂不具备备案权限的企业，应当配合租赁当事人至各区住房租赁服务中心或各街镇社区事务受理服务中心，办理租赁合同登记备案服务。

租赁当事人自行成交的，可通过本市“一网通办”平台办理租赁合同网签备案，或前往各区住房租赁服务中心、各街镇社区事务受理服务中心办理租赁合同网签备案。

第九条 市房屋行政主管部门应当持续完善租赁平台建设，对接本市“一网通办”平台，不断提升租赁合同网签备案便利化程度，扩大线上网签备案覆盖面。

第十条 凡适用本办法的住房租赁活动，租赁合同经网签备案后，承租人（包括其他居住使用人）可按规定申领居住证，申请居住证积分，申请办理人户分离人员居住登记，申请随迁子女义务教育；符合条件的承租人按相关规定可办理提取住房公积金用于支付住房租金；各类经营主体可按规定享受相关税收优惠政策。

租赁当事人向其他政府部门申请公共服务事项，须提交住房租赁合同的，租赁平台应当向租赁当事人提供其网签合同信息。

第十一条 各类经营主体和个人应当遵守本市合同网签备案的各项操作规程，不得发布虚假信息，不得进行虚假交易，不得提供虚假材料。

第十二条 租赁平台应当通过市大数据中心与市民政、公安、市场监管、城管等部门建立数据共享机制，积极推进与市场化住房租赁平台业务对接，为企业和租赁当事人办理租赁合同网签备案提供便利。

租赁平台应当为市、区两级房屋行政管理部门和市、区住房租赁服务中心、各街镇及其有关授权单位，开展业务查询、管理统计和监测工作提供技术支撑。

第十三条 对违反本办法规定的，房屋行政主管部门有权责令其进行整改，整改期间暂停其网签功能，记入信用档案，并可将其失信信息按规定归集至本市公共信用信息服务平台和市房地产经纪行业协会诚信平台。

第十四条 本办法由市房屋行政主管部门负责解释。本办法发布后，市房屋行政主管部门依据本办法制定完善租赁平台操作规程等配套文件。

第十五条 本办法自 2021 年 1 月 1 日起施行，有效期至 2025 年 12 月 31 日。对于 2020 年 7 月 1 日至本办法施行之日期间的住房租赁合同网签备案，参照本办法执行。

上海市规划和自然资源局关于印发《上海市土地交易市场监督管理办法》的通知

沪规划资源规〔2020〕15 号

上海市规划和自然资源局关于印发《上海市土地交易市场监督管理办法》的通知

各区规划资源局、各派出机构，市土地交易中心：

《上海市土地交易市场监督管理办法》经 2020 年 11 月 19 日第 24 次局长办公会审议

通过，现印发给你们，请遵照执行。本办法自 2020 年 12 月 1 日起施行，有效期至 2025 年 11 月 30 日。

上海市规划和自然资源局

2020 年 11 月 27 日

上海市土地交易市场监督管理办法

第一条（监管目的及依据）

为强化土地入市交易行为监管，维护土地交易各主体的合法权益，创造公平竞争、依法合规、诚实信用的市场环境，依据《中华人民共和国土地管理法》《中华人民共和国城市房地产管理法》《中华人民共和国土地管理法实施条例》《中华人民共和国城镇国有土地使用权出让和转让暂行条例》《上海市土地交易市场管理办法》等，结合本市实际，制定本办法。

第二条（定义）

本办法所称土地交易活动是指依据《上海市土地交易市场管理办法》（沪府规〔2020〕7 号）相关规定，在上海市土地交易市场（以下简称"土地交易市场"）进行入市交易的活动。

上海市土地交易事务中心是本市土地交易市场的承办机构，以下简称"承办机构"，负责具体实施土地交易活动。

本办法所称委托人，是指有权委托承办机构实施土地交易活动的权利人及其相关机构等。

本办法所称竞买（投标）人，是指参与土地交易市场竞买（投标）活动的意向人、申请人、有效申请人及竞得（中标）人。

本办法所称中介服务单位，是指为土地交易市场提供专业服务的有关个人、机构或组织，包括银行、公证处、评标专家、主持人、咨询机构及相关行业组织等。

第三条（适用范围）

在本市土地交易市场从事和参与土地交易活动以及实施相关监管活动，应当遵守本办法。

第四条（基本原则）

按照依法、公正、规范的原则对本市土地交易活动实施监管。

第五条（监管对象）

本办法监管对象为土地交易活动中的委托人、竞买（投标）人、承办机构及中介服务单位。

第六条（监管主体及职责分工）

市规划资源主管部门负责对全市土地交易活动进行监督管理，包括本市土地交易活动监督管理规则的制定、组织实施和指导协调。

各区规划资源主管部门具体对本行政区域内土地交易活动实施监督管理，负责对相关的投诉、争议及违约情形等进行调查、取证、认定等工作，由同级人民政府会同市规划资源主管部门进行指导和监管。涉及对其投诉、争议等的，由同级人民政府会同市规划资源主管部门具体实施监管。

土地交易活动中发现有违法、违规线索的，相关监管主体应依法处置，处置过程中可以提请监察机关、市场监管、公安等有关部门依法提供协助；不属于相关监管主体职责的，应移送监察机关、市场监管、公安等有关部门依法调查处置。

上海市土地交易事务中心负责具体落实土地交易市场监管相关措施，受市和区规划资源主管部门等委托，接受土地交易投诉并协助开展调查、取证工作。

第七条（监管要求）

各监管主体应当建立相应监管机制、采取相关监管措施，对监管对象实施土地交易活动全过程监管，防范、制止、纠正损害国家或公共利益、扰乱交易市场秩序、违背公开、公平、公正和诚实信用原则的违法、违规、违约行为。

第八条（对委托人的监管内容）

委托人存在下述行为之一的，各监管主

体应依据交易文件的规定，视情节轻重限制其继续入市交易，并由其承担相应法律责任：

（一）为使特定意向用地人取得建设用地使用权，违反土地入市交易规程和管理规定，通过设置排他性条款、泄露标底、劝退、约定补偿、对评标实施倾向性引导等方式，损害国家或公共利益的；

（二）擅自对已发布的土地交易公告、交易文件等内容进行不当解释的；

（三）无故终止、中止土地交易活动，造成竞买（投标）人损失的；

（四）采取指使、暗示或强迫等手段要求竞得人或中标候选人放弃竞得或中标地块的；

（五）无正当理由逾期签订土地交易合同，或擅自修改合同内容的；

（六）其他违反法律、法规及相关规范性文件、土地交易合同、土地交易文件等有关规定的行为。

第九条（对竞买（投标）人的监管内容）

竞买（投标）人存在下述行为之一的，各监管主体认为继续交易可能损害国家或公共利益的，有权依据交易文件的规定，责令承办机构提前中止或终止交易活动，有权取消其竞买（投标）人的交易资格，限制其继续入市交易，并由其承担相应法律责任：

（一）参与土地入市交易活动时，存在操纵、垄断、排挤、串通、利益输送等不正当交易行为的；

（二）违背诚实信用原则，向承办机构提供虚假文件、隐瞒事实，或者未履行其他交易承诺和约定事项的；

（三）参与土地交易预申请活动时，违反预申请文件的相关规定，或不履行相关义务的；

（四）阻挠主持人主持、妨碍其他竞买人竞价，影响现场交易秩序，经主持人劝阻无效的；

（五）其他违反法律、法规及相关规范性文件、土地交易合同、土地交易文件等有关规定的行为。

第十条（对承办机构的监管内容）

承办机构存在下述行为之一的，应承担相应法律责任；影响土地交易活动正常进行的，各监管主体应依据交易文件的规定，责令其中止或终止土地交易活动：

（一）违反本市土地入市交易规程、土地交易文件等规定的要求组织实施土地交易活动的；

（二）擅自对已发布的土地交易公告、土地交易文件等内容进行撤换、篡改、变更、调整的；

（三）组织实施土地交易活动中隐瞒事实，或对危害正常交易秩序的围标、串标等不正当交易行为疏于防范，未按规定采取防控措施，影响国家或公共利益的；

（四）违反相关规定，提供竞买（投标）人名称、保证金到账情况、标底等保密信息的；

（五）其他违反法律、法规及相关规范性文件等有关规定的行为。

第十一条（对中介服务单位的监管内容）

中介服务单位存在下述行为之一的，各监管主体应依据相关服务约定，停止其服务工作，向其主管部门报告，并由其承担相应法律责任：

（一）违反有关法律、法规及业务管理规则、保密协议等规定，向规定以外的任何组织或个人泄露保密信息的；

（二）参与组织或协助土地交易围标、串标等不正当交易行为，或者获悉相关情况，未向相关监管主体或承办机构报告的；

（三）评标专家在评标过程中存在恶意评标等违反《中华人民共和国招标投标法》《中华人民共和国招标投标法实施条例》相关规定的；

（四）执行工作过程中，违反相关操作规程和管理规定的；

（五）其他违反有关法律、法规及规章、保密协议等规定的行为。

第十二条（预警监测机制）

市规划资源主管部门应当实施土地交易市场动态监测预警，评估分析可能存在异常交易状况、损害国家或公共利益、影响土地交易合同履约等风险因素，要求承办机构建立相应工作预案，采取及时通报信息、发布交易警示、运用人防技防手段、加大信息公开力度等方式实施防控，同时将事中交易监管和事后履约监管进行有效衔接。

第十三条（交易投诉机制）

市规划资源主管部门应当建立和完善土地交易投诉和争议解决机制，对接市公共资源交易投诉系统，设立土地市场监督投诉举报电话，并对外公示投诉途径、时间、地点及方式等内容，为土地交易当事人的权益维护提供规范途径。承办机构应当按照相关工作机制接受土地交易当事人的现场投诉，并根据相关工作机制及时处置。

第十四条（信用监管机制）

市规划资源主管部门应当实施和强化土地交易市场信用监管。委托承办机构推进土地市场信用档案建立、信用信息归集、信用分级分类监管等工作。

第十五条（风险防控机制）

市规划资源主管部门应当要求承办机构建立严格的土地交易市场违规操作和廉政风险的内部防控措施制度，通过常态化、制度化的业务督察，推进内部规章制度的健全和落实，促进土地入市交易操作行为的规范化和标准化建设。

第十六条（法律责任）

各监管主体应依法依规履行监管职责。对各监管主体及其工作人员收受贿赂、玩忽职守、滥用职权、徇私舞弊的，由其所在单位或者移送监察机关依法处理；构成犯罪的，依法追究刑事责任。

竞买（投标）人存在本办法第九条相关情形，或违反土地交易文件、土地交易合同、有关协议等约定的，应承担相应违约责任，记入诚信档案，并归集到市公共信用信息服务平台；违反法律法规的，应依法依规承担行政或刑事责任。

委托人、承办机构及其工作人员存在本办法第八条或第十条相关情形，违反土地交易相关约定的，应承担违约责任，造成当事人损失的，应承担赔偿责任；违反法律、法规的，应依法依规承担行政或刑事责任。

中介服务单位及其工作人员在土地交易过程中，存在本办法第十一条或其他违反有关法律、法规及业务管理规则、保密协定等的，相关监管主体应当依据相关服务约定，予以处理；造成损失的，依法追偿；构成犯罪的，依法追究刑事责任。

对土地交易活动中可能违反法律法规的不正当交易行为，任何组织或个人均有权依法向公安、监察、市场监管等有关机关举报，由相应机关依法处理。

第十七条（施行日期）

本办法自2020年12月1日起施行，有效期至2025年11月30日。

上海市规划资源局关于印发《上海市国有建设用地使用权招标拍卖挂牌出让业务流程及操作规范》的通知

沪规划资源规〔2020〕17号

上海市规划资源局关于印发《上海市国有建设用地使用权招标拍卖挂牌出让业务流程及操作规范》的通知

各区规划资源局、各派出机构，市土地交易中心：

《上海市国有建设用地使用权招标拍卖挂牌出让业务流程及操作规范》经2020年11月

19日第24次局长办公会审议通过，现印发给你们，请遵照执行。本规范自2020年12月1日起施行，有效期至2025年11月30日。

上海市规划资源局

2020年11月27日

上海市国有建设用地使用权招标拍卖挂牌出让业务流程及操作规范

为规范国有建设用地使用权出让，建立公开、公平、公正的土地交易平台，根据《中华人民共和国土地管理法》《招标拍卖挂牌出让国有建设用地使用权规定》《上海市土地使用权出让办法》《上海市土地交易市场管理办法》《关于加强本市经营性用地出让管理的若干规定》《关于加强本市工业用地出让管理的若干规定》等，结合本市实际情况，制定本规范。

本市国有建设用地使用权出租、开发区成片开发的国有建设用地使用权分割转让、集体经营性建设用地使用权出让和出租等可参照执行。

一、接收地块出让资料

上海市土地交易事务中心（以下简称“土地交易中心”）从信息系统接收市、区土地使用权出让招标拍卖挂牌办公室（以下简称“招拍挂办公室”）提交的地块出让信息，并收取地块出让资料文件，对其类型、数量、内容进行查验、初审，若地块出让资料中基础文件缺失、有误、不符土地出让研判意见的，作退件处理，招拍挂办公室须收回地块出让资料，重新确认后，再行提交。

地块出让资料中的基础文件包括：土地储备计划批文、供地批文、出让方案批文（附出让方案）、规划部门规划条件批文、房屋土地权属调查报告书。

地块出让资料确认后，土地交易中心向招拍挂办公室出具《国有建设用地使用权出让要素材料申报收件收据》，报上海市规划和自然资源局（以下简称市规划资源局）审核，由其出具出让意见。

二、编制出让文件、出让公告

经市规划资源局核准后，土地交易中心根据确定的交易进度编制、制作出让文件及当期出让公告。

三、发布出让公告和出让文件

（一）发布出让公告

土地交易中心根据进度安排在土地交易市场及相关网站（包括中国土地市场网站、上海市规划和自然资源局网站、上海土地市场网站等，下同）上发布出让公告。

出让公告应当至少在投标、拍卖或者挂牌开始日前20日发布。以首次发布的时间为起始日。

公告期间，出让公告内容发生变化，确须变更公告内容的，应当按原公告发布渠道及时发布补充公告。涉及土地使用条件变更等影响土地价格的重大变动，补充公告发布时间距投标拍卖挂牌活动开始时间少于20日的，招标拍卖挂牌活动相应顺延。

公告期间，出让人或土地交易中心延期、中止或终止招标拍卖挂牌活动的，应当按原公告发布渠道及时发布相关通知。涉及地块中止后恢复出让的，出让活动自中止的时间节点开始继续进行，地块恢复出让后至成交的时间应不少于7日。

（二）提供出让文件下载

土地交易中心根据进度安排在上海市规划和自然资源局网、上海土地市场网提供出让文件下载，随出让文件下载的还包括《国有建设用地使用权出让咨询单》（以下简称《咨询单》）、《授权委托书》等相关附件。

出让文件的下载自出让公告发布之日起，至投标（竞买）申请受理截止当日止。

四、组织现场勘察

意向投标（竞买）人可自行前往地块进行现场勘察。若意向竞买人确须带领前往勘察现场的，须在出让文件规定的期限内进行预约。

意向投标（竞买）人可将填毕的《咨询单》于现场勘察时提交，也可在出让文件规定的期限内自行送至土地交易市场，或以《咨询单》上所示的其他方式提交。

提问截止后，土地交易中心将所有提问汇总整理，并填写《国有建设用地使用权出让提问汇总表》。

五、组织答疑

土地交易中心依据提问情况确定答疑会形式，并按进度安排组织答疑会。土地交易中心汇总整理《国有建设用地使用权出让提问汇总表》后交招拍挂办公室，由其转交相应的应询单位，并组织应询单位答疑。应询单位应根据提问予以答复，土地交易中心根据应询单位的答复编制《答疑纪要》，并书面确认。若应询单位确须对答复进行补充修改的，可以书面方式递交招拍挂办公室，由其在规定的期限内转交土地交易中心。土地交易中心认为应询单位答复存疑的，可要求相关部门解释说明。

土地交易中心根据进度安排，将经确认的《答疑纪要》在相关网站上发布。

六、受理投标（竞买）申请

（一）网上交易系统注册

投标（竞买）申请人凭CA数字证书登陆上海市国有建设用地使用权出让网上交易系统受理平台（以下简称“网上受理平台”），首次登陆的须在填写注册信息、上传身份证明材料后提交注册申请。

土地交易中心对注册信息（与上传材料）进行核对，并将结果发送至投标（竞买）申请人。投标（竞买）申请人也可登陆网上受理平台查询注册申请进度。

（二）提交投标（竞买）保证

投标（竞买）申请人应按出让文件规定的期限和方式提交投标（竞买）保证。

选择交纳投标（竞买）保证金方式的，应将保证金汇入指定账户，并在汇款“用途”栏中注明申请投标（竞买）的地块公告号和地块名称，并按出让文件的资格要求及时确认保证金到账情况。境外投标（竞买）申请人按照《告客户书》的规定交纳保证金。

选择提交投标（竞买）保证金现金保函的，投标（竞买）申请人应在出让文件规定的期限内，按照出让文件和《入市交易保证金现金保函业务操作规程》的要求提交保函。

（三）提交投标（竞买）申请

注册成功后的投标（竞买）申请人应按照出让文件的要求在网上受理平台提交竞买申请，并通过CA数字证书对上传材料和《国有建设用地使用权竞买［投标］申请表》进行电子签名确认。

（四）统计竞买申请人数

信息系统对各拍卖、挂牌出让的地块竞买申请人数进行统计，在土地交易市场及相关网站上发布。

七、提取保证金到账情况

土地交易中心根据进度安排，向保证金开户银行提取保证金到账情况，将由保证金开户银行密封的保证金到账情况资料转交公证处。公证处解封后输入资料中提供的保证金到账情况列表，提交信息系统进行资格核验。

若出让地块有投标（竞买）资格限定条件，公证处须与由信息系统作保密处理后的投标（竞买）申请文件核对。

八、投标（竞买）资格确认

通过信息系统对出让文件规定的保证金到账情况等要求予以核验，确认投标（竞买）申请人资格。

投标（竞买）申请人凭CA数字证书登陆网上受理平台，查询资格核验结果并打印《竞买［投标］申请受理回执》。

九、实施招标拍卖挂牌交易操作

（一）招标

按照价高者得原则确定中标人的，不成立评标小组；按照综合条件最佳者得原则确定中标人的，应抽选评标专家成立评标小组进行评标。

按照综合条件最佳者得的原则确定中标人的，公证处根据评标专家类型、人数在评标专家库内随机差额抽取评标专家，并当场联系确定出席情况，若有缺席的，再次随机抽取直至人数额满为止。通常商务标、技术标评标专家组分别由7人组成，由专家库中进行抽选。

1. 投标

投标开始前，招标主持人现场组织开启标箱，检查标箱情况后由公证处加封。

招标主持人宣布投标开始。有标底的，招标主持人在公证处监督下组织出让人将密封的标底投入标箱。

投标人凭《竞买［投标］申请受理回执》和本人、法定代表人或有权受托人身份证明文件，在规定的时间将《国有建设用地使用权招标出让投标书》及其他投标文件送达指定的投标现场。

投标人提交投标文件，经公证处查验通过后，招标主持人接受投标，填写《投标存根》及《投标回执》，向投标人出具《投标回执》。投标人将投标文件投入标箱。

招标主持人在规定的投标时间内，组织将密封的投标保证金到账情况投入标箱。

按照综合条件最佳者得原则确定中标人的，投标人投标后可对投标文件进行补充说明，但须以更新形式在出让文件规定的投标截止时间前将更新投标文件送至投标现场，并通知招标人。

2. 开标

招标主持人宣布开标会开始，邀请投标人或其推选的代表检查标箱的密封情况，当众开启标箱。标箱开启后，招标主持人点算投标文件。若具有投标资格的投标人数低于3人的，招标主持人宣布招标终止；若具有投标资格的投标人数为3人或3人以上的，招标主持人当众拆封有效投标文件，宣读投标人名称、投标价格及投标文件的其他内容。

以综合条件最佳者得确定中标人的，评标专家应在开标会前候场，工作人员及时将评标专家签到情况通报招标主持人。若到场的评标专家人数不足，则招标主持人当场宣布在开标会后评标会延时或延期。若到场的评标专家符合规定人数，招标主持人向专家宣读评标会须知，并由公证处对专家抽签分组。同时，工作人员需将投标文件按类别分为商务标文件和技术标文件两部分，由公证处对技术标文件随机编号。投标人须在开标现场根据出让文件的规定提交评标所需的备核原件。公证处将标底、投标文件等送评标室。

开标后投标人须在相关开标记录上签名确认。

3. 评标

评标须在严格保密的情况下进行。首名接受评标邀请的评标专家即为该评标小组组长，由其主持评标会进程。

评标专家审查各份投标文件是否有效，将无效的或被否决的投标文件的评定结果填写至《国有建设用地使用权招标出让无效标书评定表》或《国有建设用地使用权招标出让否决投标文件评定表》；然后按照出让文件规定的评分标准对各份有效投标文件进行评分，并将评分及评分说明分别输入《国有建设用地使用权招标技术标评分表》及《国有建设用地使用权招标商务标评分表》。评分提交后不得进行修改，评标得分情况在开标现场即时公布。

评标过程中，评标专家可以通过记录员要求投标人对投标文件中含义不明确的内容做出必要的澄清或者说明，但澄清或者说明不得超出投标文件的范围或者改变投标文件的实质性内容。若投标人不在现场，则视作自动放弃澄清、说明权利。

所有评标专家提交评分后形成《国有建设用地使用权招标评标得分汇总表》，得出每份投标文件的最终得分；评标小组按照出让文件规定的评标标准和方法，根据最终得分及投标报价确定中标候选人，或有竞价招标出让中的入围竞标人，并签署《国有建设用地使用权招标出让评标报告》。

评标小组组长宣布评标会结束，记录员组织评标专家一同参加后续活动。

招标主持人应在开标现场，根据评标小组签署的《国有建设用地使用权招标出让评标报告》直接宣布中标候选人及顺位，或按照出让文件规定的程序和内容组织产生中标候选人及顺位后再宣布中标候选人及顺位。评标小组成员应在《中标候选人顺位表》上签字确认。若投标人的报价均低于标底或投标条件均不能满足标底要求的，招标终止。

出让人应在收到评标报告之日起3日内将中标候选人的名称、顺位、最终报价以及投标文件相关内容在相关网站上进行公示，公示期不得少于3日。

4. 定标

中标候选人公示期间无异议的，定标活动将于中标候选人公示结束后下一个工作日举行。招标主持人主持定标会。招标主持人根据出让人的授权按照出让文件的规定宣布中标人。中标人当场签收《中标通知书》，未中标人领取《未中标通知书》。招标主持人宣布投标活动结束。

中标候选人公示期间对评标结果有异议的，投标人或其他利害关系人可在公示期内将异议申请材料（申请材料中必须注明异议人的名称和有效联系方式）密封送达土地交易市场，定标活动将视异议申请受理情况另行通知。土地交易中心应建立异议处置的程序及业务规范。

公证处对招标活动进行公证。

（二）拍卖

竞买人在拍卖前凭《竞买［投标］申请受理回执》和本人、法定代表人或有权受托人身份证明文件领取竞价号牌。

拍卖主持人按照出让文件规定的程序主持现场交易活动。

拍卖主持人点算竞买人。若竞买人数低于3人的，拍卖主持人宣布拍卖终止；若竞买人数为3人或3人以上的，拍卖主持人宣布拍卖可以进行，由记录员宣读《拍卖竞价规则》。

拍卖主持人宣布起叫价和增价幅度，主持拍卖竞价。

拍卖主持人三声报价，现场无人应价，或者最高应（报）价低于底价的，拍卖主持人宣布拍卖终止；若现场最高应（报）价不低于底价的，拍卖主持人落槌成交，并宣布最高应（报）价者为竞得人。

公证处核验竞得人身份后致公证词。竞得人当场签订《成交确认书》及竞价记录，未竞得人领取《未竞得通知书》。拍卖主持人宣布拍卖活动结束。

拍卖底价应于拍卖当日前以保密方式送至土地交易市场，由拍卖主持人在拍卖前交公证处解封；无底价拍卖的，应在拍卖前告知竞买人。

（三）挂牌

1. 公示挂牌信息

土地交易中心在挂牌开始时将挂牌地块的基本情况、起始价、增加幅度等信息挂牌公示。

挂牌报价时间不得少于10日。根据出让文件的要求，在规定的时间仅有一家竞买申请人提交了竞买保证金且该竞买申请人提交了竞买申请的，土地交易中心可在该时间截止竞买申请受理，并对挂牌截止时间进行调整。相关调整通知将于当日在相关网站发布。

2. 挂牌报价

竞买人应通过CA数字证书登陆网上受理平台进行挂牌报价，所提交报价经系统确认有效后，系统自动更新显示挂牌价格。完成挂牌报价后，竞买人可下载打印《挂牌报价记录》。

竞买人也可手填纸质《挂牌竞买报价单》，凭《竞买［投标］申请受理回执》和本人、法定代表人或有权受托人身份证明文件至挂牌主持人处挂牌报价，挂牌主持人签名确认后填写《挂牌竞买报价有效确认回执》交竞买人，并更新显示挂牌价格。

挂牌报价应在土地交易市场及相关网站上及时发布。

3. 挂牌截止

竞买人应在规定的挂牌截止时间前入场参加挂牌截止和现场竞价活动。若在挂牌主持人点算竞买人结束前未能出席的，视作该竞买人放弃参加现场竞价的权利。

挂牌主持人按照出让文件规定的程序主持现场交易活动。挂牌主持人宣布挂牌截止时的最高报价及其竞买人竞买资格证书编号，并询问现场竞买人是否愿意继续竞价。若无人愿意继续竞价且挂牌报价期间无人挂牌报价的，挂牌主持人宣布挂牌终止，并根据出让文件的规定宣布对相关竞买人进行处置；若无人愿意继续竞价而挂牌竞价期间有人挂牌报价，且最高报价不低于底价（起始价）的，挂牌主持人宣布最高报价者为竞得人；若有人愿意继续竞价，挂牌主持人宣布转入现场竞价。

4. 现场竞价

挂牌主持人点算竞价竞买人，并宣读《现场竞价规则》。

挂牌主持人根据出让文件的规定及当前最高报价宣布起始价规则、起始价和增价幅度后，主持竞价活动。其中，现场竞价起始价为挂牌活动截止时的最高报价（若无人挂牌报价的，则为挂牌起始价）增加一个加价幅度后的价格。

挂牌主持人三声报价，现场无人应价，且挂牌报价期间无人挂牌报价或报价均低于底价的，或者现场最高应（报）价低于底价（起始价）的，挂牌主持人宣布挂牌终止；若现场无人应价，但挂牌报价期间有人挂牌报价且最高报价不低于底价（起始价）的，挂牌主持人宣布挂牌截止时最高报价者为竞得人；若现场最高应（报）价不低于底价（起始价）的，挂牌主持人宣布该应（报）价者为竞得人。

5. 结束挂牌

竞得人当场签订《成交确认书》及竞价记录，未竞得人领取《未竞得通知书》。挂牌主持人宣布挂牌活动结束。

挂牌底价应于挂牌开始前以保密方式送至土地交易市场，由挂牌主持人在挂牌截止时交公证处解封；无底价挂牌的，应在挂牌开始前告知竞买人。

公证处对挂牌活动进行公证。

探索招标挂牌复合出让。以招标挂牌复合出让的地块，若有效申请人数不足出让公告规定的采用有竞价招标出让最低申请人数的，采用挂牌方式出让；若有效申请人数达到或超过出让公告规定的最少申请人数的，采用有竞价招标方式出让。根据出让文件规定的程序和内容确定入围竞标人、中标候选人及其顺位。具体操作参照招标、挂牌实施。

（四）签订出让合同

出让人通过信息系统生成并制作《上海市国有建设用地使用权出让合同》（以下简称出让合同）。

境内中标人（竞得人）在交易会结束后与出让人现场签订出让合同，境外中标人（竞得人）在交易会结束后 3 个月内与出让人签订出让合同。签约主持人核验中标人（竞得人）与出让人身份后，安排双方签约。

十、发布出让结果

交易结束后，土地交易中心将中标人（竞得人）、中标（竞得）价格、未中标人（未竞得人）、地块信息等基本情况以及全生命周期管理信息于 10 个工作日内在土地交易市场及相关网站上及时发布。

十一、退还保证金或保函

投标（竞买）保证金退还按照《国有建

设用地使用权招标拍卖挂牌出让投标竞买外汇保证金账户管理制度》《关于国有建设用地使用权招标拍卖挂牌出让投标竞买保证金专户管理有关问题的通知》及出让文件的规定办理。保函退还按照出让文件的规定办理。

《上海市房屋使用安全管理办法》（沪府令 39 号）

上海市人民政府令第 39 号

《上海市房屋使用安全管理办法》已经 2020 年 11 月 23 日市政府第 105 次常务会议通过，现予公布，自 2021 年 3 月 1 日起施行。

市长　龚正

2020 年 12 月 14 日

上海市房屋使用安全管理办法

（2020 年 12 月 14 日上海市人民政府令第 39 号公布）

第一条（目的和依据）

为加强本市房屋使用安全管理，保障公民、法人和其他组织的人身、财产安全，维护社会公共安全，根据相关法律、法规的规定，制定本办法。

第二条（适用范围）

本市行政区域内国有建设用地上合法建设并投入使用的房屋使用安全及其监督管理活动，适用本办法。

法律、法规对于文物保护单位、优秀历史建筑、需要保留的历史建筑以及历史风貌区范围内的房屋使用安全管理另有规定的，还应当符合相关规定。

集体建设用地上房屋使用安全及其监督管理，由市人民政府另行规定。

第三条（管理原则）

房屋使用安全管理应当遵循预防为主、防治结合，规范使用、确保安全，责任明晰、属地监管的原则。

第四条（管理部门）

市房屋管理部门是本市房屋使用安全的行政主管部门；区房屋管理部门负责本辖区房屋使用安全的具体监督管理工作。

发展改革、住房城乡建设、规划资源、财政、公安、消防、国资、教育、卫生健康、文化旅游、体育、交通、商务、民政、民防、机关事务、应急管理、市场监管、生态环境、城管执法等部门按照各自职责，协同实施本办法。

第五条（区和街镇职责）

区人民政府建立房屋使用安全管理综合协调机制，统筹协调本辖区房屋使用安全管理工作中的重大问题。

镇（乡）人民政府、街道办事处负责综合协调、处理本辖区房屋使用安全管理相关事务，并加强对业主大会、业主委员会履行房屋使用安全责任的指导和监督。

居（村）民委员会应当协助镇（乡）人民政府、街道办事处开展房屋使用安全监督管理相关工作。

第六条（行业管理要求）

教育、卫生健康、文化旅游、体育、交通、商务、民政、民防、机关事务等部门应当按照职责，督促落实其行业管理范围内的房屋使用安全责任，并可以根据需要，制定行业管理范围内房屋使用安全管理的特定规范。

第七条（保险）

本市鼓励投保房屋使用安全相关责任险、财产险，增强抵御房屋使用安全风险的能力；鼓励保险公司设立与房屋使用安全需求相适应的险种。

第八条（宣传普及）

房屋管理部门和其他有关部门、镇（乡）人民政府、街道办事处以及居（村）民委员会应当加强宣传，普及房屋使用安全知识，增强市民安全使用房屋的意识。

第九条（公众监督）

任何单位和个人有权将违反房屋使用安全管理规定的行为，通过市民服务热线或者直接向相关部门投诉和举报，有关部门应当按照规定处理。

第十条（使用安全责任人的确定）

本市实行房屋使用安全责任人制度。

房屋所有权人为房屋使用安全责任人。房屋所有权人下落不明或者房屋权属不清的，房屋使用人为房屋使用安全责任人。

政府授权经营管理的公有房屋和房屋管理部门依法代管的房屋，房屋经营管理单位为房屋使用安全责任人。

第十一条（使用安全责任人的义务）

房屋使用安全责任人应当履行下列房屋使用安全义务：

（一）按照房屋设计用途、不动产登记簿和公房租赁凭证记载的用途或者依法批准的用途，合理使用房屋；

（二）按照规定进行日常和紧急情况下的维修养护、更新改造；

（三）进行房屋安全检查，及时消除安全隐患；

（四）按照规定进行房屋装修活动；

（五）按照规定对房屋进行检测鉴定，并对危险房屋采取治理措施；

（六）按照规定进行白蚁防治；

（七）配合有关部门、镇（乡）人民政府或者街道办事处开展的房屋使用安全监督管理工作；

（八）法律、法规、规章规定的其他房屋使用安全义务。

第十二条（房屋使用人的义务）

房屋所有权人与房屋使用人不一致的，房屋使用人除应当履行本办法第十一条第一项、第三项、第四项和第七项规定的义务外，还应当履行法律、法规、规章规定的其他房屋使用安全义务，并对房屋使用安全责任人、业主大会和业主委员会、物业服务企业或者自行管理执行机构履行相应的房屋使用安全义务和管理责任予以配合。

第十三条（业主大会和业主委员会责任）

业主大会依法通过管理规约等形式，对物业管理区域内的房屋使用安全事项予以明确。

业主委员会应当依法履行下列房屋使用安全责任：

（一）督促房屋使用安全责任人、房屋使用人履行本办法规定的相关义务；

（二）监督物业服务企业履行房屋使用安全管理责任；

（三）按照相关规定和约定，筹集、安排资金用于房屋共用部分的安全检查、检测鉴定、维修养护和更新改造等；

（四）配合有关部门、镇（乡）人民政府或者街道办事处开展的房屋使用安全监督管理工作；

（五）法律、法规、规章规定的其他房屋使用安全责任。

业主大会决定实施自行管理的，应当在自行管理事项中明确自行管理执行机构的房屋使用安全管理责任。

第十四条（物业服务企业责任）

物业服务企业应当对房屋共用部分的使用安全情况进行日常巡查；汛期前以及遇台风、暴雨等极端异常天气的，应当加大巡查频次。房屋使用安全巡查情况应当如实记录、留存备查。

物业服务企业在巡查中发现有危及房屋安全的紧急情况的，应当立即采取应急防范措施。

物业服务企业应当提示房屋使用安全责任人对房屋专有部分进行自查。

物业服务企业发现有违反房屋使用安全管理规定行为的，应当及时予以劝阻、制止；劝阻、制止无效的，按照规定报告业主委员会和相关部门。

物业服务企业可以受委托，履行定期组

织房屋使用安全检查、协助和指导房屋使用安全责任人消除安全隐患等责任，并在物业服务合同中予以约定。

第十五条（房屋建设单位责任）

房屋建设单位应当依法全面承担房屋质量保修责任。保修期内发生房屋质量问题的，房屋建设单位应当及时维修，并向物业服务企业或者自行管理执行机构提供相关维修资料。维修后的保修期限，按照国家和本市的相关规定执行。

保修期内发生房屋外墙墙面空鼓、开裂、脱落或者建筑附属构件脱落等情况的，房屋建设单位应当进行排查、制订维修方案，并按照规定，将排查结果和维修方案在物业管理区域内公示。

第十六条（禁止行为）

禁止实施下列危害房屋安全的行为：

（一）损坏房屋承重结构；

（二）超过设计标准增加房屋使用荷载；

（三）违法搭建建筑物、构筑物；

（四）法律、法规、规章规定的其他危害房屋安全的行为。

第十七条（日常维护）

房屋使用安全责任人应当按照规定，定期对房屋进行维修养护，保持房屋处于安全状态。

第十八条（安全检查）

房屋使用安全责任人应当根据房屋用途、结构类型、使用年限等情况，对房屋进行常规安全检查，频次不得少于每年一次；汛期前以及遇台风、暴雨等极端异常天气的，还应当对房屋进行专项安全检查。

房屋使用安全责任人对房屋进行安全检查时，应当重点检查外墙墙面、外窗、挑檐、公共出入门厅，以及空调外机架、晾晒架、雨篷等外墙附着物。

房屋使用安全责任人应当如实记录安全检查情况并留存备查。

房屋使用安全责任人可以委托物业服务企业或者其他专业单位对房屋进行安全检查。

第十九条（隐患处理）

发现房屋存在安全隐患的，房屋使用安全责任人应当及时查明原因，结合隐患产生部位、严重程度以及房屋使用环境等情况，采取应急防范、维修加固、减少荷载等措施，消除安全隐患。

第二十条（检测鉴定情形）

有下列情形之一的，房屋使用安全责任人应当委托房屋检测鉴定单位进行检测鉴定：

（一）房屋明显倾斜、变形或者房屋主体承重结构发生明显结构裂缝、变形、腐蚀的；

（二）房屋外墙墙面开裂、脱落且原因不明，影响公共安全的；

（三）房屋设计使用年限届满后需要继续使用的；

（四）设计文件未载明设计使用年限或者无法查询设计文件的房屋，实际使用满三十年，需要继续使用的；

（五）改变房屋结构或者改变房屋设计用途的；

（六）法律、法规、规章以及市政府规定的其他应当进行检测鉴定的情形。

保修期内发生前款第一项、第二项情形的，由房屋建设单位委托房屋检测鉴定单位进行检测鉴定。

第二十一条（检测鉴定单位）

房屋检测鉴定单位应当配备与其检测鉴定业务范围相适应的人员、场地、设施设备等，并建立相应的管理体系，确保独立、公正、科学地开展检测鉴定活动。

市房屋管理部门应当将房屋检测鉴定单位名录向社会公布，便于公众查询。

第二十二条（检测鉴定活动）

房屋检测鉴定单位及其检测鉴定人员应当按照法律、法规、规章以及行业标准、技术规范，对房屋进行检测鉴定，并向检测鉴定委托人出具检测鉴定报告；检测鉴定报告应当明确检测鉴定结论；检测鉴定结论为危险房屋的，还应当提出观察使用、处理使用、停止使用、整体拆除等处理意见。

房屋检测鉴定单位及其检测鉴定人员应当对出具的检测鉴定报告的真实性和准确性负责，不得弄虚作假。

房屋检测鉴定单位在检测鉴定过程中发现房屋有坍塌危险的，应当立即通知检测鉴定委托人，同时报告区房屋管理部门。

第二十三条（检测鉴定监管）

房屋管理部门应当依法对检测鉴定活动实施监督管理，通过抽查、专项检查等方式加强对房屋检测鉴定单位专业能力、现场检测鉴定活动、检测鉴定报告质量等方面的监督检查；对涉及危险房屋的检测鉴定报告，应当组织专家进行评审。

第二十四条（危险房屋治理）

经检测鉴定确定为危险房屋的，房屋使用安全责任人应当按照有关规定和检测鉴定报告提出的处理意见进行治理。

未按照规定和处理意见进行治理的，房屋不得继续使用；房屋有坍塌危险的，应当立即停止使用。

经检测鉴定确定为危险房屋，房屋使用安全责任人不履行治理责任，可能危及公共安全的，可以由物业服务企业报经业主大会同意或者直接按照管理规约的规定，代为维修养护或者采取应急防范措施，相关费用由房屋使用安全责任人依法承担。

第二十五条（专项维修资金使用）

房屋使用安全责任人按照规定对房屋进行日常维护、安全隐患处理、采取治理措施的，涉及房屋共用部分的维修、更新和改造等费用，依法在专项维修资金中列支。

第二十六条（政府督修）

经检测鉴定确定为危险房屋的，房屋检测鉴定单位应当将检测鉴定报告自完成之日起3个工作日内报送区房屋管理部门。区房屋管理部门接到报告后，应当及时向房屋使用安全责任人发出危险房屋治理告知单，并抄送镇（乡）人民政府、街道办事处及其他相关部门。危险房屋治理告知单中应当提出具体治理意见。

镇（乡）人民政府、街道办事处应当对房屋使用安全责任人采取治理措施的情况进行动态跟踪；对于未采取有效治理措施的，应当督促治理，设立警示标志、划定警示区域，并对相关信息进行公示。

第二十七条（房屋信息档案）

区房屋管理部门应当建立房屋使用安全管理信息档案，并纳入市房屋管理部门的房屋管理信息系统。

房屋使用安全管理信息档案应当包括房屋基本状况、检测鉴定结论、治理措施实施情况等内容，并予以动态更新。

第二十八条（巡查和排查）

镇（乡）人民政府、街道办事处应当加强本辖区内房屋使用安全的日常巡查，协助房屋管理部门和其他相关部门做好房屋使用安全专项排查、安全隐患处理、安全检查和巡查情况核查等工作。

区房屋管理部门应当对镇（乡）人民政府、街道办事处房屋使用安全监督管理相关工作进行业务培训和技术指导。

第二十九条（应急处置）

市、区房屋管理部门应当制订房屋应急处置预案，并定期组织演练。

房屋坍塌或者有坍塌危险以及发生其他重大险情的，区房屋管理部门和相关部门以及镇（乡）人民政府、街道办事处应当按照规定启动应急处置预案，做好人员疏散、临时加固等快速应急处置工作。

市、区人民政府对危险房屋应急处置相关工作经费予以保障。

第三十条（资金支持）

房屋使用安全责任人承担检测鉴定、应

急防范和治理等责任确有困难的，区人民政府可以安排必要资金予以支持。

第三十一条（相邻工程影响的风险防控）

毗邻既有房屋进行工程建设活动的，建设工程各参与单位应当按照国家和本市有关建设工程毗邻建筑物、构筑物安全和质量管理的规定，采取风险评估、专项防护、检测监测等风险防范和控制措施，确保房屋安全。

第三十二条（一网统管）

房屋使用安全纳入城市运行“一网统管”体系，强化城市网格化管理机制，优化诉求响应、数据共享、监测预警、应急处置等流程，提升房屋使用安全保障能力和管理水平。

第三十三条（信用管理）

有关部门应当按照国家和本市信用管理规定，将房屋使用安全责任人、房屋使用人、物业服务企业、房屋检测鉴定单位及其检测鉴定人员等违反房屋使用安全管理规定的信息，归集到本市公共信用信息平台，并依法对失信主体采取惩戒措施。

第三十四条（对违反物业履责要求的处罚）

违反本办法第十四条第一款规定，物业服务企业未按照要求进行巡查或者未如实记录巡查情况的，由区房屋管理部门责令限期改正；逾期不改正的，处3000元以上3万元以下罚款。

违反本办法第十四条第四款规定，物业服务企业对违反房屋使用安全管理规定的行为未予以劝阻、制止或者未报告相关部门的，由区房屋管理部门责令改正，可处1000元以上1万元以下罚款。

第三十五条（对违反公示要求的处罚）

违反本办法第十五条第二款规定，房屋建设单位未按照规定将排查结果和维修方案进行公示的，由区房屋管理部门责令限期改正；逾期不改正的，处3000元以上1万元以下罚款。

第三十六条（对违反禁止行为要求的处罚）

违反本办法第十六条第一项规定，房屋使用安全责任人或者房屋使用人损坏房屋承重结构的，由区房屋管理部门责令立即改正，恢复原状，可处1万元以上10万元以下罚款；情节严重的，可处10万元以上20万元以下罚款。

违反本办法第十六条第三项规定，房屋使用安全责任人或者房屋使用人违法搭建建筑物、构筑物的，由相关部门根据职责分工，依照《上海市拆除违法建筑若干规定》的相关规定予以拆除，可处1万元以上10万元以下罚款。

第三十七条（对违反安全检查要求的处罚）

违反本办法第十八条规定，房屋使用安全责任人未按照要求对房屋进行安全检查的，由区房屋管理部门责令限期改正；逾期不改正的，处1000元以上1万元以下罚款。

第三十八条（对违反检测鉴定要求的处罚）

违反本办法第二十二条第一款、第二款规定，房屋检测鉴定单位及其检测鉴定人员未按照要求出具检测鉴定报告或者弄虚作假的，按照有关检验检测等法律、法规的规定予以处理。

违反本办法第二十二条第二款规定，房屋检测鉴定单位未按照要求通知或者报告的，由区房屋管理部门处1万元以上10万元以下罚款。

第三十九条（行政责任）

违反本办法规定，房屋管理部门、其他相关部门及其工作人员有玩忽职守、滥用职权、徇私舞弊行为的，依法对直接负责的主管人员和其他直接责任人员给予处分。

第四十条（专项规定）

房屋消防、电梯、玻璃幕墙、户外招牌、户外广告以及供水、供电、供气等设施设备的安全管理，按照国家和本市有关规定执行。

第四十一条（施行时间）

本办法自 2021 年 3 月 1 日起施行。

《上海市户外招牌设置管理办法》（沪府令 41 号）

上海市人民政府令　第 41 号

《上海市户外招牌设置管理办法》已经 2020 年 12 月 14 日市政府第 108 次常务会议通过，现予公布，自 2021 年 3 月 1 日起施行。

市长　龚正

2020 年 12 月 28 日

上海市户外招牌设置管理办法

（2020 年 12 月 28 日上海市人民政府令第 41 号公布）

第一条（目的和依据）

为了加强本市户外招牌设置管理，维护市容环境整洁有序，保障城市公共安全，根据《上海市市容环境卫生管理条例》和其他有关法律、法规的规定，结合本市实际，制定本办法。

第二条（适用范围）

本办法适用于本市行政区域内户外招牌的设置及其监督管理活动。

第三条（定义）

本办法所称的户外招牌，是指在自有或者租赁的办公、生产经营场所建（构）筑物外立面及用地范围内设置，用于表明其名称、字号、标志等内容或者建筑物名称的户外设施。

国家机关、人民团体标志标牌的设置，按照国家和本市有关规定管理。

第四条（管理职责）

市绿化市容部门是本市户外招牌设置的主管部门，负责户外招牌设置的协调、指导和监督管理工作；区绿化市容部门负责本辖区内户外招牌设置的协调、指导和监督管理工作。

街道办事处、镇（乡）人民政府在区绿化市容部门的指导下，负责本辖区内户外招牌设置的相关具体管理工作。

规划资源、住房城乡建设、房屋管理、文物、商务、市场监管、应急、语言文字和城管执法等部门按照各自职责，协同实施本办法。

第五条（设置要求）

户外招牌设置应当符合国家和本市有关法律、法规、规章、标准以及技术规范的要求，遵循公序良俗，弘扬社会正能量，体现城市人文特色，展现个性和创意，并与区域环境、建筑风格相协调。

第六条（技术规范）

市绿化市容部门应当根据国家和本市有关公共安全、城市容貌等方面的要求，编制户外招牌设置技术规范。

技术规范应当明确户外招牌的设置位置、规格、数量，内容规范，以及设计、制作、施工安装、维护保养、安全检测等要求。

第七条（设置导则）

区绿化市容部门应当组织编制本辖区户外招牌设置导则，对主要道路沿线和景观区域、历史风貌区等重点区域内以及文物保护单位、优秀历史建筑等重点建（构）筑物上户外招牌的设置予以指导、规范。

街道办事处、镇（乡）人民政府可以根据本辖区实际情况，编制前款规定范围以外的户外招牌设置导则。区绿化市容部门应当予以指导。

设置导则应当根据技术规范，并结合区域环境、建筑风格、业态特点等编制。

第八条（征求意见和公布）

技术规范和设置导则编制过程中，编制机关应当征求相关单位、行业协会、专家和社会公众的意见；编制完成后，应当向社会公布。

第九条（禁设情形）

户外招牌设置不得有下列情形：

（一）损害城市容貌或者建（构）筑物形象；

（二）妨碍他人生产经营或者居民正常生活，影响他人对建（构）筑物合法使用；

（三）利用违法建筑、危险房屋，以及危及建（构）筑物或者其他设施安全；

（四）利用树木或者损毁绿地；

（五）妨碍无障碍设施使用；

（六）法律、法规、规章、标准以及技术规范规定的其他情形。

第十条（设置许可）

户外招牌设置应当按照《上海市市容环境卫生管理条例》规定，取得区绿化市容部门的批准。区绿化市容部门可以采取告知承诺方式实施户外招牌设置审批，但下列情形除外：

（一）在历史文化风貌区或者风貌保护街坊内、风貌保护道路或者风貌保护河道沿线、文物保护单位或者优秀历史建筑上设置；

（二）设置箱体式整体结构户外招牌、大型垂直外墙式户外招牌或者高度大于2.5米的独立式户外招牌；

（三）超过建（构）筑物3层或者在建（构）筑物10米以上部位设置；

（四）市人民政府确定的可能影响公共安全的其他情形。

在历史文化风貌区或者风貌保护街坊内、风貌保护道路或者风貌保护河道沿线、文物保护单位或者优秀历史建筑上设置户外招牌，还应当符合国家和本市有关历史风貌区、文物、优秀历史建筑的保护、管理要求。

区绿化市容部门、街道办事处和镇（乡）人民政府应当采用多种方式，为设置人知悉户外招牌设置许可、技术规范要求、设置导则引导方向以及相应法律责任等内容提供便利。

第十一条（规划审核要求）

新建、改建、扩建公共建筑，建设单位在建设工程设计方案中已明确户外招牌设置位置，且属于本办法第十条第一款第一项至第四项规定情形的，规划资源部门在审核建设工程设计方案时，应当征求绿化市容部门意见。

第十二条（质量安全要求）

从事户外招牌设计、施工安装和检测等活动的，应当符合国家和本市有关法律、法规、规章、标准以及技术规范的要求，并对设计、施工安装、检测等的质量和安全负责。

市绿化市容部门应当将具备户外招牌设计、施工安装、检测等相应能力的单位名录向社会公布，便于设置人查询。

第十三条（设置人责任）

设置人应当对户外招牌进行维护保养，保持户外招牌整洁、完好、美观；图案、文字、灯光等显示不全或者破损、污浊、腐蚀、陈旧的，应当修复。

设置人应当加强对户外招牌的日常管理，对存在安全隐患或者失去使用价值的，应当及时整修或者拆除。在台风、暴雨等恶劣天气期间，设置人应当加强对户外招牌的安全检查，采取相应的安全防范措施，消除安全隐患。

属于本办法第十条第一款第一项至第四项规定情形的，设置人应当按照规定委托专业检测单位，定期对户外招牌进行安全检测，并向所在地的街道办事处或者镇（乡）人民政府提交安全检测报告。

第十四条（所有权人责任）

建（构）筑物所有权人（以下简称所有权人）与设置人不一致的，所有权人应当督促设置人依法设置、管理户外招牌。

设置人违反规定设置户外招牌或者未履行相关责任的，所有权人应当及时向区绿化市容部门、街道办事处或者镇（乡）人民政府报告。

第十五条（特殊情形下的拆除）

设置人搬迁或者终止办公、生产经营的，应当自行拆除户外招牌。

所有权人与设置人不一致，且设置人未自行拆除户外招牌的，所有权人应当予以拆除。

第十六条（公众责任险）

鼓励设置人、所有权人购买公众责任险等相关责任保险，增强抵御风险、保障安全的能力。

第十七条（安全保障）

绿化市容部门、街道办事处和镇（乡）人民政府应当加强户外招牌安全检查，通过购买服务等方式，委托专业检测单位对户外招牌进行安全抽检；必要时，可以组织实施户外招牌的集中安全检查和整治。

遇有恶劣天气的，街道办事处、镇（乡）人民政府应当启动相关应急预案，及时督促设置人采取相应的安全防范措施，消除安全隐患。

第十八条（自律共治）

鼓励一定区域内的设置人成立自律组织，对户外招牌设置实行自我管理。

街道办事处、镇（乡）人民政府可以根据本辖区实际，推进户外招牌设置的自律管理工作。

第十九条（一网通办和一网统管）

本市户外招牌管理依托政务服务“一网通办”平台，为设置人办理户外招牌设置手续提供高效便捷的服务。

本市户外招牌管理纳入城市运行“一网统管”体系。

第二十条（信用监管）

设置人和相关单位违反本办法规定的，有关部门应当按照国家和本市规定，将相关失信信息归集到市公共信用信息服务平台，并依法采取惩戒措施。

第二十一条（投诉和举报）

任何单位和个人发现有违反本办法规定行为的，可以向绿化市容部门、城管执法部门、街道办事处、镇（乡）人民政府或者其他有关部门投诉、举报。有关部门接到投诉、举报后，应当根据各自职责在规定期限内进行处理，并将处理结果予以反馈。

第二十二条（对违反检测要求行为的处罚）

违反本办法第十三条第三款规定，设置人未按照规定进行安全检测的，由城管执法部门或者镇（乡）人民政府责令限期改正；逾期不改正的，处1000元以上5000元以下罚款。

第二十三条（对违反设置要求等行为的处罚）

违反本办法第五条、第九条、第十条第一款和第十三条第一款、第二款规定，设置人违反规定设置或者未履行相关责任的，按照《上海市市容环境卫生管理条例》相关规定予以处理。

第二十四条（对违反承诺要求行为的处罚）

违反本办法第十条第一款规定，设置人违反承诺的，按照本市行政审批告知承诺管理相关规定予以处理。

第二十五条（行政责任）

绿化市容部门、城管执法部门和街道办事处、镇（乡）人民政府以及其他有关部门及其工作人员有下列行为之一的，依法对直接负责的主管人员和其他直接责任人员给予处分：

（一）违法实施行政许可或者行政处罚的；

（二）未按照本办法规定履行安全抽检等职责的；

（三）对发现、投诉或者举报的违法行为不依法查处的；

（四）其他滥用职权、玩忽职守、徇私舞弊的行为。

第二十六条（户外广告规定的适用）

利用户外招牌发布广告的，按照户外广告相关规定执行。

第二十七条（施行日期）

本办法自2021年3月1日起施行。

上海市人民政府关于延长《上海市开展对部分个人住房征收房产税试点的暂行办法》有效期的通知

沪府规〔2020〕33号

上海市人民政府关于延长《上海市开展对部分个人住房征收房产税试点的暂行办法》有效期的通知

各区人民政府，市政府各委、办、局：

《上海市人民政府关于印发〈上海市开展对部分个人住房征收房产税试点的暂行办法〉的通知》（沪府发〔2011〕3号）经评估须继续实施，请继续遵照执行。

特此通知。

上海市人民政府

2020年12月22日

上海市人民政府办公厅转发市规划资源局《关于本市实施国土空间用途管制加强耕地保护的若干意见》的通知

沪府办规〔2020〕19号

上海市人民政府办公厅转发市规划资源局《关于本市实施国土空间用途管制加强耕地保护的若干意见》的通知

各区人民政府，市政府各委、办、局：

市规划资源局《关于本市实施国土空间用途管制加强耕地保护的若干意见》已经市政府同意，现转发给你们，请认真按照执行。

上海市人民政府办公厅

2020年12月31日

关于本市实施国土空间用途管制加强耕地保护的若干意见

耕地是人类赖以生存和利用的基础性资源，是国家粮食安全的重要保障。为贯彻《中共中央国务院关于加强耕地保护和改进占补平衡的意见》（中发〔2017〕4号）、《中共中央国务院关于建立国土空间规划体系并监督实施的若干意见》（中发〔2019〕18号），全面实施《上海市城市总体规划（2017—2035年）》，按照《中共上海市委上海市人民政府关于建立上海市国土空间规划体系并监督实施的意见》（沪委发〔2020〕13号）等的要求，现提出本市实施国土空间用途管制加强耕地保护的若干意见如下：

一、明确总体要求

（一）指导思想

以习近平新时代中国特色社会主义思想为指导，贯彻落实耕地保护基本国策，坚持最严格的耕地保护制度，坚持节约优先、保护优先、自然恢复为主的方针，以国土空间规划为引领，切实加强国土空间用途管制，严守耕地和永久基本农田保护红线，多措并举加强耕地保护，统筹保护资源、保障发展与优化空间的关系，构筑坚实的自然资源与绿色空间基础。

（二）总体目标

严格保护耕地，确保到2035年，本市永久基本农田保护面积不低于150万亩、耕地保护面积不低于200万亩，切实维护城市粮食和生态安全“生命线”。以本市国土空间规划为管制依据，以全域国土空间和全要素自然资源为管制对象，以用途转换和自然资源统筹平衡为管制要点，明确耕地和永久基本农田分区准入管制规则，建立健全以审批、核准、备案、监测监管等为管制手段的全域、全要素、全过程的用途管制实施机制。合理保护和利用耕地资源，优化耕地布局、提升耕地质量，提高耕地保护工作水平，系统构建保护有力、建设有效、管理有序的新格局。

（三）基本原则

1. 依法依规，保护优先。按照相关法律法规规定，建立最严格的保护制度，切实落实保护责任，高效管控城乡建设、生态建设、非粮化农业开发占用耕地的行为类型、布局规模与时序节奏。各类用地行为尽量不占或少占耕地，确须占用的，严格落实国土空间用途管制要求。

2. 规划为据，系统治理。以各层次国土空间规划为引领和依据，自上而下、逐级控制，严格落实各级规划目标、指标、用地安排等管制要求。围绕严守耕地保护红线，建立国土空间用途管制体系，实现国土空间整体保护、系统修复和综合治理。

3. 从严管控，综合施策。按照第三次全国国土调查分类标准，明确耕地与其他地类间的转换关系，在确保耕地和永久基本农田保护底线不突破前提下，满足利用行为的合理用地需求。建立健全监测监管体系，对国土资源保护开发利用实施综合管理。

4. 部门协同，齐抓共管。各级政府承担耕地保护主体责任。各行业主管部门按照各自职责，深度协调耕地保护与城乡发展、生态建设、农业开发等关系，实现协同共管。

二、坚持规划引领、综合保护、提升建设并举

（一）划定耕地和永久基本农田保护底线

以第三次全国国土调查成果为基础，结合农业“两区”（粮食生产功能区、蔬菜生产保护区）划定方案，按照“多规合一”要求，划定本市耕地和永久基本农田。到2035年，全市耕地保护空间不低于200万亩。其中，集中连片划实划优150万亩永久基本农田，以及3万亩报自然资源部管理储备地块（以下简称“部管储备地块”），其余耕地保护空间划定为本市自行管理储备地块（以下简称“市管储备地块”）。同时，结合现状耕地和补充耕地潜力空间，划定土地整备引导区，作为土地综合整治形成新增耕地的重点空间，引导耕地进一步集中布局。

（二）构建全面锁定、分类管理的保护体系

本市耕地保护空间按照规划实施全面锁定和分类保护，城乡建设和生态建设按照国土空间规划及自然资源计划，分步骤有序实施。同时，改进耕地占补平衡方式。对划定的耕地保护空间，实行差别化分区准入，严格限定允许占用类型。各类用地行为确实无法避让耕地和永久基本农田的，严格执行占用补划制度，按照“永久基本农田—部管储备地块—市管储备地块—土地整备引导区”梯次调优补划，保持全市永久基本农田、部管储备地块、市管储备地块数量和质量底线不突破。对占用耕地保护空间以外一般耕地的，除建设用地项目按照国家有关政策规定落实耕地占补平衡外，其他生态建设和农业开发行为，按照规划、依计划实施。

（三）健全强化耕地综合保护和管理措施

各级各类规划编制，与划定的耕地保护空间充分衔接，按照节约集约用地要求，从严核定占用耕地规模。按照“以用定减、以减定增”的原则，制订并执行年度建设用地减量化计划，加大批而未供、供而未用土地的处置力度，保障建设用地流量。强化耕地保护责任目标考核，逐级压实保护责任。根据经济社会发展情况，及时调整耕地开垦费标准和征收集体土地补偿标准。严控建设项目占用永久基本农田，确须占用的，按照要求缴纳耕地开垦费。适度合理提高占用耕地成本，提升各类主体保护耕地和节约用地的积极性。

（四）促进补充耕地资源增量提质

聚焦土地整备引导区，大力推进全域土地综合整治，整合各类涉农项目的资金和政策，充分发挥土地整治在补充耕地数量、提

升耕地质量、优化耕地布局、改善生产生活环境、助推现代农业发展、助力乡村振兴战略实施等方面的作用。积极推动农田质量建设，优先将永久基本农田建成高标准农田。完善全市耕地质量调查体系、评价标准和监测网络，按照年度开展耕地质量等别调查监测与产能评价。推进建设占用耕地耕作层剥离再利用工作，完善耕作层土壤质量检测、剥离运输储存和再利用等环节的管理。

三、实行耕地和永久基本农田差别化分区准入

（一）严格150万亩永久基本农田用途管制

永久基本农田是长期稳定优质耕地，严格控制城乡建设和生态建设占用永久基本农田。不准占用永久基本农田，实施植树造林、种植草皮草坪、种植果园、开挖坑塘水面、挖湖造景、堆放废弃物，以及取土等其他破坏耕作层的活动，一旦发现，要责令整改。符合国土空间规划，确实无法避让永久基本农田，允许空间准入的情形包括交通市政基础设施、乡村公益设施、特殊用地、新增河道项目（不含湖泊）、临时用地、中小河道整治、设施农业项目、农田建设类项目、全域土地综合整治项目等。允许准入项目占用永久基本农田，要即时在部管储备地块内落实补划。

（二）参照永久基本农田加强部管储备地块管理

部管储备地块是具备调整补划为永久基本农田条件的优质耕地。符合国土空间规划，确实无法避让部管储备地块，允许空间准入的情形，参照永久基本农田严格执行。因占用永久基本农田补划、项目建设占用，导致部管储备地块规模减少的，要即时在市管储备地块内补划。

（三）规范市管储备地块的保护和管理

市管储备地块是全市优质耕地资源的重要组成部分，是部管储备地块的直接补充，要予以严格管理。符合国土空间规划，确实无法避让市管储备地块，允许空间准入的情形包括造林、中小河道整治、农村道路、设施农业项目、农田建设类项目、全域土地综合整治项目、种植果园、种植草皮草坪、开挖坑塘水面，以及交通市政基础设施、乡村公益设施、宅基地集中归并项目、特殊用地、新增河道项目、临时用地、视作原地类管理的小微项目等建设行为。允许准入项目占用市管储备地块，要选择耕地保护空间外一般耕地即时补划。

（四）优化耕地保护空间外一般耕地管理

在确保守住耕地保护底线的基础上，允许各类利用行为按照规划和管制要求，占用已划定的耕地保护空间以外的现状一般耕地。占用市管储备地块，要优先选择土地整备引导区内的新增耕地落实补划。土地整备引导区外，符合布局、质量、生态等方面要求的新增耕地，也可补充纳入市管储备地块。

四、严格规范开发利用行为用途转换管制

（一）加强详细层次规划的编制和指导

本市各类国土资源开发利用行为，统一以详细规划层次的规划作为管制依据，具体包括控制性详细规划、郊野单元村庄规划、专项规划（详细规划层次）等。其中，城镇开发边界内以控制性详细规划为依据；城镇开发边界外乡村地区按照项目建设或地类转换需要，编制郊野单元村庄规划或专项规划（详细规划层次），作为国土空间用途管制依据。规划在内容与深度上，能够有效指导国土空间用途管制实施。

（二）明确管制权限、管制标准及管制类型

1. 管制权限。涉及自然资源计划管理（建设用地计划和生态建设计划）和耕地保护空间管理的核心事权在市级规划资源部门。

2. 管制标准。按照国土空间调查、规划、

管制、监督统一管理标准，用途管制标准参照且不低于上海市第三次全国国土调查工作相关标准。

3. 管制类型。根据不同特征，将国土空间利用行为分为三类："许可管制 + 监测监管"类，即通过审批、备案、核准等许可形式，对所引起的地类变化予以严格管制，后续通过全天候监测予以监督监管的行为；"报备监测 + 甄别处置"类，即通过前期主动报备，结合全天候监测发现地类变化，并实地巡查甄别后完成地类变更的行为；其余行为类，结合土地年度变更调查，予以监测统计和地类管理。

（三）合理区分占用和补划时序安排

占用已划定的耕地保护空间，按照要求落实补划。"许可管制 + 监测监管"类行为包括交通市政基础设施、乡村公益设施、特殊用地、新增河道项目、宅基地集中归并项目、临时用地、造林、中小河道建设、农村道路、设施农业项目，落实"先补后占"；涉及农田建设类项目和全域土地综合整治项目的，允许在项目范围区内进行耕地保护空间布局调优。"报备监测 + 甄别处置"类行为包括占用耕地种植果园、种植草皮草坪、开挖坑塘水面以及建设视作原地类管理的小微项目，允许"先备后补"；确实难以即时补划的，允许使用市管储备地块周转规模，但要按照自然年完成补划，并归还周转规模。

（四）严格规范占用补划标准和要求

允许准入行为涉及永久基本农田、部管储备地块、市管储备地块的，按照"永久基本农田—部管储备地块—市管储备地块—土地整备引导区"进行梯次增补。"许可管制 + 监测监管"类、"报备监测 + 甄别处置"类项目分别在规划土地审批或立项环节核准阶段、监测监管发现甄别确认阶段，严格按照标准规范，编制永久基本农田及储备地块补划方案或布局调整方案。优先就近补划，尽量与现有耕地和永久基本农田集聚连片。补划数量、质量要与占用情况相当，确保相应的永久基本农田、部管储备地块、市管储备地块数量有增加、质量有提升、布局更集聚、生态更优化。

五、加强耕地保护监管保障

（一）落实耕地保护共同责任

各区政府对行政区域内耕地和永久基本农田保护工作负总责，政府主要领导为第一责任人。耕地保护责任目标考核结果，作为领导干部综合考核评价、生态文明建设目标评价考核、领导干部问责和领导干部自然资源资产离任审计的重要依据。市、区发展改革、规划资源、农业农村、绿化市容、水务、生态环境、交通、住房城乡建设管理等部门按照职责，负责相应土地用途转换监督监管工作，全面贯彻执行耕地保护政策和用途管制要求，确保部门协同、上下联动、措施有力。

（二）健全国土空间用途监测监管

利用卫片执法检查、航测遥感识别、移动巡查监管等监测手段，实施全天候、全覆盖国土空间用途监测，及时发现掌握土地利用变化情况。将划定的耕地保护空间作为重点监测区域，对城镇开发边界周边、历史违法违规用地情况较多的区域增加监测频次，持续跟踪。监测结果与执法检查、项目地类转换审批和备案、核准等管理数据相校核，以及时发现和纠正违法违规行为。

（三）严肃耕地保护巡查和执法查处

各级规划资源部门要依托四级巡查网络，严格落实巡查责任。结合日常巡查、执法检查、监察督察等工作，确保对乱占耕地和永久基本农田的行为早发现、早制止。农业农村部门要对宅基地违法违规行为进行巡查、制止及执法。对各类未按照国土空间规划实施、违法批准占用耕地、违法毁坏耕作条件、违法破坏或擅自改变永久基本农田保护标志等，要及时责令限期整改、恢复原状，并按照有关法律法规进行处罚，依法追究相关主体责任。构成犯罪的，追究刑事责任。

（四）强化耕地保护舆论宣传监督

加强耕地保护、国土空间用途管制政策解读，普及耕地保护法律法规知识。通过公开通报和挂牌督办等形式，增强耕地保护的社会影响力和震慑力。广泛发动群众参与违法违规占用耕地行为举报，及时回应社会关切。强化舆论宣传和社会监督，营造自觉主动保护耕地和永久基本农田的良好社会氛围。

本意见自 2021 年 2 月 1 日起施行。

上海市规划和自然资源局

2020 年 12 月 29 日

PART FIFTEEN XV

区域建设

DISTRICT CONSTRUCTION

（一）浦东新区

浦东新区建设和交通委员会

2020年，面对新冠肺炎疫情对生产生活带来的巨大冲击，坚持以习近平新时代中国特色社会主义思想为指导，深入贯彻落实区委、区政府部署要求，团结带领全系统党员干部群众凝心聚力、攻坚克难，统筹推进疫情防控和经济社会发展，圆满完成年度各项目标任务，为“十三五”画上了圆满句号。

（一）全力抓好疫情防控。坚持全体动员、全员参战、全力以赴，以最高站位、最严要求、最实举措，做到守土有责、守土负责、守土尽责，实现全系统全行业零发生零感染。构建联防联控组织网络，成立“1+4+17”和“1+6+65”工作专班；研究明确“1+4+13”行业防控体系；因时因势因情制定防控策略，打好疫情防控“阵地战”“攻坚战”“总体战”，做好全覆盖排摸、重点排查督查、深化巩固成果各阶段工作，共排摸行业企业3.2万家次、从业人员43万余人次，汇聚人员数据440万条、比对确认复工从业人员准确信息23.3万条，发现处置问题1679个，做到全链条压实责任、全覆盖摸清底数、全过程运用科技、全天候发现问题、全方位补齐短板。在进入常态化防控后，建立“一业一档案、一业一标准、一业一机制、一业一场景”，全面落实浦东机场、进口冷链食品防控要求。

（二）全力做好六稳六保。在抓好疫情防控的同时，瞄准2万亿目标，全力实施城市建设管理领域倍增行动计划，把失去的时间抢回来、把损失的进度补回来。重大工程率先复工复产。3月7日实现35个重大项目50个标段复工，3月底实现全部重大工程全面复工，得到中央电视台等主流媒体宣传报道；全年完成机场联络线全线开工建设、S3高速公路、竹园污水处理厂四期、沿江通道浦东段先行用地开工，实现沪通铁路先行用地区域腾地，推动龙东大道（罗山路–G1501）、高科西路（沪南路—罗山路）、南六公路（沪南公路—大治河桥北）按计划建成通车，共计完成开工35项、竣工43项，完成财务数162.74亿元，较年初计划增加7%。房地产投资建设持续加快。推进房地产业项目248个（在建续建项目235个、新开工14个），完成固定资产投资1015亿元；加快商品住房上市销售，完善价格备案实施细则，共计上报10批次53个项目，推动上市销售48个；规范销售秩序，严格审核客户积累和认筹规则、规范前置限购审查流程和要件，实现住宅成交180万平方米，销售量同比增长10%；推进商办项目清理整顿，解锁项目57个129万平方米。征收动迁进入新常态。平均3.3天做出1个征收决定或征房公告，3.6天启动1个基地签约，推动新开基地签约期内清盘率超90%。共计完成地块清盘115个5122户，较好实现“速度、成本、稳定”辩证统一。

（三）全力深化改革创新。坚持“吃改革饭、走开放路、打创新牌”，将系统集成、迭代升级与落地落实紧密结合，有力有序推动工作再上新台阶。应用场景成体系。落实“一网统管”要求，建成12个行业智能应用场景以及建设交通智能综合管理平台，与城运中心总平台互通互联，实现全领域、多要素、全闭环智能治理；建立“1+3+X”制度体系，推动应用场景实战运行、迭代升级，6个应用场景建立辅助决策模块；探索经济治理、社会治理、城市治理三大智能平台整合融合，率先实现物业微平台升级提升。营商环境持续优化。落实全市3.0改革方案，开发全过程审批效能监控和评价展示管理系统，工程建设项目施工许可政府侧审批平均用时16.7天、综合竣工验收政府侧审批平均用时4.9天；建立以《浦东新区加强建设工程招标投标管理若干意见》为核心的“1+6”

长效管理制度体系，实现对区镇两级政府以及国有企业投资项目全覆盖，消除监管盲区。“五票统筹”获得广泛赞誉。出台“1+5”政策，优化储备库、实施库线上平台，做到房票地票应供尽供、林票绿票基本落实、水票有效缓解，入选《浦东新区开发开放30年标志性首创案例选编》。“机场联络线速度”领跑全市。推出“T+1”审批创新模式，实现“文本同步预流转、同步预审批、到法定时间同步确认盖章”，将以往半年都难以完成的征地、征房、劳动力安置等工作统筹在2个半月内完成，成为全市重大工程土地征收推进新标杆。综合规划引领支撑。推进杨高路、沪南公路等重点项目储备研究，用1年时间完成“十四五”60%的储备任务，实现综合交通“十四五”规划与纵横向规划、近远期建设计划、资源性指标衔接，与城市能级提升、重点区域发展相适应，为财力投资重大工程做到“当年储备、当年立项、当年获批、当年开工”提供有力保障。重点领域改革全面开花。道路常养常新在30条道路先行先试，养护作业模式、作业标准得到固化；道路常见病害2小时快速修复在小陆家嘴区域率先实现；道路养护考核将考核结果与合同续标、养护工作量核准直接挂钩，7月起试行末位惩戒；掘路管理实行计划统筹，有效避免20%的重复掘路。政府职能加速转变。按要求做好交通运输综合行政执法改革、公益类事业单位改革、政务综合服务中心和综合事务协调中心翻牌等工作，形成“一处一中心”集中审批实体化运作组织架构。

（四）全力改善居住环境。用心用情答好非常时期“民生答卷”，努力多做雪中送炭之事、努力多解民生之忧。住房保障兜牢底线。完成区级征收安置房开工（筹措）200万平方米、竣工100万平方米，提前半年实现7171户在外过渡居民回搬，还清旧账、不欠新账；在不到两个月时间里全市率先完成农民相对集中居住年度任务，实现签约2209户；筹措建设租赁住房2.8万套；市属大居住宅建设完成竣工7项、等量置换1项、腾地3项，配套建设完成开工11项、竣工15项、接管20项、开办8项。“美丽家园”建设持续深化。全面完成22项规定作动和5项自选动作，修缮旧住房208万平方米，解决3202户群众“拎马桶”问题，推动既有多层住宅加装电梯新增101台、老旧电梯更新改造完成97台，初步建成物业维修“30分钟响应”“两平台、一中心”总体框架，淘汰区域性物业企业52家。“城中村”和旧区改造取得突破。实现3个“城中村”、5个旧改地块整体清盘，完成经营性地块出让13个。

（五）全力加强城市管理精细化。牢固树立“以人民为中心”发展思想，由细微处着眼、从点滴处着手，用绣花功夫提升管理精细度、增强市民获得感。公交控本增效成效明显。优化调整公交线路55条（新辟11条、撤销12条、调整走向29条、优化服务方式3条），实现建成区新能源公交车全覆盖，完成公交场站充电桩建设7个、推进公交基础设施12项，在全部“村村通”线路推出到站时刻挂牌服务，推动浦东公交公司实现减亏3.3亿元。公用事业管理扎实推进。完成架空线入地和合杆整治32千米；实现液化气钢瓶全区统一配送、燃气缴费线上办掌上办，完成旧住房天然气改造8996户；构建路灯全流程管理考核体系，完成路灯增装1561盏，对12台高杆灯、610台控制箱进行大修；加强道路管线监察管理，制定出台《浦东新区地下管线保护和管理机制》，全面整治外环内主次干道不规范架空线（飞线），清除废线飞线213根、维修维护立杆482根、拔除废弃立杆16根。道路养护管理深化拓展。建成精品道路40条，完成路面平整度整治425条（段）158万平方米、井盖整治2440个，完成“四好农村路”提档升级150千米。交通运输管理能级逐步提高。完成停车资源共享26个项目1013个泊位；建成出租车候客站15个；开展船舶和港口污染突出问题整治；推进堆场、集卡停车场规范管理及集约布局，关停“小散乱”堆场、集卡停车场23家。民防管理有序推进。完成国动专项演练，开设三级指挥系统，集结10个单位246人30台装备，做到实兵、实地、实装、实战；在全市民防系统率先开展在线培训，培训街镇社区民防干部8000人次；完成老旧和公用民防工程维修整治108个；做好民防安质监事权承接工作。热线办理和安全应急稳中有进。受理处置热线工单174294件，派单准确率、按期办结率、市民满意率同比不同程度提升；完善安全生产制度体系、应急管理预案体系，牵头制订城市建设、道路运输安全生产专项整治三年行动计划。

（六）全力谋划“十四五”发展。聚焦本源性问题、关键性变量、战略性任务和新时代标志性项目，制订出台《浦东新区城市建设管理领域倍增行动计划（2020—2025年）》，基本完成综合交通体系建设、住房保障和住房市场体系建设发展、城市管理精细化三个“十四五”专项规划，完成人民防空建设、人防警报器建设、应急避难场所建设等其他发展规划，为后续工作夯实基础。

（七）全力落实“四个责任制”。把“四个责任制”作为保障“五大倍增行动”顺利推进、推动建设交通中心工作深化发展的重要抓手，提供坚实的组织保障，营造良好的政治生态、舆论氛围和法治环境。突出党建引领，改革发展合力更大。聚焦建设高素质干部队伍，深入开展“四史”学习教育，坚持新时代好干部标准，紧扣重大工程推进、旧住房修缮等重点任务，成立工作专班，选派89名干部挂职锻炼，共计提任干部21名（处级7名、科级14名）；深化党建引领下的自治共治德治法治一体化发展格局，推动“三会”等基层民主协商机制在更广范围运用，实现基层党建与中心工作有机衔接、良性互动。坚持从严从实，廉政防控体系更优。聚焦不敢、不能、不想，紧盯重大风险点，建立“定期约谈、常态教育”的约束机制、“定期督导、倒逼推进”的落实机制，推动各项工作有序推进；重点抓好重大市政工程项目施工管理、街镇工程建设项目招投标廉政风险防控，形成初步成果；着力完善干部交流制度，轮岗交流干部40名（处级5名、科级35名）。加强宣传引导，意识形态阵地更牢。围绕讲好建交委故事、唱响建交委品牌、树好建交委形象，加强正面宣传，举行重大工程复（开）工等重大宣传13次，推出建交委微信公众号报道58篇。严格依法行政，法治思维更强。从执法、普法等各个环节同向发力，着力抓好行政与司法联动，优化与三级法院常态联动平台，推动行政诉讼败诉率降至1.8%、行政复议纠错率降至3.3%、行政领导出庭应诉率增至96.4%，均较去年有所改善；完善内控机制，结合巡视审计反馈问题，研究制定预算绩效、配套费投资监理、政府购买服务、国有资产、房屋资产等多项管理制度，进一步扎紧制度笼子。

浦东新区生态环境局

2020年，立足疫情防控和经济社会发展大局，在区委、区政府的坚强领导下，新区生态环境局坚持以习近平生态文明思想为指引，认真贯彻落实党的十九大和十九届二中、三中、四中、五中全会精神及习近平总书记考察上海系列重要讲话精神，特别是习近平总书记在浦东开发开放30周年庆祝大会上的重要讲话精神，紧紧围绕浦东“开放旗帜、强国窗口、功能高地、治理样板”的定位，在聚焦强化“四大功能”、深入推进“四高战略”、全力实施“五大倍增行动”的战略思路下，一手抓“十三五”规划收官，一手抓“十四五”发展谋划，在“战疫情、保发展”两个战场有效履行生态环境保护和城市管理职能，为浦东开发开放30周年交上了一份满意答卷。

一年来，面对空前压力和繁重任务，全局上下和衷共济、攻坚克难，主要取得了以下五方面成效：

——突出科学防治、精准施策，有力支撑打赢疫情防控人民战、总体战、阻击战。聚焦垃圾清运、医疗废物及医疗废水处置、公厕管理、公园绿地管理、道路保洁、野生动物保护等城市运行关键环节，组建“小专班”全覆盖排摸从业人员，强化行业监管和服务措施，牢牢守住了疫情防控生态环境阵地。

——突出挂图作战、绩效对账，“十三五”的“指标题”交出高分答卷。森林覆盖率圆满达到18.2%，较2015年提升近4个百分点。河湖水面积率达到11.34%，超出规划值0.78个百分点。基本消除了全区劣V类水体，39个国考、市考水质断面全面达标，重要水功能区达标率达到100%，超出规划值22个百分点。PM2.5年平均浓度下降到30微克/立方米，优于规划值12微克/立方米。环境空气优良率达到89.1%，优于规划值9.1个百分点。城镇污水处理率达到规划值95%，较2015年提升4.5个百分点。污水厂污泥处理率和生活垃圾无害化处理率均达到100%。

——突出问题导向、需求导向，“十四五”的“生态账”越算越精。凝聚全局的思想共识和行动智慧，高质量开展“十四五”规划编制，基本形成“1+4”规划成果。体现整体性，基本编制完成列入新区规划目录的《浦东新区生态建设和环境保护“十四五”规划》；体现专业性，基本编制完成《浦东新区环境保护“十四五”规划》《浦东新区水务海洋“十四五”规划》《浦东新区绿化林业“十四五”规划》《浦东新区市容环卫“十四五”规划》等4个专业规划。

——突出改革创新、去疴除弊，获得一些开创性、示范性的经验。开发市容巡查App系统，形成高效发现、快速处置的市容管理新模式。开展AI扫地机器人及无人驾驶清扫车的保洁试运行，推动了道路保洁装备智能化提升。生态环境损害赔偿案例“浦东实践”走进全市“云培训”课堂，东岸滨江“6+9+11”件套环卫保洁模式成功入选“首届上海城市治理最佳实践案例”，居家隔离点生活垃圾实施“一小时清运”的创新做法得到市行业部门的高度肯定。主动谋票、精细配票、积极蓄票，推动“水票”“林票”“绿票”在全区高效配置，有力解决了一批重大项目的资源需求。

——突出实干为基、追求卓越，干部作风能力得到进一步锤炼。坚持任务牵引，围绕第三届进口博览会等重大活动保障，聚焦污染防治、垃圾分类、造林增绿等重点任务和重大项目的推进，深入练兵备战，展示了能吃苦、能奉献、能干事、能成事的精神风采。全局系统共获得上海市“工人先锋号”集体1个，上海市模范集体1个，上海市抗击新冠肺炎疫情先进集体1个，上海市第二次全国污染源普查表现突出的个人3名、先进集体1个，上海市“碧水保卫战”优秀个人5名、先进集体3个。

一年来，主要开展了以下工作：

一、抓住生态环境这条“生命线”，扎实打好污染防治攻坚战

全力筑牢生态安全防线。加大九段沙湿地保护力度，完成九段沙保护区勘界和功能分区优化调整，勘界确定保护区面积为411.04平方千米。严格落实“长江十年禁渔”，联合渔政和公安等部门重拳打击违法捕捞行为，开展大规模联合整治6次，驱赶渔船161艘，查获“三无”船只26艘，行刑对接移送刑事案件2起。严守海洋生态红线，强化海域空间管控，基本完成5个围填海问题图斑整治。加强野生动物保护，积极推进禁猎区划定；建立健全“管执联动、行刑衔接”的野生动物保护执法工作机制，与市场监管、公安部门开展联合执法9次，侦破无证养殖

野生动物近25起，收容救护国家级野生保护动物54只（条）。

有序推进环保源头防控。全面完成第七轮环保三年行动计划186个项目，基本完成浦东新区第八轮环保三年行动计划编制。完成2019年涉及600家年报单位的环境统计工作。累计核发排污许可证企业341家，完成排污登记备案企业2228家，基本实现固定污染源排污许可证核发全覆盖。严格执行“批项目、核总量、倍量削减”机制，核准127个建设项目新增污染物总量指标项目。完成11家企业强制清洁生产审核和验收工作。推进工业园区规划环评跟踪评价，累计4个工业园区实现规划环评与项目环评联动。

深入开展大气污染防治。开展VOCs2.0综合治理，完成52家重点治理企业和351家一般治理企业的VOCs2.0治理方案的评估。全面完成1250台中小燃油、燃气锅炉低氮燃烧提标改造。强化对规模以上餐饮业油烟废气排放治理过程和治理效果的监管，完成30台餐饮业油烟废气在线监测设备安装。加强联动，对能源、产业、建设、交通、社会生活、农业、保障等七大领域影响人气环境的环节实施监管和预防。

持续开展水污染防治。河长制工作深化推进，完成全区剩余18个河长制标准化街镇建设，同时引导资源向基层集聚，创建了198个村（居）河长工作站。开展岸上污染源整治，完成长江入河排污口溯源和监测工作，对入河排污口非法排污发现一起、整治一起；完成长江干流岸线利用剩余4个项目整改；完成311个小区的雨污混接改造；完成17万户农村生活污水治理提标工程；核销2147条段劣V类水体，744个水质考核断面达到水质目标类别。加快推动“水清”向“水美”的转变，启动生态清洁小流域治理工作，成功打造了100条景观河道。落实最严格水资源管理制度，完成节水型社会达标建设工作。

扎实开展土壤污染防治。开展重点行业企业用地土壤污染详查，完成607家重点企业进场基础信息采集，完成62家企业进场采样。加大对38家重点监管企业土壤监管。积极开展新区污染地块安全利用率核算。持续推进建设用地全生命周期管理，完成180个场地调查评估评审及3个地块治理修复。加强危险废物规范化管理，对169家危废产生单位开展现场核查技术评估，联合执法部门完成8家废铅蓄电池收集网点专项检查，对89家危废产生单位开展专项整治行动。

有效推进环保督察整改。建立问题清单管理、督察问题整改调度、重要问题的督办盯办、问题整改核查销项等制度，实现督察整改闭环管理。制订了《浦东新区贯彻落实第二轮中央生态环境环保督察整改方案》，积极推进19项问题整改。第二轮中央环保督察转办新区469个信访件，已办结468件。上海市环保督察728个整改事项（424个信访件、286个问题线索、18类管理类问题），完成整改724项，3项管理类任务及1个信访件整改任务正按计划有序推进。

二、抓住项目建设这条“基础线”，加快完善生态设施布局

供排水设施加快实施。推进水厂新建及深度处理改造，北水厂新建工程已完工，深度处理工程进度为95%，南水厂深度处理改造项目进度为65%。实施供水管网改造，完成高危供水管网改造256千米，基本完成22.5千米郊区小口径供水管网改建。推进污水收集处理设施建设，海滨污水厂扩建和永久排放管工程开工建设，完成2.1千米污水收集管网建设，完成航头、惠南污水泵站新建工程。推进污泥处置设施建设，浦东新区污水处理厂污泥处置工程（一期）实现点火试运行，川沙通沟污泥处置站已完工，周浦通沟污泥处置站完成工可批复。持续推进低标准雨水排水系统的提标改造，张家浜区域完成54%工程量，听潮地区完成64%工程量，

培花地区开展施工招标。加快雨水泵站新建工程建设，龙阳雨水泵站和康桥雨水泵站工可待批。

水利建设项目稳步推进。推进骨干河道建设，三八河、沈沙港、外环运河、宣六港、川杨河已开工建设，北横河2段、外环南河3段及张家浜项建书已批。推进排涝泵闸新建工程，严家港水闸基本完工，赵家沟东泵闸开工建设，西沟泵闸协调推进动迁，张家浜东泵闸泵站正在进行方案比选。

环卫设施布局加速形成。加快推进中转设施建设，陈行中转站迁建项目启动房屋征收，新场站项建书待批，合庆站正在办理基本农田退界程序，三墩站规划协调落入大团郊野单元规划。加快推进末端处置设施建设，黎明湿垃圾项目二期（700吨/日）和建筑装潢垃圾资源化利用中心（2000吨/日）基本建成并顺利投料试运行；海滨资源再利用中心（3000吨/日）项目建设有序推进，累计建成79个湿垃圾就地处置点。

绿地林地建设全面提速。全年完成林地建设1133.3公顷，其中S2、G1501、老港固废基地周边三期等重点生态廊道完成造林233.3公顷，一般廊道完成造林100公顷，公益林（含经济果林）完成造林800公顷。全年完成绿地建设300公顷，其中碧云、森兰、北蔡楔形绿地建设完成91公顷，滨江森林公园等外环生态专项建设完成14公顷，川杨河（长浜河—哥白尼路）北侧绿带工程完成5.4公顷，民乐大居绿地完成7.3公顷，北蔡中环南侧绿地工程完成14.7公顷。全年完成立体绿化5.5万平方米。

城市公园布局加快完善。完成合庆郊野公园一期1.67平方千米建设。完成浦东文化公园24公顷景观提升。完成泥城滨河文化公园、华夏公园、豆香园、塘桥公园、川沙公园、古钟园等6座公园改造，梅园、金桥公园、张衡公园、上南公园等4座公园精心打造“一园一品”，进一步提升游园体验。高东生态园、博华园、三林世博主题公园等6块绿地纳入公园名录，浦东公园数量新增至53座。

三、抓住市容市貌这条“风景线”，持续加强城市精细化管理

垃圾综合治理卓有成效。紧紧围绕创建分类示范区目标，完善管理机制，注重系统推进，生活垃圾分类实效稳步提升，湿垃圾分出量2149吨/日，可回收物回收量1463吨/日，干垃圾处置量3496吨/日，资源化利用率达到50%，全区生活垃圾分类实效综合评分为98.2分，居住小区和单位分类达标率分别达到99.2%和99.9%。开展了渣土运输领域扫黑除恶专项斗争和从严治乱工作。严查严惩建筑垃圾违规外运行为，开展非正规堆点的排查整治。严格装修垃圾临时中转分拣点监管，按照“镇设、镇用、镇管”原则，夯实属地化主体责任，落实装修垃圾临时中转分拣点的报批备案工作。积极保障浦东机场外侧圈围项目、南汇东滩N1库区渣土的应急处置。

市容环境面貌优化提升。高标准、高质量完成71周年国庆、第三届进博会、浦东开发开放30周年、文明城区创建等重大活动和重要节日的市容环境保障工作。结合疫情防控，开展了全区环境综合整治、城市深度清洁行动，联合爱卫办开展以“城乡清洁、灭蚊除害”为重点的爱国卫生集中行动。盯住难点堵点，认真开展“环境文明专项行动”“门责制专项行动”“背街小巷短板治理专项行动”，构建多层检查网络，发现并整改市容环境问题14081件。全面完成了42个“美丽街区”创建。小陆家嘴、世纪大道、东岸滨江、迪士尼度假区等4个区域成功打造为“席地可坐”区域。开展21座固定公厕大中修，更新8座移动公厕，升级改造56座农村旱厕，打造了27座“浦东温馨公厕”。完成市下达6块电子显示屏、1033块走字屏和238块招牌的整治。

城市景观活力明显增强。加强重点区域

绿化景观布置，在东方明珠环岛等7处主题景点、世纪大道等5条主要道路、世纪公园等8座重点保障公园、180处路口景点，通过花卉、花箱和花境布置，优化提升了浦东绿化景观面貌。落实“四化四提升”，完成兰陵路、南码头路、临沂路等3条市级林荫道创建，完成川环南路、向城路等5个口袋公园建设，完成川杨河、团结绿地、川沙绿地等46.6千米绿道建设，成功创建芳甸路、红枫路2条绿化特色道路。提升景观灯光品质，完成黄浦江沿岸55幢楼宇、7处公共空间的景观灯光提升，通过重要节日的亮灯保障和光影秀展演，充分展现了城市滨水夜景。

行业安全形势总体稳定。完善修订突发环境事件、防汛防台、雨雪冰冻等应急预案，进一步完善了局应急管理“1+X”的工作特色体系，完成340家企事业单位环境应急预案备案管理工作，开展防汛防台、重污染空气等应急演练7次。落实安全责任制，开展了重点行业领域安全隐患排查和治理，开展各类安全专项治理12次；组织推进安全生产专项整治三年行动计划，开展现场督导检查企业66家。严格辐射安全监管，完善电磁电离辐射自动监测体系建设，开展不同行业、不同时段、不同密度的“零容忍”专项检查行动。全年处置各类突发公共事件10起，未发生生产安全责任事故。共受理各类来信来访120件。局二级平台共受理工单3.8万件，结案率99%。

四、抓住改革创新这条“发展线”，深入推进政府职能转变

在优化营商环境上实现了新突破。落实审批服务“减时限”、提升“即办程度”，全局66项行政许可事项总法定办理时限压减了83.89%，全局130个办理情形即办件占比达到44.85%。推进“一件事”改革，将“我要开营业性城市生活垃圾清扫、收集运输或处理公司”列入企业开办“一件事”区级事权，实施全流程革命性再造，实现“一帽牵头、一键导航、一单告知、一表申请、一标核准、一证准营”。加快推进电子证照应用，将“建设项目环境影响评价审批”“对城市建筑垃圾处置的申报核准”“取水许可”等事项的批复、执照电子化归集入库，实现区级审批系统事项全部电子化应用。做好“两个免交”工作落地，通过电子证照应用、数据共享核验、告知承诺等方式，实行“凡是本市政府部门核发的材料，原则上一律免于提交；凡是能够提供电子证照的，原则上一律免于提交实体证照”，完成125项电子证照、5项数据核验、5项告知承诺“两个免交”工作落地。

在服务经济发展上展现了新作为。主动服务“六稳”工作、落实“六保”任务，深化环评改革，对涉及疫情防控的建筑施工、生产经营等审批服务事项，按照“特事特办、急事急办”原则，通过开通绿色通道、合并流程、专人跟踪、加急审批等方式，帮助企业及时解决难题；对环境影响总体可控、受疫情影响较大、就业密集型等与民生相关的17个行业44个项目类别，实施环评审批告知承诺管理，共办理建设项目告知承诺审批156件，精准服务企业复工复产，把疫情对经济社会影响降到最低。服务保障重大工程，加大“水票”“林票”“绿票”指标在全区统筹、储备、调配，完成机场联络线、沪通铁路二期、S3公路、华东路等项目占绿审批40件、占林审批22件；完成2020年征收安置房及保障房、“东西南北中”养老项目、龙阳地块等项目涉水填河方案及审批33件；完成沿江通道（浦东段）、杨高路改建工程、竹园白龙港连通管等重点项目环评审批，全年累计办理行政审批3436件。

在城市运行管理上打开了新局面。加快推进“城市大脑”3.0迭代升级，以城市日常管理工作内容为重点，集聚24个行业监管要素和运行体征数据，汇集公园、景观灯光等行业管理视频及公安、航运等部门视频信息，

完成总平台“新区生态环境智能综合管理平台”建设，同步建设完成生活垃圾监管、河湖综合监管、道路保洁综合监管、重点水污染物排放企业监管、林业监管、绿化行业监管、雨水泵站运行监管等7个应用场景。立足管用、爱用、受用、常用，推进应用场景实战化运行，累计智能发现城市运行问题和推送工单7983件，初步实现“一屏观天下、一网管全城”的应用目标。推进城市治理体系多元化发展，以“全过程、全覆盖、全闭环、全品类”监管为目标，融合居（村）党组织、物业等12项社会治理体征，对接14个可回收物中转站进出作业数据，推进构建生活垃圾从源头分类、源头收集、中转运输到末端处置的应用场景监管平台，实现城市管理、经济运行和社会治理“三平台”深化整合。推进企业连通和养护微平台建设，推送道路绿化、排水、井盖、道路保洁等基础设施数据和管理信息上链，形成可溯源体系，增强与养护企业的信息共享和管理响应效果，提升城市精细化管理智能应用水平。

五、抓住党建工作这条“中心线”，统筹推进四个责任制建设

基层党建实现创新发展。抓实“四史”学习教育，局党组带头集中学习11次，带头上专题党课6次，带头深入基层走访调研97次，带动各级党组织书记讲专题党课50次。严肃党内政治生活，认真落实支部主题党日、“三会一课”、党内双向汇报等组织生活制度，发放“政治生日”纪念卡，提高党内政治生活的严肃性和仪式感。推进支部标准化建设，完成3个党支部换届选举、1个党总支的更名工作，成功创建1个示范党组织、2个示范服务点、4个党员示范岗。强化“一线去”党建品牌建设，结合全国文明城区创建工作，全局干部职工深入包干街镇开展市容环境大巡查，为提升点位周边、门责及背街小巷的市容环境质量，提高局直属设施养护管理水平提供坚实保障。

守住意识形态责任阵地。牢牢掌握意识形态的领导权和主动权，营造良好舆论氛围。回应社会关切，及时编辑发布抗疫、防疫便民信息92条，凝聚疫情防控正能量，帮助市民科学防疫。演绎好浦东开发开放30周年宣传“重头戏”，完成《美丽浦东·三十韶华》航拍纪录片，举办了“潮起东方岸”浦东开发开放30周年生态环境摄影展；围绕“绿色生态”“优美水环境”“环境保护”等主题，在《浦东时报》策划环境专版6期，并在浦东展览馆、世纪公园等开展生态环境建设30年成果巡展。围绕世界水日（中国水周）、六五世界环境日等组织筹划了大型宣传活动，开展了第二届“最美环卫人”评选活动。壮大主流舆论阵地，通过邀请中央、市、区三级媒体，完成“媒体看浦东”宣传交流活动5期，报道宣传题材104篇。“浦东环境”政务微信推送信息899篇，“@浦东环境”微博发布信息610篇，局政务信息发布331条，向新区报送政务信息242条，“浦东发布”“浦东观察”公众号录用信息67篇，“学习强国”全国平台、上海平台录用信息10篇。加强舆情管控，完成重要舆情处置6项。

法治责任制建设显著增强。调整局法治政府建设领导小组和政务公开工作领导小组成员，突出党组在推进法治建设中的领导作用。建立公益诉讼协作机制，牵头制定《上海市浦东新区生态环境损害赔偿制度改革实施意见》，完成新场林凡农场环境污染案的生态环境损害赔偿案例实践。开展民事经济领域合同法律风险专项排查，对发现的问题即知即改。推进政务公开标准化规范化建设，全力推进决策、执行、管理、服务和结果“五公开”工作，主动公开政务信息3163条（其中公文类信息347件），受理依申请公开273件。有序开展临港事权交接，完成两批次共计100项事权交接，其中，涉及行政审批36项，其他事权64项。处置行政复议和行政诉讼案件各1起，行政复议纠错率为零，

诉讼案件零败诉。完成22件人大代表书面意见和30件政协委员提案办理。

党风廉政建设更加强劲。加强廉政风险防控，严格遵守中央八项规定，开展党风廉政建设责任书的签订，落实党风廉政建设责任制重点项目报备。开展了建设工程招投标领域廉政风险防控专项治理，建立健全建设工程招投标领域的廉政风险防控机制。强化基层单位巡察监督，围绕落实“四责协同”、遵守“八项规定”精神、执行“三重一大”和内控建设等情况，对4家局属基层单位开展巡察，对2家单位开展“回头看”督查，发现问题42个。对新任干部、重点岗位干部、巡察和审计发现问题的干部开展廉政谈话13人次。积极发挥审计监督“利剑”作用，启动内审工作“1+X”管理体系建设；建立自然资源审计沟通把关机制，顺利完成上海市自然资源审计46批次234项审计需求资料的提交工作；严把项目投控、批建手续、招标采购等重要环节，开展政府投资项目决算审计，累计完成送审项目96个，总送审金额约19.25亿元；完成两家基层单位主要领导任期内经济责任审计。完成了行业协会商会与行政机关脱钩工作。

干部队伍建设务实有力。开展各层次干部职工教育培训，提升履职能力，组织2名班子领导参加市级干部培训班，4名处级干部分别参加领导干部研修班、读书班和轮训班学习，1名科级干部参加业务骨干班学习，5名公务员参加区委党校专题培训班学习，78名公务员参加抗疫精神线上学习工作。坚持科学选配，提任1名机关副处级领导干部、1名事业单位六级干部、1名基层事业单位七级干部。严格落实公务员职务与职级并行制度，晋升了3名一级调研员、1名三级调研员、1名四级调研员、4名一级主任科员、3名二级主任科员、4名三级主任科员。加强干部实践磨炼，抽调14名业务骨干到河长办工作或挂职锻炼；向兄弟单位临时机构输送2名优秀干部帮助工作；调任1名科级干部到街镇工作。

（二）黄浦区

黄浦区建设和管理委员会

2020年是全面建成小康社会和“十三五”规划收官之年，是黄浦区旧区改造持续攻坚的一年，也是精细化管理向纵深推进的一年。面对新冠肺炎疫情及其对生产生活带来的巨大冲击，区建管委深入贯彻落实市、区两级政府的部署要求，抓重点、谋突破、树标杆，全力打好建设管理“主动仗”；强党建、促监管、增活力，以党的坚强领导推动建设管理事业实现“新作为”，圆满完成了年度各项重点工作和“十三五”规划确定的各项目标任务。

一、旧区改造取得重大突破

积极应对新形势、新任务，进一步加大旧改推进力度。旧改征收总量再创历史新高。坚持党建引领，强化资源保障，加强规划研究，严格队伍管理，圆满完成“确保1.6万户、力争2万户”的年度目标任务，全年实现14个项目启动生效，征收总量突破2万户。在签约质量方面，启动生效的14个项目中12个项目首日签约率超过99%；在企事业单位签约方面，依托市级统筹平台，基本实现与居民签约同步；在程序衔接方面，一轮征询到两轮征询的周期，从以往的6个月逐步压缩至2个月，确保了项目整体的高效推进。毛地处置取得重大突破，上海建工新昌路、中海建国东路、融创董家渡项目、珠江复兴东路69号地块等一批大体量毛地项目全面启动。项目收尾实现全面提速，全年8个项目完成收尾，5个项目基本收尾，9个项目进入全面收尾阶段。

二、重大项目建设加快步伐

1. 市、区重大项目推进有新举措

全力保障轨交14号线工程顺利实施。加大董家渡18号地块、115地块区、区委党校、文化中心项目等重点功能性项目的协调力度，落实完成年度目标任务。董家渡金融城、123/124/132地块、尚贤坊等商业商务项目取得实质性进展，共4个项目实现竣工产出38.5万平方米。健全完善重大项目管理推进制度，制定《关于进一步加强黄浦区重大工程项目建设管理的实施意见》，初步建立“区级重大工程项目推进库”，明确重大项目准入机制，强化项目督查评估，促进重大项目又好又快推进。

2. “一江一河”呈现新亮点

苏州河东西示范段基本建成。启动推进苏州河中段（乌镇路桥—河南路桥）和乌镇路桥节点改造，使沿岸公共空间进一步向纵向腹地延伸。推动董家渡景观花桥、外萃丰弄绿地等重要节点的提升改造，着力打造公共活动新地标。建成3座滨江“驿站”，增设饮水点、公共卫生间、读书角、旅游咨询等标准化便民服务设施。

3. 南京路东拓工程创造消费新空间

立足高起点规划和高质量建设，全力推动南京路步行街东拓项目。项目于2019年12月底开工，3月中旬克服疫情影响复工，经过6个月奋战，于9月12日上海市旅游节开幕式当天向市民开放。东拓工程将南京东路步行街和外滩两大著名地标有效衔接，打造中华第一商业街新亮点，营造了良好的购物和步行环境，受到市民与游客的一致好评。

三、疫情防控和复工复产取得成效

1. 建筑工地有序复工

在疫情初期防控形势最为紧张时，指导各项目严格落实人员管控、封闭管理、现场消毒、防疫物资储备、应急预案等各项防疫措施，实现“一工地一方案”。针对轨交14号线、绿地外滩中心等市、区重大项目，多次主动对接，协调解决土方清运等关键问题，为项目恢复施工保驾护航。在抓好疫情防控的同时，不放松质量安全监管，要求企业结合疫情防控，全面组织开展安全隐患排查，返岗工人岗前安全生产教育培训和每日安全交底，强化质量安全管理措施，坚决杜绝发生重大安全、质量事故。

2. 窗口服务不断不乱

积极推行“网上办、掌上看、帮代办”工作制度，引导企业在线申请行政许可，批后在线发证，实现不见面审批。通过电子邮箱、微信群、QQ业务群、电话等多种线上沟通方式，全天候应对企业咨询，尽可能实现“在线秒答”。积极引导办事人员采用线上咨询、留件处理、留电答复等方式办理业务，审批后利用物流发证，减少接触机会。

3. 旧改基地实行联防联控

疫情防控期间，对进入收尾阶段的旧改基地，做好已搬离居民空房和无人居住弄堂的封堵工作，地块内仅留1个出入口，安排专人把守。对于正在推进中的旧改地块，加强条块联动，按照适度封闭管理的要求，配合居委封堵弄口，封堵后仅留1~2个出入口，由居委安排人员落实登记、测体温等工作。

4. 市政、交通管理保持平稳有序

指导停车经营企业采用公告牌公示停车场库工作人员工号、体温、场库每日消毒情况等信息，落细落实疫情防控责任。千方百计做好市政、水务设施的保洁、维修作业，确保设施的安全完好，保障城市正常运行。

四、市政设施建设与管理水平持续提升

1. 高质量推进架空线入地和合杆整治

聚焦豫园、老外滩、西藏南路和新天地等区域，系统性地做好架空线入地、合杆整治及城市景观全要素的综合提升，全年竣工25条道路11千米，完成量达到全年目标任务的157%。在整治“黑色蛛网”的同时，一并消除“杆件森林”和“箱体列阵”，按照“杆件减量化、箱体隐蔽化、城市家具景观化”的原则，在西藏中路、外马路、中山南路等道路打造全要素整治路段。在推进机制上，强化“部门协同、权属实施、社会参与”模式。

2. 精细化提升道路设施服务水平

对重庆南路淮海中路等多处公交车站进行港湾式车站改造。开展道路和人行道专项整治，以瞿溪路、大林路人行道为试点应用大规格道板。提升无障碍环境建设质量和水平，对龙华东路无障碍通道实施一体化改造。建设完成15个出租车候车站。强化道路事中事后监管，加大掘路修复质量管理及批后管理力度。开展道路塌陷隐患排查治理，防止道路塌陷较大事故发生。会同各管线权属单位开展道路井盖病害整治，着力消除“路框差”“盖框差”。

3. 常态化推进河湖制和最严格水资源管理

加强水土保持监管。有序推进水土保持方案审批。编制水土保持全过程操作流程。完成水利部图斑复核任务，对黄浦区内3个水土保持项目进行现场监督检查并出具整改意见。加强河湖水域岸线管理。开展苏州河清网捕鱼行动。完成河长制平台各项信息变更、河湖水质监测上报。更新河、湖长信息牌。配合区生态环境局监督检查泵站污染物放江情况。协调推进肇嘉浜泵站出水箱涵改造工程建设。加强水务执法和审批。按照优化营商环境的要求，落实小型项目免费接入政策。开展未经许可向城镇排水设施排水专项执法行动。开展水质监测，对超标排放企业要求限期整改。开展第28届“世界水日”、第33届“中国水周”等宣传活动。推进黄浦区节水型机关的创建。在世博浦西园、文庙、南园、黄浦滨江等区域实施海绵城市建设标准，开展已建海绵城市建设项目成效评估工作。

4. 持续强化燃气安全日常管理

结合市第11届燃气行业百日宣传活动和5·12防灾减灾宣传周活动，开展社区用气安全宣传活动。面向街道近200名燃气安全社区志愿者开展用气突发状况处置和液化气隐患巡查的检查重点专题培训。在日月光广场、文庙、方浜中路等地开展6场现场主题宣贯活动。通过多种形式的宣传，向社区积极普及燃气安全使用常识，预防燃气事故发生。协调燃气公司和各街道推进居民住宅老旧燃气立管改造。

五、建筑建材业市场管理不断深化

1. 加强多部门综合巡查

开展建设工程质量安全巡查，强化安全、质量、文明施工、消防、环保和农民工用工情况的综合检查和执法力度。对土建项目和装饰装修项目开展巡查。进一步加强巡查工作的专业检查力量，规范专家抽取流程，完善专家管理制度。在巡查中同步开展企业调研，积极宣贯最新的废弃混凝土再生利用、保障农民工工资支付条例，听取企业反馈的意见建议，有效提高工作效率。

2. 加大质量安全监管力度

加强建设工程安全监管，加大对大型机械设备、深基坑、易燃易爆等重大危险源的监管力度，开展各类安全专项检查、安全生产月和防台防汛专项检查，切实有效排查风险隐患，增强参建人员的安全意识。积极做好“迎国庆”“护进博”等重大活动的安全监管。加强质量监督管理，聚焦建设工程主体结构、深基坑、钢筋工程、混凝土工程、装配式建筑施工等重点环节，开展专项检查和抽查。规范一般类装修工程和特殊类装修工程的监管流程。实施建筑节能专项审查和验收制度、建筑节能重点监管和不定期抽查制度。

3. 提高建筑业管理服务

推行企业资质审批、安全生产许可告知承诺制，实现“当场办理、立即领证”，并通过网上跟踪查询、日常监督、动态核查等方式，加强批后监督检查。全面推行建设工程项目招投标全流程电子化，招标文件编制与备案、交易信息发布、投标文件编制、开评标等全部通过网上完成，着力降低交易成本，提升交易效率。定期抽取已进行合同信息报送且已取得施工许可证的建设项目，从建设项目信息报送、标后合同履行、施工许可证申领、项目招投标等方面进行事后行政执法专项检查。开展工程建设行业专项整治，自查建设项目招标投标归档材料，检查中标后合同各方履职情况，通过加强监管，切实提升区内建筑市场环境，维护招标投标各方合法权益。

4. 建立健全管理机制

制定《关于进一步加强黄浦区限额以下小型建设工程管理的实施意见》，加强与街道的联动，推进小型建设工程管理职能下沉街道。以更高标准和更严要求，编制《黄浦区建设工程文明施工规范》，全过程规范建设工程文明施工行为，将标准化程度评定结果与建设工程安全生产标准化达标考核工作和市、区文明工地评比挂钩。建设工程文明施工行政处罚事项划转至城市管理执法部门集中行使后，与区城管执法局就行政处罚、日常检查以及信访投诉等问题，建立部门信息互通、资源共享和协调联动的工作机制，健全案件移送工作制度，形成管理和执法工作合力。

5. 持续推广新理念、新工艺、新技术应用

推进绿色生态城区创建，开展上海市绿色生态城区试点申报工作。严格落实装配式建筑、BIM 技术应用、绿色建筑星级要求以及可再生能源应用等各项技术要求，通过项目前期咨询、过程监督、措施落地检查以及竣工备案等环节层层把关，实现全流程管理。与装配式协会开展技术合作，对区内装配式建筑项目开展跟踪、检查和后评估，形成闭环管理。与上海市建设协会合作，对装配式项目开展专项检查，组织专家参与推动先进技术落地。

6、扎实开展玻璃幕墙管理

委托第三方对全区所有既有玻璃幕墙建筑开展普查，运用互联网技术，开展“云幕墙”管理平台试点应用，通过线上和线下相结合的方式，全面排摸黄浦区幕墙建筑的管理状况。完成“上海市建筑幕墙管理平台”现有数据的分类梳理，将管理平台数据与市、区城运中心智慧城市相连接，实现数据互通。进一步落实企业主体责任，制作建筑玻璃幕墙应急指导手册，下发至各幕墙责任主体，明确建筑玻璃幕墙安全自查台账要求。开展玻璃幕墙安全性评审，提高新建玻璃幕墙的安全性，保障城市安全运行。

六、综合交通管理水平持续提升

1. 多措并举缓解停车难问题

推进停车资源共享利用，完成 7 个项目 520 个泊位。结合疫情防控期间曙光医院停车难问题，协调医院周边场库落实 100 个共享泊位。会同区交警支队增设 15 个路段 333 个泊位临时道路停车场，为企业复工复产提供停车便利。落实公厕周边出租车专用限时长停车点位 30 个，泊位 58 个。

2. 持续推进交通信息化建设

推进黄浦区综合交通管理和服务信息平台二期建设，兼顾动态交通和静态交通的信息融合，为城市交通运输管理和运营提供科学决策支撑，二期项目通过专家组验收。开发道路停车升级改造系统，有效对接 POS 机收费数据和欠费征信数据，安装 1631 条地磁检测设备和 20 条道路视频监控设备，完成综合交通管理中心设备安装、调试等建设任务。实现与市级交通综合信息平台、公共停车平台和路政业务平台对接。

3. 持续加强公共停车场（库）日常监管

开展日常监督检查、质量信誉考核检查以及重大节日安全检查 824 次，出动检查人员 1648 余人次，检查道路停车场 545 条次，出动检查人员 1090 余人次。对于无证经营、

堆放建筑垃圾和违规搭建、擅自改变交通组织、标志不全等存在安全隐患的场库开具整改通知书19份。委托第三方上海市停车行业协会，开展质量信誉考核检查。与市交通委执法总队开展道路停车联合专项执法检查，重点检查停车协管员持证上岗、规范服务、防疫措施、收费POS机二维码支付升级使用情况、道路停车收费牌和泊位线完整度等情况。

4. 加大高架桥荫桥孔和公交枢纽环境整治力度

实施延安东路高架桥（西藏路—河南路）、南北高架（新闸路—威海路）、内环线南浦大桥下桥荫桥孔环境整治工程，将硬质地面柔化为绿化景观，展示城市生机，美化桥下空间。推进南浦大桥旅游集散中心环境整治，落实环境宣传、无障碍通道改造，志愿站点设立、道路翻修等工作。对南浦大桥、武胜路、普安路公交枢纽站点的墙面、路面、花坛、公交站顶棚等破损部位进行翻修更新。

七、建筑领域行政审批制度改革向纵深推进

1. 认真落实建筑许可营商环境改革专项督查整改事项

针对在专项督查中发现的黄浦区在审改政策落实、区级审批审查中心实体化运行等方面的问题，认真落实建筑许可营商环境改革专项督查各项整改措施。

2. 落细落实各项行政审改举措

认真落实行政许可办事指南修改、公共服务事项发布、承诺时限调整、电子证照归集、两个免于提交等事项。推进优化营商环境供排水、电力、市政接入等工作。推进托幼机构消防检查、教育局意见征询。针对黄浦区装饰装修项目数量多、翻新频率高、建筑情况复杂的情况，推出“装修一件事”智能导服上线，利用直播、办事指南、服务导图等方式解读装饰装修项目审批流程。开展交通运输行业企业给予稳定就业补贴扶持认定工作。

3. 推动审批审查中心实体化运转

配合行政服务中心开展问卷调查工作，制订整改方案并逐条落实整改。窗口全体同志参加单窗通办综合受理窗口培训、上机考试和轮岗实操。会同区大数据中心分析区域项目实际开工时间，摸清底数。

八、法治政府建设全面深入推进

1. 落实法治建设责任制

制订“法治建设责任制”年度工作方案，与行政工作同部署、同推进。对直属单位开展2次法治专项检查，把依法行政工作完成情况纳入各单位年度考核指标。加强法治队伍建设，邀请专家、律师讲授民法典、依法履职要求讲座，通过“以案说法”，提升执法人员依法行政的规范性和自觉性。

2. 推动行政执法规范化建设

全面落实“三项制度”，制定行政执法全过程记录工作制度，印发实施重大行政执法决定法制审核制度的通知，推行行政执法公示制度。聘用法律顾问，为行政决策和行政执法提供法律意见。以规范性文件管理平台为抓手，推动规范性文件的制定和备案标准化、规范化。

3. 不断拓展政务公开的广度和深度

大力推动旧区改造、重大项目建设、财政预决算、建设工程安全质量巡查、“一江一河”等重点领域的信息公开。主动公开公文65件，办理信息公开申请120件。通过直播、媒体访谈、开会宣讲、文字解读等多种形式，解读建设工程审批政策、旧改政策和规范性文件。

黄浦区绿化和市容管理局

2020年，区绿化市容局在区委、区政府的坚强领导下，全面贯彻落实党的十九届四中、五中全会精神和习近平总书记考察上海重要讲话精神，聚焦重大项目、聚焦短板难点、聚焦基层基础，统筹抓好疫情防控和中心工作，扎实推进生态环境建设，深入推进生活垃圾分类工作，精心组织市容环境保障，圆满完成各项工作目标任务，城区市容环境品质得到进一步提升。

（一）着眼于品质、特色，绿色生态空间更加优化

绿化总量持续扩大。坚持规划引领、深挖潜能、因地制宜，从系统化、精细化、功能化角度着手，全年新增公共绿地 2 万平方米、专用绿地 2.15 万平方米、立体绿化 2 万平方米。新增苏州河绿道 1 千米，创成香山路林荫道，新建街心花园 3 个。

重点项目亮点纷呈。聚焦“一江一河”，重点提升苏州河南岸东、西示范段公共空间景观，东段除划船俱乐部外基本竣工，“最美花园”成为外滩网红景点；西段九子公园竣工并开放，形成“一带二园五彩珠”的滨河景观绿带。聚焦区内重要区域和重要道路，严格把控方案设计、施工质量及苗木储备等各环节，通过花坛花境、组合花卉和主题景点等布置形式，摆放花箱 951 余组、布置花坛花境 19 个，打造了人民广场喷水池花坛“凤来花舞”、外滩花墙等“四化”绿化精品，展现季相变化、四季有景的绿化景观。完成外滩大会会场及周边绿化景观提升，新建 2500 平方米绿地、制作 80 个移动花箱、更新 100 个围栏花箱；完成南京东路步行街东拓段绿化景观提升工程，新种植 2 棵日本青枫、4 棵日本紫薇精品景观树木，更换 34 棵美国红枫行道树；指导推进太平桥绿地改造工程，确保与一大会址纪念馆改建同步完工。

公园服务品质提升。以特色公园为载体，提高公园园艺展示技术水平，满足市民对生态产品的精神享受。一是加强公园精细管理。严格实行公园分类分级管理，推行《文明游园公约》，整治不文明游园行为；完善公园

服务设施，增加衣帽架等便民设施；完成 4 座公园公厕设施改造，提高游客游园舒适度。二是打造公园特色景观。按照“一园一特色”，广场公园赏心湖、古城公园护城河河岸花境，形成新的亮点；南园滨江绿地郁金香、人民公园海棠、复兴公园沉床花坛、人民公园“蝶恋花”花坛，呈现特色景观。三是园艺作品寻求突破。作品“史莱伯花园”荣获 2020 年上海（国际）花展铂金奖，2 个花坛、4 个花境在全市园艺展示活动中获得名次。

群绿野保工作持续开展。一是有序开展绿化宣传活动。圆满完成区四套班子领导和各界人士参与的“文明林”全民义务植树活动；开展上海市“美丽阳台”设计布置大赛——黄浦区“梦想阳台改造计划”活动，挖掘一批可借鉴、可推广的阳台绿化设计布置作品；以 2020 年度居民绿化自治评选活动为契机，开展“园艺大讲堂”活动，与街道共同打造绿化微更新，树立社区居民自治典范，让绿色生活理念深入人心。二是加强古树名木管理。开展网上认建认养活动，全年办理绿地树木认养 175 棵、古树名木认养 36

棵，进一步提升企业社会责任和公民爱绿护绿意识。完善落实古树名木及其后续资源既定保护、复壮方案，加强对全区91棵古树名木和52棵后续资源的技术措施。三是推进病虫害防治防控工作。有序开展公园内8个有害生物监测点的监测工作，及时发布近期防治小贴士以及养护要点。四是落实行道树日常养护工作。完成冬修、控型剥芽和防台疏枝等；针对不同路段悬铃木飘絮情况，通过控果型修剪、机械化冲刷、洒水车冲洗等手段控制悬铃木果毛。五是开展野生动植物保护工作。开展第39届“爱鸟周”宣传活动。联合公安、市场监管等部门开展执法行动9次，出动检查人员359人次，对重点监管的驯养单位、花鸟市场、室内动物园（宠物店）和鸟类交易经营户进行抽查。处置收容救助野生动物36只。

（二）着眼于基础、长效，垃圾综合治理实效稳步提升

持续化宣教，激发内在动力，增强分类实效。开设“黄浦垃圾分类”公众号；举办“再生资源活起来，文明黄浦靓起来”暨《条例》实施一周年、“源头减量零浪费街区”试点项目启动仪式等主题宣传活动；全覆盖投递宣传邮简，巩固市民分类习惯。生活垃圾保持“三增一减”趋势，可回收物统计回收量达225吨/日，湿垃圾分出量达340吨/日，干垃圾处理量下降至630吨/日以下，生活垃圾无害化处理率达100%。黄浦区创建成为“2020年度生活垃圾分类示范区”，全区10个街道成功创建为“2020年度生活垃圾分类示范街道”。

精细化配置，改造箱房“硬环境”，提升投放“软环境”。以“定时定点分类投放为主，其他投放方式作为补充”模式，按照“定点要坚持、撤桶要鼓励、破袋要引导、定时要灵活”原则，持续推进“一小区一方案”，累计规范设置1088个投放点，增设“三件套”，对老旧小区箱房增设四分类投口，设置简易洗手池或配置免洗洗手液。

资源化利用，加快“点、站”布局，拓展回收利用渠道。在居住区和部分大型商业综合体设置四种类型可回收物服务点（示范型、标准型、自助型和流动型）600余个；加强与支付宝平台合作，创新推出一键一袋上门回收“拾尚包”模式，申领使用人数达6万。持续完善街道中转站规划布局，满足居民可回收物交投需求，基本建成两网融合体系。

闭环化处置，打造“全品类”“全链条”“收运处”体系。配置湿垃圾车72辆、干垃圾车144辆、有害垃圾车7辆，共计开出整改单和拒绝收运单516张。发挥区城发集团主力军作用，拓展与城投集团战略合作。重要商业区实行“一路一策”，今年9月实现沿街商铺上门收集全覆盖。

智能化监管，构筑“科技+管理”新模式。建立生活垃圾全程分类综合管理平台，逐步实现干、湿垃圾的车载称重、自动计量，努力打造“一屏观分类、一网管全程”平台。完善收运点位地图系统，实时掌握车辆作业动态和轨迹，及时调整作业线路。外滩、南京东路街道通过“智慧环卫”系统实现车到提醒等便民措施。同步推动基层开展创新，通过对垃圾投放点加装智能监控设备、建立可追溯信息化系统等方式，加强对源头分类管控。

政府推动、人大、政协监督，共同推进垃圾分类工作。发挥联席会议作用，召开全区推进大会，定期召开联席会议，建立末位约谈制度。强化体制机制的支撑，出台配套文件7份。配合区人大执法检查组和区政协对口协商，分6批次全覆盖抽查10个街道50余个居住区、单位和沿街商铺点位，坚持问题导向，推动整改落实。

（三）着眼于经典、创新，夜景品质全面提升

不断提升夜景品质。今年重点围绕服务

区域经济发展，聚焦重大项目、重大任务周边区域，同步完善夜景灯光。一是立足长远，编制《上海黄浦区照明规划》。从系统性、全要素的角度谋划区域景观照明发展，提出“十四五”黄浦照明发展纲要，探索制订了步行、骑行、船行、车行夜游线路规划，进一步打造国际级、品牌化、品质化的景观灯光。二是聚焦重点，全面提升区域灯光景观。全面提升外滩及纵深夜景灯光，对外滩既有灯光进行调优，对暗区拾遗补缺；配合市局对浦江光影秀再创作再提升；以“外滩大会”景观保障为契机，进一步完善南外滩和世博周边天际线。全面优化东拓段景观灯光，完成10幢建筑楼宇（包括7幢历史保护建筑）的景观优化和2幢建筑灯光的维护完善，在物理空间上打通“最后一千米”，与外滩景观带实现完美衔接、互相衬托，使外滩及纵深区域呈现出“远观有气势、近看有气质、细读有故事”的夜景效果。逐步优化苏州河沿线灯光景观，为实现“一江一河”灯光天际线贯通，根据总体规划布局，以“打造市民休闲健身、娱乐观光的‘生活秀带’”为总体方向，研究推动优化提升工作。目前正在开展现场试灯、优化夜景设计方案中。

（四）着眼于整治、深挖，市容市貌更加靓丽

加强市容环境综合整治。一是全面推进“美丽街区”建设。按照“做减法、全要素、一体化”原则，对标验收标准和目标任务进行再排摸、再梳理，明确以“4+4+X”为主要建设目标，聚焦各方资源，打好“组合拳”。截至2020年底“美丽街区”覆盖率约50%，建成“三零三无四规范”道路150条，打造了一批网红景点公厕，基本完成南苏州路综合治理项目。二是加强门责管理。全面落实市容环境责任区制度，深化“七个一”工作，全年创建责任区管理示范道路20条，示范性自律自治组织19个，“一点一档”信息档案更新维护17000余家。结合爱卫等工作，每月15日开展城市环境清洁行动。三是全力保障进博会。制订并印发《黄浦区第三届中国国际进口博览会市容环境保障方案》，明确141项保障任务并在会前完成。建立紧逼督办机制，依托市进博会市容环境整改平台，对各类市容环境问题及时派单、督促整改，共受理整改650件、整改率100%。

不断规范户外广告、店招店牌管理。一是全面落实安全告知。向沿街商户多轮、全覆盖发放约1.4万份《户外广告、招牌和景观照明设施主体责任和规范管理告知书》，进一步明确企业主体责任。二是全力推进专业抽检和安全排险。聚焦重点区域、人流密集区域，组织第三方检测机构开展“双随机”形式的专业抽检。抽检招牌设施4600余块，发现并排除设施安全隐患1400余块，突击检查景观灯光设施600余处，切实拉紧安全这条底线。三是科技赋能率先试点推进。依托区城运中心“一网统管”平台，利用分批次试点分级分类数据分析、问题设施销项式派单处置和数字化全流程动态监管等功能，逐步实现信息化、智能化、透明化的全生命周期精细化管理。四是规范户外广告设置。大力整治违规户外广告、招牌设施，全年拆除违规户外广告、招牌221块，违规电子走字屏308块。

（五）着眼于精细、常态，环境卫生干净整洁

着力打造精细化保洁标杆。一是完善保洁规范体系。以“四无一见”“席地可坐”高标准为引领，修订完善《黄浦区环卫精细化养护管理标准》，进一步明确环卫作业管理标准和规范。二是分类创新作业模式。“一带一路一环”（外滩金融集聚带、南京东路步行街、环人民广场区域）示范区、豫园、新天地、黄浦滨江世博浦西段、日月光地区等7个区域和淮海中路、南京西路等2条道路成功创建“席地可坐”高标准保洁区域。南京东路东拓区域探索实施“2+3+4”保洁

模式，树立“365·HPC”的服务理念，努力实现365天“席地可坐”。三是强化质量监管。建立三级联动检查机制，不定期开展精细化保洁作业质量抽查，每月召开推进会进行情况通报，研判保洁精细化中的难点、热点，提出有效对策与建议。

着力打造特色环卫服务形象。一是全力保障重大节庆活动。指导城发集团加强薄弱环节整治，开展城市大冲洗行动，做好节前整治；建立一线指挥部，完善保障方案，强化应急配备，做好节中保障；总结经验做法，做好节后巩固。出色完成春节、两会、五一、国庆、进博会等重大节点市容环境保障任务，展示黄浦干净整洁的环境卫生形象。二是分类清运日产日清。结合疫情防控情况，在落实“三同时、一手清”、分类清运等标准基础上，以定车、定人、定路线的方式进一步规范清运作业，对点位周边2~3米范围内进行清扫消毒，做到车走地净，垃圾日产日清。三是公厕管理精益求精。巩固疫情防控期间粪口传播保洁做法，在“一客一洁”的保洁模式基础上升级为“一客一洁一消毒”。结合不同公厕特点，持续优化公厕内环境布局，软硬结合不断提升公厕特色品质。四是强化道路扬尘控制。加大道路保洁冲洗力度，确保主干道路每天6遍，二、三级道路每天4遍，中小道路每天3遍。全年应急污染预警4次，出动人员4300人次，出动车辆280车次，切实降低道路扬尘。

着力推进环卫基础建设。一是推进设施设备更新。改建9座环卫公厕、6座道班房和10个街道环卫五小设施，维修维护18座倒粪站除臭装置；继续推广第三卫生间建设和除臭改造，在18座公厕中安装嵌入式空气净化器、23座公厕中采用生物除臭方式，进一步改善公厕异味。二是完善基础配套建设。加快推进南外滩环卫大楼新建工程，已完成施工招投标，待市交运大厦搬迁后动工；加快建筑装潢垃圾分拣中心的选址工作，同步推进区建筑装修垃圾临时分拣中心建设；加快推进南外滩分类垃圾综合处置场项目建设。

着力推进工程渣土和装修垃圾综合管理。一是加强工程渣土管理，对工程渣土出土工地开展每周不少于3次的日常巡查；对黄浦区3家工程渣土运输公司每2周开展1次检查，确保车辆停放基地安全设施齐备，车容车貌良好。二是加强装修垃圾及临时堆放点管理。制定《黄浦区装修垃圾处置管理办法》，进一步规范黄浦区装修垃圾处置管理。加强对装修垃圾工地现场及临时堆放点的日常巡查；向黄浦区12家装修垃圾运输中标公司统一发放《处置证》，加大对装修垃圾作业量和处置去向的监管力度。三是实施联合惩戒。加强与公安交警、城管等部门的联合检查、执法，打击工程渣土和建筑装潢垃圾收运过程中各项违章、违法行为，约谈教育违规企业，督促企业做好内部管理。开展夜间联合执法行动2次，查处违章车辆17辆，宣传教育企业（个人）17人次。

理顺环卫行业管理机制。一是健全质量监督考核体系。按照《黄浦区环卫养护作业管理考核办法（试行）》，建立区局、质监中心、城发集团三级检查考核机制，以日常检查、专项检查、重点督查为主要方式，以市局行业考核、社会第三方业务测评为补充，以问题促整改、以结果促提升，进一步提升全区环境卫生作业水平。二是规范资产后续使用管理。制定《环卫作业车辆购置处置办法》《环境卫生作业养护用房管理使用办法》《环卫设施管理办法（资产管理方面）》等制度。三是做好事业编制退休职工转入工作。接收城发集团下属企业内事业编制退休职工667人，共计负责1437个事业编制退休职工日常管理工作。

（六）着眼于规范、科学，管理品牌更加深化

统筹抓好疫情防控和行业发展。从突发

疫情到常态防控的过程中，在强化政治引领、坚持精准施策、促进规范发展上下功夫。一是强化政治引领，确保战疫有“底”。加强组织领导，及时成立并调整充实局疫情防控领导小组，加强行业疫情防控工作的统一指挥协调。强化责任担当，成立党员突击队3支，覆盖党员35名；设立党员先锋岗6个，覆盖党员12名；先后委派10名干部深入社区、机场、留观点等帮助疫情防控一线工作。二是坚持精准施策，确保战疫有“效”。加强各类隔离点生活垃圾管理，采取专人收集、专车转运、定点焚烧专项处置模式。全年共组织专项工作人员80人，直送江桥焚烧厂1051车次，累计清运垃圾1492.79吨。加强环卫公厕、道班房、垃圾箱房、五小设施的保洁消毒以及粪便清运管理，确保强消毒、无污染。加强公园绿地管理，根据疫情变化，及时关闭、有序恢复、按需延长公园开放时间，落实相关防控措施，确保市民游园安全。严格执行野生动物疫源疫病监测预警，加大对野生动物人工繁育场所防疫检查，加强野生动物市场、贸易联防联控。三是立足规范发展，确保战疫有“方”。先后制定并下发《关于社区居家隔离观察人员生活垃圾管理的工作要求》《关于进一步强化新型冠状病毒肺炎疫情防控期间环境卫生行业规范作业的通知》等系列文件，进一步明确生活垃圾管理、公共场所管控、野生动物管控等方面的要求和规范，坚持做到突出重点、明确要求、规范作业。

高质量做好“十四五”规划研究编制工作。成立“十四五”规划编制工作领导小组和工作专班，召开专题会深入开展调查和研究论证，进一步明确任务指标、硬件布局、重大举措和重点项目。牵头完成《“十四五”期间黄浦区推进垃圾分类的前瞻性研究》专题类课题研究；配合完成《黄浦区加强城市精细化管理“十四五”规划》《黄浦区生态环境保护“十四五”规划》等2个区级专项规划编制，提供思路举措；从强化前瞻性思考、全局性谋划和战略性布局考虑，编制黄浦绿化市容行业“十四五”规划。

切实加强法治政府建设。一是落实行政执法责任制。成立局法治政府建设工作领导小组，制订并印发局《法治政府建设与责任落实督察工作实施方案》，推动法治政府建设与依法全面履职双提升、双促进。二是建立健全依法决策机制。坚持集体讨论决定，凡涉重大问题决策、重大项目投资决策、大额资金使用重大行政决策均经局长会或党组会讨论决定，确保决策科学化、民主化。聘请专业律师担任区绿化市容局法律顾问，进一步健全完善法律顾问参与重大决策的工作机制，确保依法决策、规范行政行为。三是加强行政规范性文件管理。严格按照规范性文件制定和管理，组织制定《黄浦区装修垃圾处置管理办法》《黄浦区建筑垃圾处置核准行政审批告知承诺试行办法》等两件规范性文件。四是积极开展法治宣传教育，组织开展禁毒法治宣传教育、国家安全法规等普法教育；举办《民法典》专题辅导报告，提高各级领导干部运用法治思维和法治方式能力。五是加强法治实践。深入总结法治实践和制度创新成果，“编制南京东路步行街招牌管理标准凸显魔都风采”案例荣获黄浦区第四届最佳法治实践优秀案例。六是全面推进政务公开。坚持“公开为常态、不公开为例外”，加大对生活垃圾分类减量、城市精细化管理等重点工作政府信息公开力度，切实提高政府工作透明度。推进标准化规范化建设工作，编制黄浦区绿化和市容管理局政务公开标准化目录。全年主动公开文件338件，主动公开率达到89%。10月在黄浦区政务公开工作社会第三方测评中位列全区第一名。

深化行政审批制度改革。以“一网通办”建设为抓手，持续推进审改工作。“一网通办”公开18项行政审批事项，全部实现“零跑动”。受理行政审批 226 件。做实“双减半”成果深化应用，时间缩减为 86.73%，当场办结率达到 55.56%。深入推进“先发证，后监管”，3 项行政审批事项试点实行告知承诺，3 月 5 日开出全市首张《建筑垃圾处置核准》告知承诺决定。

筑牢安全稳定底线。一是认真做好扫黑除恶专项斗争工作。调整局扫黑除恶专项斗争领导小组，及时传达学习相关会议文件精神；编制《2020 年局扫黑除恶专项斗争工作方案》，建立《关于装修垃圾作业服务领域扫黑除恶的长效机制》；做好重点领域线索排摸工作，收到 1 件线索件，未发现涉黑涉恶问题；聚焦“六清行动”，持续整治工程渣土运输等重点领域行业乱象，进一步完善管理机制，规范市场运行，确保扫黑除恶专项斗争取得实效。二是全力做好信访投诉处理工作。全年处理上级转交办来信来访 95 件，按时办结率为 100%，网信公开率 100%；圆满完成两会、十九届五中全会和第三届进博会期间信访维稳工作；成立局信访矛盾化解攻坚工作组和化解工作专班，制订《局处级领导下访实施方案》和《局处级领导下访计划》，完成四重矛盾 1 件，推动信访矛盾缓解；根据区统一部署，化解动迁信访矛盾 2 人。认真做好市民投诉受理工作，全年共受理各类诉求 2915 件，均按照“三个二”以及“1515”的工作要求进行受理、处置，先行联系率 95.88%，整体满意率 83.12%。三是坚持推进大调研常态化制度化工作。把大调研作为进一步转变作风的契机，坚持走访不停步、服务群众不停步、服务基层不停步。全年开展调研 117 次，收集各类问题和建议 117 个。四是加强安全生产管理。进一步健全安全（消防）工作责任体系，层层签订《安全生产和消防工作目标责任书》，切实压实责任。开展行业安全隐患和消防安全大排查大整治行动及“安全生产月”活动，将隐患排查治理贯穿于日常与阶段性工作中，促进各项安全工作落实。积极应对汛期台风，制订防汛防台应急预案，配备好应急队伍、抢险车辆和抢险物资。

（三）静安区

静安区建设和管理委员会

2020 年是“十三五”的收官年，区建设管理委贯彻落实一届区委十二次全会精神，聚焦服务企业、民生保障、防汛防台、常态化疫情防控等重点工作，全面聚焦区委区政府重点工作，着力推进旧区改造和市、区重大项目建设，加大市政设施建设和河道综合整治力度，积极探索精细化管理，落实情况如下：

一、攻坚克难助力防疫防控

（一）加强防控组织领导

根据区委、区政府工作部署，区建设管理委作为牵头部门，第一时间筹备成立区工地疫情防控工作小组，统筹整合条块资源。安排专人对口跟踪区内建设项目的疫情防控情况，每日跟踪区内各类工地人员和防疫情况，及时汇总上报统计数据，及时传达落实市、区两级疫情防控工作要求。制作《静安区建设工程疫情防控要点》，为工地实施标准化、精细化防控措施提供指引。根据中央统筹推进工作会议精神，发布《四个协助做好工作通知》，帮助工地做好物资储备、交通保障、方案预案和教育培训。全区 259 个工地防疫工作平稳有序，无人员感染新冠肺炎，为复工复产奠定基础。

（二）摸清工地复工情况

梳理排摸全区所有建设项目复工和人员情况。做好疫情工地防控宣贯及落实工作，自 1 月底全面疫情管控工作启动之后，发布了《静安区建筑工地疫情防控工作要点》《建筑工地疫情防控工作提示》《静安区疫情防控期间建筑工地检查表》等一系列指导性文件，为统筹做好工地疫情防控工作打下了坚实基础。对区域内在建新改扩建房屋建筑工地（无上级主管单位）进行了集中检查，检查涉及工地人员健康信息、发热应急处置、工作场所消毒设施配备、人员用餐管理、人员个人防护等内容。

（三）深入排查安全隐患

联合区重大办、区疾控中心、所属街道等各相关单位，确保复工工地无新增疫情。经各方共同努力，辖区内在建工地至今未出现新冠肺炎病例和疑似病例。针对因疫情误工所带来的赶工期风险以及施工安全管理存在的薄弱环节，组织开展安全生产隐患排查，督促企业强化质量安全管理措施，落实安全生产主体责任；督促各工地复工后结合疫情防控工作迅速组织安全风险评估研判和隐患排查治理工作，防范各类事故的发生；要求各工地合理安排施工计划，做到有序施工、分散施工，严禁盲目抢工期行为、保障安全生产管理、特种作业等关键岗位人员到岗到位，严格落实安全生产教育培训、安全交底工作。

二、全力以赴推进旧区改造

（一）指标完成情况

区政府下达的2020年静安区目标任务是：完成旧改受益居民2000户。截至目前，已完成旧改受益居民2803户。

（二）新基地启动情况

今年1月启动武定路930弄14号中央特科旧址征收工作，签约率达到100%，实现当月启动当月收尾的工作目标。3月25日，区政府正式做出“四合一”项目（即宝山路街道149、150、152及31街坊）的征收决定；4月18日启动二轮征询签约工作，截至目前签约率99.61%，标志着静安区完成区域内最后一幅成片二级旧里地块。10月9日，区政府正式做出光明小区（成都北路1037弄）的征收决定，10月31日启动二轮征询签约工作，截至目前签约率93.12%。全年启动6个零星项目征收工作，其中安远路125弄、中华新路1007弄、余姚路331弄二轮征询签约率达到100%。

（三）基地收尾情况

全年完成13幅地块收尾，包括中兴城8.9.10地块、北宝兴路、115街坊、永兴路649弄、中心医院西侧、73街坊、张园、南北通道二期、宝丰苑、洪南山宅、余姚路331弄地块；同时完成武定路930弄14号中央特科旧址、芷江西路街道181街坊36丘地块收尾，这是静安区历年来收尾地块最多的一年。

三、凝心聚力推进重大项目建设

（一）指标完成情况

2020年度区政府重点工作房建类项目，开工面积完成102.33万平方米，完成年度计划指标的102.33%；竣工面积完成100.35万平方米，完成年度计划指标的100.35%。

（二）开工、竣工项目基本情况

市北园区21-02地块（市北科创园区商办）、市北园区02-16-B地块租赁住宅、久隆模范中学、天目西路派出所、地铁13号线上盖（115-12地块）、安康苑一期、42街坊B、C、D楼、张园保护性修缮工程8个项目按照计划如期实现开工，晋元北地块住宅、黄山路二期保障房2个储备项目提前实现开工，开工面积累计完成102.3万平方米；市北园区10-03地块办公楼、静安花园、大宁社区卫生服务中心、北广场金融街C1主体部分、新业坊一期、彭越浦楔形绿地商办、市北园区N070501单元01-06地块共7个项目按计划如期实现竣工，市北园区09-03地块住办商品房、466街坊配套幼儿园、苏河湾41、42街坊（41D、42B、42D）、92街坊住宅楼、黄山路二期保障房等储备项目提前实现竣工，竣工面积累计完成100.35万平方米。

（三）“十三五”载体项目建设

312街坊久光商办、静安府办公楼、华

侨城41D、新业坊（5、11、12、13号楼）、彭越浦楔形绿地商办（南）、市北园区01-06地块、金融街C1地块（部分）等项目实现竣工，当年完成商业商办面积101.2万平方米"十三五"期间商业商办面积累计完成454万平方米。

四、多措并举推进市政道路工程

（一）市属路桥工程建设

主要包括北横通道、昌平路桥、安远路桥三个项目。其中北横通道天目路立交结构已基本建成；海宁路工作井围护结构基本完成，主体结构正在施工；490米高架延伸段下部结构完成100%，上部结构完成90%。昌平路桥11月底基本建成，已于12月6日实现通车。安远路桥规划设计方案已完成，正在深化初步设计方案准备上报市交通委。

（二）区属道路项目建设

年内完成场中路东段（共和新路—阳泉路）、光复路（普济路—天目西路）、七浦路（浙江北路—西藏北路）、新丰路（陕西北路—昌化路）工程。寿阳路已实现开工。南北通道二期分段实施方案待市规划局批复，管线工程开工。平陆路南段初步设计方案待上报。

苏河贯通提升项目基本建成，完成了"1个打通，3个亮点"节点目标。长寿路桥以北700米断点段通过栈桥+步道方式完成结构贯通；上海总商会、四行仓库及蝴蝶湾公园三个景观节点已基本建成并对外开放；其余沿线防汛墙压顶、滨河步道和景观绿化已基本建成。

五、系统全面推进精细化管理

（一）河道治理

1. 水利专项

2020年共实施三项水利专项，一是俞泾浦、西泗塘综合整治项目，目前正在开展项目竣工决算审计；二是彭越浦—东茭泾、走马塘河道疏浚及局部防汛墙改建工程，目前正在开展项目竣工决算审计；三是夏长浦东岸防汛墙抢险工程，四季度完成项目竣工决算审计工作。

2. 水质提升

一是西泗塘—俞泾浦水质提升项目，已完成第一阶段（建设阶段）完工验收。目前处于效果评估阶段，落实了第三方单位每月持续对水质提升效果进行采样分析，并跟踪评估。二是夏长浦水质提升项目，已完成竣工验收和决算审计。经项目实施，河道水质达到了地表IV类水标准。三是东茭泾—彭越浦（永和南泵站段）汛期水质改善试验项目已完成，并根据第三方水质监测数据完成了实验效果评估。

3. 底泥处置和修复

市管河道俞泾浦、西泗塘底泥处置项目已完成项目审计并完成项目尾款支付。区管河道夏长浦底泥修复项目已通过验收评审，并已将相关报告提交区环境生态局备案留存。

4. 陆域景观建设

蚂蚁浜河道景观提升工程，项目通过完工验收。静安区彭越浦（汶水路—江场西路）两岸陆域贯通景观工程，四季度完成项目评审及概算审核工作，已上报项目立项请示。

5. 水土保持工作

根据市水务局的统一部署，积极推进水土保持审批工作，落实专项经费，组织项目评审。截至目前共计受理项目30个，经评审，均给予行政许可。另外，根据今年水利部水土保持司下发2020年度遥感监管疑似违法违规扰动图斑，完成对全部2个批次29个项目（30个图斑）的认定和查处工作，并上传全国水保信息管理系统。

6. 海绵城市建设

根据上海市建委的工作要求，继续推进静安区海绵城市建设工作。完成本区海绵城市规划（2020—2035年）编制工作，通过了市住建委审核，印发给各相关部门和单位实施。启动实施本区海绵城市建设评估工作，"以评促建"推进本区海绵城市的实施。此外，在区规划资源局的支持下，在项目前期审批阶段提出本区海绵城市建设要求，截至目前，用地征询回复 14 个项目，联审平台回复 15 个项目，市级平台回复 2 个项目。

（二）实事工程

一是道路大中修工程。今年共承担 7 条道路大修工程和 27 条道路中修工程（含 2 项预防性修复工程和 3 项道路积水改善工程）。目前已全部竣工，约 18.72 千米，投入建设资金约 2.785 亿元。共整治车行道约 259142 平方米，人行道约 102783 平方米。

二是道路积水改善工程。今年共承担保德路、和田路、中华新路 3 项道路积水改善工程，已全部竣工。通过公交港湾式站点改造完成 9 项交通缓拥堵，通过新增机非护栏完成 2 项慢行交通改善工程，有效提高道路通行效率。

三是燃气安全管理。一是积极与街镇和企业沟通，完成广中西路 999 弄及洛川东路 140 弄 3 号两处燃气管道占压整治工作；二是开展液化石油气钢瓶工商用户“一户一档”登记工作，共计登记工商用户 300 余户；三是持续推进老旧燃气立管改造工作，目前已完成 15879 户，完成年度计划目标；四是对液化气供应站和车辆加气站进行安全检查，共计检查 8 次，达到检查全覆盖；五是开展燃气安全宣传，开展宣传培训一次，社区设摊宣传活动一次，共计发放宣传品 30000 余份。

四是架空线入地及合杆建设。今年市里下达了静安区架空线入地及合杆整治工程完成 7.63 千米的任务。目前静安区已完成场中路、大统路、江宁路（安远—新闸）、光复路（天目西路—普济路）和北苏州路等共 17 个项目合计 7.694 千米的架空线入地和合杆整治工作。中山北路、天目路、西苏州路、康定东路、威海路和茂名北路等 20 个项目正在施工，合计约 17.855 千米。

（三）静态交通管理

一是停车场库经营备案受理。今年受理新增公共停车场（库）备案 8 个，临时停车场备案 3 个，受理换证停车场库 243 个。

二是市政府实事项目建设。出租车候客站：梳理排摸 15 个出租汽车候客站点位，目前全部实现与市出租车平台“一键叫车”信息对接；错峰停车共享项目：今年已完成 12 个，累计共享泊位 725 个。

三是公共停车场库收费改革试点工作，目前已累计推进试点收费停车场库挂牌 62 个、10330 个停车泊位。

四是完成上海市公共停车平台信息数据对接。2020 年度公共停车场（库）联网工作，共涉及静安区公共停车场（库）276 家、收费系统供应商 44 家，目前已全面完成联网升级任务，完成率达 105%。282 家公共停车场（库）出入口信息采集已完成 247 家，剩余 35 家；已完成全部道路停车场接入上海市停车管理平台，共 86 个路段，2306 个泊位，实现电子支付订单上传。

五是公共充电桩建设，“十三五”应建成 1900 个公共充电桩，目前已完成 2669 个;2020 年底应建成上海充换电设施公共数据采集与监测市级平台经营性快充桩数量 50 个，现已完成 140 个；建成 2020 年度临汾路 1040 号新能源充电桩示范站一个，另有上海火车站北广场充电站、新炼加油站充电站列为 2020 年度示范站建设计划。

六是专项工作协调，在区建管委积极协调下，机场集团的大力配合下，市交警总队、市道运局等部门批准同意机场二线调整方案，机场二线于 10 月 11 日正式搬迁至国际贵都大酒店。根据 2021 年第十届中国花博会工作要求以及市道运局有关会议精神，静安区中环汶水路共和新路综合枢纽站须新增开设花博专线 1 线（汶水路共和新路公交枢纽—花博园），目前正在与场站公司对接具体发车泊位与停车场地前期方案。

七是非机动车管理资金核拨，区建管委

修订了《非机动车停放管理专项资金管理方案》并下发至各街镇，以此作为2020年资金跟踪与费用拨付的依据。2021年起统一将全区设施划设由区建管委统一实施。

八是全力推进创全工作，约谈共享单车企业、签订创全工作责任承诺书，客运站加强检查和值守，圆满完成了创全工作任务。

（四）建筑业管理

一是工程安全隐患排查。截至12月末，共实施工程质量监督检查703次，陆续开展基坑工程、住宅工程、建筑节能工程、建筑材料、装配式结构等专项检查，共签发整改通知单133份，签发局部暂缓停工指令单22份，停工单4份；实施安全监督抽查约856次，对涉嫌违法违规项目的相关责任单位和责任人，累计签发12份全面停工单、49份局部暂缓指令书、215份整改通知单，立案查处22件、实施安全动态考核记分86人次。

二是推进建筑节能工作。目前，现已完成12.06万平方米既有公共建筑改造任务，提前并超额完成可再生能源建筑8.25万平方米。完成建筑能源审计项目共计6栋，完成区内两栋大型公共建筑的能耗公示。截至目前，已完成市相关节能统计各项指标。

三是消防安全审验监管工作。根据消防安全责任要求，进行建设工程消防审验管理职责和边界梳理，确保责任清晰。年内在行政协助平台上共计完成新建市北高新技术服务业园区N070501单元17-02地块研发用房项目、瑞泰静安酒店改扩建项目、上海市久隆模范中学扩建工程等约26个项目建设工程设计方案意见的征询工作。

四是创建绿色生态城区。协调推进市北高新园区作为静安区的绿色生态城区试点更新城区。四月底形成《市北高新园区绿色生态专业规划》报批稿，审议通过后于8月中旬上报区政府。计划下阶段完成正式申报材料，并且经区政府同意后，向市住建委递交《静安市北高新绿色生态专业规划》。目前正在提交区规委会审议，同时已完成正式申报材料，并将协调市住建委组织专家评审。

五是配合做好玻璃幕墙的安评工作，2020年静安区既有建筑玻璃幕墙基数543幢，协同第三方已巡查楼宇629次，已完成全年计划数的116%。巡查发现有隐患的楼宇17幢，正在处置整改过程中。同时在6—11月防台防汛期间制订了专项检查方案，开展了专项监督检查，共抽查楼宇46幢，本年度未发现存在玻璃面板破损、开启窗五金件松动等影响城市公共安全的重大隐患。对超过设计使用年限的既有建筑玻璃幕墙落实安全性鉴定工作9幢，余3幢业主楼宇拒不配合鉴定，专报上级部门进行研讨。

（五）防汛防台

一是全面开展汛前隐患排查工作。按照“抓早、抓紧、抓好、抓落实”的防汛工作要求，开展“全方位，宽领域，多层次，广覆盖”的隐患排查工作，对小区排水管网、在建工地、危棚简屋、高空构筑物等进行了全面检查。

二是开展防汛检查督查。区防汛办组织检查督察组11人次，对在建工地、地下空间、店招店牌等进行抽查督查；听取了4个街道关于防汛指挥机构成立、抢险队伍组成、防汛隐患检查整改等情况的汇报；约谈了市属重大工程项目建设单位，督促他们做好积水隐患整改工作。

三是推进督办的防汛隐患整改工作。区防汛办积极协调区房管部门、市政部门和相关街镇，除粤秀路（汶水路—彭江路）项目需要到2021年完成外，其他项目目前都已完成整改。今年市防汛办采用第三方巡查的方式发现静安区隐患点10处，目前已及时完成全部整改工作。

四是落实问题清单的销项工作。按照“分类管理、动态跟踪、定期更新”的隐患排查整改工作机制，今年静安区梳理确定了7个防汛隐患问题清单，目前已完成了6个项目的销项工作，余下的1个项目是粤秀路（汶水路—彭江路）积水点改造，需要到2021年完成。

（六）信访稳定

累计至2020年12月31日，共办理12345热线工单4579件，网格工单18821件，交通热线、煤气热线5259件；办理信访、舆情303件；办理人大政协提案50件（人大31件、政协19件）。

静安区绿化和市容管理局

根据区委、区政府工作要求，2020年，区绿化市容局紧扣“中心城区新标杆，上海发展新亮点”定位要求，围绕“一轴三带”发展战略，以加强精细化管理为抓手，全面完成市容环境保障各项工作任务和“十三五”规划目标，静安区获得2020年上、下半年度上海市市容环境卫生状况社会公众满意度测评全市第二、第三。

（一）疫情防控工作

按照区委、区政府防疫工作会议精神，制订《静安区绿化和市容管理局应对新型冠状病毒防控工作方案》，结合疫情防控进展，全力落实疫情防控各项工作。加强生活垃圾收集、运输、处理全程管控，规范生活垃圾、粪便收集、运输（中转）的日常作业，并进一步落实疫情防控期间相关作业要求，对作业工具、场地、废物箱等进行每天清洁消毒。尤其加强公共厕所消毒和保洁管理，由“跟踪式清洁”进一步升级为“跟踪式消毒”。组织专门队伍，配齐防护设备，规范做好全区定点医疗机构和居家隔离住宅小区生活垃圾专运工作。根据市疫情防控工作的要求，及时执行静安区公园关闭和恢复正常开放工作，做好野保工作。

（二）进博会保障工作

按照市、区关于第三届进博会市容保障工作的统一部署和要求，对进博会涉及区域的重点保障范围（包括1个交通节点、25条主要道路、3个景观区域和6个活动、参观、住宿和接待点），制订保障工作方案，明确保障范围和主要任务。一是外立面整治。启动进博会市容环境保障建筑外立面整治工作，完成全区113个点位的外墙立面整治、整新和整容工作。二是绿化建设。以高架道路沿线，静安寺、铁路上海站、大宁三个片区及其延伸地段为重点区域，完成绿化整治68494平方米，完成绿地调整改造44387平方米，布置组合花箱4105个，布置花坛花境17处（2352平方米），布置主题景点5处。三是灯光广告。完成南北、延安高架沿线户外广告和招牌整治24处，景观照明9处。做好已建成灯光设施的维护，确保高架沿线及重点区域、道路灯光设施的完好率和亮灯率，并根据市统一要求做好开关灯保障工作。四是市容整治。深化市容环境卫生责任区管理“七个一”工作，做好沿街商铺生活垃圾上门收集、定时定点投放。治理亭棚、杆线、飞线、标志牌120处，非机动车乱停整治768处。五是市级督办件。建立市容环境保障督办机制，对市级进博保障督办平台的各类市容环境问题进行协调处置和治理，完成市级督办件615件的整改。

（三）“美丽街区”建设

根据市“美丽街区”2018—2020年三年行动计划，完成市级“1区4路”（不夜城区域，武宁南路、海宁路、天目中路和天目西路）建设任务和区级建设项目281个。完成架空线入地、30条市政道路大中修项目相匹配的绿化、灯光和立面景观提升工作。

按照市、区两级政府关于全面提升苏州河两岸公共区域市容环境的工作要求，结合“美丽街区”建设，同步开展苏州河示范标杆区域市容环境整体提升，对沿河绿化布置、灯光建设、环卫设施布置及作业保洁标准做了部署要求，明确建筑物立面整治任务范围，完成苏州河沿线景观提升整体设计方案。

（四）生活垃圾分类

推进生活垃圾分类全程体系建设，完善《条例》贯彻落实的制度环境，全面营造垃圾分类广泛参与的社会氛围。一是各类场所全面覆盖。目前，全区居民区推进垃圾分类及绿色、账户工作累计覆盖38.8万户，推进强制分类的党政机关73个、企事业单位546家、菜场35个、学校169所、医院47所、公园10座。全区791个居住区、460个重点单位、259条路段的沿街商铺纳入市区垃圾分类综合测评。二是体系建设基本完成。已配置湿垃圾车65辆、有害垃圾专运车5辆，部分居住区开展湿垃圾二次收运，沿街商铺上门分类收集全部覆盖。已设两网融合服务点1003个（其中固定点792个、流动点211个），建成两网融合中转站16座、集散场1座，两网融合点站场收运体系有序运行。三是分类实效稳步提升。全区日均分出湿垃圾481.73吨，各类可回收物达398.50吨/日，全区干垃圾产生量日均控制在605.44吨。

（五）绿化建设管理

全年共建成各类绿地7.03万平方米，其中，公共绿地2万平方米、专用绿地5.03万平方米；建成立体绿化1.5万平方米；建成绿道2千米。推进苏河湾中央绿地建设、楔形绿地（一期）建设、新建472街坊公共绿地和地下空间（汶水路段）建设、天目西路街道119、120街坊公共绿地建设、67街坊公共绿地建设和苏河两岸贯通工程长安路节点建设。2020中国上海·静安国际雕塑展于9月26日正式开幕，12月30日闭幕，展品共计33组、55件，共29位艺术家参展，跨越国别10个国家。全面完成彭浦四季公园建设，9月29日对公众开放。推进中兴绿地公园提质升级改造、99广中绿地公园改造。

（六）市容环境管理

根据市容环境卫生责任区管理“七个一”工作要求，加强全区791个小区、14661个门责单位的管理，门责书上墙率达95%以上。做好已创成8个市容环境示范街镇和6个市容环境达标街镇的复评，建立自律自治组织20个，年内创建成功9条（段）门责示范道路。落实市“薄弱区域市容环境专项治理”要求，改善提升接合部、无名通道等点位市容环境面貌。加大街面秩序治理，清除乱堆物、乱晾晒、乱张贴、乱刻画和卫生死角。

（七）景观建设管理

全区有户外广告固定点位536块，店招店牌17364块，完成《静安区户外广告实施方案（修编）》的增补、调整、撤销工作。落实全区已有设施的结构安全检测，涵盖户外广告300余块、店招店牌17000余块和楼顶标志20处。全年受理审批固定广告140件，临时广告199件，店招店牌69件。

全区有财政投入灯光项目235个。完成苏河湾华侨城42街坊、大悦城二期、常德路PAC、金融街C1地块等社会景观灯光项目评审工作。完成长安大厦大修和武泰公寓项目验收工作。完成石门二路架空线入地、南北高架楼宇灯光等项目标段的结算审价工作。

（八）环境卫生管理

在原有南京西路基础上扩大“席地可坐”高标准保洁道路及区域范围，完成愚园路、广场公园（静安段）、静安寺地区、铁路上海站区、大宁商业中心等重点道路和区域“席地可坐”的目标，贯彻“深度保洁”理念，全面提升区域道路整体质量。淮安路中转站大修工作正式进入实质性阶段。以区装修垃圾应急中转分拣场管理为重点，从产生源头、短驳收集、中转分拣、外运处置、资源化利用等环节进一步健全区装修垃圾全程闭环管理，针对建筑垃圾末端处置能力不稳定，出路不畅等问题，积极推进建筑垃圾资源化利用，确保全区装修垃圾收运处置稳定有序。每月开展“大冲洗”活动，加大对大型商圈、地铁站出入口、公交站点枢纽等周边区域的保洁力度，确保绿化带内没有宠物粪便、果皮、塑料袋等垃圾，落实精细化保洁管理的要求。

（九）安全生产工作

结合绿化市容行业特点，围绕建设项目类（“美丽街区”建设、绿化建设）、日常管理类（公园绿地、道班房、两网融合点站场管理）和办公场所类三方面，进一步落实行业监管主体责任，发挥第三方组织协同职能，结合4月安全生产大检查活动和6月安全生产月工作，突出重点，开展安全生产监督检查。

（十）“十四五”规划编制工作

积极推进“十四五”绿化市容发展规划编制工作。完成“十三五”绿化市容规划的进度报告、“十四五”绿化市容发展思路框架研究报告，初步确定“十四五”项目建设计划和指标，完成静安区绿化市容“十四五”专项规划（衔接稿）。

（四）徐汇区

徐汇区建设和管理委员会

2020年，区建管委在区委、区政府的坚强领导下，深入学习贯彻习近平总书记考察上海重要讲话精神，自觉践行“人民城市人民建，人民城市为人民”重要理念，提高城市治理现代化水平，落实经济发展和疫情防控“两手抓、两手硬、两手赢”任务，对标城区精细化管理要求，全面推进重大工程建设、旧区改造、水环境治理、架空线入地等方面工作。具体工作总结如下：

（一）坚持疫情防控，绷紧“生命至上”一根弦

自1月24日本市启动重大突发公共卫生事件一级响应以来，区建管委全力以赴牵头城区运行工作组，紧密围绕“守门户、稳

运行”两项主要任务，严格落实各项措施，确保疫情防控扎实有效，维护城区运行安全有序。

一方面，严守南站防输入。疫情发生以来，迅速响应市区两级工作部署，冲锋在前、“逆行而上”。一是做好固守查控，每日分三班安排志愿者，每班落实处级领导带班值守，全力做好铁路南站入沪通道24小时固守查控，落实逢车必检、逐个测温、逐人筛查。二是做好组织培训，编制工作指南和操作手册，组织志愿者岗前培训，帮助尽快熟悉工作、进入角色。三是做好宣传发动，在各级领导关心支持下，南站志愿服务力量得到市人大、市政协、区组织部、教育局、体育局、军人事务管理局、人社局、司法局、总工会、汇成、徐房、城新等国资企业以及建管系统各家单位的支持。疫情发生后，建管委累计出动机关同志162人次、事业单位同志178人次；建管系统累计出动1299人次；各单位志愿者累计动员2907人次，顺利完成区疫情防控领导小组交付的工作任务。3月6日起，动员广大青年干部，先后两批输送本系统共24名志愿者，参与机场及留验点疫情防控工作。

另一方面，狠抓工地促复工。切实落实行业主管责任，及早预判工地防控形势，“硬任务”“硬道理”两手抓。一是加强工作指导，陆续制定、发布2个工作通知、10道防控提示，明确安全复工9方面要求，联合区卫健委、市场监管局，组织2次示范工地观摩学习，确保指导到位。二是严格落实政策，在疫情初期严格落实工地复工申报制度，采取“分片区联络、地毯式走访”的形式，全覆盖走访在建工地，确保措施落实到位，在推进复工复产阶段，采用告知承诺制加速复工进程，同时加强复工后监管。三是加强支持保障，制定专项补贴政策，分两轮向56个工地发放补贴合计697万元，协助各工地配置防疫物资，推进工地尽早复工。到3月中旬徐汇区56个在建重大工程全部复工，133个土建工地有序复工，复工率达94%。四是坚持工地疫情防控常态化，要求各工地严格落实工地人员实名制、进出场登记、体温监控等管理制度，加强办公室、会议室、食堂、宿舍等相对封闭场所的清洁消毒，做好疫情防控教育交底，严格落实疫情防控紧急报告制度。

（二）推进重大工程，拧成“服务大局”一股绳

重大工程是完善城区功能、扩大有效投资的关键抓手，对区域经济社会平稳发展有着重要的牵引作用。今年共安排重大工程61项，其中市级22项（包括西岸传媒港、西岸智慧谷、轨交15号线等），区级39项（包括北杨人工智能小镇、鑫侨高、徐家汇中心、南部医疗中心等）。建管委始终坚持目标不变、任务不减，鼓足干劲抓好重大工程建设，服务好经济社会发展大局。

重大工程推动有“力度”。各类项目推进总体有序、整体可控，共完成建设投资约210亿元（含约120亿土地成本，区统计局数据），投资进度基本符合预期水平。网易、乔高综合开发、龙华会街区开发、乐龄汇、南部职教中心、北杨小镇等12个正式项目开工建设，10月18日西岸金融城举行奠基仪式。龙华消防站、阿里巴巴新零售创新中心等工程计划年底开工。漕宝路快速化东延伸、龙吴路快速化等重大交通项目的方案研究正在紧锣密鼓地推进中。

重大工程推进有“亮度”。区区对接道路景东路、华济路竣工，中城地区路网宣威路、融水路、蝶山路8月底竣工通车，让城区运行和保障水平更便捷、更高效；牙病防治所新院上半年正式开业，中城学校、南部小学9月1日开学运营，给居民群众带来更强烈的幸福感和收获感。徐家汇天桥连廊（一期）基本完成，徐家汇中心T1塔楼结构封顶，重点区域发展带来新活力和新空间。

重大工程推进有“温度”。重大办、建

管委深入调研走访，摸排工地困难，落实复工补助等支持措施，尤其是对社会投资类项目，努力帮助解决场地借用、物资调配等实际问题。提升服务的精准性，对个性化问题，践行“店小二”精神，实施“一对一”服务，高效解决实际困难，提升企业的获得感，推动工地高质量复产、高强度建设。

（三）改善水环境质量，下好“改善环境”一盘棋

今年基本消除劣Ⅴ类水体，是市委、市政府向全市人民做出的郑重承诺，徐汇区41条河道均须达到劣Ⅴ类及以上，区建管委坚持“大禹治水”的精神，扛起责任，狠抓落实，全面完成了年度水环境治理任务。

依托“河长制”。6月11日组织召开区河长制工作会议，部署安排各项工作，要求各单位确保完成年度整治任务。压实河长责任，大力支持河长制和水环境治理工作，各二级、三级均能够按照巡河要求开展巡河并落实责任。深化完善河长制，探索建立了河长述职制度，健全泵站排口企业河长制度，完成长桥、凌云河长制标准化街镇创建工作，正在推进华泾镇创建河长制标准化街镇。加强社会宣传，组织开展“世界水日、中国水周”、节水宣传周、中小学绘画比赛、摄影比赛等系列宣传，推进第二届“最美河道”系列评选活动，动员全社会参与水环境保护中，增强公众保护水资源意识，构建全民爱水、洁水、护水新格局。

补齐“水短板”。持续开展雨污混接改造，完成810个市政、企事业单位、沿街商户及其他等4类混接点整治复核整改工作，把好事做好；结合美丽家园、住宅小区综合治理完成23个小区雨污混接改造（全面完成了204个小区雨污混接改造的考核任务，2018、2019两年完成了181个）。补齐基础设施短板，完成喜泰支路等8条道路污水管网整治、完成了全区16个分流制排水系统雨污混接改造工程并发挥效益，协助市水务局推进长桥污水厂外接工程、肇嘉浜泵站截污调蓄改造及出水箱涵改造。开展河道综合治理，张家塘港等12条河道消除劣Ⅴ类水体整治一期、与闵行区联手开展的关港综合整治工程均已完成，有效改善了河道水环境质量。消除劣Ⅴ类水体整治二期涉及的蒲汇塘等3条河道全面施工，河道水质趋于稳定。

打造“水名片”。继续推进内河贯通，着力提升两岸景观品质，龙华港（龙华西路至龙吴路）南北两岸完成物理贯通，北岸已开放；蒲汇塘（宜山路—漕宝路）两岸景观提升工程除四处断点、龙殡段外全面完成；东上澳塘（区委党校段）岸线整治完成；春申塘（黄浦江—区界）、淀浦河（原水利工程公司段）整治工程基本完成；淀浦河（老沪闵路—长华路）岸线环境提升工程开工建设；漕河泾港岸线环境提升工程、蒲汇塘岸线环境提升工程二期启动。

（四）攻坚旧改平地，劲往“改善民生”一处使

土地资源是得天独厚的禀赋优势，是优化区域规划布局不可或缺的基础载体，是坚定发展信心、增强发展动能的底气所在。始终坚持“5+1+X”的总体计划，坚持“应收尽收、应储尽储”的基本原则，坚持规划引领，全面推动征地、就改等工作。

居民地块方面，坚持平地为先，聚焦零星储备地块收尾交地。以黄浦宝兴里旧改群众工作“十法”为借鉴，扎实有效推进旧改工作。加强与区规资局、区房管局、区司法局、铁路运输法院、三中院的沟通协调，协议签约期结束后同步启动责令交地法定程序，协调各方力量，缩短法定程序间的“衔接期”，提高诉调对接化解成功率，确保强制执行平稳有效，“以点带面”完成基地平地工作。在各相关单位的支持配合下，从年初至今，已完成西薛家宅9证协商签约、2证强制执行；夏泰浜2证签而未搬实施强制执行。目前，西薛家宅尚剩余1证、夏泰浜已完成平地。

单位地块方面，以“拔点”为主，攻克核心功能板块征收瓶颈。围绕五大核心功能板块，加快推进C单元西片区、滨江南部延伸段等地块的企业签约。推进中储公司征收评估方式、补偿方案完善以及资金落实，完善长桥水厂两清公示方案调整，仅用22天完成龙华C地块内欣荣市场116户承租户的清退签约工作。对牵头实施的28家单位，因地施策、因人施策，持续打通关节，有序有力“拔点”。

民生工程保障方面，积极配合推进市属重大工程，加快完成城区基础设施建设。完成轨交15号线桂林路站腾地及航天地块结建方案审批工作。配合15号线沿线站点附属设施的证照办理工作，会同街道协调处置施工引起的居民矛盾，确保15号线年底通车运营。推进龙水南路、银都路越江隧道前期腾地补偿工作，协调完成施工借地及绿化搬迁工作。配合完成机场联络线完成施工借地工作。

（五）加强城区管理，绘制“精细治理”一张图

“人民城市人民建，人民城市为人民”重要理念要求区建管委不仅在城市建设上下功夫，更要在精细化管理上下功夫，建管委始终坚持“做减法、全要素、一体化”理念，对标最高标准、最好水平，聚焦重点区域和关键措施，以智慧化赋能精细化，不断提升城区治理现代化水平。

推进三大样板区打造。牵头推进龙陵周边综合治理，结合道路整治、建筑立面整治、架空线入地等项目实施，提升周边环境品质；龙华广场项目加快施工中，华迎宾馆停车场西侧建筑外立面、龙华路VIP通道已完工，正在进行围墙大门、立面提升、岗亭整治等。启动体育公园周边环境整治，赴人民广场、南京东路实地调研学习，牵头制订和完善周边整体提升方案。推进天平社区品质提升和精细治理，完成修复人行道设施约1400平方米、电表箱移位25处、电信箱移位或遮挡4处；高安路“一路一弄”先期启动工程方面，架空线入地工程正在施工中。

二是加快实施架空线入地和道路平整度整治。全面启动16条道路架空线入地工程。其中复兴中路、桂果路、龙华中路、宛平南路、漕溪北路等7条路7.98千米，年内可总计完成12条道路14.62千米。在保证进度的同时，做好文明施工管理。斜土路、龙华路、长乐路等平整度整治项目进入施工准备阶段，零陵路正在大力施工中，虹漕南路—虹漕路（钦州南路—田林路）、桂林东街、桂林西街等道路整治工程完工，地铁锦江乐园周边地道整治工程施工中，不断提升区域道路平整度及车辆通行舒适度。枫林路天桥改造工程完工并对外开放。

三是着力完善市政交通及配套设施改善建设。吴中东路（中山西路—凯旋路）、东安路—零陵路路口等交通改善项目已完成，提升了区域交通服务能力；正在研究推进石龙路—武宣路、长华路（华发路—罗秀路）、宜山北路（虹桥路—广元西路）等交通改善工程；完成14个出租车候客站、10个公交车站点改造；新增公共泊位7050个，公共充电桩511个，共享泊位700个，均提前超额完成各项市级考核指标。

（六）保障城区运行，织密“智能防护”一张网

在新冠肺炎疫情、复工推迟、安全生产事故等多重因素影响下，区建管委快速应对、吸取教训，进一步落实责任，不断提升城区服务保障能力和安全运行水平。

一是推进一网统管建设。加快应用场景研发，突出实战应用。坚持“跨领域、跨部门、跨层级”，打破数据壁垒，整合历史风貌保护、民宿、业态、智慧交通等信息化平台，明确精品场景—历史风貌保护的场景框架和深化方向，打造综合应用场景。建立工地智能监管信息系统，实现实名制登记等人员管理，危大工程监测等安全管理，扬尘监测、渣土

冲洗识别等文明施工管理，提升工地管理效能水安全。搭建了区防汛防台应急指挥平台，并于7月31日在区应急联动中心首次启动运行，并于城运中心、应急联动中心明确启用规则，实现平战结合。

二是狠抓水安全保障。4月26日，召开防汛办主任（扩大）会议，进一步研究部署防汛工作。5月29日，召开全区防汛动员大会，全面部署、投入战斗，确保一方平安。进一步落实防汛责任，完成防汛指挥体系调整。推进防汛基础设施建设，完成龙华西路334弄、日晖二村、虹梅南路96弄，邹家宅等积水小区的整治，白猫厂一线堤防完成临时防汛措施。开展防汛隐患排查，累计完成各类市政管道疏通300多千米、清捞窨井约1.4万座次、清捞茄莉井将近2万座次、伸缩缝修理160余条；持续加强能力建设，邀请市防汛办为徐汇区防汛干部开展专题辅导，全区累计组织培训39次、应急演练39次。今年防汛徐汇区累计启动防汛防台Ⅴ级响应24次、Ⅲ级响应6次，成功应对台风“黑格比”，确保城区安全运行。

三是持续营商环境优化。持续推进工程建设审批改革，优化审批流程，提升政务服务能级。继续做好消防审验工作，将消防审验嵌入建筑业管理全流程，确保监管合理高效。疏导客观存在的大量调整使用功能的装修需求，出台《徐汇区涉及功能性调整的装饰装修工程的审批监管实施意见》，激发经济活力。打造“金牌讲师团”开展政策宣传培训、持续推进“两集中”，更好地服务区内企业，提高企业的办事效率。

四是强化安全生产落实。充分吸取事故教训，责令事故工地停工整改，开展安全大检查，督促企业全面落实安全生产主体责任。开展大型起重机械专项检查、“安全生产月”建筑工地互查、消防安全集中专项整治、举办安全生产宣教活动、制作安全生产警示视频、发放安全生产宣教学习包等，进一步落实监管职责，狠抓人员、设施和流程管理。继续加强限额以下工程管理，深入推进社区工程咨询师制度落地见效，赋能街镇加强小额工程管理。出台《徐汇区建筑工程施工单位“灰名单”管理制度实施办法（试行）》，落实参建单位安全生产责任。

2020年，是“十三五”收官之年，区建管委按照区委、区政府要求和部署，大力推进各项重点工作，取得了一定的成效和进展。建管委的工作任务重、头绪多、时间紧、压力大。区建管委之所以能顶住压力直面挑战，各项工作开展有序，一是因为区委、区政府领导的高度重视和大力推动。领导亲自关心、指挥坐镇、协调推进，确保难题难点解决。二是因为各兄弟部门和街镇的理解支持。各部门、条块交流坦诚、相处融洽、互相体谅，确保工作顺利开展。比如水环境治理过程中，房管局主动担当，生态环境局提前预警，各街道镇也是主动跨前，各部门相互尊重、配合和帮助。三是因为建管委自身队伍能吃苦、肯奉献、有担当、顾大局。在面对水环境治理、安全生产大检查、疫情防控、进博会保障等工作时，区建管委的队伍心往一处想、劲往一处使，不讲工作日休息日，只要工作需要，召之即来、来则能战。

徐汇区绿化和市容管理局

2020年是全面建成小康社会和“十三五”规划收官之年，是“十四五”规划的谋篇布局之年。区绿化市容局深入贯彻落实习近平总书记重要指示精神，践行“人民城市人民建，人民城市为人民”重要理念，在区委、区政府的有力领导下，统筹抓好新冠肺炎疫情防控和提升区域绿化市容行业管理水平，确保各项工作有序有力推进。

一、进一步提高站位，围绕中心工作凝心聚力

持续深化巩固“不忘初心、牢记使命”

主题教育成果，深入开展“四史”学习教育，不断提高政治站位，在统筹疫情防控和行业管理中服务区域大局，体现行业作为。

（一）深化“四史”学习教育，夯实基层党建

1. 学习教育增强政治建设。结合行业工作目标，分层分类有序推进“四史”学习教育。2020年，局党组组织专题学习会20次，基层党支部开展主题党日活动74次，参与各类“党课开讲啦”活动55次，班子领导到联系点讲党课11次，支部书记讲党课11次，开展“走一走、悟一悟、讲一讲”微党课活动，形成行业微党课路线22条、精品微党课路线5条。

2. 主动担当体现政治觉悟。在疫情防控工作中，组建10支临时党员突击队，全身心投入绿化市容环卫一线服务保障，先后组织25批次132人次机关事业单位党员、干部参与南站、社区、机场防疫志愿服务。

3. 严抓严管全面从严治党。与基层单位签订基层党建、党风廉政、意识形态工作目标责任书。制定全面从严治党责任清单，深化“四责协同”机制，推进“三不”一体化；对下属4家企事业单位开展“四合一”专项检查，查找短板和漏洞，督促落实整改。

（二）抓好疫情防控常态化工作，加强行业管理

1. 建立和完善疫情防控工作机制。及时成立局疫情防控工作领导小组，完善相应预案，陆续制定下发5份局系统落实防控责任和防控措施的文件，6份行业专项操作规范。年末高度重视秋冬季节疫情反弹防控准备工作，修订年初疫情防控行业标准，统筹抓好疫情常态化防控和进博会市容环境保障，完善防控物资储备。

2. 加强行业管理常态化防控举措。全区共落实23辆专用车辆，46名工作人员每日清运定点医疗机构和居家观察点生活垃圾18.69吨/日；全区95座公厕每日开展不少于3次的消毒工作，进一步落实粪便清运消毒、防护作业要求；加强公园绿地等公共场所常态化防控工作以及野生动物疫源疫情日常监测，及时、妥善处理异常情况。

（三）提升行业服务实效，优化营商服务环境

1. 主动对接专属绿色通道。走访对接企业跨前服务，针对总部设在徐汇的规模外资企业，开通审批事项服务咨询绿色通道，以“专属店小二”模式提供“专人对接、提前服务、全程指导”的管家式服务。

2. 大力推动“全程网办”。承接市局新下放审批事项4项，规范优化已下放审批事项流程3项。23项政务事项全部对接“一网通办”平台。2020年，共计受理线下审批申请767件，线上行政协助事项27件，其中准予行政许可决定741件，平均办理天数3.6天，较法定时间平均提速73%，较承诺时间平均提速31%。

3. 抓好两张网融合。推进绿化市容行业“一网统管”智能化应用场景开发和对接工作，上线生活垃圾分类和店招牌智能管理应用场景，打造实战管用的管理平台。

二、进一步聚焦精细，围绕行业实际提能增效

2020年以来，面对突如其来的新冠肺炎疫情，区绿化市容局按照区委区府统一部署，积极应对、优化调整，坚持稳中求进工作总基调，提升城区精细化管理水平。

（一）垃圾分类注重实效

从分类减量数据来看，2020年，徐汇区干垃圾量控制量为643.39吨/日，湿垃圾（含餐厨垃圾）分类量达446.58吨/日，可回收物分类量达246.3吨/日，均完成年度工作指标。95%以上居住区、单位分类达标，13个街镇全面创成示范街镇，徐汇区创成2020年度“上海市生活垃圾分类示范区”。

1. 落实区级联办职责，巩固“垃圾分类示范区”创建成果。

落实区委、区政府全区垃圾分类“三步走”的工作部署，确保《上海市生活垃圾管理条例》有效实施。一是牵头指导。与区地区办共同牵头制订区级工作方案，会同区城管执法局等部门定期开展联合执法检查。编制垃圾分类指导图册和机关、医院、学校等十大行业垃圾分类工作指引，推动各成员单位、各街镇更加高效的落实垃圾分类工作，凝聚强大合力。二是督促推进。每季度召开联办会议，形成工作通报，表彰先进、鞭策落后。落实沿街商铺上门分类全覆盖，推广湿垃圾车车载计量技术。三是评价分析。每日安排第三方对小区进行巡查，适时调整巡查模式，加强对不达标小区的复查频次，及时通报，督促整改，推动补足工作短板。

2. 优化两网融合体系建设，提升生活垃圾“资源化”率。重点推进两网融合工作，完善垃圾分类减量化到资源化长效管理机制。一是完善“点站场”体系。积极与城投集团联动合作，基本建成徐浦基地区级集散场。目前全区共有886个两网融合服务点、4个中转站、1个集散场。二是优化运行模式。推行两网融合的“回收管家”，实时掌握社区回收、物流运输等数据信息，同时在部分社区实现网上申报回收，打造徐汇区工作品牌。三是落实保障政策。根据区级低附加值补贴政策和工作实际，编制补贴政策实施细则，会同区商务委定期开展可回收物回收工作检查，根据主体企业申请启动和落实低附加值可回收物专项补贴，为主体企业在徐汇区开展各项回收活动提供政策保障。

（二）环卫服务提升能级

1. 深化分类收运。共配置湿垃圾车73辆，在全面保障分类收运的基础上，在部分居民区探索试点夜间增加湿垃圾收运频次，切实缩短湿垃圾滞留在居民区的时间。设置收集车分类标志，做好沿街商铺上门分类收集的同时开展垃圾分类宣传推广。推进落实装修垃圾专营制度，制定徐汇区装修垃圾清运作业标准及规范，充实清运力量，逐步缩短装修垃圾在居民区的滞留时间。

2. 落实高标准保洁。编制徐汇区高标准保洁工作方案，在徐家汇商圈、徐汇滨江、衡复风貌保护区等8个重点区域指导各环卫公司按照相关工作标准，因地制宜，制订一区域一方案，在165地区等重点区域落实11辆新型保洁机具，创新链式保洁、立体保洁等各类保洁工作模式。

（三）绿化景观精细管养

聚焦公共绿地、街心花园品质提升和绿化精细化管理等工作，努力提升徐汇绿化品质，打造具有亮点的城区绿化景观。

1. 拓展绿量，稳步推进项目建设。新建春申塘、报业大厦等各类绿地11.89公顷（其中公园绿地3.07公顷）；新建关港、龙华港等城市绿道5.3千米；新建华东理工大学、漕开发园艺文化园等立体绿化3公顷；有序推进林荫道创建和命名工作，以悬铃木为特色的高邮路被命名为上海市林荫道，肇嘉浜路中央隔离带被评为上海市绿化特色道路。

2. 以点带面，提升景观品质。完成肇嘉浜路、漕溪北路中央隔离带景观灯光提升以及漕溪北路行道树和南站南北广场天桥灯光改建工作。提升街心花园面积约 19000 平方米。针对衡复风貌区，完成高安路、康平路、聂耳绿地、兴国路小游园和长岛绿地等景观提升，为市民提供更优质的绿色公共空间。针对龙华烈士陵园周边，推进综合改造，针对整体风格和区域特色，整体提升公园绿地、树穴盖板、花箱花槽等景观面貌。针对区属公园，着重提升东安公园、徐家汇公园等区属公园园艺水平，突出“一园一品”。

3. 探索创新，提升精细化管养水平。一是科学化治理。开展“2020—2022 年悬铃木果毛飞絮防控治理三年行动计划”，与公安、电力、街道、交通中心等相关部门配合，通过控高修剪、物理冲刷、药剂防控等方式，大力减少悬铃木飞絮对环境的影响。二是精细化养护。对重点区域内公共绿地、花箱花槽等开展巡查工作，确保重点区域绿化景观面貌良好。在植树节、国庆节等重要节点，通过“云植树”“鲜花快闪”等线上线下活动，提升市民参与感和获得感。三是智能化管养。在肇嘉浜路中央隔离带和高安路增设智能化浇灌系统，实时采集绿地中土壤的温度、湿度、酸碱度等数据，形成数据分析报告和养护管理方案，进一步降低能耗、提高效能。

（四）市容环境逐步提升

做好沿街市容治理、建筑立面美观等方面的市容提升工作，2020 年下半年徐汇区市容环境卫生状况社会公众满意度总体评价结果为 84.29 分，位列全市第二。

1. 完成“美丽街区”第一轮建设工作。2020 年是“美丽街区”建设三年行动（2018—2020）收官之年，按照市精细办统一部署，徐汇区三年累计推进“美丽街区”建设项目 26 个，打造了一批如徐家汇商业区、衡复历史风貌区等具有徐汇特色、标杆性的建设项目，形成“一街区一方案”，其中衡复历史风貌区建设形成覆盖道路上立面、平面等 7 大类 38 项内容的整治导则、设计通则，因地制宜，全要素提升。

2. 做好各项进博会市容环境保障工作。研究制订《徐汇区第三届中国国际进口博览会和迎接国家卫生区复审市容环境保障方案》，完成整改市保障组巡查发现典型类问题 600 余处，协调推进包括户外设施综合整治、景观灯光照明、重点道路两侧沿街外立面整治和提升等共 140 项具体工作内容。

3. 开展户外设施实施方案编制工作。协同区规划资源局启动制定《徐汇区户外广告设施设置阵地实施方案》《徐汇区户外招牌设置导则》《徐汇区重点区域景观照明规划实施方案》，加强全区景观的顶层设计。

三、服务民生需求，保障城区安全运行

（一）深入谋划研究，高质量编制“十四五”规划纲要

紧密对标市、区“十四五”规划，结合行业实际，优化战略目标和发展方向；认真谋划区绿化市容局后五年工作规划，启动区绿化市容局“十四五”规划编制。经过 5 轮意见征询，实地走访调研 6 次，召开利益相关方听证会，切实把社会、群众、专家等相关方面的意见建议充分吸收到规划编制中，并按相关部门意见进一步修改完善成果。抓紧“十三五”冲刺收尾，明确“十四五”重点工作，提前启动，实现收官和开局工作迅速对接，体现规划的战略导向作用。

（二）以市民满意度为目标，强化为民服务意识

通过门户网站、微信公众号、12345 市民服务热线等平台，及时回应社会关切和舆论关注，规范处置流程，提升服务质量，促使市民诉求实际解决率、满意度得到“双提升”。2020 年共受理市民热线诉求 2512 件，各类信访 78 件，市民满意率 97.08%。

（三）压实行业责任，守牢安全底线

坚持“管行业必须管安全、管业务必须管安全、管生产经营必须管安全”，细化安全生产责任，做好局系统应急预案编制工作，研究制定安全生产和防台防汛责任三清单，谋划制订局系统安全生产专项整治三年行动计划。针对高温、汛期、寒潮等季节特点，加强行业各重点领域的风险隐患排查，确保徐汇区绿化市容行业各项工作运行安全。

（五）长宁区

长宁区建设和管理委员会

2020年是“十三五”规划的收官之年，在区委、区政府的坚强领导下，区建管委深入贯彻落实习近平总书记人民城市建设重要理念，按照“谱写长宁国际精品城区新篇章”的要求，围绕区委区政府重点项目、市条线部门考核项目、实事项目、代表建议与委员提案等工作，克难攻坚，持续发力，重点做好以下几方面工作：

一、坚持攻坚克难，持续推进架空线入地整治

架空线入地和合杆整治是城区精细化管理中的两块“硬骨头”之一，区委、区政府高度重视，2020年，按照“架空线入地及合杆整治2018—2020三年行动计划”竣工60千米的规划目标，制定了开工32千米以上、竣工25千米以上的目标。目前，在电站建设方面，38座电站已建成18座，56台箱变已完成23台，土建验收、电器设备安装正在陆续开展。在管线施工方面，已完成新泾六村片区金钟路、平塘路、清池路等3.2千米道路竣工。下一步，按进博会后、12月底前、春节前三个时间节点总体推进、分段割接、分批竣工，狠抓落实。进博会后完成仙霞路东段、中山西路北段、天山西路西段、广顺路、协和路6.99千米道路停电割接；12月底完成仙霞(西)路西段、中山西路南段、天山(西)路东段9.31千米道路停电割接，以及临空片区5.34千米道路合杆；春节前完成古北路2.28千米停电割接。实际年度开工量为新开工39千米，实际年度竣工量为27千米。

二、围绕城区功能，加快推进重大工程建设

市重大工程方面，积极配合市建设单位开展北横通道、轨交15号线、10号线动物园交通枢纽等重大项目建设，其中，北翟快速路已配合市建设单位完成地道匝道和地面道路建设，15号线完成长宁区三座车站主体建设，计划年内实现通车。北横通道江苏路匝道等项目建设有序。

区重点项目方面，区建管委牵头梳理形成区级重大工程清单，明确娄山关路445弄、电子学校等区重点项目，全力协调前期手续办理和项目推进过程中的重点、难点问题。此外，区建管委作为建设主体，积极实施一批重点市政项目建设，双虹路（绥宁路—迎乐路）道路新建工程已实现完工，临空核心四街坊C形天桥工程已进入施工收尾阶段，全力推进古北路（天山路—仙霞路）、种德桥路（昭化路—武夷路）等道路，力争年内开工。同步启动一批重大市政基础设施项目的前期研究，开展安西路（延安西路—武夷路）、牛桥浜路（安西路—番禺路）等项目前期研究工作，充分论证项目建设的必要性和可行性，为“十四五”做好储备。

三、注重规划引领，启动“十四五”规划编制

委内成立“十四五”规划编制领导小组，每周召开例会研究“十四五”规划编制工作。其中，由区建管委牵头负责的《长宁区城区建设和综合交通“十四五”规划》《长宁区城市管理精细化“十四五”规划》已按照时间节点编制完成，经过不断修改完善，及时报送区“十四五”办，并全力配合区相关部

门做好各类专项规划的共同编制。同时，积极开展“十四五”期间重大交通建设项目”专题研究，配合开展“‘十四五’期间重大项目”专题研究，初步成果已报送区十四五办。重点研究外环线抬升配套路网建设、轨道交通选线优化及站点加密等重大项目。

四、对标精品城区，牵头推进城区精细化管理

2020年是精细化管理三年行动的收官之年，区建管委牵头相关部门及街道（镇），对2018—2019年美丽街区创建工作进行全面评估，对愚园、武夷、新华、番禺等“4+X”条街区在做好评估的基础上，统筹制订2.0版提升方案，并积极会同区市政市容联办充分发挥“指导、协调、督查、考核”的平台作用。牵头各街镇和临空园区，开展内部道路梳理排摸工作，全区256条内部道路形成“一路一方案”。市政道路管养方面，针对不同路况采取“科学分类，辨证施治，区别对待，对症下药”的办法进行养护：重点路段坚持重点养护，重点投入，优先保畅，做到路面无病害、沿线设施完好，确保达到优良道路标准；一般路段坚持做到路面无坑槽、沿线设施齐全完好；薄弱路段采取保持性养护，做到路面填补平整，沿线设施基本完好；特色路段坚持高标准养护，因地制宜，自力更生，突出特色、亮点。

五、聚焦民生实事，大力推进民生工程

一是完成易积水道路和小区积水改造任务。在入汛前完成了15条易积水路段管道主管及支连管的全面疏通。中山西路、翠钰南路、安顺路3个点位贯通工程已全部完成。此外，芙蓉江排水系统提标改造课题基本完成，建立了芙蓉江系统数学模型。29个易积水小区中，14个小区通过加强内部管道疏通完成整改，10个小区采用驼峰和单向阀简易措施完成整改，5个小区完成了“小包围”改造。二是持续建设一批静态交通保障项目，完成区域内15个出租车候客点打造，完成10个点位571个共享停车泊位落地，完成157个新能源充电桩设施建设，以上全部提前完成年度目标。下一步，重点加快推进延安西路（古北路—遵义路）非机动车道工程、长宁路曹家渡公交港湾站改造等新一批交通缓拥堵点位改造。三是苏州河长宁段11.2千米已实现全线贯通，今年以来全力推进苏州河长宁段公共空间贯通，串联起10个不同功能与主题的公园绿地；新泾港慢行系统一期（淞虹路—可乐路）景观提升项目已进入竣工验收阶段；新泾港慢行系统二期改造工程正在全力实施，计划年内完工。下一步持续推进新泾港慢行系统二期景观提升项目相关管线手续办理；继续推进中新泾口袋公园绿道建设；继续推进虹桥路至平溪路、北翟路到天山西路步道建设。

六、放眼空间密度，深入实施城市更新战略

深入推进城市更新三年行动计划，牢固树立“以亩产论英雄”导向，按照“规划引领，项目带动”的工作原则，进一步做好“50+X”项目的统筹协调和推进，以项目盘活土地资源，以更新焕发空间活力。目前50个城市更新项目中已完成17项，在建22项，正在办理前期手续的3项，深化研究的8项。“X”范围项目目前在建4项，正在办理前期手续。

下一步，将督促各牵头单位对标对表，保持政治定力、工作定力，落实主体责任，按照年度目标要求加紧实施，针对各项目现状优化节点、加速推动。做好在建项目、前期手续办理项目和尚在深化研究项目之间的衔接工作，分类施策、精准发力，确保“全年要完成50个项目60%（30个）”的工作目标。同时，入冬期间继续做好疫情防控、安全生产与文明施工工作，在严格落实防疫措施、加强安全监管的基础上，确保项目保质保量地完成。

七、助力经济发展，积极推进经济载体建设

立足全区经济发展大局，区建管委积极从建设管理领域为区域经济发展提供经济载体。原计划开工4个项目，由于新华路街道49街坊16/6丘D1-13地块（上生新所二期项目）受疫情影响，上生所受中央委托全力进行新冠疫苗的研发和生产，该项目进展滞缓，建设单位已向区规划资源局提出延期开工申请，调整开工时间至2021年5月24日，故截至年底开工了3个原计划开工项目，即仙霞街道158街坊6/1丘R2-04地块（原澳华市场办公项目）、天山路街道115街坊9/2丘B7-2地块（仙霞南丰城）和程家桥街道249街坊5/1丘Ⅳ-R-07地块（春秋航空总部办公楼）项目，总建筑面积为163048平方米。

此外，已实现开工1个预备项目，即程家桥街道250街坊Ⅱ-N1-05地块，于9月14日取得了桩基施工许可证，总建筑面积为49625平方米。2020年实际总开工项目4个，总建筑面积为212673平方米，超出原计划开工目标187032平方米的13.7%。

八、着眼生态品质，持续强化水环境治理

夯实区河长制湖长制工作，完善区河长制湖长制工作联络员沟通协商机制，确保各级河长巡河达标率为100%，促进各级河湖长能在“巡、盯、管、督”上做好文章。以水安全、水景观、水生态为核心，提升水环境治理能力。启动了生态清洁小流域建设规划编制，分成新泾港和外环西河2个小流域，结合各自流域特点进一步稳定河道水质、提升水生态品质。以“强监管”为主线，积极开展水土保持监管及河湖“清四乱”工作。以提高精细化管理水平为目标，加强常态养护，完成1.9千米苏州河低标防汛墙和新增海烟物流段535米防汛墙的改造。

持续聚焦改善水环境面貌，2020年1—10月长宁区9个市考断面均值全部达标，36个断面平均无Ⅴ类水质，其中Ⅱ类水水质断面2个，Ⅲ类水水质断面20个，Ⅳ类水水质断面14个。

完成雨污混接综合整治攻坚战任务。长宁区531个各类雨污混接点位中，41个市政混接点位、222个沿街商铺混接点位和14个其他混接点位已于2017年和2018年完成整治改造。2019年主要完成了109个企事业单位和145个住宅小区雨污混接整治改造工作。今年主要是完成了所有改造点位的内外业销项工作，531个雨污混接点位在今年8月底全部完成销项验收。同时，对采取末端截流改造的160处点位，安装了在线监测装置。

九、聚焦城区稳定，全力抓好安全生产

围绕人民群众的“安全感”，进一步补齐管理短板，进一步提高政治站位，进一步牢固树立安全发展理念，进一步建立健全安全监管常态长效机制，进一步落实安全监管和防范措施，守住安全稳定底线。

一是切实强化在建工地管理。建立并完善管理业务流程、发现机制、报送机制、相关职能部门联合执法机制，形成从隐患排摸梳理、标志警戒到制订整改方案、落实整改措施、风险隐患销项等的封闭管理链。对全区土建项目危险性较大的工程进行全面排摸，在强调防疫工作的同时逐步开展对施工过程安全管理顽症治理，对未报先建、高处坠落、大型机械、起重吊装、有限空间中毒窒息、深基坑坍塌等重大危险源和装饰装修改造项目突出安全隐患进行重点整治。二是切实强化燃气安全管理。开展春节和两会期间燃气安全管理工作，形成常态化的巡查、监督和执法相结合的工作模式。开展加快推进本市燃气地下隐患管网及居民住宅燃气表前高龄地上燃气管道更新改造工作，将20世纪80年代铺设、已陆续进入高龄期的燃气管道进行全面的升级，在摸清底数的基础上，对用户开展使用环节事故隐患的排查和治理，切实消除用气隐患，目前已完成1.89万余户，超额完成1.7万户的市下达目标。三是切实做好防汛防台工作。区建管委与区应急局共同承担防汛指挥部办公室日常工作，成功抵御了“黑格比”等台风和暴雨侵袭。今年，采用“外紧内松”的响应模式，内部提高应急响应等级，指挥部领导、指挥部办公室领导靠前指挥，会同各防汛成员单位推进防汛隐患排查梳理及整改落实，强化落实24小时值班制度和预警加强值班制度，为安全度汛打下扎实基础。下一步，将继续严防死守，严阵以待，全力确保城区运行一方平安。

长宁区绿化和市容管理局

2020年在区委、区政府的坚强领导下，区绿化市容局系统全体干部、职工紧紧围绕建设国际精品城区目标，齐心协力，努力拼搏，疫情防控保障有力，第三届进口博览会市容环境保障任务圆满完成，生活垃圾分类成果进一步巩固、市容环境卫生状况满意度测评保持全市前列，较好地完成了各项工作任务。

（一）疫情防控保障工作坚强有力。“疫情就是命令，防控就是责任”，思想上始终高度重视，全局系统上下一致，牢固树立疫情防控工作重要性，以最高要求和标准检视各项工作；行动上积极主动落实，按照区委区政府疫情防控统一部署，自疫情开始区绿化市容局迅速投入疫情防控保障工作中，有力保障居住区观察点和医疗集中观察点生活垃圾定时定点封闭式收运、中转工作，截至12月上旬共清运居住区观察点和医疗集中观察点生活垃圾523.8吨；严格落实疫情防控措施，尤其做好一线作业人员个人防护工作；增加环卫设施、公共厕所、公园等公共场所保洁和消毒频次，切实保障公共区域环境卫生安全。局系统共有47名志愿者积极参与浦东机场和街镇一线疫情防控工作，为打赢疫情防控阻击战不懈奋战。

（二）第三届进博会市容环境保障任务圆满完成。区委、区政府高度重视进博会保障工作，主要领导、分管领导多次专题听取汇报、深入现场踏看，明确组织架构，锁定18+X目标任务，保证持续稳固的经费投入。区市政市容联办发挥平台作用，统筹协调市容环境保障和城市建设组成员单位，制订《保障方案》，明晰任务要求，修订《项目管理办法》规范操作流程，完善紧逼督办机制强化问题快速整改销项，确保进博会18+X项目和苏州河沿岸区域市容环境整治提升工作如期完成，特别是虹桥路、延安西路、新泾六村等重点道路点位市容环境、绿化景观保障均按时保质保量落实到位。完成绿地整治提升9784平方米、更换行道树穴盖板42副；布置进博会花坛花境1385平方米、主题景点换花1处、更新水滴型花箱2988只、中隔带花箱1740组、高架桥花柱11根，用花量约为22.7万盆。落实展会期间防疫、市政、绿化、环卫、辅助队伍等力量叠加，以一流的城区环境保障进博会精彩召开。

（三）持续深化巩固生活垃圾分类工作成效。全区已建立生活垃圾四分类物流收运体系，完成居住区569个可回收物固定服务点、1312个分类投放点升级改造工作；生活垃圾分类管理体系进一步完善，区分减联办牵头，各街镇属地化管理，相关行业部门积极参与的管理机制更加完善，运行更加高效；生活垃圾分类实效进一步显现，全区干垃圾控制量、湿垃圾分类量、可回收物分类量均好于规定指标，生活垃圾资源化利用率达63.01%。

（四）环卫设施改造提升有序推进。环卫设施功能得到有效提升，完成2座生活垃圾压缩站、13座公共厕所及4座道班房外立面美化及内部功能性改造，环卫工人日常休息环境得到改善。环卫设施建设有序推进，新泾环卫作业综合管理站新建项目南块已完成结构封顶、北块预计2021年春节前完成结构封顶；古北环卫作业综合管理站重建项目完成基坑开挖。

（五）绿化重点项目建设落到实处。完成新建公共绿地1.0043万平方米、立体绿化3.0774万平方米；完成5千米标准化绿道改造提升项目；完成虹古路（北虹路—林泉路）市级林荫道创建工作；完成伊水园街心花园建设；配合城市更新美丽街区建设完成江苏路、华山路、武夷路特色街区绿化改造提升工作。

（六）违法户外广告、招牌设施整治工作进展顺利。违法户外设施整治进一步加强，今年列入市局督办整治范围的3块户外电子显示屏、34块户外走字屏整治工作已全部完成；市局重点督办的46块屋顶招牌及大型侧招，已拆除42块，完成率91.3%；户外广告设置审批进一步规范，33幢商业楼宇291个规划户外广告点位中，完成设置211块，完成审批203块，审批率96.2%。

（七）精细化管理工作取得实效。牢固树立“人民城市人民建，人民城市为人民”重要理念。公园服务水平不断提升，中山公园、天山公园、延虹绿地通过开展园艺大讲堂活动、调整植物布局、增设花境植物品种、二维码铭牌等一系列措施，丰富市民游园体验；今年8座公园公厕改造，按标准配备第三卫生间并兼有母婴室功能，公园设施更加人性化；公园绿地管养、保洁惩退机制不断完善，针对重点区域、特色道路采取区别化管理，有效促进公园绿地管养、保洁水平；城区高标准保洁水平不断提升，通过购买新型保洁机具、配齐人工精细化保洁用具、优化保洁模式等措施，使道路环境更加干净整洁，兴国宾馆周边、中山公园、愚园路街区、淮海路沿线长宁段、江苏路、古北国际广场区域和虹桥路成功创建成高标准保洁区域（道路），创建面积达到51万平方米，约占长宁区环卫保洁面积的10%。市容环境责任区管理制度深化落实，充分发挥门责指导员和自律组织作用，加大“我的门前我清洁、我的区域我负责”宣传力度，固化“五大十清”机制，开展每月15日“环境清洁日”活动，使街容街貌更加干净有序，市容环境市民满意度测评保持全市前列。

（八）“一网通办”和“一网统管”工作进一步优化。形成“前台收件、后台办理，集中收件、分散办理”工作机制，区绿化市容局22项许可事项线上、线下均可办理；以高效办成一件事为目标，推进大树修剪迁移、大型户外活动申报公共服务事项上线运行；积极推动“双减半”“批管分离”工作落实，审批更加高效，监管更加有力，目前全部审批事项承诺办结时间比法定办结时间压减70%；完成建设区级垃圾分类“一网统管”系统——“长宁区垃圾分类体系智管平台”，已在“长宁区一网统管城运平台”上线，列为“应用市集”管理模块之一，整合局属环卫条线各信息化系统，完成居住区湿垃圾和装修垃圾清运过程监管功能的开发，并同步在虹桥街道试点运行，基本实现源头分类管理、日常检查评分、收运过程监管、执法检查等功能，通过将管理过程标准化、系统化、可视化，实现全过程精细化管理，形成具有长宁特色的垃圾分类管理信息系统。

（九）党的建设不断加强。加强党建引领，发挥基层党支部战斗堡垒作用，按照新时代党的建设总要求，切实把管党治党责任落到实处。夯实基层党的建设。落实管党责任，形成一级抓一级、层层抓落实的党建工作格局；落实监管责任，牢固树立抓基层强基础的工作导向，指导三家环卫公司完成党支部换届选举，配齐支部领导班子。扎实开展“四史”学习教育。通过邀请专家学者、海南琼中挂职干部集中授课、专题讲座，组织系统“四史”知识竞赛、演讲比赛，参观红色教育基地、集体瞻仰，骑行党课、电影党课等多种形式，进一步坚定理想信念，提高党性锤炼。着力加强干部队伍建设。坚持政治标准和实绩导向，严格执行选人用人有关程序规定。2020 年，新选拔任用事业科级干部 3 名，企业正职 1 名，6 名机关公务员晋升职级。坚持不懈推动全面从严治党。严肃认真接受市委延伸巡视和区委巡察，区委巡察反馈的四方面 18 个问题，已经完成整改问题 17 个，另有 1 个正在调查处理中；市委延伸巡视反馈的问题已落实整改。制定局行政班子会议事规则、局党委会议事规则、局党委会关于“三重一大”事项集体决策制度的规定，全面规范议事和决策程序，加强责任监督，充分发挥局党委集体领导作用。

（十）安全工作、扫黑除恶工作保持常态长效。深入开展全局安全风险隐患排查整治，扎实推进安全生产专项整治三年行动，研究制定、建立应急处置预案、体系建设，对具体风险点及时整改，落实防范化解措施。持续深化扫黑除恶常态机制建设，制定渣土运输和绿化工程领域专项整治计划及专项斗争长效机制，重点加强对渣土运输、绿化工程建设领域行业乱象进行整治。完成中央督导组批转的 4 件督办单的核查复查工作，未发现涉黑涉恶现象和突出问题。

（十一）各项工作能力水平持续提升。宣传工作：结合行业特点，牢牢守住宣传阵地，吸取经验教训，加强人员思想分析，牢牢把握意识形态工作主动权；文明创建常态长效机制不断完善；工会工作：不断加强基层工会组织规范化建设。指导东联公司、西联公司、绿管中心、结算中心、局机关工会完成换届改选工作；东联公司韩伟伟荣获市绿化和市容行业“十佳城市美容师”，西联公司崔中周荣获“上海市劳动模范”称号；两会工作：完成两会期间 38 件人大代表建议、政协提案的跟踪办理。大调研工作：建立落实机关干部联系街镇工作机制，深入调研、协调解决难点问题。信访工作：局信访室共收到各类信访投诉 48 件，其中国家信访局转办件 3 件，均已办结，满意率 100%。热线工作：共收到各类热线投诉 2354 件，除 1 件延期办理外，其余全部办结。

（六）普陀区

普陀区建设和管理委员会

2020 年，在区委、区政府的领导下，区建管委（交通委、水务局）以习近平新时代中国特色社会主义思想为指导，深入贯彻习近平总书记考察上海重要讲话精神，凝心聚力、攻坚克难，面对突如其来的疫情，坚持稳中求进工作总基调，积极推动疫情防控和经济发展“两手抓、两不误”，全面推进城区建设管理各项工作。现将工作总结如下：

一、大力推进疫情防控及复工复产

（一）全力投入区交通道口及社区疫情防控工作

一是圆满完成 G2 花桥道口防疫工作。区建管委作为交通口岸管理组牵头单位，1 月 30 日开始全面负责 G2 花桥道口防疫工作，至 3 月 22 日共历时 53 天，全区共出动 12121 人次参与花桥道口防控工作，排查出重点地区来沪 16558 人，居家隔离 12433 人，集中隔离 39 人，劝返 757 人，运送医疗物资、就医等符合放行条件的 3329 人。二是与周边地区建立联防机制。2 月下旬，牵头嘉定、宝山与江苏太仓、昆山有关部门共同协商，签署普宝太、普嘉昆保障城市运行合作协议，建立疫情防控通勤证机制、疫情防控举措互认机制，累计发放人员通勤证 391 张，车辆通勤证 188 张。此外，主动牵头协调区卫健委、区城投公司、交通执法等部门，梳理包车检测流程，明确工作职责，开辟专用车道，自制自动测温通道隔离装置，建立查验通行证工作机制，自 2 月 21 日开始至 3 月 21 日，进沪大巴、中巴车辆共计 2102 车 31392 人。三是落实重要点位防控措施。按要求做好上海西站及交通大众客运站等重要点位的防控工作，严格落实上海西站入沪旅客测温登记防控，自2月5日起至3月11日，铁路西站到站旅客共计3646人，移交发热人员4人。交通大众客运站自1月26日实施封闭措施以后，于3月23日正式恢复营运，做到发送、到达人员测温全覆盖。四是支援社区携手共同战“疫”。广泛动员组织党员干部下沉社区，协助瑞香苑、莲花公寓等6个小区的居委干部开展体温测量、临时出入证检查等防疫相关工作。截至3月22日累计出动志愿者251人次，为构筑疫情防控人民防线提供有力支援。

（二）实施建筑工地科学防控，积极推动复工复产

一是优化方式助力市属重大工程复工。改进施工作业模式，采取小规模、分工种、分工序的作业方式，减少人员密集。积极对接项目单位，与务工人员属地政府“点对点”联系包车组织工人返沪，在安全可控、防护到位的前提下，有序推动工程开复工。二是主动问需解难题助复工。对区域内工程工地进行全面排查走访，排摸工地防疫现状及返沪人员情况，并主动跨前向工地了解复工计划安排、需求困难，实施点对点指导。排摸全区建筑工地物资情况，共享防疫物资采购渠道，通过对配备量较足的项目调拨支援，促进各项目互帮互助。三是精准指导有序高效复工。强化工地疫情防控主体责任，优化工地复工管理流程，按照上海市新冠肺炎疫情防控工作领导小组以及市住建委最新文件要求，持续简化工地复工程序。同时加强事中事后监管，督促参建单位结合疫情防控工作，合理安排施工计划，做到有序施工、分散施工，强化质量安全管理。

二、大力推动重大工程项目建设

（一）税收跟踪平台建设

2020年区建筑业税收平台面对建筑业工程项目税收不断减税降费及新冠肺炎疫情造成建筑业开工影响的严峻形势，进一步强化工作机制，积极稳妥推进普陀区建筑业留税工作。全年平台跟踪服务外建项目942个（同比增长240.07%），涉及跟踪总分包项目3124个（同比增长276.39%），跟踪合同总价642.94亿元。平台跟踪落税2.52亿元，与去年落税额1.55亿元相比，跟踪落税同比增长62.58%。完成235个税收异常项目欠税追缴工作，追缴税收入库1.15亿元，占跟踪落税额45.63%。

（二）市级重大工程项目建设

轨交14号线，普陀区段内5个车站主体已封顶，相邻区间已贯通，部分车站正在进行附属开挖及装饰安装施工。轨交15号线，已顺利通车。北横通道项目，中江路工作井结构段、筛网厂工作井结构段以及西段隧道内所有土建结构完成，主线结构贯通，主线隧道机电设备安装完成60%。武宁快速化改建项目，东新路至凯旋北路，敞开段地下结构完成90%，中山北路至中宁路地下结构完成，凯旋北路至中山北路交通翻交完成。苏州河深隧试验段完成1区竖井基坑开挖及基坑底板浇筑。云岭西排水系统总管完成建设，已于汛期发挥作用。

（三）苏州河沿线综合整治工程

苏州河普陀段在一阶段沿线19个断点贯通目标基本达成的基础上，继续向二阶段品质提升目标迈进，旨在通过对两岸沿线局部防汛墙“一改二”建设，打造更多亲水空间。半岛花园段、上海绿建、祁连山南路桥两侧、华东政法大学、康泰公寓段等岸段景观提升基本完成，剩余岸线段品质提升全力推进，同时积极推进隆德路桥等新增桥梁前期工作。

（四）架空线入地和合杆整治工程建设

完成铜川路（真华路—府村路）、光复西路（大渡河路—凯旋北路）、真南路（古浪路—武威路）等共计5.46千米的架空线入地和合杆整治工程建设任务，完成市考核指

标竣工5千米的任务。积极推进中山北路、宜昌路、曹杨路等路段的架空线入地和合杆整治工程建设。继续按照集中、成片的整体原则，基本覆盖重要区域、风貌道路以及内外环间主次干道，同时结合市委、市政府“一江一河”“美丽道路”等重点工作，开展2021—2023年新三年架空线入地和合杆整治整体计划的研究工作。

三、积极推动区内市政基础设施建设养护

（一）区区对接道路建设

真光路（云岭西路—金沙江路）、桃浦西路（古浪路—区界）基本建成。继续推进金昌路—交通路新建改扩建项目。

（二）新、改建道路工程

武威路（真南路—祁连山路）、南郑路（宁川路—真华南路）、三源路建成打通；常和路（真南路—祁连山路）等道路正在施工；加快推进南郑路（宁川路—规划兰田路）、绿棠路（金昌路—真南路）、绿兰路（金昌路—真南路）等其余道路工程。

（三）市政府、区政府实事项目

完成万镇路（梅川路—金沙江路）、洛川路（沪太路—泾惠路）、花家浜路（棕榈路—香樟路）3条道路积水改善工程和道路大修工程，完成15个出租车候客站点建设及9个港湾式公交车站改造。推进梅川路等积水改善及道路大修工程的前期工作。

（四）市政水务设施日常养护管理

继续做好市政基础设施日常养护维修、桥梁养护管理、交通设施整治改造、排水设施整修、河道堤防巡查养护管理及泵闸安全运行管理，着力提升城市品质。积极参与全市各类创建评选活动，开展枣阳路（金沙江路—光复西路）、真北路（铜川路—梅川路）等7条道路“2020年上海市精品示范路”创建工作，南北厅获评上海市第二届“最美河道”，新槎浦普陀段获评上海市第二届“最佳河道整治成果”，朝阳河成功创建成为普陀区第一条三星级河道。

四、稳步推动河道水环境治理

（一）进一步深化落实河长制工作

继续完善全区河长体系设置，加强运用“上海河长”App巡河，提高各级河长巡河达标比例，全年区级河长巡河22次，街镇级河长巡河433次，各村居河长巡河3900余次，并均按要求处置巡查中发现的各类问题。以河长制标准化街镇建设为抓手，在曹杨街道、石泉街道成功创建为上海市首批河长制标准化街镇的基础上，重点推进桃浦、长征、真如3个街镇的创建工作，推进桃浦镇开展村居河长制工作站建设。

（二）不断提升河道水环境质量

根据全年水质监测结果，本区10个市考水环境监测断面均达到考核要求；纳入市河长办考核的63个区管以上监测断面全部合格，消劣清单中的桃浦河、西浜、劈洪浜、俞店浦、阳光威尼斯河、建德花园湖6条河道全部达标，完成消劣任务。针对跨区河道，主动对接嘉定和宝山，通过区区联动，有效推进跨区河道的协同治理。

（三）加快推进苏州河支流环境整治

基本完成智慧城一期、真如港（除红旗村段）综合整治工程，继续推进金昌河、智慧城二期、蔡家浜及规划一号河等河道整治工程建设，实施桃浦河稳定消劣项目，推进长浜、桃浦湖综合整治工程等项目的前期工作。完成河道水利工程整治长度3.7千米的考核目标。全区水面率达到3.65%以上。

（四）节水及水土保持等其他工作

制订并印发本区节水行动实施方案。完成编制区生态清洁小流域建设规划。制订《普陀区水务局水土保持审批与监督管理实施方案》，开展水土保持监管，受理、办结水土保持方案审批38件，严格查处违法违规行为。

五、强化规划建设和建筑业管理

（一）编制“十四五”规划

完成《普陀区市政基础设施和水务建设

"十四五"规划》及《普陀区城市管理精细化"十四五"规划》的编制工作。

（二）做好全区城市管理精细化牵头组织工作

积极对接市、区相关部门，落实市精推办各项工作要求，做好上传下达，协助市精细化管理工作领导小组推进各项工作。协助开展辖区内铁路沿线环境整治，普陀区共有21个铁路点位，已全部完成整治。

（三）推进行业新技术发展与应用工作

落实装配式建筑9项。落实绿色建筑二星级7项、三星级4项。落实BIM技术运用项目13项。根据《上海市普陀区海绵城市建设规划》和《普陀区海绵城市建设项目三年实施计划（2019年—2021年）》的文件精神，落实新建建筑海绵指标，推进各类项目海绵措施落地。持续推进建筑节能相关工作，共完成建筑楼宇分项计量安装工程5栋，开展楼宇能源审计10栋。

（四）落实联审管理、玻璃幕墙、无障碍设施等工作

牵头建设工程联审平台审批，形成高效综合竣工验收工作体系，优化营商环境，共完成施工许可审批136项，其中房建类项目27项，装饰装修类项目109项；共完成竣工验收审批35项，其中房建类项目17项，装饰装修类项目18项。开展公共建筑玻璃幕墙管理，根据年度工作计划，已完成全区既有玻璃幕墙公共建筑楼宇843栋普查工作，巡查发现70栋建筑存在安全隐患，均已完成整改。完成2020年度无障碍设施新增及维护实施建设工作，根据国家无障碍环境市县乡村镇创建工作部署，完成普陀区无障碍环境达标创建任务。

（五）不断提升建设行业规范化管理水平

坚守质量监管底线，采取日常抽巡查与各类专项检查、综合执法检查相结合，落实参建各方主体责任。实现新改扩工程质量标准化工作全覆盖，重要建材信息报送全覆盖。积极推进住宅质量潜在缺陷保险制度。规范加装电梯施工管理，努力做好加装电梯这项民生工程。推进招投标工作执纪守法，施工招投标技术甄别系统应用能力初步形成。严格监管投标资格设置，强化日常监管。施工项目实施电子化招投标，通过招标、投标、评标、定标的全程无纸化，从源头上屏蔽相关人员直接联系，调整合理低价计算方法，有效遏制围标串标行为。抓好工地文明施工管理，配合区城管执法部门做好管执联动，强化工地扬尘污染管控工作。

六、优化完善交通管理

（一）强化静态交通建设管理

强化工程配建停车场（库）方案征询工作。从源头把关，严格按照规范，全年审核新建工程配建停车场（库）方案意见16个，配建泊位3477个；竣工验收配建停车库1个，配建泊位192个。推进区域停车资源共享利用项目。指导街镇完善停车供需双方对接协商机制和操作方案，协调推进项目13个，共享泊位695个，探索社区共治模式，实施长寿地区宝成湾区智慧共享停车项目。全方位挖潜增加停车泊位。新增备案公共停车场（库）16个，泊位2320个；增设道路停车路段5条，泊位130个。开展公共停车场（库）日常和专项检查303次，出动662人次。开展全区停车设施普查工作。排查小区790处、医院22处、学校203处、商务及办公场所454处，实现重点公共停车设施排摸全覆盖。

（二）加快新能源充电设施建设

重点针对大型商业、办公等停车场（库）推进公共电动汽车充电桩建设，完成公共电动汽车充电桩建设515个，完成建设出租车充电示范站1个。

（三）完善便民化出行服务

编制完成区域公交线网及设施规划，结合轨交14、15号线及武宁路快速化项目，推进轨交公交两网融合，综合考虑重点地区发

展，研究近、中、远期公交调整和优化方案。协调公交线路优化调整。积极协调市级部门优化调整公交线路，推进公交与轨交“两网融合”，年内调整561路绕行石泉东路服务香溢花城小区，推进公交便民化服务。加强共享单车管理。规范划设道路非机动车停车线，结合普陀区创城迎检点位新增非机动车停车点1144个，总长度2万余米，对区域共享单车进行总量控制，开展甘泉街道共享单车管理试点工作，配合推进区内公共场所周边共享单车的有序停放。

（四）提升综合交通管理水平

圆满完成春运保障工作。做好春运期间交通大众客运站保障工作，协调筹备防控物资，督促防控措施落实。加强交通战备建设。做好区域交通战备潜力数据核查工作，落实交通战备队伍整组和年度训演练任务。落实绥德路铁路道口监护管理。

七、抓好其他各项工作

（一）持续优化政务服务

在市相关条线部门和区审改办的指导下，坚持“规范、便民、廉洁、高效”的服务理念，发扬甘当服务企业的“店小二”精神，紧紧围绕优化营商环境和简政放权、加强事中事后监管、优质服务企业这一主线开展工作。同时，以“两集中两到位”为契机，以提升企业的感受度为努力目标，紧盯年内优化营商环境专项督查过程中的“短板”问题，积极履行行业（系统）审改工作牵头职能，主动跨前，优化审批流程，会同区审改办、行政服务中心等部门为推进区工程建设项目审批审查中心的实体化运作打下坚实的基础。

（二）继续推进扫黑除恶专项斗争工作

根据区扫黑办关于“六清”行动的部署要求，继续紧紧围绕以“有黑扫黑、有恶除恶、有乱治乱”原则，紧扣部门工作特点，突出围绕长效机制建设和重点行业整治两个环节有序开展各项工作，狠抓线索移交、日常工作巡查、情况信息上报等环节，对平时的摸排行动加强信息的报送，一经发现有涉黑涉恶的问题线索，第一时间向上级汇报。对摸排出的涉黑涉恶线索进一步深挖，坚持对涉黑涉恶行为“零容忍”态度，对问题线索不放过，反映问题的件件有落实，着力营造一个风清气正的环境。同时，认真总结扫黑除恶专项斗争的成功经验，结合行业特点、深化对专项斗争规律的把握，先后制定了《普陀区建管委关于开展打击非法经营停车场（库）长效机制》《普陀区建管委关于打击恶意欠薪、讨薪处置的长效机制》《普陀区建管委关于打击建设工程招标投标涉嫌围标串标行为长效监管的若干措施》等，通过建立全方位的制度管理体系，巩固专项斗争取得的成果。

（三）落实安全生产管理及防汛防台工作

认真贯彻落实市、区相关行业管理部门对于安全工作的要求，加强安全管理力度，充分发挥监督主体责任，督促相关施工单位在项目推进过程中严格按照安全文明施工标准进行施工，结合节假日、“安全生产月”、第三届进博会、“消防安全宣传月”等工作要求，开展安全检查、消防应急演练等活动，提升安全意识，消除安全隐患。根据防汛需要，进一步扩建应急处置队伍，完善装备，强化区域内联勤联动，升级“一网统管”防汛防台指挥系统。严格执行应急值守和信息报送制度。继续推进“一区一清单”工作机制，落实整治工作。成功抵御“黑格比”等台风和“6·15”“7·6”等暴雨的侵袭，保证了城市安全运行和人民生命财产安全。

（四）加强热线处置和信访答复工作

高度重视市民服务热线处置和信访答复工作。2020年，共受理区级12345热线4422件，市水务热线946件，市交通热线4776件。登记、受理来信242件、来访245件、网信231件（其中国家信访局、市、区交办件、查办件、督办件114件），接待上访群众988批、1359人次（其中，集访40批、200人次）。完成区“四重”矛盾攻坚26件，占全区31%。落实中央第四巡视组移交信访件88件，市委第八巡视组移交信访件25件。开展重复信访治理91件，占全区29%。做好部分新建项目引发的群体性矛盾化解工作。办理区两会建议、提案24件，其中区人大建议17件（主办13件），区政协提案7件（主办1件）。办理“两代表一委员”意见答复70件。

普陀区绿化和市容管理局

2020年，区绿化市容局在区委、区政府的坚强领导下，对标“上海2035”卓越全球城市和普陀区“两区”建设目标，学“四史”、守初心、担使命，齐心协力克服新冠肺炎疫情影响，进一步提升城区绿化景观能级和市容环卫管理精细化水平，圆满完成“十三五”各项指标任务，深入谋划编制“十四五”规划，全力助推普陀“转型蝶变”。2020年，完成主要工作如下：

一、全力以赴，常态落实疫情防控工作

坚决落实常态化疫情防控各项任务。对定点医疗机构、居家隔离观察点（户）和集中观察点三类场所产生的防控生活垃圾实施“专人、专车、专运、专处”管理，共清运防控生活垃圾523车次、744.05吨。加强对岚灵花鸟市场等市级疫源疫病监测点管理，联合市场监管、城管、公安等部门开展野保联合执法检查，全年辖区内无疫源疫病发生。做好公园防控工作，做到闭园不闭“管”，停园不停“工”。疫情防控期间，局党组召开3次专题会研究部署驰援防疫工作，共计驰援街道社区1468人次、公园执勤96人次，参与花桥道口执勤6人、机场执勤7人。

二、对标双最，深入谋划十四五新蓝图

高质量谋划“十四五”绿化市容工作。成立局“十四五”规划工作领导小组，设立绿化建设专项编制组、市容景观提升专项编制组、环卫管理（含生活垃圾处置）专项编制组及综合协调组4个专项工作组，形成例会工作机制。明确以面向全球、面向上海、面向未来为总基调，立足绿化、市容、环卫3个分项规划，经过多轮意见征询，基本形成了《普陀区绿化建设和市容景观提升“十四五”规划》。

三、增质创品，持续优化生态功能布局

高标准推进精品绿化建设。完成新建绿地15.38万平方米，其中公共绿地10.26万平方米，专用绿地5.12万平方米；立体绿化4.08万平方米、绿道7.15千米。完成长风5A绿地、祁云绿地等项目建设，基本完成金昌绿地、金泸绿地等。稳步推进苏州河岸线公园建设，4.3千米沿河步道基本贯通。加快推进长风6A绿地和景观桥建设。充分利用城区“边角料”，完成古浪路彩丘园、桃浦西路连亮路绿地等家门口的精品花园，自2018年起已累计完成40处、53块转角绿地和18座街心花园。

高品质实施精细管理养护。不断完善“日巡查、月检查、季评价”巡查考核机制，“定人、定点、定实效”提升花卉精细化管养水平，“一树一方案、一路一方案”优化行道树管理。成功创建绥德路（祁连山路南路—绥德路620号）、杨柳青路（梅岭南路—梅岭北路）等2条市级林荫道，全区林荫道累计27条。对内环、中环等重点路段开展绿化景观提升，完成公共绿地调整改造10.03万平方米。积极配合轨交14号线和15号线、武宁路快速化改建工程等市、区重大工程，高效合规办理行政审批，共完成审批事项62个（其中市批10个、区批52个），动迁行道树955株，动迁公共绿地3.55万平方米。

高质量深化特色公园品牌。稳步推进“一园一品”特色公园建设，实施真如公园蜡梅特色、清涧公园藤蔓特色、梅川公园梅花特

色、沪太公园丁香特色等主题改造；举办真如公园蜡梅展、长风公园牡丹展和月季展、宜川公园菊花展，提升公园文化内涵。完成长风公园长寿林和松竹梅区改建、清涧公园水环境综合整治等硬件提升工程；延长公园开放时间，全区开放夜公园26座，进一步提升市民游园体验。五一、十一期间，全区24座公园布置花坛花境2000余平方米，在市公园花坛花境评比中共获7个奖项，其中，长风公园花坛获一等奖。

四、聚焦实效，持续巩固环卫作业质量

巩固上海市生活垃圾分类示范区创建成果。全区可回收物回收量274吨/日，湿垃圾分出量414吨/日，干垃圾产生量706吨/日，生活垃圾回收利用率49.4%。督办机制方面，搭建区垃圾分类减量推进专班，建立“日巡查—周例会—月专报”工作机制，召开全区工作会议24次，通过微信工作群落实缺陷样本整改1093个，“回头看”居住区294个、单位208个、沿街商铺323条路段。硬件改造方面，完成垃圾箱房和分类投放点位破袋工具、除臭设施和洗手池“三件套”设置1559处。“两网融合”方面，完成819个服务点和6个中转站的功能提升；编制印发《普陀区低附加值可回收物补贴办法》，促进低价值可回收物的资源化利用水平。源头减量方面，加强对餐饮行业一次性餐具、宾旅馆一次性用品监督；建成菜场湿垃圾就地处置设施9处。科技赋能方面，开发普陀区沿街商铺定时定点垃圾分类投放一网统管系统，把沿街商铺生活垃圾管理纳入“一网统管”，已覆盖全区9个街镇、323条道路、5787家沿街商铺。

扎实推进环卫设施建设。桃浦中央绿地北拓环境综合改造工程于9月27日取得施工许可证，完成市政府布置的阶段性任务目标。11月完成场地内原有厂房设备的拆除工作和施工前期准备工作，目前已正式进入桩基工程施工阶段，土建施工计划于2021年内全部完工。

优化环卫“四清”管理。深化街面道路保洁和绿化地保洁融合，将保洁范围拓展至“墙根到墙根”，同时把30条段“三不管”道路纳入环卫日常养护。坚持“四无、一见”（无垃圾、无污迹、无积尘、无积水、见本色）要求，创建曹杨环形四路等4处高标准保洁区域。落实居住区装修（大件）垃圾防疫消杀制度，全区清运装修垃圾614.4吨/日，平均清运用时26小时58分钟；清运大件垃圾216.2吨/日，平均清运用时21小时34分钟。6—8月，实施夏季居住区湿垃圾一日两运，进一步缩短高温季节湿垃圾在居住区的滞留时间。

五、突出重点，稳步提升市容景观品质

顺利完成第三届进博会市容环境保障。聚焦重点保障区域，围绕环境卫生、灯光广告、绿化景观、市容环境等4方面19个分项157个小项任务，按时完成包括增加高标准保洁路段2条（段）、新建绿地1200平方米、整治招牌广告62块、整治楼宇外立面24.16万平方米等任务。按照“接收—整改—核查—销项”全过程问题整改管理闭环，累计整改市进博督办平台问题369起，紧逼督办各类市容环境问题87起。整治拆除市级督办的违法户外广告、招牌设施274块。进博会重点保障期间（10月23日至11月12日），全面开展“大清理”“大展示”“大冲洗”“大巡查”行动，共治理背街小巷947条次，维护公共设施9097处，出动保洁人员2.29万人次、保洁车辆1.03万辆次，冲洗道路5666万平方米、公共设施8842处，清除垃圾1688.7吨；出动绿化市容巡查人员5204人次，门责巡查4.1万家次，发现和解决绿化市容问题2632件，排除景观照明故障423处。

统筹推进景观道路（美丽街区）建设。以“远近结合、因地制宜”为实施原则，推进金沙江路、新村路、宁夏路等10条（段）29

千米景观道路建设；按照“做减法、全要素、一体化”要求，实施长风生态商务区域等7个街区和武宁路等5条主要道路9.7平方千米区域的美丽街区建设，统筹推进景观道路建设、城市更新、绿化景观提升等工作，累计完成人行道铺装约1万米，改造花坛花境花箱等绿化景观约10万平方米，美化围墙约2000平方米，改造景观灯光约2000米，更新店招店牌约200块，布设美化城市家具设施约95处等建设内容。

持续提升区域市容环境面貌。落实市容环境卫生责任区和“路长制”工作任务，提升管理实效。累计组织街镇开展责任区门前清洁行动34次；持续推进责任区管理示范道路创建和自律自治组织培育工作；更新“一店一档”责任人信息数据6655条；培训责任区责任人及管理人员6184人次；对路长管理的道路状况进行检查和测评，及时反馈问题补齐管理短板。开展店招安全性和牢固性检查，累计发放安全告知书8083份，整改751块问题店招。开展“三乱”及非广告设施治理，确保白天时段基本无“三乱”现象；累计拆除违法、不规范设置的户外非广告设施560处。

六、凝心聚力，从严抓实干部队伍管理

深入开展理论学习教育。全面贯彻落实习近平新时代中国特色社会主义思想，在学深悟透、融会贯通、真信笃行上下功夫，全年开展党组中心组理论学习17次（其中扩大学习4次、开放式学习1次）、“两刻一小时”中层干部学习4次。通过领导上党课、居村“大走访”、“四史”知识竞赛、“四史+”云课堂等多种形式，推动“四史”学习教育入脑入心。推广好、运用好“学习强国”学习平台，进一步提高学习质量和效果。

不断加强干部队伍建设。畅通干部岗位交流通道，严格落实《普陀区公务员职务与职级并行制度实施方案》和区委组织部工作要求，晋升四级调研员1名、一级主任科员2名、三级主任科员2名；局机关选拔任用科级干部3名、完成3名科级干部轮岗；所属事业单位选拔任用科级干部3名，平级重用科级干部1名。强化专班培育机制，在局系统内部成立绿化建设专班、垃圾分类工作专班、景观道路建设专班、湿垃圾设施建设专班等，在实践中打造担当作为、对标先进、见贤思齐、奋勇争先的干部队伍。

持续夯实党风廉政建设。以“抓整改、强作风、守底线、促发展”为主题，开展党风廉政教育月活动，通过上一次党风廉政党课、观看一部警示教育片《权力的错位》、形成一张问题清单、各党支部召开一次组织生活会，进一步提升党性修养，深化廉洁意识，达到警钟长鸣的效果。贯彻落实党中央、市委关于巡视工作的决策部署，确保各项巡视整改工作落实到位。

七、夯实基础，深入拓展服务民生能力

妥善处置各类民生诉求。共收到市、区两会意见、提案，“两代表一委员”建议37件，其中政协委员提案6件，人大代表建议9件，“两代表一委员”联合办理事项21件，社情民意1件；收到各类来信来访61件，全部处理完毕。受处理各方市民诉求、咨询件3905件，满意率86.36%。圆满完成“夏令热线”市民诉求处理保障任务，及时解决市民急难愁问题，树立行业良好形象。健全“发现—处置—跟踪—督查—考核”工作闭环，全力助推创城巩卫工作。

持续延伸行业宣传阵地。加大社会宣传力度，丰富活动形式和内容，配合开展2020年上海市绿道品牌宣传活动。强化官方“双微”阵地建设，共推送微信320篇、微博75条，其中被市级、区级媒体录用52条。严格执行新闻发言人、信息和新闻宣传工作管理等制度，开展舆情风险分析防控和研判，妥善处置舆情22条。夯实行业内宣，发布《普陀绿化市容要讯》13期、《普陀绿化市容简报》12期，中国上海门户网站录用171条、绿色上海门户网站录用185条。

2020年，全局绿化、市容、环卫三大板块业务有序推进，顺利完成“十三五”收官工作。2021年是建党100周年和“十四五”开局之年，区绿化市容局将在新起点上谋划绿化建管新目标，在新征程中实现环卫管理新发展，在新理念下打造市容景观新面貌，为普陀“转型蝶变”贡献新的力量。

（七）虹口区

虹口区建设和管理委员会

2020年是“十三五”规划收官之年，也是全面建成小康社会决胜之年，面对突如其来的新冠肺炎疫情，区建管委坚持以习近平新时代中国特色社会主义思想为指导，全面贯彻落实党的十九大和十九届二中、三中、四中、五中全会精神，在区委、区政府的坚强领导下，在区相关部门和各街道的大力支持下，坚持疫情防控和工作推进两手抓、两手都要硬，认真对照区委、区政府年度重点工作安排，细化分工、倒排时间、挂图作战，有力有序推进各方面工作。

一、重大工程、重点项目高效推进

重大工程完成年初既定目标。按照李强书记关于“疫情防控要坚持不懈、精准有力，复工复产要积极有序、加快推进”重要指示，充分发挥重大工程在扩大有效投资、促进经济发展和保障社会民生上的关键作用，共推进正式项目52项，其中商办楼宇14项、市政基础设施12项、公共服务及民生保障项目11项、商品住宅15项。实现虹口港东岸贯通提升工程、周家嘴路海宁路景观全要素提升工程、海鸥饭店改建工程等15个项目开工，总建筑面积90万平方米；实现犹太难民纪念馆扩建项目、宝华商业广场、万安路商办项目、瑞虹10号地块（裙房部分）等12个项目竣工，总建筑面积90.6万平方米。完成年初既定的开竣工各90万平方米目标。

北外滩开发建设相关工作取得阶段性进展。北外滩区域交通专项规划和精细化管理规划基本完成，绘就绿色交通网络蓝图；北外滩地区高标准全要素市政市容提升工程开工建设，全面推进区域“绿化、彩化、亮化、美化”；苏州河（虹口段）贯通提升工程完工开街，成为“一江一河”最佳观景点。5G、物联网等新型基础设施布局、北外滩区域道路标志标牌优化、公共交通配套管理等工作正在有序推进中。

二、市政交通基础设施日趋完善

始终将以人民为中心发展思想贯穿城区建设发展的方方面面，不断为市民群众营造良好出行环境。在市政道路方面，海伦西路（一期）道路拓宽改建工程、曲阳路（临平路—四平路）辟通工程、天潼路（河南北路—吴淞路）区区对接道路工程完工；架空线入地和合杆整治工程完成9.3千米。此外，江杨南路（场中路—安汾路）道路拓宽改造工程、梧州路（周家嘴路—海拉尔路）道路改建工程有序推进。在水务河道方面，河湖水面率完成“十三五”4.06%考核要求；完成虹口港（东长治路—东大名路）溧阳路侧防汛墙改建工程；完成舟山路（东余杭路—唐山路）道路积水改善工程；完成乍浦路泵站改造提升工程；启动沙泾港（曲阳路段）防汛墙综合改造；配合推进曲阳污水厂初期雨水调蓄工程、大名、临平排水系统提标改造工程前期工作。在交通设施方面，完成北外滩来福士公交枢纽建设；完成8处公交港湾式车站改造，15个出租车候客站点建设；完成宝安路—宝安支路道路缓拥堵整治工程；完成171个公共充电桩、26个公共快速充电桩建设。

三、行业监督管理常抓不懈

持续开展市政水务管养工作。不断强化市政水务中心管理责任，不断加大市政养护

单位巡查考评力度，完成场中路（西泗塘—逸仙路）道路大修工程；完成道路平整度整治49108平方米；完成市政、公用事业及权属不明井盖整治205座。疏通下水道929千米，清捞窨井65315座，清捞进水口109226座，污泥外运2914吨；完成管道维修5285.5米；完成新型雨水口、截污挂篮改造1522座，防坠落设施安装1687套。继续加强建筑业管理。根据工程风险等级对项目质量安全实施差别化管理；与区消防救援支队共同制定并发布《虹口区建设工程消防安全监督管理协作机制》，完成项目消防验收备案123个，完成验收30个；充分发挥区城运中心“一网统管”大平台作用，利用现有智能网络平台，逐步实现全区在建工程管理全电子化，将在建项目基本信息标注于“一网统管”平台；组织开展2020年大型公共建筑能耗监测平台培训会以及2020年虹口区绿色建筑和超低能耗建筑培训会，针对23个在建工地开展绿色建筑及BIM技术调研。不断深化“大安全”工作体系。开展文明施工、大型机械等各类专项、综合检查，共计1171个次；委托第三方对全区540栋玻璃幕墙建筑开展安全排查整治，并完成整改。消除居民家庭用户燃气安全隐患7408项；联合开展非安全型燃气器具淘汰更新专项整治工作，共计淘汰更新不安全燃气器具340台；协助燃气企业做好高龄地上燃气管道更新工作，共完成6754户。开展公共停车场（库）、道路停车场日常检查共计204次；鼓励区内公共停车场（库）闲置泊位错时共享，以惠民价格向社会开放481个错峰停车泊位。

四、应急抢险事件沉着应对

防汛防台工作取得全面胜利。严格落实防汛工作行政首长负责制，区主要领导担任区防汛指挥部总指挥及全区防汛行政责任人，相关分管副区长共同担任区防汛指挥部副总指挥，区防汛指挥部成员由各单位主要负责人组成。与区应急管理局联合组成区防汛指挥部办公室，开展防汛日常工作，充分发挥水务应急“1+1>2”积极作用。全年共启动防汛防台应急响应行动32次，其中Ⅲ级响应6次，Ⅳ级响应26次，各街道、各部门、各单位主动作为、全力以赴，成功抵御超强降雨、超长梅雨及台风侵袭。公用管线突发事件稳妥应对。妥善处置“4·13”安国路周家嘴路上水爆管、“5·13”周家嘴路安国路消防水管漏水、“5·27”周家嘴路86弄燃气管断裂、“5·28”天宝路近新港路水管漏水、“7·13”四川北路东江湾路自来水管爆裂等应急事件，全力以赴确保群众生活秩序正常和安全稳定。

五、行政服务效能持续提升

积极解决群众诉求。共受理并办结信访112件，来信20件，来访25件，网信67件，市民热线工单1861件，主要涉及道路施工、停车管理等问题。深化行政审批改革。积极落实“两个免于提交”，推行“电子证照库”建设和应用，并在“减环节、简流程、提速度”上下功夫，审批承诺时限在不超过法定时间1/4的前提下，对标全市四项指标进一步压缩，应减尽减；疫情防控期间，充分利用“一网通办”等线上平台优势，通过线上行政许可事项提交和审批，有效减少线下人员聚集。加强依法行政工作。办结建设程序违规、工程安全违规、注册人员履职等行政处罚案件41起，罚金56.29万元，开展重大行政执法决定法制审核共4次；受理依申请公开64件，办结率100%。认真落实“双随机、一公开”事中事后监管工作。将日常巡查、检查纳入“双随机，一公开”事中事后监管系统，累计开展双随机检查29次，涉及检查对象104个，检查人员88人次。开展竣工验收联合抽查1次。

六、两会件办理工作圆满完成

2020年两会期间，共收到人大代表建议17件，其中主办9件，会办8件；收到政协提案38件，其中主办14件，会办24件。两会件办理时严格遵照办理规定，因疫情影响，采取电话沟通和实地走访相结合的方式，积极主动与代表、委员对接；截至4月底，已完成所有代表建议和政协提案答复并按要求将办理结果提交至办理平台，代表、委员满意度100%。

（八）杨浦区

杨浦区绿化和市容管理局

2020年，在区委、区政府的正确领导下，在市绿化市容局的指导下，区绿化市容局党委认真贯彻落实市、区全会精神，践行“人民城市人民建，人民城市为人民”重要理念，紧扣杨浦“四高”城区建设目标，围绕城市管理精细化、进博会市容环境综合保障和全国文明城区创建等中心工作，以“三全四化”为着力点，始终坚持目标导向、问题导向，始终坚持对标一流、对标先进，全力抓推进、抓落实、抓突破，不断提升市容环境卫生状况公众满意度和绿化市容系统党建科学化水平，全面完成了年度目标任务，并以全年综合得分第一的成绩创成上海市生活垃圾分类示范区。

一、全力抗击疫情，疫情防控保障全面有力

（一）做好公园和设摊点管控，防止人员聚集。严格落实市、区防控要求，疫情防控期间临时关闭除大连路绿地、军工路环岛绿地等5个开放式公园绿地外的14座区属公园；对无条件关闭的开放式公园绿地，做好游客密集区疏导及防控消毒等措施。每天安排公园值守90余人，做好对游客的解释和园内的消毒保洁工作。随疫情好转，在有序恢复开园的基础上，公园延长开放持续常态化管理，各公园夜间秩序稳定。加强疫情防控期间设摊点管控，严格落实清洁消毒等相关措施，并会同街道多次开展联合检查，确保管控点安全运行。

（二）加强野生动植物保护，落实源头管控。疫情防控期间，对辖区内1家驯繁单位、1个花鸟市场、3个室内动物展示馆、41家特大型、大型餐饮店定期开展专项巡查。截至10月底，出动检查1800余人次，接各类咨询、救助58起，收容救助野生动物50余只。加强陆生野生动物疫源疫病监测，严格执行日报告制度，做好防控物资的筹备保障和安全培训工作，各监测点未发生异常情况。持续做好野生动物管护宣传力度，结合日常巡查向农贸市场、特大型餐饮店和公园发放野保宣传海报99份。

（三）强化环卫管理措施，保障防疫实效。按照“专人专车、定时定点”的要求，开展垃圾专项收运工作，组建由21名收运人员组成的专项清运队伍，配备专用环卫后装式清运车2辆、小型电动收集车18辆。全年清运疫情垃圾546.44吨。对全区在用公厕每天至少消毒5次，消毒环卫垃圾箱房183座、小压站23座、沿街废物箱926个。主动跨前，协助街道对25个老旧小区无人管理的垃圾箱房进行全面消毒，防止病毒传播。

二、创新管理模式，生活垃圾分类实效显著提升

（一）全面推进生活垃圾分类示范区创建。制订《2020年杨浦区生活垃圾分类工作方案》，建立“红黄牌”亮牌督办、区领导约谈等考核工作机制，完善测评考核，强化分类管理水平。截至12月底，全区干垃圾量为632吨/日，湿垃圾量为401吨/日，垃圾日均处理量较2019年下降约15%，湿垃圾分出量占比提升5%，可回收物量达到294吨/日，同比增长25%。合理设置分类投放点1578个，指导各街道对所有居住区进行分类投放点升级改造，4月实现破袋工具、洗手装置、消毒除臭喷壶等便民“三件套”设施配置全覆盖。加强单位生活垃圾分类管

理，依托各行业管理部门，落实对机关、学校、医院、菜场、商场等重点单位分类管理，进一步规范分类行为。建立管理——执法联动机制，依托区第三方巡查，对日常检查中发现的物业履职不到位现象，及时移交城管部门处置，全年共移交53次。全面推进沿街商铺生活垃圾上门分类收集，制定《关于全面推进杨浦区沿街商铺生活垃圾定时定点上门分类收集工作的实施意见》，实现全区343条段道路10562家沿街商铺上门分类收集实现全覆盖。

（二）优化可回收物回收体系。新增或更新智能回收设备423台，全区可回收物智能回收设备达1139台。完成可回收物集散场建设，进一步提升可回收物分拣能力。落实街道中转站12个，完成提升改造10个，基本实现杨浦区可回收物“点站场”体系布局。完善杨浦区低价值可回收物回收处理补贴实施方案并于9月完成招标工作，10月起在分拣集散场设立低价值可回收物计量仓库，并落实了第三方计量监管，根据企业实际回收的低价值可回收物量予以补贴（221元/吨），实现政策落地。

（三）深化垃圾分类宣传动员。组织开展针对各类单位、群体的区级专项培训31场，开展垃圾分类线上答疑及模拟检查的抖音直播活动。会同区房管局召集区内400余家小区物业进行集中培训。组织进机关、进园区、进校园、进社区、进商圈等主题宣传活动8次，网络直播2次，开展新一轮入户宣传活动，发放社区单位和沿街商铺入户宣传资料8万余份，在重点区域布置垃圾分类减量主题宣传道旗276组、宣传长廊1个、宣传版面12个，制作1部宣传片《可回收物去哪儿了》。

三、紧扣“双城”理念，城市精细化管理稳步实施

（一）全力做好国庆进博期间市容环境综合保障。每月开展“洁净上海”城市环境清洁行动，国庆、进博前夕，进行专项清洁3次。全年累计出动环卫保洁人员4800余人次、环卫装备1700余台、社会志愿者2000余人次，涉及各类门责单位1300余家，清除垃圾约800吨。坚持问题导向，聚焦重点保障区域，指导督促相关街道，20分钟内抵达现场，当日事件、当日督办、当日整改。进博期间共受理并完成进博市容环境保障整治任务414个。

（二）扎实推进“美丽街区”三年行动。按照《关于做好2020年度“美丽街区”建设工作的通知》（沪精推办〔2020〕7号）要求，有序推进四平路（大连路—环岛）、周家嘴路（大连路—军工路）等10个“美丽街区”建设项目。探索推进户外招牌特色道路建设，创建申报大学路、四平路、关山路、国定东路、政通路等5条路段为店招店牌特色示范道路，配合开展大学路店招店牌专项整治，进一步规范户外广告设置，改善道路市容面貌。

（三）城区绿化建设管理水平稳步提升。全年新建绿地8.01公顷，完成计划的100%，其中新建公园绿地4.05公顷，完成计划的101%；建成立体绿化3公顷，完成计划的100%。新建绿道3千米，完成计划的100%，城区生态环境进一步改善。积极推进惠民公园及大连路绿地改造，增设第三卫生间，打造智慧公园，不断满足公园游客需求。成功创建政修路（国定路—国权路）为市级林荫道，创建中原路为特色景观道路，持续开展新江湾城18条道路绿化提升改造。社会绿化事业深入开展，积极推进绿化“进社区、进军营、进学校、进园区、进楼宇”活动，发放绿化资料及宣传品5000份，举办家庭园艺讲座6次。聚焦五一、十一等重大节假日，在五角场环岛区域及大连路、长阳路等重点区域布置花卉景点，全年累计总用花量达126万盆。

四、立足对标补短，市容环境更加整洁有序

（一）深化落实责任区管理制度。根据

《上海市绿化和市容管理局关于进一步深化推进市容环境卫生责任区管理工作的通知》（沪绿容〔2020〕19号）要求，明确全区示范道路、自律组织建设、沿街商铺生活垃圾上门收集、门责管理培训、责任区信息系统管理、责任区管理主题宣传活动和清洁行动等“七个一”工作任务。加强业务指导和行业监管，督促各街镇提高责任区管理实效，保障市容环境面貌常态长效。加强社会宣传动员，营造“我的门前我清洁，我的区域我负责”的舆论氛围。全面推进全部12条（段）责任区管理示范道路和12家自律组织创建工作，完成各类人员培训70280人次。

（二）持续推进市容环境专项整治。坚持疏堵结合，开展设摊治理，撤销周家牌路临时管控点，加强定海路等6处管控点和疏导点的规范管理和硬件提升，防止无序设摊聚集。在全面巩固“补短板、治五乱”三年行动以及“市容环境微治理”行动成效的基础上，重点针对背街小巷、接合部及三无通道等薄弱区域开展专项整治，努力消除市容环境短板问题，全年治理点位27处。加强户外广告、店招店牌行业监管。重点聚焦对城市安全运行隐患较大、违法设置的广告、屋顶招牌等户外设施，在全区范围开展户外设施规范性整治，全年，共完成违规户外设施整治164处全面完成年度整治任务。

（三）多举措做好市容环境保障。进一步加强市民服务热线、来信来访、两会办理受理处置。今年以来，共受理处置绿化、市容、环卫问题7717件，受理率、处置率、办结率均为100%；受理处置各类来信来访80件，办结率100%；今年区绿化市容局承办两会提案意见共38件，答复率、办结率均为100%。不断深化安全生产和防汛防台工作，健全落实各级安全生产责任制，制订绿化市容系统安全生产专项整治三年行动实施方案，结合“安全生产月”“119消防宣传月”等活动，强化安全生产责任意识，深入组织开展安全自查，出动人员9800余人次，整改隐患650余处，落实防汛防台和安全值班3300余人次。

五、着力提质增效，环境卫生管理更加精细化

（一）装修垃圾全程管理制度进一步完善。完成建筑垃圾运输单位新一轮招投标工作。进一步明确投放管理责任主体，完善源头分拣和袋装化工作，落实定点堆放与清运申报，规范中转分拣与外运消纳，确保装修垃圾流向可控，运输过程规范有序。通过加强分类投放宣传、提高智能化管理水平、强化属地化管理、加强行业监督指导，保障辖区内装修垃圾纳入规范清运渠道，由专营收运队伍落实收运。

（二）不断提升环卫管理水平。结合高标准保洁区域创建，创新“叠加式”保洁法和“绣花式”保洁工艺，形成常规保洁、精细保洁、深度保洁三种叠加模式，推动小型机械作业机具在道路保洁中的运用，逐步落实保洁常态长效机制，稳步有序推进道路保洁质量。探索环卫信息化及智慧化管理、环卫人才引进、环卫保障等工作的转型升级。坚持人性化服务理念，新建改建环卫公共服务设施9处，完成年度计划的100%，有效提升服务能级。

六、持续从严从紧，党建基础不断夯实

（一）以“四史”学习教育为契机，深化思想建设。贯彻落实区委工作部署，用好党委中心组学习会、中心组学习（扩大）会、基层党组织微课堂和“学习强国”学习平台，组织党委中心组学习会和扩大会12次。局党委在系统内全面开展“四史”学习教育。突出抓好理论学习，邀请专家教授作《新中国70年的奋斗历程与基本经验》《学习贯彻习近平总书记考察杨浦重要讲话精神：人民城市人民建，人民城市为人民》等专题辅导报告；指导系统各级党组织党员干部通读《中国共产党历史》《中国共产党的九十年》

《中华人民共和国简史（1949—2019）》《新中国70年》等必学书籍，学习习近平总书记关于“四史”的重要论述，原原本本学理论。系统各级党组织开展各类“党课开讲啦”活动共49次，其中书记上党课31次。积极用好“学习强国”，局党委日均参与度达98%以上，人均日积分约46分，在全区32个党委（组）中排名保持在第5名左右，积极投稿，被“学习强国”录用36篇。

（二）以政治建设为统领，筑牢党建基础。严格执行党员领导干部双重组织生活制度，建立党支部工作联系点，局处级干部、系统区管干部带头参加所在支部及联系点党支部组织生活。以“一支部一品牌”创建为抓手，深入开展专题学习讨论或主题活动。以每周一课的形式，组织开展2020年系统党务干部专题培训班，进一步提高新形势下做好党务工作的信心和本领。注重发挥党员先锋模范作用，成立党员志愿者等队伍，以主题党日活动等形式，全力以赴助力疫情防控与复工复产工作。选派赴机场及社区疫情防控志愿者10余人次，党员自愿捐款2.6万余元，向红十字定向捐款1.7万余元

（三）以提升组织力为目标，夯实战斗堡垒。坚持党建责任制闭合管理，按照全面从严治党要求，引导各级党组织及领导干部主动将“主体责任、监督责任、第一责任、一岗双责”扛在肩上。组织召开基层党组织书记抓基层党建工作述职评议会、系统党的建设工作会议，开展对基层党组织“三个责任制”年中检查，进一步明确任务、夯实责任。组织系统各级党组织制定履行全面从严治党责任的主体责任清单和问题清单，组织重点岗位人员层层签订履行第一责任人责任承诺、班子其他成员“一岗双责”和其他人员的廉洁从政（业）承诺，系统各级共签订责任书799份，制定个性化问题1420项，提出措施1504条，纵深推进全面从严治党“四责协同、五环闭合”。将扫黑除恶专项斗争工作与基层党建、行业主责主业紧密结合，围绕行政审批、项目实施、日常监管等过程，开展扫黑除恶新建工地线索排摸42次，未发现涉黑涉恶问题。认真执行党员发展程序规范，1名延期转正预备党员转正，1名拟发展对象按时间节点完成相关工作。推进党建品牌质量提升，按照“9个有”的品牌创建标准，深化与拓展“杨浦区绿化行业党建联盟”“做一天环卫工人”等党建品牌，指导系统各党组织立足自身实际，找准基层党建工作与绿化市容业务重点工作的融合点，进一步提升党建促业务的效能。

（四）以担当作为为导向，打造干部铁军。强化教育培训力度，抓实系统干部内训管理工作机制，修订《杨浦区绿化市容系统干部教育培训学时管理实施办法》。选派6名干部参加处级干部轮训班、科级任职培训等区级培训。做好选人用人工作，完成系统11名干部提任、22人次岗位调整，因人员调出、退休、辞职等免职6人次，晋升干部职级3名。严格执行干部个人有关事项报告、请假外出报告、因私出国境证照管理等各项制度，做好领导干部亲属经商办企业、在社团企业兼职、配偶移居国外等常态化监管工作。加强干部管理监督，对权力集中、资金密集等重点部门、关键岗位和人员定期开展谈心谈话，及时纠正群众身边的不正之风和“微腐败”。坚持新提任干部任前廉政谈话。截至10月底，共开展两场集体廉政谈话，涉及33人次。坚守元旦、春节等重要节点，狠抓“四风”不放松。对照区委巡察反馈意见，制订整改方案，确保改到位、改彻底，修订完善、新增制度近20项，进一步筑紧制度篱笆。邀请上海市委党校吴海红教授作《“权力陷进”的辨识及其超越——干部违纪违法案例剖析》专题讲座，区廉洁教育青年宣讲团做专题宣讲，组织参观淞沪抗战纪念馆、宝山区廉政教育基地，传达学习区第十届纪律检查委员会第五次全体会议精神，观看《国

家监察》等电教片，加强正反面事例的警示作用。

（五）以意识形态为重点，弘扬正向能量。聚焦行业重点工作，在《人民日报》《解放日报》等传统媒体和人民网、上观新闻等新媒体上宣传疫情防控、垃圾分类、绿化建设、环卫市容等报道292篇，提升行业宣传力度和社会影响力。“杨浦绿化市容”微信公众号推送图文信息751篇，总阅读量约139万次，粉丝9.8万人；“杨浦区绿化市容局”官方微博共发布信息3047条，粉丝近万人。探索开设抖音政务号、微信政务视频号，推送行业原创短视频70个，播放量共计39.5万次。打造上海市首条“落樱不扫”道路，让市民感受杨浦日益提升的城区环境，受到《人民日报》《解放日报》等多家央媒、市媒相继报道40余篇，阅读量达1.2亿。强化舆情管理，修订《杨浦绿化市容系统新闻发布和舆情管理工作规定》，依托“回音壁”舆情处置群发布舆情日报91期，及时处理反馈舆情处置情况10次。

（六）以服务大局为根本，做实群团服务。完善制度建设。先后完成系统企事业单位工会换届指导及行业工会换届选举，积极推进工会工作制度化、规范化建设。服务保障精准高效。全覆盖慰问一线作业职工，继续做好环卫职工爱心接力站工作。充分利用疫情防控期间专控资金，保障一线职工安全。顺利完成800余名在职职工和3000名农民工的互助保障。开展“陶情操、聚人心、增活力”“迎新学艺”等文体活动，增强行业凝聚力、向心力。引领一线建功立业。开展2020年度“奋进新时代，建功在杨浦”杨浦区绿化市容职工立功竞赛活动，100余名职工踊跃参与。指导3个集体与10名个人先后获得了全国劳动模范、市绿化市容行业先进集体、市级工人先锋号，劳动竞赛先进个人“杨浦最美家庭”“十佳城市美容师”“技师创新工作室”“杨浦工匠”等荣誉。聚焦城市治理，发挥青年“主人翁”作用，以主题团日等形式开展专题学习讨论，动员系统青年或集体组建青年突击队，开展立功竞赛，在“急、难、险、重、新”任务中体现生力军作用。做好退休职工慰问工作，重点慰问高龄、孤老、大重病退休职工。开展“最美夕阳红”关爱退休职工系列活动及2020年退休职工体检送健康活动，共626人参加体检。

（九）宝山区

宝山区建设和管理委员会

2020年是决胜全面建成小康社会、实施“十三五”规划的收官之年。一年来，深入贯彻落实区委、区政府重要会议精神，真抓实干，乘风破浪，把人民至上的理念贯穿于全委各项决策部署和实际工作中，切实将人民城市建设的工作要求转化为紧紧依靠人民、不断造福人民的务实行动，打好“十三五”收官战，为开启“十四五”新征程奠定坚实基础。

重大工程：2020年，宝山区市、区两级重大工程共有60项，其中市级15项，区级45项，总投资约550亿元。其中，市投资395亿元，区投资155亿元。涵盖了交通、水务、基建、绿化、电力等市政民生领域。S7沪崇高速二期工程于4月21日开工建设；G1503B段工程于5月28日正式开工建设；军工路快速化于10月31日正式开工；陆翔路—祁连山路1标段祁连山路大桥已正式通车，2标隧道段正在加速建设中；国权北路已于11月23日全线贯通；轨交15号线正式运营通车；18号线一期建设推进，宝山区两个站点主体完工。北沿江高铁选线设站方案持续深化，沪通铁路越江段于6月28日火热开工；吴淞江新川沙河段于10月21日顺利开工；淞沪抗战纪念馆二期顺利开馆；宝山再生能源利用中心、泗塘污水处理厂储蓄调蓄工程、泰和污水处理厂、月浦城区、张华浜东排水系统、精神卫生中心、大场医院、杨行体育中心、文化馆、档案馆、总工会二期、锦秋九年一贯制学校等一大批重大工程项目有序推进。在区委、区政府的坚强领导下，2020 年宝山在全市重大工程考核中名列前三。

道路规划储备：完成区综合交通“十四五”规划编制，截至 2020 年底，宝山区总体路网密度达到 3.37 千米 / 平方千米，超额完成“十三五”目标 。聚焦吴淞创新城板块，开展综合交通专项规划编制工作，铁山路（S20—长江西路）道路红线专项规划获得批复，逸仙路高架增设长逸路下匝道工程项建书获得批复，完成长江西路快速路（西泗塘—逸仙路）项建书评审，吴淞创新城市政配套道路海江路（滨河一路—同济路）完成前期报批手续，开展轨交 18 号线二期专项规划公示工作，深入研究规划轨交 19 号线方案，推进吴淞工业区的转型发展；推动北沿江高铁宝山站“站城融合”，开展宝山站及周边配套道路交通组织储备研究，推进盘古路（蕰川路—同济路）道路专项规划研究，深化北沿江铁路、沪通铁路线路段、宝山站及动车所前期研究和项目推进，组织编制吴淞东块沪客隆周边“三纵三横”道路研究；配合重大工程，不断完善宝山区路网体系，一是协调推进吴淞江行洪工程（新川沙河段）跨河交通方案研究，开展新川沙河周边交通组织研究，重点就陈川路、罗宁路、宝钱公路等周边道路深入方案对接；二是稳定 G1503A 段、G1503B 段“高速公路”和“快速路及地面道路”方案；三是积极推进何家湾区域重大工程，开展侨福地块跨何杨支线通道研究，深化国江路—军工路连接线与何杨支线平交工程方案对接。

道路管理与养护。截至 2020 年底，全区共有道路 1189 条，长 1271 千米，道路面积约 2440 万平方米，包含市、区、镇管道路、村庄道路以及在建道路。其中，市管道路 11 条，长 125.7 千米，道路面积 449.4 万平方米；区管道路 343 条，长 502.6 千米，道路面积 1415.6 万平方米；镇管道路 211 条，长 90.6 千米，道路面积 97.3 万平方米。全区桥梁 551 座，桥孔共 3197 孔。全区“四类设施”设备量共有 31.89 万平方米标线，8710 块标牌，56 块可变车道显示屏。区管公路绿化 125.2 万平方米，行道树 4.39 万株。2020 年全年实施 14 条道路改扩建工程，总里程 18.7 千米，32 条道路大中修，总里程 47.4 千米。共完成 45 条道路、2 段绿化和 8 段雨污水管的移交接管工作，完成全年 60 万平方米的道路移交接管目标。其中上半年完成 17 条道路、1 段绿化和 7 段雨污水管的移交接管，下半年完成 28 条道路、1 段绿化和 1 段雨污水管的移交接管工作。

排堵保畅项目。2020 年有 3 个排堵保畅项目列入市政府实事项目，其中逸仙路局部路段排堵保畅整治工程于 9 月底完成主体工程；同济路双城路整治工程于 11 月 15 日竣工，同济路水产路排堵保畅工程于 11 月 30 日竣工，均按照计划完成任务目标。

“四好农村路”建设。2020 年全区“四好农村路”建设计划共 22 个项目，约 99 千米，其中，农村公路大中修 8 个项目，约 6.35 千米；农村公路（乡道）提档升级工程 4 个项目，约 8.2 千米；村道提档升级工程 6 个项目，约 77.8 千米（月浦 6.9 千米、顾村 5.05 千米、罗店 28.09 千米、罗泾 19.831 千米、杨行 16.157 千米、庙行 1.805 千米）；“一村一示范路”4 个项目，约 6.9 千米。

交通管理。2020 年调整优化了 10 条公交线路，公交线网密度达到 1.705 千米 / 平方千米；宝山区现有公交线路 145 条。运营公交车辆 1843 辆。公交站点 1443 个，较去年新增 13 个。2020 年新增公交候车亭 61 个，总数达 739 个。共有宝山公共自行车 1.5 万辆，网点611个。共享单车数量估算约5.14万辆。

交通行业管理。2020年宝山区共有汽车维修企业233家，机动车综合性能检测站5个，区域出租车（沪C）670辆，铁路道口4个。道路货物运输企业2794户，累计增加69户，其中危险货物运输企业70户。在册道路货运车辆5.65万辆，其中注册危险货物运输车辆3119辆，累计新增768辆。

静态交通。2020年累计新增公共停车场泊位5822个，备案公共停车场泊位达4.54万个。新增18条道路停车场泊位521辆，累计101条道路停车场泊位总数达4845辆。其中，协调完成宝杨宝龙广场、上海大学宝山校区等8个项目560个共享停车泊位；完成18个社会公共停车场建设，提供公共停车泊位5822个；建成淞宝地区停车诱导系统二期工程。

内河港航。根据《宝山区内河码头整治工作方案》和《蕰藻浜沿线码头专项整治工作方案》，2020年全年累计关停原持证码头8户，从年初的52户到目前的44户（48个作业点）。其中易扬尘码头数从2020年初的22户减少至目前的19户。全区航道数6条，总里程57.76千米。

非法客运整治。2020年共组织开展非法客运整治行动278次，出动交通执法人员1608人次，出动交通执法车辆540辆次，查扣非法客运车辆684辆，暂扣驾驶证559件，已结案622件，罚没款659.5万元。牵头10个市级非法客运重点整治区域所在街镇、派出所召开协调会，制订“一点一方案”，积极落实物防技防措施。积极开展“七进”主题宣传活动，开展非法客运主题宣传10次，发放各类宣传品18900件。

安全工作。2020年，共出动执法人员17848人次，车船5688辆艘（次），组织安全检查4356次，检查3414户单位。检查车船3492辆艘（次），超限车辆17辆（次），危险品船舶18艘（次）；查出各类隐患4074条，当场整改隐患1817条，限期整改隐患2257条，开具执法文书1188份，查处各类交通行政违法违章案件936件，查扣非法客运车辆544辆；各类行政罚款839万元。查处建设工程项目经理违法违规行为46起，扣分95分；监理单位项目总监21起，扣分43分；船员扣分80分。累计查获液化气钢瓶1250只，查处违法违规经营使用燃气窝点5处，各类行政立案26起，公安部门行政拘留140人。

推进行政审批改革。加快推进社会投资项目审批改革，1个项目“四证齐发”实现拿地即开工，2个项目完成“验登合一”助力企业早日投产，办结时间优于全市最高水平，区域营商环境大幅提升，增强企业投资宝山、建设宝山信心。根据营商环境改革3.0要求，逐步形成实体化运行，按照“五个一”要求，着力打造服务优、效率高、企业获得感强的审批审查中心。在2020年一网通办功能提升关键期，始终围绕区委、区政府以及行业高标准目标，开发全市首创的智能化无人工干预自助办理“货物运输车辆注销一件事”，完成路政行业风险分级管理改革，形成了全市可复制可推广的新模式。2020年全年共办结各类审批事项40895件，完成各类政务服务50806件，其中超87000件为当场办结，缩短申请人等候时间，申请人满意度100%，全年共收到锦旗15面。

热线信访提案。全年累计受理区12345热线工单551件，区热线工单满意率72%，实际解决率73.66%，同比提升15.29%和14.5%。受理市12345热线工单5127件。全年办结来信来访302件，妥善处理农民工工资信访投诉355起，信访人数2361人，涉及农民工工资6106万元。全年共承办人大建议和政协提案73件，主办40件、会办33件，提前一个月高质量完成全部建议提案办理工作。11月完成2019年、2020年所有47件人大建议、45件政协提案复查工作，经过复查，共有3件建议解决。

宝山区绿化和市容管理局

2020年，宝山区绿化市容局在区委、区政府的坚强领导下，坚决贯彻落实区委、区政府决策部署，坚持“人民城市人民建，人民城市为人民”重要理念，咬定目标、奋力拼搏、攻坚克难，胜利完成“十三五”规划各项目标任务，着力优化区域生态环境，着力推进垃圾综合治理，着力提升市容管理水平，努力为宝山奋力夺取疫情防控和经济社会发展“双胜利”、加快推进全市科创中心主阵地建设提供更好的绿化市容保障。

1. 疫情防控工作扎实有效。因地制宜、精准施策，持续坚守、精准防控，统筹协调、保障一线，全局疫情防控、复工复产取得明显成效。一是落实作业要求。环卫作业管理更加精细化、规范化，有效防止生活废弃物病毒扩散。居家隔离生活垃圾实行“五专”收运法，沿街商铺垃圾采取“零接触”收运模式，公共厕所执行“非常3+1”精细化保洁标准。二是加强疫情监测。在疫情关键时期采取了闭园措施，关闭了全区所有景区公园、社区公园、大型开放式绿地，关停公园茶室、游乐设施等所有经营项目。加强了对公园、绿地、工地、道班房等“地毯式”疫情排查，开展林业、野生动物疫情监测和联合执法。三是抓好复工复产。防疫宣传教育常态化、制度化，重点做好景区公园开园保障，重点工程有序开工，加强公园绿地的疫情管控和从业人员自身防护和防疫物资储备。

2. 生态环境建设稳步推进。落实“四化”要求，提升绿化、彩化、珍贵化、效益化水平，海江绿地改造工程成功创建成为上海市“园林杯优质工程”项目。一是全面完成各项建设任务。完成新建各类绿地70.07公顷，人均公园绿地面积达到12.4平方米。建设城市绿色步道10千米、立体绿化30108平方米。完成G1503绕城高速生态廊道（宝山段）建设项目27.4公顷，其他生态廊道27.9公顷，一般公益林35.6公顷，全区森林覆盖率达到16.41%，“五个一百”绿色生态建设全面完成，基本完成顾村公园二期框架建设，推进顾村公园二期景观优化提升、青少年活动中心绿化、赛车场模型项目的建设。二是持续优化绿化林业管理。开展公园绿地巡查考核、“绿化带清整”专项行动，新增市级公园3座，总数达35座，全区26座公园延长开放。形成《2019—2021年宝山区推进林业健康发展促进生态文明建设的若干政策措施》及9个配套文件初稿，对334.3公顷林地开展了美国白蛾防治工作，多次会同区公安分局、市场监管局等部门持续开展打击涉及野生动物及其制品的违法犯罪行为，立案查处2起。三是不断推进市民绿色共享。开展绿化“六进”服务活动，指导街镇做好辖区内居住区绿化的管理工作，通过全民义务植树、互联网+义务植树、少儿绘画创作大赛、“美丽阳台”等活动，倡导市民群众爱绿护绿意识不断提高。顾村公园打造最美樱花大道、“十年之恋”樱花广场、樱花文化艺术展示馆等公园标杆性景点，开展“消夏赏荷”“金秋游园”等主题活动。截至11月，公园共计接待游客100.2万人次。

3. 垃圾综合治理成效明显。举行了贯彻实施《上海市生活垃圾管理条例》一周年宣传月活动启动仪式，上半年综合考评全市排名第9，较去年上升2名。宝山区被住建部列入“2020年农村生活垃圾分类和资源化利用示范县”名单，居住区达标率升至91.6%。一是健全工作体系。健全“两级政府、三级管理、四级落实”的责任体系，委托第三方对居住区和单位垃圾分类进行检查测评，通过动员部署会、现场推进会、实地调研等多种形式，指导推进源头减量管理、实效分类等工作。加强餐厨垃圾、废弃油脂

申报、签约，申报、签约率达100%。二是完成各项指标。因地制宜推行定时定点分类投放制度，做到“一小区一方案”，加强建筑垃圾管理。全区垃圾清运总量62.8万吨，日均2059吨。其中，干垃圾量1216吨/日，同比下降18.8%。湿垃圾分出量650吨/日，同比增长24%。一般工业固废5吨/日，分拣残渣和整治垃圾188吨/日。此外，可回收物回收量549.7吨/日，同比增长53%。区内资源化消纳工程渣土361.6万吨，通过码头转运消纳103.1万吨，装修垃圾进入江杨北路资源化处置中心处置17万吨，拆房垃圾进入三个资源化处置中心处置34.9万吨。三是推进设施建设。宝山再生能源利用中心项目于8月17日主体工程正式打桩，正积极推进。全区配置湿垃圾车128辆，干垃圾车280辆；在居住区设置935个可回收物投放点，积极落实分类配套“三小件”。制定低附加值可回收物补贴政策，优化可回收物“点站场”体系功能布局，推进完成611个可回收物服务点、12个中转站提升改造。7月1日，市人大常委会主任蒋卓庆调研庙行镇“两网融合”中转站，充分肯定宝山的举措和成效。

4. 市容管理水平持续提升。一是城市管理精细化工作有序推进。完成第三届进博会宝山区市容环境保障，共4大方面、16项工作任务和524个具体项目。建设美丽街区36条（段），协助区滨江委开展滨江贯通示范段景观灯光建设。完成宝杨路（同济路—邮轮港）行道树景观灯光布置。完成国庆、春节期间的市容保障和景观布置。二是市政市容重点整治取得阶段性成效。巩固和推进18条（段）市容环境卫生责任区管理示范道路建设，提升12个自律组织运行实效，培训市容环境卫生责任单位责任人10000余人次、重点管理人员1800余人次，提升71条路段门责生活垃圾上门收集实效。对46处城乡接合部及无名道路薄弱区域开展治理，提升17处设摊管控点、疏导点的规范管理。三是户外设施管控有力。积极编制《宝山区景观照明规划（2021—2035年）》《宝山区户外广告设施设置阵地实施方案（增补）》。市级下达的楼顶招牌、大型电子显示屏、小型走字屏整治任务全部完成。四是城市清洁消除盲区死角。每月开展“清死角、消盲区、大冲洗”城市清洁专项行动，加强道路扬尘污染防治，选取四个重点区域作为“席地可坐”高保洁标准试点，通过硬技术和软技术对于“席地可坐”区域的保洁进行支撑，加快推广新型保洁设备，深入研究保洁工艺。

5. 基层党建基础不断夯实。抓好“四史”学习教育，开展“四史”主题党日活动，抓好文明城区创建相关工作。一是加强党建责任落实。局党组认真履行主体责任，定期研究基层党建工作开展情况，团结带领党员干部积极贯彻落实全面从严管党治党各项要求，认真落实“一岗双责”。在春节、清明、五一、十一等重点时节，及时发布廉洁过节提醒。二是加强干部队伍建设。进一步完善党组织机构设置，切实推进党建工作创新发展，促进单位职务晋升通道畅通，先后做好干部晋升6次。通过中心组学习、干部在线学习平台、党员远程教育平台、“学习强国”等形式开展习近平新时代中国特色社会主义思想学习。进一步完善局“三高”人才档案，对青年人才队伍进行动态管理。三是加强意识形态建设。抓好网宣网评、组工信息、外宣报道，充分利用“宝山绿容”微信公众号和各基层单位微信公众号，宣传绿化市容工作情况，营造正确、浓厚的舆论氛围。四是加强群团工作建设。局两级工会充分发挥工会组织作用，以党建促工建，坚持民主管理。元旦春节、夏季高温期间，局领导慰问系统内劳模、班组、困难职工，春节前，局领导、基层工会干部和坚守岗位不回家的一线职工“同吃年夜饭”、为春节留沪一线职工购买年货共享团圆年。广泛开展各类文体活动，增强职工群众凝聚力。

此外，还积极推进法治政府建设，做好大调研工作，抓好两会意见办理，积极推进“一网通办”“一网统管”运行，抓好投诉信访处置，落实扫黑除恶专项行动，加强安全生产管理等等，及时回应市民各项诉求，为绿化市容各项工作提供坚强保障。

（十）闵行区

闵行区建设和管理委员会

2020年，区建管委紧紧围绕区委、区政府重点工作部署，积极应对新冠肺炎疫情考验，坚持服务闵行经济社会发展大局，全面深化行业改革，着力提升建设管理和综合管理能级，为闵行区“十三五”规划胜利收官提供有力保障。

（一）统筹推进行业疫情防控和经济社会发展

1. 严守工地防疫大门。疫情发生以来，区建管委全力落实行业防控各项要求，将全区在建工地划为4个片区，全覆盖排查防疫措施落实情况，确保防疫组织、人员管理、现场卫生、物资储备、安全生产、宣传交底“六个到位”。抗疫期间，共排查建筑工地及人员密集场所580个，隔离重点地区务工人员310名，通知延迟返沪人员296名，全区建筑工地无输入性病例。

2. 保障行业复工复产。一是精准服务。通过“逐个走一遍、全部过一遍”巡查调研，摸清在建工地复工筹备情况，结合实际提供精准指导。二是适应形势。推行复工告知承诺和备案管理，联合属地防疫力量加强事中事后监管，确保稳妥有序复工。三是分类施策。针对重大项目、重点园区、保障性住房和学校等民生工程，实行跨前协调服务，帮助工地做好劳动力和物资保障，为项目复工创造有利条件。

经过努力，疫情未对闵行区建筑业发展

造成实质性影响。2020年，全区区级监管房建工程共计1011个（其中新建工程414个、改扩建工程41个、装修工程556个），较去年同期（991个）增长2%。建设工程招投标共计293个标段（其中施工承发包187个，累计中标价134.9亿元），招投标项目数量虽较去年同期下降30个，但施工中标价受九星城、漕河泾开发区公租房二期等大型项目投资拉动，较去年同期上升9%。

3. 推进“稳增长、促投资”。一是完善重大项目服务保障机制。成立保障工作领导小组，牵头落实并联审批、跟踪管理。实施“容缺办理”，加快项目审批流程。支持项目“分阶段审批”，促进有效投资落地。二是全力推进“建安税”落税。会同区税务局、各街镇（工业区）、园区、区属企业等全力开展促税工作。2020年，全区已有667个在建项目完成税务登记，税务落地率94.8%，增税3.8亿元。三是优化装饰装修工程管理机制。拟定功能调整装饰装修工程项目办理口径，起草闵行区装饰装修工程房屋安全检测鉴定实施细则，为闵行区存量用地转型升级提供有力支撑。

（二）坚守建筑安全质量底线

1. 完善源头治理体系。一是推行住宅工程质量潜在缺陷保险制度。将投保要求纳入住宅用地出让条件。2020年，闵行区76个在建住宅工程已有52个完成投保，新建住宅工程投保率100%。二是实施安全生产责任保险制度，要求项目总包单位在办理施工许可前完成投保，预计2021年实现全覆盖。三是开展住宅给水工程质量通病防治。扩展重要建材信息报送范围，落实施工事前告知，将给排水工程纳入监督必查项，严格把控综合验收关口，进一步优化工程质量监督机制。

2. 强化质量安全监督。一是严格执法检查。围绕行业事故投诉高发领域，结合重要时间节点，开展防台防汛、大型机械、深基坑、建筑用砂、装修及改建工程等15次全区建筑工地专项检查。全年抽取在建项目88个开展“双随机，一公开”巡查，定期将巡查情况在全区建设领域通报公示。加大行政执法力度，全年实施立案处罚154起，处罚金额451万元。二是全力保障进博会。加强对保障区域内54个在建工地的安全文明施工管控，实施分类监管，开展专项督查和联合检查，确保万无一失。三是完善建筑消防管理。进一步理顺业务流程，制定《闵行区建设工程消防设计审查验收专家库管理办法》，全年受理消防设计审查344项、消防竣工验收109项。

3. 推进事中事后监管。一是完善行业诚信体系。制定《闵行区建筑市场主体不良信用信息认定管理办法（试行）》及操作细则，将工程质量安全责任事故、拖欠农民工工资、严重违反工程建设规定等8类违法违规行为纳入企业不良信用信息，在一定时期内限制责任企业参与闵行区建设工程招投标。二是开展工程标后监管。先后二轮抽取共计27个工程项目，重点检查招标文件、投标承诺、工程合同履约情况，督促责任单位落实整改闭环，维护闵行区建设工程招投标成果。三是落实企业资质及安全生产许可动态核查。对闵行区116家建筑企业，共计252项资质实施批后审查，依法对逾期未完成整改的企业予以资质撤销（回）。实施企业安全生产许可批后检查26家，对发生安全事故的责任企业予以暂扣安全生产许可证处罚。

4. 健全小型工程管理机制。修订《闵行区限额以下小型建设工程管理办法》，重新调整限额以下小型建设工程额度，明确分级分类管理的要求，强调各方主体责任。制定《限额以下小型工程施工承发包和预选承包商名录管理实施细则》，启用第四轮预选承包商名录。联合区纪委监委开展专项检查，先后抽取286个项目承发包档案和20个在建限额以下小型工程项目，督促街镇（工业区）和参建企业规范项目承发包行为，强化质量安全管理。

（三）优化建设领域营商环境

1. 落实审批制度改革 3.0 版。一是推进区社会投资项目审批审查中心实体化运作。设立综合窗口，落实社会投资项目“一站式”审批，由审批审查中心统一与社会投资项目单位发生互动，各部门依各自职能进行审批和监管，建立健全帮办服务机制。二是降低企业投资运营成本。减免社会投资低风险产业类项目勘察、监理费用，取消建设单位委托施工图审图，全年共减免相关费用91万元。三是做实建设工程综合竣工验收。出台《闵行区建筑工程综合竣工验收出具附条件通过验收意见实施细则》，细化竣工验收附条件通过，提升综合竣工验收效率。针对社会投资低风险产业类项目实施“一站式”综合竣工验收及不动产登记。

2. 提升建设审批效能。2020 年，闵行区共完成建设工程新建、改扩建项目信息报送 620 项，办结施工许可 289 项，数量居全市第二。完成综合竣工验收 238 个，数量居全市第三。施工许可环节平均用时 3 个工作日，较全市平均用时 (13.3 个工作日) 缩减 75%。综合竣工验收环节平均用时 4.8 个工作日，较全市平均用时（7.1 个工作日）缩减 32.4%。市工程建设项目审批制度改革工作领导小组对闵行区建筑许可营商环境专项督查评定结果为优秀。

（四）加快“一网统管”平台建设

1. 完善地下管线信息系统。完成闵行区剩余 306 千米市政道路地下管线普查，探明地下管线长度 2927.87 千米，实现了闵行区 1254 千米市政道路地下管线数据全覆盖。在实施普查的基础上，将已探明的电力、给水、排水、通信、燃气等逾 9000 千米地下管线数据接入区城运平台，实现落图展示。

2. 打造“智慧工地”2.0 版。进一步推行工地信息化管理，工地重点区域远程监控系统覆盖率达 89%，工地关键岗位人员人脸识别考勤系统覆盖率达 95%。在此基础上，将工地类型、造价、面积、项目人员等基础信息与远程监控数据加以整合，推动系统升级。同时，在区城运平台地图上完成全区新建、改扩建项目标点，实现“智慧工地”系统与区城运平台初步对接。

3. 打通市、区平台壁垒。积极与市级主管部门沟通对接，促进行业管理数据下放共享。目前建设工程综合管理数据、既有玻璃幕墙管理系统、液化气统一配送系统已接入区城运平台。在此基础上，在新虹街道、虹桥镇开展既有玻璃幕墙“一网统管”试点，完善“一楼一档”，将隐患排查处置信息通过系统派单方式分发，实现属地精细化管理。

（五）推动地区和行业转型

1. 推进九星绿色生态城区建设。编制完成《七宝九星地区东块绿色生态城区专业规划》，明确打造“高水平、高品质、高美誉度”三星级绿色生态城区目标，构建九星地区土地利用、绿色交通、绿色建筑、生态环境、低碳能源、水资源、固废资源、产业经济、智慧人文等 9 方面共 40 项绿色生态建设指标体系。同时编制绿色建筑、能源综合利用和水资源综合利用专项规划，明确专项技术体系及保障措施。

2. 落实海绵城市建设规划。落实海绵城市建设规划。严格贯彻落实国务院办公厅关于海绵城市建设的评估要求，2020 年，闵行区海绵城市建设评估面积 14.5 平方千米，占城市建成区面积比例 22.3%。加强海绵城市规划落地管控，全年累计对 70 幅地块共计约 330 万平方米出让土地提出海绵城市管控指标要求。加快海绵城市项目建设，推进绿地与公园约 90 万平方米，市政道路约 9 千米，建筑与小区约 53 万平方米。

3. 加快建筑业转型升级。全年共推进装配式建筑项目 61 个，建筑面积 615.59 万平方米，满足建筑单体预制率不低于 40% 或单体装配率不低于 60% 要求。推进 BIM 技术应用项目59个。开展装配式建筑施工质量、绿色建筑和节能工程专项检查，重点检查装配式建筑指标、装配式施工质量、绿色建筑设计、分项计量安装、能效监测落实等情况，确保闵行区建筑业绿色发展政策要求落地。

（六）提升城市综合管理能级

1. 推进城市综合管廊建设。九星综合管廊实现年内开工目标，与7家管线权属单位签订入廊协议，做好初步设计方案报审及征询，落实项目招投标，12月取得项目施工许可证。浦业路综合管廊一期工程实现年内开工目标，与6家管线权属单位签订入廊协议，配合区相关部门完成全部项目建设前期手续。

2. 实施架空线入地和合杆整治。根据市架空线入地指挥部部署，计划完成4千米路段架空线入地和合杆整治。2020年实际竣工6个路段共计6.56千米。

编制闵行区新一轮（2021—2023年）架空线入地和合杆整治三年行动计划，明确每年开竣工不少于15千米路段，按照“以点连线、连线成片、连片成面”的原则，建立“研究一批、实施一批、储备一批”的架空线入地滚动推进模式。

3. 实现全区液化气统一配送。结合前期液化气配送试点经验，制定闵行区液化气统一配送方案和补贴办法。2020年底，全区液化气站点已全部停止门售，全面实现统一配送。闵行区液化气统一配送系统已上线试运行，全区居民用户共实现液化气配送146856瓶。

（七）强化民生和社会问题治理

1. 推进虹桥机场噪声治理。完成七宝万科城市花园等13个居民小区降噪治理，涉及207幢房屋、6171户居民。启动黎明花园等9个居民小区、208幢房屋、7751户居民降噪治理任务，完成居民签约工作。

2. 推进市属大居外墙外保温整治。闵行区涉及外墙外保温维修的市属保障房小区共21个。克服疫情影响，全力保障维修工程进度，做好全过程安全质量监管。截至目前，21个小区维修工程已有10个实现竣工，剩余11个市属保障房小区的维修工作有序推进。21个小区外墙外保温维修工程计划于2021年第三季度全部完成。

3. 推进老旧小区燃气立管改造。根据市政府印发《2020年市政府要完成的与人民生活密切相关的实事的通知》，闵行区计划完成19个小区共计6945户居民住宅老旧燃气立管改造。区建管委积极对接燃气企业，结合闵行区实际，新增2个改造小区。2020年，共完成7579户居民住宅老旧燃气立管改造，超额完成634户。落实区政府关于人民建议的工作要求，积极开展七宝镇黎明小区燃气管道整体改造，启动全区老旧住宅小区全覆盖排查。

4. 推进农民工欠薪问题治理。一是督促落实“四个全覆盖”。加强对在建工地实名制管理、工资专户开设、按月足额支付和总包代发制度落实情况的专项检查，严格执法，跟踪整改。二是及时研判欠薪隐患。根据信访动态数据统计，及时分析梳理重点项目，开展现场调研和指导督办，防范化解欠薪隐患。三是建立联动处置机制。制定《闵行区工程建设领域保障农民工工资联动处置实施办法》，加强与街镇（工业区）、有关部门的协作对接，形成农民工工资保障合力。2020年，区建管委共牵头处置劳动争议类信访1234件，其中农民工欠薪信访14件，涉及72人73.9万元，解决率100%。

（十一）嘉定区

嘉定区建设和管理委员会

2020年是“十三五”规划收官之年，也是我国全面建成小康社会决战决胜年。面对突如其来的新冠肺炎疫情和嘉定城市建设管理的繁重任务，区建管委以践行“人民城市人民建，人民城市为人民”重要理念为指引，按照区委区政府的决策部署，紧紧围绕“促建设、精管理、强监管、优环境、保安全”的工作目标，不断推动嘉定现代化新型城市建设高质量发展。

（一）围绕新冠肺炎疫情严防控，统筹推进疫情防控和复工复产

根据党中央、国务院以及市区两级关于疫情防控工作部署要求，紧密结合嘉定区建设领域工作实际，加强领导，压实责任，细化举措，全力做好疫情防控工作。

1. 积极行动，全面落实疫情防控部署要求。制定下发嘉定区建筑工地、燃气市场、混凝土搅拌站企业等重点行业疫情防控工作指引。明确企业主体责任、行业监管责任、属地管理责任的三级防控体系，落实人员严控、现场严管、外部严防、督导严查的“四严”要求。畅通信息报送渠道，全面掌握行业实时动态情况，持续开展工地疫情防控措施落实情况督导检查和整改完善，不断筑牢疫情防控立体防线。

2. 多措并举，确保防控措施落实到位。加强督导检查力度，实施在建工地未复工项目每周一轮，复工项目、燃气场站及混凝土搅拌站三天一轮的全覆盖检查，坚持立查立改，确保防控措施落实到位。积极配合道口支援、下沉社区和机场增援等志愿服务；协调帮助行业企业防疫物资配备供给；新增天然气社区便民充值设备，降低潜在传染风险。

3. 统筹兼顾，全力助推建筑工地复工复产。按照市、区两级疫情防控和复工复产部署要求，结合建筑工地智慧管理平台研发建设，及时增加疫情防控功能，通过人防和技防相结合助力建筑工地复工复产。3 月中旬全区 171 个在建工地全面复工，4 月中旬工地人员返岗率达到 100%，有序有效实现建筑领域疫情防控和复工复产“两手抓、两手硬、两手赢”。

（二）围绕城市高品质发展促建设，有序推进重点项目建设

坚持以推动重大工程建设、城乡建设发展、城市品质功能提升为抓手，积极发挥综合协调职能，全力督促、协调、推进重大工程和重点建设项目建设。

1. 加快推进重大工程建设。2020 年区重大工程建设在面对突发疫情的情况下，各建设单位、代建单位和职能部门共同努力、克服困难，全力以赴推进项目建设，基本完成全年工作任务，累计完成投资 78.3 亿元，占全年计划的 99.6%。江桥 G1A-09A 地块征收安置房、迅达电梯四号地块、永胜自来水厂深度处理、市中医医院嘉定院区、工业区南门小区 29-06 地块征收安置房、安亭污水厂三期 6 个项目开工建设；裕民南路地道、墨玉北路、嘉定新城 E17-1 租赁房 3 个项目基本建成；沪通铁路（一期）、城北路、嘉北自来水厂深度处理、上汽大众 MEB 工厂、区建筑垃圾资源化利用项目和区湿垃圾资源化处理项目 6 个项目实现建成；轨道交通 14 号线嘉定段、S7 沪崇高速二期、嘉定新城 E17-1 租赁房等其余项目总体进展顺利，基本完成阶段工作目标。

2. 牵头推进老城更新改造。整体谋划方面，会同区规划资源局启动编制《嘉定老城建设发展提升整体规划（2020—2035 年）》，完成工作方案；启动编制嘉定老城 15 分钟社区生活圈专项规划；初步完成州桥景区业态提升方案，明确近、中、远期业态调整目标；完成老城部分不可移动文物单项保护利用规划编制。重点项目方面，护国寺本体项目于 5 月 29 日实现开工，配套用房 7.7 亩用地调规手续已完成；西门文化公园征收补偿工作已全部完成，房屋拆除工程招投标手续已完成，正在设计方案意见征询中；州桥景区“美丽街区”创建于 5 月底竣工，并通过区级部门验收；环城河步道景观提升工程持续推进。

3. 精细管理促进乡村振兴。农村房屋安全隐患排查整治方面，已完成嘉定区农村房屋重点排查工作，共计排查经营性自建房1536栋，其中902栋经现场排查为完好或基本完好，626栋为一般损坏，8栋须专业排查。2021年6月前，完成重点排查中存在安全隐患的房屋的鉴定及整治，同步完成剩余所有农村房屋的全面排查；村内路桥改建方面，经报市住建委确定，全区村内现有严重破损道路140千米、四类五类危桥100座，2020年已完成改建严重破损道路36千米、四类五类危桥35座，2021年计划改建严重破损道路57千米、四类五类危桥38座；出台了《嘉定区村内道路建设养护实施意见》，明确村内道路建设养护的实施主体、资金来源、工作流程、工作要求、管理制度及监督考核等，并要求各涉农镇相应出台镇级管理办法。

4. 试点推行加氢站规划建设。完成《嘉定区加氢站布局与选址专项规划（2019—2025年）》编制及公示，9月4日获市政府批复；同时推动郊野公园等3个既有站点建设，其中郊野公园站点正在办理土地出让手续、中石化西上海和安智路油氢合建站6月12日已获市市场监管局发放气瓶充装证，正在办理消防验收；重塑、电驱动、氢能港等企业自用站已纳入市住建委规划。

（三）围绕城市高质量发展优环境，全力打造“两网”新品质

区建管委按照区委区政府“以智能化为突破口，抓住政务服务‘一网通办’、城市运行‘一网统管’两张网建设的牛鼻子”工作要求，积极探索建设管理领域“一网通办”和“一网统管”，不断优化营商环境和强化事中事后监管。

1. 以营商环境改革为着力点，促进建设项目审批“一网通办”。通过强化前台综合和后台整合，强化部门协同联动和优化审批受理流程再造，推动建设项目审批“一网通办”更加便捷高效。一是优化建设项目审批流程再造。专窗联动后台联审，推动审批速度更“快”。通过审批服务专区，将代办服务融入窗口建设，将原来的15个部门单窗整

合成一个预审（代办）专窗，合理调配后台人员和窗口资源，打造高效、有序、便捷的窗口服务新机制。街镇联动代办升级，推动服务更“优”。联动全区“1+10”产业项目代办服务体系，为企业提供免费咨询和办理建设许可等事项，统筹协调产业项目落地全流程代办工作，为项目量身定做“流程作战图”和“代办服务小锦囊”，提前指导企业进入“备战模式”。政企联动及时答疑，推动感受更“好”。针对审改项目样本，进一步强化政府部门与企业之间沟通联动，专人对接协助并指导企业提前开展申报材料准备工作，有效提高一次性办理成功率，让企业从审批中感受高效服务；二是夯实区社会投资项目审批审查中心实体化运行。通过强化前台综合和后台整合，强化部门协同联动和优化审批受理流程再造，落实区社会投资项目审批审查中心实体化运行，推动建设项目审批“一网通办”更加便捷高效。采取“流程再造、分类审批、提前介入、告知承诺、多评合一、多图联审、同步审批、限时办结”等举措，以及落实上海市优化营商环境《3.0改革方案》要求，在全市率先制定了《嘉定区社会投资项目审批审查中心优化实体化运作工作方案》及《实施细则》。在不改变各部门审批职责的前提下，抽调专业力量集中办公，进一步完善审批审查中心相关工作制度、职责、组织架构和人员配备，有效承担具体协调推进、办理、咨询等职能，实现设计方案审核、施工许可、综合竣工验收、不动产证登记及供排水接入申请等综合服务；三是全力完善改革要求及配套政策。实现低风险产业项目一站式办理施工许可证，建设单位向审批审查中心一次申请后，各相关部门自受理之日起9个自然日内完成在线审批，一次性在线核发建设工程规划许可证和施工许可证；实现低风险产业项目一站式竣工验收及不动产登记，取消四方验收环节，由建设单位组织相关企业实施自验基础上，审批审查中心整合建设管理部门的竣工验收备案、规划自然资源部门的竣工验收及不动产登记等环节，办理时限共7个自然日。在相关费用减免方面，落实施工图审查费用通过政府购买服务的方式委托符合资质要求的审图机构进行，低风险产业类项目取消施工图审查环节，由区建管委委托审查机构对设计图进行全覆盖检查；拟制定减免工程勘察、监理费用等配套政策。

2. 试点推进建设工程“一网统管”，不断强化事中事后监管。一是试点实践智能化管理模式。以建筑工地智能化管理为切入点，深入推进“智慧工地管理”试点创新，实现建设工程安全质量“一屏观天下”“一网管全城”的“一网统管”模式，进一步提升建设工程监管精准化和智能化水平。“嘉定区建筑工地智慧管理平台”于今年1月开发完成，平台共有安全管理、质量管理、材料管理、人员管理、监督检查、应急管理、信息发布七大功能模块构成。通过人工智能及物联网技术实现建筑工地“人”“机”“料”“法”“环”全要素全过程管理，全面提升工地安全管理水平、工程质量以及政府监管能力。在疫情防控期间，应急管理模块中的疫情管理功能在72个工地实践运用，发挥了很好的管理防控效能；二是扎实推进“观管防”有机统一。数字化呈现。通过物联网设备获取数据和信息，对工地的精准管理提供了更准确、更科学、更及时的信息，为城市的精细化管理奠定了良好的基础。智能化管理。通过人工智能化算法对工地现场收集的信息和数据进行实时判断，对发现的问题及时预警，提高管理效率的同时提升了监管水平和工程质量。精细化预防。一方面通过“一网统管”对工地现场全要素进行有效监管，做到监管内容的精细化；另一方面对建筑施工全流程进行有效监管，做到监管流程的精细化；三是不断完善事中事后监管。在试点的基础上，加速完善建筑工地智慧管理平台功能和全覆盖推广普及，依托科技手段加强对建设项目全过程全要素的精准高效管理，于10月底出台了《嘉定区建筑业监管三级巡查工作实施细则（2020修订版）》，规范了巡查制度，统一了执法标准，提升了巡查工作实效。努力实现嘉定区建设工程项目依法有序、便捷高效的事中事后科学安全管理目标。

（四）围绕城市运行保障精管理，提升城市管理精细化水平

按照区委、区政府关于加强城市管理精细化工作的总体部署，把城市管理精细化的理念、手段、要求落实到嘉定区城市管理领域各项工作中，在细节上见真功、在常态上显实效、在标准上求卓越、在方法上求创新，全面提升嘉定城市精细化管理水平。

1. 牵头抓好城市管理精细化管理工作。根据《嘉定区关于加强本区城市管理精细化工作的三年行动计划（2018—2020年）》，发挥城市管理精细化管理办公室职责，强化工作统筹与协调，紧紧围绕抓重点、补短板、强弱项，协调推进三年行动各项任务高效落实；梳理回顾本区城市管理精细化三年行动工作总结，编制典型案例汇编和成果宣传影像资料。对标国家和本市的战略部署，编制嘉定区《嘉定区城市管理精细化"十四五"规划》。客观评价嘉定"十三五"期间城市管理精细化的总体情况，科学分析预测未来五年城市精细化管理发展方向，提出嘉定"十四五"城市管理精细化的总体目标、主要任务和保障措施，为"十四五"期间嘉定区城市管理精细化工作提供科学依据和行动遵循。

2. 科学编制城市精细化管理"十四五"规划。对标国家和本市的战略部署，嘉定区编制《嘉定区城市管理精细化"十四五"规划》。客观评价嘉定"十三五"期间城市管理精细化的总体情况，科学分析预测未来五年城市精细化管理发展方向，提出嘉定"十四五"城市管理精细化的总体目标、主要任务和保障措施，为"十四五"期间嘉定区城市管理精细化工作提供科学依据和指导。

3. 加强城市综合设施安全运行管理。一是道路照明设施管理。自2019年6月开始，区建管委开始承接道路照明设施管理工作，截至2020年12月底，共有区管道路照明灯盏数50526盏，控制箱数1279个。做好道路照明日常维护，确保设施安全运行。根据《嘉定区区管道路照明设施运行养护考核办法》，从外业和内业两方面对区管道路照明设施进行月度检查考核。共组织开展区管道路照明设施月度检查12次，检查灯盏数37715盏，亮灯率平均为99.85%，设备完好率平均为99.75%，及时修复率100%，月运行考核平均分为94.8，评定等级为优秀。通过加强日常运维检查考核，及时发现存在的问题并予落实整改，确保道路照明设施安全正常运行。推进道路照明管理信息平台试运行，完善系统各模块功能，提高城市照明管理的协同能力，简化管理流程，提高管理效率。做好道路照明工程建设与移交管理，确保工程质量可控。根据《关于做好本市道路照明工程建设与移交接管工作的通知》，积极开展道路照明平台受理。受理新建（改扩建）工程16项，零星搬迁5项，存量工程6项，验收工程18项（其中隐蔽验收13项、专项验收5项）。共办理了陈翔路（沪宜公路—芳林路）等16条道路计599基路灯杆的移交接管。开展照明工程设计方案审核工作。根据道路照明设计方案审图的工作流程、标准规范和设计文件审查要点等，开展对区管道路照明工程设计文件的审查工作。组织道路照明工程设计文件审核16件。配合市政所开展澄浏公路（宝钱公路—徐曹路）路段合杆灯改造工程，推进工程进度，实现今年完成工程改造的目标，解决沿线居民出行安全问题。迎接创城复评，做好投诉和应急保障工作。充分做好嘉定区区管道路照明设施创城复评工

作，要求各路灯运维单位高度重视，切实加强组织领导，强化责任落实；加强道路照明设施巡检巡修，保障重点路段和区域；确保道路照明设施灯杆灯具完好整洁、设施安全牢固，亮灯率99%以上；落实应急保障人员、物资储备，对于涉及辖区内道路照明设施的问题快速响应、快速处置、准确及时反馈完善情况。做好投诉和应急工作。通过对道路照明投诉案件的查询和监控，有效对路灯投诉处置的完整数据进行分析；通过对城运中心即将超期件进行应急销单，避免超期件的发生。共接到道路照明投诉件1437起，较去年同期下降1008件，同比下降约41%。应急处置区管路灯外破撞杆案件49起，已办理索赔14起，修复46起，另外3起因灯杆采购周期进行了临时处理；做好2020年防台防汛工作，制订道路照明应急处置预案和保障工作方案，开展道路照明设施突发故障抢修演练；二是安亭新镇综合管廊管理。按照《城市地下综合管廊运行维护及安全技术标准》和《嘉定区安亭新镇综合管廊日常养护管理考核办法》的要求，组织开展管廊的月度检查。对检查过程中发现的问题，要求养护单位及时落实整改，消除安全隐患，并针对检查中发现的问题开展养护范围内的设施隐患排查，将整改处理情况进行上报，切实做好综合管廊的日常维护工作。积极配合综合管廊消防改造工程。安亭新镇综合管廊现有的消防系统是2003年建造的，经过16年的使用，部分消防设备及管道线路已经损坏，且存在墙体预留孔洞渗水及百叶窗老化等诸多问题，已无法正常工作保证消防安全。为解决消防系统安全隐患，今年由市政所负责对综合管廊进行了消防维修改造，区建管委积极配合区市政所开展综合管廊消防改造工程，确保综合管廊消防改造工程的顺利推进。工程于7月1日开工，12月底完成全部改造；三是地下管线管理。根据《关于加强本区地下管线交底和做好管线外损事故统计工作的通知》要求，从二季度开始正式做好管线交底工作，建立本区地下管线交底及应急通信录和《嘉定区地下管线管理联席会议成员单位联系名单》。地下管线外损事故上报。按照《关于进一步加强本市地下管线交底和管线外损失事故统计上报工作的通知》要求，下发《关于加强本区地下管线交底和做好管线外损事故统计工作的通知》，开始实行地下管线外损事故统计月报制度；四是地下空间管理。截至12月底，嘉定区共有地下空间1348个，总建筑面积约928万平方米，较2019年新增约70万平方米。区地空联办积极发挥平台作用，加强统筹协调和综合安全管理，制订2020年地下空间管理重点工作计划、联合检查计划和日常检查计划，印发《2019年嘉定区地下空间安全使用管理工作总结及2020年工作要点》。结合对全区12个街镇的考核结果，通过嘉定区政务平台和微信工作群进行全区推广，进一步提升嘉定区地下空间安全使用管理水平。继续督促成员单位落实条块管理责任，持续开展日常安全检查，全年共组织12个街镇检查2227个次，发现安全隐患610个，整改600个；7个主要行业管理部门检查1624个次，发现安全隐患290个，整改289个。二季度组织召开区大型商业综合体地下空间安全使用管理工作座谈会，宣传安全使用常识，强化安全管理意识提高应急管理能力，营造更好、更安全的环境；五是开展架空线入地工程。根据《关于印发2020年本市架空线入地和合杆整治前期研究计划的通知》（沪指〔2019〕20号），区建管委及时启动推进北虹桥地区华翔路、金沙江西路、爱特路、金园一路和鹤旋路五条道路架空线入地工程，共计10.52千米，2020年实施5.25千米。围绕市架空线入地和合杆整治指挥部下达的新一轮三年行动计划，积极协调北虹桥地区、嘉定新城、老城的架空线入地工程建设。2021—2023年嘉定区架空线入地和合杆整治计划包含24条道路，共计30.78千米，其中新城主城区12条道路，计19.65千米（占比64%）；老城区及其他地区12条道路，计11.13千米（占比36%）。2021年嘉定区计划开工道路12条，共计11.44千米；完工道路5条道路，共计6.34千米（其中结转北虹桥地区5.32千米）。

4. 实施内部道路整治“一路一策”。根据市精细化办关于城市“内部道路”治理工作部署，发挥牵头协调作用，统筹推进内部道路整改落实，对涉及嘉定区22条“内部道路”，按照“锁定、编名、落图、进系统、纳管理”的“五步工作法”要求，指导属地街镇制订整治方案，对所涉道路研究制定纳管的措施办法，形成“一路一方案”，进一步完善权属界定、路籍档案、配套功能和闭环管理机制。

（五）围绕行业高标准建设强监管，不断强化建筑业管理效能

深入贯彻落实市委、市政府“推动实现高质量发展、着眼创造高品质生活”的要求，按照建筑节能、绿色生态和节约高效的现代化城市理念，全面推动嘉定区建筑建材业高标准建设和建筑市场深化改革创新管理。

1. 大力推动建筑建材业高标准建设。一是全面推进绿色建筑及装配式建筑发展。加强源头把控，截至目前，嘉定区2020年新增出让用地34幅，其中工业用地2幅，保障房用地6幅，住宅用地15幅，商办用地11幅。总计落实一星级及以上绿色建筑总建筑面积238.46万平方米，总计落实装配式建筑面积249.06万平方米。积极推进落实装配式建筑和绿色建筑新政策、法规。二是创建绿色生态城区试点。全力推进嘉定区封浜新镇3星级绿色生态城区试点创建工作，其间多次征询市住建委、虹桥管委会、嘉定区有关委办局、江桥镇、上海地产等单位的意见。10月23日取得嘉定区政府的规划批复，12月9日召开市级专家评审会并原则通过，已基本完成生态城区试点的创建工作。三是加强区级能耗监测系统的精细化管理。嘉定区现有能耗监测平台共计接入楼宇114栋，其中既有建筑49栋，新建建筑65栋，上传市平台76栋。首先，维持嘉定区平台接入楼宇数据质量稳定。月度平均正常率为68%；上传市平台数据月度均正常率为88%。其次，持续开展区级能耗监测平台及既有楼宇运维工作。区建管委聘请服务单位定期进行平台运维、现场巡检、线上培训等工作，保证能耗监测系统运行的可靠性和稳定性，提升区级平台能耗监测数据质量。四是推进BIM技术应用。推进BIM技术应用，构建全生命周期的BIM监管措施。首先，加强土地出让源头把关。将BIM技术应用的要求写入土地出让文件。其次，配合市场总站产业科开展嘉定区BIM技术应用现状调研，制定嘉定区建筑信息模型技术应用实施要求，促进建筑信息模型技术水平提升。最后，搭建嘉定区BIM数据管理平台，从BIM项目群管理、文档图纸管理、可视化模型管理、BIM宣传培训等功能模块进行集成应用；实现对区BIM技术应用项目统一管理，为后续BIM技术的立项、设计、招投标、工程验收、审计和档案等环节的审批和监管进行初步探索实践；五是海绵城市建设。根据《嘉定区海绵城市建设规划（2018—2035年）》控制指标，对土地出让及设计方案审核提出征询意见；完成嘉定老城特定区等4个重点区域海绵城市建设规划编制，并已通过区级部门评审；完成嘉定区海绵城市建设达标自评估工作，现已上报市住建委；同步研究海绵城市建设项目全生命周期管控工作机制，明确各相关部门职责及具体操作流程，进一步落实海绵城市建设工作要求。

2. 全面深化建筑市场改革创新管理模式。一是推进嘉定区住宅工程质量潜在缺陷保险工作。为进一步贯彻落实嘉定区住宅工程质量潜在缺陷保险制度，坚持目标引领，发布《关于转发〈上海市住宅工程质量潜在

缺陷保险实施细则〉的通知》，加强施工许可申办阶段的投保落实，工地现场监督管理阶段的监管落实；召开嘉定区住宅工程质量潜在缺陷保险工作推进会，落实政策宣传、切实提出市场经营规范意见。抓实工作推进，创建项目推送机制，每月定期向保险公司推送办理施工许可阶段的嘉定区住宅工程项目清单，提高全区住宅项目IDI保险承保覆盖率；二是推进落实社会信用体系建设。认真梳理总结区建管委在社会信用体系建设方面工作框架、目标任务，建立完善工作推进机制，定期报送工作总结，扩大信用信息归集，持续推进政府公共信息和市场信用信息共享，完善征信、评信、用信各项功能。督促下属信用数据采集单位及时将信息录入至“嘉定区信用信息平台”网站，接受公众监督。明确报送负责人，保证报送信息的准确性、完整性，及时向“嘉定社会信用平台”报送行政处罚相关信息；三是推进建筑领域相关环保工作。协调推进了环保三年行动计划、清洁空气行动计划、污染防治9个专项行动、扬尘污染专项整治工作以及秋冬季大气污染综合治理工作，涉及生态城区、海绵城市、扬尘防控执法检查等多项工作，确保嘉定区建筑领域相关环保工作有序开展。

（六）围绕城市建设管理保安全，守牢城市安全运行底线

为有效防范化解城市运行重大安全风险，提升风险防控和隐患治理能力，区建管委深入分析本区建设领域重点任务和风险特点，做到源头把控、全面排查、整改到位，努力提升行业安全生产整体水平，保障城市运行安全有序平稳。

1.全面部署年度安全生产工作。1月底，区建管委组织召开嘉定区建设管理领域2020年度安全生产工作大会，全区建设企业、设计、施工、监理等单位以及燃气从业企业、混凝土搅拌站企业负责人约200余人参加，会议总结讲评了2019年度嘉定区建设管理领域安全生产工作情况，分析当前形势任务、明确各级安全管理责任，对2020年度嘉定区建设和管理领域安全生产和安全隐患排查整治工作进行了动员部署。

2.统筹谋划安全生产“三年行动”方案。根据区府办、区安委办部署要求，区建管委和区市场监管局共同牵头嘉定区城市建设安全专项整治三年行动工作。6月9日，区建管委召集规划、交通、水务、绿化市容、教育、卫生、市场监管等城市管理领域重点部门，召开研究嘉定区城市建设安全专项整治三年行动方案专题会议，围绕城市建设安全整治重点任务，分析研究嘉定区推进落实方案，制订下发三年行动计划。

3.强化建设工程质量安全监管。在统筹兼顾有效防控疫情和有序开展复工基础上，于4月中旬恢复建设工程质量安全三级巡查制度。组织开展建设工程质量安全三级巡查，做到重大工程、保障房项目等重点工程项目巡查全覆盖，对巡查中发现的安全隐患，依法依规责令立即整改、暂缓施工，对于情节严重的，直接约谈企业负责人，顶格给予行政处罚。全年巡查组共出动1754余人次，共实施一级巡查483次，二级巡查11次，三级巡查4次，巡查在建项目125个，共开出整改通知单89份，安全隐患局部暂缓施工指令书13份，顺利完成了上半年巡查任务。

4.扎实开展根治欠薪化解劳务纠纷。按照属地化管理原则，主动跨前认真做好清欠牵头工作。贯彻落实《保障农民工工资支付条例》，全力处置工程建设领域农民工欠薪问题，制定出台《嘉定区房建工程规范用工指导手册》，深入开展行业领域宣贯指导，强化巡查检查发现机制，联合属地街镇及有关部门积极协调处置信访事项。今年以来共受理欠薪信访事项208起，接待上访农民工293人，共涉及被拖欠人员3160人，金额约7022万元。目前共解决158起，涉及被拖欠人员2408人，金额约5438万元；尚在核查

处置中178起。此外，为切实做好本年度嘉定区保障农民工工资支付考核迎检工作，主要开展了5项工作：一是开展动态清零，组织召开的春节前欠薪根治工作专题会议，赴外冈镇、嘉定工业区及马陆镇检查指导欠薪根治工作会议，集中约谈会议和花都荟工地讨薪农民工（拖欠款纠纷），妥善处理各项矛盾；二是研究消化考核细则，开展行业宣传；三是认真统计并上报嘉定区《2019年在建工程汇总》；四是推进《嘉定区房建工程规范用工指导手册》在本区工地上的试点应用，结合嘉定区建设工程智慧管理平台的推出，落实三个工地对接试点；五是汇总上报考核自查报告中涉及房建工程相关的内容。

5. 持续净化行业氛围和做好应急抢险工作。一是持续深入开展扫黑除恶专项斗争。根据党中央、国务院决策部署，在区建管委全领域深入开展扫黑除恶专项斗争动员部署、线索排摸和常态化行动。在委机关、直属单位办公场所和行业企业、建筑施工工地进行全覆盖无死角发动宣传攻势，全面完善专项斗争各类台账。在全区范围深入开展专项整治建设工程招投标围标串标、农民工工资根治欠薪夏季行动、打击燃气液化气黑气专项行动、整治强揽工程暴力施工行为等扫黑除恶专项打击整治行动。其间转办区扫黑办移交核查线索3条，自查排摸处置线索7条，配合协查区纪委监委线索1条。接受市住建委、区扫黑办、区纪委监委派驻组督导检查，在区委区政府统一领导下，全力配合中央督导扫黑除恶专项斗争和督导“回头看”；二是严密部署防台防汛准备工作。5月20日，区建管委召开防台防汛准备工作专题会议，围绕加强建设工程领域防汛防台工作，落实汛前准备和汛期安全管理进行谋划部署和思想发动。重点针对建设工程、燃气、路灯管线和地下空间等台汛险情防控和应急处置预案等工作，要求切实加强组织领导，严格落实各项防御措施方案，确保行业稳定，应对汛期安全；三是燃气设施管理。本区液化气经营企业于2020年5月开始逐步关闭液化气供应站点门售业务，开展瓶装液化气规范统一配送，向液化气用户提供“实名登记、平台预约、送气上门、接装到位、安全检查”的优质服务。9月底，区内液化气经营企业已经根据燃气管理部门要求，对照时间节点建立了配送信息化平台，严格执行瓶装液化气销售实名制，为用户提供送瓶、接装、安检一站式服务，并全部关闭液化石油气供应站点的门售功能。

嘉定区绿化和市容管理局

2020年，嘉定区绿化和市容管理局在区委、区政府的正确领导下，以建设“创新活力充沛、融合发展充分、人文魅力充足”的现代化新型城市为引领，坚持整体规划、倡导共建共享、深化精细管理，不断完善绿色基础设施建设，全力保障市容环境整洁有序。现将2020年工作总结如下。

一、深度挖掘造林区域，积极拓展绿色空间

1. 全力以赴推进林业建设。在大力推进生态公益林建设的同时，以建设“五廊一片”重点生态廊道为重大契机，目前已完成市级重点生态廊道造林12256.2亩，一般生态公益林建设完成1959亩，森林覆盖率达到16.05%。

2. 多措并举加强养护管理。一是进一步完善《2019—2021年嘉定区林地、湿地生态补偿实施管理办法》，将生态补偿转移支付资金使用率由46%提高到80%以上。二是严格林地占用审批，做好林业行政许可事后监管工作，保护生态建设成果。三是落实后续管护责任单位，造林完成后及时落实管护责任单位，加强林地日常养护巡查、公益林抚育、病虫害防治、森林防火等职责。

二、不断完善公园体系，持续增进民生

福祉

1. 持续拓展绿色空间，改善人居环境。通过新建、改建、提升配套绿化景观面貌等措施，扎实推进郊野公园、城市公园、地区公园、社区公园建设。截至目前，全区公园累计数量达到101座。积极挖掘街头墙角、设施交界等区域零散可绿化空间，推动微小公园绿地建设，每年提升改造街心公园，让广大居民就近享受绿化生态空间。

2. 加快发展城市绿道，坚持规划先行。按照编制的《嘉定区绿道建设布局规划（2016—2040年）》，分别沿环城河、嘉定新城远香湖、嘉定新城紫气东来绿地等地标性景观周边建设绿道，全区已建成绿道61.1千米。

3. 持续弘扬园林文化，实现共建共享。加强指导区内公园随季节流转变化主题布景，培育紫藤节、菊花展、牡丹展、荷花展等花展品牌，通过“一园一主题”，形成“春探紫藤美、夏览荷花艳、秋赏金菊翠、冬品梅花香”四季分明的园林特色品牌。2020年菊花展于10月26日至11月25日在嘉定汇龙潭公园顺利举办。

三、推进垃圾综合治理，确保城市运行安全

1. 推进生活垃圾处置闭环管理，完善全程分类体系

一是抓住前端减量分类，健全机制管好源头。全区450个居民区试点推行物业保洁员“一岗双责”制度，逐步形成垃圾分类可持续长效管理模式。117个小区细化调整了“一小区一方案”，试行增设“周末及节假日”投放时段，逐步满足居民投放需求。同时，将规范生活垃圾源头分类工作向全区所有高校延伸，完成“一对一”上门指导工作。共组织全区480家测评单位、864个居（村）、300余家物业企业近9万人次开展线上知识问答。共编制《生活垃圾分类巡查情况通报》《生活垃圾分类减量工作简报》27期，通过垃圾分类“一网统管”平台移送问题6295件，整改率99%。

二是强化中端收运管理，把好垃圾分类收运关。2020年，完成59辆后压式环卫车辆更换为槽罐车（船型车）工作。建立可回收物“应收尽收”专项收运体系，依托居村、街镇、区三级管理模式，有效落实高价值可回收物服务和低价值托底收运。

三是完善末端处置设施，补齐垃圾处置能力短板。2020年，嘉定区湿垃圾资源化处理项目和嘉定区建筑垃圾资源化利用项目建设基本完成。湿垃圾、建筑垃圾的进场路线实施方案已初步拟订，对上述两个项目的运营监管方案，正在制订中。部分街镇的湿垃圾、建筑垃圾已于12月下旬进厂处置，2021年将结合实际处置情况，陆续安排街镇进入处置。目前已和区发改委、区财政局对接，编制物流和定价方案，2021年正式投产运营。截至2020年底，嘉定区干垃圾控制量1194吨/日（指标1350吨/日），减量率12%；湿垃圾分出量669吨/日（指标645吨/日，目前调整为607吨/日），完成率110%；1至12月可回收物分出量405吨/日，12月可回收物分出量565吨/日（指标463吨/日），完成率122%，其中主体企业分出量292吨/日（指标232吨/日），完成率126%；有害垃圾分出量0.17吨/日，分类实效明显提升。

2. 规范建筑垃圾处置运输行为，重构综合治理体系

一是严格落实源头申报，加强处置消纳管理。按照《上海市行政审批告知承诺管理办法》实施建筑垃圾处置核准行政审批工作，提高审批效率，优化营商环境。2020年，共受理建筑垃圾处置申报146件，处置申报总量325.09万吨，办理消纳卸点备案登记30个。统筹全区渣土消纳渠道，严控外区进土，优先保障本区重大项目推进。二是加强对违法违规行为的打击力度，规范建筑垃圾运输处

置行为。联合建管委、公安交警支队、城管执法局定期开展联合执法。2020年，共组织开展联合执法33次，查获各类违规行为34件，对11起违法违规行为的运输单位负责人进行约谈，并对违规车辆实施关停、处罚等联合惩戒措施。加大对中标运输企业的监管考核力度，规范运输秩序，全年共落实建筑渣土专营运输企业考评2次。

四、落实环卫管理工作，提升精细化管理水平

1. 全方位强化道路清扫保洁。共开展“清死角、消盲区”城市清洁行动暨大冲洗活动16次。全区163条段实施了沿街商铺上门收集。完成20条中小道路整治。每月完成道路保洁和车辆清运全覆盖检查，进一步规范作业行为，完善长效管理，全面提升环卫行业整体水平。

2. 多维度提升公厕保洁服务。完成15座公厕新改建、8座公厕第三卫生间建设改造、63座农村公厕新改建、34个300户以上自然村至少设置1座三类以上农村公厕工作。全区实现122座专人看管的一、二类环卫公厕加装热水洗手装置，43座专人看管的一类环卫公厕安装免费厕纸取纸机。

3. 高标准推进农村环卫管理工作。积极指导督促各涉农街镇开展新一轮农村生活垃圾治理工作。共完成新改建、维修垃圾收集房79座，新增、更新、维修240L垃圾收集桶7570只，新改建村级湿垃圾处理站12处，新建村内两网融合点37处。

五、提升市容市貌治理水平，打造宜居生活环境

1. 聚焦重点，抓好“重点区域、重大活动、重要时段”保障工作。对标进博会“越办越好”要求，全面建立信息报送机制，落实好月报、周报和日报工作信息以及整治工程进度信息，进行挂图作战和消项式管理。已全面完成430项市容环境保障任务。对于市督办平台的四个批次共286个问题点位有效回复率和整改率均达100%；对于虹桥商务区发布的第一批221个和第二批278个问题点位，已全面完成整治，整改率为100%。

2. 突破难点，积极推进户外招牌治理工作。按照《嘉定区户外广告设施设置阵地实施方案》进行审批，严控新增广告点位。同时，加强批后监管工作，坚决落实有关安全整治要求，共拆除违法户外广告、招牌设施1268块（其中市级督办349块），进一步净化城区景观空间，提升城市环境品质。

3. 凸显亮点，打造市容景观特色化名片。根据市、区两级“美丽街区”创建要求，完成两个市级项目嘉闵高架（嘉定段）和嘉定州桥景区“美丽街区”建设工作，区域总体风貌得到显著提升，完成对已完成的建设项目进行区级初验收，其余街镇级项目年内完成。

六、坚持政治建设标准，发挥党建引领作用

1. 注重理论学习的“引领性”。着眼提高站位、学用结合抓学习，组织中心组专题学习29次；紧贴“四史”教育抓学习，采用主题党日活动、专题研讨会、辅导报告会、红色文化纪念场馆寻访活动、书记讲党课等形式，以科学理论武装，以思想认同强化政治认同，以真诚信仰确保思想自觉。

2. 注重基层建设的“规范性”。紧紧抓住基层组织和干部队伍这两个关键，坚持依法建设、依规用人、按章管理。严格落实党建工作责任制，落实述职评议工作；研究制定目标管理办法，全力推进基层全面建设；高标准严要求选人用人，严格规范做好干部的选拔任用工作；研究制定基层所站中层干部聘用操作办法和请休假规定，规范专业技术干部职称晋升规则，促进了干部队伍建设管理的规范化水平。

3. 注重作风建设的“有效性”。着眼全面从严治党，落实关键责任，全力推进“四责协同”机制落到实处；抓好问题整治，制

订并下发《区绿容局开展群众身边“微腐败”问题集中整治方案》，对行业领域内3个领域7种表现形式开展集中整治；制定局“一把手”约谈制度，对局党政班子成员，各所站“一把手”、机关科室负责人试行约谈全覆盖；做好过程留痕，推进了“六同”过程监督取得成效。同时，做细做实意识形态工作“六责联动”机制。

（十二）金山区

金山区建设和管理委员会

2020年是全面建成小康社会的决胜之年，是“十三五”规划的收官之年。今年以来，金山区建管委在金山区委、区政府的坚强领导下，在市住建委的正确指导下，以党的十九大精神为指引，深入学习贯彻党的十九届二中、三中、四中、五中全会精神以及习近平总书记考察上海重要讲话精神，围绕区委、区政府中心工作，认真落实统筹推进疫情防控和社会经济发展各项要求，以狠抓落实的“拼劲”、善作善成的“巧劲”，加快推进金山区建设管理工作，为深入落实“两区一堡”战略定位、全力打响“上海湾区”城市品牌、全面建设“三个金山”做出积极贡献。

一、坚持建管并举、内外兼修，不断提升城市综合能级

（一）重大工程实事项目建设有序推进

2020年，金山区重大工程和实事项目共安排46项，重大工程36项（12项计划年内新开，24项由上年度结转），其中10项计划年内完工，26项工程结转至下年度；实事项目10项，计划当年全部完工。在金市级重大工程12项，除亭林大居外配套道路、叶新公路和上海石化—闵行油库成品油管道外，均列入区级重大工程。一是持续加快建设进度。10项实事项目（11个子项）中，9项已完成，石化地区住宅小区电能计量表前设施更新改造实施4000户。36项重大工程（58个子项），计划新开工的12项（17个子项）均已开工；结转的24项（41个子项）中，计划完工14个子项，实际完工14个子项（共涉及11项），其余27个子项均处于建设阶段，顺利实现重大工程年度“双百”目标。二是稳步推进动迁腾地。计划年内完成动迁的188户中，已完成签约165户，完成年度计划的87.8%。三是着力加大投资力度。36项重大工程全年累计完成投资180.5亿元（完成年度计划投资的97.3%），10项实事项目累计完成投资4.9亿元（完成年度计划投资的102.1%）。

（二）城市精细化管理工作迈上新台阶

一是全面开展“三个美丽”考核评价。依据2019年“三个美丽”创建达标考核结果，今年落实奖补资金合计12171.384万元，按照2020年创建率100%，达标率不低于90%的目标，持续部署推进“三个美丽”创建工作，其中，“美丽街区”涉及84条路段，“美丽家园”涉及56个小区；“美丽乡村”涉及29个行政村。目前，各相关业务主管部门考核及第三方实地评价已基本完成。二是持续推进“三个美丽”示范项目建设。“美丽街区”方面，区级示范点实效核查测评反馈结果良好，进入市级专家考评抽检阶段。“美丽家园”方面，22个结转示范项目已全面竣工；今年新创建的11个项目处于施工建设阶段，计划结转至明年6月竣工。“美丽乡村”方面，完成2019年度（第二批）4个市级乡村振兴示范村、4个市级美丽乡村示范村创建，并围绕评定标准有序开展村庄改造提升版施工建设。三是开展精细化“十四五”规划编制。坚持“开门办规划”原则，通过组织座谈会、专题调研、实地走访等形式征求吸纳各方意见和建议，稳步推进城市管理精细化

"十四五"规划编制，已形成规划初稿。

（三）海绵城市建设基础扎实推进有力

一是持续推进重点建设区域海绵城市建设。初步完成新城区北片及枫泾镇新镇区海绵城市实施方案编制，按照地块建设计划分别确定管控指标取值，指导各类项目落实海绵建设措施，初步与朱泾镇、亭林镇对接确定编制计划。二是加强项目级海绵城市建设要求实施力度。今年在经营性用地项目土地出让阶段对26幅地块提出了海绵城市建设要求，总用地面积约115.2万平方米。结合重大工程，梳理2020—2022年海绵城市重点建设项目60余个。三是开展新城区域海绵实施情况监测评估。初步完成新城北片区海绵城市试点区域的评估，基本确定区域范围内9.38平方千米达到海绵城市建设要求。结合区环保三年行动计划、河长制工作，对海绵城市建设达标区域深入分析，为后续建设与运行提供支撑。

（四）地下基础设施规划建设取得突破

一是加强地下管线综合管理。区地下管线综合信息系统建设投入运行并接入区"一网统管"相关应用场景，持续开展地下管线数据更新维护，持续做好管线外损事故上报及管线施工交底。目前金山区已建立6500余千米地下管线数据库，并开通在线应用。二是推进地下综合管廊规划建设。完成《金山区地下综合管廊建设规划（2018—2035年）》编制工作，并于11月经区政府常务会议审议通过，报市级部门备案。会同区相关部门，对枫泾镇乐高度假区等重点区域管廊建设进行深入细化研究。

二、坚持深化改革、提质增效，推动营商环境持续优化

（一）工程建设审批制度改革不断深化

一是持续优化区审批审查中心体制机制。根据建筑许可3.0改革方案提出的"五个一"工作要求，结合区综合窗口改革，推进落实审批事项集中、人员入驻到位、考核督查机制明确，不断提升政府审批效能。二是建筑业行政审批按下"快进键"。施工许可和竣工验收阶段13项审批事项进行"一站式"办理，全年共累计办结一站式施工许可和竣工验收207件，办理平均用时低于全市平均水平。三是有序开展初步设计审批。针对不同项目类型采取个性化审批程序，审批完成时间较法定时限大幅提前。全年共审批初步设计55件，其中房屋建筑4件、乡村改造13件、道路11件、绿化5件、管网16件，农民集中居住配套设施5件，其他市政类项目1件。

（二）建设工程消防审验工作稳步推进

一是完善建设工程消防验收机制。针对特殊建设工程、一般类装饰装修工程、特殊类装饰装修工程等制作消防申报流程图，优化建设工程消防申报流程和办事效率。今年已累计提供消防技术咨询211件，办结建设工程消防验收工作69件。二是加强金山区建设工程消防安全质量。会同技术服务机构开展建设工程消防现场查看28次，通过图纸查看、现场测量和技术核定等方式累计排查出294个消防安全隐患，加强消防安全源头管控。三是厘清幼儿托育机构的消防审验流程。为规范本区托育服务市场秩序，主动配合区托育指导中心对15家3岁以下托育机构进行调研排摸，对3家3岁以下幼儿托育机构出具消防检查合格证明。

（三）企业经营成本和负担进一步减轻

一是全面落实建筑领域惠企政策。落实低风险项目"减费用"，对11个项目免于施工图审查，改为承诺后事后监管，对5个项目补贴勘察、审图费用共27.6万元。开通重大产业项目绿色通道，按区域划定专人对接提前服务，从土地摘牌到施工许可拿证最快仅需1个工作日；对1个重大工程实施单独核发桩基施工许可；对1个重大产业项目实施分期竣工验收试点。优化低风险项目审批服务，对4个社会投资低风险产业类项目实

施了一次联合检查，组织完成了20个低风险产业类项目一站式综合验收，对2个项目试点开展“验登合一”。二是逐步推进审图公司优化选择等工作。根据市级工作要求及本区装饰装修项目管理的实际情况，通过申报、核查、认定2家优质设计单位从事金山区中、小型装饰装修工程的施工图审查业务，方便相关企业咨询沟通。三是迎市级督查、世行测评。完成市工程建设项目审改专项督查迎检，金山区督查结果被评定为优秀。世行营商环境测评期间，提供了4期样本项目，3个改革推进优质案例，其中1个案例受到区电视台报道。

（四）建筑施工领域执法力度不断加强

一是严格执法检查和行政处罚。严厉打压建筑建材业违法违规行为，全年办理建筑建材业行政处罚39起，罚款155.66万元。其中，对建设单位处罚9起，罚款119.66万元；对施工单位处罚17起，罚款33万元；对个人处罚13起，罚款3万元。二是完成部分执法事项划转。根据《关于印发〈关于进一步推进本市城市管理相对集中行政处罚权的实施方案〉的通知》文件要求，已将建设工程文明施工管理的行政处罚事项划转至城管执法局集中行使，目前已会同区城管执法局形成会议纪要和区级工作方案。

三、坚持以人为本、普惠于民，坚定不移增进民生福祉

（一）农民相对集中居住工作加快推进

根据市下达的1800户任务指标，在推进农户签约工作的同时，同步推进政策落地、项目建设等工作。一是深化完善政策体系。根据区级“1+7”配套文件，指导各镇（工业区）加快出台镇级实施细则，以支撑各项工作落地落实。对于全区面上信访突出的个性化问题（如分户、离婚户），牵头会同各部门制定了第一批操作口径。二是全力抢抓农户签约。采取“一周一报”的形式，推动各镇（金山工业区）加快签约进度。全区签约2056户，其中上楼1101户、平移792户、宅基地退出163户，圆满完成年度目标。三是着力推进项目建设。截至12月底，6个上楼安置点均已开工建设。11个平移集中点中，4个乡村振兴示范村（待泾村、新义村、和平村、勇敢村）已全部结构封顶；其余7个项目中，5个点已开工建设，2个点正在前期准备中。全面完成2019年签约的321户涉及现房安置农户交付工作和55户宅基地退出拆旧复垦工作。四是积极争取补贴资金。2019—2020年签约项目中共有3个上楼实施方案和6个平移实施方案已获批，市级补贴预拨资金累计到位约5.6亿元（其中，高压线项目1.98亿元、生态廊道项目2.12亿元、山阳北部区域1.49亿元）。

（二）城镇燃气供应保障方式持续优化

一是全面开展瓶装液化气统一配送。根据本市液化气统一配送全覆盖要求，分批关闭全区液化气供应站门售，今年已累计配送液化气钢瓶29.4万瓶。指导企业加强配送人员教育培训，增加配送人员及车辆，完善配送接单系统，确保钢瓶及时送达用户。二是加快推进老旧小区天然气转换。“十三五”期间，金山区基本实现了天然气主干管网“镇镇通”的目标，完成老旧小区天然气转换1万余户。2020年，在廊下、吕巷、张堰、枫泾等镇再开展天然气转换1956户。三是开展新一轮燃气规划编制。对“十四五”期间本区燃气建设开展专题研究，确定了天然气高、中、低压管网、液化石油气场站、老旧小区天然气改造、农村集建区配套、氢能源场站等方面内容，已完成基础资料收集，正加快推进文本编制。

（三）道路照明设施管理体系不断完善

一是加强日常养护管理及老旧设施技改。做好照明设施养护、投诉处理和应急处置，确保设施日常稳定运行。完成1008盏老旧路灯技改项目，将高压钠灯替换为LED节能灯具，平均每月减少5万度用电量，节能

率达60%。二是加快推进既有道路路灯安装项目。启动6个既有道路新建照明设施安装工程，涉及21个控制箱、688杆和932盏，目前已全面实现亮灯。2018年起实施的路灯新建三年行动计划中累计完成24个路段，涉及道路总长73.98千米，安装路灯2219杆、灯具2753盏。三是完成石化地区路灯移交接管。接收石化地区的市政道路照明设施3264杆、3889盏，并有序开展日常养维工作及考核抽查。四是编制照明设施行业管理办法。根据金山区道路照明行业实际，编制《金山区区管道路照明设施运行养护考核办法》和《金山区区管道路照明工程建设和移交接管暂行规定》，目前已完成修订稿意见征询。

（四）农村低收入危旧房改造扎实开展

一是完成上年度补助资金发放。根据《关于金山区农村低收入户危旧房改造工作的实施意见》文件，对金山区2019年度80户改造对象发放改造补助资金共计497.64万元。二是持续推进危旧房改造。完成本年度55户农村低收入户危旧房改造施工，组织各镇启动竣工验收工作并编制补助资金申请审核档案。三是全面推进存量危房消除工作。对金山区农村低收入户危旧房存量108户进行统计梳理并制订妥善处置方案。截至目前，108户中已完成房屋修缮82户，纳入2020年改造计划15户，签约农民集中居住易地建房及安置房项目5户，未在危房中居住的1户，正进行有偿宅基地退出申请的1户，另对不符合改造资格的4户作清库处理。

四、坚持综合施策、标本兼治，着力保障行业平稳运行

（一）将疫情防控和复工复产统筹推进

疫情发生以来，区建管委始终贯彻落实上级工作指示精神，全力统筹推进金山区各阶段的建筑工地疫情防控与复工复产工作。一是开展信息排查统计，及时掌握动态情况。1月起牵头对全区各行业条线监管的工地和镇级监管的小型项目建筑工地复工复产和人员返岗情况进行动态排查，全年汇总上报信息93期。通过政府集中采购和统一调配，保障工地口罩、消毒液等防疫物资需求。二是强化复工复产管理，消除安全风险隐患。制作建筑工地复工复产培训手册并开展在线专题培训，对186个重点工地现场指导。持续开展疫情防控措施落实情况专项检查，检查工地668家次，整改问题285项。特别是"3·7"泉州酒店坍塌事故后，迅速对全区135处工地人员居住场所和集中隔离点组织专项排查。三是全力以赴全程参与，推进应急病房项目。牵头协调推进上海市公共卫生中心临时应急病房项目，开辟绿色建设通道，组建项目推进和综合监督小组，实行"5+2"和"白加黑24小时"工作机制，确保质量、安全、进度同步推进，积极协调处理建筑材料进沪困难、施工人员短缺和电力系统扩容等20余个棘手问题，最终圆满完成21天内完工目标，为全市疫情防控大局保驾护航。

（二）重点行业领域安全保障更加坚实

今年以来，本区建管领域安全生产形势总体平稳可控，未发生死亡责任事故，突发事件处置得当，未造成次生、衍生事件。建筑施工：累计出动监督人员1367人次，检查工地347个次，开展疫情防控、消防安全、防汛防台等专项检查6次，开具安全隐患整改通知书153份，局部暂缓施工指令书27份，约谈项目管理人员88人次，不良行为记分处理30人次。燃气行业：开展燃气设施检查69次，燃气器具维修等专项检查24次，企业主体责任检查4次。排查企事业单位食堂、重点商圈等非居餐饮场所等1059家，整改隐患338处。会同燃气企业做好燃气突发事件应急处置。地下空间：开展地下空间消防安全、防汛防台专项检查、联合检查7次，抽查地下空间工程34处，督促责任单位及时整改，完成一轮次街镇日常检查，举办地下空间应急演练及专题业务培训班。玻璃幕墙：将全区184栋既有建筑玻璃幕墙建筑关键信

息纳入云幕墙平台，实现“一楼一档”，开展全覆盖检查、事故案例警示和专题业务培训。建立全方位联络机制，通过管理工作群、云幕墙平台下达各类工作指令、工作信息、预警提示等。

（三）行业乱象综合整治取得一定成效

以扫黑除恶专项斗争为重要抓手，推进“行业清源”行动，聚焦工程建设领域乱象整治，营造健康有序的建筑市场秩序。一是开展工程招投标领域专项整治。严厉打击、严肃查处违法分包、转包、挂靠等违法违规现象，随机抽查28个项目，开具23张整改单、15张约谈通知书、项目经理扣分处理8人次、对10起违法违规行为立案调查。二是开展建设工程企业资质动态核查。经过筛选本区共有75家施工企业被列为整改企业，动态核查整改期间，限制其所有建筑活动，极大肃清了不诚信、不符合施工资质标准的企业，进一步规范了金山区建筑市场主体行为。三是持续开展无证搅拌站专项整治。针对年初无证搅拌站“死灰复燃”现象，会同有关部门完成6家违规复产的无证搅拌站的拆除设备、清理现场等工作，并持续加强对重点企业的日常监控。

（四）信访维稳工作扎实高效有序推进。

一是实行信访包干，加强矛盾化解。主要领导总负责、分管领导直接负责、其他领导“一岗双责”，定期听取汇报、分析形势、研究解决突出问题，努力将矛盾化解在基层、解决在萌芽状态。今年1—12月共累计受理信访849件，较去年同期下降11.1%，其中国家信访系统登记件45件，平均办理周期为9天，38件初访件无重复信访，满意度考核件26件，满意率、参评率均为100%。二是深入排查梳理，防范重大风险。重点排查梳理新竣工小区房屋质量问题、工程施工扰民问题、农民工工资纠纷等矛盾，并落实化解责任、措施和时限，切实防范和处置重大突发信访事件。今年排查发现的6项重大风险隐患中，已化解4项，缓解2项；重点关注的信访矛盾4项已全部得到化解。三是开展欠薪治理，完善制度措施。会同区人社等部门持续开展根治欠薪专项检查和问题整改落实，加强用工和工资发放的监督管理，切实保障农民工的合法权益。1—12月共受理农民工工资投诉102起，涉及人数1287人，已核实金额1828.9万元。牵头草拟《金山区工程建设领域欠薪矛盾排查化解工作机制》，落实属地监管和行业管理责任，从源头上预防和减少“双欠”矛盾纠纷。联合区人社部门持续开展《农民工工资支付条例》宣贯工作，结合平时工地巡查加强对农民工依法维权、理性维权的引导，并通过法制宣传进工地等活动提升广大农民工的法律意识、努力营造依法治欠的舆论氛围。

五、坚持因地制宜、统筹推进，持续改善城乡环境面貌

（一）无违建创建逐步转向常态化管理

一是强化政策引导，稳步推进创建工作。修订本区无违建创建工作方案，指导督促各镇开展违法建筑治理工作。截至12月底，全区已拆除违法建筑5.44万平方米。今年申报的两家创建单位（新金山发展公司、金山二工区发展公司）通过市级核查并进行公示。二是建立长效机制，遏制违建反弹势头。每月对全区新增违建情况进行通报，对新增违建实施动态管理，全年有效投诉累计39件，其中已处理37件，完成率94.87%；定期对已创建居村进行复查，复查居村458个次，整改问题62个，有效遏制违建回潮和反弹。

（二）扬尘污染源头治理成效不断显现

推进建筑工地安装扬尘污染在线监控系统，城区内新建房屋建筑工程符合条件工地在线监控安装率达到100%。目前全区有11家混凝土搅拌站和105个建筑工地扬尘在线监测设备数据联网。截至11月底，建筑工地扬尘平均浓度为0.056mg/m^3，混凝土搅拌站扬尘平均浓度为0.071mg/m^3，扬尘管控水平

始终处于可控状态。大力推进无证混凝土搅拌站整治，及时消除年初部分反弹情况，并落实长效监管。持续开展建筑工地文明施工专项整治，完成“十三五”期间全区建筑工地文明施工达标率98%以上的目标。

（三）架空线入地和合杆整治有序开展

一是推进项目建设。实施杭州湾大道南段（金山大道—沪杭公路）合杆整治工程及卫清西路（学府路—杭州湾大道）改建工程。杭州湾大道南段合杆后整体合杆率达54%，同步实施电力架空线入地工程。卫清西路全程1.5千米实施了多杆合一、多箱合一及架空线整治，项目结合道路改扩建进行集约化建设，避免重复施工。二是编制三年计划。根据市架空线入地和合杆整治指挥部要求，编制金山区2021—2023年架空线入地和合杆整治三年计划。其中，2021年项目共计0.42千米，2022年项目共计1.38千米，2023年项目共计7.57千米，三年总计9.31千米。

（四）铁路沿线环境综合治理持续推进

持续开展铁路沿线外部环境整治，明确深化铁路沿线环境安全专项治理和开展公铁水并行交汇地段安全专项治理两类共8项具体重点任务，制定节点安排和保障措施。建立由区分管领导担任总段长，各涉铁街镇分管领导担任地方段长的“双段长”制度，会同街镇建立铁路安全隐患综合治理专项工作组。金山区普速铁路沿线安全隐患整治涉及的38处点位已于10月底前全面完成整治。

金山区绿化和市容管理局

2020年，区绿化市容局积极践行“人民城市人民建，人民城市为人民”重要理念，按照区委、区政府提出的“狠抓落实，善作善成”工作总要求，围绕“突出重点、打造亮点，补齐短板”行业工作目标，不断提升管理效能，加快破解难题顽症，科学推动行业发展，圆满完成全年各项工作任务。

一、“十三五”工作回顾

“十三五”时期，金山区绿化市容工作在绿化林业建设管理、垃圾综合治理和市容环境保障等方面取得显著成效。人均公园绿地面积（四镇一街道建成区）达到10.2平方米（规划值9.83平方米）；绿化覆盖率（四镇一街道建成区）达到38.65%（规划值38%）；绿地率（四镇一街道建成区）达到36.9%（规划值36%）；森林覆盖率达到14.22%（规划值14.18%）；湿地保有量达到6143公顷以上；生活垃圾无害化处理率100%（规划值100%）；生活垃圾分类收集覆盖率90%（规划值90%）；文明公厕比例90%（规划值90%）；主要道路整洁优良率94%（规划值92%）；道路机扫率92%（规划值92%）；市容环境综合管理达标街镇达90.9%（规划值80%）。

（一）绿化方面。一是推进绿化项目建设，提升绿化总量。完成绿地建设173.9公顷，其中公共绿地78.8公顷，完成绿道建设62.63千米，完成卫零北路等道路两侧绿化建设及改造工程，构建生态防护网格体系，城市防护绿地（林带）296.86公顷。完成61300平方米立体绿化建设，提升城市绿化空间覆盖率。二是美化重点区域，营造绿化景观亮点。围绕重点区域、重点主题，开展花卉景观布置工作，每年布置花卉面积6500平方米。新建新城公园，新增东礁苑等4座公园，完成亭林公园、东礁苑等2座公园改造。完成8个街心花园改造。成功创建新城路等6条“上海市林荫道”、大堤路等3条市级绿化特色道路。

（二）市容景观方面。一是推进“美丽街区”创建。完成11个“美丽街区”示范点建设，实效测评结果排全市前列；2019年和2020年分别完成122条和90条共212条道路创建考评和验收，实现“美丽街区”创建全覆盖。二是加强景观灯光管理。落实景观灯光设施维护保养措施，建立督察和抽查机制。完成金山大道（海芙路—卫零路）等景观灯光提升改造工作，完成杭州湾大道（沪杭公路—体育场北环路）重点地区的景观灯光建设，景观灯光设施开灯完好率达98%。三是规范户外广告设施管理。累计整治违规户外广告2926块、户外招牌2889块，有效保证群众“头顶上的安全”。四是推进市容环境卫生责任区制度工作。共完成20条示范道路（路段）创建工作，完成10个自律组织建设，责任区管理信息系统建档率90%以上。五是完成三届进博会市容环境保障工作，完成318项整治任务。

（三）环卫管理方面。一是扎实推进生活垃圾分类减量工作。全区共覆盖26.6万户家庭、264个居住区、122个农村、267个单位、95条沿街商铺。金山区成功创建为市生活垃圾分类示范区，各街镇（金山工业区）均创建为市生活垃圾分类示范街镇。2019年、2020年农村垃圾治理推进工作全市排名第1名。二是加强餐厨垃圾及餐厨废弃油脂管理。建立引导社会应用、政府政策支持、企业社会责任多方共赢的机制体制。餐厨废弃油脂申报达1170户、申报率100%，覆盖大中型餐饮单位。三是规范建筑垃圾和装修垃圾申报收运。加强监管力度，处罚违规处置建筑渣土的企业18家次，开展违法违规运输处置渣土行为联合整治行动，建筑垃圾申报规范率达100%。四是提高道路、水域保洁水平。建成区机扫率达到92%、道路冲洗率达到70%。重点水域水面整洁优良率达95%以上。累计采购环卫专用车辆368辆，道路保洁专用车辆64辆。五是推进垃圾综合处置设施建设。垃圾末端处置设施建设进一步完善，完成金山永久生活垃圾综合处理厂改扩建项目（一期）建设，处置能力达1000吨/日；建成金山区固废综合利用工程（湿垃圾处置），处置能力达250吨/日；建成金山区建筑垃圾处理项目，处置能力达20万吨/年；金山永久生活垃圾综合处理厂改扩建项目（二期）有序推进。探索建立湿垃圾末端就地处置设施运营管理模式。区内大件垃圾、枯枝落叶、餐厨垃圾等专项分流收运、利用和处理模式基本形成。

（四）林业建设方面。一是持续开展造林。开展重点生态廊道、其他生态廊道和一般公益林项目建设，累计完成造林2526.7公顷，其中重点生态廊道1753.3公顷、其他生态廊道200公顷，一般公益林573.3公顷。建成沪杭高铁、沪昆高速、绕城高速、沈海高速两侧重点生态廊道，以及以龙泉港、浦卫公路、沪杭公路为轴线的金山化工区周边环境综合整治防护林。全区森林覆盖率从“十二五”末的10.83%提高到14.22%，环境综合整治区森林覆盖率从2015年“十二五”末的10.51%提高到20%。二是加强野生动物保护及湿地管理。开展春季候鸟等野生动物保护专项行动。完成金山廊下湿地修复工程建设。5公顷（含5公顷）以上的湿地总面积为6143.65公顷，湿地面积增加了3.4%。2020年通过金山区禁猎区通告，为保护狩猎动物、濒危动物提供法律保障。三是防治林业有害生物，保障森林生态安全。开展美国白蛾等林业检疫性及危险性有害生物专项调查与监测防控。通过全面落实防治主体责任，金山区林业有害生物成灾率在3‰以下，无公害防治率87%以上，测报准确率90%以上，种苗产地检疫率100%。加强检查、监管，森林防火工作进一步夯实。

二、2020年工作总结

（一）围绕中心，热点难点工作有序推进

1. 不断深化垃圾分类工作。金山区垃圾分类实效综合考核达到优秀标准，全市排名第6，成功创建为市生活垃圾分类示范区，各街镇（金山工业区）均创建为市生活垃圾分类示范街镇。一是推进全程分类体系建设。目前，金山区生活垃圾分类工作覆盖264个居住区、122个农村、267个单位、95条沿街商铺。收运体系建设指标方面，建成“可回收物”服务点447个，基本建成“可回收物”中转站11个；升级改造居民区分类投放点（垃圾房）855个，农村垃圾房438个。“可回收物”集散场已试运营。末端垃圾分类量实效方面，2020年1—12月，干垃圾430.27吨/日（减量任务450吨/日），湿垃圾277.68吨/日（增量任务250吨/日），可回收物167.2吨/日（回收任务167吨/日），生活垃圾资源化利用率达50.83%。二是完善体制机制建设。制定了《金山区低附加值可回收物补贴实施细则》《2020年金山区各街镇（金山工业区）生活垃圾分类互查互评工作方案》《关于做好破损污损褪色或不合规格国旗回收处理工作的实施方案》等文件，牵头组织开展街镇互查互评工作66次，开展36次节假日及夜间生活垃圾分类测评工作。三是推进垃圾末端处置设施建设。金山区固废综合利用工程根据市政府要求于2019年3月底正式开工建设，目前已试运行。金山永久生活垃圾综合处理厂改扩建（二期）项目于2019年6月底开工建设，已完成主厂房结构封顶，设备安装完成65%，2021年5月投入使用。金山区建筑垃圾处理项目于2019年6月底正式开工建设，目前已试运行。

2. 全力推进环保督察整改工作。本区涉及环保督察整改的生活垃圾填埋场已于5月底全部纳入全国信息系统，并于9月底完成了现场App核查。完成6个镇级生活垃圾填埋场整治工作并系统销项；完成14个镇级建筑垃圾处置场所整治工作。完成镇级生活垃圾转运站维修改造工作。同时，有序推进上海化工区漕泾镇生活垃圾填埋场、新江村垃圾填埋场整治工作。

3. 有序推进“美丽街区”建设工作。“美丽街区”示范点建设方面，完成11个“美丽街区”示范点建设，市第三方组织实效核查中，金山区美丽街区示范点建设实效95.1分，达标率100%，管理实效总评分97.1分，位列全市第二。“美丽街区”全覆盖建设方面，2020年创建90条路段，82条通过区级考评，创建成功率达到考评要求（90%以上）。户外广告、招牌整治方面，市督办：完成违法户外电子显示广告设施2块；违法户外走字屏123处129块、违法高立柱广告13个、违法户外招牌整治任务84块。区督办：完成违法户外广告176块、违法户外招牌306块。

4. 全面完成重大活动市容保障任务。进博会方面，全面完成环境卫生、灯光广告、绿化景观、市容环境4方面共104项整治任务。市督办平台5批次232起督办案件于11月3日全部完成，完成率居全市前列。先后在5个媒体平台宣传金山景观照明建设成果，展现了金山夜景形象，放大了溢出效应。创城工作方面，开展市容环境巡查整改、自查自纠工作和问题督办整改。完成文明公厕创建153座（全区共175座公厕），在新城区新增8座移动公厕，进一步方便市民群众，助力金山区成功创建为全国文明城区。国家卫生区（镇）复审方面，对朱泾镇、张堰镇、亭林镇三个镇开展实地检查，并提出行业指导意见和建议。

5. 全面做好疫情防控工作。一是加强防疫检查。作为成员单位，积极配合区地区工作组开展集中隔离点检查，配合区环境整治小组对集贸市场、建筑工地等区域开展检查11次。二是做好垃圾收运处置。针对定点医疗机构、集中隔离观察点及各街镇居家隔离观察点产生的生活垃圾，主动作为，及时启动应急预案，加强对生活垃圾收集、运输、处理全程管控，并对点位产生的生活垃圾设置专用容器，明确专业队伍收集后采用专车运输直送至本区生活垃圾焚烧厂处理。三是加强公园绿地防控。1月27日至3月13日，全区8座封闭式公园全部闭园。疫情防控期间，对公共绿地及开放式公园，儿童游乐区、茶室，垃圾分类收集点、楼梯等公共区域、设施均严格落实消毒防控措施，确保了公共卫生安全。

6. 优化“十四五”规划编制工作。对标上位规划，根据“开门编规划”工作要求，在征求68个部门及利益相关方的基础上，形成了《金山区绿容生态空间建设和环境优化“十四五”规划（初稿）》，初步明确了15项主要指标（含8项约束性指标），其中人均公园绿地面积、森林覆盖率、生活垃圾回收利用率等3项指标已纳入区“十四五”核心指标。

（二）打造亮点，生态环境质量持续提升

1. 推进绿化项目建设。完成卫清路（学府路—亭卫南路）绿化改造工程、西静路（龙航路—金卫城河）西侧绿地建设工程及3个街心花园建设。完成各类绿化建设18.4万平方米、绿道建设5.5千米、立体绿化20694平方米（其中屋顶绿化17904平方米、墙面垂直绿化2790平方米），均已超额完成市级考核任务。

2. 打造绿化景观亮点。在前景大道、新山龙广场、临桂路绿地等大型绿地中引种新优植物，石蒜、猥实、红花溲疏等10余种，进一步丰富地区生物多样性，营造区域特色景观。围绕金山大道、杭州湾大道、区政府广场、金山百联、万达以及城市沙滩出入口等重点区域，紧扣春节、五一、十一、进博会期间等重点时段开展花卉景观布置，渲染节日氛围。花坛花境布置面积6500余平方米、组合容器2388组、主题景点4处。朱泾镇南圩路成功创建为市级林荫道，卫清路（卫零路—蒙山路）成功创建为市级绿化特色道路。

3. 开展绿化特色服务。拓展绿化大篷车、绿化“六进”活动覆盖面，开展“美丽阳台”创意评选、“走绿道，展时代风采”、海派插花花艺大赛金山区海选赛、居住区绿化培训班等特色活动。举办以“追求绿色时尚，建设绿色金山”为主题的全民义务植树活动，植树面积约6000平方米，种植七叶树、无患子等乔木660余株。同时，推行“互联网+全民义务植树”，线上线下同步鼓励市民参与认建认养活动，共有200余人认养树木373株。

（三）细化管理，市容环境总体整洁有序

1. 实施道路保洁精细化管理。推行“普扫、捡扫、机扫、飞行保洁、机械冲洗”人机组合保洁模式，道路机扫率达92%，冲洗率达70%，道路整洁优良率达到94%。有序推进“席地可坐”高标准保洁区域创建，指导枫泾、朱泾、亭林三镇做好创建工作，迎接市绿化市容局验收。同时，结合国家卫生区复审工作，组织开展薄弱区域市容环境专项治理和中小道路专项整治行动，对各街镇（金山工业区）排摸梳理的20条中小道路（其中一条为区级重点整治道路）开展专项整治，年内实施销项式管理。

2. 加强建筑垃圾管理工作。一是分别组织召开了区建筑渣土整治工作领导小组会议和建筑垃圾管理工作推进会，国庆节假日期间牵头公安、城管等部门开展实地设卡联合检查；二是建立金山区建筑渣土管理微信工作群，明确分管负责人和联络员；三是深入调查金山区廊下镇中丰村疑似被偷倒垃圾情况，成立由区绿化市容局牵头，公安金山分局、区城管执法局、区生态环境局、廊下镇组成的工作专班，经地标比对、多方现场指认，确认偷乱倒实际地点属浙江平湖地界，非上海市金山区廊下镇境内。全年共受理渣土处置申报81家（次），其中实施告知承诺审批55家，申报量431.1万吨，发放处置证2125张。

3. 加强餐厨垃圾及餐厨废弃油脂监管。共受理1170家餐厨废弃油脂产生单位和1045家餐厨垃圾产生单位的申报备案。自7月23日起实施网上申报，网上办结292家。共收餐厨废弃油脂含水量2800吨，餐厨垃圾收运处置23173吨。

4. 加强景观灯光管理。加强景观灯光日常监管工作，完成亭卫南路（A4 出口—沪杭公路）、杭州湾大道（体育场北环路—沪杭公路）、金山大道（亭卫南路—卫零路）、沪杭公路（戚家墩—亭卫南路）、前京大道等 5 条（段）道路的景观灯光日常维护工作，景观灯光设施开灯完好率达到 99.9% 以上。

5. 落实市容环境卫生责任区管理制度。推进市容环境卫生责任区管理示范道路和示范性自律自治组织创建，完成市容环境责任区管理重点人员教育培训 4703 人次，完成一店一档信息 9397 家，重点提升 6 条（段）区际、城乡接合部重要道路的垃圾上门收集实效。以《上海市市容环境卫生责任区管理办法》实施 5 周年为契机，在全区范围内开展“洁净金山”城市环境清洁行动，出动环卫工人和志愿者 23704 人次，出动清洗车、扫路车等 896 辆，共清理垃圾 504.33 吨，清理门责数 11000 余家。

6. 创建市容景观提升特色项目。经过项目推荐、遴选、现场查看等前期工作，申报廊下镇山塘河老街为市容景观提升特色项目，16 个老街市容景观提升任务已全部完成，入选市级市容环境“24 景”名单。

（四）突破难点，林业建设工作稳步推进

1. 推进林业项目建设工作。2019 年 10 个造林项目全部完工，完成造林 684.4 公顷；2020 年 3 个造林项目，完成造林 222.3 公顷，全面完成市绿化市容局考核任务。

2. 加强美国白蛾疫情防控工作。成立美国白蛾防控工作领导小组，全面贯彻落实市局防治工作会议精神，按照“全覆盖、无死角、齐步走”总体要求，完成“不扩散、不成灾”的工作目标。全区共布置美国白蛾监测点 276 个，新增虫情测报灯 6 台，调拨美国白蛾防治药品 2105 箱，诱捕美国白蛾成虫 6468 头；排查地块 977 个，排查面积 5.77 万亩，共挖除美国白蛾蛹 16000 余头。针对美国白蛾在金山区一年发生三代的生活史特点，及时下发工作提示 15 期，指导全区开展美国白蛾防治。

3. 加强野生动物保护工作。3 月 24 日，区政府发布通告，自 2020 年 4 月 15 日起，金山区全区域划定为野生动物禁猎区。同时，成立区野生动物保护工作领导小组，开展多部门联合执法，严厉打击各类非法猎捕、运输、贩卖、经营野生动物的违法行为。截至目前，全区共计巡查林地面积累计 3.6 万多公顷次，参加巡查 4500 多人次，清除各类捕鸟网具 300 余张。开展专项行动执法检查，共出动 1500 人次、332 车次，发放告知书、资料共记 2000 余份，树立宣传牌 60 块，禁猎区通告牌 100 份，悬挂横幅 60 条。

4. 加强森林防火工作。修订《区处置森林火灾应急预案》，并根据《森林防火条例》《金山区处置森林火灾应急预案》有关规定，与各镇林业部门签订《森林防火责任书》，加强对森林防火工作的检查、监管。开展全区森林防火专项检查工作，出动检查人员 100 人次。开展多形式的森林防火宣传活动，参与人数 2000 余人，发放宣传资料宣传册 2000 余份。

（五）关注民生，行业服务质量和监管有效提升

1. 推进“一网通办”“一网统管”工作。立足行业实际，不断优化营商环境，办结行政审批事项 840 件，其他权利事项 543 件。未发生不满投诉和行政复议情况；落实“一网通办”，实现行政许可事项“即办件”10 件，“零跑动”24 项，“减时间”共减 358 个工作日，方便了群众和企业；做好“双随机、一公开”工作，共实施 26 次检查工作，牵头开展 3 次跨部门联合抽查，共完成检查主体数 175 家，责令整改 32 家，当场整改 19 家。同时，严格查处林业行政案件，共查处林业行政案件 13 件，处罚款 55.37 万元，收回林地 1.42 公顷。试点开展“一网统管”中“美

丽街区”建设应用场景创建任务，推动街区管理智能化。开发建设了区级垃圾清运信息化监管系统，目前已接入区城运中心，加强对垃圾收运车辆混装混运监管。逐步推进可回收物信息化建设，采集部分街镇可回收物数据，并进行分析汇总，加强对可回收物主体企业服务质量、运行情况的日常监管。

2. 做好行业投诉受理工作。规范局系统投诉受理工作，共受理诉求 676 件，其中绿化条线 128 件，群众满意率 98%，市容条线 410 件，群众满意率 96%，林业条线 138 件，群众满意率 97%，电话回访市民 1500 余人次。

3. 完成人大代表建议和政协提案办理工作。今年以来，共收到由区绿化市容局直接办理的人大代表建议、政协提案 18 件（同比增加 125%），区领导牵头办理的人大代表建议、政协提案 1 件，市人大代表建议、政协提案办理 2 件，全部办复，办理结果均为解决采纳，办理态度受到代表、委员一致好评。

4. 推进大调研工作常态化制度化。开展大调研活动 1027 次，走访企业 621 个，居民（包括农户）263 户，收集各类问题建议 550 个，解决 550 个，解决率 100%。报送课题调研报告 4 篇。

5. 夯实行业安全及扫黑除恶工作。坚守红线底线，坚决防范和遏制安全生产事故发生，组织开展了“安全隐患大排查大整治”“安全生产月”等活动，通过隐患排查、立项整改，“回头看”等环节，确保目标、措施、任务落实到实处。健全防汛防台工作应急预案，完善园林绿化、市容环卫、林业方面的应急工作领导小组及应急队伍和物资。党政班子领导多次带队亲临一线对重点行业、重要点位进行汛前检查。加强森林防火工作，修订《区处置森林火灾应急预案》，并与各镇林业部门签订《森林防火责任书》，加强对森林防火工作的检查、监管。有序推进根治欠薪工作，按照《保障农民工工资支付条例》要求，监督、指导施工单位落实各项工作措施，切实保障农民工的根本利益。深入开展扫黑除恶专项斗争工作，加强舆论宣传、深入线索排查，强化监管责任，开展建筑垃圾工地、消纳场所、处理投诉等现场巡查 110 余次，均未发现涉黑涉恶问题。

（十三）松江区

松江区建设和管理委员会

2020 年，在区委、区政府的坚强领导下，松江区建设和管理委员会围绕“一个目标、三大举措”发展战略目标，坚持“人民城市人民建，人民城市为人民”重要理念，改革辟路、创新求实、唯实唯干、拼搏奋进，脚踏实地推进各项重点目标任务完成。

一、着眼世行测评样本打造，全面推进建筑许可指标营商环境优化

一是有效积累世行测评改革样本数。全面梳理排摸涉及全流程、减免费用、供排水、验登合一等 13 大类项目样本，为上海市提供 143 个低风险项目样本（全市低风险样本 360 个），提供样本数位列全市首位。二是率先实体化运作社会投资项目审批审查中心。根据优化营商环境 3.0 改革方案，率先在全市出台《松江区社会投资项目审批审查中心实体化运作工作方案》，针对低风险产业类项目，全面实施一站式办理施工许可、综合竣工验收及不动产登记。截至目前，已发出全市低风险项目 1/6 的施工许可证和综合验收合格通知书。三是持续推动企业减税降负。在 2019 年制发减免费用实施办法的基础上，进一步细化出台《松江区关于进一步细化完善社会投资低风险产业类项目工程勘察、监理费用减免和取消施工图设计文件审查工作的实施细则》。截至 12 月底，已完成减免各

类费用共计562.87万元，位居全市首位。四是抓紧抓实“一网通办”。进一步优化业务流程再造，取消核准制项目初步设计审批，审批制房建类项目与工程可行性研究环节合并，完成事项办理承诺时限从原来5个工作日缩减至1个工作日，新增1个公共服务共事项，事项办理全程网办率达100%。截至目前，已核发施工许可证445张（含联审平台）。腾讯长三角人工智能超算中心58天拿地，3天获批施工许可证，再创“松江速度”新奇迹。

二、着眼城市能级提升，加快推进各项重点项目建设

一是对标对表，全面推进农民相对集中工作。推进2019年项目建设。4个平移项目：泖港镇黄桥村一期建成，村委会服务设施完工开展装修；石湖荡镇东夏村150套新建农宅、新浜镇南杨村已完成结构封顶；叶榭镇东石村、兴达村宅基地平移项目，150户已完成结构封顶，正在建设外立面。3个上楼项目：小昆山镇郊野单元规划上楼项目已获市级批复并开工；叶榭镇三高两区及零星户上楼项目部分房源已交付，剩余安置房源已完成结构封顶；新浜镇危旧住房置换上楼项目三期02-01地块上楼新建项目已开工。推进2020年项目风貌评估和实施方案编制。泖港镇曹家浜村、泖港镇曙光村、泖港镇农民相对集中居住（上楼）项目项目、新浜镇南杨村平移归并（二期）、新浜镇宅基房实物置换、车墩镇农民相对集中居住（上楼）项目实施方案已上报市级部门；叶榭镇东石—兴达村（二期）、叶榭镇徐姚村平移归并（一期）、石湖荡镇东夏村（二期）项目风貌设计已完成市级评估，实施方案已召开市级会审会；佘山镇新宅村平移项目和佘山镇农民相对集中居住（上楼）项目风貌设计已完成市级评估，实施方案已获市级批复；叶榭镇农民相对集中居住（上楼）项目，实施方案初稿编制，正在进行规划调控。会同区纪委制定《关于规范松江区农民相对集中居住工作流程的若干意见(试行)》,进一步遵循公平、公正、公开原则，坚持农民主体地位、发挥村民自治作用，加强廉政风险防控、规范“小微权力”运行。

二是坚持新发展格局，加快推进重大项目建设。2020年，松江区共有重大工程建设项目95项（市级26项、区级69项）。在78项正式项目中，计划新开工33项、续建45项（建成11项），区级项目全年计划完成投资67.65亿元。计划动迁居住户821户，企业229家、集体资产16处。全年完成投资77.7亿元，占年度投资额的115%。新开工项目中，沪苏湖铁路上海段、上海养志康复医院、嘉松公路越江新建工程、新建松江区松江中学、车墩华阳学校、利柏特—生产性服务业研发总部、华策长三角国际影视中心、尚实、新开源等重点产业项目已开工；预备项目中，昊海生物科技国际医药研发及产业化基地、中电科32所松江信息技术创新创业园、海尔卡萨帝洗涤设备制造项目已提前开工。计划建成项目中，区区对接道路、断头路书林路—茜昆路、辰塔路（叶新公路—金山区界）、五朱公路、百雀寺路（塔闵路—金玉路）、超硅半导体（300mm集成电路硅片全自动智能化生产线）项目、郊区垃圾资源化利用项目、人文松江活动中心土建工程等项目基本建成。全年完成居住户动迁379户，企业动迁35家，集体资产11处。

三、着眼建筑领域高质量发展，全面提升工程安全治理能力水平

一是全力推进建设工程复工复产。坚持疫情防控和经济社会发展“两手抓、两手硬、两手赢”，制订一个防控工作方案，强化对建设工地疫情防控的组织领导和条件管理的措施落实，在严格执行好市条线开复工标准、流程的前提下，结合松江实际，及时制订出台《关于加强本区疫情防控期间建设工程复工管理的工作方案》，提出了有针对性、可

操作性的松江区建设工地开复工标准、流程，分类施策、精准施策。开展两项数据动态排摸，强化对建设工地复工人员的及时掌握和防疫物资缺额的筹措储备。在开展专项检查的基础上对全区所有在监在建工地开展了在建工地数量和复工人员动态数据排摸和复工防疫物质缺额数量排摸，为全区建设工程有序有力的复工复产提供物资保障。拟定三批错峰复工项目，强化对重点项目的服务指导和精准复工的挂图作战。按在监在建重点项目的复工成熟度，分批次、点对点进行指导服务，全区 62 个在建重点项目 3 月底全面实现复工。

二是加快提升工程质量安全水平。先后制修《关于加强松江区政府投资项目建设单位主体责任意见》《松江区建设工程消防审验专家管理办法》《关于落实松江区建设工程招投标活动廉政风险防控制度》《松江区重点项目建设主体“人脸识别管理制度”专项巡查实施方案》《松江区区级城市维护项目管理办法》《松江区关于进一步细化完善社会投资低风险产业类项目工程勘察、监理费用减免和取消施工图设计文件审查工作的实施细则》《松江区小微工程管理导则》《进一步健全完善松江区燃气管理机制的实施意见》《松江区区级城市维护项目管理办法》等多项规范制度。扎实推进安全生产专项整治三年行动，持续开展工程领域专项治理，联合松江区纪委监委对全区 68 个重点项目落实“人脸识别管理制度”进行集中专项巡查，切实提升安全治理能力。截至 12 月底，共开展监督执法检查 1983 次，签发各类行政措施单 476 份，其中，各类质量问题整改通知书 198 份，局部暂缓施工指令单 42 份，停止施工指令单 1 份；各类安全隐患整改通知书 106 份，局部暂缓施工指令书 103 份，停止施工指令书 26 份。对各类违法违规行为实施处罚 101 例，其中处罚单位 36 例，处罚个人 65 例，处罚金额总计 429.5597 万元。

三是深化优化建筑市场环境。加快电子化招投标进程，顺利开出松江区建设工程施工电子化招投标的第一标。保持违法违规行为查处高压态势，夯实“纪、刑、监”三方互联互通的工作机制，强化以市场准入、诚信、后评估管理相联动的招标投标管理体制，研究制定评标专家承诺书、建设单位“一次性承诺”书，进一步压实各方主体责任。增加评标区域视频监控点密度，杜绝“监控盲区”违法违规行为隐患。不断加强“黑名单”及市场准入执行力度，新增 7 家违法违规企业列入松江区建筑市场信用“黑名单”。

四、着眼百姓急难愁问题，全力推进民生实事工程建设

先后完成佘北路—凤古路安装临时路灯、西林南路住宅小区南部出入道路新建路灯、岳阳街道背街小巷新装路灯等应急项目实施，乐都路（玉树路—环城路）路灯改造工程、谷阳北路（沪昆高速—乐都路）路灯改造及松卫北路 G60 跨线桥下辅道路灯新建工程等项目已竣工，共计新建路灯 349 盏、节能改造路灯 372 盏，整体提升松江区道路照明质量，切实解决百姓安全出行盲区。

五、着眼构建风清气正政治生态，深入推进各项党建工作

深入开展“四史”学习教育，融入民生实事工程，以学促干砥砺担当。落实基层党建任务，制定《区建管委关于加强机关党的建设开展“六表率”活动实施意见》，落实“一支部、一品牌”项目。加强干部队伍建设，完成机关及下属基层事业单位科级领导岗位交流轮岗，制订《关于加强后备干部人才库建设实施计划》，设立四类后备干部人才库。加强基层党组织和党员队伍建设，有序推进 6 个基层党支部换届选举工作。推进党风廉政建设，落实年度党建工作要点，以“一单两书”为抓手，层层传导履责压力，深化“四责协同”机制，全力做好创全各类工作。

松江区绿化和市容管理局

2020年，松江区绿化市容局在区委、区政府的坚强领导下，紧扣“高质量做好城市净化、高标准做好城市绿化、高品质做好城市美化工作”目标，重点围绕城市品质提升，“美丽街区”建设三年行动计划全面收官，全力推进市容景观的规划引领和优化升级，启动中央公园等照明景观工程，打造“绿化、彩化”景观，巩固垃圾分类示范区创建复评，全力做好创全、“双迎”等重要活动期间招牌整治、环卫保障、公厕提升等工作，不断加强绿化市容行业建设和管理水平。

一、坚持做优做细，全力推动园林绿化有提质、有增效

一是全速推进绿化项目建设。超额完成上级下达的绿化建设任务，绿地总量21.05公顷、绿道21.06千米、立体绿化建设1.68公顷。加速完成世纪新城东南角街心花园等6座街心花园改造，总面积约1.8万平方米，打造可进入式绿地。完成文翔东路中凯路西南角绿地调整工程和方松体育公园景观提升项目。

二是全面开展绿化常态管理。开展城区内多个路口节点以及小区周边公共绿地抽稀补种和景观提升工作，提升绿化景观面貌。制定出台《松江区绿化建设与养护管理暂行办法》，深化精细修剪，落实行道树管理，实行一路一方案开展冬修，深入推进林荫道创建，加强古树名木日常养护巡视，积极开展“美国白蛾”病虫害防护，及时开展有害生物监测预报，开展树木认建认养、义务植树等活动，提升公众参与绿地建设的范围。

三是全力提升公园管理水平。针对一公园 特色，在做好常态化疫情防控的基础上，成功举办春季杜鹃展、“魅力方塔文艺会演”、“诗与园林”2020年“在江南，听松江”醉白吟诗会等主题活动，得到市民好评。结合市民需求，不断提高公园为民服务便利度和公园景观，实现园区精细化绿化管养，2020年，两公园接待市民游客接近173.7万人次。

二、坚持多措并举，有效推动市容环境管理有特色、有亮点

一是有序推进城市品质提升和“美丽街区”建设。研究制订《松江区文明创全城市品质整治提升工作方案》，分三个阶段补短板、抓提升，现已对背街小巷、闲置地块等10项内容进行督查，完成背街小巷、绿化缺失、外立面破旧、店招破损等问题269个，美化提升项目66个。围绕城市品质提升，配套研究编制户外广告实施方案、初步形成城市家具建设导则，不断提升行业标准化建设和服务实效。对标对表“美丽街区”建设任务，再次精准梳理任务清单，实施挂图销项管理，圆满完成“美丽街区”建设三年（2018—2020年）行动计划收官工作，建设了35个“美丽街区”创建区域，包含2个市级示范性美丽街区即泰晤士小镇和松江新城核心区（建设重点），21个区级美丽街区，12个镇级美丽街区。

二是有序推进市容环境面貌提升。深化责任区管理制度的落实，以“七个一”工作为抓手，常态长效开展“洁净松江”工作。完成谷阳北路、外婆泾路、黄渡浜街等7条责任区示范道路创建，提升道路“颜值”。研究制订《松江区薄弱区域市容环境专项治理工作方案》，全面排摸市容管理薄弱环节，明确重点治理区域、无名通道及背街小巷，并进一步加大市容巡查频次和集中整治力度，提升市容环境实效。全力做好“迎进博”市容保障，研究制订《第三届中国国际进口博览会市容环境保障方案》，梳理形成119个进博会市容保障提升项目清单及216个整治任务清单并全部完成。开展违法违规户外广告、招牌专项整治，每月掌握户外广告、招牌设施整治进度，完成市级、区级督办任务，共拆除其他各类违规户外招牌设施2267块，各类户外广告设施整治569块，并实现

户外广告规划点位规范设置率92%，位居全市第一。

三是有序推进景观照明管理。注重打造九号线新城站、中央公园、思贤公园三处景观灯光，创造具有城市特质、区域特色的夜间品牌。加强景观设施安全管理，进一步落实户外广告、招牌、景观灯光设施业主责任和管理部门监管责任，加大巡查、落实各项安全工作，2020年，共发放户外广告安全告知书3262份，店招店牌安全告知书43235份，景观灯光安全告知书1538份，隐患问题整改2440个。

三、紧盯提高效能，竭力推动环卫行业有提高、有实效

一是环境卫生质量不断提升。结合“洁净上海”城市环境清洁活动，发动各街镇对商圈内街、“三不管”等区域开展“大冲洗、大清理、大整治”活动，卫生死角深度清洁、公共设施彻底清理，并以“席地而坐”标准为引领，采取“扫、冲、清、洗、清、磨、洁、刷、巡”九步保洁法，对松江南站、市民广场等区域（道路）实施高标准保洁，并以“席地可坐”精细化保洁推广应用为手段，环境卫生质量显著提升，连续15年市容环境综合考评位列市郊第一。

二是环卫设施改造扎实开展。重点抓公厕升级改造达标、车辆及时更新、微型保洁设备运用。编制《松江区两网融合中转站改造和管理标准》，对两网融合中转站、重点部位公厕改造方案审核，提升环卫设施改造水平。修订《松江区环境卫生设施设置规范》，严格小区、商业体环卫配套设施的审核。引导街镇更新车辆等设备，全区新增车辆50辆、保洁机具36辆。继续加大对社会公厕的升级改造，城镇化地区共新改建公厕57座，新增智慧公厕7座。

三是垃圾清运和整治日益规范。有序推进非正规垃圾堆点整治工作，小昆山非正规生活垃圾填埋场为重点的整治项目全部完成，高质量推动环保督查、市委巡视问题整改任务，其余涉及四个街镇堆场采取垂直防渗、水平阻隔、沼气导排、截洪沟、污水监测，绿化种植等整治措施，逐步推进整治。每月执行例会、月度考核评分制度，加强对末端处置设施监管。实行季度检查考评制度，加强建筑装修垃圾收运处置监管。加强水域垃圾监管，实现规范处置。

四、立足整体发展，稳步推动林业建管有增长、有促进

一是不断落实生态造林任务。围绕“十三五”造林任务目标，扎实开展市级生态廊道建设和生态公益林建设，全面完成天马处理厂周边生态廊道384.7公顷，七条市级重点生态廊道项目215公顷，全面完成泗泾一般生态廊道27公顷，车墩镇公益林65.8公顷。在已建林地统计全区森林面积10.88万公顷、森林覆盖率17.99%的基础上，结合10年一次的全区森林存量资源调查，更新全区森林覆盖数据，在“十三五”末实现森林面积11.23万公顷，森林覆盖率达到18.57%。

二是不断加强野生动物保护。全区于6月18日划定为陆生野生动物禁猎区，建立野生动物保护联席会议机制，实行多部门联合执法，切实有效保护野生动物栖息环境。开展张网捕鸟专项整治及宣传活动，妥善处置泗泾米兰诺贵都貉种群失控事件，引导市民和野生动物和谐相处、良性共生，案例处置模式成为大型城市处置人与动物矛盾典型方式。完成叶榭极小种群恢复与野放项目——獐子繁育基地建设，实施面积32.1公顷，为下一步打造上海最大獐子繁育科研基地打下扎实基础。

三是不断强化林业建设管理。开展各街镇林地管护综合考核，探索形成以4000公顷公益林管护为主体的林业管理综合考评模式，提升全区林业管理水平和效能。严格落实森林防火举措，排除森林火灾隐患，开展

森林防火巡检查，强化森林防火知识宣传，普及《森林防火条例》，提高公众的森林防火意识。加强属地林业消防队伍建设，提升林业火险隐患排除能力，松江林场、泖港片林分别获得市森林防火技能比武第一名和第三名良好成绩。

五、围绕重点工作，努力助推各项工作有举措、有成效

一是生活垃圾分类减量不断深化。持续稳步推进湿垃圾资源化处置、建筑垃圾资源化处置、天马二期等三个市级垃圾末端处置设施项目，年底前全部建设完成。坚持高标准推进，以巩固垃圾分类示范区创建复评为牵引，垃圾综合治理成效凸显。巩固形成例会、督查、通报、联合执法检查、不分类不收运等机制，排摸小区垃圾分类短板，形成问题清单，督促街道开展专项督导，优化调整管理措施。有序推进中心城区56个居住区湿垃圾“一天两运”，179条商业街沿街商铺推广上门收集，累计创建77个生活垃圾分类“精品示范小区”，建成795个居住区可回收物回收服务点、17个中转站、1个集散场。加大宣传力度，巩固居民源头分类习惯。2020年，全区干垃圾处置量968吨/日，同比下降19.5%；湿垃圾分出量759吨/日，同比增长20.1%；可回收物回收量449吨/日，同比增长44.8%，生活垃圾资源化利用率达到55.5%。

二是疫情防控底线不断守牢。积极做好绿化市容行业疫情防控工作，编制《松江区环卫行业控制疫情预防性消毒工作指引》等，在全市率先推出防疫专用“生活垃圾清运”和“公厕消毒作业”两个教学视频，受到中央疫情防控督导组肯定。持续做好定点医院、18个集中隔离观察点、544个居家隔离点实施生活垃圾定人、定车、直运、直烧等工作，今年环卫中心被授予上海市抗击新冠肺炎疫情先进集体称号。

三是绿化市容行业服务保障不断优化。结合“创全”“进博会”“双迎”等重要活动期间，按照“一区（美丽街区）一线（主要道路沿线）一面（全区整体面上）”整体工作思路，重点抓好城市清洁、市容整治、精细管理、品质提升等方面的工作，提升绿地、路段的整体面貌。快速受理处置各类诉求信访共5152件，及时解决市民急难愁问题，树立行业良好形象。结合“一网通办”和“一网统管”工作，优化审批流程，加强信息化监管，提升行业实效。做好安全生产检查，针对风险隐患点，科学修订完善各类预案，严格落实安全隐患排查机制，建立常态长效管理机制，不断提升安全监管水平。

（十四）青浦区

青浦区建设和管理委员会

2020年是全面建成小康社会和“十三五”规划的收官之年，是实现第一个百年奋斗目标的决胜之年，也是青浦服务落实国家战略，实现全面跨越式高质量发展的关键之年。一年来，在区委、区政府的正确领导下，区建设管理委以习近平新时代中国特色社会主义思想为指导，弘扬“抢拼实善”的新时代青浦奋斗精神，履行城市建设管理职责，提升城市交通能级，推进建设交通领域改革，服务两大国家战略，各项工作稳步推进。

一、聚焦党建引领，打造过硬干部队伍

（一）强化政治建设，抓细“四史”学习教育。专题部署推进“四史”学习教育，营造“四史”学习教育氛围。与盈浦街道、卫健委以“开展‘四史’教育，促进健康发展”为主题开展联组学习，与青发集团以“读史用史，服务国家两大战略”为主题开展联组学习。建立“学用新思想”第一议题学习制度。广泛开展“我的主题党日，我做主”

活动，由普通党员策划开展主题党日活动。邀请退休党员章一新同志给全体党员上“四史”学习教育专题党课。开展“争做‘四史’学习达人，建功‘示范区’交通发展”青嘉吴三地红色阅马赛。组织委系统近200名党员、入党积极分子开展“四史”党员全员培训。要求基层支部至少上报1个重点推进解决的问题或重点落实的项目，提升“四史”学习教育实效。

（二）服务国家战略，抓好各项重点工作。助推长三角示范区协同发展，委党委和嘉善县交通局党委、吴江市交通局党委签订交通党建共建协议，三地交通部门与市交通委机关党委共同形成“3+1”党建联建模式，成立长三角公共交通协同联动发展先锋队、长三角交通运输联合执法先锋队。助推第三届进博会城市服务保障工作，安排党员加入进博一线临时党支部。组建党员、积极分子“社区夜巡小分队”。助推新冠肺炎疫情防控工作，全体在职党员积极参与社区疫情防控，37名同志加入区级战“疫”支援队。助推创建全国文明城区攻坚战，会同青发集团、盈浦街道、夏阳街道以“携手奋战二十天，全力以赴迎创全”为主题，举行党建联建签约暨党员突击队启动仪式。启动“啄木鸟专项巡查行动”，分三大组对道路养护、建筑工地、枢纽场站开展全方位、无死角巡查。

（三）加强责任落实，抓实基层党建工作。开展“先领”行动，制订实施方案，部署推进机关党建“六大行动”。开展党建项目研究《延伸毗邻党建触角，推动长三角区域交通一体化》。党建课题《关于激发党员学习“内动力”的研究》进入总结阶段。落实党建工作责任制，基层党组织制定党建责任清单和工作清单，开展责任制自查。推进支部规范化建设，海事处党支部被评为“市党支部建设示范点”。构建区域化党建新格局，党委与盈浦街道、卫建委开展共建活动，委机关党支部与香花桥街道清河湾居委会、桃园埔居委会结对共建，公路所党支部、燃气中心党支部分别与夏阳街道青城社区党支部、香花桥街道民惠居委会结对共建。开展第三届“衣旧情深”贫困捐衣活动，共募集到200余件衣物。严格党员发展程序，年内发展4名党员。走访慰问困难党员、老党员42人。

（四）坚持政治引领，抓紧干部队伍建设。落实中心组理论学习制度，围绕年度中心工作，创新开展研讨式、互动式、调研式学习，推动领导干部理论水平整体提升。加强领导干部管理，严格执行委管干部操办婚丧喜庆有关事宜，开展科级干部护照（通行证）集中管理。对基层党支部书记党建工作进行评议考核。开展基层党组织书记轮训。全面落实意识形态责任制，推广运用好“学习强国”“绿色青浦”学习平台，抓好网络意识形态工作。加快形成“全方位、全过程、全覆盖”的预算绩效管理新体系，制定完善本部门预算绩效管理实施方案和考核制度。1月启动挂图作战，3月底完成项目支出绩效自评89个，9月底完成项目绩效跟踪98个，11月底完成2021年项目绩效目标编审工作，形成“预算决策有评估、预算编制有目标、预算执行有监控、预算完成有评价、评价结果有应用”的预算绩效新机制。

（五）全面从严治党，抓严党风廉政工作。认真落实全面从严管党治党主体责任，形成从严管党治党责任制齐抓共管的工作格局。梳理重点领域存在的廉政风险点，完善项目推进方法和措施。强化对重点部门和关键岗位干部、基层单位领导班子的监管。压实基层管党治党责任。领导班子成员制订党风廉政建设责任制工作方案，加强对基层党支部的业务指导，提升基层党支部找准风险防控风险能力。对2019年“三个责任制”检查情况整改落实到位。加强反腐倡廉教育，组织领导干部观看警示教育片、参观警示教育基地。围绕疫情防控和重要时间节点，采取发布严明纪律警示、开展机动式监督检查、通报违纪违规典型案例等举措，驰而不息纠正“四风”，形成转作风促发展的良好氛围。

（六）落实依法治国，提高依法行政水平。贯彻落实中央依法治国有关精神和要求，规范行政权力，提高依法行政能力。建立委法治工作领导小组，明确责任分工，完善《上海市青浦区建设和管理委员会行政执法工作制度》，制定《行政执法音像记录管理规定》《行政执法音像记录资料归档和档案管理规定》。全面落实执法公示制度、执法全过程记录制度、重大执法决定法制审核制度三项制度。加强法治宣传和培训，加大对民法典的宣传学习。严格落实“谁执法谁普法”责任制，结合“安全月”“法制宣传月”“宪法宣传周”等开展宣贯，执法人员人均培训总学时为114学时，面授学时为30学时，提高了法治水平。

二、聚焦国家战略，促进区域联动发展

（一）认真做好第三届进博会项目的协调推进。认真做好第三届进博会配套项目的协调推进。青浦区保障第三届进博会配套项目共24项。作为进博会前线指挥部项目建设组牵头单位，区建管委积极落实建设项目推进工作，目前9项政府性投资配套项目已按照节点要求顺利完成，3项新开道路项目正抓紧办理前期手续，12项社会性投资项目已按照指挥部统一部署完成相应建设任务。同时，委属各行业积极行动，进一步加强水陆交通、建筑工地、道路照明、地下空间等行业监管，开展多项安全检查活动，深入排查安全隐患，为第三届进博会的顺利召开提供有力保障。

（二）积极推进长三角一体化综合交通工作。开展长三角一体化示范区交通基础设施互联互通相关研究，与示范区执委会、吴江、嘉善、昆山交通部门进行深入对接，融入《长三角生态绿色一体化发展示范区国土空间规划》《长三角生态绿色一体化发展示范区综合交通专项规划》、先行启动区国土空间规划等上位规划，确定青浦区一体化示范区交通互联互通项目库及实施计划，明确2021年启动4个项目。与江苏吴江对接的东航路（沪青平公路—江苏省界）于2020年9月建设完工，11月举行道路通行仪式。

（三）加快促进青东五镇联动发展。规划方面：会同市城规院、相关镇开展《青浦区青东片区综合交通规划研究》并形成初步方案，共覆盖7条轨道交通、6条高快速路和国省干道、15条区域路网，助力青东五镇联动发展。项目建设方面：积极推进交通基础设施项目建设，今年区建管委在青东地区主要有道路、枢纽和人行过街天桥等10个项目，目前均按照目标计划有序推进；加快推进轨交13号线、2号线西延伸前期工作，年内启动建设程序；深化整合各类公交资源，持续完善公共交通体系，目前已完成5条公交线路调整；推进“架空线”入地改造9.42千米，目前正抓紧建设；完成293户农民集中居住签约、实施方案报批工作；完成2019年已签约项目涉及37户现房安置的交付使用手续；持续推进已签约项目增减挂钩实施规划编制上报、腾房、拆旧、土地整理等后续工作。

三、聚焦规划研究，助推经济社会发展

（一）精心开展十四五规划编制。基本完成《“十四五”期间青浦区重大基础设施建设目标、思路和重点举措研究》。基本完成《青浦区综合交通“十四五”规划》编制工作，紧密对接区“十四五”规划纲要，结合长三角一体化、推进新城建设、青东联动发展，谋划未来五年综合交通发展建设。结合在编“十四五”综合交通规划与“十三五”建设成果，拟订2020年道路交通新开工项目计划并按计划推进储备项目。

（二）开展各类专项交通规划研究。已完成编制青浦大道（崧泽大道—松江区界）选线专项规划并进行市级部门意见征询与方案论证。久业路（崧泽大道—纪白公路）选线专项规划完成区级部门意见征询。秀横路（山周公路—青赵公路）道路红线调整专项规划完成区级部门意见征询及公示。继续深化研究G50高速西岑出口收费匝道专项规划、新凤路（凤星路—松江区界）专项规划、练西公路（沪青平公路—朱枫公路）和朱枫公路（沪青平公路—G50跨线桥）道路红线调整专项规划方案。

（三）推进市级重大交通项目研究。轨道交通：配合市级部门开展17号线西延伸前期研究及相关工作，推进2号线西延伸进入启动阶段，配合开展13号线西延伸公交配套、稳定评估等前期工作。高快速路与国省干线：开展G50扩容、示范区南北快速路选线、G318公路青浦新城一站大居段配套路网规划研究等前期研究工作，为市级部门决策提供参考。配合市级部门进行G318（嘉松公路—漕盈路）段改扩建项建书、专项规划前期工作，协助进行G15嘉金段改扩建方案研究、G318省界段前期研究。

四、聚焦挂图作战，决胜年度重点工作

2020年区建管委挂图作战任务目标共8项，其中区级挂图作战任务目标2项（建筑税落地、农民集中居住），委挂图作战任务目标6项（道路建设项目5项、液化气全区统一配送）。

（一）咬定目标不放松，抓好区级挂图作战任务。确保建筑税落地。推进2020年区外在青企业税收落地工作，加强对在建工程的政策宣传和检查，会同税务机关和属地政府开展专项督查。2020年全年全区区外在青施工企业共计预缴增值税8473笔，总计税额约4.88亿元，较2019年增加约1964万元，增幅达4%。稳步推进农民相对集中居住。推进农民相对集中居住已签约项目腾房、拆旧后续工作，启动2020年签约工作。2019年已签约的5个项目，涉及户数1039户，完成腾房1039户、房屋拆旧467户、现房安置的316户已全部交付。完成增减挂钩实施规划编制上报2个，1个已批，1个待批，3个编制阶段。配合街镇持续推进新建安置地块项目的建设；根据市级部门下达的目标任务，遵循农户自愿原则，2020年9个项目实际完成农户签约827户（不含结转32户），9个项目实施方案已全部上报，7个已获批，2个已报待批。

（二）持续推进不松懈，抓好单位挂图作战任务。2020年，区建管委承担政府性投资项目共34个，其中：结转15个，新开项目18个，完工未结算打包项目1个，涵盖道路、交通设施、航道、架空线整治等建设项目，总投资约180.98亿元，年度投资约40.58亿。积极推进在建重大项目建设。如：崧泽高架西延伸目前完成总建安量70%，主线高架完成85%，地面道路桥梁完成35%，计划2021年6月底高架部分基本完成，2021年底地面道路桥梁完成。东航路（沪青平公路—江苏省界）2020年9月完工，于11月举行开通仪式。复兴路北延伸段（淀山湖大道—江苏省界）至年底已具备通车条件。外青松公路北段（白石公路—江苏省界）目前已施工进场，计划2021年底完工。胜利路出省段（白石公路—江苏省界）至年底已具备通车条件。加快液化气全区统一配送。为确保燃气配送的安全稳定，从2017年10月开始在全区推行液化气统一配送工作，区内共涉及5家液化气经营企业。截至2020年12月底，14个供应站已取消门售自提，全面推行全配送，累计配送钢瓶约60.83万只。

五、聚焦民生改善，提高居民生活品质

（一）妥善处理市民信访投诉。共受理信访件871件（其中：城乡建设类728件、交通运输类58件、劳动保障类49件、生态环境类18件、其他类18件），已办结856件，15件在办。规范信访受理、处置和答复流程，做好上级交办重要信访矛盾的销项化解。共受理热线工单3343件，办结3315件，在办

28件。对于信访投诉较集中的房屋质量投诉问题，领导带队赴现场协调处置，对部分项目现场派员入驻联合接访组。

（二）不断提升公交服务水平。为满足市民出行需求，调整多条公交线路。截至12月底，延伸调整公交线路29条，增设站点52个。改善公交基础设施，改建公交港湾式站点12个，新建公交候车亭120座，更新置换30座老亭。继续开展区级公交品牌线路和优秀从业人员评选活动，评选出青浦1路、青纪线等9条2019年度区级公交品牌线路和50名优秀客运从业人员。

（三）严格开展市属保障房外墙整治。对44个市属保障房小区外墙外保温系统开展整治工程。引进第三方监督，对各参建单位的安全质量、文明施工等进行监督管理。根据市民反映集中的施工时间过早扰民以及扬尘污染严重等问题，督促施工企业采取相应的抑尘措施，严格遵照公告时间施工，降低对居民的生活影响。截至12月底，已有26个市属保障房小区陆续开始施工，6个市属保障房小区竣工。

（四）切实保障农民工合法权益。通过来信来电来访等各种渠道，共受理并处置拖欠外来民工工资纠纷366批次，涉及人员4616人次，涉及金额达10356万元。1月3日，召开青浦区工程建设领域根治拖欠农民工工资工作大会，建立健全建管条线根治拖欠农民工工资条块联动平台和工作机制。开展建设领域农民工工资支付专项检查，检查173个项目，开具81份整改指令单，对6个项目通报批评。

（五）稳步推进农村低收入户危房改造。2020年全区农村低收入户危旧房改造计划14户，3户翻建，11户修缮，主要涉及朱家角镇、金泽镇、重固镇及白鹤镇，各级财政资金补贴约216.58万元，目前已全部完工。

六、聚焦改革创新，增强效能激发活力

（一）完成机关和交通运输综合执法改革，促进建设交通行业健康发展。根据委机关新“三定”方案，完成委内设机构和人员调整。目前，委机关内设科室（办）调整为12个，增加了党建科、行政审批科、政策法规科和重大项目推进科4个科室，调整撤销了财务科、设施管理科、交通战备科3个科室。根据青浦区交通运输综合执法改革方案，组建新的青浦区交通委员会执法大队、青浦区港航管理事务中心、青浦区道路运输管理事务中心。经考核考试，48名同志进入委执法大队，由事业身份转为参公身份。至年底，已完成执法大队和两个中心领导班子、内设机构架构，人员全部到位。

（二）推进行政审批制度改革，擦亮服务企业金字招牌。全面贯彻实施营商环境3.0版，推进办理建筑许可效率和质量双提升。加快推进行政审批制度改革，落实“一网通办”及综合受理窗口推进。目前全委审批事项网上办结率达98%，即办件审批事项42个。复制特斯拉工程建设项目行政审批经验。开展低风险产业类项目费用减免等相关改革举措，减免或补贴低风险产业项目勘察费用2个，减免监理费用2个，免设计文件施工图审图项目7个。做实做强审批审查中心，为社会投资项目提供“一站式”审批服务。大力推进疫情防控期间重大项目审批改革力度，刷新青浦区工程建设行政审批施工许可新速度。

（三）完善道路养护管理标准，打造安全畅通道路环境。针对行业要求与现行养护政策等矛盾，成立道路养护管理课题研究小组，研究道路养护管理瓶颈。根据新的行业养护标准，提出可承受可持续的养护资金方案，推进农村公路养护体制改革方案。目前已完成《青浦区深化农村公路管理养护体制改革实施方案》初稿，和区级相关部门意见征询，推进青浦区市政道路、区管公路、农村公路、村内道路养护政策改革，实现区镇村三级道路建管养高标准、全覆盖、无盲区。

七、聚焦安全生产，抓好疫情防控和复工复产

（一）压实责任，筑牢疫情防控战斗堡垒。年初，全面落实区委区政府和市级部门新冠肺炎疫情防控要求，切实加强全区公交、车站、码头等人员密集公共场所以及建筑工地等防疫工作。陆上，确保公交、出租一线工作人员全员戴口罩上岗，严格落实乘客佩戴口罩乘坐要求。加强对公交、出租营运车辆、公交枢纽、道路作业、各类抢修车辆的消毒清洁措施。对区内客运行业配发口罩 46.77 万个，消毒液 668 瓶。水上，全面做好本区省际河口疫情把控工作，联合公安、卫生部门在 5 处水上入沪船舶检查点，全面查控重点地区船舶随船人员的体温检测和信息登记工作。工地，第一时间建立疫情防控工作机制，与街镇成立 11 个疫情防控小组，及时做好在青在建工程的告知与排查统计。持续加强防疫宣传，确保在青项目对于疫情和工作指示 100% 知晓。对在建工地留守及进场人员登记造册，并与属地街镇落实防疫措施。

（二）精准施策，有序推进企业复工复产。为促进全区经济社会重回轨道，牵头成立 13 个疫情防控复工检查组（11 个建筑工地检查组 +1 个道路市政检查组 +1 个航运码头检查组），对全区各建设项目复工复产情况开展排摸检查。根据“民生优先、公共优先、产业优先”等原则，制订并完善《青浦区建设工地复工工作方案》，分类有序推进建设工程复工。针对复工审批速度慢等问题，及时回应并优化调整复工申报手续。3 月 16 日起，2020 年青浦区在监重大项目全部复工。3 月中下旬，除市属保障房外，其他区内在监工程全面复工。

（三）加强执法，编织行业安全监管网络。牢固树立安全底线意识，着力完善安全责任体系，开展安全生产集中整治、今冬明春火灾防控、区“1+5+8”安全综合整治、安全生产专项整治三年行动等，增强行业监督检查执法能力，提升青浦区道路、公交、水运、建筑、燃气、地下空间及路灯照明六大领域的安全生产治理能力。截至 12 月 31 日，建筑行业开展安全检查 891 次，安全行政处罚 42 起，处罚金额 107.583 万元；港航行业开展安全检查 6882 次，立案处罚 410 件，罚款 62.33 万元；道路运输行业开展执法检查 1037 次，立案处罚 483 件，罚款 402.135 万元；路政行业开展安全检查 504 次，开出法律文书 8 份，罚款 1.8 万元；燃气行业开展安全检查 121 次，开出法律文书 14 份，罚款 28.5 万元；路灯管养领域开展检查 445 次，发现并落实整改安全隐患 12 项；地下空间开展安全检查 68 次，发现隐患 389 项，已整改 371 项。年内，全区建设交通行业安全稳定可控。

八、聚焦精细管理，提升城市功能品质

（一）常抓不懈，规范建筑行业管理

1. 推广绿色建筑和节能工作。新建民用建筑 100% 创建绿色建筑，重点推进新城及西虹桥区域的绿色建筑。结合绿建专项检查全面推进装配式建筑及 BIM 技术应用，切实提高项目安全质量。继续推进可再生能源建筑一体化应用，完成 5 个可再生能源应用项目，总建筑面积约 23.79 万平方米。既有建筑节能改造共完成 3 个项目，总建筑面积 4.37 万平方米。联合区建筑业协会开展 4 次区内建筑节能专项培训。

2. 开展既有玻璃幕墙建筑检查。对辖区内既有玻璃幕墙建筑开展安全专项检查，基本建立本区既有建筑玻璃幕墙“一楼一档”，检查建筑 191 幢，涉及楼宇业主单位 165 家、受委托物业管理单位 96 家。对全区 191 栋玻璃幕墙楼宇进行全覆盖检查，对 12 栋开具整改文书。配合市玻璃幕墙巡查组，对区内 34 个既有玻璃幕墙项目进行抽查。青浦区既有玻璃幕墙建筑总体情况向好。

3. 加强建设工程安全质量监督。全区在

建工程总体情况：至12月底，全区在建工程301项，同比增加1.3%；总建筑面积1228.9万平方米，同比增加0.6%；总工程量733.1亿元，同比增长19%。建设工程治劣情况：工程监督累计检查项目928个次，开具质量整改单120份，安全隐患整改单266份，暂缓施工指令单38份，停工指令单4份。深化工程巡查制度，外聘技术专家，采取“双随机、一公开”工作模式，全年巡查项目77个，巡查总面积692.3万平方米，开具整改单77份，局部暂缓施工指令书40份，暂停施工指令书7份，处罚建议书7份。对13个项目、23个问题进行全区通报。创优情况：参与评审区级优质结构工程26个，区级文明工地38个，推荐市优质结构工程2个，推荐市文明工地18个，白玉兰奖2个。加大创优指导，开展“安全生产月”“质量月”活动，举行现场观摩活动，举办建设领域绿色发展专题讲座。执法情况：查处办结违规工程案件53起，罚款金额141.6万元。文明施工违规案件移交城管部门7起。

年内开展了建设工程安全生产集中整治、建筑施工安全生产专项整治三年行动系列活动、建设工程施工现场临时用电安全专项检查、职业健康暨疫情防控检查、绿色护考巡查等11次安全专项检查，同时开展了施工现场建筑材料暨节能工程质量、建设工程设备安装质量、建设工程质量大检查等5次质量专项检查。

4. 做好建设项目服务审批。施工许可：施工许可324个，总建筑面积585.36万平方米，其中建设工程联审共享平台审批项目287个。竣工备案：完成项目186个，建筑面积338.7万平方米，其中建设工程联审共享平台综合验收项目74个，小型验收项目25个，其他验收项目87个。资质申请：新申请资质审批企业404家，增项84家。截至目前，注册于本区的施工企业共1216家，包括：市管一级企业48家，市管二级及不分级58家。区管共1110家企业。施工图审查备案：完成9个项目，其中初步设计备案2个，总体设计备案数7个。抗震设防审查：共受理项目12个，已审查办结12个，其中抗震审查5个；技术咨询6个。建设工程竣工验收：牵头完成94个建设工程竣工验收，其中综合验收73个，小型项目验收3个，低风险项目验收15个，低风险产业类项目3个。消防设计审查、消防竣工验收、备案：完成27个设计审查项目，82个竣工备案项目，49个竣工验收项目。安全生产许可证：企业通过告知承诺制电子化审批系统完成安全生产许可事项申请总计342项，其中新申请发证216项、正常延期111项，重新申请15项。

5. 加强建设工程招标投标管理。施工公开招标：306标段，建筑面积186.6万平方米，中标价178亿元。勘察招标7个；设计招标62个；监理招标71个；一体化招标项目22个；暂估价公开招标项目26个。小型项目(摇号)：127标段，中标价1.92亿元。评标专家抽取工作：全部为电脑随机抽取语音自动通知程序，抽取勘察、设计、施工、监理、经济专家3420人次。对14家代理公司发出《暂停通知单》25份，10个项目中止招标并重新招标。

（二）示范引领，强化道路养护管理

1. 做好道路日常养护执行。区管公路：2020年区管公路养护计划15744万元，其中日常养护6333万元，大中修6407万元，管理项目2564万元，应急经费440万元。至12月底累计支出15487万元，预算执行率98.36%。农村公路：2020年农村公路养护计划27564.8万元，其中日常养护14304.8万元，大中修工程11358万元，管理项目1902万元。至年底完成27564.8万元。市政道路：2020年市政道路养护计划5831万元，其中日常养护5239万元，大中修229万元，单项维修109万元，综合管理254万元。至12月底累计支出5810万元，预算执行率99.63%。

2. 加强道路设施整治维护。日常养护。区管公路：完成2020年养护招标工作，全年实施二类项目17个，完成沥青路面整治71295平方米，人行道整治21549平方米，桥梁维修108座。市政道路：结合“创全”共完成路面整治268000平方米，人行道整治12795平方米，桥梁维修108座，道路预养护33000平方米。农村公路：累计处置市下达病害39处，处置区第三方下达病害1352处，完成路域环境整治60条，二类项目共11项，安防整治76千米。区管公路及城市道路:2020年新开工6个项目,目前均已开工。农村公路：2019年结转项目10项，目前已全部完工。2020年新开农村公路大中修10项，里程19.34千米，截至12月底9项主体工程全部完工，1项在建。

3. 加大“四好农村公路”示范创建。全市“四好农村公路”现场会在青浦区召开。申报重固镇为2020年“四好农村路”市级示范镇。在全区积极推广镇级路长制，将推进情况纳入对街镇的绩效考核。重固镇成立镇级路长办公室，统一协调路长制日常工作。2020年初列入区“四好农村路”提档升级的项目涉及8个街镇22项35.564千米，经调整后2020年度农村公路提档升级项目总计28项，其中涉及街镇20项，村庄改造8项，总里程39.54千米。截至12月底主体工程已基本完成。2021年提档升级计划已上报，计划实施33项56.34千米。2020年创建市级示范路4条12.96千米，区级示范路复审5条新创建9条30.729千米，全区农村公路创建总里程为109.932千米。经全市评选朱家角镇沈太路被评为2020年全市十大“最美乡村路”。通过示范创建，不断推进“农村公路+旅游+农业+文体”等融合发展，着力建设服务乡村振兴的“交通走廊”。

（三）真抓实干，完善道路交通运输

1. 做好道路运输行政管理。受理专业运输开业83户，非专业运输开业30户；新增货运车辆2918辆；货运车辆燃料消耗量达标车型核查1575辆；办理外省市危险品车辆入市查验583辆；办理网约预约车人员资质申请870件，总3936件；校车备案涉及学校11所，运营企业4家，车辆87辆；新增公共停车场（库）经营企业备案23户。

2. 提升公共停车管理服务。区公共停车场（库）共154个，泊位总数54802个，比2019年增加7973个。道路停车场109个、泊位总数2781个，实际收费道路22个、泊位955个。区内已有22条路段使用POS机收费管理，区内道路停车启动电子支付。公共停车场（库）全部实行电子收费。

3. 确保汽修行业规范。区机动车维修和综合性能检测累计业户335户，其中一、二类机动车维修业户147户(一类机动车维修业户5户)，三类机动车维修业户165户（其中汽车快修A类16户），摩托车维修业户19户。9月机动车维修备案试运行，区内共有8家业户完成备案。推进落实“三检合一”，区内共有4家“三检合一”汽车综合性能检测站。

4. 维护货运市场稳定。将辖区内30辆货车以上规模的货运企业以及货运企业疫情防控工作列为监管重点。对区内14家快递以及物流企业进行疫情防控检查。对区内16家规模较大的运输企业45辆营运车辆开展能源消费情况调查。收集区内货运企业信息、车辆信息，完成上海市第六次综合交通调查。做好外省市危险品运输车辆入沪登记查验，登记查验583辆危险货物运输车辆。

5. 开展道路交通执法。公路路政：行政许可审批13件，行政处罚案件6件。城市路政：审批掘路34件，面积4304.46平方米，临时占路5件，面积119平方米，夜间施工备案4件。交通执法：每月联合交警部门至少开展一次治理超限超载运输车辆执法行动，检查运输车辆75车次、查处车辆12车次。开展以春运保障为主的“春晖1–2号”、以行业顽症治理为主的“安畅1–12号”、以非法客运整治为主的“惊雷1–12号”、以克隆出租车整治为主的“猎鹰1–12号”青浦区1+5+8安全综合整治等系列专项整治。压实“两客一危”、公交、出租企业的安全生产主体责任。强化对道路危险货物运输企业的安全监管。有序开展非法客运整治，针对青浦城区、轨交17号线沿线站点、国家会展中心等区域，联合区交警支队开展专项整治160次，查获非法客运车辆260件。创新完善执法监管手段，推广非现场执法措施。对网约车平台进行立案查处，处罚“滴滴”“美团”等平台18次，罚款166万元。

6. 推广绿色节能交通。推进新能源公交车的推广使用，制订《2020年新能源车辆购置计划》，年内新增或更新16台新能源公交车。完善公交充电设施建设布局，年内完成45根公交充电桩建设。

（四）严格监管，保障水域安全清洁

1. 推进市区港航重点工程。配合做好市重大航道工程吴淞江航道整治项目工可的前期协调推动，确保按期施工。推进区级航道标准化建设工程。继续协调配合做好市管航道苏申内港线整治工程，华田泾航道标准化工程年内即将竣工验收，东大盈港项目建设、新通波塘项目正进入工可及项目建议书验收。

2. 严把港口航道审批。发放港口岸线临时许可证30家、港口经营许可证15家。受理区管通航水域施工作业许可24件、船舶进出港报告70221艘次。辖区内共有航道17条，里程共计191.38千米，跨航道桥梁155座，航标灯26座，流经青浦进入上海的省际主干航道有苏申外港线、苏申内港线、长湖申线、杭申线等。加强乡镇渡船和保洁船检验，检验船舶164艘。

3. 强化海事巡航制度。强化重点水域、重点航段、渡口、水上旅游区日常巡航监管。网格化巡航累计11452小时，出动海巡艇7983艘次，执法人员21378人次，检查船舶4165艘次，查处各类违章船舶397艘次；抢险救助9次，救助遇险人员23人次、遇险船舶11艘次。

4. 开展生态环境治理。推进码头（堆场）生态环境治理清洁空气行动。全区33家有港口经营证的码头企业经过整改，大部分已完成验收。开展易扬尘码头堆场环保专项检查，加强港口企业作业现场监督。开展“夏季风暴”专项行动，检查港航企业防污染措施落实情况，出动检查人员298人次，出动船艇41艘次，检查港口企业73户次。区内23家码头企业安装扬尘在线监测设备，监测数据持续走低。

5. 落实水域专项整治。强化客（渡）运船舶超载、超速、超核定航线（航区）等违法行为的执法检查，落实内河港航行业安全生产检查。做好区“三无”居家船棚整治长效管理工作，切实维护航道管理秩序，有效遏制“三无”居家船舶回潮现象。

（五）多措并举，确保燃气供应稳定

1. 加强燃气站点检查。区内共有天然气国家末站2座、天然气上海首站2座、天然气区级门站2座、天然气压缩母站1座、压缩天然气汽车加气站1座、液化气储配站1座、燃气厂1座，瓶装液化气供应站14座。督促业主加强燃气安全管理，建立健全安全生产责任制。至12月，检查液化气站点88座次、天然气加气站、压缩天然气母站9座次、天然气门站10座次，储配站5座次，出动检查人员605人次。

2. 督促用户入户安检。区内现有天然气用户约25.7万户、液化气用户约16.6万户。2020年天然气销售量约1.27亿立方米、液化气销售量约1.05万吨。督促燃气经营单位做好入户安检，每季度对各管道天然气（2家）、瓶装液化经营企业（5家）开展燃气用户入户安检情况督查。液化气入户安检25批次，出动检查人员140人次；天然气入户安检10

批次，出动检查人员50人次。

3. 开展液化气专项整治。编制《青浦区瓶装液化石油气管理意见》，涉及规范居民瓶装液化石油气使用整治方案、液化气餐饮场所管道天然气改造工作方案、居民小区天然气入户三年行动计划扫尾工程方案。为打击液化气非法经营行为，配合公安部门、街镇查破液化气类违法案件2起，查收钢瓶252只。施工单位损坏燃气管道行政处罚4起。

（六）强化巡查，保障城市正常运行

1. 提升地下空间监管效能。截至年底，区内建成地下工程941个，总建筑面积842.02万平方米。年初，对全区11个街镇地下空间安全使用管理工作开展考核。针对突发疫情，建立地下空间联防联控机制。年内，开展管理监督检查2次，联合检查4次，消防专项检查1次，防汛专项检查59次。组织召开区地空联办联络员会议（暨业务培训）2次，应急演练2次。开展地下空间安全使用宣传活动1次。在“一网通办”平台共办理普通地下室使用备案24件。

2. 做好道路照明日常管理。目前区内实有道路照明设施50702盏，其中区管道路照明设施杆数23987根，灯盏数34478盏，路灯控制箱733只。年内，出动人员2091人次，车辆644车次，巡查灯盏数500486盏，处理故障4309起。快速处理报修工单803起。为进博会保驾护航，助力全国文明城区创建，加大日常巡视力度。在今年多次抽检中，路灯亮灯率均保持在98%以上。

3. 落实架空线和飞线整治。根据市架空线入地和合杆整治指挥部要求，区年内目标为完成7千米架空线入地。开展本区违规架空线整治，完成1160根违规架空线、飞线整治。截至年底，地下管线数据维护项目已跟测管线长度约66千米，其中41.2千米管线已提交入库，目前外业跟测工作持续开展。

同时，还做好了文明城区创建、扫黑除恶、防汛防台、组织、人事、宣传、统战、财务、审计、国防动员、交通战备、工青妇、老干部、普法、代表建议和政协提案办理、督查、信访、市民热线、“一网统管”、精细化管理、网格化、信息、信息化、档案、保密等各项工作，为中心工作发挥有力保障作用。

青浦区绿化和市容管理局

2020年，青浦区绿化市容局在区委区政府的坚强领导下，坚持以习近平新时代中国特色社会主义思想为指导，以“四史”学习教育为重点，自觉践行“人民城市”重要理念，对接服务国家战略，对照行业要求，统筹推进疫情防控和城市精细化管理各项工作。

一、疫情防控科学有序，常态化防疫持续推进

全面落实疫情防控各项工作要求，建立健全局领导分片走访街镇和行业单位制度，制定环卫行业收运“三定三专三防”措施，落实野保管控、巡查要求，强化行业指导、监管。局系统干部职工积极参与“双守双共”等群防群治志愿支援服务。局防控领导小组为行业系统职工配发口罩30万余只、各类防护用品17万余件。疫情防控常态化后，指导行业和企业复工复产，确保绿化市容管理工作和疫情防控双胜利。

二、服务两大国家战略，城市治理水平不断提升

（一）对标“双最”要求，打造世界会客厅。制订第三届进博会市容环境保障方案，深化“一体化”养护保洁和日巡、稽查、网格精细化巡查实效，完成以“梦·虹桥”为主题的核心区绿化景观提升等项目，持续打造“席地可坐”的“双最”市容景观。

（二）对标生态绿色，助推示范区一体化发展。加快推进重点生态廊道建设，完成金泽地区湿地生态修复方案；巩固农村“三项整治”治理成果，协同推进青嘉吴交界区域垃圾治理，确保示范区生态环境安全可控。

（三）对标“双高”标准，做好“双创”保障。牵头开展道路环境专项治理行动，清楚背街小巷等市容环境薄弱区域，打造创全市容环境亮点；对照国家卫生区“千分制”标准，加大督查和整治力度，在市级暗访检查中以898.8分列全市前茅。

三、聚焦“十三五”收官，重点挂图作战项目高效完成

（一）推行“一体化”作业模式。巩固集镇地区“一体化”作业实效，推进农村地区全覆盖。全区30条道路和3个区域实施高标准精细化保洁作业，20个村创村容环境示范村，精细化作业全覆盖，在全市复查中排名靠前。

（二）加快推进“美丽街区”建设。以背街小巷治理为重点，基本完成“美丽街区”建设（2018—2020年）三年行动计划，并落实常态长效管理措施，共建成13个“美丽街区”。

（三）推进市级重点生态廊道建设，擦亮绿色生态底色。完成青松生态走廊等重点生态廊道468.7公顷和一般公益林13.3公顷的年度造林任务。“十三五”期间陆域森林覆盖率达18%。

四、提升管理能级，绿化市容各项重点工作高效完成

（一）垃圾综合治理实现闭环管理。巩固市级生活垃圾示范区创建成果，生活垃圾分类实效明显，回收利用率达35%，干、湿垃圾和可回收物分类处理量实现“一减两增”；村（居）民绿色账户实名认证累计覆盖23.9万户；新增再生资源回收点181个、中转站和集散场各1个；固体废弃物全程管理责任压实，地区环境安全可控。新增上海市最美公厕2座；青西垃圾中转站已开工建设；建材再生利用中心年内建成试运行；完成美都公司选址和用地规划调整；启动环卫智能平台建设；练塘、金泽生活垃圾填埋场完成生态修复。

（二）狠抓市容环境精细化管理。巩固187个特定区域、31个无序设摊点和109个占道亭棚专项治理成果。落实市容环境责任区制度，履约率和信息建档率达95%以上，创建示范性自律组织11个；完成15条示范道路创建。白鹤、重固、朱家角和夏阳街道通过市容环境综合管理达标、示范街镇复评，重固、徐泾、金泽镇通过达标、示范街镇实效考评。持续开展户外招牌安全隐患排查、整治行动，累计检查点位18327个，隐患整改1317个，整改率100%。规范户外广告、户外招牌设置，开展市级督办的违规屋顶招牌和走字屏整治。

（三）提升绿化林业建管水平。完成绿地建设61.13公顷、生态绿道20千米、屋顶绿化15039平方米；改造街心花园2个，新增城市公园3座；加大群绿和野保、湿地宣传。“十三五”末全区绿化覆盖率达43.1%，人均公园绿地面积10平方米。完成青浦区划定野生动物禁猎区；制订湿地保护规划；推进200公顷森林防火隔离网、路等基础设施建设。

五、加强自身建设，行政效能和服务水平稳步提升

（一）扎实推进法治政府建设。落实全面从严治党要求，加强各级领导班子建设，完善“四责协同”机制，打造忠诚、干净、担当的绿容干部队伍。全面推进法治政府建设，建立定期学法制度，加大社会面普法宣传，严格行政规范性文件管理，加大对各类项目资金使用的审计监督。

（二）健全扫黑除恶专项斗争长效机制。以重点行业领域“治乱”为重点，深挖工程渣土管理领域和户外招牌、广告管理的乱象，已制定《关于加强青浦区渣土领域扫黑除恶专项斗争长效管理机制》等制度2项。

（三）优化绿化市容行业营商环境。依托“一网通办”和“一网通管”平台，提升依法行政效能，落实“双减半”要求；全面

做好信访、热线和行政投诉处置工作。目前办结上级交办件8件，受理处置行业投诉、热线工单1087件次。市局投诉处置满意率为91.69%。

（十五）奉贤区

奉贤区建设和管理委员会

2020年，奉贤区建设和管理委员会（交通委员会）在区委、区政府的正确领导下，坚持以习近平新时代中国特色社会主义思想统领建设交通发展事业，贯彻落实“人民城市人民建，人民城市为人民”的重要理念，扎实推进奉贤区建设和交通各项工作。

一、加快交通基础设施建设推进力度

主动融入长三角一体化，做好重大交通基础设施的规划、建设推进工作，促进奉贤区大路网大格局快速形成。一是启动奉贤区轨交交通网络规划、奉贤区综合交通十四五规划、奉贤新城综合交通十四五规划、奉贤新城排堵保畅三年行动等专项研究工作。二是加强道路建设推进力度，闵浦三桥（昆阳路大桥）建成通车，奉浦东桥实现开工，S4南桥远东路出入口投入使用，大叶公路全线改扩建工程推进有序，东段建成通车，浦卫G1503跨线桥基本完工，东风路、贤浦路当年立项当年完工，金海公路大学城段、西闸公路顺利开工，年中新增光建路、迎立路、运河北路、海泉路、规划一路等项目当年立项，当年开工；三是积极配合重大市政项目建设，圆满完成S3、G228、浦星公路改建等项目前期腾地工作。

二、积极研究解决各项交通短板

坚持以问题为导向，努力补齐奉贤区交通出行中的各项短板，变弱项为优势，为奉贤区经济高质量发展提供保障。一是加强区管道路设施养护，精准实施区管道路小修、抢修、专项整治维修工程163项，预防性养护工程8项36.42千米，桥梁维修工程14项，中修工程14项，维修里程20.83千米；完成金钱公路、平庄西路、环城东路等7个主要路口的改造优化工作；提高道路亮灯率，实现区管道路亮灯全覆盖。二是提升公交服务质量，稳步实施公交线路优化调整，全年共计新辟公交线路1条，调整公交线路12条，完成200座候车亭的建设任务，配合完成155座公交电子站牌的试点建设，做好新能源公交车辆更新，全年共更新纯电动车辆62辆。三是缓解静态交通矛盾，年内共计完成停车配建审查99件，完成配建停车场（库）验收31件，新增配建停车泊位11697个，继续推进停车泊位共享工作，全年共计完成274个共享泊位。

三、民生实事项目落地有效

加快推进各类民生实事项目尽早落地尽快见效，切实提升老百姓获得感幸福感。一是改善农村人居环境，2020年启动奉贤区农民相对集中居住工作，共涉及南桥镇、奉城镇、四团镇、柘林镇、庄行镇、金汇镇、青村镇及西渡街道等7镇1街道。目前，共有7个项目实施方案获批，累计完成签约1311户，有序推进“百万”安置基地建设项目，全面完成市级考核指标。二是加强农村交通基础建设，2020年四好农村路建设共涉及南桥镇、庄行镇、西渡街道等7个街镇，共建设四好农村路22条，共35.4千米。三是推进城镇老居住区天然气改造，全年城镇老居住区天然气改造范围涉及7个街镇1个开发区99个小区，完成1.1万户改造任务。

四、营商环境持续优化

持续深化行政审批制度改革工作，通过积极探索试行容缺后补、甩项后置和告知承诺等审批创新方式，充分发挥审批政策灵活高效的制度优势，加速工程项目早日开工落地。一是全面落实营商环境改革3.0版。落实全流程审批“只登一扇门、只对一扇窗、只递一套表、只录一系统、只见一部门”的“五个一”工作要求，实现在线单一窗口审批，深化奉贤区审查审批中心工作机制。二是落实帮办员制度。完善实施细则，营造“人人都是帮办员”的主动服务氛围，由党委班子领导带队，深入企业，主动上门开展帮办服务，已对奥园、珍宝岛、中翊日化等30家企业进行帮办服务，搭建帮办服务政企沟通平台，提供帮办服务预约、政策咨询、反映企业诉求等服务。三是进一步缩减工程建设项目审查审批时间。针对不同类型的社会投资类项目，进一步精简办理环节，从获得土地到办理不动产登记由10个环节合并为4个环节，办理时限由125.5天压缩到23天；全面启动奉贤区综合竣工验收工作，76个项目顺利完成“一站式”综合验收，其中低风险社会投资类项目验收平均办理时限为2.5个工作日，其他类型项目平均办理时限为8个工作日。

五、行业管理工作不断强化

严格落实依法行政，通过改进行风政风，提高行政效能，做好建筑行业安全和建筑质量、公路路政、交通运输执法及公交、航务航运和燃气等行业管理。一是提升建筑工地精准化监管水平。全年奉贤区在建房建项目共311个，单位工程3009个，累计签发安全质量整改单393份，共立案处罚161件，处罚金额762万元，推行差别化监管，落实包容审慎监管；结合工作实际，量化安全管理目标，细化安全管理措施；推进智慧工地平台动态监管，将建筑面积大于1万平方米以上的高风险及超高风险项目打造成智慧工地。二是加大交通运输行业执法力度。保持高压态势，大力整治非法客运，全年共专项检查45次、立案240件，处罚228件，金额522万元，客运市场基本有序，确保出租车营运合法守纪；强化省际客运执法管理，特别在春运期间，确保旅客运输安全；充分吸取“8·19”奉浦大桥危运车辆着火事故教训，进一步加大对危险品运输企业的监管力度。三是严格落实建设工程、搅拌站、码头扬尘污染防治措施。建立扬尘在线监测数据台账，推行扬尘污染监管点位长制，今年奉贤区在建工地、搅拌站扬尘监测数据始终稳定在全市前列，管控成效明显。

奉贤区绿化和市容管理局

2020年，区绿化市容局在区委、区政府的坚强领导下，进一步把思想和行动统一到习近平总书记重要讲话精神上来，围绕“奔着问题去”“盯着目标干”，狠抓落实、善作善成，全力推进国家生态园林城区创建，成功创建成为上海市生活垃圾分类示范区，努力打响奉贤生态品牌。

一、全力推进国家生态园林城区创建

（一）完善创园基础工作

积极开展国家生态园林城区自评和资料收集工作，完成《奉贤区公园体系规划》评审，开展《奉贤区公众对城市园林绿化满意率民意调查》。收集遥感调查与测评基础资料，形成公园绿地分布图、主次干道位置分布图、居住区位置及分布范围图、受损弃置地位置图等重要申报图件。加强生态建设的技术支撑，与上海交通大学等多家单位合作开展奉贤区蓝绿生态基础研究、奉贤区生态园林城区预评估及建设策略研究等课题。

（二）不断优化生态布局

完善区域生态空间格局。构建以黄浦江水源涵养林、申亚片林、申隆片林、中央林地、化工区防污染隔离林等五大集中片林为主体，辅以主干道路、水系的“六横四纵两片”生态廊道，形成系统连续整体的城市生态网络体系。打造新城绿道系统。结合“田字绿廊”“十字水街”建设，将城市慢行系统、健身步道、公园绿地绿道等纳入新城绿道网络格局，完成了G1503北侧、浦星公路西侧、金汇港两侧等绿道工程，实现浦南运河两岸

22.2千米绿道行走贯通。推动社区绿道建设。试点打造奉浦街道6千米生态绿环，已启动一期景观建设项目，包括上院东侧、九华苑北侧及西侧绿地景观项目，使附近市民能便捷、快速地进入绿道跑步、散步、游憩。

（三）全力促进绿化增量

实施"上海之鱼"湖心岛建设，实现"上海之鱼"泡泡公园、年丰公园等5大公园的建成开放。消除公园服务半径覆盖的盲区，实施西渡临江园二期等公园建设，建成公园6座，累计建成180座，泡泡公园、四团公园、柘林公园等8座公园纳入上海市城市公园名录。全年完成公园绿地125公顷，绿道20.1千米，立体绿化1.9万平方米，造林面积426.4公顷。目前，建成区绿化覆盖率、森林覆盖率分别达到42%和16.03%，较上年分别提高1.5个百分点和0.98个百分点。

（四）建立同创共享机制

持续推进园林街镇、园林式居住区、花园单位的创建，全区已创建全国绿化模范单位3家，市级花园单位43家，市级园林式居住小区22家，市级绿化合格单位155家，区级园林式居住区和绿化合格单位88家。举办国际花展、长三角公园城市论坛等重大节庆活动，提升城市美誉度。开展"我在网上认棵树、我为创园助份力"树木认建认养、奉贤区春季造林义务植树、睦邻花园、午后庭院、园艺讲堂、"绿化大篷车""海派插花大赛"等群众绿化活动，联合妇联开展"最美庭院、最美阳台"创评活动，联合区团委举办青春助力创园系列活动之奉贤"青年林"揭牌暨"创园杯"抖音视频大赛等活动，提升群众爱绿护绿意识。

二、加强生态资源保护与管理

（一）加强生态资源保护

开展辖区森林资源调查监测工作，共更新变化林地斑块8081个，其中增量林地斑块5777个，减量林地斑块704个，因子变更林地斑块1600个。进一步完善执法质量保障机制，开展2019年减量小班"回头看"及2020年森林督查专项行动，累计查处林业行政案件4起，结案率100%，处罚金额52.2766万元，行政处罚法人单位4次，督促完成林木补植。加强古树名木日常监管，对庄行镇古银杏、金汇镇古国槐、奉城镇古梓树进行技措保护，对金汇镇古银杏进行古树垂直投影外一定范围的绿化改造，满足古树生长需求。加大野生动物及湿地资源保护工作，完成庄行狗獾自然引迁项目的方案设计、评审、立项、腾地、施工招标等工作。

（二）完善园林绿化养护长效管理机制

开展节约型园林建设。在市民公园、望园路森林大道和奉秀路桥柱绿化项目中，推广使用透水铺装、微喷、滴灌等节水技术，探索并推广集雨型绿地建设。坚持适地适树，优先使用苗圃培育的乡土树种，通过科学配置，营造以乔木为骨干的乔、灌、草相结合的复层植物群落。出台《奉贤区绿地养护质量标准》《奉贤区公共绿地日常养护管理考核办法》等养护管理规范，建立起绿化养护经费与经济社会发展同步增长的体系机制，确保城市绿化发展有标准、有保障。编制《奉贤区公园管理暂行办法》，进一步明确各类公园的管理责任主体，试行分类分级管理。建立园林废弃物处置场，年粉碎数量达约3600吨，处理后的残渣用于焚烧发电或运用于绿化裸土覆盖和堆肥发酵，提高资源的循环利用率。全面应用古树名木无损监测、绿化管养系统手机终端、生物防治等新技术，养护管理整体水平显著提升。

（三）优化公园品质

积极开展特色植物示范区创建，重点打造市民公园樱花片区和四季生态园杏林片区、星火公园新优植物应用片区，引导公园建立"四化"示范点。对部分公园服务设施进行提升改造，庄行公园增加儿童游乐设施和蚂蚁乐园等，柘林公园增设灯光、园路改造等。结合特色街区建设，落实"一街一景"

推进计划，积极推广新优行道树种娜塔栎、三角枫在改建道路（沪杭公路和金海路）上的应用。百秀路被评为市级绿化特色道路。大力推广立体绿化和林荫道路建设，曙光路、新建西路被评为市级林荫道，累计创建成功15条。

三、推进垃圾全程综合治理

（一）加快垃圾全程分类体系建设

提升改造可回收物服务点340个，中转站10个，居民分类投放点升级改造982个，新增/改建洗手设施907个，配备破袋工具1370个。目前干垃圾处置量640吨/日，湿垃圾分出量342吨/日，可回收物回收量235吨/日，生活垃圾无害化处置率达到100%。区再生能源综合利用中心项目建设完成50%工程量，南部建筑垃圾资源化利用处置中心已完成设备调试进入试生产，东部湿垃圾碳化工艺处置厂（60吨/天）已投入使用，餐厨垃圾技改项目有序推进，生活垃圾分类减量监管平台接入区“城市大脑”实时监控、展示。

（二）全力争创生活垃圾分类示范区

充分发挥“三级桶长”宣传、指导、监督、考评作用，开展各类培训宣讲活动100余场，生活垃圾分类知晓率达到99%。全区居住区、单位、公共场所和农村地区生活垃圾分类实现全覆盖，居民区、单位达标率均达到95%以上。进一步落实行业管理与执法的监督责任，开展沿街商铺、农村生活垃圾、薄弱点位专项监督检查。督促各行业部门主动作为，建立生活垃圾分类双向告知制度，明确了各行业部门职责和工作流程，形成各部门齐抓共管的良好局面，执法力度持续加强。2020年奉贤区成功创建成为生活垃圾分类示范区，12个街道全面创建成为垃圾分类示范街镇。

（三）规范各类垃圾综合处置

按照“小区短途驳运，小压站直送焚烧厂”的收运模式，加强生活垃圾各环节管控，落实小压站第三方监管。启动市容环卫安全应急预案，规范区内新冠肺炎各定点医疗机构和隔离观察点的生活垃圾收运工作。规范渣土运输领域市场运行，完善管理机制，制定奉贤区建筑垃圾消纳处置场所管理规定，推进扫黑除恶专项斗争，加大建筑垃圾分拣与资源化利用，累计资源化利用装修垃圾13.47万吨，拆房垃圾近1万吨。强化餐厨废弃油脂收运处置监管，全区餐厨废弃油脂产生单位总数1135户，完成申报1135户，申报率100%，废弃油脂产生单位安装IC卡1135张，完成率100%，收运餐厨废油末端处置量1303.81吨。完成5个非正规生活垃圾填埋场封场整治，落实后续长效管理措施。

四、深化城市精细化管理

（一）巩固提升市容环境治理成效

做好文明城区创建复检、“进博”等市容环境保障任务，确保各项指标全面达标。加强道路保洁管理，月月开展城市清洁行动暨大冲洗活动，清除死角盲区828个，清除垃圾407吨。聚焦市容环境卫生短板，完成20条中小道路专项整治。对标“国际最高标准、最好水平”，力争完成远东路、古华路、泽丰路及上海之鱼部分区域“席地可坐”高标准保洁区域（道路）创建任务。加强市容环境质量监测工作，处理市级质监平台下发检查问题757件，整改率100%。针对市容环境突出问题开展专项检查，完成小压站、公厕、主干道等专项检查13次。落实责任区管理制度，完善“一店一档”责任区信息库初始数据，完成13832家责任单位建档。提升12条（段）道路市容环境卫生水平，完成新增7个自律组织的组建工作。开展了3次“社会市民看门责”主题活动，联合城管等部门对76条背街小巷进行市容整治。

（二）推进景观灯光、户外广告（招牌）管理

完成《奉贤区景观照明专项规划》编制，形成景观照明纲领性文本。加强景观照明设

施设置安全隐患排查，落实检修、维保任务，共排查整改灯光设施故障点位788处。开放景观灯光144夜次，计432小时。以浦南运河沿线（金海路—远东路）景观灯光，解放路、望园路、远东路部分路段景观灯光，四季生态园、绿庭汇景观灯光区域为布点，设计丰富彩的“进博”主题灯光画面。今年新增社会建筑楼宇灯光44栋。

强化户外广告（招牌）管理，累计拆除102块违规设施。开展户外广告、招牌安全隐患大排查大整治，共发放《户外广告、店招店牌主体责任和安全管理告知书》14571份，抽查8921户，发现安全隐患220处，整改220处，整改率100%。

（三）提升公厕服务水平

进一步推进环卫公厕建设提档升级，推进第三卫生间配建，加大对镇区老旧公厕新（改）建力度，完成新改建环卫公厕18座，农村公厕45座。对各街镇农村厕所日常管理情况实施考核，实行差别化奖补。落实环卫公厕精细化管理，全区专人管理的一、二类公厕免费提供洗手液（肥皂）、厕纸，全区65%的环卫公厕实现冬季提供热水洗手。在奉浦街道、南桥镇、金海街道的环城东路商业街（奉浦大道—环城南路）以及美谷大道（沪杭公路—金汇港）两条主要道路试点推行“共享厕所”，探索打造多方协调、多元参与、共同管理的公厕服务新模式。

五、扎实行业发展基础

（一）推进大调研活动

继续开展“不忘初心、牢记使命”大调研活动，摸清行业对标最高标准和最好水平的差距，摸清制约发展的主要问题和深层次问题，摸清市民群众最强烈的诉求。累计开展调研1475人次，涵盖调研对象792个，发现问题38个，解决了一批问题，出台了一批政策。如为助力企业复工复产，制定阶段性减免生活垃圾处置费政策，减免金额1500多万元；针对小蓝车乱停放问题，推行“共享单车—定点还车”试点；针对公园绿地养护水平不高问题，出台《公共绿地考核办法》《公园管理暂行办法》等。

（二）持续优化营商环境

累计完成行政审批许可事项704项。做实“一网通办”，提升审批服务，重新梳理行政审批办事指南，在“一网通办”推送54项公共服务事项，数量位列全市第一，并实现对林木种子生产经营许可证的核发、对重点保护野生动物人工繁育的许可、对临时使用绿地的许可、对单一区域城市生活垃圾经营性清扫服务许可实行告知承诺。贯彻“两个免于提交”要求，行政许可材料关联证照39项，“两个免于提交”关联比例100%。通过“互联网＋政务服务”深化“放管服”改革，实现建设项目配套绿化竣工验收提交材料电子化，在全区80个自助终端网点开通机动车清洗企业设立备案自助办理。探索高效办成“一件事”，对电力、供排水接入、抢修等需要排管、维修的民生工程需要临时使用公共绿地的进行提速。与临港新片区管委会分两批交接行政许可、行政处罚、行政检查事项合计40项，并形成《上海市奉贤区绿化和市容管理局与临港新片区管委会关于集中行使一批行政审批和行政处罚等事项事权交接工作备忘录》，顺利完成G1503以南、瓦洪公路以东奉贤区行政区域相关事项交接工作。

（三）保障行业安全稳定

受理处置绿化市容热线各类诉求共计5015件，其中包括绿化类4252件、环卫市容类592件、林业类171件。收到信访件16件，职权范围内受理信访件8件，其中意见建议类6件，求决类2件，按期受理告知率、按期办结率、信访部门参评满意率和职能部门参评满意率均为100%。推进扫黑除恶、法制宣传工作，落实安全生产、应急值守等工作，确保年内未发生影响行业安全稳定的事件。

（十六）崇明区

崇明区建设和管理委员会

2020年，在区委、区政府的正确领导和各乡镇的大力支持下，崇明区建设管理委坚持"生态立岛、安全为先、管理为重"的方针，聚焦安全生产质量管理、行政服务效能提升、重大工程项目推进，稳步推进各项工作，基本实现了年度工作目标任务。主要开展了以下五方面的工作：

（一）持续强化建筑业市场与现场管理。一是顺利实现疫情防控和复工复产工作。在疫情防控工作中，先后排摸出各类建筑工地261个，登记工地务工人员13547名，在5月底顺利实现261个在建项目全部复工，无任何疫情安全事故发生。二是不断加大建设工程安全质量监管力度。全区在监在建项目数171个、报监项目数91个、竣工项目数28个，立案查处各类违法违规案件8起，结案8起。在建设工程安全质量巡查工作中，共巡查27个工地，开具问题整改单13份，局部暂缓施工指令4份，立案查处1起，此外还对14个项目经理、总监进行了记分处理。在日常检查和专项检查中，开具安全隐患整改单93份，局部暂缓施工指令书16份，停工单1份；对5个工地、9名项目经理、5名总监、3名安全监理、20名安全员进行了记分处理；开具质量隐患整改单93份，局部暂缓施工指令书20份；开具市场行为整改单80份，局部暂缓施工指令书6份。三是全力规范建筑建材业市场秩序。招投标监管水平全面提升，完成189个建设工程项目各类招标，随机抽取评标专家270次，完成后评估项目7个。行政服务效能大幅提升，共办理项目报建340个、施工许可证134张（通过联审平台办理84张）、竣工备案20个、消防设计及竣工备案3个、企业资质资格受理申请1050家（次）。开展建筑企业资质动态核查工作，对197家不合格企业开具了整改单，目前已整改完成142家建筑企业，预计撤回施工企业资质50家、施工资质132项。强化对建材企业的事中事后监管，每季度对全区11家新型墙材生产企业、19家预拌商品混凝土企业及3家预拌商品砂浆企业进行事中事后监管检查。四是深入开展建设工程领域扫黑除恶专项斗争。在打击围标、串标等违法违规行为方面，由于排斥潜在投标人等原因暂停13个项目招标，曝光台曝光1人，对118个项目进行了报价甄别，发现异常情况4个。在处理拖欠农民工工资方面，协调解决农民工工资纠纷334起，涉及人员2631人，涉及金额5310.82万元。五是积极落实建设领域优化营商环境相关工作。施工许可环节实现"不见面"办理，发放84张施工许可证；创新建立行政审批联审制、报审容缺制等，在花博项目及东禾九谷等社会投资项目中率先应用；落实减费降负政策，发布《关于崇明区社会投资小型工业项目减免相关费用和取消施工图设计文件审查的通知》，明确了减免的范围、内容，落实专项经费100万元；强化宣传培训，营造良好氛围。六是扎实推进"一网通办"建设。行政许可事项即办件事项比例达到50%，承诺办结时限压减比例为77.5%，实现了"双减半"。严格实行"两个免于提交"，全程网办事项比率以及零跑动事项比率基本实现100%。在政务服务标准化平台上新增了13项公共特色服务事项，提升了群众和企业的获得感。

（二）着力推进燃气建设和管理工作。一是有序推进各项燃气配套建设。花博会管道燃气配套项目基本完成；第三人民医院、恒大、正大等项目的燃气配套建设也在有序推进中；堡镇电业新村等老公房燃气管道改造，与美丽家园项目建设同步实施，预计年底可完成改造。二是继续推进液化气规范统一配送工作。各燃气经营企业陆续停止门售，实施配送，预计在12月底全部实现液化气统一配送。三是扎实做好高压天然气管道安全保护工作。研究制订陈海公路东段拓宽改造工程高压天然气管线周密保护方案；委托第三方专业检测机构完成30千米高压天然气管道的安检工作。四是认真开展燃气安全日常检查和宣传。全面加强全区66座供应站、储配站、气化站的检查和监管；强化燃气居民用户日常安检，开展场站、管线、高压管道、防汛、占压等各类安全检查60余次；处理燃气事故12起，1人死亡，10人轻度烧伤；开展“三进”宣传服务活动，深入走访宣传农村和社区居委30个，帮助村民发现和解决安全隐患60多个。五是积极开展《崇明区燃气专业系统规划（2020—2035年）》修编工作。会同编制单位对规划做了进一步修改完善，结合花博会、重点地区开发、集中居住和生态农业项目等发展方向，确定燃气设施规划布局和城镇管道天然气输配系统以及投资估算。

（三）稳步提升城市基础设施运营管理水平。一是推进花博会周边道路合杆整治和弱电架空线入地工作。合杆整治方面，新建综合杆81根、中型杆及微型杆27根，配置综合电源箱、控制箱42个，搬迁信号灯43套，拆除杆件248根。架空线入地项目已纳入2020年市架空线入地和合杆整治指挥部建设计划，目前正在积极推进前期相关工作，确保项目尽早开工建设。二是不断提升道路照明项目管理及设施运维水平。项目管理方面，按要求完成相关路段路灯建设图纸评审、专项验收、搬迁审批、照明设施接管等工作。设施运维方面，每月亮灯率为98.5%，设施完好率为99%，报修修复率为100%；受理市民反馈意见400起，同比减少139起，处置回复率为100%。智能化建设方面，积极推进照明一体化管理平台建设，目前项目方案已提交区科委评审。三是不断加强地下空间安全使用管理。推动地下空间安全隐患排查治理，联合相关成员单位开展了4次联合检查和10次日常检查，涉及4个乡镇的36个地下空间，开具整改单2张；做好普通地下室使用备案工作，累计备案地下空间项目573个，全程实现不见面办理。

（四）持续加大各类重大项目跟踪督查力度。一是全力推动各重大工程项目建设。市区两级重大工程项目共117个（市级在崇重大工程项目22个、区级重大工程项目95个），正常推进99个、节点滞后14个、暂停推进4个，部分项目滞后的主要原因是受方案调整、审批、疫情、配套等影响。二是全力破除动迁拔点工作瓶颈。2020年三个重点乡镇计划完成存量动迁拔点72户，计划完成腾地（拔点和清障）28个地块。截至目前，已完成拔点42户，完成率59%；完成腾地10个地块，完成率36%。三是加大重大项目推进协调和督查力度。组织召开各类会议77次，涉及项目27个，形成会议纪要18份，备忘录9份；组织开展现场调研5次，会同区委督查室、区政府督查室对农业类项目、住房保障类项目、文旅类等项目督察8次。四是开展重大工程项目立功竞赛活动。制定《关于“重大生态项目建设劳动竞赛”考评办法》，对参赛的43个重大建设项目进行月度考核，择优向区总工会推荐了4个先进集体、5个先进个人。

（五）稳步推进绿色建筑发展。一是全面推进新建建筑绿色化。新建民用建筑全部按照绿色建筑标准进行设计建造。在土地出让环节全面执行上述标准，对16个拟出让地块提出了绿色建筑具体星级要求；在施工许可环节落实绿建项目23个，建筑面积约122万平方米，二星级以上占比为96%。二是稳步推进装配式建筑。符合条件的新建民用、工业建筑100%落实装配式建筑。目前已在16个地块土地出让意见征询中明确了落实装配式建筑要求；在施工许可环节落实装配式项目14个，建筑面积约94.3万平方米。三是开展既有建筑节能改造。对7家单位实施既有建筑节能改造，改造面积1.07万平方米，预计11月底实现竣工验收。四是积极推动绿色生态城区发展。基本确定“1+3”发展模式，即全岛推广、3个试点区域（城桥镇、东平镇、陈家镇）先行。《崇明区东平特色小镇绿色生态专业规划》经区政府常务会议通过后已正式发布，并通过绿色生态城区二星试点（新开发城区）技术审查。《崇明区绿色生态规划纲要》已完成初稿，正在组织专家评审。五是有序推进海绵城市建设。编制完成《崇明区海绵城市建设规划（2018—2035年）》初稿，已经区政府常务会议通过，待市住建委审核后向社会发布；根据《上海市海绵城市规划建设管理办法》要求，对19个拟出让地块提出了海绵城市相关指标要求；启动崇明区海绵城市建设达标评估工作，目前已完成初稿，计划年底完成。六是继续做好乡村风貌管控宣传引导工作。在44个村庄改造项目的初步设计方案评审中，积极宣传乡村风貌管控要求，强调将乡村风貌管控要求纳入规划设计之中。

PART SIXTEEN XVI

附 录

APPENDIX

- ⊙ 大事记
- ⊙ 上海市住房和城乡建设管理文件选编目录
- ⊙ 上海市住房和城乡建设管理相关数据统计

大事记

1月1日，市委书记李强先后来到黄浦江浦东滨江段、苏州河黄浦段和长宁段，实地调研“一江一河”两岸公共空间贯通提升工作。李强指出，奔流不息的黄浦江、苏州河见证着上海成长发展的历史进程，也代表了这座城市的建设发展水平。要按照习近平总书记重要指示精神，始终坚持以人民为中心，聚焦人民群众的需求，安全为先、品质为要、精益求精，深入推进“一江一河”两岸贯通工程，精心建设高品质公共空间，努力创造宜业、宜居、宜乐、宜游的良好环境，下绣花功夫画好浦江两岸的“工笔画”，让生活在这座城市的人们有更多获得感、幸福感、安全感。

1月6日，市委副书记、市长应勇主持召开市政府常务会议，听取虹桥主城片区单元规划编制情况，推进虹桥商务区新一轮发展；听取12345市民服务热线工作情况，进一步发挥“一网通办”总客服的作用；研究部署政府制定价格行为规则，保护消费者和经营者合法权益。

1月6日，黄浦区金陵东路北侧宝兴里旧改地块二轮征询首日签约率达99.2%，金陵东路地块属于市区联手的土地储备项目，2020年还要推进的同类项目主要在杨浦和虹口。

1月9日，市住建委召开2020年度住建系统安全生产大会暨安全隐患集中整治推进会，分析总结2019年工作和当前安全生产形势，部署2020年重点任务。会议指出，当前住建领域安全生产总体受控，但基础还不够扎实，各类险肇事故时有发生，一些“老大难”问题还没有有效解决，一些新情况、新领域的安全风险也在逐渐凸显。

1月11日下午，市建设交通工作党委在美琪大戏院举行2020年市建设交通系统老干部迎春团拜会。市建设交通工作党委书记王醇晨、市委老干部局副局长包龙根应邀出席，与老同志们欢聚一堂，喜迎新春佳节。团拜会由市建设交通工作党委老干部处处长郑爱兰主持，市建设交通系统近1200位老干部会聚美琪大戏院。

1月17日，上海“办理建筑许可”3.0版改革方案即将公布。方案明确，企业若要在上海设立社会投资项目，获得建筑许可经历的环节和时间，相比世行发布的《2020营商环境报告》中国“办理建筑许可”流程进一步压缩。上海建设审批今年将进入“一时代”，全面推行“五个一”：“只登一扇门”“只对一扇窗”“只递一套表”“只录一系统”“只见一部门”。上海市住建委表示，重点项目采用的主线审批事项“容缺后补”、辅线评估评审“甩项后置”，将扩大适用范围，在全市进行推广。两者都是特斯拉、积塔半导体、超硅半导体项目落地、刷新上海速度的关键所在。

1月19日，长三角区域大气和水污染防治协作小组办公室工作例会在沪召开，全面总结2019年三省一市贯彻落实长三角一体化规划纲要和区域协作重点工作完成情况，研究制定下年度协作工作重点。协作小组办公室常务副主任、上海市生态环境局局长寿子琪主持会议，生态环境部相关部门、长三角合作办、示范区执委会、三省一市和示范区“三地八方”生态环境部门等相关负责人参加会议。

2月4日上午，市新型冠状病毒感染的肺炎疫情防控领导小组环境整治组召开第二次工作会议，听取开展工作情况和面临突出问题汇报，研究部署近期重点工作。会议明确近期主要工作：尽快汇总各成员单位针对疫情防控已经发布的工作要求、行业规范，并以此为标准和依据，加强对有关工作落实落地的督促检查；聚焦重点问题、持续加强联络协调，帮助基层解决突出问题；围绕重要领域、重点环节、重大事项赴基层一线开展跟踪督办，找准问题，针对性予以解决；发现经验，加强宣传推广；加大与条块部门的工作协同力度，做好条条协同，加强与其他工作组之间的工作联动；加强条块联动，及时为基层工作提供标准规范，解决共性问题。

2月6日，市住建委副主任、市房管局局长王桢实地暗访了浦东新区相关住宅小区、人才公寓的疫情防控工作，并与区委常委、副区长姚凯一起到浦东新区建交委调研。

2月24日，中国第十届花博会花博园主体场馆项目正式开工，这是上海首批复工的市重大工程之一。

2月28日，市建设交通工作党委召开党委会扩大会议，以视频会议的形式，认真学习传达中央和本市统筹推进新冠肺炎疫情防控和经济社会发展工作会议精神，部署推进下阶段疫情防控和行业发展工作。市建设交通工作党委书记王醇晨传达习近平总书记在中央统筹推进新冠肺炎疫情防控和经济社会发展工作部署会议上的重要讲话。市建设交通工作党委副书记传达李强书记在本市统筹推进新冠肺炎疫情防控和经济社会发展工作电视电话会议的讲话精神。

2月29日，杭衢高铁（建衢段）开工建设。该项目由杭温工程建设指挥部负责代建，是国内首条采用“PPP+EPC”模式运作的高铁项目。

3月3日，市发展改革委、市海洋局、长兴岛开发建设管理委员会办公室联合印发《上海崇明（长兴岛）建设海洋经济发展示范区总体方案》。

3月5日，市住建委召开视频会议，部署统筹推进本市建筑工地疫情防控和复工复产工作，市住建委副主任裴晓解读了《关于进一步统筹推进建筑工地疫情防控和复工复产工作的通知》（沪建办综〔2020〕4号）文件精神。

会议总结了前一阶段全市住建系统抗击新冠肺炎疫情工作的情况，并对下一阶段工作进行了部署。会议强调，一是要把思想和行动统一到统筹推进疫情防控和建筑工地复工复产工作上来。认真学习领会中央、市委关于统筹推进疫情防控和经济社会发展工作会议精神，切实提高思想认识，准确把握工作要求，优化管理操作程序，有序推进建筑工地复工复产。二是要准确把握复工复产的新要求，以更大的努力统筹推进好疫情防控和建筑工地复工复产工作，做到两手抓、两手硬、两促进。优化管理流程。从审批管理改为告知承诺，企业递交承诺书后视作完成备案，即可复工；统一管理标准。严格依照文件规定，不得擅自增加或提高标准；转变工作重心。切实加强复工后监管，工程监督机构主动会同属地相关部门开展检查指导；强化工地疫情防控责任。严格落实工地参建单位主体责任、属地管理责任和行业监管责任，积极推动更多工地满足条件，有序复工，尽可能多复工。三是要把安全生产放在更加突出的位置。既要严控疫情不松懈，又要努力创造条件更多复工，更要把安全生产工作时刻放在心上，牢牢抓在手上，严守安全生产生命线。

3月7日上午，浦东新区举行重大工程集中复（开）工仪式，标志着浦东重大工程全面复工正式启动。本批共复工35项重大工程，涉及重大基础设施、生态环境、文化产业、卫生养老等项目，总投资418亿元，是疫情发生以来，本市最大规模的重大工程复工行动。

3月12日，市委书记李强全天在崇明区检查调研新冠肺炎疫情防控和企业复工复产复市情况，并实地调研第十届中国花卉博览会筹备和园区建设工作。李强指出，越是疫情防控进入关键阶段，越要慎终如始，不麻痹、不厌战、不松劲，坚决贯彻落实习近平总书记重要讲话和指示批示精神，毫不放松抓紧抓实抓细疫情防控各项工作，积极推进企业复工复产复市，全力以赴推动重大任务、重大工程落地落实，以更加奋发有为的状态和更加精准有力的举措，奋力夺取疫情防控和实现经济社会发展目标双胜利。

3月18日，本市召开统筹推进建设工程复工复产暨市重大工程建设工作视频会议。副市长汤志平出席会议。

会议要求，一是要坚持统筹兼顾，加大协调服务力度，抓紧抓实抓细本市建设工程复工复产，要不折不扣执行好当前疫情防控要求，逐步恢复建设工程常态管理模式，协同推进“全产业链”复工；二是要以更大决心、更大力度、更实措施，狠抓重大工程项目推进，大力推动在建项目高质量复工复产，积极创造条件让新开工项目提前开工、预备项目转为正式项目开工，形成更多有效投资，加快一批重大基础设施和功能性项目建设，充分发挥重大工程对本市“促投资、稳增长、惠民生”的支撑和保障作用；三是要狠抓重大工程质量，加强文明施工管理，时刻严守安全生产底线，注重建设工程安全、质量和现场管理，积极落实文明施工“升级版”要求，强化责任和管理措施，加强重大风险源管控，坚持高质量建设、精细化管理；四是要进一步完善工作机制，提供统筹协同推进的力度，各有关部门和参建单位立足全局，主动作为，齐心协力，全力以赴加快建设，确保全面完成今年重大工程建设各项任务。

3月19日，市生态环境局、市规划和自然资源局联合印发《上海市建设用地土壤污染风险管控和修复名录（截至2019年12月31日）》。

3月24日，市建设交通工作党委召开系统党的建设工作视频会议，深入贯彻党的十九届四中全会精神、习近平总书记考察上海重要讲话和疫情防控系列重要讲话精神，认真落实市委十一届八次全会精神，总结和部署建设交通系统党的建设工作任务。会议由市水务局党组成员、副局长陈远鸣主持，市建设交通工作党委委员、市纪委监委驻市建设交通工作党委纪检监察组组长金跃明传达部署党风廉政建设和反腐败工作，市建设交通工作党委书记王醇晨出席会议并讲话。

会议下发了党委2019年工作总结和2020年工作要点、系统党的建设工作各条线2020年工作要点、系统首批组织生活开放点名单和指南，系统21家单位党的建设工作的经验做法进行了书面交流。市建设交通工作党委领导，市纪委监委驻市交通委纪检监察组领导，市交通委、市水务局、市绿化市容局、市城管执法局、市房屋管理局、市道运局领导，市建设交通系统中央在沪单位党组织负责人，市建设交通工作党委、市住房城乡建设管理委、市城管执法局、市房屋管理局机关部门负责人及直属单位党组织负责人等120余人参加了会议。

3月27日，为全面落实市委、市政府统筹推进疫情防控和经济社会发展的工作要求，按照控疫情、促发展、防风险总体工作部署，立足最大限度减轻疫情对本市新建住宅交付使用带来的影响，市房管局会同市司法局联合发布《关于新冠肺炎疫情影响下本市新建住宅交付的指导意见》（沪房建管〔2020〕26号）。

3月28日，市交通委、市生态环境局、市公安局联合发布《关于调整本市国三标准柴油货运机动车限制通行政策的通告》，自2020年4月1日起施行。自2020年6月1日、8月1日起，分别全天24小时禁止国三标准柴油货运机动车，国三标准柴油冷藏车和已加装尾气净化装置、并且尾气净化装置正常使用的国三标准柴油集装箱运输车辆在S20外环高速以内的道路上行驶；自2020年10月1日起，全天24小时禁止国三标准柴油货运机动车在G1503上海绕城高速范围以内的道路上行驶。

4月8日零时起，武汉市解除离汉离鄂通道管控，上海局集团公司逐步恢复开行到武汉、汉口站始发旅客列车。

4月9日，市工程建设项目审批制度改革工作领导小组召开扩大电视电话会议，副市长汤志平出席会议并讲话。会议指出，本市将以低风险产业类项目为改革切入点，高起点、高质量、高效率推动建筑许可营商环境新一轮改革。力争将社会投资低风险产业类项目全流程办事环节、办理时间进一步压减，政府许可产生的经营成本从73868元减少至550元，质量控制指数保持15分（满分），进一步提升本市办理建筑许可指标在世界银行营商环境报告中的得分及排名，并在国家营商环境评价中保持全国前列水平。同时，在巩固改革成果、固化改革举措的基础上，将改革范围进一步延伸覆盖至各类工程建设项目，推动本市工程建设项目审批提速增效。针对社会投资项目，全面推行企业办事只须“五个一”：“只登一扇门”（即企业只须跑审批审查中心一个机构），“只对一扇窗”（即企业只须在一个综合受理窗口就能办理所有相关事项），“只递一套表”（即企业只须一次性在一个窗口递交所需表单），“只录一系统”（即企业只须一次登录一个统一的审批信息系统），“只见一部门”（即企业自报建至竣工验收只与审批审查中心一个部门打交道）。汤志平副市长讲话中强调：一要以更高站位、更广视野、更大思路，从积极应对疫情影响、稳定经济发展、积蓄发展动能、释放改革溢出效应的角度，深刻认识做好优化建筑许可营商环境的重要性；二要以踏石留印、抓铁有痕的韧劲，全力补齐办理时间、办理成本、一个系统、相关政策、审批审查中心建设与管理等方面的短板弱项；三要以减环节、减时间、减费用、提质量为目标，狠抓各项政策落地。

4月15日，市建设交通工作党委召开系统机关党建工作座谈会，深入贯彻习近平总书记在中央和国家机关党的建设工作会议上的重要讲话精神，认真落实上海市市级机关党的建设工作会议要求，结合中心工作推进，部署2020年市建设交通系统机关党的建设工作。市建设交通工作党委书记王醇晨出席会议并讲话。

会议由市建设交通工作党委副书记主持，重点对“学用新思想奋力新担当”2020年市建设交通系统机关党建整合融合、推进模范机关创建工作进行研讨。系统各委局机关党委分别就各自牵头整合融合项目和新春走基层活动情况进行了交流。

市建交党委、住建委、交通委、水务局、绿化市容局、城管执法局、房屋管理局、道路运输管理局等委局机关党委书记和副书记参加会议。

4月15日 2020年度生活垃圾分类减量推进工作联席会议（扩大）会议在市政府召开。会议由副秘书长黄融主持，副市长汤志平、市人大城建环保委、市政协人资环建委、市分减联办各条线成员单位出席主会场会议，各区联席会议召集人、区联席会议办公室、区联办成员单位、各街镇行政主要负责人在分会场参加电视电话会议。

4月23日，龙东大道1.2千米长的主线高架结构贯通。龙东大道（罗山路—G1501）改建工程2标全长6225米，从金桥路以东马家浜桥至华东路。主线高架主要上跨申江路（中环线）、S20（外环线）、华东路。

4月24日上午，市建设交通工作党委召开委属单位党组织书记座谈会，深入学习贯彻习近平总书记最新重要讲话精神，准确把握形势任务，坚持和完善系统内深度融合、协同运作的制度机制，部署推进直属单位党的建设各项工作。市建设交通工作党委书记王醇晨出席会议并讲话。

会议由市建设交通工作党委副书记主持，市公积金管理中心、市建筑建材业市场管理总站、市建设工程安全质量监督总站、市物业管理事务中心分别就区域化党建、干部培养、党建联建、为民服务等情况进行了交流。

市建设交通工作党委领导，市建交党委机关部门负责人及直属单位党组织书记等参加了会议。

4月27日下午，市住建委行政服务中心、市建筑建材业市场管理总站、市建设工程安全质量监督总站、市建设工程设计文件审查管理事务中心联手市住建委建筑市场监管处暨委优化营商环境专班，以“优化营商环境、深化工程审批改革”为主题，开展党组织联组学习。市建设交通工作党委书记王醇晨、市住建委副主任裴晓出席会议并讲话。

4月28日，宝山路街道31、149、150、152街坊旧改征收以高比例生效，该地块项目的签约生效，也标志着静安区彻底消灭成片二级以下旧里，提前完成了“十三五”旧改目标，“十三五”期间近2万户居民受益。

5月9日，市建设交通工作党委召开系统中央在沪单位党建工作座谈会，深入学习贯彻习近平总书记最新重要讲话精神，准确把握形势任务，进一步坚持和完善建设交通系统内深度融合、协同运作的制度机制，深化推动中央在沪单位党的建设各项工作。会议由市建设交通工作党委副书记主持，市建设交通工作党委书记王醇晨出席会议并讲话。

上海邮政公司、中国铁路上海局集团公司、水利部太湖流域管理局、上海核工程研究设计院党建工作分管领导，分别从党建引领统筹做好疫情防控和复工复产、大力加强宣传思想文化工作、加强干部人才队伍建设服务长三角一体化国家战略、以高质量党建引领高质量发展等方面，作交流发言。

会议下发了系统党的建设工作各条线近期工作提示汇编、党委关于广泛深入开展“四史”学习教育的实施方案、关于设立“四史”学习教育领导小组的通知。市建设交通工作党委领导，市建设交通系统中央在沪单位党建工作分管领导，市建设交通工作党委机关部门负责人等70余人参加会议。

5月11日下午，市住建委召开2020年度防汛防台工作会议。市住建委副主任张政、二级巡视员陆锦标出席并讲话，市住建委、市房管局相关部门和事业单位负责人、市级应急队伍参加了本次会议。

市住建委质安处、市房管局物业处、凌锐建设发展有限公司等6家单位做了工作交流。

5月14日下午，近50家中外媒体汇聚北外滩，开展集中采访，了解北外滩“新时代都市发展新标杆”的未来模样。北外滩地区位于虹口区南部，河南北路、海宁路—周家嘴路、大连路、黄浦江—苏州河围合区域，总面积约4平方千米，陆域面积3.3平方千米。地区综合区位条件及资源禀赋，是上海“黄金三角”中的重要一角，也是“黄金三角”中唯一具有成片规划和大规模深度开发可能的区域。力争“三年出形象、五年出功能、十年基本建成”，聚焦金融、航运等主导产业特色和5G等新兴行业发展，年内核心区域将有地块向全球推介出让。

5月18日，市房屋管理局召开系统2020年度防汛防台电视电话工作会议，传达中央、市防汛指挥部和市住房城乡建设管理委有关工作会议精神，对行业各相关条线2020年防汛防台工作进行部署。

5月19日，市住房城乡建设管理委、市应急局、市国资委等部门联合对上海建工集团股份有限公司开展安全生产警示约谈。约谈中指出，今年以来上海建工集团股份有限公司事故多发、频发，除了受新冠肺炎疫情等客观因素影响外，还存在对安全生产认识不够，责任层层衰减；安全管理能力不足，措施针对性不强；管理体系不够健全，以包代管现象等问题。

5月22日下午，市建设交通工作党委、市住建委中心组成员、市绿化市容局、市城管执法局、市房管局党组成员30余人集体前往中共二大会址纪念馆、中央军委馆和上海毛泽东旧居陈列馆三处红色革命遗址瞻仰，接受革命传统教育，回顾党的光辉历史，学习革命先辈崇高精神。

5月25日，以“传承时代奋斗精神汲取创新发展力量”为主题的党组织联组学习活动在昆阳路越江及配套道路工程现场举行。活动是上海市建设交通系统首次开展“三委五局”机关党支部和项目相关参建单位的党组织联组学习活动，是创新“四史”学习教育形式的一次新尝试。

5月27日，市建设交通系统举行以“学四史、守初心、担使命”为主题的青年理论学习座谈会，拉开了建设交通青年“四史”学习教育的序幕。团市委书记王宇、市市级机关工作党委副书记王治勇及市建设交通系统相关单位领导出席活动并为青年代表赠书，市建设交通工作党委书记王醇晨作动员讲话。

会上，市建设交通团工委、市建设交通直属机关团委介绍了2020年度市建设交通系统三委五局机关青年理论学习小组工作方案。

5月28日，市建设交通工作党委在中共一大会址纪念馆项目工地启动“四史”学习教育进工地活动并举行首场报告会，邀请上海建工市政总院资深总工程师林元培院士生动讲述上海桥隧建设历史，中共一大会址纪念馆宣教专员李欣曈做《党的诞生地》专题报告。

5月29日，市生态环境局、市公安局、市市场监管局发布《关于城市车辆、重型燃气车辆实施第六阶段排放标准的通告》，自2020年7月1日起，在本市销售和注册登记（含外省市转入）的城市车辆应符合国六a阶段排放标准要求；自2021年1月1日起，在本市销售和注册登记（含外省市转入）的重型燃气车辆应符合国六b阶段排放标准要求。

5月29日，长三角城市管理与综合执法一体化工作会议在嘉善西塘举行，青浦、苏州、嘉兴三地城市管理和综合执法部门共同签署《推进长三角城市管理与综合执法一体化发展十二条合作指引》。

6月4日市委、市政府组织召开全市河长制湖长制工作会议。中共中央政治局委员、上海市委书记、上海市总河长李强出席会议并讲话，市委副书记、代市长、市总河长龚正主持会议。

6月5日上午，长三角一体化发展重大项目·沪苏湖铁路开工仪式在浙江湖州举行。该铁路上海段、江苏段建设动员会同步举行，安徽扬马城际铁路马鞍山枢纽工程同步开工。这是长三角一市三省首次联合举行重大项目开工活动，拉开了2020年长三角地区主要领导座谈会帷幕。上海市委书记李强在湖州项目建设现场宣布沪苏湖铁路开工。浙江省委书记车俊、国家铁路集团总经理杨宇栋致辞。江苏省委书记娄勤俭，安徽省委书记李锦斌，上海市委副书记、代市长龚正，江苏省委副书记、省长吴政隆，安徽省委副书记、省长李国英出席。浙江省委副书记、省长袁家军主持。

6月10日，2020年市城市管理精细化工作暨管线和杆箱整治管理工作领导小组（电视电话）会议在上海市政府召开，汤志平副市长出席会议并做重要讲话。会议由市政府黄融副秘书长主持。

会上，市住建委、市绿化市容局分别就2020年城市管理精细化和架空线入地及合杆整治工作、第三届进博会市容环境保障工作进行了部署。长宁区、浦东新区、黄浦区南京东路街道、上海市电力公司等作交流发言。

6月12日，全市旧区改造工作推进会议举行。市委书记李强在会上强调，要深入贯彻落实习近平总书记考察上海重要讲话精神，坚持以人民为中心的发展思想，积极推进旧区改造，创新工作模式，强化政策供给，压实责任，形成合力，切实打好旧区改造攻坚战，不断增强人民群众获得感、幸福感、安全感。市委副书记、代市长龚正主持会议。

6月26日，最后一户居民旧改搬离，宝兴里居民终圆“新居梦”。宝兴里旧改创下了市中心大体量旧改的两个“100%”：仅用122天实现了居民100%签约，仅用172天实现了居民100%搬迁。

6月28日，商合杭高铁合肥至湖州段（简称合杭高铁）开通仪式同时在合肥南站、杭州东站举行。合杭高铁正线全长239.36千米，设计车速350千米/小时。项目批复概算368.94亿元。

6月28日下午，市建设交通系统委局机关支部走进市防汛指挥大厅，围绕“人民城市人民建，人民城市为人民”的主题，结合“四史”学习教育，聚焦联动抓好防汛防台工作，开展联组学习。与会人员交流全会精神学习体会，共同回顾上海防汛发展史，进一步完善防汛防台“统一指挥、条块联动、高效处置、科学防御”协同机制，保障人民群众生命财产安全和城市平稳运行。

6月29日，市建设交通工作党委以视频会议方式召开系统纪念中国共产党成立99周年座谈会，深入学习贯彻十一届市委九次全会精神，认真落实“人民城市人民建，人民城市为人民”重要理念，扎实推进“四史”学习教育等党建重点工作。会议由市建设交通工作党委委员、驻委纪检监察组组长金跃明同志主持，市建设交通工作党委书记王醇晨同志出席会议并讲话。

市建设交通工作党委、市住房城乡建设管理委、市交通委、市水务局、市绿化市容局、市城管执法局、市房屋管理局有关领导，市建设交通系统中央在沪单位党组织负责人，市建设交通工作党委、市住房城乡建设管理委、市城管执法局、市房屋管理局机关处室负责人及直属单位党组织负责人等在各会场参加会议。

7月1日，为加强拆除行业应对灾害性气候和处置突发事件能力，2020年拆除行业突发事件应急处置与虹口区应急抢险联合演练在虹口区高阳路228号拆房工地举办。本次演练由市住建委、市房管局主办，市房屋安全监察所、虹口区房管局、虹房集团有限公司承办。市住建委副主任张政、二级巡视员陆锦标、市房管局副局长冷玉英出席演练。

7月2日，市委副书记、代市长龚正调研“一网通办”“一网统管”工作时指出，要深入贯彻落实习近平总书记重要讲话精神，坚持以人民为中心的发展思想，按照市委的决策部署，把牢目标、紧扣重点，持之以恒、一抓到底，努力完成年度目标任务，推动“两张网”建设不断取得新进展，努力走出一条符合超大城市特点和规律的治理新路。

7月6日，市建设交通工作党委召开2020年“夏令热线”动员会。市建设交通工作党委书记王醇晨出席会议并讲话。市建设交通工作党委副书记主持会议。会上，市建设交通工作党委宣传处介绍了2020年“夏令热线”活动总体方案，新民晚报社、上海广播电视台等媒体分别介绍了各自的宣传方案，市住建委、市交通委、市水务局、市绿化市容局、市城管执法局、市房管局、市道运局等分管领导就做好今年“夏令热线”工作作了表态发言。

市建设交通工作党委、市住建委、市交通局、市水务局、市城管局、市房管局、市道运局分管领导及相关部门负责同志；新民晚报社、上海广播电视台、新华社新闻信息中心上海中心新媒体中心、腾讯区域发展部上海站等媒体负责同志；城建、物业、燃气、水务等热线负责同志；民航、铁路、邮政等部分中央在沪单位负责同志共80余人参加会议。

7月9日至10日，由上海市住房和城乡建设管理委员会、上海市房屋管理局指导，上海市物业管理事务中心主办，普陀区房屋维修应急中心、长宁区房屋维修应急中心、上海卫百辛（集团）有限公司、上海延吉物业管理有限公司等单位承办的2020年上海市住宅小区房屋维修应急暨防台防汛演练顺利举行。市住建委应急保障处，上海市物业管理事务中心，杨浦区国资委、杨浦区住房保障和房屋管理局等单位出席杨浦区分会场的演习。市物业管理事务中心、普陀区房管局、长宁区房管局副局长、西部集团、新长宁集团、市物业管理事务中心维修监督科等单位现场观摩普陀区分会场的演练。

7月10日，上海物业行业党建工作指导委员会召开全市物业管理行业党建工作推进会。市建设交通工作党委书记、市物业管理行业党建工作指导委员会主任王醇晨，市住房城乡建设管理委员会副主任、市房屋管理局局长、市物业管理行业党建工作指导委员会副主任王桢，市房屋管理局副局长、市物业管理行业党建工作指导委员会办公室主任张立新出席会议。各区房管局党委（党组）书记、局长、物业科长，市物业管理行业党建工作指导委员会成员及各区分会主任参加了会议。

7月20日，“上海首届旧住房改造设计方案征集评选活动”获奖作品发布会成功举办。

7月22日，市建设交通工作党委召开中心组学习扩大会，邀请市纪委副书记、市监委副主任戴骅同志做全面从严治党专题辅导报告。市建设交通工作党委、市住建委、市交通委、市水务局、市绿化市容局、市城管局、市房管局和市道运局领导班子成员参加学习。党委书记王醇晨同志主持会议。

7月24日，首次长江三角洲区域一体化城市管理综合行政执法协作机制会议召开，住房和城乡建设部城市管理监督局副局长戴玉珍、市政府副秘书长黄融、市建设交通工作党委书记王醇晨、市住房和城乡建设管理委副主任马韧、江苏省住房和城乡建设厅副厅长宋如亚、浙江省综合行政执法指导办公室副主任潘广俊、安徽省住房和城乡建设厅副厅长吴桂和，以及长三办、苏浙皖三省43个地级市城管部门共同参加，会议发布了《执法协作三年行动计划（2021—2023年）》和首批《城市管理综合行政执法协作清单》，一市三省省级城管执法部门签署《长江三角洲区域一体化城市管理综合行政执法协作机制》，43个地级市城管执法部门分别签订《一市三省城管执法部门共建协议》，为进一步构建长三角城市管理综合行政执法领域执法协作、互联互通提供制度保障，营造开放共赢的良好合作互动氛围。

7月28日，住房和城乡建设部与上海市人民政府在沪签署共建超大城市精细化建设和治理中国典范合作框架协议。上海市委书记李强，住房和城乡建设部部长王蒙徽，上海市委副书记、市长龚正出席部市合作工作座谈会并见证签约。双方将以上海“人民城市人民建，人民城市为人民”的生动实践为基础，聚焦城市治理体系、住房制度、城市建设体制机制等方面14项具体工作，以世界城市日为平台，通过部市合作，推动城市转型发展、绿色发展和高质量发展，为推动国家治理体系和治理能力现代化贡献上海智慧、上海样本，为世界超大城市建设和治理提供中国经验、中国方案。

8月3日，杨浦区定海134街坊旧改征收“二次征询”签约的第一天，共有583产居民签约，签约率达99.15%。就在同一天，杨浦区江浦159街坊和定海134街坊K2-1地块公共绿地工程（一期）项目也实现高比例签约生效，两个项目共涉及居民88产，各类房屋建筑约4350平方米。其中定海134绿地工程基地签约率达100%，江浦159街坊签约率达98.77%。

8月4日，市住建委主任走进12319城建服务热线，接听“夏令热线”市民群众来电，针对架空线入地和合杆整治文明施工、违法建筑扰民、二级建造师资格考试咨询等问题，一一耐心回应解答，并感谢市民群众对城市建设和管理工作的理解、支持和监督，同时要求住建系统各有关单位（部门）认真做好市民关于住建领域问题来电的处置，切实回应市民关切，解决市民群众的急难愁问题，践行好“人民城市人民建，人民城市为人民”重要理念。

8月5日，上海植物园北区改扩建工程开工，预计于2022年8月全面竣工并对市民游客开放。上海植物园北区改扩建工程是2020年上海市重大工程预备项目，工程的定位是“上海大花园”。以植物品种为例，北区将在南区现有7000多种引进植物的基础上，新引进3000多种植物，使上海植物园内的植物品种超过1万种，达到国际一流植物园的引种水平。北区范围内还将新建包括苔藓园在内的10多座风格各异的专类花园。

8月6日，市委办公厅、市政府办公厅印发《关于加快构建现代环境治理体系的实施意见》，对推进上海环境治理体系和治理能力现代化进行系统部署。

8月14日上午，市建设交通工作党委书记王醇晨走进12319城建热线，接听“夏令热线”市民群众来电，针对社区园艺师、多层住宅加装电梯等问题，一一耐心回应解答，并感谢市民群众对城市建设和管理工作的支持和监督。

2020年“夏令热线”自7月13日开线以来，12319城建热线共受理市民诉求8.44万余件，其中咨询5.97万余件（占70.73%）、投诉举报1.76万余件（占20.85%）、求助报修6040件（占7.16%）、意见建议867件（占1.03%），表扬等其他来电190件（占0.23%）。与往年相比，总量基本持平。从诉求结构来看，咨询类诉求的比重逐年提高，投诉举报类诉求呈下降趋势。

8月18日下午，由市住建委主办、市应急管理局指导的“2020年上海市建设工程事故应急处置综合演练”在中建二局大悦城二期项目举行。市住建委副主任裴晓、二级巡视员陆锦标出席。

市政府总值班室、市应急管理局、市防汛办、市住建委、市卫生健康委、市消防救援总队，市安全质量监督总站、各区应急局、区建（交）委、区安质监站等部门负责同志近80人现场参加了观摩演练与应急队伍展示活动。

8月20日，市建设交通工作党委召开两委一局机关和直属单位党组织书记座谈会，深入学习贯彻十一届市委九次全会精神，认真落实“人民城市人民建，人民城市为人民”重要理念，扎实推进下阶段党的建设各项重点工作。市建设交通工作党委书记王醇晨出席会议并讲话。

会议由市建设交通工作党委副书记周志军主持，市建设交通工作党委委员、市住建委副主任朱剑豪同志围绕“一江一河”专题上党课。旧改专班、农居专班、委设施管理处、局住房建设监管处、市燃气管理事务中心、市房地产交易中心党组织书记围绕贯彻全会精神的思路、举措以及开展“四史”学习教育的做法、成效等分别进行交流发言。

两委一局有关领导、机关和事业单位党组织书记、党委部门副处长，以及到党委交流锻炼的干部等参加了会议。

8月21日，市委、市政府决定设立上海市生态文明建设领导小组，并承担上海市生态环境保护督察工作领导小组职能。市委书记李强任组长，市委副书记、市长龚正任常务副组长，常务副市长陈寅、副市长汤志平任副组长。领导小组下设办公室，同时设上海市生态环境保护督察办公室。

8月24日，经过近3个月的改造升级，江湾体育中心游泳馆重装开业，与广大游泳爱好者再续前缘。

8月28日，建设中的北横通道与南北高架的互通节点——天目路立交工程，开启北横主线跨南北高架最高点钢梁的吊装施工，9月上旬实现北横通道跨南北高架的主体钢结构全部贯通。

8月30日，历时5年建设，上海龙耀路越江隧道（济阳路—长清路）段22时正式通车，全长1.01千米。自一期工程启动建设12年之后，龙耀路越江隧道终于打通“最后一千米”，全线投入营运，投运后将进一步优化黄浦江两岸路网布局。

9月2日下午，市建设交通工作党委召开中心组学习扩大会，邀请市高级人民法院党组副书记、副院长茆荣华做《中华人民共和国民法典》专题辅导报告。市建设交通工作党委副书记周志军主持会议。

茆荣华副院长以《“民法典”的时代精神与重点条文解读》为题，介绍了民法典的编纂历程、重大意义和基本原则，围绕民法典体现的“中国特色、实践特色、时代特色”进行了生动阐述和系统解读，并对民法典中的相关重要条文进行了精彩讲解，为本市建设交通系统领导干部学习领会民法典、把握运用民法典提供了生动教材，对下一步在全系统范围内推动民法典的学习和应用起到积极作用。

市建设交通工作党委、市住建委、市交通委、市绿化市容局、市城管执法局、市房屋管理局、市道运局中心组成员，各委局机关处室、直属事业单位负责人，系统各单位宣传部门负责人等300余人参加学习。

9月4日，上海市绿化市容局宣布，上海城市公园总数达到406座（含39座街心花园），提前并超额完成了300座的“十三五”规划目标，是“十二五”末165座城市公园的2.5倍。今年，上海再添55座公园绿地（含15座街心花园）。其中，闵行区新增11座公园，区内公园总数达到56座，居全市各区之首。

9月6日，北横通道主线跨越南北高架最高点的最后一段钢箱梁完成吊装。至此，北横通道主线跨南北高架段，在距离地面30米的上空成功合龙。这意味着天目路“大转盘”上方将出现一条崭新高架路。它与天目路“大转盘”、南北高架、天目西路共同组成四层立交。

9月10日，市政协召开“生活垃圾分类体系建设推进落实情况”专题监督会。市政协主席董云虎出席。会上，副市长汤志平从强化责任落实、坚持全程管控、创新方法举措、推动社会参与、加强制度建设等方面，详细介绍了《上海市生活垃圾管理条例》正式施行以来本市垃圾分类工作取得的新进展、新成效以及存在的问题瓶颈。在2019年以来住建部对全国46个试点城市垃圾分类考核排名中，上海始终保持第一。全市居民区垃圾分类达标率已从《条例》实施前的15%提高到90%以上，单位分类达标率达到90%。

9月12日，上海南京路步行街的东拓工程全新亮相。南京路步行街东拓将从河南中路向东延伸至中山东一路，建设内容从标志改造到地面硬质铺装，从景观绿化改造到增加景观小品、街道家具等。

9月12日，由上海建工基础集团承建的“源深路站—浦东大道站”上行线区间隧道盾构顺利进洞。这意味着，上海轨交14号线浦东段盾构区间全部贯通。轨交14号线西起嘉定封浜东至浦东金桥，正线全长38.514千米，共设地下车站31座。“浦东段自陆家嘴站至桂桥路站，共含车站14座，线路长度约16千米。

9月17日，市建设交通工作党委召开中心组学习扩大会，专题学习“改革开放史”，邀请全国政协外事委员会原主任，中央外宣办、国务院新闻办原主任赵启正做“浦东开发的思想历程”辅导报告。市建设交通工作党委副书记周志军主持会议。

市建设交通工作党委、市住建委、市水

务局、市绿化市容局、市城管执法局、市房屋管理局中心组成员，各委局机关处室、直属事业单位负责人，系统各单位宣传部门负责人，市建设交通工作党委、市住建委、市房管局机关干部等400余人参加学习。此次学习也是市建设交通系统机关2020年度“城市管理大讲堂”活动第一讲。

9月20日，2020年度国家营商环境测评工作正式启动。本轮国家营商环境测评按照对标世行、国际可比、中国特色的标准，从衡量企业全生命周期、反映城市投资吸引力、体现城市高质量发展水平三个维度出发，构建形成中国特色的指标体系，共计18项一级指标和87项二级指标，对包括上海在内的全国80个城市和包括浦东新区在内的18个国家级新区开展全面测评。按照有关工作部署，市住房城乡建设管理委以测评为契机，围绕减时间、减环节、减费用、提效能，在不断巩固工程建设领域改革成果的基础上，进一步加大力度和强度，开展了一系列大刀阔斧的改革，为全国“放管服”改革、优化营商环境树立了标杆，为国内其他地区提供了可学习、可复制的宝贵经验。在问卷填报阶段，精心组织，确保全面客观反映改革成效。

9月24日，市建设交通系统举行市建设交通系统离退休干部志愿服务大队成立仪式暨“倾听行业故事、共建人民城市”老龄建交宣讲队首讲活动。

市建设交通系统老领导，离退休干部工作部门、活动室负责人，离退休党支部书记代表和青年代表等80余人参与了现场活动。

9月25日，为深入学习贯彻习近平总书记关于推动长三角一体化发展的重要讲话精神，全面贯彻落实《长江三角洲区域一体化发展规划纲要》，加快推进长三角区域建筑业一体化高质量发展，上海、江苏、浙江、安徽建设主管部门齐聚浙江湖州，举行长三角区域建筑业一体化高质量发展战略协作框架协议签约仪式。

9月27日，长三角区域大气和水污染防治协作小组办公室（扩大）会议在沪召开。协作小组办公室主任、上海市副市长汤志平主持会议并讲话。协作小组办公室主任、生态环境部副部长赵英民，江苏省副省长赵世勇、浙江省副省长陈奕君、安徽省副省长何树山参会并讲话。国家有关部门负责同志、三省一市生态环境厅（局）、长三角区域合作办和一体化示范区执委会负责同志等参加会议。

9月27日，上海市物业行业党建工作“三优一先”暨第四届最美物业人表彰大会，在上海浦东图书馆举行。这次大会旨在大力弘扬“生命至上、举国同心、舍生忘死、尊重科学、命运与共”的伟大抗疫精神和“辛苦我一人，幸福千万家”的物业行业精神，进一步动员激励本市物业行业广大从业人员，努力做好第三届中国国际进口博览会的物业服务保障工作。

市、区房管部门有关负责同志、市物业协会部分会员单位以及获奖企业、团队、个人代表共300余人参加活动。

9月27日，嘉松公路越江新建工程正式开工，这是第14座黄浦江越江大桥。嘉松公路越江新建工程地处松浦三桥上游约3千米处，全长1.825千米，建设规模为双向六车道，由上海城投公路投资（集团）有限公司负责建设。嘉松公路越江大桥采用悬索桥桥型，不仅在黄浦江上创下首次，而且在上海也难得一见。大桥还设置了慢行过江设施，非机动车辆可以直接从引桥行至对岸，这种形式在黄浦江越江桥梁中尚属首例。

9月28日，市住建委召开专题会议，研究部署国庆、中秋“双节”期间安全生产工作。市安质监总站、市施工行业协会以及上海建工集团、隧道股份、中建八局等单位出席会议。

9月29日下午，2020世界城市日推广活动启动仪式在上海世博会博物馆举行。本次推广活动在上海市住房和城乡建设管理委员会、上海市人民政府新闻办公室和上海交通大学的指导下，由上海世界城市日事务协调中心、上海世博会博物馆及上海交通大学中国城市治理研究院主办。上海世博会博物馆理事会理事长洪浩、中共上海市城乡建设和交通工作委员会书记王醇晨、上海交通大学代表吴建南等在启动仪式上先后致辞。市住房城乡建设管理委总工程师刘千伟、市政府相关部门负责人、主办方相关部门负责人、推广合作伙伴代表和各界嘉宾等出席。

9月30日，国铁集团党组书记、董事长陆东福在上海与上海市委书记李强、市长龚正举行会谈，共同推进海铁联运和沪通铁路二期、浦东综合交通枢纽与上海东站、沪苏湖铁路、北沿江高铁、沪乍杭铁路等工程以及市域铁路与既有铁路线路场站功能提升，并与龚正代表双方签署《关于加快推进上海铁路建设的会谈纪要》。

10月31日前后，上海举办2020全球城市论坛、2020世界城市日—上海论坛与2020上海国际城市与建筑博览会等世界城市日主题活动以及2020全球城市地下空间开发利用上海峰会、2020石库门城市更新论坛、2020中国健康城市论坛等系列活动，以世界城市日为平台，践行“人民城市人民建，人民城市为人民”重要理念。

10月10日，市建设交通系统举办机关城市管理大讲堂第二讲，邀请中共上海市委宣传部原副部长、上海市中国特色社会主义理论体系研究中心副主任、教授李琪做“在人民城市重要理念指导下推进新时代城市建设和治理现代化”专题辅导报告。市建设交通工作党委书记王醇晨主持会议。

市建设交通工作党委、市住建委、市交通委、市水务局、市绿化市容局、市城管执法局、市房屋管理局、市道运局领导班子成员、机关干部等330余人参加学习。

10月12日，市建设交通工作党委召开2020年党风廉政建设联席会议，贯彻落实十九届中纪委四次全会和十一届市纪委四次会议重要工作部署，强化委局协同，凝聚工作合力，深化“四责协同”机制，夯实管党治党责任，全面推动党风廉政建设和反腐败工作。市建设交通工作党委书记王醇晨主持会议并讲话。

市建设交通工作党委、市交通委、市水务局、市绿化市容局、市城管执法局、市房屋管理局、市道运局分管领导介绍了各委局2020年党风廉政建设主要工作。市纪委监委驻市建设交通工作党委、市交通委纪检监察组组长分别通报落实监督责任相关情况。

市建设交通工作党委领导，市纪委监委驻市建设交通工作党委纪检监察组组长、驻市交通委纪检监察组组长，各委局党风廉政建设主体责任分管领导，各委局党风廉政建设主体责任相关责任部门负责人等20余人参加会议。

10月19日，上海市、江苏省、浙江省两省一市生态环境局（厅）会同长三角生态绿色一体化发展示范区执委会及相关部门制定并印发《长三角生态绿色一体化发展示范区生态环境管理“三统一”制度建设行动方案》，加快建立一体化示范区生态环境标准统一、监测统一、执法统一的“三统一”制度。

10月23日，市建设交通系统举办机关城市管理大讲堂第三讲，邀请上海社会科学院原副院长、中国史学会副会长、复旦大学特聘教授熊月之做“上海历史文化特点”专题辅导报告。市建设交通工作党委书记王醇晨主持会议。

市建设交通工作党委、市住建委、市交通委、市水务局、市绿化市容局、市城管执法局、市房屋管理局、市道运局领导班子成员、机关干部等320余人参加学习。

10月30日，市建设交通工作党委召开市建设交通系统行业党建工作座谈会，交流沟通系统各委局及相关中央在沪单位制定各行业党建工作具体方案的进展情况，进一步明确要求，扎实推进建设交通系统行业党建工作。市建设交通工作党委副书记周志军主持会议，市建设交通工作党委书记王醇晨出席会议并讲话。

市建设交通工作党委领导，系统委局及相关中央在沪单位分管领导、组织部门、相关业务部门负责人，各行业管理机构党组织负责人，市建设交通工作党委相关部门负责人等参加会议。

11月5日，市建设交通系统举办机关城市管理大讲堂第四讲，邀请复旦大学资深教授、教育部社会科学委员会历史学部委员、中央文史研究馆馆员、上海市政府决策咨询专家葛剑雄做“我们应当怎样对待历史”专题辅导报告。市建设交通工作党委副书记周志军主持会议。

市建设交通工作党委、市住建委、市房屋管理局机关干部等参加学习。

11月13日，市建设交通工作党委召开党委会（扩大）会议，认真学习贯彻习近平总书记在浦东开发开放30周年庆祝大会上的重要讲话精神，以及市委关于贯彻落实总书记重要讲话精神的指示要求，推动总书记重要讲话精神在建设交通系统持续落地生根。市建设交通工作党委书记王醇晨主持会议并讲话。

市建设交通工作党委、市住建委、市城管执法局、市房屋管理局班子成员及机关处室负责人，系统中央在沪单位党组织负责人，委属事业单位党政负责人参加会议。

11月19日，市建设交通系统举办机关城市管理大讲堂第五讲，邀请上海文广新闻传媒集团广播新闻中心首席主持人秦畅做“如何建设人民城市”专题辅导报告。市建设交通工作党委副书记周志军主持会议。

市建设交通工作党委、市住建委、市交通委、市水务局、市绿化市容局、市城管执法局、市房屋管理局、市道运局领导班子成员、机关干部等参加学习。

12月2日，市建设交通系统召开十一届市委十次全会精神传达会与“四史”学习教育推进会。市绿化市容局、上海海事局、中铁十五局、市交通委、市水务局、市建设交通发展研究院等6家单位以党课展示、交流发言的形式，集中展示了“四史”学习教育成果。

市建设交通工作党委委员、市纪委监委驻市建设交通工作党委纪检监察组组长金跃明传达了十一届市委十次全会精神。

市建设交通工作党委有关领导，市交通委、市水务局、市绿化市容局、市城管执法局、市房屋管理局、市道运局分管领导、组织部门负责人，系统中央在沪单位党组织负责人，委直属单位党组织书记，市建设交通工作党委、市住建委、市房屋管理局机关处室负责人、市纪委监委驻市建设交通工作党委纪检监察组副组长等参加会议。

12月3日上午，上海市农村房屋安全隐患排查整治工作动员部署暨专题培训会在市、区两级城运中心，通过电视电话会议形式召开。市住房城乡建设管理委主任作动员讲话，市住房城乡建设管理委二级巡视员陆锦标主持会议。

市、区两级住房城乡建设管理部门，各区涉农乡镇负责人参加会议。

12 月 17 日，“徐房集团实训基地 · 345 传习工坊”正式揭牌。市建设交通工作党委书记王醇晨，市住建委副主任、市房管局局长王桢，市人力资源社会保障局二级巡视员黄明杰，徐汇区副区长毕桂平，同济大学副校长顾祥林，市房管局副局长冷玉英等领导出席揭牌仪式。

12 月 18 日下午，市建设交通团工委会同市交通团工委在中铁二十四局集团有限公司举办了“建交青年学四史 · 倾听前辈说”主题展示活动。市建设交通工作党委副书记周志军、团市委副书记邓海啸、三委五局及部分事业单位有关领导、中铁二十四局有关领导、建设交通系统老同志代表出席活动。市建设交通工作党委各处室负责人、三委五局及部分事业单位团组织负责人及团员青年代表参加了活动。

12 月 20 日，第九届上海市住房和城乡建设管理委员会科学技术委员会召开全体会议，总结第八届委员会工作，明确第九届委员会任务。市建设交通工作党委书记王醇晨、市住建委主任黄永平出席会议并讲话。住建部标准定额司副司长郭理桥、市科技委副主任谢文澜出席会议并致辞，交通运输部专家委员会主任周伟通过视频也在大会上致辞。会议由市住建委副主任、市住建委科技委副主任张政主持。

来自建设交通领域的近 200 位第九届委员、部分资深委员参加论坛。会议也通过网络在申通集团、建工集团、华建集团、隧道股份、中建八局等 5 个分会场进行了同步直播，共计 3745 人次在线上共同参加了本次论坛。

12 月 21 日，北横通道难度最大标段之一——天目路高架全线钢结构凌晨贯通，比原定计划提前 10 天完成。未来将通过天目路大转盘实现北横通道同南北高架互通。

12 月 25 日下午，“2020 上海—东京城市管理精细化研讨会”以线上线下相结合的形式顺利召开。研讨会由上海市住房和城乡建设管理委员会主办，这是继 2018 年研讨“公共空间治理、工地管理、市政设施维护”、2019 年“城市更新、街面治理”等议题后，中日专家学者第三次聚首上海，深入研讨城市管理精细化工作。

市建设交通工作党委副书记周志军、日本驻上海总领事馆副总领事福田高干出席研讨会并分别致辞。来自上海和东京有关城市管理方面的专家和学者约 50 人参加了当天的现场研讨会，2000 余人通过网络观看了研讨会的直播。

12 月 28 日下午，2020 年苏州河贯通新闻通气会举行。市住房城乡建设管理委副主任、市“一江一河”办常务副主任朱剑豪，黄浦、虹口、静安、普陀、长宁等区相关负责人出席会议，并分别介绍了苏州河及各自区段滨水空间贯通和品质提升相关工作情况。通气会由市政府新闻发言人尹欣主持。

12 月 29 日、30 日，市建设交通工作党委、市住房城乡建设管理委组织召开 2021 年两委机关务虚会。市建设交通工作党委、市住建委领导，市城管执法局、市房屋管理局班子成员，两委两局机关处室负责人和直属单位党政负责人参加了会议。会上，两委领导分别对分管工作做了汇报，部分处室负责人进行了交流发言。

上海市住房和城乡建设管理文件选编目录

一、综合管理

1.《上海市政府信息公开规定》

2. 上海市人民政府办公厅印发《关于深入推进“一网通办”进一步加强本市政务服务中心标准化建设与管理的意见(试行)》的通知

3. 上海市人民政府关于加强审计工作的实施意见

4. 上海市发展和改革委员会、上海市财政局、上海市住房和城乡建设管理委员会等关于印发《上海市公共资源交易平台管理暂行办法》的通知(2020年修订)

5. 关于印发《2020年上海市住房和城乡建设管理委员会政务公开工作要点》的通知

6. 关于印发《市住房城乡建设管理委“新基建”工作任务分解表》的通知

7. 住房和城乡建设部关于印发《政府信息公开实施办法(修订)》的通知

8. 人力资源社会保障部、工业和信息化部、财政部等关于印发《工伤预防五年行动计划(2021—2025年)》的通知

9. 国家发展改革委、工业和信息化部、安全部、自然资源部、生态环境部、住房和城乡建设部、交通运输部、水利部、国家卫生健康委、应急部、统计局、气象局、能源局、国防科工局、烟草局、林草局、民航局、文物局关于印发《固定资产投资项目代码管理规范》的通知

10.《上海市重大行政决策程序规定》

11. 上海市住房和城乡建设管理委员会关于印发《上海市建设工程行政处罚裁量基准(2020年版)》的通知

二、疫情防控

1. 中共上海市委、上海市人民政府关于进一步加强我市新型冠状病毒感染的肺炎疫情防控工作的通知

2. 关于印发《关于新冠肺炎疫情影响下本市建设工程合同履行的若干指导意见》的通知

3. 上海市住建委关于进一步统筹推进建筑工地疫情防控和复工复产工作的通知

4. 关于应对新冠肺炎疫情影响优化本市重大建设项目重点产业类项目工程审批管理工作的通知

5. 关于做好建筑工地来沪参建人员健康和实名制登记的通知

6. 关于延长因受疫情影响建筑施工企业安全生产许可证有效期的通知

7. 住房和城乡建设部关于组织开展城市建设领域防疫情、补短板、扩内需调研工作的通知

8. 住房和城乡建设部工程建设项目审批制度改革工作领导小组办公室关于加强工程建设项目网上审批服务保障新冠肺炎疫情防控期间工程建设项目审批工作的函

9. 住房和城乡建设部办公厅关于加强新冠肺炎疫情防控有序推动企业开复工工作的通知

10. 住房和城乡建设部办公厅关于推广疫情防控期间有序推动企业开复工经验做法的通知

11. 住房和城乡建设部办公厅关于加强新冠肺炎疫情防控期间房屋市政工程开复工质量安全工作的通知

12. 住房和城乡建设部办公厅关于印

发《房屋市政工程复工复产指南》的通知

13. 住房和城乡建设部办公厅关于印发房地产企业复工复产指南的通知

14. 住房和城乡建设部办公厅关于印发《房屋建筑和市政基础设施工程施工现场新冠肺炎疫情常态化防控工作指南》的通知

15. 住房和城乡建设部办公厅关于应对新型冠状病毒感染的肺炎疫情做好住房公积金管理服务工作的通知

16. 住房和城乡建设部、财政部、人民银行关于妥善应对新冠肺炎疫情实施住房公积金阶段性支持政策的通知

17. 住房和城乡建设部行政复议办公室关于新型冠状病毒感染的肺炎疫情防控期间行政复议有关工作安排的通告

18. 住房和城乡建设部城市管理监督局关于转发《成都市城市管理五允许一坚持统筹疫情防控助力经济发展措施》的通知

19. 交通运输部关于统筹做好公路水运建设领域新冠肺炎疫情常态化防控与复工复产工作的通知

20. 住房和城乡建设部办公厅、国务院扶贫办综合司关于统筹做好疫情防控和脱贫攻坚保障贫困户住房安全相关工作的通知

21. 人力资源社会保障部办公厅、住房和城乡建设部办公厅关于落实新冠肺炎疫情防控期间暂缓缴存农民工工资保证金政策等有关事项的通知

22. 中华人民共和国国家发展和改革委员会、中华人民共和国住房和城乡建设部、中华人民共和国财政部等关于应对新冠肺炎疫情进一步帮扶服务业小微企业和个体工商户缓解房屋租金压力的指导意见

23. 中国残疾人联合会、中央宣传部、民政部等关于印发《重大传染病疫情残疾人防护社会支持服务指南(试行)》的通知

24. 国家卫生健康委办公厅、住房和城乡建设部办公厅关于印发《新型冠状病毒肺炎应急救治设施设计导则(试行)》的通知

25. 国家卫生健康委办公厅、住房和城乡建设部办公厅关于印发《新冠肺炎应急救治设施负压病区建筑技术导则(试行)》的通知

26. 上海市住房和城乡建设管理委员会关于做好近期安全生产工作及春节后复工安全监管工作的通知

27. 上海市住房和城乡建设管理委员会关于加强本市住房和城乡建设管理领域新型冠状病毒感染的肺炎疫情防控工作的紧急通知

28. 上海市住房和城乡建设管理委员会关于进一步做好建筑工地新型冠状病毒感染的肺炎疫情防控工作的通知

29. 上海市住房和城乡建设管理委员会关于进一步落实本市住宅小区疫情防控措施的工作要求

30. 上海市住房和城乡建设管理委员会关于进一步落实本市住房租赁行业疫情防控措施的工作要求

31. 上海市住房和城乡建设管理委员会关于进一步落实本市房地产开发企业和中介机构疫情防控措施的工作要求

32. 上海市住房和城乡建设管理委员会关于进一步落实本市商务楼宇疫情防控措施的工作要求

33. 上海市住房和城乡建设管理委员会关于进一步落实本市住宅修缮工程疫情防控措施的工作要求

34. 上海市住房和城乡建设管理委员会关于进一步落实本市公租房(含单位租赁房)疫情防控措施的工作要求

35. 上海市住房和城乡建设管理委员会

关于进一步加强建筑工地疫情防控措施的通知

36. 上海市住房和城乡建设管理委员会质量安全监管处、上海市建筑施工行业协会关于统筹推进疫情防控和复工复产的倡议书

37. 上海市卫生健康委员会、上海市住房和城乡建设管理委员会关于推进建筑施工企业全面复工复产落实职业健康有关措施的通知

38. 上海市建设工程招标投标管理办公室、上海市建设工程交易中心关于暂停本市建设工程开标评标活动的紧急通知

39. 上海市水务局关于进一步加强疫情防控做好本市水务建设工程复(开)工工作的通知

三、建筑建材业管理

（一）勘察设计管理

1. 上海市住房和城乡建设管理委员会关于印发《上海市建设工程消防设计审查验收管理办法(试行)》的通知

2. 建设工程消防设计审查验收管理暂行规定

3. 住房和城乡建设部关于印发《建设工程消防设计审查验收工作细则》和《建设工程消防设计审查、消防验收、备案和抽查文书式样》的通知

4. 关于公布 2020—2022 年度本市从事中小型装饰装修工程施工图设计文件审查工作的设计企业名录的通知

5. 住房和城乡建设部办公厅关于印发《房屋建筑和市政基础设施工程勘察质量信息化监管平台数据标准(试行)》的通知

6. 住房和城乡建设部关于发布《房屋建筑和市政基础设施工程勘察文件编制深度规定》(2020 年版)的通知

7. 住房和城乡建设部关于印发《岩土工程勘察文件技术审查要点(2020 版)》的通知

8. 住房和城乡建设部办公厅关于开展 2019 年工程勘察设计、建设工程监理行业和工程招标代理机构统计调查的通知

9. 住房和城乡建设部办公厅关于取得内地勘察设计注册工程师、注册监理工程师资格的香港、澳门专业人士注册执业有关事项的通知

（二）建筑市场管理

1. 关于印发《上海市建筑装饰装修工程管理实施办法》的通知

2. 上海市住房和城乡建设管理委员会关于印发《上海市在沪建筑业企业信用评价管理办法》的通知

3. 上海市发展和改革委员会、上海市财政局关于印发《上海市市级建设财力项目代理建设管理办法》的通知

4. 关于印发《上海市二级造价工程师职业资格管理办法》的通知

5. 上海市住房和城乡建设管理委员会关于印发《上海市建筑工程市场行为专项整治三年行动方案》的通知

6. 上海市住房和城乡建设管理委员会关于在全市范围推行建设工程企业资质许可“证照分离”改革举措的通知

7. 关于本市开展部批建设工程企业资质审批权限下放试点的通知

8. 关于本市房屋建筑和市政工程施工项目推行电子招标投标的通知

9. 关于加强招标人主体责任健全和完善工程建设项目招标投标活动投诉处理机制的通知

10. 关于开展 2020 年上海市工程建设行业专项整治的通知

11. 关于 2020 年元旦春节期间本市房屋建筑工程领域加强防范拖欠农民工工资矛盾的通知

12. 关于进一步加强本市房屋建筑工程劳务用工管理工作的通知

13. 关于在建设工程招标投标中使用在沪建筑业企业信用评价结果的通知

14. 上海市住房和城乡建设管理委员会关于印发《上海市在沪建筑业企业信用评价标准(2020 版)》的通知

15. 上海市住房和城乡建设管理委员会关于启动 2021 年度在沪建设工程监理企业信用评价工作的通知

16. 上海市住房和城乡建设管理委员会关于印发《本市工程建设领域开展〈上海市优化营商环境条例〉法治宣传活动的实施方案》的通知

17. 关于调整本市建筑工程施工现场监督管理市区分工的通知

18. 住房和城乡建设部关于修改《工程造价咨询企业管理办法》《注册造价工程师管理办法》的决定

19. 住房和城乡建设部办公厅关于印发《工程造价改革工作方案》的通知

20. 住房和城乡建设部办公厅关于开展 2020 年工程造价咨询统计调查的通知

21. 住房和城乡建设部办公厅关于一级造价工程师注册管理有关事项的通知

22. 住房和城乡建设部办公厅关于实行工程造价咨询甲级资质审批告知承诺制的通知

23. 住房和城乡建设部办公厅、交通运输部办公厅、水利部办公厅关于印发造价工程师注册证书、执业印章编码规则及样式的通知

24. 住房和城乡建设部关于印发《2020 年工程建设规范标准编制及相关工作计划》的通知

25. 住房和城乡建设部、商务部关于废止《外商投资建筑业企业管理规定》等规章的决定

26. 住房和城乡建设部关于修改建筑业企业资质管理规定和资质标准实施意见的通知 (2020)

27. 工程企业资质有效期延期的通知

28. 住房和城乡建设部办公厅关于进一步做好建设工程企业资质告知承诺制审批有关工作的通知

29. 住房和城乡建设部关于印发《建设工程企业资质管理制度改革方案》的通知

30. 住房和城乡建设部办公厅关于建设工程企业资质延续有关事项的通知

31. 住房和城乡建设部建筑市场监管司关于建设工程企业资质有效期延期的通知

32. 住房和城乡建设部办公厅关于开展建设工程企业资质审批权限下放试点的通知

33. 住房和城乡建设部办公厅关于建设工程企业资质申请实行无纸化受理的通知

34. 住房和城乡建设部房地产市场监管司关于房地产开发企业一级资质有效期延期的通知

35. 住房和城乡建设部房地产市场监管司关于房地产开发企业一级资质有效期延期等有关事项的通知

36. 住房和城乡建设部办公厅关于全面推行建筑工程施工许可证电子证照的通知

37. 住房和城乡建设部建筑市场监管司关于请协助核查部分申报钢结构专业承包一级资质企业业绩的函

38. 住房和城乡建设部建筑市场监管司关于公布全国监理工程师职业资格考试基础科目和土木建筑工程专业科目大纲的通知

39. 住房和城乡建设部、交通运输部、水利部、人力资源社会保障部关于印发《监

理工程师职业资格制度规定》《监理工程师职业资格考试实施办法》的通知

40. 住房和城乡建设部建筑市场监管司关于注册监理工程师有效期延期的通知

41. 住房和城乡建设部办公厅关于开展政府购买监理巡查服务试点的通知

42. 住房和城乡建设部高等教育土木工程专业评估委员会关于土木工程专业认证状态保持工作的通知

43. 住房和城乡建设部、市场监管总局关于印发建设项目工程总承包合同(示范文本)的通知(2020)

44. 住房和城乡建设部等部门关于加快培育新时代建筑产业工人队伍的指导意见

45. 住房和城乡建设部人事司关于调查各地2020年度从业人员培训和农民工业余学校工作情况的通知

46. 住房和城乡建设部关于做好2021年元旦春节期间房屋建筑和市政基础设施工程建设领域农民工工资支付等有关工作的通知

47. 住房和城乡建设部办公厅关于住房和城乡建设领域施工现场专业人员职业培训试点工作情况的通报

48. 住房和城乡建设部办公厅关于开展工程建设行业专项整治的通知

49. 交通运输部关于公路水运工程建设领域保障农民工工资支付的意见

50. 人力资源社会保障部、国家发展改革委等十五部门关于做好当前农民工就业创业工作的意见

51. 上海市建筑施工行业协会关于开展2020年上海市建设工程优秀项目管理成果发布和评价活动的通知

52. 上海市住房和城乡建设管理委员会行政服务中心关于调整办理部分建设工程项目、企业资质及部批人员资格注册事项的通知

（三）建筑节能和建筑材料管理

1. 关于延长《上海市建设工程材料使用监督管理规定》有效期的通知

2. 关于印发《上海市建筑节能和绿色建筑示范项目专项扶持办法》的通知

3. 关于印发《上海市建筑节能和绿色建筑示范项目专项扶持资金申报指南》的通知

4. 上海市住房和城乡建设管理委员会关于公布2019年本市各区建筑节能工作和区级能耗监测分平台工作考核评价结果的通知

5. 上海市住房和城乡建设管理委员会关于本市新型墙体材料专项基金清算工作的公告

6. 上海市住房和城乡建设管理委员会关于加快本市新型墙体材料专项基金清算工作的通知

7. 上海市住房和城乡建设管理委员会关于开展2020年推进建筑绿色发展工作评价考核的通知

8. 上海市住房和城乡建设管理委员会关于进一步规范本市绿色建筑评价管理工作的通知

9. 上海市住房和城乡建设管理委员会关于建筑废弃混凝土回收利用工作情况(2020年第一季度)的通报

10. 上海市住房和城乡建设管理委员会关于公布2020年度上海市建筑废弃混凝土处置场所名录的通知

11. 上海市住房和城乡建设管理委员会关于加快本市绿色建材（预拌混凝土）推广应用的通知

12. 上海市住房和城乡建设管理委员会关于公布《上海市禁止或者限制生产和使用的用于建设工程的材料目录（第五批）》的通知

13. 上海市住房和城乡建设管理委员会

关于发布《2019年上海市国家机关办公建筑和大型公共建筑能耗监测及分析报告》的通知

14. 关于进一步推进本市建筑能源审计工作的通知

15. 关于印发《关于加强本市建设用砂管理的暂行意见》的通知

16. 上海市住房和城乡建设管理委员会关于印发《关于推进本市超低能耗建筑发展的实施意见》的通知

17. 关于发布《上海绿色建筑发展报告（2019）》的通知

18. 住房和城乡建设部办公厅关于开展2020年度全国绿色建筑创新奖申报工作的通知

19. 住房和城乡建设部等部门关于推动智能建造与建筑工业化协同发展的指导意见

20. 住房和城乡建设部等部门关于加快新型建筑工业化发展的若干意见

21. 住房和城乡建设部标准定额司关于开展2020年度建筑节能与绿色建筑发展情况统计工作的通知

22. 财政部、住房和城乡建设部关于政府采购支持绿色建材促进建筑品质提升试点工作的通知

23. 市场监管总局办公厅、住房和城乡建设部办公厅、工业和信息化部办公厅关于加快推进绿色建材产品认证及生产应用的通知

24. 住房和城乡建设部、国家发展改革委、教育部、工业和信息化部、人民银行、国管局、银保监会关于印发绿色建筑创建行动方案的通知

25. 住房和城乡建设部标准定额司关于开展2020年度装配式建筑发展情况统计工作的通知

26. 住房和城乡建设部办公厅关于推广应用施工现场建筑垃圾减量化指导图册的通知

27. 国家发展改革委、工业和信息化部、公安部等关于印发《关于促进砂石行业健康有序发展的指导意见》的通知

28. 上海市住房和城乡建设管理委员会办公室关于印发《市住房城乡建设管理委新型基础设施建设推进工作机制》的通知

29. 上海市发展和改革委员会关于做好2020年光伏发电项目建设有关工作的通知

30. 上海市工程建设质量管理协会关于杜绝无证企业预制构件产品流入本市的通知

31. 上海市教育委员会、上海市发展和改革委员会、上海市住房和城乡建设管理委员会关于印发《上海市学校能源审计技术导则》的通知(2020修订)

（四）工程质量和安全监管

1. 关于印发《上海市建设工程安全生产责任保险实施意见》的通知

2. 关于印发《上海市建设工程安全生产责任保险实施细则》的通知

3. 上海市住房和城乡建设管理委员会关于印发《上海市建设工程生产安全事故行业调查办法(试行)》的通知

4. 上海市住房和城乡建设管理委员会关于印发《上海市建筑施工机械安全监督管理规定》的通知

5. 上海市住房和城乡建设管理委员会关于延长《上海市建设工程初步总体设计文件抗震设防审查管理办法》有效期的通知

6. 关于延长《上海市危险性较大的分部分项工程专家论证管理办法》有效期的通知

7. 关于延长《上海市建设工程施工项目经理质量安全违法违规行为记分管理办法》有效期的通知

8. 上海市住房和城乡建设管理委员会关于印发《上海市建筑施工企业主要负责人、项目负责人和专职安全生产管理人员安全生产考核发证管理办法（试行）》的通知

9. 关于全面推广建筑成品外窗应用加强建筑外窗工程质量管理的通知

10. 关于进一步优化本市建筑工程质量安全监督和综合竣工验收管理工作的通知

11. 上海市住房和城乡建设管理委员会关于2020年本市工程建设行业专项整治情况的通报

12. 关于印发《上海市建设工程建设单位首要质量责任管理规定》的通知

13. 关于启用《上海市新建住宅质量保证书》（2020年版）和《上海市新建住宅使用说明书》（2020年版）的通知

14. 上海市住房城乡建设管理委、上海市规划自然资源局、上海市水务局关于本市社会投资低风险产业类项目实施施工过程联合监督检查的通知

15. 住房和城乡建设部关于落实建设单位工程质量首要责任的通知

16. 住房和城乡建设部办公厅关于印发《城市轨道交通工程质量安全监管信息平台共享交换数据标准（试行）》的通知

17. 住房和城乡建设部办公厅关于清理排查工程质量监管信息系统涉企收费的通知

18. 中华人民共和国住房和城乡建设部工程质量安全监管司关于印发《住房和城乡建设部工程质量安全监管司2020年工作要点》的通知

19. 中华人民共和国住房和城乡建设部工程质量安全监管司关于举办工程质量管理培训班的通知

20. 住房和城乡建设部工程质量安全监管司关于进一步落实工程质量安全手册制度的通知

21. 住房和城乡建设部工程质量安全监管司关于请报送2019年度工程质量责任主体行政处罚情况的通知

22. 上海市住房和城乡建设管理委员会关于印发《2020年本市建设管理质量安全工作要点》的通知

23. 上海市住房和城乡建设管理委员会关于进一步推进房屋建筑工程文明施工标准提升工作的通知

24. 关于贯彻实施《上海市城市管理行政执法条例实施办法》加强文明施工管理的通知

25. 关于进一步加强建设工程高处作业吊篮安装拆卸管理工作的通知

26. 关于印发《上海市建筑施工安全生产专项整治三年行动计划》的通知

27. 上海市住房和城乡建设管理委员会关于办理撤销建筑施工企业安全生产许可证决定操作程序的通知

28. 上海市住房和城乡建设管理委员会关于进一步规范建设工程生产安全事故报告的通知

29. 上海市住房和城乡建设管理委员会关于进一步加强本市建设工程安全生产工作的通知

30. 上海市住房和城乡建设管理委员会关于开展2020年建设工程“安全生产月”活动的通知

31. 关于撤销上海飞天拆房有限公司等18家建筑施工企业安全生产许可证决定的通知

32. 关于撤销上海枷枰建筑装饰工程有限公司等5家建筑施工企业安全生产许可证决定的通知

33. 关于深刻吸取泉州3.7酒店坍塌事故教训加强安全生产工作的通知

34. 关于开展2020年建设系统“119”消防宣传月活动的通知

35. 关于2019年第四季度建设工程质量

安全巡查情况的通报

36. 关于2019年度建设工程安全质量监督机构业绩评价结果的通报

37. 上海市人力资源和社会保障局、上海市财政局关于本市工程建设项目实施阶段性减免工伤保险费的通知

38. 上海市人力资源和社会保障局等十部门关于做好本市工程建设项目参加工伤保险工作的通知

39. 上海市教育委员会、上海市住房和城乡建设管理委员会、上海市消防救援总队关于做好托育机构消防安全管理工作的通知

（五）标准定额管理

1. 关于印发《2021年度上海市工程建设及城市基础设施养护维修定额编制计划》的通知（放标准定额管理）

2. 上海市住房和城乡建设管理委员会关于征集2021年上海市工程建设规范和标准设计制定、修订项目的通知

3. 上海市住房和城乡建设管理委员会关于印发《2020年上海市工程建设地方标准宣贯培训计划》的通知

4. 上海市住房和城乡建设管理委员会关于开展2020年度上海市工程建设地方标准复审工作的通知

5. 上海市住房和城乡建设管理委员会关于印发《2020年上海市工程建设规范编制计划(第二批)》的通知

6. 上海市住房和城乡建设管理委员会关于印发《2021年上海市工程建设规范、建筑标准设计编制计划》的通知

7. 上海市住房和城乡建设管理委员会关于印发《上海市基坑工程信息化管理系统操作规范》的通知

8. 关于公布《上海市工程建设市级工法名单》的通知

9. 上海市住房和城乡建设管理委员会关于印发《上海市建设工程采用尚无国家技术标准的新技术、新材料技术论证管理办法》的通知

四、城乡规划和管理

1. 《上海市户外招牌设置管理办法》

2. 上海市人民政府关于批转市住房城乡建设管理委市财政局制定的《上海市市级城市维护项目管理办法》的通知

3. 中共上海市委、上海市人民政府关于进一步加快智慧城市建设的若干意见

4. 上海市规划和自然资源局关于国有建设用地使用权招标拍卖挂牌出让投标竞买保证金专户管理有关问题的通知

5. 住房和城乡建设部、国家文物局关于印发《国家历史文化名城申报管理办法（试行）》的通知

6. 住房和城乡建设部办公厅关于在城市更新改造中切实加强历史文化保护坚决制止破坏行为的通知

7. 住房和城乡建设部办公厅关于实施中国传统村落挂牌保护工作的通知

8. 住房和城乡建设部、国家发展改革委关于进一步加强城市与建筑风貌管理的通知

9. 住房和城乡建设部办公厅关于开展2020年世界城市日主题宣传活动的通知

10. 住房和城乡建设部关于支持开展2020年城市体检工作的函

11. 住房和城乡建设部关于加强城市地下市政基础设施建设的指导意见

12. 住房和城乡建设部办公厅关于开展绿色建造试点工作的函

13. 住房和城乡建设部等部门关于印发《绿色社区创建行动方案》的通知

14. 住房和城乡建设部办公厅关于开展2020年度海绵城市建设评估工作的通知

15. 民政部、国家发展改革委、财政部、住房和城乡建设部、国家卫生健康委、银保监会、国务院扶贫办、中国残联、全国老龄

办关于加快实施老年人居家适老化改造工程的指导意见

16. 自然资源部关于加快宅基地和集体建设用地使用权确权登记工作的通知

17. 上海市住房和城乡建设管理委员会关于下达2020年本市村内道路建设养护任务的通知

18. 上海市农业农村委员会、上海市规划和自然资源局、上海市住房和城乡建设管理委员会关于进一步加强本市农村宅基地管理工作的通知

19. 上海市人民政府关于修改《上海市城市管理行政执法条例实施办法》的决定

20. 关于印发《关于进一步推进本市城市管理相对集中行政处罚权的实施方案》的通知

21. 住房和城乡建设部办公厅关于印发《城市管理行政执法文书示范文本(试行)》的通知

22. 住房和城乡建设部办公厅关于印发《城市管理执法装备配备指导标准(试行)》的通知

五、房屋管理

(一)房地产登记与交易

1. 城市房地产开发经营管理条例(2020修订)

2. 住房和城乡建设部、最高人民法院、公安部等关于加强房屋网签备案信息共享提升公共服务水平的通知

3. 住房和城乡建设部关于提升房屋网签备案服务效能的意见

4. 住房和城乡建设部办公厅关于印发《全国房屋网签备案业务数据标准》的通知

(二)住房贷款和保障

1. 上海市人民政府办公厅关于印发《上海市农村房屋安全隐患排查整治工作方案》的通知

2. 关于印发《上海市中央财政支持住房租赁市场发展试点资金使用管理办法》的通知

3. 上海市住房城乡建设管理委、上海市房屋管理局、上海市发展改革委等关于印发《上海市大型居住社区征收安置房源价格管理办法》的通知

4. 上海市房屋管理局、上海市规划和自然资源局关于印发《上海市旧住房综合改造管理办法》的通知

5. 上海市房屋管理局、上海市住房城乡建设管理委、上海市发展改革委、上海市民政局关于印发《上海市共有产权保障住房准入标准和供应标准》的通知(2020修订)

6. 上海市住房和城乡建设管理委员会关于印发《本市农村房屋安全隐患排查工作技术方案》的通知

7. 住房和城乡建设部、财政部、中国人民银行关于印发《全国住房公积金2019年年度报告》的通知

8. 住房和城乡建设部关于开展脱贫攻坚农村危房改造挂牌督战工作的通知

9. 住房和城乡建设部办公厅、国务院扶贫办综合司关于做好因洪涝地质灾害影响贫困农户住房安全保障工作的通知

10. 住房和城乡建设部办公厅关于印发《城镇老旧小区改造可复制政策机制清单(第一批)》的通知

11. 住房和城乡建设部村镇建设司关于启用新版全国农村危房改造脱贫攻坚三年行动农户档案信息检索系统的通知

(三)住宅及物业管理

1. 《上海市房屋使用安全管理办法》

2. 关于印发《上海市租赁住房规划建设导则》的通知

3. 住房和城乡建设部等部门关于开展城市居住社区建设补短板行动的意见

4. 住房和城乡建设部等部门关于加强和改进住宅物业管理工作的通知

5. 住房和城乡建设部等部门关于推动物业服务企业发展居家社区养老服务的意见

6. 住房和城乡建设部等部门关于推动物业服务企业加快发展线上线下生活服务的意见

六、燃气管理

1.《上海市液化石油气管理办法》

2. 关于加强本市燃气行业2020年度安全工作的通知

3. 上海市住房和城乡建设管理委员会关于印发《上海市燃气行业安全生产专项整治三年行动计划》的通知

4. 上海市住房和城乡建设管理委员会关于进一步做好燃气经营许可“证照分离”审批改革工作的通知

5. 国家发展改革委、财政部、自然资源部等关于加快推进天然气储备能力建设的实施意见

七、园林绿化市容环卫管理

1. 住房和城乡建设部关于印发《中国国际园林博览会管理办法的通知(2020修订)》

2. 住房和城乡建设部办公厅关于进一步做好城市环境卫生工作的通知

3. 住房和城乡建设部办公厅关于印发《施工现场建筑垃圾减量化指导手册(试行)》的通知

4. 国家发展改革委、住房和城乡建设部、生态环境部关于印发《城镇生活垃圾分类和处理设施补短板强弱项实施方案》的通知

5. 住房和城乡建设部办公厅关于组织推荐农村生活垃圾分类和资源化利用示范县的通知

6. 住房和城乡建设部等部门印发《关于进一步推进生活垃圾分类工作的若干意见》的通知

7. 住房和城乡建设部关于推进建筑垃圾减量化的指导意见

8. 住房和城乡建设部关于加强大型城市雕塑建设管理的通知

9. 住房和城乡建设部关于开展人行道净化和自行车专用道建设工作的意见

10. 住房和城乡建设部关于印发《城市市容市貌干净整洁有序安全标准(试行)》的通知

11. 住房和城乡建设部、市场监管总局关于印发《园林绿化工程施工合同示范文本(试行)》的通知

12. 上海市生态环境局、上海市绿化和市容管理局、上海市住房和城乡建设管理委员会等关于开展一般固体废物跨省转移利用备案工作的通知

13. 关于2019年绿色生态城区工作推进情况的通报

14. 上海市绿化和市容管理局关于启用《公共绿地、立体绿化建设工程综合竣工验收合格通知书》的通知

15. 上海市绿化和市容管理局关于印发《建筑垃圾处置核准告知承诺后续监管规程》的通知

八、水务管理

1. 住房和城乡建设部办公厅关于做好2020年城市排水防涝工作的通知

2. 交通运输部、发展改革委、生态环境部、住房城乡建设部关于印发长江经济

带船舶和港口污染突出问题整治方案的通知

3. 国家发展改革委、财政部、住房和城乡建设部等关于完善长江经济带污水处理收费机制有关政策的指导意见

4. 交通运输部办公厅、生态环境部办公厅、住房和城乡建设部办公厅关于做好长江经济带船舶水污染物联合监管与服务信息系统应用有关工作的通知

5. 国家发展改革委、住房和城乡建设部关于印发《城镇生活污水处理设施补短板强弱项实施方案》的通知

九、行政审批改革

1. 上海市人民政府关于加强和规范事中事后监管的实施意见

2. 上海市人民政府关于取消、下放和承接一批行政审批等事项的决定

3. 住房和城乡建设部关于取消部分部门规章规范性文件设定的证明事项（第二批）的决定

4. 住房和城乡建设部关于印发《工程建设项目审批管理系统管理暂行办法》的通知

5. 住房和城乡建设部关于进一步深化工程建设项目审批制度改革推进全流程在线审批的通知

6. 审计署、国家发展和改革委员会、财政部等关于废止建设项目审计处理暂行规定的决定

7. 市场监管总局等16部门关于印发《市场监管领域部门联合抽查事项清单(第一版)》的通知

8. 关于印发《市住房城乡建设管理委“免于提交”工作落地实施方案》的通知

9. 上海市规划和自然资源局关于印发《上海市工程建设项目规划资源审批制度改革工作方案》的通知

10. 上海市规划和自然资源局关于印发《上海市乡村建设项目规划资源审批制度改革实施细则（试行）》的通知

上海市住房和城乡建设管理相关数据统计

一、房地产开发投资

表 1-1　主要年份房地产开发投资

单位：亿元

指　标	2005 年	2010 年	2015 年	2018 年	2019 年	2020 年
计划总投资	6 615.35	12 818.48	23 212.56	30 220.35	31 544.24	35 518.99
#本年计划投资	1 827.42	2 903.54	4 788.30	5 679.25	6 249.12	–
本年完成投资	1 246.86	1 980.68	3 468.94	4 033.18	4 231.38	4 698.75
按隶属关系分						
中　央	8.86	42.83	83.29	217.63	246.54	222.67
市　属	118.35	287.28	199.74	338.66	1 296.78	1 306.16
区　属	246.09	270.28	415.21	585.66		
县　属	2.17	3.20	52.52	116.09		
乡镇街道属	137.17	101.42	191.70			
村委居委属	0.01	2.68	0.08			
其　他	734.22	1 272.99	2 526.40	2 775.14	2 688.06	3 169.92
按经济类型分						
国有经济	117.38	314.62	255.94	251.17	595.59	678.31
集体经济	62.92	106.82	14.91	3.54	1.46	4.62
联营经济	9.53	5.83	–	–	–	–
股份制经济	479.78	647.40	1 809.65	2 095.98	2 186.01	2 610.91
私营经济	401.98	605.05	715.02	1 133.67	900.62	905.96
其他经济	6.11	4.85	–	–	–	–
港澳台经济	77.26	179.64	540.53	442.39	416.07	337.69
外商经济	91.91	116.47	132.89	106.42	131.64	161.26
按资质等级分						
一　级	87.77	33.85	81.35	62.67	60.25	47.42
二　级	78.60	230.72	306.88	238.54	224.45	303.11
三　级	199.15	168.85	154.35	106.41	126.32	168.26
其他级	881.34	1 547.26	2 926.37	3 625.57	3 820.35	4 179.95
本年新增固定资产	1 054.02	964.27	1 890.67	1 955.84	1 951.49	1 946.36

表 1-2　房地产开发投资分类情况（2020）

指　　标	本年完成投资	#住　宅	#90平方米及以下
总　计	4 698.75	2 418.79	1 074.72
按隶属关系分			
中　央	222.67	137.02	94.87
地　方	1 306.16	746.17	386.11
其　他	3 169.92	1 535.59	593.74
按经济类型分			
国有经济	678.31	398.81	236.36
集体经济	4.62	3.80	3.22
联营经济	–	–	–
股份制经济	2 610.91	1 412.72	653.65
私营经济	905.96	465.23	166.25
其他经济	–	–	–
港澳台经济	337.69	84.87	14.85
外商经济	161.26	53.35	0.39
按资质等级分			
一　级	47.42	32.69	27.08
二　级	303.11	187.12	103.57
三　级	168.26	105.42	31.60
其他级	4 179.95	2 093.56	912.46

单位：亿元

144平方米以上	办公楼	商业营业用房
348.01	833.08	559.85
3.98	27.86	22.56
80.64	178.91	106.78
263.39	626.30	430.51
19.96	99.20	49.87
–	–	0.07
–	–	–
179.49	442.45	297.98
80.66	132.32	110.12
–	–	–
39.88	114.77	73.74
28.02	44.35	28.07
1.91	4.00	1.48
28.78	25.29	33.93
17.92	19.26	9.12
299.39	784.53	515.32

表 1-3　房地产开发投资规模及构成情况（2020）

单位：亿元

指　　标	计划总投资	自开始建设累计完成投资	#本年完成投资	本年新增固定资产
总　计	35 518.99	23 570.13	4 698.75	1 946.36
按隶属关系分				
中　央	1 608.47	1 256.31	222.67	167.90
地　方	9 375.39	5 556.30	1 306.16	480.11
其　他	24 535.13	16 757.53	3 169.92	1 298.34
按经济类型分				
国有经济	3 628.66	2 179.55	678.31	277.88
集体经济	35.60	9.08	4.62	–
联营经济	–	–	–	–
股份制经济	18 924.96	12 424.32	2 610.91	986.32
私营经济	7 887.02	5 234.77	905.96	368.82
其他经济	–	–	–	–
港澳台经济	3 603.01	2 714.74	337.69	217.10
外商经济	1 439.74	1 007.67	161.26	96.24
按资质等级分				
一　级	658.49	508.23	47.42	17.66
二　级	2 516.00	1 924.74	303.11	135.95
三　级	1 775.27	1 294.56	168.26	88.65
其他级	30 569.22	19 842.61	4 179.95	1 704.09

表 1–4　房屋建筑面积及造价情况（2020）

指　　标	施工面积（万平方米）	#新开工	竣工面积（万平方米）	竣工房屋造价（元／平方米）
各类房屋总计	15 740.34	3 440.62	2 877.78	6 516
住　宅	7 712.25	1 756.37	1 627.61	6 692
按户型结构分				
#90 平方米及以下	3 889.64	931.10	866.91	4 896
144 平方米以上	1 171.28	164.82	224.58	11 407
办公楼	2 282.65	421.09	259.14	7 974
商业营业用房	1 820.52	331.70	286.38	7 401
其　他	3 924.91	931.45	704.64	5 213

表 1–5　商品房销售和出租情况（2020）

指　　标	销售面积（万平方米）		销售额（亿元）		住宅销售套数（万套）		期末面积（万平方米）	
	现房	期房	现房	期房	现房	期房	出租	待售
各类房屋总计	743.60	1 045.56	1 908.77	4 138.20	4.65	9.91	2 053.33	2 535.73
住　宅	484.03	950.04	1 475.36	3 793.49	4.65	9.91	134.27	688.94
按户型结构分								
#90 平方米及以下	171.06	396.03	299.76	842.36	2.32	5.26	55.83	233.26
144 平方米以上	97.00	113.71	623.23	1 021.24	0.41	0.57	49.37	192.23
办公楼	51.30	50.38	177.20	292.38	–	–	775.87	450.25
商业营业用房	70.61	13.12	164.16	34.41	–	–	751.08	436.43
其　他	137.66	32.02	92.05	17.92	–	–	392.10	960.12

二、建筑业

表 2-1 主要年份总承包和专业承包建筑企业主要指标表

指　　标	2005 年	2010 年	2015 年	2018 年	2019	2020 年
签订的合同额（亿元）	3 635.34	8 791.73	15 938.38	22 881.78	26 514.66	30 343.04
上年结转合同额	1 334.42	3 564.10	8 135.22	11 210.94	13 949.72	16 710.45
本年新签合同额	2 300.92	5 227.63	7 803.17	11 670.83	12 564.94	13 632.60
直接从建设单位承揽工程完成产值（亿元）	1 956.81	4 360.10	5 849.45	7 376.32	8 136.07	8 921.10
自行完成产值	1 669.77	3 858.60	5 031.19	6 372.91	6 916.53	7 086.84
分包出去工程产值	287.04	501.51	818.26	1 003.41	1 219.54	1 834.26
从建设单位以外承揽工程完成产值（亿元）	219.47	441.59	621.28	739.40	896.12	1 190.20
建筑业总产值（亿元）	1 889.25	4 300.19	5 652.47	7 112.32	7 812.65	8 277.04
#在外省完成产值	390.97	1 619.14	2 703.16	4 023.32	4 490.33	4 915.86
#装饰装修产值	196.13	410.22	608.96	712.44	789.17	751.56
竣工产值（亿元）	1 364.22	2 672.73	3 121.47	3 601.50	4 146.99	3 968.27
房屋施工面积（万平方米）	14 138.05	22 996.81	36 659.77	47 436.20	50 918.88	53 798.60
房屋竣工面积（万平方米）	5 648.85	6 217.15	7 258.69	7 886.31	9 231.95	8 150.76
从业人员年末人数（万人）	72.23	96.09	69.19	58.28	52.64	46.44
#工程技术人员	13.70	15.38	14.71	14.07	14.66	12.97
按建筑业总产值计算的劳动生产率（万元／人）	18.23	34.47	44.58	57.70	61.71	66.59
房屋建筑面积竣工率（%）	40.0	27.0	19.8	16.6	18.1	15.2

表 2-2 总承包和专业承包建筑企业产值及人员情况（2020）

类 别	企业个数（个）	建筑业总产值（亿元）	建筑工程	安装工程	其 他
总 计	2 584	8 277.04	7 028.74	1 001.79	246.51
按经济类型分					
#国有经济	72	2 621.28	2 303.32	302.84	15.12
集体经济	25	22.33	18.70	3.62	0.01
股份制经济	538	3 676.92	3 176.27	352.14	148.51
私营经济	1 855	1 801.91	1 448.16	284.54	69.20
外商投资经济	44	83.57	50.37	27.15	6.05
港澳台投资经济	49	70.26	31.16	31.50	7.61
按隶属关系分					
中央属	58	3 478.32	3 122.50	294.43	61.39
地方属	219	2 069.83	1 740.82	251.61	77.41
其他属	2 307	2 728.88	2 165.42	455.75	107.71
按资质等级分					
#特 级	22	3 949.23	3 667.02	194.08	88.13
一 级	460	2 799.26	2 215.18	499.90	84.17
二 级	1 072	1 010.64	815.24	157.66	37.74
三 级	989	506.36	322.41	148.63	35.32
按行业类别分					
房屋建筑业	750	4 563.11	4 144.73	261.38	157.00
土木工程建筑业	612	2 274.15	2 047.38	180.41	46.36
建筑安装业	606	648.73	128.45	490.03	30.26
建筑装饰和其他建筑业	616	791.05	708.19	69.98	12.88
按资质标准分					
施工总承包	1 408	7 333.44	6 362.18	743.51	227.75
专业承包	1 176	943.60	666.55	258.28	18.76

竣工产值（亿元）	从业人员年末人数（万人）	#工程技术人员	计算劳动生产率的平均人数（万人）	按建筑业总产值计算的劳动生产率（万元／人）
3 968.27	46.44	12.97	124.30	66.59
766.26	6.63	3.44	30.52	85.90
16.98	0.64	0.06	0.91	24.55
2 137.43	16.21	5.01	48.67	75.54
1 000.13	21.81	4.03	39.59	45.52
34.17	0.58	0.20	3.62	23.11
12.54	0.54	0.23	0.98	72.02
1 080.60	8.92	4.86	29.68	117.21
1 365.72	8.10	2.54	35.07	59.02
1 521.95	29.43	5.57	59.56	45.82
1 829.48	8.83	4.70	46.33	85.25
1 335.90	19.64	4.70	45.54	61.47
494.38	11.25	2.18	20.83	48.52
304.05	6.53	1.34	11.37	44.54
2 513.87	23.66	6.64	79.19	57.63
816.69	10.98	3.67	23.15	98.26
264.34	5.91	1.43	9.63	67.38
373.36	5.89	1.23	12.34	64.08
3 467.27	36.77	10.95	108.10	67.84
501.00	9.68	2.02	16.20	58.24

表 2-3 总承包和专业承包建筑企业施工工程情况（2020）

类　　别	施工项目数（万个）	#本年新开工	竣工项目数（万个）
总　　计	15.07	7.13	6.55
按经济类型分			
#国有经济	1.24	0.35	0.23
集体经济	0.04	0.03	0.03
股份制经济	5.94	3.09	2.99
私营经济	7.58	3.55	3.20
外商投资经济	0.19	0.07	0.06
港澳台投资经济	0.08	0.04	0.04
按隶属关系分			
中央属	1.42	0.36	0.23
地方属	2.89	1.71	1.54
其他属	10.76	5.06	4.78
按资质等级分			
#特　级	2.36	0.55	0.40
一　级	6.44	2.61	2.59
二　级	3.35	2.00	1.67
三　级	2.86	1.95	1.87
按行业类别分			
房屋建筑业	6.32	1.74	1.37
土木工程建筑业	3.14	2.10	2.04
建筑安装业	3.98	2.26	2.22
建筑装饰和其他建筑业	1.62	1.02	0.91
按资质标准分			
施工总承包	10.94	4.64	4.07
专业承包	4.13	2.49	2.47

房屋施工面积（万平方米）	#本年新开工	房屋竣工面积（万平方米）	房屋竣工价值（亿元）
53 798.60	13 548.01	8 150.76	1 937.98
17 638.26	3 944.04	1 623.24	463.74
84.43	51.73	39.43	5.36
28 064.40	7 262.64	4 867.72	1 145.31
7 850.56	2 224.03	1 569.93	309.91
85.16	39.33	47.25	12.90
72.60	23.76	–	–
22 158.98	5 731.48	2 219.13	584.26
16 363.06	3 874.03	3 034.77	763.31
15 276.55	3 942.49	2 896.86	590.42
39 416.80	9 482.28	5 164.46	1 282.41
11 732.43	3 287.54	2 286.05	518.64
2 295.62	620.99	602.32	118.20
352.87	156.36	97.11	18.59
52 665.53	13 265.87	7 817.34	1 882.57
904.34	149.15	199.47	40.68
172.06	92.40	122.93	12.67
56.66	40.58	11.02	2.07
53 448.16	13 352.17	7 969.65	1 923.68
350.44	195.84	181.11	14.30

表 2-4 总承包和专业承包建筑企业签订合同情况（2020）

单位：亿元

类　别	直接同建设单位签订的合同额	上年结转合同额	本年新签合同额
总　计	30 343.04	16 710.45	13 632.60
按经济类型分			
#国有经济	10 005.49	5 285.81	4 719.68
集体经济	41.81	18.60	23.21
股份制经济	16 386.14	9 541.66	6 844.49
私营经济	3 327.65	1 554.64	1 773.01
外商投资经济	239.22	121.51	117.71
港澳台投资经济	341.33	188.03	153.30
按隶属关系分			
中央属	14 686.12	8 142.74	6 543.39
地方属	8 670.60	5 070.92	3 599.68
其他属	6 986.32	3 496.79	3 489.53
按资质等级分			
#特　级	20 823.77	12 042.82	8 780.95
一　级	6 873.35	3 509.67	3 363.68
二　级	1 825.87	879.31	946.56
三　级	805.82	272.63	533.19
按行业类别分			
房屋建筑业	18 076.37	10 418.25	7 658.12
土木工程建筑业	8 292.38	4 549.24	3 743.14
建筑安装业	1 484.55	634.88	849.68
建筑装饰和其他建筑业	2 489.75	1 108.08	1 381.67
按资质标准分			
施工总承包	28 907.37	16 175.20	12 732.17
专业承包	1 435.67	535.25	900.42

三、城市建设

表 3-1 主要年份城市建设主要指标

指 标	2005 年	2010 年	2015 年	2016 年	2017 年	2018 年	2019 年	2020 年
各类房屋建筑面积（万平方米）	64 198	93 591	120 390	127 724	131 908	136 882	141 207	145 431
高层建筑（幢）	10 045	20 579	40 822	44 395	46 220	47 555	49 352	51 241
高层建筑（万平方米）	13 100	21 911	39 652	43 648	45 522	47 455	49 568	51 699
建成区绿化覆盖率（%）	37.0	38.2	38.5	38.8	39.1	39.4	39.7	40.0
自来水供水能力（万立方米／日）	1 096	1 131	1 137	1 152	1 184	1 250	1 250	1 221
污水处理厂污水处理能力（万吨／日）	471	684	785	807	821	813	834	840
家庭液化石油气用户数（万户）	253.89	316.37	335.47	332.80	281.47	247.96	214.14	222.31
家庭天然气用户数（万户）	186.37	405.89	651.32	675.84	700.60	722.55	735.76	753.48
城市桥梁（座）	8 070	11 849	13 677	13 862	14 019	14 146	14 274	14 332
#黄浦江大桥	6	10	10	10	10	10	10	11
长江大桥	–	1	1	1	1	1	1	1
黄浦江隧道（条）	6	11	13	14	14	14	15	16
长江隧道（条）	–	1	1	1	1	1	1	1
城市快速路（公里）	77	196	197	200	207	207	207	207
高速公路长度（公里）	560	775	825	825	829	836	845	845
人均道路面积（平方米）	11	11	12	12	12	12	13	12
轨道交通运营线路长度（公里）	148	453	618	618	666	705	705	729
公共汽电车运营车辆（辆）	17 985	17 455	16 531	16 693	17 461	17 513	17 899	17 668
出租汽车运营车辆（辆）	47 794	50 007	49 586	47 271	46 397	41 881	39 962	37 322

注：1.人均公园绿地面积，2014 年前按全市非农户籍人口口径计算，2015 年起按全市常住人口口径计算。
2.城市桥梁指本市所有公路桥梁和城市道路桥梁，不包括郊区机耕桥、村内道路等不符合公路设施量标准的农村桥梁、水利桥梁、闸桥合一桥梁等。
3.黄浦江隧道指本市所有穿越黄浦江的隧道，包括外滩隧道。
4.人均道路面积按常住人口口径计算。

表 3–2　主要年份居住水平情况

指　　标	2005 年	2010 年	2015 年	2017 年	2018 年	2019 年	2020 年
住宅建筑面积（万平方米）	37 624	52 640	63 007	67 281	68 651	69 991	71 152
城镇居民人均住房建筑面积(平方米)	–	32.6	35.5	36.7	37.0	37.2	37.3
居民住宅成套率（%）	93.0	95.8	96.8	97.3	97.4	97.5	97.6

注：城镇居民人均住房建筑面积从 2007 年开始统计。

表 3–3　各区房屋征收情况（2020）

地　区	合　计		居　民		非居住房屋	
	证　数（个）	建筑面积（平方米）	证　数（个）	建筑面积（平方米）	证　数（个）	建筑面积（平方米）
总　计	43 318	1 613 580	42 652	1 339 214	666	274 367
浦东新区	570	145 109	523	35 586	47	109 523
黄浦区	20 591	585 534	20 424	580 393	167	5 141
徐汇区	1	256	1	256	–	–
长宁区	49	2 817	48	2 767	1	49
静安区	2 179	142 717	2 070	73 335	109	69 383
普陀区	275	10 717	271	9 937	4	780
虹口区	9 825	294 867	9 722	289 090	103	5 777
杨浦区	9 141	347 022	8 926	282 395	215	64 627
闵行区	34	44 277	28	26 739	6	17 538
宝山区	462	23 825	462	23 825	–	–
嘉定区	187	15 403	176	14 802	11	600
金山区	3	98	1	88	2	10
松江区	1	938	–	–	1	938

表 3-4　全市居住房屋各区分布情况（2020）

单位：万平方米

地　区	各类房屋合计	#居住房屋						
			花园住宅	联列住宅	公　寓	新式里弄	旧式里弄	简　屋
总　计	145431	71152	1861	1715	66324	256	987	10
浦东新区	33741	16726	377	295	15897	–	155	1
黄浦区	3876	1658	9	2	1423	74	148	1
徐汇区	6497	3584	52	11	3443	51	26	1
长宁区	4321	2428	58	1	2346	17	5	–
静安区	6110	3140	20	4	2977	62	77	–
普陀区	6287	3772	13	23	3726	3	6	–
虹口区	3863	2185	7	–	2069	44	62	2
杨浦区	6258	3447	4	25	3333	5	80	1
闵行区	16392	8319	308	204	7742	–	65	–
宝山区	11228	6365	30	139	6135	–	61	–
嘉定区	10506	4598	94	175	4318	–	11	–
金山区	5662	2040	18	46	1894	–	80	–
松江区	12232	5388	395	412	4511	–	70	–
青浦区	7862	3018	329	239	2421	–	29	–
奉贤区	7786	3038	101	94	2810	1	33	–
崇明区	2812	1447	46	42	1279	–	78	2

注：公寓中包含公寓、新工房、住宅、职工（集体）宿舍、集宿等。

表 3–5　全市八层（含八层）以上房屋各区分布及用途情况（2020）

地　区	合　计		住　宅		办　公		宾　馆	
	幢	面　积	幢	面　积	幢	面　积	幢	面　积
总　计	51241	51699	42929	35952	3095	7567	454	1286
浦东新区	12081	12352	10558	8566	486	1831	96	322
黄浦区	1342	2507	787	1215	272	704	40	136
徐汇区	2214	3197	1615	1931	258	642	20	65
长宁区	1618	2223	1196	1324	188	561	27	82
静安区	2389	3166	1650	1775	290	728	55	159
普陀区	2624	3135	2081	2228	227	477	28	71
虹口区	1509	2034	1096	1241	183	432	32	80
杨浦区	2247	2440	1740	1616	231	482	13	34
闵行区	6592	5640	5774	4185	221	457	26	82
宝山区	4261	3349	3892	2818	109	206	18	38
嘉定区	3869	3501	3278	2669	280	441	28	69
金山区	1386	975	1270	836	32	54	11	19
松江区	4393	3278	3866	2594	143	224	10	35
青浦区	2189	1828	1890	1332	74	151	31	57
奉贤区	1953	1698	1699	1301	80	149	16	30
崇明区	574	374	537	322	21	28	3	8

面积单位：万平方米

综合		医院		商场		厂房		其他	
幢	面积	幢	面积	幢	面积	幢	面积	幢	面积
229	592	166	412	2429	2539	1226	2167	713	1184
34	146	30	75	453	583	273	541	151	290
34	150	18	42	143	196	6	10	42	54
44	69	25	72	113	145	77	153	62	121
21	28	9	14	121	130	25	35	31	48
70	148	18	32	217	205	58	86	31	33
3	4	8	25	202	210	31	49	44	70
12	28	13	21	128	177	16	18	29	37
6	14	12	29	159	127	34	54	52	84
2	3	11	49	223	221	265	509	70	135
–	–	6	9	124	113	61	87	51	80
–	–	7	25	196	157	28	57	52	83
1	1	2	7	43	24	17	26	10	9
–	–	5	9	147	87	179	256	43	74
1	1	–	–	95	106	78	157	20	25
–	–	1	4	59	54	74	122	24	39
1	1	1	1	6	5	4	8	1	2

表 3-6　全市八层（含八层）以上房屋各区按楼层分布情况（2020）

地　区	合　计		8~10 层		11~15 层	
	幢	面　积	幢	面　积	幢	面　积
总　计	51241	51699	7569	5838	21543	15733
浦东新区	12081	12352	1511	1252	5933	4414
黄浦区	1342	2507	161	168	180	207
徐汇区	2214	3197	311	305	608	589
长宁区	1618	2223	369	317	443	386
静安区	2389	3166	339	226	674	532
普陀区	2624	3135	266	192	805	628
虹口区	1509	2034	217	143	363	270
杨浦区	2247	2440	319	253	866	714
闵行区	6592	5640	1158	1187	3871	2693
宝山区	4261	3349	600	338	2067	1342
嘉定区	3869	3501	431	319	1246	897
金山区	1386	975	224	132	719	440
松江区	4393	3278	906	513	1981	1348
青浦区	2189	1828	388	285	850	618
奉贤区	1953	1698	188	129	671	487
崇明区	574	374	181	78	266	169

面积单位：万平方米

16~19 层		20~29 层		30 层及以上	
幢	面　积	幢	面　积	幢	面　积
13792	13535	6517	11144	1820	5449
3126	3149	1163	2112	348	1425
261	361	489	1009	251	762
536	673	565	1116	194	514
284	311	386	725	136	484
463	492	637	1154	276	762
602	656	733	1121	218	538
364	403	377	699	188	518
614	646	392	700	56	127
1284	1284	253	385	26	90
1306	1228	244	374	44	68
1501	1377	649	831	42	77
386	311	48	77	9	15
1281	1084	217	314	8	19
816	719	132	203	3	3
843	718	230	317	21	47
125	121	2	6	–	–

表 3-7 全市非居住房屋各区分布情况（2020）

地 区	各类房屋合计	#非居住房屋			
			工 厂	学 校	仓库堆栈
总 计	145431	74279	29837	4235	2128
浦东新区	33741	17015	6175	910	684
黄浦区	3876	2218	120	109	18
徐汇区	6497	2913	528	345	52
长宁区	4321	1893	191	133	28
静安区	6110	2970	443	158	60
普陀区	6287	2515	348	218	154
虹口区	3863	1678	148	123	27
杨浦区	6258	2812	726	409	73
闵行区	16392	8072	3482	555	265
宝山区	11228	4863	1917	250	309
嘉定区	10506	5908	2575	233	171
金山区	5662	3622	2431	134	63
松江区	12232	6844	4340	239	53
青浦区	7862	4844	2749	126	59
奉贤区	7786	4748	3069	197	68
崇明区	2812	1364	598	98	45

注：其他包含饭店、福利院、公共设施用房、会所、寺庙教堂、体育馆、文化馆、文化体育娱乐用房、站场、码头、

单位：万平方米

办公建筑	商场店铺	医　院	旅　馆	影剧院	其　他
9914	8816	873	1696	76	16704
2271	1897	153	409	5	4511
843	404	68	147	15	494
842	318	119	90	3	616
667	258	38	119	3	455
839	454	68	173	8	768
587	468	37	85	3	616
539	303	43	104	6	386
613	318	49	45	3	576
732	937	90	106	3	1902
330	632	31	61	2	1331
610	764	55	92	8	1401
167	400	33	29	1	365
303	610	27	64	3	1206
247	533	21	80	3	1028
230	383	20	44	8	728
94	138	21	46	2	321

宗祠山庄、车库、综合楼、农业建筑、其他、公园用房、业务用房、科研设计用房等。

表 3-8 主要年份市政工程设施情况

指 标	2005 年	2010 年	2015 年	2018 年	2019 年	2020 年
道路长度（公里）	12 227	16 687	18 184	18 423	18 539	18 453
城市道路	4 117	4 713	4 989	5 317	5 494	5 536
公 路	8 110	11 974	13 195	13 106	13 045	12 917
道路面积（万平方米）	20 942	25 607	28 567	30 281	30 839	31 012
城市道路	7 704	9 723	10 949	11 821	12 195	12 313
公 路	13 238	15 884	17 618	18 460	18 644	18 699
城市桥梁（座）	8 070	11 849	13 677	14 146	14 274	14 332
城市道路	1 715	2 073	2 524	2 855	2 836	2 880
公 路	6 355	9 776	11 153	11 291	11 438	11 452
路灯盏数（万盏）	30.13	46.99	53.20	60.69	63.45	64.09

注：1. 城市道路面积指道路实际铺装面积和与道路相通的广场、桥梁、隧道的铺装面积。
2. 道路长度、面积为全市口径。道路中包括村道。

表 3-9 主要年份道路和车辆情况

指 标	2005 年	2010 年	2015 年	2018 年	2019 年	2020 年
车行道面积（万平方米）	15 646	20 729	23 256	23 543	23 955	24 471
人行道面积（万平方米）	5 003	3 671	4 023	4 274	4 310	4 428
人均道路面积（平方米）	11.08	11.12	11.83	12.49	12.70	12.47
机动车（万辆）	211.59	248.77	334.04	421.42	421.42	469.12
#大型车	17.21	23.97	28.04	32.91	33.40	30.93
小型车	79.84	142.95	254.96	343.02	359.01	375.28
非机动车（万辆）	1 146.89	1 360.08	1 639.32	2 071.90	2 176.61	2 265.53

注：人均道路面积按常住人口口径计算。

表 3-10　主要年份公路里程情况

单位：公里

分　　类	2005 年	2010 年	2015 年	2018 年	2019 年	2020 年
实际里程	8 110	11 974	13 195	13 106	13 045	12 917
按技术等级分						
高速公路	560	775	825	836	845	845
一级公路	302	335	468	545	553	470
二级公路	2 306	3 065	3 463	3 615	3 664	3 792
三级公路	2 548	2 602	2 708	2 628	2 623	2 603
四级公路	2 395	5 197	5 731	5 483	5 359	5 207
按行政等级分						
国　道	316	613	644	716	729	729
省　道	1 036	974	1 067	1 076	1 085	1 092
县　道	2 051	2 456	2 879	3 101	3 155	3 237
乡　道	4 638	6 829	7 099	6 778	6 637	6 451
村　道	–	1 102	1 506	1 435	1 439	1 407

注：2005 年按行政等级分另有“专用公路”69 公里，2006 年开始在行政等级划分中取消了“专用公路”分类指标。

表 3-11　主要年份城市公共交通情况

指　　标	2005 年	2010 年	2015 年	2016 年	2019 年	2020 年
轨道交通						
运营线路条数（条）	6	12	15	15	17	18
运营线路长度（公里）	147.78	452.57	617.53	617.53	704.91	729.00
运营线网长度（公里）	136.21	441.01	605.97	605.97	693.35	729.00
运营车辆（节）	695	2 842	3 797	4 025	5 911	7 071
行驶里程（万列公里）	1 141.66	4 777.60	7 573.83	8 430.05	10 393.80	10 553.08
客运量（万人次）	59 406	188 407	306 798	340 106	388 445	283 163
年末从业人员数（人）	5 716	25 005	29 315	28 733	30 111	31 298
公共汽电车						
公交线路条数（条）	940	1 165	1 429	1 457	1 575	1 585
公交线路长度（公里）	21 795	23 131	24 027	24 169	24 780	24 932
运营汽电车辆数（辆）	17 985	17 455	16 531	16 693	17 899	17 668
#公共汽车	17 509	17 038	15 056	13 911	9 597	6 820
无轨电车	476	417	1 466	2 773	8 273	10 694
全年行驶总里程(万公里)	112 992	117 191	105 713	103 963	105 779	96 379
客运量（亿人次）	27.81	28.08	25.49	23.91	20.85	13.65
运营收入（亿元）	53.05	53.10	43.59	43.89	37.73	24.44
出租汽车						
年末运营车辆（辆）	47 794	50 007	49 586	47 271	39 962	37 322
#顶灯车	45 614	48 872	48 926	46 620	39 912	37 312
载客车次（万次）	56 401	63 307	53 974	47 911	31 253	20 383
运营里程（亿公里）	58.12	64.85	60.85	57.87	47.96	32.45
#营业里程	34.75	39.79	39.27	36.18	29.68	19.09
运营收入（亿元）	115.41	154.72	166.30	156.63	126.16	81.11
运营单位（户）	3 600	3 301	3 113	3 091	3 059	3 055
个体	3 350	3 154	2 988	2 966	2 943	2 943
汽车租赁						
年末运营车辆（辆）	6 517	9 812	17 144	26 594	35 284	46 722
运营车日（万车日）	218.84	371.84	535.50	769.82	1 207.30	1 405.67
租赁车日（万车日）	172.61	326.94	464.90	674.40	1 057.50	1 223.69
车辆利用率（%）	78.9	87.9	86.8	87.6	87.6	87.1
运营里程（万公里）	19 383	28 697	51 108	82 389	120 915	136 165
运营收入（亿元）	6.92	12.72	17.42	20.25	26.48	29.52

注：轨道交通指标数据包含了磁浮线。

表 3-12　综合交通运输情况（2013—2020）

指　标	2013 年	2014 年	2015 年	2016 年	2017 年	2018 年	2019 年	2020 年
全港货物吞吐量（万吨）	77 575	75 529	71 740	70 177	75 051	73 048	72 031	71 670
按港区分								
海　港	68 273	66 954	64 906	64 482	70 542	68 392	66 582	65 955
内河港	9 301	8 575	6 834	5 695	4 509	4 656	5 449	5 715
按内外贸分								
内　贸	39 869	37 297	33 943	32 164	34 008	32 842	32 372	32 753
外　贸	37 706	38 232	37 797	38 012	41 043	40 206	39 659	38 917
集装箱吞吐量（万 TEU）	3 362	3 529	3 654	3 713	4 023	4 201	4 330	4 350
对外旅客发送量(万人)	15 313	16 796	17 715	18 637	19 785	20 401	21 126	11 194
铁　路	7 352	8 430	8 836	9 682	10 545	11 171	11 723	6 826
水　路	68	90	113	172	176	158	115	15
公　路	3 720	3 754	3 766	3 402	3 420	3 151	3 167	1 332
航　空	4 173	4 521	5 000	5 381	5 644	5 921	6 121	3 021
货物运输总量（万吨）	91 535	90 341	91 238	88 689	97 257	107 387	121 515	139 226
铁　路	694	549	471	461	472	468	472	478
水　路	46 697	46 583	49 769	48 787	56 619	66 906	69 981	92 294
公　路	43 809	42 848	40 627	39 055	39 743	39 595	50 656	46 051
航　空	335	361	371	387	423	418	406	403
高速公路车流量（万辆）	27 495	31 127	34 359	38 597	42 736	44 330	46 459	43 191
#货　车	6 544	7 106	7 418	8 275	9 171	9 369	9 309	9 319
高速公路 ETC 流量（万辆）	5 379	7 094	9 270	11 931	15 211	17 240	21 508	26 469

注：对外旅客发送量，其中铁路 2014 年不含金山铁路旅客发送量。

表 3–13　主要年份城市轮渡情况

指　标	2005 年	2010 年	2015 年	2018 年	2019 年	2020 年
年末城市轮渡实有数（艘）	71	67	44	41	35	37
#对江客轮渡船	53	60	44	41	35	37
全年载客总数（万人次）	12 423.26	8 906.66	5 321.60	4 525.27	4 252.53	3 773.70
全年载车总数（万辆次）	493.97	203.06	50.32	41.24	39.79	34.02
年末职工人数（人）	2 563	1 514	1 201	1 109	1 124	1 091

注：城市轮渡不包括三岛客轮、游览船情况。

表 3–14　主要年份三岛客轮情况

指　标	2005 年	2010 年	2015 年	2018 年	2019 年	2020 年
年末船舶实有数（艘）	23	15	21	31	29	29
客　轮	14	8	13	17	18	15
客货船（车客渡）	9	7	8	14	11	14
年末营业船舶数（艘）	22	14	21	31	29	29
全年旅客人数（万人次）	482.85	167.90	383.24	426.08	442.29	350.24
全年载车总数（万辆次）	37.22	32.20	85.01	97.25	104.84	101.76
年末职工人数（人）	628	373	584	1 024	1 045	975

注：三岛指崇明岛、长兴岛、横沙岛。

表 3–15　主要年份黄浦江游览情况

指　标	2005 年	2010 年	2015 年	2018 年	2019 年	2020 年
年末船舶实有数（艘）	8	15	33	36	39	34
全年游览旅客数（万人次）	66.50	120.40	310.50	359.31	502.20	124.98

表 3–16　主要年份燃气（液化石油气、天然气）情况

指　　标	2005 年	2010 年	2015 年	2018 年	2019 年	2020 年
液化石油气销售总量（万吨）	45.26	40.05	42.41	31.55	33.25	27.22
#家庭用量	23.97	23.62	25.23	17.49	17.81	15.35
家庭液化石油气用户数（万户）	253.89	316.37	335.47	247.96	214.14	222.31
天然气销售总量（亿立方米）	17.50	42.66	69.73	85.44	93.76	86.73
#家庭用量	2.65	7.79	13.50	16.13	16.71	17.38
天然气管线长度（公里）	6 370	17 316	28 601	31 233	32 095	32 809
家庭天然气用户数（万户）	186.37	405.89	651.32	722.55	735.76	753.48

表 3–17　主要年份水务情况

指　　标	2005 年	2010 年	2015 年	2018 年	2019 年	2020 年
水厂个数（个）	179	105	37	37	37	38
自来水供水能力（万立方米 / 日）	1 096	1 131	1 137	1 250	1 250	1 221
全年供水量（亿立方米）	28.65	30.90	31.22	30.55	29.79	28.86
全年售水量（亿立方米）	22.81	24.44	24.58	24.35	23.99	23.59
#工业用水	6.42	5.80	4.94	4.33	4.04	3.89
居民生活用水	8.12	9.80	9.88	10.59	10.89	11.37
日平均用水（万立方米）	624.80	669.70	673.33	667.16	657.37	646.25
供水管道长度（公里）	23 718	31 182	36 383	38 414	38 869	39 553
防洪堤长度（公里）	1 070	1 009	1 159	1 140	1 146	1 146
城市排水管道长度（公里）	6 933	11 483	16 920	21 975	22 624	23 258

表 3–18 主要年份城市绿化情况

指　　标	2005 年	2010 年	2015 年	2018 年	2019 年	2020 年
绿地面积（公顷）	28 865	120 148	127 332	139 427	157 785	164 611
#附属绿地	11 591	18 589	23 711	25 125	27 576	27 792
公园绿地	12 038	16 053	18 395	20 578	21 206	21 981
#公园面积	1 521	1 915	2 407	3 141	3 403	3 678
公园数（个）	144	148	165	250	352	400
公园游园人数（万人次）	13 656	21 794	22 208	25 743	23 893	14 652
人均公园绿地面积（平方米）	11.0	13.0	7.6	8.2	8.4	8.6
建成区绿化覆盖率（%）	37.0	38.2	38.5	39.4	39.7	40.0
行道树实有数（万株）	83	81	110	128	129	132
当年造林面积（公顷）	3 827	1 349	3 241	3 183	5 152	6 000

注：人均公园绿地面积 2014 年前按全市非农户籍人口口径计算，2015 年起按全市常住人口口径计算。

表 3-19　城市绿化各区分布情况（2020）

单位：公顷

地　　区	绿地面积	#公园绿地	绿化覆盖面积
总　计	164 611	21 981	170 029
浦东新区	32 985	7 499	33 939
黄浦区	291	181	394
徐汇区	1 419	596	1 583
长宁区	1 125	516	1 275
静安区	813	319	908
普陀区	1 453	700	1 624
虹口区	436	159	562
杨浦区	1 473	498	1 633
闵行区	9 984	2 691	10 591
宝山区	8 037	2 529	8 243
嘉定区	11 383	1 516	11 666
金山区	11 860	736	13 003
松江区	15 205	1 300	15 523
青浦区	14 658	1 212	14 954
奉贤区	15 299	957	15 595
崇明区	38 191	573	38 536

注：绿化覆盖面积指城市中的乔木、灌木、草坪等所有植被的垂直投影面积。

表 3–20　主要年份城市环境卫生情况

指　　标	2005 年	2010 年	2015 年	2018 年	2019 年	2020 年
卫生设施						
公共厕所（座）	3 640	6 026	6 197	6 061	6 225	6 592
生活垃圾收集点（处）	28 388	30 645	32 209	30 225	28 834	28 104
废物箱（只）	39 539	74 658	94 310	62 554	56 335	55 309
倒粪站（座）	1 689	1 900	1 729	1 681	1 622	1 576
化粪池（只）	47 424	43 170	43 582	40 439	39 470	37 990
焚烧厂（座）	2	2	5	9	10	12
焚烧厂设计规模（吨／日）	2 500	2 500	8 300	13 300	19 300	21 300
填埋场（座）	3	5	5	5	5	5
填埋场设计规模（吨／日）	6 400	6 750	11 230	15 350	15 350	15 350
综合处理厂（座）	2	4	2	1	8	11
综合处理厂设计规模（吨／日）	1 500	2 200	1 000	500	3 530	4 930
清运情况						
清扫道路面积（万平方米／日）	10 414	15 879	17 366	20 855	21 190	18 725
清运垃圾（万吨）	777	5 717	10 755	8 415	10 578	10 538
生活垃圾清运量	622	732	790	785	965	1 133
建筑垃圾和工程渣土清运量	155	4 985	9 965	7 630	9 613	10 241
清运粪便（万吨）	254	201	173	137	151	119
环卫机械						
扫路车（辆）	406	510	608	868	761	647
清洗洒水车（辆）	248	285	344	718	668	448
垃圾车（辆）	3 297	3 607	3 672	4 757	5 437	5 613
吸粪车（辆）	492	456	440	430	446	383

注：2010 年起建筑垃圾和工程渣土清运量包括工程渣土、装修垃圾和泥浆产生量。

表 3-21　主要年份环境保护情况表

指　　标	2005 年	2010 年	2015 年	2018 年	2019 年	2020 年
废水排放总量（万吨）	199 660	248 250	224 147	209 768	214 202	198 096
#工业废水	51 047	36 896	46 939	29 144	34 138	31 217
工业废气排放总量（亿标立方米）	9 103	12 969	12 802	13 780	15 016	15 715
工业废气中：二氧化硫（万吨）	37.52	26.32	10.49	0.91	0.66	0.52
工业烟粉尘排放量（万吨）	6.02	5.15	11.14	1.62	1.33	0.79
工业固体废物产生量（万吨）	1 963.62	2 448.36	1 868.07	1 668.77	1 825.98	1 808.76
工业固体废物处置量（万吨）	64.66	93.86	72.23	135.77	152.14	111.40
工业固体废物综合利用量（万吨）	1 891.62	2 366.92	1 796.18	1 552.84	1 673.47	1 701.82
工业固体废物综合利用率（%）	96.3	96.2	96.2	93.1	91.6	93.8
道路交通噪声平均等效声级（dB(A)）						
昼间时段	72.0	69.8	69.8	69.3	68.3	68.2
夜间时段	65.8	64.3	65.5	64.9	63.9	63.4

注：1. 工业烟粉尘排放量指标 2015 年含无组织排放量。
2. 2019 年度新增了水的生产和供应业（4610）行业的调查。

表 3-22　主要年份各类市政、公用设施完成投资情况

单位：万元

分　　类	2005 年	2010 年	2015 年	2018 年	2019 年	2020 年
合　计	4 046 006	4 769 428	6 583 404	4 579 981	5 094 523	4 737 785
#供　水	182 803	397 909	455 936	9 261	75 428	277 846
燃　气	110 260	187 926	144 078	254 140	257 383	110 168
轨道交通		2 296 190	2 959 246	1 607 658	2 067 600	1 685 400
道路桥梁	1 417 786	1 022 470	1 731 030	876 445	1 232 410	1 511 068
排　水	203 839	342 661	84 236	1 337 763	989 428	656 790
园林绿化	151 199	282 119	574 111	65 715	99 647	135 580
市容环境卫生	38 457	58 236	285 577	210 627	158 630	73 381
其　他	649 759	88 800	349 190	218 372	213 997	287 552

注：轨道交通 2008 年（含）前统计指标为公共交通（含轨道交通），2009 年政府机构改革后仅统计轨道交通。

表 3-23　主要年份市政、公用设施完成投资资金来源情况

单位：万元

分　　类	2005 年	2010 年	2015 年	2018 年	2019 年	2020 年
合　计	3 629 669	4 004 431	4 856 595	4 029 698	4 739 562	4 601 595
国家预算资金	393 112	198 391	2 406 624	1 674 508	2 243 957	2 406 527
国内贷款	915 890	1 285 906	767 898	251 481	163 538	153 951
债　券	30					
利用外资	27 680	35 747	29 084			
自筹资金	2 202 566	2 098 575	1 072 486	1 992 478	2 304 068	1 955 517
其他资金	90 391	385 812	580 503	111 231	27 999	85 600